DER DEUTSCHE KATHOLIZISMUS UND POLEN
(1830–1849)

EINZELVERÖFFENTLICHUNGEN DES
DEUTSCHEN HISTORISCHEN INSTITUTS WARSCHAU

13

Stephan Scholz

Der deutsche Katholizismus und Polen (1830–1849)

Identitätsbildung zwischen konfessioneller
Solidarität und antirevolutionärer Abgrenzung

Titelabbildung:

Śmierć Edwarda Dembowskiego na Podgórzu w Krakowie /
Der Tod Edward Dembowskis in Podgórze/Krakau
(Prozession während des Aufstands von 1846)

Stahlstich von Józef Bogdan Dziekoński (um 1846)
Nationalmuseum Warschau, Nr. inw. Gr. Pol 12028
Foto: Piotr Ligier

© fibre Verlag, Osnabrück 2005

Alle Rechte vorbehalten

ISBN 3-938400-02-1

www.fibre-verlag.de

Redaktion der Reihe: Andreas Kossert
Reihen- und Umschlaggestaltung:
x7 – webdesign & more, Ulrike Stehling · www.x-7.de
Herstellung: Druckerei Hubert & Co, Göttingen

Printed in Germany 2005

In memoriam

Katharina Scholz (1938–2001)
Hubert Scholz (1936–1982)

INHALT

VORWORT

Die vorliegende Arbeit ist die leicht überarbeitete Fassung meiner Dissertation, die im Juni 2004 von der Fakultät für Human- und Gesellschaftswissenschaften der Carl von Ossietzky Universität Oldenburg angenommen wurde.

Mehrjährige Qualifikationsarbeiten wie diese sind nur möglich durch die materielle Unterstützung von außen. Daher danke ich dem Cusanuswerk für das Graduiertenstipendium, das mir für zwei Jahre gewährt wurde. Zum anderen danke ich meinem Doktorvater Prof. Dr. Hans Henning Hahn dafür, dass ich an seinem Lehrstuhl als wissenschaftlicher Mitarbeiter tätig sein konnte. Besonders bin ich ihm dafür dankbar, dass er mir sowohl in meiner Forschungsarbeit als auch bei der selbständigen Abhaltung von Lehrveranstaltungen viel Vertrauen geschenkt und mir alle erdenklichen Freiheiten gelassen hat. So sehr das Arbeiten auf selber Augenhöhe seinem Charakter entspricht, so sehr ist diese Art des Umgangs in der Wissenschaftslandschaft doch alles andere als selbstverständlich und daher erwähnenswert.

Ebenfalls herzlich danken möchte ich meinem Zweitgutachter, Prof. Dr. Bernhard Schneider aus Trier, der sich über das übliche Maß hinaus viel Zeit nahm, die Dissertation konstruktiv zu begleiten, und der mir das Gefühl gab, dass meine Arbeit auch in kirchenhistorischer Hinsicht bestehen kann.

In dieser Hinsicht waren auch die wiederholten Besuche beim Schwerter Arbeitskreis für Katholizismusforschung hilfreich und anregend, wo ich mein Projekt nicht nur vorstellen konnte, sondern durch zahlreiche Kontakte auch einen lebendigen Einblick in die unterschiedlichen Beschäftigungsweisen mit dem Phänomen Katholizismus zwischen Allgemein- und Kirchengeschichte erhielt.

Ein intensiver Austausch über die deutsch-polnische Geschichte, der für meine Arbeit förderlich war, fand kontinuierlich mit den Teilnehmern des Oldenburger Oberseminars von Hans Henning Hahn statt. Er wurde darüber hinaus gefördert durch einen Doktorandenaustausch mit der Universität Toruń und einer Nachwuchstagung des Marburger Herder-Instituts in Słubice, auf der ich gleichzeitig mit Eligiusz Janus (Marburg) und Dr. Przemysław Matusik (Poznań) zusammentreffen konnte, zwei der ganz wenigen Spezialisten, die sich mit dem Verhältnis von deutschem und polnischem Katholizismus im 19. Jahrhundert beschäftigen.

Zuvorkommend geholfen wurde mir in zahlreichen Bibliotheken und Archiven in Oldenburg, Münster, Heidelberg, Mainz, München, Toruń, Bremen, Koblenz und Frankfurt/M; besonderer Dank gebührt dabei den Mitarbeitern der Landesbibliothek Oldenburg, welche die meiste Arbeit mit mir hatten, und auf deren Engagement und Zuverlässigkeit ich immer zählen konnte. Arbeit erspart hat mir dankenswerter Weise Frau Dr. Monika Fink-Lang in München, die im Auftrag der Görres-Gesellschaft den zweiten Band einer Briefedition von Joseph Görres (Die Münchner Zeit: Okt. 1827-1848) vorbereitet und mir großzügig Einblick in die Görres-Korrespondenz gegeben hat. Ohne es wahrscheinlich selbst zu wissen, hat mir schon während des Studiums Frau Dr. Pia Nordblom in Heidelberg Lust darauf gemacht, zu promovieren. Ich glaube heute, dass sie vor zehn Jahren mit der Vermutung, dass mir das sicher liegen würde, nicht falsch gelegen hat.

Danken möchte ich dem Deutschen Historischen Institut in Warschau, insbesondere seinem Direktor Prof. Dr. Klaus Ziemer und Dr. Andreas Kossert, für die Aufnahme des Buches in seine Publikationsreihe und die Übernahme der Druckkosten sowie Dr. Peter Fischer vom fibre-Verlag für die gute Zusammenarbeit.

Schließlich sei noch besonders Dr. Berit Pleitner gedankt, die die Arbeit als Ganzes Korrektur gelesen und wichtige Anregungen gegeben hat. Edda Grafe und Dr. Britta Konz haben durch ständigen Erfahrungsaustausch über das Dasein als Doktorand dazu beigetragen, diese Phase nicht nur als eine erträgliche, sondern als eine schöne Zeit erlebt zu haben.

Der größte Dank gilt allerdings fraglos Anja Kramer.

Oldenburg, im Mai 2005

Stephan Scholz

EINLEITUNG

Fragt man heute unter Deutschen, was ihnen einfällt, wenn sie an Polen denken, kommt meistens relativ bald der Hinweis: ‚Die Polen sind ziemlich katholisch!' Dieser wichtige Aspekt des deutschen Polenbildes resultiert zum einen sicher daraus, dass über ein Vierteljahrhundert lang Johannes Paul II. als ein überaus medienpräsenter Papst auf sein Herkunftsland zurückstrahlte und es als besonders katholisch erscheinen ließ.[1] Auch die bedeutende Rolle, welche die katholische Kirche innerhalb der polnischen Opposition vor 1989 gespielt hat, ist in vielen Köpfen noch präsent. Obwohl es der Realität entspricht, dass die Polen in ihrer überwiegenden Mehrheit katholischer Konfession sind und die Kirche in der polnischen Gesellschaft heute tatsächlich immer noch eine vergleichsweise große Rolle spielt, folgt die Wahrnehmung Polens als eines besonders katholischen Landes jedoch auch einem langfristig wirkenden Stereotyp.[2]

Bereits im 19. Jahrhundert gehörte eine ausgesprochene Katholizität der Polen zum festen Bestand des deutschen Polenbildes. Das machte sich nicht nur in der deutschen bzw. preußischen Regierungspolitik gegenüber der polnischen Minderheit bemerkbar, die sich besonders nach der deutschen

---

[1] Auf den Zusammenhang zwischen der Wahrnehmung Johannes Pauls II. in Deutschland und dem deutschen Polenbild wurde bereits 1993 auf einer deutsch-polnischen Tagung hingewiesen, vgl. THEO MECHTENBERG: Religion im deutschen Polenbild, in: Religion und Kirche in der modernen Gesellschaft. Polnische und deutsche Erfahrungen, hg. v. EWA KOBYLIŃSKA, ANDREAS LAWATY u. RÜDIGER STEPHAN, Wiesbaden 1994, S. 115-120; vgl. ähnlich auch HEINZ-JOACHIM FISCHER: Der Papst aus Polen und die deutschen Katholiken, in: Deutsche und Polen. 100 Schlüsselbegriffe, hg. v. EWA KOBYLIŃSKA, ANDREAS LAWATY u. RÜDIGER STEPHAN, München 1992, S. 297-301; BRIGITTE WATERKOTT: Glaube und Religiosität, in: Ebd., S. 279-289.

[2] 1999 waren 89,4% der Polen römisch-katholisch, vgl. KLAUS ZIEMER: Kirche, in: Deutsche und Polen. Geschichte, Kultur, Politik, hg. v. ANDREAS LAWATY u. HUBERT ORŁOWSKI, München 2003, S. 418-426. Zur Bedeutung der katholischen Kirche in der polnischen Gesellschaft nach 1989 und in der Gegenwart vgl. WOJCIECH PIĘCIAK: Religiosität und Säkularisierung, in: Ebd., S. 404-418; JOSÉ CASANOVA: Das katholische Polen im nachchristlichen Europa, in: Transit 25 (2003), S. 50-65; MIROSŁAWA GRABOWSKA: Die Kirche in einer Epoche des Umbruchs – auf der Suche nach einer neuen Identität, in: Religion und Kirche in der modernen Gesellschaft. Polnische und deutsche Erfahrungen, hg. v. EWA KOBYLIŃSKA, ANDREAS LAWATY u. RÜDIGER STEPHAN, Wiesbaden 1994, S. 207-220; WŁADYSŁAW PIWOWARSKI: Der Wandel der Religiosität in der polnischen Gesellschaft, in: Ebd., S. 221-232; WATERKOTT.

Reichsgründung 1871 in der Zeit des sogenannten ‚Kulturkampfes' gegen den polnischen Klerus als einen wichtigen Produzenten und Förderer nationalen Eigenbewusstseins richtete. Auch im allgemeinen deutschen Polendiskurs spielte die Katholizität der Polen schon lange vor 1871 eine wesentliche Rolle – meist in negativer Weise als ein Faktor der Abgrenzung, denn sowohl der nationale Diskurs als auch der Polendiskurs der Deutschen im 19. Jahrhundert waren deutlich liberal-protestantisch geprägt. Das katholische Polen fungierte zumeist als ein negatives Gegenbild zum liberal-protestantischen Selbstbild des deutschen Bürgertums, dem es innerhalb des nationalen Diskurses gelang, sein Autostereotyp als ein nationales zu etablieren: Bürgerlich-protestantische Tugenden, wie Ordnung, Fleiß, Vernunft und Mäßigung, wurden zunehmend als deutsche Eigenschaften gedacht.[3] Polen stellte innerhalb des nationalen Diskurses ein Objekt dar, an dem sich eine derartig vorgestellte deutsche Identität durch Abgrenzung plausibilisieren und damit herstellen oder befestigen ließ.[4]

Bereits seit der Aufklärung bestand das deutsche Polenbild aus Elementen, die sich im auch heute noch geläufigen Stereotyp der ‚Polnischen Wirtschaft' verbanden und als politische und wirtschaftliche Ineffizienz sowie moralisch fragwürdiges und ästhetisch abstoßendes Verhalten gedeutet wurden. Dies waren zumeist gleichzeitig Eigenschaften, die seit der Aufklärung auch als ‚typisch katholisch' galten. Beispielhaft deutlich wird die Parallelität der Zuschreibungen gegenüber Polen und Katholiken in den Berichten des Forschers und Weltumseglers Johann Georg Forster. Durch Forster wurde der Begriff der ‚Polnischen Wirtschaft' in die geschriebene deutsche Sprache eingeführt und popularisiert. Er benutzte und erläuterte ihn bereits Mitte der 1780er Jahre in Briefen, die ab 1829 publiziert und breit rezipiert wurden.[5] Nahezu dieselben Zuschreibungen benutzte Forster

---

[3] Vgl. PAUL MÜNCH: Einführung, in: Ordnung, Fleiß und Sparsamkeit. Texte und Dokumente zur Entstehung „bürgerlicher Tugenden", hg. v. DEMS., München 1984, S. 9-38, hier S. 12ff.

[4] Vgl. zu diesem Prozess HUBERT ORŁOWSKI: „Polnische Wirtschaft". Zum deutschen Polendiskurs der Neuzeit, Wiesbaden 1996, S. 155-189; DERS.: Stereotype der „langen Dauer" und Prozesse der Nationsbildung, in: Deutsche und Polen. Geschichte, Kultur, Politik, hg. v. DEMS. u. ANDREAS LAWATY, München 2003, S. 269-279, hier S. 273f.; DERS.: Nationerfindung und (Polens) Fremdwahrnehmung. Zur Funktion historischer Semantik und historischer Stereotypenforschung, in: Die nationale Identität der Deutschen. Philosophische Imaginationen und historische Mentalitäten, hg. v. WOLFGANG BIALAS, Frankfurt/M. 2002, S. 79-98, hier S. 98ff.; BERIT PLEITNER: Die „vernünftige" Nation. Zur Funktion von Stereotypen über Polen und Franzosen im deutschen nationalen Diskurs 1850 bis 1871, Frankfurt/M. u. a. 2001, S. 215-236; STEPHAN SCHOLZ: Die Entwicklung des Polenbildes in deutschen Konversationslexika zwischen 1795 und 1945, Münster, Hamburg u. London 2000, S. 103-107.

[5] Vgl. ORŁOWSKI, „Polnische Wirtschaft", S. 47-65.

aber gleichzeitig auch für die Beschreibung der Bevölkerung in katholischen Städten wie Aachen und Köln. Forster beobachtete hier Müßiggang und Ineffizienz, Unwissenheit und Unvernunft, Aberglaube und religiösen Fanatismus, Sinnlichkeit und Sittenlosigkeit, Überschwang und Maßlosigkeit, Schmutz und Krankheit – alles Dinge, die auch Bestandteil des Stereotyps der ‚Polnischen Wirtschaft' waren und in Opposition zum bürgerlichen Selbstbild von Fleiß und Sparsamkeit, Vernunft und Verständigkeit, Nüchternheit und Mäßigung, Reinlichkeit und Gesundheit standen.[6]

Während sich das protestantisch-aufgeklärte deutsche Bürgertum als das progressive Prinzip der Gegenwart, als treibende Kraft des Fortschritts sah, galten Katholiken und Polen als unbürgerlich und damit in allochronischer Distanzierung als überlebt und rückschrittlich, als Relikte der Vergangenheit, der sie notorisch verhaftet schienen.[7] Auch in politischer Hinsicht erschienen beide Gruppen im dominierenden Diskurs des 19. Jahrhunderts als unfähig, sich dem unaufhaltsamen Lauf des Fortschritts anzupassen, hingen sie doch längst für überwunden geglaubten politischen Zuständen trauernd nach: einerseits der politischen Selbständigkeit Polens, die durch die gewaltsame Auflösung des Staates zwischen 1772 und 1795 und seine Aufteilung zwischen Preußen, Russland und Österreich verloren war;

---

[6] Vgl. GEORG FORSTER: Ansichten vom Niederrhein, von Brabant, Flandern, Holland, England und Frankreich, im April, Mai und Junius 1790, in: DERS.: Werke in vier Bänden, hg. v. GERHARD STEINER, Bd. 2, Frankfurt/M. 1969, S. 369-869, hier S. 411-417, 472-475. Ähnliche Schilderungen finden sich auch in anderen Reiseberichten protestantisch-aufgeklärter Autoren, z.B. bei Friedrich Nicolai. Vgl. HANS-WOLF JÄGER: Der reisende Enzyklopäd und seine Kritiker. Friedrich Nicolai „Beschreibung einer Reise durch Deutschland und die Schweiz im Jahre 1781", in: Jahrbuch der deutschen Schillergesellschaft 26 (1982), S. 104-124; WOLFGANG ALTGELD: Katholizismus, Protestantismus, Judentum. Über religiös begründete Gegensätze und nationalreligiöse Ideen in der Geschichte des deutschen Nationalismus, Mainz 1992, S. 117-123; URS ALTERMATT: Katholizismus: Antimodernismus mit modernen Mitteln?, in: Moderne als Problem des Katholizismus, hg. v. DEMS., HEINZ HÜRTEN u. NIKOLAUS LOBKOWICZ, Regensburg 1995, S. 33-50, hier S. 38; DERS.: Katholizismus und Moderne. Zur Sozial- und Mentalitätsgeschichte der Schweizer Katholiken im 19. und 20. Jahrhundert, Zürich 1989, S. 52ff.

[7] Zur Wahrnehmung der Katholiken als ‚unbürgerlich' vgl. THOMAS MERGEL: Zwischen Klasse und Konfession. Katholisches Bürgertum im Rheinland 1794-1914, Göttingen 1994, S. 256 u.ö. Dieses Wahrnehmungsmuster war auch im innerkatholischen Kontext wirksam, vor allem im Verhältnis von Hermesianern zu Ultramontanen (vgl. ebd., S. 91 u. CHRISTOPH WEBER: Aufklärung und Orthodoxie am Mittelrhein 1820-1850, München, Paderborn u. Wien 1973, S. 183f.; zu den unterschiedlichen Gruppierungen siehe Kap. 1.2). Tatsächlich gehörten die Katholiken mehrheitlich eher der bäuerlichen oder Handwerkerschicht als dem Wirtschafts- oder Bildungsbürgertum an. Auch in der polnischen Gesellschaft war eine dem deutschen Bürgertum vergleichbare Klasse gering ausgeprägt. Zur ‚allochronischen Distanzierung' als Mittel der Diffamierung in der Moderne vgl. JOHANNES FABIAN: Time and the Other. How Anthropology makes its Object, New York 1983, S. 144-150.

andererseits dem 1806 untergegangenen Deutschen Reich, für das auf
katholischer Seite oft eine enge Verbindung zwischen Staat und Kirche,
Kaisertum und Papsttum angenommen wurde.[8] Als unzeitgemäße Überbleibsel und Anhänger der Vergangenheit bildeten sie die Antithese zum
bürgerlichen Fortschrittsideal, zu dessen Bewegungsprinzip der Protestantismus stilisiert wurde, und galten, um ein Bild des Soziologen Zygmunt
Baumann zu verwenden, als Sträflinge in der Todeszelle der Moderne.[9]

Im bürgerlich-protestantisch geprägten nationalen Diskurs der Deutschen verknüpften sich so antikatholisches und antipolnisches Ressenti-
ment.[10] Das Bild von den Polen als Katholiken war sowohl geeignet, das
antipolnische Stereotyp der ‚Polnischen Wirtschaft' mit zu konstituieren als
auch das antikatholische Stereotyp beispielhaft zu bestätigen. Es schadete
dem Erfolg der liberal-protestantischen, sowohl antikatholischen als auch
antipolnischen Stereotypenbildung dabei keineswegs, dass gleichzeitig der
Katholizismus ein unerwartetes Revival erlebte und die Polen fortlaufend
ihre Selbstbehauptung demonstrierten, Katholizismus und Polentum also
gleichermaßen signalisierten, dass sie noch keine in Verwesung befindlichen „Leichen" waren, wie Wilhelm Jordan 1848 in der Frankfurter Paulskirche in bezug auf Polen meinte, sondern durchaus lebendige Elemente

---

[8] Für einen Vergleich zwischen der polnischen Wahrnehmung der Teilung Polens und
der deutschen Wahrnehmung und Rezeption der Auflösung des alten Reiches (allerdings
ohne Berücksichtigung des deutschen Katholizismus) vgl. MICHAEL G. MÜLLER: Das Ende
zweier Republiken: Die Teilungen Polens und die Auflösung des alten Reiches, in: Deutsche und Polen. Geschichte, Kultur, Politik, hg. v. ANDREAS LAWATY u. HUBERT ORŁOW-
SKI, München 2003, S. 47-53.

[9] Vgl. ZYGMUNT BAUMANN: Postmoderne Ethik, Hamburg 1995, S. 336, wo es über
das ‚moderne' Verfahren, unliebsame Gegner als unzeitgemäß oder rückwärtsgewandt zu
präsentieren, heißt: „Der Zeitraum, den das moderne Gedächtnis heraufbeschwört, ist linear
und vertikal, nicht zyklisch und horizontal. Vorher bedeutet dabei niedriger, geringer und
minderwertig; minderwertig heißt auch überholt, ein Überbleibsel oder Nachhall der
Vergangenheit, ein Sträfling, in einer Todeszelle der Exekution entgegensehend, ein
Zombie, ein illegaler Besetzer im Haus der Gegenwart." Zur Wahrnehmung des Katholizismus als „Antithese der Moderne" vgl. auch MANUEL BORUTTA: Das Andere der Moderne.
Geschlecht, Sexualität und Krankheit in antikatholischen Diskursen Deutschlands und
Italiens (1850-1900), in: Kollektive Identitäten und kulturelle Innovationen. Ethnologische,
soziologische und historische Studien, hg. v. WERNER RAMMERT, GUNTHER KNAUTHE,
KLAUS BUCHENAU u. a., Leipzig 2001, S. 59-75, hier S. 60. Zur Stilisierung des Protestantismus vgl. KURT NOWAK: Geschichte des Christentums in Deutschland. Religion, Politik
und Gesellschaft vom Ende der Aufklärung bis zur Mitte des 20. Jahrhunderts, München
1995, S. 64f.; ALTGELD, Katholizismus, Protestantismus, Judentum, S. 160f.

[10] Vgl. Hinweise für eine derartige Verbindung bei deutschen Protestanten bereits im
18. Jahrhundert bei TADEUSZ CEGIELSKI: Polen und die Polen aus der Sicht der Deutschen
im 18. Jahrhundert: Fünf Stereotype, in: Internationale Schulbuchforschung 12 (1990), S.
49-57, hier S. 52.

der modernen Welt.[11] Diese Verknüpfung von antikatholischen und antipolnischen Stereotypen im liberal-protestantischen Diskurs muss als Hintergrund mitbedacht werden, wenn im folgenden nach dem Polendiskurs des deutschen Katholizismus und nach seiner Rolle für die Ausbildung einer katholischen Identität gefragt wird. Liberal-protestantischer Polen- und Katholizismusdiskurs bildeten eine zweite Ebene, die im Verhältnis deutscher Katholiken zu Polen untergründig permanent wirksam war, jedoch nur selten einen direkten Ausdruck fand, so dass sie in der Retrospektive nicht immer leicht erkennbar ist und in der Regel nur indirekt rekonstruiert werden kann.

Deutsche Katholiken wurden durch den liberalen Diskurs zusammen mit den Polen in einen Antagonismus zu den ‚Erscheinungen der Zeit' gedrängt. Ein derartiger Antagonismus gehört nach Jan Assmann zu den „typischen Ermöglichungsbedingungen der Reflexivwerdung" und der „Genese kollektiver Identität".[12] Führte dieser Antagonismus demnach zur Ausbildung eines Gemeinschaftsgefühls deutscher Katholiken mit Polen? Zeitigte er Solidarisierungseffekte, führte er gar zu der Ausbildung einer übernationalen „community of sentiment" von deutschen und polnischen Katholiken?[13] Oder produzierte er ganz im Gegenteil Reflexe der Distanzierung und Abgrenzung? Auf jeden Fall musste sich der deutsche Katholizismus mit Polen beschäftigen und Stellung beziehen. Denn, wenn Polen als Handelnde in Erscheinung traten, traten Katholiken als Handelnde in Erscheinung, und wenn von Polen die Rede war, war von Katholiken die Rede – beides war aufgrund der drängenden Präsenz der ‚polnischen Frage' zwischen 1830 und 1849 besonders oft der Fall.

Die sogenannte ‚polnische Frage' war mit den Teilungen Polens zwischen 1772 und 1795 entstanden und hatte sich mit den Wiener Beschlüssen von 1815 wieder erneuert.[14] Sie blieb das ganze 19. Jahrhundert hindurch

---

[11] Das Zitat der Jordan-Rede: Stenographische Berichte über die Verhandlungen der deutschen constituierenden Nationalversammlung zu Frankfurt am Main, hg. v. FRANZ WIGARD, Bd. 2, Leipzig 1848, S. 1146. Vgl. zu der Rede und der Polendebatte in der Paulskirche Kap. 7.2 und Kap. 7.3.3.2 dieser Arbeit.

[12] JAN ASSMANN: Das kulturelle Gedächtnis. Schrift, Erinnerung und politische Identität in frühen Hochkulturen, München 1992, S. 134.

[13] Von einer „community of sentiment" des europäischen Katholizismus in den letzten Jahrzehnten des 19. Jahrhundert geht aus: CHRISTOPHER CLARK: The New Catholicism and the European culture wars, in: Culture Wars. Secular-Catholic Conflicts in Nineteenth-Century Europe, hg. v. DEMS. u. WOLFRAM KAISER, Cambridge 2003, S. 11-46, hier S. 25, 35.

[14] Vgl. zum folgenden HANS HENNING HAHN: Polskie powstania i europejski system wielkich mocarstw. Rozważania nad międzynarodowymi uwarunkowaniami polskich walk niepodległościowych w IX wieku, in: Polskie powstania narodowe na tle przemian euro-

präsent, war in der Zeit zwischen 1830 und 1849 aber besonders akut. Das System der Wiener Ordnung hatte die Teilung Polens nicht etwa revidiert, sondern zu einem wesentlichen Baustein der staatlichen Ordnung Europas gemacht. Es hatte die machtpolitische Pentarchie, die sich mit den Teilungen Polens und dem damit zusammenhängenden Aufstieg Preußens und Russlands zu europäischen Großmächten etabliert hatte, wieder hergestellt und zum Grundprinzip der neuen Friedensordnung erklärt. Die staatliche Nichtexistenz Polens bildete ein konstitutives Element dieser Ordnung. Auf ihr baute der Status quo und das ausgehandelte Gleichgewicht zwischen den fünf Großmächten auf. Eine Wiederherstellung Polens dagegen musste zwangsläufig eine Erschütterung und radikale Veränderung dieses Systems bedeuten. Da sie eine wesentliche Schwächung der Teilungsmächte Russland, Preußen und Österreich bedeutet hätte, war ihre Realisierung allein auf dem Verhandlungswege kaum vorstellbar. Eine Wiederherstellung Polens schien den Zeitgenossen notwendig mit einem gewaltsamen Aufstand und einem Krieg zwischen den Großmächten verbunden. Unabhängig von den wechselnden konkreten Konstellationen besaß das Projekt einer Restitution Polens daher eine revolutionäre Qualität. Dies war mit ein Grund dafür, dass die ‚polnische Frage‘ im Vormärz besonders präsent war. Denn nicht nur für die revolutionären Bewegungen in Europa waren Polen, die eine Veränderung des bestehenden Staatensystems anstrebten, quasi ‚natürliche‘ Bundesgenossen. Auch für konservative Befürworter des Status quo stellten ‚die Polen‘ qua Existenz ein latent revolutionäres Element dar. Auch aus anderen Gründen blieb die ‚polnische Frage‘ im Vormärz ein kontinuierlicher Faktor des politischen Bewusstseins. Zum einen hatten die Wiener Beschlüsse die Teilungsmächte dazu verpflichtet, die Erhaltung und Förderung der polnischen Nationalität zu garantieren. Polen als eine einheitliche Nation sollte trotz der staatlichen Teilung erhalten bleiben, eine Auflösung in die Gesellschaften der Teilungsmächte war damit nicht vereinbar. Dem gegenüber standen immer wieder unternommene Integrations- und Assimilierungsbemühungen der Teilungsstaaten, die gegen die zu wahrende nationale Eigenständigkeit und Einheit über die Staatsgrenzen hinweg verstießen. Zum anderen sorgte die polnische Emigration, die sich nach dem gescheiterten Aufstand von 1830/31 in West-

---

pejskich w XIX wieku, hg. v. ANNA BARAŃSKA, WITOLD MATWIEJCZYK u. JAN ZIÓŁEK, Lublin 2001, S. 11-26; DERS.: Internationale Beziehungen und europäische Revolution. Das europäische Staatensystem in der Revolution von 1848, Bd. 1, Köln 1986 (Ms.), S. 196-209; DERS.: Deutschland und Polen in Europa. Überlegungen zur Interdependenz zweier nationaler Fragen im 19. Jahrhundert, in: Polen und Deutsche, hg. v. der NIEDERSÄCHSISCHEN LANDESZENTRALE FÜR POLITISCHE BILDUNG, Hannover 1995, S. 4-15, hier S. 8f.; HENRYK WERESZYCKI: Sprawa polska w XIX wieku, in: Polska XIX wieku. Państwo – społeczeństwo – kultura, hg. v. STEFAN KIENIEWICZ, Warszawa 1977, S. 121-161.

europa bildete, dafür, dass die ‚polnische Frage' auf der Tagesordnung blieb. Auf gesamteuropäischer Bühne war sie kontinuierlich darum bemüht, die Öffentlichkeit mit dem Schicksal der Polen zu konfrontieren und für eine Revision der Teilung und die Restitution polnischer Eigenstaatlichkeit zu werben. Sie sorgte mit dafür, dass auch bei den Befürwortern des staatlichen Status quo ein latentes Unrechtsbewusstsein gegenüber den Polen verblieb.[15]

Die Untersuchung der Haltung des deutschen Katholizismus zu Polen, die Gegenstand dieser Arbeit ist, konzentriert sich aber nicht nur wegen der besonderen Präsenz der ‚polnischen Frage' bewusst auf den Zeitraum von 1830 bis 1849. Ein weiterer Grund dafür ist, dass in dieser Zeit sowohl der moderne deutsche Katholizismus als auch der deutsche Polendiskurs des 19. und frühen 20. Jahrhunderts die Zeit ihrer „Entstehung" hatten. „Entstehung" wird dabei mit Foucault als ein „Ort der Konfrontation" zwischen unterschiedlichen Kräften verstanden, die miteinander im Streit liegen.[16] Der deutsche Katholizismus konstituierte sich in dieser Zeit in einer Phase des innerkatholischen Kulturkampfes aus einem relativ lockeren Kommunikationszusammenhang divergierender Positionen und Lager zu einer festen, ultramontan bestimmten Kommunikationsgemeinschaft, die bis weit ins 20. Jahrhundert Bestand haben sollte.[17]

Gleichzeitig entstand der deutsche Polendiskurs in seiner national-liberalen Ausprägung, wie er für das weitere 19. und 20. Jahrhundert typisch sein sollte. Die positive Prägung aus der Phase euphorischer Polenfreundschaft zu Beginn der 1830er Jahre unterlag dabei seit etwa Anfang der 1840er Jahre einer auf negative Abgrenzung zielenden Polenfeindschaft, die im Revolutionsjahr 1848 umfassend zum Ausdruck kam und im weiteren bestimmend blieb. Polen hatte innerhalb von zwei Jahrzehnten seine Rolle als Faktor in der nationalen Identitätsbildung der Deutschen verändert. In den Jahren unmittelbar nach der Novemberrevolution von 1830 diente Polen angesichts seines Kampfes für Freiheit und Selbständigkeit noch der Identifizierung und Bewunderung und bot der liberalen deutschen Bewegung zudem die Möglichkeit, sich selbst durch Bekundungen der Solidarität im Sinne eines emanzipativen Nationskonzepts politisch zu äußern und durch die Bildung unterstützender Organisationen Formen der Vergesellschaftung zu entwickeln, die der Selbstverständigung und Grup-

---

[15] Zum diesbezüglichen Engagment der polnischen Emigration in Rom vgl. Kap. 3.3; zum Verhältnis des deutschen Ultramontanismus zur Emigration vgl. Kap. 4.

[16] MICHEL FOUCAULT: Nietzsche, die Genealogie, die Historie, in: DERS.: Schriften in vier Bänden, hg. v. DANIEL DEFERT u. FRANCOIS EWALD, Bd. 2: 1970-1975, Frankfurt/M. 2002, S. 166-191, hier S. 175f.

[17] Vgl. zu diesem Prozess Kap. 1.2.

penbildung dienten. Polen stellte in dieser Phase ein Objekt dar, an dem sich das eigene Selbstbild durch Identifizierung und Solidarisierung positiv konstituieren konnte. In den folgenden Jahren büßte Polen, je weiter der gescheiterte Aufstand und der Durchzug polnischer Emigranten durch Deutschland zurücklag, immer mehr diese Rolle ein, blieb jedoch ein konstituierender Faktor in der nationalen Identitätsbildung der deutschen Liberalen. In den 1840er Jahren wurde Polen zunehmend zu einem Gegenstand der Abgrenzung, an dem sich das nationale Selbstverständnis der Deutschen nun in negativer Form weiter herausbilden konnte. In dieser Phase gewann das oben genannte Stereotyp der ‚Polnischen Wirtschaft', das auch in der Zeit der Polenfreundschaft in positiver Umdeutung durchaus existiert hatte, mit all seinen Implikationen zunehmend an Bedeutung. Nicht mehr nationale Solidarität und Formen der Identifizierung, sondern nationale Konkurrenz und Gegnerschaft sowie Formen der Differenz und Abwertung dienten nun der nationalen Identitätsbildung.[18]

Vor dem Hintergrund dieses sich wandelnden liberal-nationalen Diskurses sowie der kontinuierlichen Präsenz der ‚polnischen Frage' und der Parallelität anti-polnischer und anti-katholischer Stereotypen zwischen 1830 und 1849 soll es im folgenden darum gehen, welche Position der deutsche Katholizismus in seiner Konstituierungsphase zu den Polen und der ‚polnischen Frage' einnahm. Ein wichtiger Faktor für die Positionierung war dabei nicht nur die Tatsache, dass die Polen derselben Konfession angehörten, sondern aus Sicht des deutschen Katholizismus oft in ähnlicher Weise wie er selbst aufgrund dieser Konfession diffamiert oder diskriminiert wurden. Insbesondere die Katholiken in den preußischen Westprovinzen

---

[18] Im Vergleich mit der liberalen Polenfreundschaft und deren Rolle für die nationale Identitätsbildung der Liberalen ist die entstehende ‚Polenfeindschaft' für die Jahre vor 1848 noch wenig untersucht und gilt stattdessen häufig immer noch als ein Resultat des Jahres 1848. In Anlehnung an einen Begriff von Günther Stökl spricht Hans Henning Hahn dagegen bereits für das Jahr 1840 zu Recht von einer „imagologischen Wende" und verweist auf die Bedrohungsgefühle angesichts der internationalen Krise dieses Jahres, vgl. HANS HENNING HAHN: Forschungslage und „weiße Flecken" in der deutsch-polnischen Beziehungsgeschichte (1. Hälfte des 19. Jahrhunderts), in: Zum wissenschaftlichen Ertrag der deutsch-polnischen Schulbuchkonferenzen der Historiker 1972-1987, hg. v. WOLFGANG JACOBMEYER, Braunschweig 1988, S. 65-74, hier S. 69. Das Durchsetzen eines integrativen gegenüber einem emanzipativ-kosmopolitischen Nationskonzept in dieser Zeit macht Michael G. Müller geltend, vgl. MICHAEL G. MÜLLER: Deutsche und polnische Nation im Vormärz, in: Polen und die polnische Frage in der Geschichte der Hohenzollern-Monarchie 1701-1871, hg. v. KLAUS ZERNACK, Berlin 1982, S. 69-97, hier S. 92ff. Vgl. ähnlich schon DERS.: Polen-Mythos und deutsch-polnische Beziehungen. Zur Periodisierung der Geschichte der deutschen Polenliteratur im Vormärz, in: Die deutsch-polnischen Beziehungen 1831-1848: Vormärz und Völkerfrühling, hg. v. RAINER RIEMENSCHNEIDER, Braunschweig 1979, S. 101-115, hier S. 112f. und an Müller anknüpfend HAHN, Deutschland und Polen, S. 12ff.

befanden sich schon rein äußerlich in einer vergleichbaren Situation wie ihre polnischen Glaubensbrüder in den preußischen Ostprovinzen. Wie die polnischen Gebiete, die seit den Teilungen Polens Ende des 18. Jahrhunderts mit kurzen Unterbrechungen und in unterschiedlichem Umfang zu Preußen gehörten, waren auch das Rheinland und Westfalen erst seit relativ kurzer Zeit durch die Beschlüsse des Wiener Kongresses 1815 an das bis dahin fast ausschließlich protestantische Preußen gelangt. Die Katholiken bildeten in ihrer Region zwar nach wie vor die Mehrheit, stellten auf gesamtstaatlicher Ebene jedoch eine Minorität dar und fühlten sich auch häufig als eine solche benachteiligt. Aber nicht nur die Katholiken unter preußischer Herrschaft empfanden sich oft als Opfer eines Zeitgeistes und einer staatlichen Politik, die ihnen feindlich gesinnt schienen – dasselbe galt auch für Katholiken in anderen deutschen Ländern und Regionen. Wie verhielten sie sich zum liberalen Polendiskurs und den Elementen, die darin eine Rolle spielten? Waren für ihr Polenbild Faktoren wie Nationalität oder politischer Freiheitskampf in gleicher Weise bestimmend, in der sie das Verhältnis der Liberalen zu Polen und die Ausbildung ihrer Identität beeinflussten? Besaßen für sie nicht andere Faktoren eine größere Relevanz: die Haltung zur Kirche, das Verhalten gegenüber einer staatlichen Obrigkeit und einem Zeitgeist, die als religiös diskriminierend wahrgenommen wurden, die Stellung zur Revolution als einem potentiellen Mittel, gegen die religiöse und politische Unterdrückung durch einen Staat vorzugehen?

Durch die Untersuchung der Haltung des deutschen Katholizismus soll die bisherige Forschung zum deutschen Polendiskurs im 19. Jahrhundert eine Erweiterung und Differenzierung erfahren. Bislang stand zumeist der Standpunkt des liberalen Bürgertums im Mittelpunkt, wenn es darum ging, welche Haltung die Deutschen Polen gegenüber einnahmen, wie sie über Polen sprachen, welche Faktoren bestimmend für ihre Positionierung waren. Notwendig scheint mir über die vorliegende Untersuchung hinaus eine stärkere Berücksichtigung auch anderer, bislang vernachlässigter sozialer, politischer und kultureller Gruppen. Neben dem Katholizismus wäre z.B. der Blick auf den deutschen Adel ebenfalls aufschlussreich, spielte doch im liberalen Polendiskurs die soziale Abgrenzung gegenüber der polnischen Adelskultur eine wesentliche Rolle.[19] Auf jeden Fall muss die Perspektive über diejenigen Gruppen, die den deutschen Polendiskurs langfristig national-liberal geprägt haben, hinausgehen, wenn man der

---

[19] Vgl. Hinweise auf ein positives Polenbild im deutschen Reichsadel des 18. Jahrhunderts bei CEGIELSKI, S. 54f.

ursprünglichen Breite der Positionen in der historischen Situation gerecht werden will.[20]

Primärer Gegenstand der Untersuchung ist somit der Polendiskurs des deutschen Katholizismus zwischen 1830 und 1849, der einen Teildiskurs sowohl des deutschen Polendiskurses als auch des deutschen und übernationalen katholischen Diskurses darstellte.[21] Der katholische Diskurs war durch bestimmte „Apriori des Gesagten und des Sagbaren"[22] vorstrukturiert, die sich nicht nur auf die Wahl der Gegenstände bezogen, sondern auch auf die Art ihrer Thematisierung und Verbalisierung. Typische Objekte des katholischen Diskurses im Vormärz waren beispielsweise das Verhältnis von Kirche und Welt, die innerkirchliche Verfasstheit, die Wege der religiösen Erkenntnis oder die zu favorisierenden Formen von Frömmigkeit. Aber auch andere, nichtkirchliche bzw. nichtreligiöse Themen konnten zum Gegenstand des katholischen Diskurses werden, unterlagen dann aber seinen besonderen Regularitäten. Ein Gegenstand wie Polen oder die ‚polnische Frage' wurde dann nicht nach den Regeln des politischen oder nationalen Diskurses thematisiert und sprachlich verfasst, sondern nach Regeln, die der spezifischen Ordnung des katholischen Diskurses mit seinen eigenen Strukturierungsprinzipien entsprachen. Innerhalb dieses

---

[20] Diese Forderung wurde 1987 in ähnlicher Form schon erhoben von HAHN, Forschungslage, S. 68. Für eine verbreiterte Untersuchung der Haltung der deutschen Bevölkerung zur Polenpolitik votiert auch WITOLD MOLIK: Die preußische Polenpolitik im 19. und zu Beginn des 20. Jahrhunderts. Überlegungen zu Forschungsstand und -perspektiven, in: Nationale Minderheiten und staatliche Minderheitenpolitik in Deutschland im 19. Jahrhundert, hg. v. HANS HENNING HAHN u. PETER KUNZE, Berlin 1999, S. 29-39, hier S. 39.

[21] Der hier verwendete Diskursbegriff geht in seinen Grundzügen zurück auf das Modell von Michel Foucault, ohne dass im folgenden jedoch eine reine Diskursanalyse durchgeführt werden soll, wie sie von Foucault und anderen, die an ihn anknüpfen, in unterschiedlicher Weise konzipiert und teilweise auch durchgeführt worden ist. Vgl. MICHEL FOUCAULT: Archäologie des Wissens, Frankfurt/M. 1981; DERS.: Die Ordnung des Diskurses, Frankfurt/M. 1991; MANFRED FRANK: Zum Diskursbegriff bei Foucault, in: Diskurstheorien und Literaturwissenschaft, hg. v. JÜRGEN FOHRMANN u. HARRO MÜLLER, Frankfurt/M. 1988, S. 25-44; HILMAR KALLWEIT: Archäologie des historischen Wissens: Zur Geschichtsschreibung Michel Foucaults, in: Historische Methode, hg. v. CHRISTIAN MEIER u. JÖRN RÜSEN, München 1988, S. 267-299, hier S. 280-289; ACHIM LANDWEHR: Geschichte des Sagbaren. Einführung in die Historische Diskursanalyse, Tübingen 2001; PLEITNER, S. 79-98; UTE DANIEL: Kompendium Kulturgeschichte. Theorien, Praxis, Schlüsselwörter, Frankfurt/M. 2001, S. 171-174, 354-360; PETER SCHÖTTLER: Sozialgeschichtliches Paradigma und historische Diskursanalyse, in: Diskurstheorie und Literaturwissenschaft, hg. v. JÜRGEN FOHRMANN u. HARRO MÜLLER, Frankfurt/M. 1988, S. 159-199, hier S. 164-179; PHILIPP SARASIN: Geschichtswissenschaft und Diskursanalyse, in: DERS.: Geschichtswissenschaft und Diskursanalyse, Frankfurt/M. 2003, S. 10-60; MICHAEL MASET: Diskurs, Macht und Geschichte. Foucaults Analysetechniken und die historische Forschung, Frankfurt/M. u. New York 2002, S. 113-160.

[22] DANIEL, Kompendium Kulturgeschichte, S. 357 in Anlehnung an Foucault.

diskursiven Rahmens wurde etwa verhandelt, wie das Verhältnis der Polen zur Kirche aussah, welchen Platz sie in der Geschichte als göttlicher Heilsgeschichte einnahmen, wie sie sich angesichts religiöser Unterdrückung verhielten, ob ihr Widerstand gegenüber der weltlichen Obrigkeit aus religiöser Sicht legitim war. Der katholische Diskurs konnte sich dabei mit anderen Teildiskursen, wie dem politischen, überschneiden, verlief aber primär nach eigenen Regeln.

Auch wenn ein Diskurs spezifischen Formierungs- und Formulierungsregeln unterliegt, ist er in sich höchst heterogen. Verschiedene Positionen, die miteinander konkurrieren oder sogar im Gegensatz zu einander stehen können, sind möglich. Häufig kommt es zu Verdrängungsversuchen, die auf eine hegemoniale Dominierung des Diskurses abzielen.[23] Im katholischen Diskurs gelang es dem Ultramontanismus Mitte des 19. Jahrhunderts eine solche Position annähernd zu erlangen. Bereits um einige Jahre früher hatte er eine hegemoniale Stellung in der katholischen Zeitschriftenpresse erreicht und damit ein entscheidendes Medium der Diskursproduktion und -verbreitung besetzen können.[24]

Bei der Untersuchung der katholischen Haltung zu Polen geht es aber nicht allein um die Verästelungen und Entwicklungen von bestimmten Diskurssträngen. Der Diskurs existiert nicht im luftleeren Raum, sondern immer im Zusammenhang mit konkreten Menschen als historischen und agierenden Subjekten. Die historischen Subjekte unterliegen zwar in ihrer diskursiven Praxis bestimmten Diskursregeln, doch innerhalb des diskursiven Rahmens verfolgen sie gleichwohl Interesssen, unterliegen spezifischen Motivationen, entwickeln und folgen bestimmten Ideen und Deutungsmodellen, die hier ebenfalls interessieren. Das nicht-diskursive Handeln wird zwar durch den bestehenden Diskurs beeinflusst, doch andererseits wirken auch nicht-diskursive Praxis und Erfahrung bestätigend oder aber modifizierend auf die Strukturen und konkreten Ausformungen des Diskurses, auf die „Matrix diskursiver Formierungen",[25] zurück. So spielten sich die Verdrängungsversuche des Ultramontanismus gegenüber konkurrierenden Richtungen, sein Kampf um eine hegemoniale Stellung, nicht nur auf der Ebene des Diskurses ab, sondern auch auf der Ebene der Institutionen,

---

[23] Kritisch zur starken Betonung des Kampfes um Diskursmacht bei Foucault: SUZANNE MARCHAND: Foucault, die moderne Individualität und die Geschichte der humanistischen Bildung, in: Geschichte zwischen Kultur und Gesellschaft, hg. v. THOMAS MERGEL u. THOMAS WELSKOPP, München 1997, S. 323-348, hier S. 344. Zum Verhältnis von Diskurs und Macht vgl. auch PLEITNER, S. 92ff.; DANIEL, Kompendium Kulturgeschichte, S. 174ff.

[24] Vgl. Kap. 1.

[25] SARASIN, S. 54.

z.b. bei der Besetzung von Bischofstühlen oder der Herausgabe von Zeitschriften.[26] Für die Untersuchung der Haltung des deutschen Katholizismus zu Polen spielt daneben aber auch der beziehungsgeschichtliche Aspekt eine nicht zu vernachlässigende Rolle. Es wird dabei nicht nur der Frage nachgegangen, ob es persönliche Kontakte zwischen Vertretern des deutschen Katholizismus und Polen gegeben hat, sondern auch, wie der bestehende Diskurs diese Kontakte beeinflusst und ob die persönliche Begegnung auf den Diskurs zurückgewirkt hat. Insbesondere die ultramontane Bewegung, die sich über die einzelstaatlichen und nationalen Grenzen hinweg nach Rom ausrichtete, besaß quasi schon per definitionem einen übernationalen Charakter. Sie bildete in den 1830er und 1840er Jahren ein persönliches und kommunikatives Netzwerk aus, das sich über ganz Europa erstreckte und langfristig mit dazu beitrug, dass der Katholizismus in der Fremdwahrnehmung als eine national unzuverlässige ‚Schwarze Internationale' angesehen wurde.[27]

Die Kontakte in Richtung Westen nach Frankreich oder Belgien sind seit langem bekannt und besaßen für die Ausbildung des deutschen Katholizismus große Bedeutung sowohl in der Übernahme als auch in der Abgrenzung von weltanschaulichen Inhalten, politischen Zielen, Formen der Selbstorganisation und Mitteln der Interessendurchsetzung. Gab es Vergleichbares auch in Richtung Osten im Verhältnis zum polnischen Katholizismus? Wurde der Kontakt gesucht? Waren Polen Teil des katholischen Netzwerkes und spielten sie eine Rolle für die Ausbildung eines katholischen Bewusstseins?[28] Die Arbeit versteht sich mit dieser Fragestellung auch als Beitrag und Plädoyer für eine übernationale Perspektive der Katholizismusforschung. Das 19. Jahrhundert, oft als nationales Zeitalter betrachtet, war in der gegenseitigen Wahrnehmung und Auseinandersetzung internationaler, als heute oft angenommen wird. Nicht nur vergleichende Studien sind daher notwendig, sondern auch Untersuchungen zu Kommunikationsstrukturen, Austauschsystemen und Beziehungskontexten

---

[26] Vgl. dazu Kap. 1.

[27] Von einem „Catholic Network" für die Zeit vor 1848 spricht auch VINCENT VIAENE: The Roman Question. Catholic Mobilisation and Papal Diplomacy during the Pontificate of Pius IX (1846-1878), in: The Black International 1870-1878. The Holy See and Militant Catholicism in Europe, hg. v. Emiel Lamberts, Leuven 2002, S. 135-177, hier S. 136. Vgl. ebd. auch die anderen Beiträge, die sich jedoch zumeist auf die Zeit nach 1870 beziehen, sowie ALTERMATT, Katholizismus und Moderne, S. 70; MARGARET LAVINIA ANDERSON: Die Grenzen der Säkularisierung. Zur Frage des katholischen Aufschwungs im Deutschland des 19. Jahrhunderts, in: Säkularisierung, Dechristianisierung, Rechristianisierung im neuzeitlichen Europa. Bilanz und Perspektiven der Forschung, hg. v. HARTMUT LEHMANN, Göttingen 1997, S. 194-222, hier S. 214.

[28] Vgl. zu diesen Fragen vor allem Kap. 4.

über nationale Grenzen hinweg. Es stellt sich die Frage, inwieweit gerade durch die katholische Presse ein Bewusstsein europaweiter Verbundenheit und Solidarität, eine transnationale „community of sentiment"[29] von Katholiken produziert worden ist, inwieweit die verschiedenen Formen des Katholizismus aber auch auf ihren nationalen Rahmen bezogen und durch diesen bestimmt blieben.

Stärker als beziehungs- und kommunikationsgeschichtliche Fragen steht jedoch die Bedeutung Polens für die Ausbildung einer eigenen Identität des deutschen Katholizismus im Zentrum der Untersuchung. In der Zeit zwischen 1830 und 1849 gab es noch kein geschlossenes katholisches Milieu oder „Ghetto".[30] Eine formierte katholische Sub-Gesellschaft, mit einer ideologischen und kulturellen Hegemonie des Ultramontanismus, wie sie für die zweite Jahrhunderthälfte und vor allem für das Kaiserreich oftmals festgestellt wird,[31] befand sich in der Zeit des Vormärz noch im Entstehen.[32] In den zwei Jahrzehnten vor der Jahrhundertmitte wurde noch

---

[29] CLARK, The New Catholicism, S. 35.

[30] Von einem „katholischen Ghetto" bzw. „Ghettokatholizismus" sprechen ODED HEILBRONNER: From Ghetto to Ghetto: The Place of German Catholic Society in Recent Historiography, in: The Journal of Modern History 71 (2000), S. 453-495 sowie OTTO WEISS: Der Ultramontanismus. Grundlagen – Vorgeschichte – Struktur, in: Zeitschrift für bayerische Landesgeschichte 41 (1978), S. 821-877, hier S. 823.

[31] Ob es überhaupt je ein derartig fest umrissenes katholisches Milieu gegeben hat, wird insbesondere durch Forschungen in Frage gestellt, die sich mit dem katholischen Bürgertum oder der katholischen Arbeiterschaft beschäftigen, vgl. etwa MERGEL, Zwischen Klasse und Konfession; DERS.: Ultramontanism, Liberalism, Moderation: Political Mentalities and Political Behaviour of the German Catholic *Bürgertum*, 1848-1914, in: Central European History 29 (1996), H. 2, S. 151-174; ODED HEILBRONNER: Wohin verschwand das katholische Bürgertum? Der Ort des katholischen Bürgertums in der neueren deutschen Historiographie, in: Zeitschrift für Religion und Geistesgeschichte 47 (1995), H. 4, S. 320-337; RUDOLF SCHLÖGEL: Glaube und Religion in der Säkularisierung: Die katholische Stadt – Köln, Aachen, Münster – 1700-1840, München 1995; RAYMOND C. SUN: Arbeiter, Priester und ‚die Roten': Kulturelle Hegemonie im katholischen Milieu, 1885-1933, in: Geschichte zwischen Kultur und Gesellschaft. Beiträge zur Theoriedebatte, hg. v. THOMAS MERGEL u. THOMAS WELSKOPP, München 1997, S. 151-170; DERS.: Before the Enemy is Within our Walls: Catholic Workers in Cologne, 1885-1912, Boston 1999.

[32] Das ist wohl unter anderem ein Grund dafür, dass sich die Katholizismusforschung bislang stärker mit der Zeit des Kaiserreiches beschäftigt und sich seit den 1980er Jahren unter sozialgeschichtlicher Perspektive auf Fragen des katholischen ‚Milieus' konzentriert hat. Vgl. beispielhaft die Aufsätze in Religion im Kaiserreich. Milieus, Mentalitäten, Krisen, hg. v. OLAF BLASCHKE u. FRANK-MICHAEL KUHLEMANN, Gütersloh 1996 und in Konfession, Milieu, Moderne. Konzeptionelle Positionen und Kontroversen zur Geschichte von Katholizismus und Kirche im 19. und 20. Jahrhundert, hg. v. JOHANNES HORSTMANN u. ANTONIUS LIEDHEGENER, Schwerte 2001. Vgl. auch die Forschungsüberblicke der vergangenen Jahre: JONATHAN SPERBER: Kirchengeschichte or the Social and Cultural History of Religion?, in: NPL 43 (1998), S. 13-35; KARL-EGON LÖNNE: Katholizismus-Forschung,

sehr kontrovers verhandelt, was Katholisch-Sein eigentlich bedeuten, implizieren und für Konsequenzen haben sollte. Unterschiedliche Konzepte und Auffassungen konkurrierten miteinander, standen sich gegenüber und bekämpften sich teilweise scharf. Der Katholizismus bildete noch keine eigene Kultur im Sinne eines umfassenden Deutungssystems mit einem festen Selbst- und Weltverständnis, sondern befand sich noch in einer Phase des innerkatholischen ‚Kulturkampfes'.[33] Wenn im folgenden für diese Zeit von ‚Katholizismus' die Rede ist, ist daher zunächst nur ein Kommunikationszusammenhang durchaus vielfältiger Positionen gemeint, die heterogen, konträr und teilweise unvereinbar miteinander waren. Allerdings ist schon in diesem Zeitraum erkennbar, dass sich der Ultramontanismus relativ früh als die dominierende Richtung innerhalb dieses diskursiven Widerstreits etablieren konnte.[34]

Helmut Walser Smith und Christopher Clark haben jüngst zu Recht betont, dass bei der Ausbildung konfessioneller Identität immer der Bezug auf andere Konfessionen zu berücksichtigen ist.[35] In der vorliegenden Arbeit spielt dies allerdings nur indirekt in der oben beschriebenen Form eines zu berücksichtigenden Hintergrundes protestantischer Abgrenzung gegenüber Polen und dem Katholizismus eine Rolle. Darüber hinaus gehe ich im folgenden davon aus und versuche zu zeigen, dass für die Ausbildung der Identität des deutschen Katholizismus auch die Auseinandersetzung divergierender Gruppen innerhalb des Katholizismus sowie das Sich-ins-Verhältnis-Setzen zu nichtdeutschen Katholizismen als wesentlich zu betrachten sind.

In der Phase der innerkatholischen Auseinandersetzung, der Identitätsbildung und Konstituierung dessen, was in der Forschung als katholische Sondergesellschaft, katholisches Milieu oder schlicht als Katholizismus verstanden wird, spielte auch Polen eine Rolle im Prozess der katholischen Selbstverständigung. Wie für die liberale deutsche Nationalbewegung gilt auch für den deutschen Katholizismus: Wenn über Polen geschrieben wurde, wurde immer auch über sich selbst geschrieben. Das katholische Polen war ein Objekt, an dem sich die Identität des deutschen Katholizismus durch die Mechanismen von Identifizierung und Abgrenzung aus-

---

in: GG 26 (2000), S. 128-170; KURT NOWAK: Kirchengeschichte des 19. und 20. Jahrhunderts, in: GWU 51 (2000), H. 3, S. 190-207 u. H. 4, S. 259-266; HEILBRONNER, From Ghetto to Ghetto.

[33] Vgl. zu der Verwendung des Begriffs Kap. 1.2.

[34] Vgl. dazu Kap. 1.2

[35] Vgl. HELMUT WALSER SMITH u. CHRIS CLARK: The Fate of Nathan, in: Protestants, Catholics and Jews in Germany, 1800-1914, hg. v. HELMUT WALSER SMITH, Oxford u. New York 2001, S. 3-29, hier S. 6f., 17.

bildete.[36] Die Auseinandersetzung mit Polen war immer auch ein Prozess der Selbstverständigung und Selbstvergewisserung. Die Gemeinsamkeit der Konfession und der häufig empfundenen Diskriminierung aufgrund dieser Konfession durch den ‚Geist der Zeit' machte die Reflexion über Polen zur Selbstreflexion und verknüpfte die Fragen: Wer und wie sind sie/wir? Welches sind ihre/unsere Ziele und Wünsche? Welches sind ihre/unsere Mittel und Instrumente zur Durchsetzung von Interessen? Am katholischen Polendiskurs wird somit der Identitätsbildungsprozess des deutschen Katholizismus selbst retrospektiv erkennbar.

Methodisch lässt sich dieser Prozess der katholischen Identitätsbildung am Objekt Polen mit den Mitteln der historischen Stereotypenforschung greifen.[37] Stereotype werden hier verstanden als langfristig wirkende, vereinfachende und generalisierende Charakterisierungen, die mit einem emotional aufgeladenen Werturteil verbunden sind. Die genaue Wertigkeit von Stereotypen, die sowohl positiv als auch negativ konnotiert sein kön-

---

[36] Zu den Prozessen kollektiver Identitätsbildung durch Identifizierung, Integration und Inklusion auf der einen Seite und Abgrenzung, Distinktion und Exklusion auf der anderen Seite vgl. ALEIDA ASSMANN: Zum Problem der Identität aus kulturwissenschaftlicher Sicht, in: Die Wiederkehr des Regionalen, hg. v. ROLF LINDNER, Frankfurt/M. 1994, S. 13-35, hier S. 22f.; ASSMANN, Das kulturelle Gedächtnis, S. 151f.; SHMUEL NOAH EISENSTADT u. BERNHARD GIESEN: The Construction of collective identity, in: European Journal of Sociology 36 (1995), S. 72-102, hier S. 74ff.; BERNHARD GIESEN: Codes kollektiver Identität, in: Religion und Identität, hg. v. WERNER GEPHART u. HANS WALDENFELS, Frankfurt/M. 1999, S. 13-43, hier S. 13ff.; PETER WAGNER: Fest-Stellungen. Betrachtungen zur sozialwissenschaftlichen Diskussion über Identität, in: Identitäten, hg. v. ALEIDA ASSMANN u. HEIDRUN FRIESE, Frankfurt/M. 1998, S. 44-72, hier S. 50, 58f.; ANDREAS RECKWITZ: Der Identitätsdiskurs. Zum Bedeutungswandel einer sozialwissenschaftlichen Semantik, in: Kollektive Identitäten und kulturelle Innovationen. Ethnologische, soziologische und historische Studien, hg. v. WERNER RAMMERT, GUNTHER KNAUTHE, KLAUS BUCHENAU u. a., Leipzig 2001, S. 21-38, hier S. 29ff.

[37] Zum Stereotypenbegriff und zur historischen Stereotypenforschung vgl. ADAM SCHAFF: Stereotypen und das menschliche Handeln, Wien, Zürich u. München 1980, S. 27-87; HANS HENNING HAHN: Stereotypen in der Geschichte und Geschichte im Stereotyp, in: Historische Stereotypenforschung, hg. v. DEMS., Oldenburg 1995, S. 190-204; DERS. u. EVA HAHN: Nationale Stereotypen. Plädoyer für eine historische Stereotypenforschung, in: Stereotyp, Identität und Geschichte. Die Funktion von Stereotypen in gesellschaftlichen Diskursen, hg. v. HANS HENNING HAHN, Frankfurt/M. u. a. 2002, S. 17-56; MICHAEL JEISMANN: Was bedeuten Stereotypen für nationale Identität und politisches Handeln? in: Nationale Mythen und Symbole in der zweiten Hälfte des 19. Jahrhunderts, hg. v. JÜRGEN LINK u. WOLF WÜLFING, Stuttgart 1991, S. 84-93; RUDOLF JAWORSKI: Osteuropa als Gegenstand historischer Stereotypenforschung, in: GG 13 (1987), S. 63-76. Zum Verhältnis von Stereotypenforschung und Diskursanalyse vgl. PLEITNER; MICHAEL IMHOF: Stereotypen und Diskursanalyse. Anregungen zu einem Forschungskonzept kulturwissenschaftlicher Stereotypenforschung, in: Stereotyp, Identität und Geschichte. Die Funktion von Stereotypen in gesellschaftlichen Diskursen, hg. v. HANS HENNING HAHN, Frankfurt/M. u. a. 2002, S. 57-71.

nen, ergibt sich erst aus dem konkreten diskursiven Kontext, in dem sie stehen. Durch ihren emotionalen Gehalt gehen Stereotype in ihrer Funktion über bloß Orientierung schaffende, kategorisierende Etikettierungen hinaus. Durch den zirkulären Bezug von Auto- und Heterostereotypen, also von Selbst- und Fremdbildern, tragen sie durch ihre abgrenzende Wirkung zur Produktion und Formierung einer gemeinsamen Gruppenidentität bei. Die historische Stereotypenforschung hat sich bislang vor allem mit der Konstituierung und Stärkung von Wir-Gruppen durch die über den Gegensatz von Auto- und Heterostereotypen vermittelte Abgrenzung von anderen Gruppen beschäftigt und sich dabei zumeist auf die nationale Distinktion konzentriert. Die Rolle Polens für die Identitätsbildung des deutschen Katholizismus in der diskursiven Praxis von Selbst- und Fremdzuschreibungen fällt dagegen wesentlich komplexer aus, weil stärker als die nationale Differenz zwei andere Faktoren den Prozess von Abgrenzung und Integration bestimmten.

Zum einen waren Polen im Vormärz für den deutschen Katholizismus ein Objekt der Identifizierung als katholische Glaubensgenossen, die unter der Herrschaft der Teilungsmächte Russland und Preußen in ihrer religiösen Freiheit behindert wurden (die dritte Teilungsmacht Österreich wurde von diesem Vorwurf ausgenommen), was tendenziell Solidarisierungseffekte hervorrufen konnte. Zum anderen waren sie als politisch Handelnde, die sich von der Herrschaft eben jener Teilungsmächte befreien wollten und dazu auch immer wieder revolutionäre Mittel anwandten, was prinzipiell als illegitim galt, Objekte der Abgrenzung. In der Auseinandersetzung mit Katholiken, die gewaltsam Widerstand gegen die weltliche Obrigkeit leisteten, musste sich der deutsche Katholizismus auch darüber verständigen, wie er sich selbst zu den Prinzipien von Herrschaft und Widerstand stellte. Dabei spielte für den katholischen Diskurs die Scheidung von politischer und religiöser Unterdrückung eine wichtige Rolle, die sich im polnischen Fall allerdings immer wieder als schwierig erwies. Die Auseinandersetzung über die Legitimität politischen Widerstandes wurde durch drei polnische Aufstände – 1830, 1846 und 1848 – am Leben gehalten, von denen die letzte Erhebung Teil einer Revolution war, die auch Deutschland und den deutschen Katholizismus selbst ergriff.

Die interne Auseinandersetzung der deutschen Katholiken wurde durch äußere Faktoren beeinflusst: von der politischen Theologie der französischen Ultramontanen unter Führung von Félicité de Lamennais; von dem Generalvorwurf von protestantischer und katholisch-aufgeklärter Seite, der ultramontane Katholizismus begünstige die Revolution; von der Haltung Roms; schließlich von der eigenen Stellung zu den Teilungsmächten, gegen die sich die polnischen Aufstände richteten. Neben der primär chronologischen Struktur der Untersuchung stellt das Verhältnis des deutschen Katholizismus zu den Teilungsmächten ein zweites Gliederungsprinzip dar, das die Chronologie teilweise auch durchbricht.

So geht es nach dem Überblick über die Konstituierung des modernen deutschen Katholizismus von 1830 bis 1849 (Kapitel 1) im zweiten Kapitel um den polnischen Novemberaufstand von 1830, der sich gegen die Teilungsmacht Russland richtete, und im dritten Kapitel um die Rolle, welche die russische Polen- und Religionspolitik im Gefolge dieses Aufstandes bis 1848 für die Haltung des deutschen Katholizismus zu Polen spielte. Hierbei ist die Bedeutung des sich wandelnden katholischen Russlandbildes für die Haltung zu Polen ebenso zu berücksichtigen wie die Stellung Polens im *mental mapping* des deutschen Katholizismus in bezug auf Osteuropa.

Nach der Untersuchung des Bildes von der polnischen Emigration und den Beziehungen zu ihr im vierten Kapitel wird im fünften Abschnitt das Verhältnis zur Teilungsmacht Österreich und zum polnischen Aufstand von 1846 behandelt. In diesem Zusammenhang muss näher auf die emotionale und teilweise auch materielle Bindung des ultramontanen Katholizismus zu *dem* deutschen Staat beleuchtet werden, der als katholische Schutzmacht und als Erbwalter des idealisierten Heiligen Römischen Reiches Deutscher Nation betrachtet wurde.

Die Haltung zur Teilungsmacht Preußen schließlich spielt im sechsten und siebten Kapitel eine entscheidende Rolle. Die Wahrnehmung Preußens als einer die Katholiken diskriminierenden protestantischen Schutzmacht war ein wichtiger Faktor für das Verhältnis zu der polnischen Minderheit in Preußen. Dieses Verhältnis wird zum einen angesichts des ‚Mischehen-konflikts' zwischen katholischer Kirche und preußischem Staat zwischen 1837 und 1840 untersucht, der wesentlich zur Bewusstseinsbildung des deutschen Katholizismus beigetragen hat, aber nicht nur im Rheinland, sondern auch in Posen stattfand, zum anderen in bezug auf die Stellung zu den polnischen Minderheitenrechten innerhalb des preußischen Staates. Im siebten Kapitel spielt die katholische Haltung zu Preußen im Zusammen-hang mit dem polnischen Aufstand in Posen 1848 noch einmal eine bedeu-tende Rolle.

Sowohl für die katholische Haltung zu den Teilungsmächten als auch für die damit in enger Interdependenz stehende Haltung zu Polen waren grund-sätzliche Einstellungen des Katholizismus von Bedeutung, die sich auf die Geschichtsdeutung und Zukunftshoffnungen, auf das Verhältnis zum Prin-zip der Nation, zur Struktur des Staates und zur Rolle von Minderheiten bezogen. Im Rahmen dieser Vorstellungen situierte sich die katholische Haltung zu dem, was im 19. Jahrhundert ‚die polnische Frage' genannt wurde, also der Frage nach einer selbständigen politischen Zukunft der Polen in einem eigenen Staat in einer Phase der Staatenlosigkeit. In diesem Zusammenhang spielten insbesondere katholische Vorstellungen von der

Historizität des Rechts und der Illegitimität der Revolution eine wichtige Rolle. Die Untersuchung des katholischen Polendiskurses kann somit einige wichtige Grundelemente der politischen (Deutungs-)Kultur des Katholizismus in seiner Konstituierungsphase entfalten.

Den Quellencorpus für die Analyse des Diskurses bilden hauptsächlich katholische Zeitschriften und Zeitungen. Als Medium, das den Diskurs gleichermaßen zum Ausdruck bringt und mitproduziert, eignet sich diese Quellensorte besonders auch wegen ihrer periodischen Erscheinungsweise, die eine diachrone Analyse der Diskursentwicklung und der ‚Einschreibung' diskursiver Regelmäßigkeiten durch Wiederholung ähnlicher Aussagen möglich macht. Wie das Zeitschriftenwesen generell, so erfuhr auch die katholische Presse im Vormärz einen erheblichen Schub und wurde zu einem wichtigen Medium sowohl der innerkatholischen Kommunikation als auch der Auseinandersetzung mit außerkatholischen Erscheinungen und Einflüssen. Zeitschriften und Zeitungen bildeten trotz vielfältiger staatlicher Einschränkungen (z.B. Konzessionspflicht und Zensur) zunehmend eine Bühne der Selbstäußerung und Selbstverständigung, auf der öffentlich Positionierungen vorgenommen, Haltungen bestimmt und geklärt werden konnten, auf der im weltanschaulichen, aber auch innerkatholischen Wettstreit für den eigenen Standpunkt geworben wurde und auf der Abgrenzungen und Ausgrenzungen stattfanden. Zu beachten ist dabei, dass religiöse Themen im deutschen Vormärz oftmals ein Ersatzfeld für politische Diskussionen darstellten, die nicht öffentlich geführt werden konnten. Das Medium der Zeitschrift wurde zu einem Mittel der Gruppenkonstituierung und Identitätsbestimmung, die auch über den nationalen Rahmen hinausgehen konnte.[38]

Es liegt auf der Hand, dass dies nur einen Teil der Katholiken betraf: zunächst die relativ kleine Gruppe derer, die selbst publizistisch aktiv war; dann auch diejenigen Katholiken, die die Rezipientenschicht der katholischen Presse stellten. Allerdings gibt es trotz einzelner bekannter Auflagenzahlen nur geringe Kenntnisse über den tatsächlichen Verbreitungsgrad der katholischen Presse und das Rezeptionsverhalten ihrer Leser. In Anbetracht der im Vormärz populären Lesezirkel und -vereine sowie der verbreiteten Praxis des Vorlesens und der Mehrfachverwendung von Zeitungen durch Weitergabe ist von einer höheren Wirkungsbreite auszugehen, als die reinen Auflagenzahlen zunächst vermuten lassen.[39] Nichtsdestoweniger

---

[38] Zur Entwicklung des katholischen Pressewesens vgl. Kap. 1.2.

[39] Vgl. dazu näheres bei BERNHARD SCHNEIDER: Katholiken auf die Barrikaden? Europäische Revolutionen und deutsche katholische Presse 1815-1848, Paderborn u. a. 1998, S. 81-85; MATTHIAS KLUG: Rückwendung zum Mittelalter? Geschichtsbilder und historische Argumentation im politischen Katholizismus des Vormärz, Paderborn u. a.

ist zu bedenken, dass, wenn auf der Grundlage der katholischen Presse Aussagen über ‚den Katholizismus' gemacht werden, damit zunächst nur eine gewisse Elite derer gemeint sein kann, die am katholischen Diskurs, wie er sich über Zeitschriften und Zeitungen vermittelt, in irgend einer Form teilhatten. Auch mit Rücksicht auf diesen Umstand wird unter dem Begriff ‚Katholizismus' in dieser Arbeit keine feste Sozialform, sondern ein Kommunikationszusammenhang verstanden, an dem nicht alle Katholiken gleichermaßen partizipieren konnten. Gleichzeitig ermöglicht diese Begriffsverwendung jedoch die Einbeziehung zumindest aller an diesem Kommunikationszusammenhang Beteiligten unabhängig von ihrer innerkirchlichen Positionierung. Die heute in der Katholizismusforschung zumeist übliche, enger gefasste Definition des ‚Katholizismus' als „sondergesellschaftliche Formierung" der Katholiken mit enger Bindung an die Kirche reproduziert dagegen letztlich nur das Selbstbild der im 19. Jahrhundert dominant werdenden ultramontanen Richtung, für die der Terminus ‚Katholizismus' nach Franz-Xaver Kaufmann zum „semantischen Träger einer konfessionellen Identität der papsttreuen Katholiken" wurde.[40] Katholiken, die diesem Bild nicht entsprachen und bereits von ultramontaner Seite häufig als ‚Pseudo-Katholiken' oder ‚unkatholisch' diffamiert wurden, werden bei dieser Begriffsverwendung auch in der Retrospektive per definitionem zwangsläufig noch einmal ausgegrenzt.

Als ‚katholische' Zeitschriften und Zeitungen werden dem Verständnis von ‚Katholizismus' als einem Kommunikationszusammenhang von Katholiken entsprechend solche Blätter herangezogen, die durch ihren Titel oder ihr Programm den Anspruch erhoben, Foren oder Organe katholischer Meinungsäußerung zu sein, unabhängig von ihrer innerkatholischen Posi-

---

1995, S. 123ff. Vgl. als Detailstudie für das Bistum Trier auch BERNHARD SCHNEIDER: Lesegesellschaften des Klerus im frühen 19. Jahrhundert, in: Archiv für mittelrheinische Kirchengeschichte 49 (1997), S. 155-177.

[40] FRANZ-XAVER KAUFMANN: Katholizismus und Moderne als Aufgaben künftiger Forschung, in: Moderne als Problem des Katholizismus, hg. v. URS ALTERMATT, HEINZ HÜRTEN u. NIKOLAUS LOBKOWICZ, Regensburg 1995, S. 9-32, hier S. 10; die Definition als „sondergesellschaftliche Formierung" ebd., S. 12. Von einer engen Nähe des Katholizismus zu kirchenamtlichen Positionen, insbesondere aber vom Einsatz für die Unabhängigkeit der Kirche im Staat gehen sowohl die traditionelle Kirchengeschichtsschreibung als auch die sozialgeschichtliche Katholizismusforschung aus. Vgl. OSWALD VON NELL-BREUNING: Katholizismus, in: Zur Soziologie des Katholizismus, hg. v. KARL GABRIEL u. FRANZ-XAVER KAUFMANN, Mainz 1980, S. 24-38; HEINZ HÜRTEN: Katholizismus, in: Staatslexikon, Bd. 3, Sonderausgabe der 7., völlig neu bearb. Aufl., Freiburg, Basel u. Wien 1995, Sp. 374; OSKAR KÖHLER: Katholizismus, in: Handwörterbuch religiöser Gegenwartsfragen, hg. v. ULRICH RUH, DAVID SEEBER u. RUDOF WALTER, Freiburg, Basel u. Wien ²1989, S. 198-202.

tionierung.[41] Es soll so ein möglichst breites Spektrum des in der Zeit des Vormärz durchaus noch heterogenen Katholizismus eröffnet werden. Allerdings zeigt sich, dass bereits ab Mitte der 1830er Jahre parallel zu einer quantitativen Ausdehnung der katholischen Presse eine starke programmatische Verengung stattfand, der Ultramontanismus immer mehr an Dominanz gewann und alternative Richtungen zunehmend an publizistischer Präsenz verloren. Die kulturelle Hegemonie des Ultramontanismus innerhalb des Katholizismus, wie sie sich in der Jahrhundertmitte durchsetzte, war in der Presse somit schon um einige Jahre vorweggenommen. Für die Untersuchung der Haltung des deutschen Katholizismus zu Polen anhand der katholischen Presse bedeutet dies, dass Aussagen zunehmend nur für den Katholizismus in seiner ultramontanen Ausformung möglich werden, was nicht bedeutet, dass konkurrierende Richtungen mit einer anderen Haltung nicht mehr existierten. Allerdings zeigt die Untersuchung auch, dass Polen für die ultramontane Ausprägung offensichtlich sehr viel mehr ein Thema war, das in Relation zu der eigenen konfessionellen Identität stand und zur Auseinandersetzung einlud, als dies für aufgeklärt-katholische Richtungen der Fall war.[42]

Die katholische Presse als Quelle heranzuziehen ist innerhalb der Katholizismusforschung mittlerweile keine Besonderheit mehr. Untersuchungen jedoch, die sich schwerpunktmäßig auf dieses Quellenmaterial stützen und gleichzeitig auf die Bedeutung des Zeitschriftenwesens für die katholische Gruppen- und Identitätsbildung hinweisen, sind an einer Hand abzuzählen. Zu nennen ist hier zum einen die wichtige Studie von Gerhard Valerius zur Auseinandersetzung der katholischen Publizistik zwischen 1817 und 1854 mit den Lehren des französischen Cheftheoretikers des Ultramontanismus Félicité de Lamennais.[43] Valerius kann zeigen, dass Zeitschriften nicht nur die Breite und Entwicklung der Rezeption Lamennais' im deutschen Katholizismus von begeisterter Aufnahme bis zu distanzierter Abgrenzung dokumentierten, sondern auch selbst dazu beitrugen, dass sich in der Auseinandersetzung mit Lamennais und seinem Kreis die Positionen innerhalb des

---

[41] Darin grenze ich mich bewusst von einem älteren Verständnis von „katholischer Presse" ab, das damit eine bestimmte, nämlich die ultramontane Richtung meint und andere Teile des Katholizismus damit faktisch ausgrenzt, was sich auch an der Auswahl der vorgestellten Organe zeigt. Vgl. so z.B. KLEMENS LÖFFLER: Geschichte der katholischen Presse Deutschlands, Mönchen-Gladbach 1924, S. 7; ähnlich noch OTTO B. ROEGELE: Presse und Publizistik des deutschen Katholizismus 1803-1963, in: Der soziale und politische Katholizismus. Entwicklungslinien in Deutschland 1803-1963, hg. v. ANTON RAUSCHER, Bd. 2, München u. Wien 1981, S. 395-434, hier S. 399.

[42] Zur Unterscheidung der innerkatholischen Lager vgl. Kap. 1.2.

[43] GERHARD VALERIUS: Deutscher Katholizismus und Lamennais. Die Auseinandersetzung in der katholischen Publizistik 1817-1854, Mainz 1983.

deutschen Katholizismus schärften und von einander abgrenzten, sich verschiedene Lager ausbildeten, die mit unterschiedlichen kirchenpolitischen Konzepten miteinander konkurrierten. Valerius' Arbeit ist für die vorliegende Untersuchung von besonderem Wert, weil die differenzierte Haltung des deutschen Katholizismus zu Polen vor allem in der ersten Hälfte der 1830er Jahre nur vor dem Hintergrund der Auseinandersetzungen verständlich wird, die zu dieser Zeit um Lamennais und sein sowohl innerkirchliches als auch kirchenpolitisches Programm und seine Haltung zur Revolution geführt wurden.[44] Eine weitere Arbeit, die sich schwerpunktmäßig auf katholische Zeitschriften stützt, ist die 1995 erschiene Studie von Matthias Klug zu Geschichtsbildern und historischen Argumentationsmustern des Katholizismus im Vormärz.[45] Hier wird deutlich, wie durch den Rückgriff auf die Geschichte der Versuch unternommen wurde, ein einheitliches katholisches Bewusstsein herzustellen, faktisch jedoch eine Konkurrenz zwischen verschiedenen Konzepten bestand, die nur bedingt miteinander vereinbar waren. Auch für die Haltung des deutschen Katholizismus zu Polen spielte die Deutung der Geschichte eine wesentliche Rolle.[46] Schließlich profitiert die vorliegende Arbeit von der Studie Bernhard Schneiders aus dem Jahr 1998 zur Haltung der katholischen Presse zu den europäischen Revolutionen zwischen 1815 und 1848.[47] Schneider hat sich in seiner Untersuchung auf die Rezeption der Französischen Revolutionen von 1798 und 1830 sowie auf die belgische Revolution von 1830 konzentriert. Darüber hinaus geht es bei Schneider um das Verhältnis des deutschen Katholizismus zur Revolution als Prinzip und zu den Schwierigkeiten der Positionsbestimmung angesichts erfolgreicher Revolutionen in katholischen Ländern, von denen wie im Fall Belgiens auch die Kirche Gewinn zog. Eine ähnliche, z.T. noch stärkere Verbindung von Revolution und kirchlichen Interessen lag im polnischen Fall vor.

Insbesondere die Arbeit von Schneider, in Abstufungen auch die Studien von Klug und in geringem Maße die von Valerius, beschäftigen sich ausführlich mit der Entstehung und Entwicklung der katholischen Presse in Deutschland, mit den politischen, sozialen und technischen Rahmenbedingungen, mit den Machern, der Typologie und Programmatik, der Verbreitung und der Rezeption, so dass hier in bezug auf die katholische Publizistik auf diese bereits geleisteten Arbeiten aufgebaut und gegebenen-

---

[44] Vgl. dazu Kap. 2.1.2, 2.2.3, 2.3.3.

[45] KLUG, Rückwendung.

[46] Vgl. dazu vor allem Kap. 4.3.2, Kap. 7.3.3.2 u.ö.

[47] SCHNEIDER, Katholiken auf die Barrikaden.

falls auf sie verwiesen werden kann.[48] Im Unterschied zu den drei genannten Arbeiten von Valerius, Klug und Schneider werden in der vorliegenden
Arbeit neben katholischen Kirchenblättern, deren Interesse vor allem
kirchenpolitisch orientiert war, auch katholische Tageszeitungen als Quelle
herangezogen, die stärker auch allgemeinpolitische Positionen bezogen.
Schon in der zweiten Hälfte der 1840er Jahre entstanden einzelne Tageszeitungen mit einem betont katholischen Anspruch, oder legten sich bestehende Zeitungen ein spezifisch katholisches Profil zu, noch bevor im Jahr 1848
mit dem Fall der Zensur eine größere Zahl von katholischen Tageszeitungen zu erscheinen begann. Es handelte sich dabei keinesfalls um bloße
Nachrichtenblätter, sondern durchaus um meinungsbildende Organe, die in
der Lage waren, nicht nur kirchliche, sondern im Rahmen der von außen
gesetzten Beschränkungen auch politische und gesellschaftliche Ereignisse
und Entwicklungen zu kommentieren. Der erweiterte Blick der Tagespresse
über das in den Kirchenblättern gepflegte Hauptinteresse an der Kirchenpolitik hinaus ermöglicht insbesondere eine Bestimmung der Haltung zu
den politischen Implikationen der ‚polnischen Frage'. Das trifft vor allem
auf das Jahr 1848 nach dem Wegfall der Zensur zu, als die ‚polnische
Frage' wieder auf der Tagesordnung stand.[49]

Zeitschriften und Zeitungen werden ergänzt durch weitere Quellenfor-
men: Selbständige Schriften, aber auch Briefe und Selbstzeugnisse, die vor
allem für die beziehungsgeschichtlichen Aspekte sowie für das Verhalten
des Katholizismus in der Frankfurter Paulskirche wichtig sind, wo 1848 die
deutsche Nationalversammlung das Verhältnis zu Polen neu bestimmen
musste und auch die katholischen Abgeordneten in bezug auf Polen erstmals in die Lage versetzt waren, nicht nur Willensbekundungen abzugeben,
sondern politisch tätig zu werden. Für dieses wichtige Teilkapitel (Kap.
7.3), in dem die *diskursive* Praxis erstmals in direkte *politische* Praxis
umschlägt, sind vor allem die Stenographischen Berichte der Paulskirche

---

[48] Relevant sind in dieser Hinsicht auch die älteren Arbeiten von RUDOLF PESCH: Die
kirchlich-politische Presse der Katholiken in der Rheinprovinz vor 1848, Mainz 1966; KARL
BACHEM: Josef Bachem. Seine Familie und die Firma J.P. Bachem in Köln. Die Rheinische
und die Deutsche Volkshalle. Die Kölnischen Blätter und die Kölnische Volkszeitung.
Zugleich ein Versuch der Geschichte der katholischen Presse und ein Beitrag zur Entwicklung der katholischen Bewegung in Deutschland, 2 Bde., Köln 1912; LÖFFLER und zahlreiche Spezialstudien zu einzelnen Zeitschriften, auf die am entsprechenden Ort verwiesen
wird.

[49] Ausschließlich für die Revolutionsjahre 1848/49 wurden die Neugründungen *Mainzer
Journal*, *Rheinische Volkshalle* und *Westfälisches Volksblatt* sowie die seit längerem bestehenden Zeitungen *Westfälischer Merkur* und *Rhein- und Moselzeitung* herangezogen; für
die Jahre davor die bereits bestehende *Süddeutsche Zeitung für Kirche und Staat* (seit 1845),
die *Augsburger Postzeitung* und die *Allgemeine Oder-Zeitung* (beide seit 1846). Zum
Charakter der herangezogenen Zeitungen und Zeitschriften vgl. Kap. 1.2.

von Bedeutung, die eine Analyse der politischen Weltanschauung und Kultur des ultramontanen Katholizismus in bezug auf Polen ermöglichen. An ihnen lassen sich handlungsleitende Prinzipien wie der Primat des historischen Rechts in bezug auf die Teilungen Polens und katholisch-großdeutsche Staats- bzw. Reichskonzepte in bezug auf die Frage polnischer Autonomie bzw. Selbständigkeit entfalten.

Im Forschungszusammenhang einer sich generell im Auftrieb befindlichen Katholizismusforschung[50] entfernt sich die vorliegende Untersuchung von den sozialgeschichtlichen Diskussionen um das katholische Milieu wie sie in den vergangenen Jahren mit einer deutlichen Konzentration auf die Zeit des Kaiserreiches geführt wurden. Sie konzentriert sich dagegen auf die bislang immer noch vernachlässigte Konstituierungsphase des Katholizismus in der ersten Hälfte des 19. Jahrhunderts und verfolgt einen kulturgeschichtlichen Ansatz, der zum einen nach den Prozessen der Gruppenbildung im Wechselspiel von Identifizierung und Abgrenzung und zum anderen nach der Wirklichkeitsformung im Diskurs fragt und dabei wieder verstärkt die politischen Implikationen konfessioneller Identität in den Blick nimmt.

---

[50] Von einem allgemeinen „religious turn" zu sprechen, nach dem die Religions- und Konfessionsforschung bereits selbstverständliche Teile des Forschungsalltags der Neueren Geschichte in Deutschland wären, wie dies Anthony J. Steinhoff jüngst konstatiert hat, scheint mir jedoch weitaus übertrieben. Vgl. ANTHONY J. STEINHOFF: Ein zweites konfessionelles Zeitalter? Nachdenken über die Religion im langen 19. Jahrhundert, in: GG 30 (2004), S. 549-570, hier S. 549f., 553.

1. KATHOLIZISMUS UND KATHOLISCHE PRESSE IN IHRER KONSTITUIERUNGSPHASE (1830–1849)

1.1 Die Geburt des modernen Katholizismus aus dem Niedergang der Reichskirche – Säkularisation und institutionelle Neuordnung vor 1830

Wenn man für die Jahre zwischen 1830 und 1849 zu Recht von einem „catholic revival" oder „religious renewal" spricht,[1] impliziert dies bereits begrifflich eine vorausgegangene Phase der Überlebtheit, der Überalterung oder sogar des Absterbens, die eine Wiederbelebung oder Erneuerung motiviert, begründet und erst ermöglicht. Tatsächlich ist die Konstituierung des Katholizismus im Vormärz in seiner spezifisch deutschen Ausprägung nur verständlich vor dem Hintergrund des Verfalls der alten Reichskirche, die zu Beginn des 19. Jahrhunderts relativ geräuschlos zu Grabe getragen worden war. Die reichskirchliche Verfasstheit der katholischen Kirche hatte im Akt der Säkularisation, die 1803 auf dem Reichsdeputationshauptschluss definitiv beschlossen worden war, ihr Ende gefunden. Damit war gleichzeitig der Anfang vom Ende des Deutschen Reiches selbst markiert worden, das nur drei Jahre später mit der Niederlegung der deutschen Kaiserkrone durch Franz II. besiegelt wurde.

Die Säkularisation, also die Aufhebung der geistlichen Territorialherrschaften und die staatliche Enteignung kirchlichen Besitzes, kam nicht wirklich überraschend und war auch nicht nur ein Diktat Napoleons. Im 18. Jahrhundert war die Säkularisierung geistlicher Territorien wiederholt erwogen und zumindest in vermögensrechtlicher Hinsicht auch in Teilen umgesetzt worden.[2] Im aufgeklärt-absolutistischen Zeitalter des sowohl

---

[1] VIAENE, The Roman Question, S. 135.

[2] Beispiele sind Klosteraufhebungen und die Einziehung von Ordensvermögen, die im vorrevolutionären Frankreich, im josephinischen Österreich und in Pfalz-Bayern – alles katholische Staaten! – stattgefunden hatten. Vgl. MANFRED WEITLAUFF: Der Staat greift nach der Kirche. Die Säkularisation von 1802/03 und ihre Folgen, in: Kirche im 19. Jahrhundert, hg. v. DEMS., Regensburg 1998, S. 15-53, hier S. 31f. und die Beiträge in Säkularisierung und Säkularisation vor 1800, hg. v. ANTON RAUSCHER, München u. a. 1976.

machtpolitisch motivierten als auch zweckrational gedachten „Länderschachers" lag die Auflösung geistlicher Herrschaften ebenso „in der Luft"[3] wie die 1772 erstmals realisierte Teilung Polens.[4] Wie zuvor schon andere deutsche Fürsten, so erklärte sich daher auch der deutsche Kaiser nach dem ersten Koalitionskrieg 1797 zu einer Kompensation der an Frankreich verlorenen linksrheinischen Gebiete durch geistlichen Territorialbesitz bereit und verstieß damit selbst gegen die Integrität des Reiches und die Reichsverfassung. Nachdem im Frieden von Lunéville 1801 die Abtretung des linken Rheinufers und das Prinzip der kompensatorischen Säkularisation verbindlich festgeschrieben worden waren, legte die 1803 nach Regensburg einberufene außerordentliche Reichsdeputation die Durchführung der Kompensation fest. Die Entschädigung der weltlichen Erbfürsten mit geistlichem Territorium übertraf die links des Rheins verlorenen Gebiete häufig um ein vielfaches. „Das Interesse am wohlarrondierten Territorialstaat setzte sich bedenkenlos über die Reichsverfassung hinweg".[5] Faktisch ging das alte Reich damit bereits unter. Die Souveränitätsidee obsiegte über die alte Reichsidee. Durch den territorialen Zuwachs entstanden die deutschen Mittelstaaten, die nun neben Österreich und Preußen das sogenannte ‚dritte Deutschland' bildeten.

Für die katholische Kirche stellte die Säkularisation eine bedeutende Umwälzung dar.[6] In territorialer Hinsicht übertraf sie die Auswirkungen der protestantischen Reformation und des Westfälischen Friedens. Es wurden nicht nur die geistlichen Territorialherrschaften der Erzbistümer

---

[3] WEITLAUFF, Der Staat greift nach der Kirche, S. 26.

[4] Zu der Politik von „Tausch, Teilung und Länderschacher" der europäischen Großmachtstaaten im 18. Jahrhundert, in die sich sowohl die Säkularisierung als auch die Teilungen Polens einfügen lassen, vgl. KARL OTMAR FREIHERR VON ARETIN: Tausch, Teilung und Länderschacher als Folgen des Gleichgewichtsystems der europäischen Großmächte. Die Polnischen Teilungen als europäisches Schicksal, in: Polen und die polnische Frage in der Geschichte der Hohenzollernmonarchie 1701-1871, hg. v. KLAUS ZERNACK, Berlin 1982, S. 53-68. Aretins Fazit, die Teilungen Polens seien ein dem Gleichgewichtsdenken geschuldeter Versuch gewesen, „den durch das Auftreten von Machtstaaten bedrohten europäischen Frieden zu sichern" (S. 67), geht allerdings an den handlungsleitenden machtpolitischen Motiven der Teilungsmächte vorbei. Vgl. dazu MICHAEL G. MÜLLER: Die Teilungen Polens. 1772, 1793, 1795, München 1984.

[5] ULRICH HUFELD: Einleitung, in: Der Reichsdeputationshauptschluß von 1803. Eine Dokumentation zum Untergang des Alten Reiches, hg. v. DEMS., Köln, Weimar u. Wien 2003, S. 1-32, hier S. 15.

[6] Vgl. zu den materiellen Auswirkungen und staatskirchenrechtlichen Folgen RUDOLFINE FREIIN VON OER: Die Säkularisation von 1803 – Durchführung und Auswirkungen, in: Säkularisation und Säkularisierung im 19. Jahrhundert, hg. v. ALBRECHT LANGNER, München, Paderborn u. Wien 1978, S. 9-30; HANS-WOLFGANG STRÄTZ: Die Säkularisation und ihre nächsten staatskirchenrechtlichen Folgen, in: Ebd. , S. 31-62.

Köln, Mainz, Trier und Salzburg aufgehoben, sondern auch weitere 19 Fürstbistümer, über 40 reichsunmittelbare Abteien sowie mehrere hundert landsässige Klöster. Neben den Verlust weltlicher Herrschaft trat die Vermögenssäkularisation. Mit der nahezu vollständigen materiellen Enteignung der Bischofsstühle, Domkapitel und Klöster verlor die katholische Kirche ihre wirtschaftliche Selbständigkeit und war fortan von staatlichen Zuwendungen abhängig. Das Verhältnis von Staat und Kirche wurde damit auf eine neue Grundlage gestellt. Die Beseitigung der Pfründe und der an geistlicher Herrschaft gebundenen politischen Reichsämter führte zu einer Veränderung der sozialen Struktur des Klerus, indem sie die Entfeudalisierung der bisherigen Adelskirche einleitete: Einerseits verloren geistliche Ämter für den Adel an Attraktivität, weil sie nicht mehr zur materiellen Versorgung von Nachkommen geeignet waren. Andererseits wurden höhere Kirchenämter nun weniger qua Geburt, sondern stärker nach dem Leistungsprinzip besetzt. Mittelfristig hatte beides eine soziale Öffnung der Geistlichkeit nach unten zur Folge, die dazu berechtigt, von einer „Verbürgerlichung"[7] des Klerus zu sprechen. Die Entlastung von weltlicher Herrschaft bewirkte eine stärkere Konzentration auf geistliche Aufgaben, gleichzeitig aber auch eine Schwächung aufklärerisch gesinnter Kräfte, deren innerkirchliche Vertreter oft aus dem Adel kamen.[8] Die Säkularisation hatte nachhaltige Folgen für die Bildung der deutschen Katholiken. Nicht nur ein beträchtlicher Teil des Schulwesens fand mit den Klöstern als dessen Träger seine Auflösung. Dasselbe Schicksal nahmen auch die achtzehn katholischen Universitäten, von denen nur wenige in umgewandelter Form als paritätische Anstalten überlebten. Ob dieser Verlust an Einrichtungen tatsächlich eine „Bildungskatastrophe" darstellte, wie Klaus Schatz meint,[9] mag dahingestellt bleiben. Vieles spricht jedoch dafür, dass hier

---

[7] THOMAS NIPPERDEY: Deutsche Geschichte 1800-1866. Bürgerwelt und starker Staat, München 1983, S. 407.

[8] Vgl. RUDOLF MORSEY: Wirtschaftliche und soziale Auswirkungen der Säkularisation in Deutschland, in: Dauer und Wandel in der Geschichte. Aspekte europäischer Vergangenheit (FS Kurt von Raumer), hg. v. RUDOLF VIERHAUS u. MANFRED BOTZENHART, Münster 1966, S. 361-383, hier S. 375; KLAUS SCHATZ: Zwischen Säkularisation und Zweitem Vatikanum. Der Weg des deutschen Katholizismus im 19. und 20. Jahrhundert, Frankfurt/M. 1986, S. 34; HELMUT GELLER: Sozialstrukturelle Voraussetzungen für die Durchsetzung der Sozialform „Katholizismus" in Deutschland in der ersten Hälfte des 19. Jahrhunderts, in: Zur Soziologie des Katholizismus, hg. v. KARL GABRIEL u. FRANZ-XAVER KAUFMANN, Mainz 1980, S. 66-88, hier S. 67.

[9] SCHATZ, Zwischen Säkularisation und Zweitem Vatikanum, S. 33.

eine Ursache für das im 19. Jahrhundert immer wieder konstatierte Bildungsdefizit deutscher Katholiken zu suchen ist.[10]

Obwohl sich während der Durchführung der Säkularisation in der katholischen Bevölkerung kaum Widerstand regte,[11] sollte sie erfahrungsgeschichtlich doch einen wichtigen Bezugspunkt des Katholizismus im 19. Jahrhundert bilden. Insbesondere für den sich ausbildenden Ultramontanismus stellte sie ein Ereignis dar, das als direkte Folge von Aufklärung und Revolution und als vorläufiger Endpunkt eines Verfallsprozesses gedeutet wurde, gleichzeitig aber den Impuls zur Erneuerung gab und diese durch die Auflösung alter institutioneller und geistiger Strukturen sowohl nötig machte als auch erst ermöglichte.[12]

Die Säkularisation beeinflusste als Ergebnis einer ,Fürstenrevolution' auch das zukünftig ambivalente Verhältnis des deutschen Katholizismus zum Staat. Dieses Verhältnis wurde nicht nur durch die materielle Abhängigkeit der Kirche auf eine neue Grundlage gestellt, sondern auch durch die neue Minderheitenposition der Katholiken in den bis dahin zumeist ausschließlich protestantischen Einzelstaaten, in die sie nun integriert wurden. Mehr als drei Millionen Katholiken kamen im Zuge der Säkularisation unter die Herrschaft eines protestantischen Landesherrn, der bis dahin in der Regel über eine ebenso protestantische Bevölkerung regiert hatte. Die Katholiken, die im alten Reich die Bevölkerungsmehrheit gebildet und in konfessionell homogenen Staaten gelebt hatten, stellten in den Einzelstaaten somit nun eine konfessionelle Minorität dar.[13] Das änderte sich auch nicht mit dem Wiener Kongress von 1815, der die geistlichen Herrschaften nicht etwa restaurierte, sondern die stattgehabte Säkularisation bestätigte und an die Stelle des alten Reiches den lockeren Zusammenschluss von 39 Einzelstaaten im Deutschen Bund setzte. Bis auf Bayern und Österreich befanden

---

[10] Vgl. WERNER RÖSENER: Das katholische Bildungsdefizit im deutschen Kaiserreich – Ein Erbe der Säkularisation von 1803?, in: HJb 112 (1992), S. 104-127; HERIBERT RAAB: Auswirkungen der Säkularisation auf Bildungswesen, Geistesleben und Kunst im katholischen Deutschland, in: Säkularisation und Säkularisierung im 19. Jahrhundert, hg. v. ALBRECHT LANGNER, München, Paderborn u. Wien 1978, S. 63-96; WEITLAUFF, Der Staat greift nach der Kirche, S. 42.

[11] Vgl. PETER WENDE: Die geistlichen Staaten und ihre Auflösung im Urteil der zeitgenössischen Publizistik, Lübeck u. a. 1966.

[12] Vgl. NOWAK, Geschichte des Christentums, S. 44; WOLFGANG ALTGELD: German Catholics, in: The Emancipation of Catholics, Jews and Protestants. Minorities and the Nation State in Nineteenth-Century Europe, hg. v. RAINER LIEDTKE u. STEPHAN WENDEHORST, Manchester u. New York 1999, S. 100-121, hier S. 108; ANDREAS HOLZEM: Dechristianisierung und Rechristianisierung. Der deutsche Katholizismus im europäischen Vergleich, in: KZG 11 (1998), H. 1, S. 69-93, hier S. 74.

[13] Vgl. ALTGELD, German Catholics, S. 102f.

sich die Katholiken nun in allen deutschen Staaten in der Minderheit. Die Deutsche Bundesakte trug diesem Umstand mit dem Grundsatz Rechnung, dass die bürgerlichen und politischen Rechte in gleicher Weise für Angehörige aller christlichen Konfessionen gewährt werden mussten, der Staat insofern konfessionell neutral aufzutreten habe. Auch die Verfassungen oder gesetzlichen Bestimmungen der Einzelstaaten nahmen das Prinzip der Rechtsgleichheit unabhängig von der Konfession auf.[14] Die Realität wurde jedoch häufig durch die konfessionelle Gebundenheit der Landesherren und der politischen und administrativen Elite bestimmt. Unabhängig von dem tatsächlichen Grad konfessioneller Benachteiligung bestimmte die Tatsache, eine zahlenmäßige Minorität innerhalb protestantischer Staaten darzustellen, das katholische Bewusstsein im 19. Jahrhundert. Es beeinflusste nicht nur das Verhältnis zum jeweiligen Einzelstaat, sondern beförderte auch die Ausbildung innerkatholischer Solidarität über die Staatsgrenzen hinweg und bestimmte wesentlich die Haltung zu den zwei katholischen Staaten Bayern und Österreich.[15]

Noch ausgeprägter als die konfessionelle Gebundenheit von Landesherren und Eliten war der prinzipielle Anspruch des Staates auf Unterordnung der Kirche unter seine Kontrolle. Das Staatskirchentum, das über die evangelischen Landeskirchen durch die Stellung des Landesherren als gleichzeitiges Kirchenoberhaupt traditionell ausgeübt wurde und in der Aufklärung eine vernunftrechtliche Legitimation erhalten hatte, sollte auch auf die katholische Kirche ausgedehnt werden. Obwohl es auch in katholischen Ländern wie Bayern oder Österreich nicht selten staatskirchliche Traditionen gab, wurden aktuelle Konflikte zwischen Staat und Kirche von katholischer Seite häufig als Angriff eines protestantischen Staates gegen die katholische Konfession und damit als Konfessionskonflikt wahrgenommen. Diese Wahrnehmung setzte sich vor allem in der zweiten Hälfte der 1830er Jahre im Zuge des preußischen ‚Mischehenkonfliktes' durch. Das Verhalten des preußischen Staates wurde nun vornehmlich auf seinen protestantischen und erst in zweiter Linie auf seinen neoabsolutistischen Charakter zurückgeführt. Das Bewusstsein, als Katholiken diskriminiert zu werden, gewann an Boden, verstärkte und verbreitete eine dezidiert konfessionelle Identität.[16]

---

[14] Vgl. ALTGELD, German Catholics, S. 103. Abdruck des entscheidenden Artikels 16 der Bundesakte in: Dokumente zur Verfassungsgeschichte, hg. v. ERNST RUDOLF HUBER, Bd. 1, Stuttgart 1961, S. 80.

[15] Vgl. MARGARET LAVINIA ANDERSON: Piety and Politics: Recent Work on German Catholicism, in: Journal of Modern History 63 (1991), S. 681-716, hier S. 706. Speziell zum Verhältnis zu Österreich vgl. Kap. 5.4 dieser Arbeit.

[16] Vgl. ALTGELD, German Catholics, S. 104-107.

Das Staatskirchentum ging aus den Verhandlungen über die notwendig gewordene organisatorische und institutionelle Neuordnung der katholischen Kirche in Deutschland, die nach dem Wiener Kongress geführt wurden, als Sieger hervor. Der Wiener Kongress selbst hatte keine Neuregelung des Verhältnisses von Staat und Kirche getroffen und die Verhandlungen den Einzelstaaten überlassen. Die auf dem Kongress verfolgten Bestrebungen des letzten Kurerzkanzlers und Kurfürst-Erzbischofs von Mainz, Karl Theodor von Dalberg, und seines Vertreters Ignaz Heinrich von Wessenberg, die in reichskirchlicher Tradition darauf abzielten, eine einheitliche gesamtdeutsche Regelung zwischen Deutschem Bund und einem nationalkirchlichen Verband mit einem deutschen Primas an der Spitze herzustellen, scheiterten ebenso am Widerstand der Einzelstaaten wie am Unwillen der römischen Kurie, die wenig Interesse daran zeigte, eine starke nationalkirchliche Einheit in Deutschland herzustellen.[17] Rom verhandelte lieber selbst auf völkerrechtlich-diplomatischer Ebene mit den einzelnen Regierungen über das jeweilige Verhältnis zwischen Staat und Kirche und konnte damit seine Stellung gegenüber den deutschen Bischöfen erheblich aufwerten. Die Neuordnung der kirchlichen Verhältnisse stärkte somit neben den Einzelstaaten auch die römische Zentrale, die immer mehr zum Ansprechpartner und Anwalt avancierte, an den man sich bei Konflikten mit den Regierungen wenden musste, damit die kirchlichen Interessen gegenüber dem Staat vertreten wurden. Die derart geschwächten Bischöfe gewannen im Gegenzug innerkirchlich in ihren Diözesen an Gewicht, in denen sie in der Regel nun über eine zentralisierte und hierarchisierte Kirchenbürokratie verfügten.[18]

---

[17] Zu den Verhandlungen auf dem Wiener Kongress vgl. URS ENGELMANN: Zur Kirchenfrage auf dem Wiener Kongreß, in: HJb 92 (1972), S. 373-391; AUGUSTIN KURT HUBER: Kirche und deutsche Einheit im 19. Jahrhundert. Ein Beitrag zur österreichisch-deutschen Kirchengeschichte, Königstein/Ts. 1966, S. 18-24; HUBERT BECHER: Der deutsche Primas. Eine Untersuchung zur deutschen Kirchengeschichte in der ersten Hälfte des 19. Jahrhunderts, Colmar 1943, S. 92-120. Zu Dalberg vgl. HERIBERT RAAB: K. T. v. Dalberg. Das Ende der Reichskirche und das Ringen um den Wiederaufbau des kirchlichen Lebens 1803-1815, in: Archiv für mittelrheinische Kirchengeschichte 18 (1966), S. 27-39; Carl von Dalberg. Erzbischof und Staatsmann (1744-1817), hg. v. KONRAD M. FÄRBER, ALBRECHT KLOSE u. HERMANN REIDEL, Regensburg 1994; Carl von Dalberg. Der letzte geistliche Reichsfürst, hg. v. KARL HAUSBERGER, Regensburg 1995. Zu Wessenberg vgl. Kap. 1.2.1.

[18] Vgl. KARL-EGON LÖNNE: Politischer Katholizismus im 19. und 20. Jahrhundert, Frankfurt/M. 1986, S. 53f.; GELLER, S. 70; RUDOLF LILL: Kirchliche Reorganisation und Staatskirchentum in den Ländern des Deutschen Bundes und in der Schweiz, in: Handbuch der Kirchengeschichte, hg. v. HUBERT JEDIN, Bd. VI/1, Freiburg, Basel u. Wien 1971, S. 160-173, hier S. 171; SCHATZ, Zwischen Säkularisation und Zweitem Vatikanum, S. 37.

In den Verhandlungen zur organisatorischen und institutionellen Neuordnung der Kirche mit den Einzelstaaten wurden nicht nur die Bistumsgrenzen an die neuen Staatsgrenzen angepasst, sondern auch die Eingriffsrechte des Staates festgelegt, teilweise allerdings später durch einseitige staatliche Bestimmungen noch erweitert. Typische staatskirchliche Instrumentarien waren bis 1848 neben der Verwaltung des Kirchenvermögens das Nominationsrecht für Bischöfe und Domherren und die staatliche Einsetzung der Pfarrer, die Genehmigungspflicht für kirchliche Veröffentlichungen (Plazet), Wallfahrten, Prozessionen und Ordensniederlassungen, die Kontrolle des Schriftverkehrs zwischen den Bischöfen und der römischen Kurie sowie die Festlegung der im Religionsunterricht und in den theologischen Lehranstalten verwendeten Lehrbücher.[19]

1.2 Innerkatholischer ‚Kulturkampf' und Ultramontanisierung

Neben der äußeren Neuregelung der kirchlichen Verhältnisse war nach dem Untergang der alten Reichskirche auch eine innere Neuorientierung nötig geworden. Die Säkularisation kann insofern als die Wegbereiterin des modernen Katholizismus in Deutschland gelten, als sie den zwingenden Ausgangspunkt für die innerkatholische Auseinandersetzung über die neu zu bestimmende Rolle der Kirche in der modernen Welt und ihre innere Gestalt darstellte. Während die institutionelle Reorganisation der Kirche im Rahmen der deutschen Einzelstaaten bis 1830 nahezu überall zum Abschluss gekommen war, befand sich die geistige Neuorientierung zu dieser Zeit noch mitten im Fluss. Verschiedene Richtungen mit teils gegensätzlichen Reformvorstellungen standen in Konkurrenz zueinander.

Die Auseinandersetzungen waren teilweise so scharf, dass es berechtigt erscheint, von einem innerkatholischen ‚Kulturkampf' zu sprechen. Der Kulturkampf-Begriff wird heute zumeist in reduzierter Form für den Konflikt zwischen Staat und katholischer Kirche verwendet, der nach der deutschen Reichsgründung in den 1870er Jahren seinen Höhepunkt erfuhr.[20] In der jüngeren Katholizismusforschung wird dabei zunehmend betont, dass der Begriff durchaus wörtlich zu verstehen ist und es im Kulturkampf um mehr als nur um die Felder und Begrenzungen kirchlichen und staatlichen

---

[19] Vgl. SCHATZ, Zwischen Säkularisation und Zweitem Vatikanum, S. 31f.
[20] Vgl. beispielhaft den Art. „Kulturkampf" in: GEORG DENZLER u. CARL ANDRESEN: Wörterbuch Kirchengeschichte, 5. aktualisierte Aufl., München 1997, S. 353ff.

Einflusses ging.[21] Der Kulturkampf war darüber hinaus eine Auseinandersetzung um „miteinander konkurrierende leitkulturelle Ansprüche" zweier weltanschaulicher Richtungen, dem säkularisierten Liberalismus und dem ultramontanen Katholizismus.[22] Als der linksliberale Mediziner Rudolf Virchow, der für die Fortschrittspartei im Preußischen Abgeordnetenhaus saß, dort 1873 den Begriff ‚Kulturkampf' benutzte und ihn damit im öffentlichen Sprachgebrauch etablierte, verstand er darunter einen Kampf um und für *die* moderne Kultur gegen rückwärtsgewandte klerikale Kräfte, die ihre Entwicklung seiner Ansicht nach behinderten.[23] Virchow führte wiederholt aus, dass die katholische Kirche, die ehedem „Trägerin der allgemeinen Kultur" gewesen sei, in ihrer ultramontanen Ausprägung der Gegenwart jede „Kulturmission" verloren habe und die „Kulturentwicklung" Deutschlands behindere.[24] Damit vertrat er einen singulären und normativen Kulturbegriff, der an ein seit der Aufklärung bestehendes, lineares, auf universalen Fortschritt beruhendes Modernisierungsmodell gebunden war.[25] Rivalisierende Richtungen können nach diesem Modell nur als Kräfte der ‚Unkultur' oder einer ‚Antikultur' gesehen werden. Legt man dagegen

---

[21] Vgl. ANDERSON, Die Grenzen der Säkularisierung, S. 220; DAVID BLACKBOURN: Volksfrömmigkeit und Fortschrittsglaube im Kulturkampf, Stuttgart 1988, S. 17; MANUEL BORUTTA: Enemies at the gate: The Moabit *Klostersturm* and the *Kulturkampf*: Germany, in: Culture Wars. Secular-Catholic Conflicts in Nineteenth-Century Europe, hg. v. CHRISTOPHER CLARK u. WOLFRAM KAISER, Cambridge 2003, S. 227-254, hier S. 230; ALTERMATT, Katholizismus und Moderne, S. 131; ARMIN HEINEN: Umstrittene Moderne. Die Liberalen und der preußisch-deutsche Kulturkampf, in: GG 29 (2003), S. 138-156, hier S. 140. Schon 1954 wies Georg Franz auf die kulturelle Dimension des Konflikts hin, den er für „das *geistige* Grundthema [...] des 19. Jahrhunderts" hielt. Der Kompetenzstreit zwischen Staat und Kirche sei davon nur ein „Teilausschnitt" gewesen. Vgl. GEORG FRANZ: Kulturkampf. Staat und katholische Kirche in Mitteleuropa von der Säkularisation bis zum Abschluss des preussischen Kulturkampfes, München 1954, S. 12.

[22] NOWAK, Geschichte des Christentums, S. 154. In der Formulierung ähnlich spricht auch Dieter Langewiesche von einem „Ringen um das Weltanschauungsmonopol", das Liberalismus und die Kirchen jeweils für sich beansprucht hätten, vgl. DIETER LANGEWIESCHE: Liberalismus in Deutschland, Frankfurt/M. 1988, S. 181.

[23] Bereits 1858 war der Begriff von Ferdinand Lassalle zur Kennzeichnung des Aufbegehrens Ulrich von Huttens gegen die veräußerlichte Herrschaftsreligion der römischen Kurie geprägt worden. Aber erst Virchow verschaffte ihm tatsächlich Popularität. Vgl. WINFRIED BECKER: Bismarck, Windthorst und der Kulturkampf, in: Die personale Struktur des gesellschaftlichen Lebens (FS f. Anton Rauscher), hg. v. NORBERT GLATZEL u. EUGEN KLEINDIENST, Berlin 1993, S. 489-509, hier S. 492; MANFRED VASOLD: Rudolf Virchow. Der große Arzt und Politiker, Stuttgart 1988, S. 272.

[24] Zit. nach CHRISTIAN ANDREE: Rudolf Virchow. Leben und Ethos eines großen Arztes, München 2002, S. 108; FRANZ, S. 9; JOHANNES B. KIßLING: Geschichte des Kulturkampfes im Deutschen Reiche, Bd. 2, Freiburg/Br. 1913, S. 61, 133.

[25] Vgl. CONSTANTIN GOSCHLER: Rudolf Virchow. Mediziner – Anthropologe – Politiker, Köln, Weimar u. Wien 2002, S. 334.

einen pluralen und wertneutralen Kulturbegriff zugrunde, kann unter ‚Kultur-kampf' eine Auseinandersetzung verschiedener gleichwertiger Kulturen, d.h. unterschiedlicher Formen der Weltdeutung und Sinngebung, ver-standen werden, die um eine dominante Position ringen. Der Begriff erhält damit eine analytische Qualität.[26]
Der Kulturkampf der 1870er Jahre war so verstanden nur der Höhe-punkt eines grundlegenden kulturellen Konflikts zwischen säkularisiertem und religiös geprägtem Denken, die in unterschiedlicher Weise Wirklich-keitswahrnehmung, Weltdeutung und persönliche Lebensführung bestimm-ten.[27] Als ein solcher Konflikt begann der Kulturkampf nicht erst mit der Reichsgründung von 1871, sondern bereits in der ersten Hälfte des 19. Jahrhunderts und war dabei nicht auf Deutschland begrenzt.[28] Er kann gleichermaßen verstanden werden als Ausdruck und Motor eines umfassen-den Modernisierungsprozesses, in dem verschiedene Entwürfe, mit der Modernisierung umzugehen bzw. diese zu gestalten, miteinander in Kon-kurrenz standen. Modernisierung ging nicht automatisch mit einer linear verlaufenden Säkularisierung aller Lebensbereiche einher, sondern kam gerade in der Kontroverse um das Verhältniss von Religiosität und moder-nisierter Welt zum Ausdruck. Die Moderne wurde auch von den religiösen Bewegungen, die sich selbst als Gegenbewegungen verstanden, quasi ‚ko-produziert'.[29] Die klarsten und sich am stärksten entgegenstehenden Posi-

---

[26] Zur Umdeutung des normativen Kultur-Begriffs zu einem analytischen Instrument in der Kulturgeschichte vgl. UTE DANIEL: „Kultur" und „Gesellschaft". Überlegungen zum Gegenstandsbereich der Sozialgeschichte, in: GG 19 (1993), S. 69-99, hier S. 74ff.

[27] Von „hot culture wars" für die Zeit zwischen 1860 und 1880 sprechen daher auch CHRISTOPHER CLARK u. WOLFRAM KAISER: Introduction: The European culture wars, in: Culture Wars. Secular-Catholic Conflicts in Nineteenth-Century Europe, Cambridge 2003, hg. v. DENS., S. 1-10, hier S. 6.

[28] Zu der lange Zeit stark vernachlässigten europäischen Dimension vgl. WINFRIED BECKER: Der Kulturkampf als europäisches und als deutsches Phänomen, in: HJb 101 (1981), S. 422-446; CHRISTOPHER CLARK: Der neue Katholizismus und der europäische Kulturkampf, in: Comparativ 12 (2002), H. 5/6, S. 14-37; DERS., The New Catholicism sowie die übrigen Beiträge in Culture Wars. Secular-Catholic Conflicts in Nineteenth-Century Europe, hg. v. CHRISTOPHER CLARK u. WOLFRAM KAISER, Cambridge 2003.

[29] Diese Sichtweise grenzt sich bewusst vom formalisierten Schematismus des klassi-schen Säkularisierunskonzepts ab, wonach die Modernisierung im 19. Jahrhundert zwangs-läufig mit Entkirchlichung und Abnahme religiösen Einflusses einhergegangen sei. CLARK/KAISER, S. 7 bezeichnen das in zahlreiche Modernisierungstheorien eingegangene Säkularisierungsparadigma selbst zu Recht als das beständigste Erbe aus den Kulturkämpfen des 19. Jahrhunderts. Einen guten Überblick über die Rolle der zumeist auf Max Weber zurückgehenden Säkularisierungs- und Modernisierungstheorie für die Behandlung religiöser Phänomene gibt BERNHARD SCHNEIDER: Vergessene Welt? Religion, Kirche und Frömmig-keit als Thema der deutschen Geschichtswissenschaft. Historiographie und methodologische Sondierungen, in: Wozu Historie heute? Beiträge zu einer Standortbestimmung im fachüber-

tionen innerhalb dieser Auseinandersetzung nahmen die Konfliktparteien des liberalen Rationalismus, Laizismus und säkularisierten Fortschrittsglaubens auf der einen Seite und des ultramontanen Katholizismus sowie orthodoxen oder erwecktem Protestantismus auf der anderen Seite ein.

Obwohl es sich also grundsätzlich nicht um einen Konflikt zwischen Protestantismus und Katholizismus handelte, neigten im gemischtkonfessionellen Deutschland die Konfliktparteien dazu, die Auseinandersetzung zu konfessionalisieren. Obgleich auch der orthodoxe Protestantismus den liberalen Rationalismus ablehnte, wurde der Protestantismus trotz seiner inneren Heterogenität sowohl von den diskursiv dominant werdenden Liberalen als auch von den Ultramontanen als Träger und Motor ‚moderner' Prinzipien wie Rationalismus und Wissenschaft, Individualismus und persönlicher Autonomie betrachtet. Bereits im Vormärz bekam der ‚Kampf der Kulturen' infolgedessen eine konfessionelle Zuweisung, war aber erst in zweiter Linie ein konfessioneller Konflikt.[30] Wie Andreas Holzem tref-

---

greifenden Gespräch, hg. v. AMALIE FÖSSEL u. CHRISTOPH KAMPMANN, Köln, Weimar u. Wien 1996, S. 45-79, hier S. 66-71. Kritisch zum Säkularisierungsmodell im Hinblick auf das katholische Revival im 19. Jahrhundert: WOLFGANG SCHIEDER: Sozialgeschichte der Religion im 19. Jahrhundert. Bemerkungen zur Forschungslage, in: Religion und Gesellschaft im 19. Jahrhundert, hg. v. DEMS., Stuttgart 1993, S. 11-28, hier S. 17f.; GERD KRUMEICH u. HARTMUT LEHMANN: Nation, Religion und Gewalt: Zur Einführung, in: „Gott mit uns". Nation, Religion und Gewalt im 19. und frühen 20. Jahrhundert, hg. v. DENS., Göttingen 2000, S. 1-6, hier S. 1; NOWAK, Kirchengeschichte, S. 191, 259; MARTIN RIESEBRODT: Die Rückkehr der Religionen. Fundamentalismus und der „Kampf der Kulturen", München 2000, S. 49f.; SPERBER, Kirchengeschichte or the Social and Cultural History of Religion, S. 24. In den letzten Jahren ist eine Umwandlung des geradlinigen Säkularisierungskonzepts hin zu einem Modell von gleichzeitig verlaufender Dechristianisierung und Rechristianisierung versucht worden, vgl. dazu die Beiträge in Säkularisierung, Dechristianisierung, Rechristianisierung im neuzeitlichen Europa. Bilanz und Perspektiven der Forschung, hg. v. HARTMUT LEHMANN, Göttingen 1997 sowie im Schwerpunktheft „Säkularisierung, Dechristianisierung und Rechristianisierung" der Zeitschrift *Kirchliche Zeitgeschichte* 11 (1998), H. 1. Zur Diskussion um das Säkularisierungsparadigma vgl. auch Religion and Modernization: Sociologists and Historians Debate the Secularisation Thesis, hg. v. STEVE BRUCE, Oxford 1992. Entgegen der immer noch bestehenden Tendenz, die religiöse Revitalisierung im 19. Jahrundert als eine Ablenkung innerhalb der Norm eines irreversiblen Prozesses der Modernisierung zu betrachten, wird in jüngster Zeit verstärkt deren Bedeutung als eines Modus des Umgangs mit Modernisierung und damit als ‚Koproduzenten' der Moderne betont, vgl. z.B. VINCENT VIAENE: Belgium and the Holy See from Gregory XVI to Pius IX (1831-1859). Catholic Revival, Society and Politics in 19th-Century Europe, Brüssel u. Rom 2001, S. 16f.; STEINHOFF, S. 550ff., 564f.; CLARK, The New Catholicism, S. 12f., 46; SMITH/CLARK, S. 9, 16.

[30] Damit relativiert sich das Urteil von Ulrike von Hirschhausen, dass der Vormärz keine kulturkämpferische Prägung gehabt habe, weil nicht eine bestimmte Konfession, sondern kirchliche Illiberalität allgemein vom Liberalismus ausgegrenzt worden sei. Gerade darin bestand aber die kulturkämpferische Tendenz, die zwar im Prinzip konfessionsunabhängig geführt wurde, in der Praxis jedoch eine starke konfessionelle Färbung erhielt.

fend formuliert hat, traten die Konfessionen nicht als solche gegeneinander an, sondern als „Identifikationsträger geistiger und gesellschaftlicher Systeme".[31] Auch Heinz Gollwitzer hat darauf hingewiesen, dass der katholisch-protestantische Antagonismus „objektiv nur mehr einen Neben-kriegsschauplatz bzw. ein Hintergrundphänomen abgab."[32] Das 19. Jahr-hundert war insofern im Kern weniger ein Zeitalter des konfessionellen als des kulturellen Konflikts, der aber zumindest in Deutschland eine starke konfessionelle Ausprägung fand und eine starke Konfessionalisierung des Bewusstseins hervorrief.[33] Der kulturelle Konflikt über das Verhältnis von Religion und Moderne, der zeitweise die Dimension eines ‚Kulturkampfes' gewinnen konnte, ging dabei jedoch, wie der Hinweis auf den orthodoxen Protestantismus bereits angedeutet hat, grundsätzlich durch alle größeren Konfessionen und Religionen hindurch und erfasste Protestantismus, Katho-lizismus und auch das Judentum. Carsten Kretschmann und Henning Pahl

---

Vgl. ULRIKE VON HIRSCHHAUSEN: Liberalismus und Nation. Die Deutsche Zeitung 1847-1850, Düsseldorf 1988, S. 247.

[31] ANDREAS HOLZEM: Kirchenreform und Sektenstiftung. Deutschkatholiken, Reform-katholiken und Ultramontane am Oberrhein 1844-1866, Paderborn u. a. 1994, S. 216. Vgl. auch WEBER, Aufklärung und Orthodoxie, S. 179.

[32] HEINZ GOLLWITZER: Ein Staatsmann des Vormärz: Karl von Abel 1788-1859. Beamtenaristokratie – Monarchisches Prinzip – Politischer Katholizismus, Göttingen 1993, S. 54.

[33] Eine (Re-)Konfessionalisierung im 19. Jahrhundert ist wiederholt und zu Recht festgestellt worden (vgl. z.B. bereits FRANZ SCHNABEL: Deutsche Geschichte im neunzehn-ten Jahrhundert, Bd. 4: Die religiösen Kräfte, ND München 1987, S. 271; NIPPERDEY, S. 406; HOLZEM, Dechristianisierung, S. 75). Das von Olaf Blaschke eingeführte Deutungs-muster des „Zweiten konfessionellen Zeitalters" verengt allerdings den Blickwinkel zu stark auf eine vermeintlich konfessionelle Auseinandersetzung und geht an dem tatsächlich grundlegenden kulturellen Konflikt vorbei. Vgl. zu dem Modell OLAF BLASCHKE: Das 16. Jahrhundert und das 19. Jahrhundert. Zwei konfessionelle Zeitalter? Ein Vergleich, in: „Das Wichtigste ist der Mensch". FS f. Klaus Gerteis (60. Geb.), hg. v. ANGELA GIEBMEY-ER u. HELGA SCHNABEL-SCHÜLE, Mainz 2000, S. 117-137; DERS.: Das 19. Jahrhundert: Ein Zweites Konfessionelles Zeitalter?, in: GG 26 (2000), S. 38-75; DERS.: Das Zweite Konfessionelle Zeitalter. Ein Deutungsangebot für Katholizismus- und Sozialhistoriker, in: Konfession, Milieu, Moderne. Konzeptionelle Positionen und Kontroversen zur Geschichte von Katholizismus und Kirche im 19. und 20. Jahrhundert, hg. v. JOHANNES HORSTMANN u. ANTONIUS LIEDHEGENER, Schwerte 2001, S. 27-78. In Distanz zu dem Modell gehen allerdings verschiedene Beiträge in: Konfessionen im Konflikt. Deutschland zwischen 1800 und 1970: ein zweites konfessionelles Zeitalter, hg. v. OLAF BLASCHKE, Göttingen 2002; ebenso STEINHOFF. Eine besonders scharfe Kritik erfolgte von CARSTEN KRETSCHMANN u. HENNING PAHL: Ein „Zweites Konfessionelles Zeitalter"? Vom Nutzen und Nachteil einer neuen Epochensignatur, in: HZ 276 (2003), S. 369-392, die allerdings in ihrer Ansicht überzogen ist, dass es dem Konfessionellen im 19. Jahrhundert an gesamtgesellschaftlicher und kultureller Relevanz gefehlt habe (ebd., S. 381), denn eine erhebliche Relevanz für die Deutung von Welt hat das konfessionelle Bewusstsein in dieser Zeit durchaus entwickelt.

sprechen in diesem Zusammenhang sogar von zwei „neuen Konfessionen"
mit gegensätzlichen weltanschaulichen Konzepten über das Verhältnis von
Religion und Gesellschaft, die sich quer zu den alten Konfessionsgrenzen
gebildet hätten.[34] Dabei ist jedoch zu beachten, dass innerhalb der christlichen Mehrheitsgesellschaft diese neue Form der kulturellen Lagerbildung
mit dem alten Zuweisungssystem der hergebrachten christlichen Konfessionen verbunden wurde und insofern tatsächlich eine Konfessionalisierung
des Bewusstseins stattfand. In der Konsequenz dieser Zuordnungen wurden
auch innerkonfessionelle Differenzen entlang stereotypisierter Konfessionsgrenzen gedeutet: Konservativ-orthodoxe Protestanten galten auf liberaler
Seite als ,halbkatholisch', aufgeklärt-liberale Katholiken dagegen auf ultramontaner Seite als lediglich ,pseudo-katholisch' oder ,protestantisiert'.[35]

Innerhalb des deutschen Katholizismus gewann die Auseinandersetzung
um das Verhältnis von Religion und moderner Welt bereits in seiner Konstituierungsphase während der ersten Jahrhunderthälfte die Dimension eines
innerkatholischen Kulturkampfes. Folgt man Michel Foucault darin, dass
sich jede „Entstehung" innerhalb eines Verhältnisses von Kräften, die
miteinander im Streit liegen, vollzieht, erscheint auch die „Entstehung" des
modernen Katholizismus als ein „Ort der Konfrontation".[36] In einer Phase
der geistigen Neubestimmung, als der Ultramontanismus seine ,kulturelle
Hegemonie'[37] innerhalb des Katholizismus noch nicht ausgebaut hatte,
wurde die innerkatholische Auseinandersetzung insbesondere um die Bedeutung und Relevanz von Glauben und Vernunft, Freiheit und Autorität,
Individuum und Kollektiv, Autonomie und Hierarchie besonders heftig
geführt. In den 1830er und 1840er Jahren fand somit ein „Kulturkampf vor
dem Kulturkampf"[38] statt, in dem die Weichen für die Gestalt des ultramontan dominierten deutschen Katholizismus der zweiten Jahrhunderthälfte
gestellt wurden.

Weil der Katholizismus zu Beginn der 1830er Jahre noch kein einheitliches Gepräge ausgebildet hatte, lässt sich für diese Zeit noch nicht von
einem Katholizismus als einer besonderen Sozialform, einem spezifischen

---

[34] Vgl. KRETSCHMANN/PAHL, S. 377f., 380, 391. Fraglich erscheint mir dabei allerdings, ob diese zwei „neuen Konfessionen" mit den Begriffen „Liberalismus und Kleri-
kalismus" sinnvoll etikettiert sind.

[35] Vgl. HEINEN, Umstrittene Moderne, S. 152.

[36] FOUCAULT, Nietzsche, S. 175f.

[37] Zu dem auf Antonio Gramsci zurückgehenden Begriff der ,kulturellen Hegemonie'
vgl. T.J. JACKSON LEARS: The Concept of Cultural Hegemony: Problems and Possibilities,
in: AHR 90 (1985), S. 567-593. Zu seiner möglichen Anwendung auf den Bereich des
Katholizismus vgl. SUN, Arbeiter, Priester und ,die Roten', S. 151-155.

[38] CLARK, Der neue Katholizismus, S. 21. Clark spricht an anderer Stelle auch von
einem innerkatholischen „long culture war", vgl. CLARK, The New Catholicism, S. 23.

Milieu oder einer eigenen Kultur sprechen. Im Zeitalter des innerkatholischen Kulturkampfes sollte der ‚Katholizismus' vielmehr als ein relativ lockerer Kommunikationszusammenhang verstanden werden, in dem verschiedene katholische Kulturen miteinander rivalisierten. In dem Maße allerdings, wie der Ultramontanismus seine dominierende Stellung gewann, entwickelte sich durch die gruppenbildenden Mechanismen von Ein- und Ausgrenzung aus dem relativ lockeren Kommunikationszusammenhang eine Kommunikationsgemeinschaft mit einem relativ festen und verbindlichen System von Deutungs- und Wahrnehmungsmustern, die eine eigene katholische Sozialform, ein Milieu oder eine Kultur begründen konnten.[39]

Zu Beginn der 1830er Jahre bestand eine derart einheitlich gedachte Form des Katholizismus noch nicht. Der sich durchsetzenden Richtung des Ultramontanismus standen zu dieser Zeit noch bedeutende innerkatholische Konkurrenten gegenüber. Alle Richtungen hielten zwar eine innere Reform der Kirche für prinzipiell notwendig, weshalb sich der Begriff des ‚Reformkatholizismus' kaum auf eine Richtung begrenzen lässt, doch sowohl die favorisierten Konzepte und Programme als auch die Zielvorstellungen von der Gestalt der Kirche und der Praxis des Glaubens in einer veränderten Welt gingen weit auseinander und standen sich vielfach unvereinbar gegenüber.

Obwohl Otto Weiss recht zu geben ist, dass im Vormärz Vieles ineinander floss, und die einzelnen Strömungen nicht immer leicht zu entwirren sind,[40] lassen sich doch grob zwei Lager mit unterschiedlichen Grundeinstellungen bestimmen. Nach dieser Einteilung standen sich die ultramontane Neuerungsbewegung auf der einen Seite und eine aus der katholischen Aufklärung des 18. Jahrhunderts hervorgegangene und sich den zentralen Gedanken der Aufklärung verpflichtet fühlende Richtung auf der anderen Seite gegenüber. Im folgenden sollen kurz die beiden Grundrichtungen charakterisiert und der Prozess der Etablierung des Ultramontanismus als dominierende Kraft nachgezeichnet werden. Neben realgeschichtlichen Ereignissen, die zu diesem Prozess beigetragen haben, spielte dabei das Verhältnis und der Umgang mit der Presse als einem neuen Medium der

---

[39] In diesem Sinne benutzt ALTERMATT, Katholizismus und Moderne, S. 89 den Begriff der „Kommunikationsgemeinschaft". Der tendenziell offenere Begriff des „Kommunikationszusammenhangs" wird von KAUFMANN, S. 13 verwendet, der darunter aber ebenfalls einen durch feste „Kommunikationsschranken" eng umgrenzten und um den Preis einer „strukturellen Segregation der Katholiken" abgeschotteten Raum versteht. Damit ist er mit dem Begriff der ‚Kommunikationsgemeinschaft' im Prinzip bedeutungsgleich und entspricht nicht dem hier verwendeten offener gedachten Begriff des ‚Kommunikationszusammenhangs'.

[40] Vgl. OTTO WEISS: Der Modernismus in Deutschland. Ein Beitrag zur Theologiegeschichte, Regensburg 1995, S. 62.

Meinungsbildung eine bedeutende Rolle. Die Presse war das zentrale Medium, in dem die ultramontane Transformierung des Katholizismus, die Marginalisierung und Verdrängung konkurrierender Positionen vornehmlich stattfand. Aus diesem Grund, und um die Quellengrundlage der nachfolgenden Untersuchung offen zu legen, wird kurz auf die wichtigsten Zeitschriften und Zeitungen beider Seiten eingegangen, die in dieser Arbeit Verwendung gefunden haben.

1.2.1 Der aufgeklärte Katholizismus und seine Presse

Noch zu Beginn der 1830er Jahre standen nicht unbeträchtliche Teile des deutschen Katholizismus in der Tradition der katholischen Aufklärung des 18. Jahrhunderts.[41] Charakteristisch für sie war ein grundsätzlich positives Verhältnis zum Prinzip der Vernunft in der religiösen Erkenntnis und Praxis. Damit verband sich zumeist nicht nur eine kritische Haltung zur scholastischen bzw. neuscholastischen Theologie, sondern auch zu barocken und volksreligiösen Frömmigkeitsformen. Großer Wert wurde auf eine reformierte Priesterausbildung gelegt, in der eine Auseinandersetzung mit der Philosophie und Wissenschaft der Gegenwart stattfinden und die Grundlagen für eine kompetente Seelsorge- und Predigtpraxis gelegt werden sollten. Veräußerlichte Frömmigkeitsformen (Wallfahrten, Prozessionen, Bruderschaften, Heiligenverehrung usw.) sollten zurückgedrängt werden zugunsten eines mehr verinnerlichten Glaubens, persönlicher Hinwendung des Seelsorgers sowie biblisch fundierter und pädagogisch geschulter Belehrung und Predigt. Besonders stark war dieser aufgeklärte Katholizismus[42] im Südwesten Deutschlands vertreten. Prominentester und

---

[41] Zur Diskussion um Begriff und Charakter der ‚katholischen Aufklärung' vgl. BERNHARD SCHNEIDER: „Katholische Aufklärung". Zum Werden und Wert eines Forschungsbegriffs, in: Revue d'Histoire Ecclesiastique 93 (1998), S. 354-397 sowie die Beiträge in: Katholische Aufklärung und Josephinismus, hg. v. ELISABETH KOVACS, Wien 1979; Katholische Aufklärung – Aufklärung im katholischen Deutschland, hg. v. HARM KLUETING, Hamburg 1993.

[42] Der Begriff des ‚aufgeklärten Katholizismus' scheint mir diese Richtung am treffendsten zu bezeichnen, weil er auf den Einfluss der katholischen Aufklärung verweist. Er wird hier und im folgenden nicht als normativer, sondern als analytischer Begriff verwendet. Die Bezeichnung der Richtung als „Reformkatholizismus" in Anlehnung an die Verwendung des Begriffs für katholische Gruppierungen um 1900, die eine Verbindung von katholischer Kirche und Moderne programmatisch verfolgten, wird vorgeschlagen von HERMANN H. SCHWEDT: Rom und der europäische Reformkatholizismus im Vormärz, in: Bernard Bolzano und die Politik. Staat, Nation und Religion als Herausforderung für die Philosophie im Kontext von Spätaufklärung, Frühnationalismus und Restauration, hg. v. HELMUT RUMPLER, Wien, Köln, Graz 2000, S. 131-148, hier S. 133. Diese Bezeichnung scheint mir jedoch ohne nähere Attributierung nicht nur deshalb zu ungenau, weil es

einflussreicher Repräsentant der aufgeklärt-katholischen Richtung war Ignaz Heinrich von Wessenberg (1774-1860), der ehemalige Generalvikar des Fürstbistums Konstanz, der zwischen der Auflösung des Bistums 1817 und der organisatorischen Neuregelung 1827 als dessen Bistumsverweser fungiert hatte. Wessenberg war bereits durch sein Auftreten auf dem Wiener Kongress bekannt geworden, wo er als Vertreter des ehemaligen Mainzer Kurfürst-Erzbischofs und Kurerzkanzlers des Deutschen Reiches von Dalberg erfolglos für die Einrichtung einer episkopalistisch orientierten und nur lose mit Rom verbundenen deutschen Nationalkirche eingetreten war. Nach Dalbergs Tod 1817 galt er als Hauptvertreter einer nationalkirchlich und episkopalistisch verfassten Kirche. Zeit seines Lebens warb er für eine umfassende Reform des innerkirchlichen Lebens, wozu die Einführung einer deutschsprachigen Liturgie, die Stärkung synodaler Strukturen und die Auflösung des Zwangszölibats gehörten.[43] Durch seinen Sitz im badischen Landtag zwischen 1827 und 1834 trug Wessenberg dazu bei, innerkirchliche Auseinandersetzungen auf die politische Bühne zu heben, obwohl er selbst als ein Kirchenpolitiker ‚alten Stils' eher auf direkte Verhandlungen mit dem Staat setzte als diese in der Öffentlichkeit zu führen. Anfang der 1830er Jahre kam es im Südwesten zu einem Bündnis von aufgeklärtem Katholizismus und politischem Liberalismus in der Zölibatsfrage. Die badische Kammer forderte die Regierung auf, den Zölibat als Beschränkung der individuellen Freiheit aufzuheben und wurde dabei durch eine Welle von Petitionen, denen sich zahlreiche Priester und Seminaristen anschlossen, unterstützt.[44]

---

erhebliche Unterschiede zwischen diesen beiden Gruppen gab, die in den unterschiedlichen Zeitumständen begründet lagen. Daneben ist der Begriff auch deshalb ungeeignet, weil er auch auf den Ultramontanismus angewandt werden könnte, der in der ersten Hälfte des 19. Jahrhunderts ebenfalls eine innerkatholische Reformbewegung darstellte.

[43] Zu Wessenberg und dem südwestdeutschen Katholizismus vgl. KARL-HEINZ BRAUN: Ignanz Heinrich von Wessenberg, in: Die Bischöfe der deutschsprachigen Länder 1785/1803 bis 1945, hg. v. ERWIN GATZ, Berlin 1983, S. 808-813; DERS.: Die Causa Wessenberg, in: Kirche und Aufklärung. Ignaz Heinrich von Wessenberg (1774-1860), hg. v. DEMS., Freiburg, München u. Zürich 1989, S. 28-59; MANFRED WEITLAUFF: Zwischen Aufklärung und kirchlicher Restauration. Ignaz Heinrich von Wessenberg (1774-1860), in: Rottenburger Jahrbuch für Kirchengeschichte 8 (1989), S. 111-132; WOLFGANG MÜLLER: Ignaz Heinrich von Wessenberg (1776-1860), in: Katholische Theologen Deutschlands im 19. Jahrhundert, hg. v. HEINRICH FRIES u. GEORG SCHWAIGER, Bd. 1, München 1975, S. 189-204; KLAUS SCHATZ: Aufklärung, Staatskirchentum und Ultramontanismus im ersten Viertel des 19. Jahrhunderts, in: Kirche und Aufklärung. Ignaz Heinrich von Wessenberg (1774-1860), hg. v. KARL HEINZ BRAUN, Freiburg, München u. Zürich 1989, S. 9-27.

[44] Vgl. zur Anti-Zölibatsbewegung um 1830 DAGMAR HERZOG: Intimacy and Exclusion. Religious Politics in pre-revolutionary Baden, Princeton 1996, S. 24-35; AUGUSTIN FRANZEN: Die Zölibatsfrage im 19. Jahrhundert. Der „Badische Zölibatssturm" (1828) und das Problem der Priesterehe im Urteil Johann Adam Möhlers und Johann Baptist Hirschers,

Aufgrund der Verbindung mit der politisch-liberalen Bewegung und des Bemühens, innerkirchliche Ziele auf politischem Wege und unter Verwendung politischer Instrumente zu erreichen, muss auch der aufgeklärte Katholizismus der frühen 1830er Jahre als eine Form des ‚politischen Katholizismus' betrachtet werden.[45] Der südwestdeutsche aufgeklärte Katholizismus teilte mit dem politischen Frühliberalismus den individuellen Freiheitsbegriff, der auch innerhalb der Kirche wirksam werden und zu einer Enthierarchisierung und Dezentralisierung führen sollte. Er bediente sich zur Durchsetzung seiner Interessen liberaler politischer Mittel (Parlament, Petition). Andererseits behielt er eine starke Nähe zum Staat und räumte ihm – im Gegensatz zum Ultramontanismus – breite Einwirkungsmöglichkeiten auf die Kirche ein, um dadurch die eigene innerkirchliche Position zu festigen. Der Staat wurde im aufgeklärten Katholizismus nicht

---

in: HJb 91 (1971), S. 345-383; PAUL PICARD: Zölibatsdiskussion im katholischen Deutschland der Aufklärungszeit. Auseinandersetzung mit der kanonischen Vorschrift im Namen der Vernunft und Menschenrechte, Düsseldorf 1975.

[45] Der Begriff des ‚politischen Katholizismus' wird in der Forschung bislang nur für den ultramontanen Katholizismus verwendet, indem er mit dem Engagement gegen das Staatskirchentum gleichgesetzt wird. Alternative Richtungen werden dadurch von vornherein ausgegrenzt. Gerade für den Vormärz kann der Begriff jedoch angesichts der inneren Heterogenität des Katholizismus nicht derart exklusiv benutzt werden. Unter ‚politischem Katholizismus' ist vielmehr jedes in den Bereich der Politik getragene kirchenpolitische Engagement zu verstehen, unabhängig von seiner Ausrichtung. Vgl. beispielhaft zu der üblichen Reservierung des Begriffs für den Ultramontanismus noch jüngst GOLLWITZER, Ein Staatsmann, S. 75, der apodiktisch festlegt, der politische Katholizismus richte sich an der römisch-katholischen Weltkirche aus, „die er als normgebende Instanz und spirituelles Vaterland verehrte und von der allein er seine Existenzberechtigung ableitete". Ähnlich in der exklusiven Begrenzung auf den Ultramontanismus HANS MAIER: Revolution und Kirche. Zur Frühgeschichte der christlichen Demokratie, München [3]1973, S. 26ff.; MICHAEL KLÖCKER: Der Politische Katholizismus. Versuch einer Neudefinierung, in: Zeitschrift für Politik 18 (1971), S. 124-130; JÜRGEN HERRES: Städtische Gesellschaft und katholische Vereine im Rheinland 1840-1870, Essen 1996, S. 16. Eine ähnliche Reduzierung auf den Ultramontanismus findet in der Regel auch für den Begriff ‚Katholische Bewegung' statt, der ebenfalls für das Engagement einer möglichst unabhängigen Stellung der Kirche vom Staat reserviert wird. Vgl. z.B. KARL BUCHHEIM: Katholische Bewegung, in: LThK, Bd. 6 ([2]1961), S. 77-81 oder das Stichwort in: DENZLER/ANDRESEN, S. 310f. Gleichzeitig wird trotz personeller Parallelen mitunter eine vermeintliche Distanz der ‚katholischen Bewegung' zum Ultramontanismus betont und demgegenüber ihre liberale Haltung hervorgehoben, die an der Reserve gegenüber dem Staat und an den angewandten Mitteln zur Interessendurchsetzung festgemacht wird. Vgl. beispielhaft ERWIN GATZ: Katholische Bewegung, in: LThK, Bd. 5 ([3]1996), S. 1349-1353. Das sind jedoch integrale Bestandteile der ultramontanen Bewegung, so dass eine derartige Unterscheidung nur ein Versuch zu sein scheint, das Schlagwort ‚Ultramontanismus' loszuwerden und es durch einen weniger sperrigen und positiver besetzbaren Begriff zu ersetzen.

als Gegner betrachtet, sondern als Verbündeter für eine innerkirchlich liberalisierende Reform.[46]

Es mag mit dieser Orientierung auf den Staat hin zusammenhängen, dass der aufgeklärte Katholizismus in publizistischer Hinsicht, in der Herausgabe von Zeitschriften zur Beeinflussung der innerkirchlichen und öffentlichen Meinung, offenbar nur begrenzt ambitioniert und letztlich wenig erfolgreich war.[47] Die aufgeklärt-katholischen Zeitschriften, die im Vormärz erschienen, waren in der Mehrheit theologische Fachorgane, die sich nur an ein kleines Klientel von Experten wandten und thematisch sehr spezialisiert waren. Zeitschriften, die den Themenbereich und den Leserkreis zu erweitern versuchten und sich kirchenpolitisch in einer popularisierten Form engagierten, waren eher rar gesät und konnten kaum überregionale Bedeutung erlangen, sind jedoch unabhängig davon eine wertvolle Quelle für den Diskurs des aufgeklärten Katholizismus dieser Zeit.[48]

Das wichtigste Organ der südwestdeutschen ‚Wessenbergianer', an dem auch Wessenberg selbst mitarbeitete, waren die *Freymüthigen Blätter über Theologie und Kirchenthum*, die von 1830 bis 1844 zunächst in Rottweil, dann in Stuttgart erschienen. Im Vorwort zur ersten Ausgabe gaben sie sich sowohl theologisch und innerkirchlich als auch politisch liberal, indem sie sich programmatisch gegen „die illiberalen Grundsätze des Ultramontanismus und Monachismus [sic!]" wandten, gegen „Verfinsterung und Fanatismus" und „die immer weiter um sich greifende, gewaltige Reaktion".[49] Ihre konkreten innerkirchlichen Reformvorstellungen formulierten die *Freymüthigen Blätter* im darauffolgenden Jahr:

---

[46] Daher ist die Anwendung des Begriffs „Liberalkatholizismus", wie ihn SCHATZ, Zwischen Säkularisation und Zweitem Vatikanum, S. 72ff. für den aufgeklärten Katholizismus benutzt, zwar möglich, bleibt aber ebenso problematisch wie die Kennzeichnung des Ultramontanismus als „liberalen Katholizismus", weil beide Bewegungen aus einem unterschiedlichen Freiheitsbegriff heraus – einem individuellen, bzw. korporativen – in verschiedener Hinsicht – innerkirchlich bzw. in der Beziehung zum Staat – als liberal betrachtet werden können. Zur Differenz der Freiheitsbegriffe vgl. SCHATZ, Zwischen Säkularisation und Zweitem Vatikanum, S. 75f.; KLAUS FITSCHEN: Was ist Freiheit? Liberale und demokratische Potenziale im Katholizismus 1789-1848, Leipzig 2001. Zum ultramontanen Freiheitsbegriff vgl. Kap. 1.2.2.

[47] Vgl. Klug, Rückwendung, S. 41.

[48] Im folgenden werden nur die als Quelle benutzten Zeitschriften vorgestellt. Zu der Entwicklung der aufgeklärt-katholischen Zeitschriften im Vormärz generell vgl. SCHNEIDER, Katholiken auf die Barrikaden, S. 44-54, 379f.; DERS.: Katholische Aufklärung als Kommunikationsgeschehen. Überlegungen zur Entwicklung und Bedeutung der aufklärerischen Presse im frühen 19. Jahrhundert, in: Religion und Aufklärung. Studien zur neuzeitlichen „Umformung des Christlichen", hg. v. ALBRECHT BEUTEL u. VOLKER LEPPIN, Leipzig 2004, S. 215-227.

[49] Vgl. das Vorwort der Herausgeber in: FB 1 (1830), S. III-VIII.

„Trennung des Kirchenoberhauptes oder Pabstes von der irreformablen römischen Kurie, ein aus einer verhältnismäßig-gleichen Anzahl von Mitgliedern aller Nationen bestehendes Kardinal-Kollegium, Wiederherstellung der mit Hülfe der falschen Dekretalen Isidors von Rom an sich gerissenen Metropolitan- und Episkopalrechte [...], Wiederherstellung der Diözesan- und Provinzial-Synoden, Verbesserung des Kultus, namentlich Abschaffung aller abergläubischen Gebräuche bei Wallfahrten etc. und Einführung der Muttersprache, Revision der Kirchendisziplin und Gestattung der Priesterehe."[50]

Diese nicht nur in Konkurrenz, sondern in einem absoluten Gegensatz zu den Konzepten des Ultramontanismus stehenden Ansichten wurden zur selben Zeit auch, allerdings in etwas polemischerer Form, von der *Konstitutionellen Kirchenzeitung aus Baiern für katholische Geistliche* vertreten, die vom Augsburger Bistumspriester Alois Lerchenmüller herausgegeben wurde. Diese Zeitung, die sich ihrem Titel gemäß für die Installierung konstitutioneller Ordnungen innerhalb und außerhalb der Kirche einsetzte, musste allerdings nach nicht einmal drei Jahren 1832 wieder eingestellt werden. Der Herausgeber war insbesondere wegen seines Engagements gegen den Zwangszölibat nach einer ultramontanen Kampagne von seinem Amt suspendiert, den Geistlichen des Bistums, also der eigentlichen Zielgruppe des Blattes, die Lektüre der Zeitung durch bischöfliche Anordnung verboten worden. In etwas veränderter Form wurde sie jedoch als *Neue Konstitutionelle Kirchenzeitung* noch im selben Jahr wieder aufgelegt, konnte sich aufgrund der widrigen Umstände jedoch nur bis 1835 halten.[51]

Die in der Polemik am schärfsten auftretende und am radikalsten für eine Ablösung der deutschen Kirche von Rom und die Bildung einer konziliaren und überkonfessionellen Nationalkirche eintretende Zeitschrift der 1830er Jahre war *Der Canonische Wächter, eine antijesuitische Zeitschrift für Staat und Kirche und für alle christlichen Confessionen*, die von 1830 bis 1834 mit wechselnden Verlagsorten von Alexander Müller herausgegeben wurde.[52] Der *Canonische Wächter* witterte überall jesuitische Ver-

---

[50] „Die verschiedenen Ansichten über den Katholizismus und sein Verhältnis zur gegenwärtigen Zeit", in: FB 2 (1831), S. 401-410, hier S. 409. Vgl. zu der Zeitschrift auch VALERIUS, S. 42f.; SCHNEIDER, Katholiken auf die Barrikaden, S. 70.

[51] Vgl. dazu die „Angaben des Verlegers", in: KoKZ 3 (1832), Nr. 12, Sp. 96 und die „Erklärung des Alois Lerchenmüller", in: NKoKZ 1 (1832), H. 5 v. 15.7, Sp. 33-40 u. H. 6 v. 18.7., Sp. 41-46. Vgl. zu der Zeitschrift auch VALERIUS, S. 43; SCHNEIDER, Katholiken auf die Barrikaden, S. 70, 89.

[52] Die Erscheinungsorte waren Halle, Mainz und Offenburg. Ab März 1834 lautete der etwas umständliche Titel, der die Absichten der Zeitschrift noch näher bezeichnete: *Der allgemein-kirchliche Wächter der Deutschen, eine Zeitschrift antirömischer Bestrebung, zu vernünftiger, d.i. religiös-sittlicher und sittlich-religiöser Aufklärung, Befreiung und dadurch kirchlicher Versöhnung und Einigung aller Confessionen im Lichte der nur Einen, in, mit und durch Christum Allen geoffenbarten ewigen Wahrheit.* Zum Herausgeber vgl. KARL

schwörungen und formulierte seine Kritik an Rom und dem Ultramontanismus in derart scharfer und polemischer Weise, dass andere aufgeklärt-
katholische Zeitschriften, wie die *Freymüthigen Blätter* oder die *Konstitutionelle Kirchenzeitung*, ausdrücklich auf Distanz gingen.[53] In seiner Kom-
promisslosigkeit kann der *Canonische Wächter* als eine Frühform des
Deutschkatholizismus betrachtet werden, der Mitte der 1840er Jahre an
Bedeutung gewann.[54] Diese Bewegung trug als radikaler Counterpart des
Ultramontanismus wesentlich zu dessen innerer Festigung und Ausdehnung
bei.[55] Zum Lager des aufgeklärten Katholizismus kann der Deutschkatholizismus nur noch sehr bedingt gezählt werden, da er die katholische Kirche
für unrefomierbar hielt, Initiativen für eine Reform daher für nutzlos
erachtete und sich infolgedessen um die Gegengründung einer überkonfessionellen deutschen Nationalkirche bemühte.[56] Vor diesem Hintergrund
konnte es zu keiner fruchtbaren Zusammenarbeit mit dem aufgeklärten
Reformkatholizismus kommen, dessen Ziel eine innerkirchliche Reform
war, zumal dessen Präsenz Mitte der 1840er stark zurückgegangen war.[57]

Der aufgeklärte Katholizismus, wie er sich vor allem im Süden und
Südwesten Deutschlands zeigte, mit seinem Interesse an einer größeren
Selbständigkeit der deutschen Kirche gegenüber Rom, an einer innerkirchlichen Enthierarchisierung, Demokratisierung und Dezentralisierung durch
Einführung oder Stärkung von synodalen Strukturen sowie mit seiner
Affinität zur politisch liberalen Bewegung wird von Christoph Weber als
„linke" Strömung innerhalb des aufgeklärten Katholizismus im Vormärz
bezeichnet. Weber betont, dass diese Form des „Linkskatholizismus"
bereits zum Ende der 1830er Jahre erheblich an innerkirchlichem Gewicht
verloren und über die Jahrhundertmitte hinaus keine Kontinuitätslinien

---

NEIMES: Alexander Müller (1784-1844). Kirchenrechtliche Positionen eines „protestantischen Katholiken", kath.-theol. Diss. Bamberg 2001 (Ms).

[53] Zur Distanzierung der *Freymüthigen Blätter* vgl. „Die verschiedenen Ansichten über
den Katholizismus und sein Verhältnis zur gegenwärtigen Zeit", in: FB 2 (1831), S. 401-
410, hier S. 402f. Zum *Canonischen Wächter* vgl. VALERIUS, S. 43f.; SCHNEIDER, Katholiken auf die Barrikaden, S. 69f.

[54] So auch VALERIUS, S. 43.

[55] Vgl. dazu Kap. 1.2.2.

[56] Der Deutschkatholizismus und sein Verhältnis zu Polen ist deshalb nicht mehr
Gegenstand dieser Arbeit. Ich plane jedoch einen Aufsatz zu diesem Thema.

[57] Zu den relativ erfolglosen Versuchen einer Kooperation, um die sich der Deutschkatholizismus bemühte, sowie seine Misserfolge in aufgeklärt-katholischen Kreisen vgl.
HOLZEM, Kirchenreform, S. 168-177, 434-438. HOLZEM konstatiert ebd., S. 445f., dass
der Deutschkatholizismus dem südwestdeutschen aufgeklärten Katholizismus indirekt sehr
geschadet hat, indem er jede aufklärerische Reformbewegung zu diskreditieren drohte und
die ultramontanen Abgrenzungsmechanismen beförderte.

besessen hat.[58] Ob dasselbe auch für den Hermesianismus gesagt werden kann, der von Weber als die „rechte Strömung" des aufgeklärten Katholizismus charakterisiert wird, bliebe noch zu klären. Weber betrachtet ihn als den Vorläufer des „Rechtskatholizismus" der späten Kaiserzeit.[59] Tatsächlich hielt der Hermesianismus sehr viel stärker an den innerkirchlichen Autoritätsstrukturen fest und wollte die für notwendig gehaltenen Reformen daher auf jeden Fall nicht gegen, sondern mit Rom verwirklichen. Die Anhänger des Bonner Theologen Georg Hermes (1775-1831) wollten die Lehren der Kirche mit der modernen Philosophie versöhnen, indem sie das aufklärerische Prinzip der rationalen Erkenntnis in Theologie, Liturgie und Pastoral aufnahmen. Die Vernunft sollte die Offenbarung in der Gotteserkenntnis ergänzen und in der Theologie als wissenschaftliche Instanz eine verbindliche Rolle spielen. Nüchternheit und kritisches Denken wurde einer auf den Offenbarungsglauben verengten spekulativen Theologie gegenübergestellt.[60] Klaus Schatz charakterisiert den Hermesianismus als „typisch preußische Variante der späten katholischen Aufklärung". Geistig aufgeschlossen, ernsthaft in der Auseinandersetzung, gewissenhaft in der Seelsorge, erfüllt von Kantischem Pflichtethos, nüchtern, intellektuell und akademisch, mit Reserve zu den veräußerlichten Formen der Volksfrömmigkeit seien die Hermesianer „das kirchliche Gegenstück des preußischen Beamten" gewesen, denen auch die selbstverständliche Beziehung zu sowohl staatlicher als auch innerkirchlicher Ordnung und Autorität eigen gewesen sei.[61] Thomas Mergel hat herausgestellt, dass der Hermesianismus gerade für das Bürgertum im Rheinland attraktiv war, weil er erlaubte, „katholisch zu sein, ohne antiliberal, antipreußisch oder antiphilosophisch eingestellt sein zu müssen".[62] Nicht nur im Rheinland, auch im übrigen Preußen nahmen die Hermesianer zu Beginn der 1830er Jahre die meisten theologischen Lehrstühle ein. Ein bedeutendes Zentrum war die Bonner

---

[58] Vgl. WEBER, Aufklärung und Orthodoxie, S. 184f.

[59] Ebd.

[60] Zum Hermesianismus vgl. HEINRICH SCHRÖRS: Ein vergessener Führer aus der rheinischen Geistesgeschichte des neunzehnten Jahrhunderts. Johann Wilhelm Joseph Braun (1801-1863), Bonn u. Leipzig 1925; WEBER, Aufklärung und Orthodoxie; HERMANN H. SCHWEDT: Georg Hermes (1775-1831), seine Schule und seine wichtigsten Gegner, in: Christliche Philosophie im katholischen Denken des 19. und 20. Jahrhunderts, hg. v. EMERICH CORETH, WALTER M. NEIDL u. GEORG PFLIGERSDORFER, Bd. 1: Neue Ansätze im 19. Jahrhundert, Graz, Wien u. Köln 1987, S. 221-241.

[61] SCHATZ, Zwischen Säkularisation und Zweitem Vatikanum, S. 84. Vgl. auch WEBER, Aufklärung und Orthodoxie, S. 38, der eine generelle Zuneigung zum „aufgeklärten Bürokratismus" festzustellen meint.

[62] MERGEL, Zwischen Klasse und Konfession, S. 91; ähnlich WEBER, Aufklärung und Orthodoxie, S. 183f.

Universität, wo als wichtigstes publizistisches Organ die von 1832 bis 1850 existierende *Zeitschrift für Philosophie und katholische Theologie* erschien, in der alle bedeutenden Hermesianer veröffentlichten. Die Zeitschrift trug einen überwiegend fachwissenschaftlichen Charakter und war wenig geeignet, auf die polemischen Angriffe des Ultramontanismus in vergleichbarer Weise zu antworten.[63]

Die ultramontane Bewegung wandte sich seit Beginn der 1830er Jahre entschieden gegen die Anhänger des 1831 verstorbenen Georg Hermes. Gegenstand der Angriffe waren weniger einzelne theologische Thesen als vielmehr die allgemeine geistige Haltung des Hermesianismus, die als ‚rationalistisch' diffamiert wurde. Der Ultramontanismus bekämpfte und verunglimpfte die Hermesianer nicht nur publizistisch, sondern bemühte sich auch um eine Verurteilung aus Rom, die schließlich 1835 erfolgte.[64] Nach dem Amtsantritt des Kölner Erzbischofs Clemens August v. Droste-Vischering, der dem noch der katholischen Aufklärung verbundenen Ferdinand August Graf v. Spiegel nachfolgte, ging dieser entschlossen gegen den Einfluss der Hermesianer an den theologischen Fakultäten vor, die er generell zugunsten einer geschlossenen Seminarausbildung des Priesternachwuchses zu schwächen versuchte. Das Vorgehen Droste-Vischerings löste einen Konflikt mit der preußischen Regierung aus, der im Verbund mit der Kontroverse um die Schließung konfessionsverschiedener Ehen 1837 zu der Verhaftung des Erzbischofs und damit zu einem Eklat führte, der den Aufstieg der ultramontanen Bewegung in Deutschland wesentlich fördern sollte.

Ablesbar ist der Aufstieg des Ultramontanismus u.a. am katholischen Zeitschriftenmarkt. Von Beginn an besaß er ein Übergewicht, das er bereits in der zweiten Hälfte der 1830er Jahre zu einer hegemonialen Stellung ausbauen konnte. Der fehlende Erfolg des aufgeklärten Katholizismus auf dem Gebiet der katholischen Presse lag zum einen in seinem geringeren Interesse an den modernen Instrumenten der breiten Meinungsbildung begründet. Dass die Bedeutung der öffentlichen katholischen Meinung für den innerkatholischen Richtungsstreit hier unterschätzt wurde, zeigt sich u.a. daran, dass die meisten existierenden Organe der aufgeklärten Rich-

---

[63] Zur Zeitschrift vgl. SCHRÖRS, Ein vergessener Führer, S. 153-187.

[64] Zu der scharfen Auseinandersetzung zwischen Ultramontanen und Hermesianern im Rahmen der jeweiligen Presseorgane vgl. ROGER AUBERT: Das katholische Denken auf der Suche nach neuen Wegen, in: Handbuch der Kirchengeschichte, hg. v. HUBERT JEDIN, Bd. VI/1, Freiburg, Basel u. Wien 1971, S. 447-476, hier S. 448-453; BACHEM, Joseph Bachem, Bd. 1, S. 213-216 und immer noch am ausführlichsten SCHRÖRS, Ein vergessener Führer, S. 112-152, 188-429. Zu dem römischen Urteil gegen Hermes vgl. HERMANN H. SCHWEDT: Das römische Urteil über Georg Hermes (1775-1831). Ein Beitrag zur Geschichte der Inquisition im 19. Jahrhundert, Rom, Freiburg u. Wien 1980.

tung Fachzeitschriften waren, die sich auf einem hohen Niveau mit theologischen, liturgischen oder pastoralen Fragen beschäftigten und damit nur einen kleinen Kreis von Spezialisten ansprachen.[65] Zum anderen klagten die Zeitschriften, die versuchten, einen breiteren Leserkreis zu erreichen, selbst darüber, dass die potentielle Zielgruppe nur wenig Interesse und Unterstützung zeigte. So machte die *Konstitutionelle Kirchenzeitung*, die von ihrem Nachfolgeorgan als das einzig aufgeklärt-katholische Blatt „unter einer Menge kirchlicher Zeitschriften in Bayern" bezeichnet wurde, für ihr erzwungenes Einstellen 1832 unter anderem die geringe Nachfrage verantwortlich.[66]

Auf ultramontaner Seite schließlich polemisierte man heftig gegen die aufgeklärt-katholische Presse und scheute auch nicht vor Interventionen und Denunziationen zurück, um die kirchliche Disziplinierung ihrer Konkurrenten zu erreichen. Wie erfolgreich man dabei war, zeigt die ultramontane Kampagne gegen den Herausgeber der *Konstitutionellen Kirchenzeitung*, welche die mehrfache Abmahnung und schlussendliche Suspendierung des Augsburger Bistumspredigers Alois Lerchenmüller zur Folge hatte.[67]

Daneben zeigte sich der Ultramontanismus aber auch gegenüber dem modernen Medium der Presse sehr viel aufgeschlossener, nutzte es intensiver und geschickter. Waren die Zeitschriften des aufgeklärten Katholizismus „[v]erkopft, provinziellen Zuschnitts, mit einseitigem Themenspektrum und klerikal fixiert", wie Bernhard Schneider schreibt,[68] so erkannte der Ultramontanismus die Möglichkeiten, die in einer breiteren Pressearbeit zur Herausbildung einer meinungsführenden Stellung innerhalb des Katholizismus lagen, besser und bemühte sich mit weniger Vorbehalten um die Beeinflussung von Leserkreisen, die über den engen Zirkel von Fach-

---

[65] Vgl. SCHNEIDER, Katholiken auf die Barrikaden, S. 62; SCHNEIDER, Katholische Aufklärung als Kommunikationsgeschehen, S. 225ff.; KLUG, Rückwendung, S. 122.

[66] Vgl. die „Angaben des Verlegers", in: KoKZ 3 (1832), Nr. 12, Sp. 96. Zur einzigartigen Stellung der Zeitschrift: NkoKZ 1 (1832), Nr. 1 v. 1.7., Sp. 1.

[67] Zu der ultramontanen Kampagne gegen Lerchenmüller, der in der ultramontanen *Katholischen Kirchenzeitung* als „ein leichtfertiger, frecher Schwätzer [...], ohne Gemüth, wie ohne Wissenschaft" diffamiert und gegen den harte disziplinarische Maßnahmen gefordert wurden, vgl. KKZ 5 (1833), Nr. 12 v. 28.1., Sp. 93 (hier das Zitat) u. KKZ 5 (1833), Nr. 16 v. 7.2., Sp. 123-127 u. Nr. 17 v. 9.2., Sp. 131ff. (zum kirchendisziplinarischen Verfahren gegen Lerchenmüller und zu seinen mehrmaligen Widerrufen). SCHWEDT, Rom und der europäische Reformkatholizismus, S. 131-148 zeigt, dass die Ultramontanen sich in zahlreichen Fällen in Rom massiv dafür einsetzten, dass ihre innerkirchlichen Konkurrenten gemaßregelt oder bei Personalentscheidungen nicht berücksichtigt wurden. HOLZEM, Kirchenreform, S. 202 hält die Bereitschaft des Ultramontanismus zu einem „harten Verdrängungskampf", in dem autoritative Entscheidungen gesucht wurden, prinzipiell für einen Bestandteil der „ultramontanen Mentalität".

[68] SCHNEIDER, Katholische Aufklärung als Kommunikationsgeschehen, S. 227.

theologen hinausgingen. Bereits zu Beginn der 1830er Jahre besaß der Ultramontanismus auf dem katholischen Zeitschriftenmarkt ein deutliches Übergewicht, das er kontinuierlich ausbauen konnte. Aufgeklärt-katholische Organe verloren seit Mitte der 1830er Jahre stark an Bedeutung. Die wessenbergianischen *Freymüthigen Blätter* sahen sich bereits 1837 nur noch „vereinzelt auf dem Kampfplatz".[69] In den 1840er Jahren waren andere als ultramontane Zeitschriften vollständig marginalisiert. Damit war die hegemoniale Stellung des Ultramontanismus innerhalb des Katholizismus auf dem Gebiet der Publizistik bereits relativ früh erreicht. Dies war insofern von Bedeutung, als die dominierende Stellung im Rahmen der katholischen Presse die Prägung des katholischen Diskurses ermöglichte und der Katholizismus so nach innen und außen hin immer mehr mit dem Ultramontanismus identifiziert wurde. Der Katholizismus als ein in sich pluraler Kommunikationszusammenhang wandelte sich in eine feste, ultramontan geprägte Kommunikationsgemeinschaft. Die ultramontane Meinungsführerschaft innerhalb der katholischen Publizistik führte so mittelfristig zu einer Dominanz innerhalb des Katholizismus selbst.[70]

1.2.2 Der Ultramontanismus und seine Presse

Die wesentlich aufgeschlossenere Haltung und das Engagement des Ultramontanismus im Bereich der damaligen ‚neuen Medien' ist keineswegs als selbstverständlich zu betrachten. Nicht nur gab es durchaus Vorbehalte in der kirchlichen Hierarchie gegenüber dem Versuch, zwar in kirchlichem Sinne, aber doch selbständig und unter Beteiligung von Laien über ein modernes Medium auf die (katholische) Öffentlichkeit einzuwirken.[71] Auch der Ultramontanismus selbst stand den Erscheinungen der aufklärerischen Moderne, zu denen auch eine durch Presse und Publizistik konstituierte Öffentlichkeit gezählt werden konnte, prinzipiell reserviert gegenüber. Ähnlich wie die Romantik kann auch der Ultramontanismus als eine Gegen-

---

[69] Zit. nach SCHNEIDER, Katholiken auf die Barrikaden, S. 53. Vgl. ebd., S. 44-54 zur Entwicklung der katholischen Publizistik zwischen 1815 und 1848.

[70] Einen vergleichbaren Prozess auf europäischer Ebene, in dem Zeitungen und Zeitschriften ein „zentrales Medium der ultramontanen Transformation des europäischen Katholizismus" wurden, konstatiert CLARK, Der neue Katholizismus, S. 21.

[71] Vgl. MICHAEL SCHMOLKE: Die schlechte Presse. Katholiken und Publizistik zwischen „Katholik" und „Publik" 1821-1968, Münster 1971, S. 48ff.; ROEGELE, S. 410-415. Zum Anteil von Laien bei der Herausgabe und Redaktion von katholischen Zeitschriften vgl. SCHNEIDER, Katholiken auf die Barrikaden, S. 54ff.

bewegung zur Aufklärung verstanden werden.[72] Vor allem von der späten Phase der Romantik nicht unwesentlich geistig inspiriert und zum Teil auch personell unterstützt, wandte sich der Ultramontanismus gegen die vermeintliche Kälte von Rationalismus und Individualismus, gegen einen als geschichtsvergessen und zerstörerisch wahrgenommenen Veränderungsdrang und gegen die fortlaufende Auflösung traditioneller Beziehungen. Dagegen favorisierte er die Autorität des organisch Gewachsenen und geschichtlich Gewordenen, die Macht der Tradition und die Aufhebung des Individuums in der Einheit einer Gemeinschaft. Bereits Romantiker wie Novalis hatten in der katholischen Kirche ein attraktives Gegenbild zur modernen Welt zu einer Zeit entworfen, als die Kirche sich äußerlich und geistig in einer Phase tiefer Schwäche befand. Nach der Beendigung von Revolution und französischer Expansion, nach einer Phase des nahezu permanenten Kriegszustandes mit laufend wechselnden Koalitionen und Verwerfungen bot die parallel zu den politischen Verhältnissen in Restauration begriffene katholische Kirche die Projektionsfläche für den verbreiteten Wunsch nach Einheit und Ganzheit, nach Beständigkeit und Sicherheit, nach einer Autorität, die auf einer unbeschädigt fortlebenden Tradition gründete und damit Kontinuität statt Kontingenz verbürgte, und nach einer über die rationalen Gesetze und Grenzen der materiellen Welt hinaus gehenden Geistigkeit.[73]

Als innerkirchliche Bewegung wandte sich der Ultramontanismus gegen die katholische Aufklärung des 18. Jahrhunderts und ihre Ausläufer. Theologisch knüpfte er an die Scholastik an und setzte auf die Autorität von Offenbarung und dogmatischer Auslegung, die ein möglichst geschlossenes und vom Rationalismus unangegriffenes System bilden sollten. Der von aufklärerischer Seite befürworteten Förderung der religiösen Innerlichkeit wurden barocke Formen der Volksfrömmigkeit entgegengehalten. Äußerliche Demonstrationen des Glaubens, wie Prozessionen und Wallfahrten, welche die Bedeutung und Macht von Kirche und Glauben als kulturelle

---

[72] Zum Ultramontanismus vgl. allgemein WEISS, Der Ultramontanismus; RUDOLF LILL: Der Ultramontanismus. Die Ausrichtung der gesamten Kirche auf den Papst, in: Kirche im 19. Jahrhundert, hg. v. MANFRED WEITLAUFF, Regensburg 1998, S. 76-94; HERIBERT RAAB: Zur Geschichte und Bedeutung des Schlagwortes „ultramontan" im 18. und frühen 19. Jahrhundert, in: HJb 81 (1962), S. 159-173; DERS.: „Römling". Zur Geschichte des antirömischen Affekts und der Gettoisierung in der ersten Hälfte des 19. Jahrhunderts, in: Innen- und Aussenpolitik. Primat oder Interdependenz? (FS Walther Hofer z. 60. Geb.), hg. v. URS ALTERMATT u. JUDIT GARAMVÖLGYI, Bern u. Stuttgart 1980, S. 527-545, sowie jetzt die Beiträge in: Ultramontanismus. Tendenzen der Forschung, hg. v. Gisela Fleckenstein u. Joachim Schmiedl, Paderborn 2005.

[73] Vgl. LÖNNE, Politischer Katholizismus, S. 60f.; ALTGELD, German Catholics, S. 108; SCHATZ, Zwischen Säkularisation und Zweitem Vatikanum, S. 39.

Systeme dokumentierten, gleichzeitig aber als Gemeinschaftserlebnisse eine integrierende Wirkung nach innen entfalteten, wurden gefördert. Was die innere Verfasstheit der Kirche anging, verweist bereits der Name ‚Ultramontanismus' auf die Orientierung auf Rom jenseits der Alpen.[74] Interessiert an einer starken und einheitlichen Kirche als Gegenmodell zur modernen Welt, zielte die ultramontane Bewegung auf eine zentralisierte Ausrichtung auf den Papst als absolute Autorität und eine straff gegliederte Hierarchie als kirchliches Strukturprinzip. Den modernen Prinzipien von Differenz, Individualismus und Rationalität wurden Einheit, Autorität und Tradition entgegengesetzt. Die auf Autorität und Hierarchie beruhende Papstkirche wurde als die maßgebliche religiöse Deutungsinstanz betrachtet. Ihre geistige und weltliche Potenz galt es offensiv gegen die Herausforderungen der Moderne, gegen sowohl innerkirchliche als auch außerkirchliche Angriffe zu stärken und zu verteidigen. Offensiv in der Defensive zu sein war ein Hauptmerkmal des Ultramontanismus, der sich einerseits gegen staatliche Übergriffe und gegen eine innerkirchliche Liberalisierung oder Demokratisierung scharf verwahrte, andererseits aber selbst aggressiv polemisierte und dabei vor Diffamierungen und Ausgrenzungen nicht zurückschreckte. Den so produzierten Gegensätzen entsprach häufig ein nahezu dualistisch-manichäisches Weltbild, in dem sich Glaube und Unglaube, Ordnung und Chaos, Gut und Böse, Tradition und Revolution unvereinbar gegenüberstanden.[75] Nicht nur im Verhältnis zu anderen Weltanschauungen, wie dem Liberalismus, sondern auch zu den anderen christlichen Konfessionen, vor allem zum Protestantismus, wurde so eine radikale Dichotomie produziert.

Tendenziell galt dies auch für das Verhältnis zum Staat, obwohl sich der deutsche Ultramontanismus in seiner politisch-konservativen Ausrichtung nicht prinzipiell im Gegensatz zu diesem sah. Die staatliche Herrschaft

---

[74] Der Begriff ‚Ultramontanismus' war zunächst eine pejorative Fremdbezeichnung, wurde jedoch relativ schnell auch als demonstratives Selbstbekenntnis übernommen. Vgl. zur Begriffsgeschichte RAAB, Zur Geschichte und Bedeutung des Schlagwortes „ultramontan"; DERS., „Römling". Als Forschungsbegriff ist er zwar nicht unproblematisch, aber letztlich doch unvermeidlich und treffend. ANDERSON, Piety and Politics, S. 705 hält den Begriff für einen „slippery, protean, perhaps even dangerous term, but certainly a necessary one." Vgl. ähnlich NOWAK, Geschichte des Christentums, S. 75.

[75] Wiederholt ist daher diskutiert worden, ob der Ultramontanismus eine Form von katholischem Fundamentalismus darstellt. Vgl. CHRISTOPH WEBER: Ultramontanismus als katholischer Fundamentalismus, in: Deutscher Katholizismus im Umbruch zur Moderne, hg. v. WILFRIED LOTH, Stuttgart, Berlin u. Köln 1991, S. 20-45; KARL JOSEF RIVINIUS: Fundamentalismus in der Kirchengeschichte. Aufgezeigt an exemplarischen Fällen, in: Die verdrängte Freiheit. Fundamentalismus in den Kirchen, hg. v. HERMANN KOCHANEK, Freiburg, Basel u. Wien 1991, S. 96-114, hier S. 102-105; KLAUS KIENZLER: Der religiöse Fundamentalismus. Christentum, Judentum, Islam, München 1996, S. 50-55.

wurde vielmehr als an sich legitim, weil letztlich auf Gottes Willen gründend angesehen, das Gehorsamsgebot gegenüber der weltlichen Obrigkeit und das Revolutionsverbot infolgedessen hoch gehalten.[76] Als Ideal stellte sich der deutsche Ultramontanismus immer ein positiv aufeinander bezogenes, sich gegenseitig förderndes und ergänzendes Verhältnis zwischen Staat und Kirche als gleichberechtigten Partnern vor. Eine Unterordnung der Kirche unter den Staat und Übergriffe desselben auf den innerkirchlichen Bereich, wie sie das staatskirchliche System ermöglichten, widersprachen dagegen dem ultramontanen Kirchen- und Staatsverständnis. Völlig inakzeptabel wurden sie, wenn der Staat zudem, wie im Falle Preußens, als ein protestantischer wahrgenommen wurde. Nicht von ungefähr gilt daher der sogenannte ‚Mischehenstreit', wie er in den späten 1830er Jahre in Preußen zwischen Staat und Kirche ausgefochten wurde, als zentraler Faktor der katholischen Bewusstseinsbildung und Politisierung.[77] Dabei war es weniger die Auseinandersetzung um die Schließung von konfessionsverschiedenen Ehen und die Erziehung der daraus hervorgehenden Kinder selbst, die eine mobilisierende und gruppenbildende Wirkung ausübte, sondern ihr Gipfeln im sogenannten ‚Kölner Ereignis': Die Suspendierung und Verhaftung des bis dahin eher unbeliebten Kölner Erzbischofs im Jahr 1837 symbolisierte in einem Akt staatlicher Willkür für viele Katholiken augenfällig den Omnipotenzanspruch des Staates gegenüber der Kirche. Das ‚Kölner Ereignis' offenbarte, dass eine Kooperation mit dem Staat, in der die ultramontanen Vorstellungen von kirchlicher Selbstbestimmung Berücksichtigung fänden, nicht möglich war, der Staat vielmehr auf den kirchlichen Bereich übergriff, wenn er es für nötig hielt. Die ultramontane Forderung nach Unabhängigkeit der Kirche vom Staat, wie sie 1838 in der überaus erfolgreichen „Athanasius"-Schrift von Joseph Görres propagiert wurde, erhielt dadurch einen enormen Auftrieb.

Obwohl der deutsche Ultramontanismus in seiner Forderung nach Unabhängigkeit der Kirche vom Staat bereits zu Anfang der 1830er Jahre wesentlich von der französischen ultramontanen Bewegung beeinflusst worden war, unterschied er sich doch gerade in dieser Frage nachhaltig von seinem Pendant in Frankreich.[78] Zwar übernahm er vielfach von der französischen Bewegung um Félicité de Lamennais und Charles René de Montalembert die Parole von der ‚Trennung' der Kirche vom Staat, doch war ihm an einer tatsächlichen und vollständigen Loslösung, wie sie beispielsweise in Belgien stattgefunden hatte, nicht wirklich gelegen. Während

---

[76] Vgl. dazu Kap. 2.2.

[77] Vgl. dazu und zur Entsprechung des Kölner Konflikts in Posen Kap. 6.1.

[78] Zum Einfluss des französischen Ultramontanismus auf die deutsche Bewegung zu Beginn der 1830er Jahre vgl. Kap. 2.

Lamennais in Frankreich sich eine Stärkung der Kirche durch ein Bündnis mit den liberalen und emanzipativen Volksbewegungen in Europa erhoffte und für eine vollständige Trennung der Kirche vom monarchischen Staat plädierte, sah die ultramontane Bewegung in Deutschland mehrheitlich in der liberalen Bewegung einen Feind der Kirche. Der monarchische Staat dagegen galt als der angestammte und rechtmäßige Verbündete, der allerdings durch seinen Überlegenheitsanspruch das Bündnis so weit erschwerte oder gar unmöglich machte, dass für den Erhalt der kirchlichen Rechte nur eine Loslösung der Kirche vom Staat möglich schien. Diese sollte jedoch nur so weit wie nötig gehen und nach Möglichkeit zu keiner vollständigen Trennung führen.

Die geforderte Unabhängigkeit der Kirche vom Staat basierte dabei auf einem korporativen und damit letztlich konservativen Freiheitsbegriff. Die ‚Freiheit' der Kirche vom Staat, wie sie immer wieder von ultramontaner Seite verlangt wurde, beruhte nicht auf dem liberalen Konzept individueller Freiheit. Individuellen Freiheitsrechten, wie sie von der Aufklärung und im Liberalismus vertreten wurden, stand die ultramontane Bewegung prinzipiell ablehnend gegenüber. Das galt insbesondere für den innerkirchlichen, tendenziell aber auch für den außerkirchlichen und politischen Bereich. Die Unabhängigkeit der Kirche vom Staat dagegen und die Rechte der katholischen Bevölkerung wurden mit einem korporativen Freiheitsbegriff legitimiert. In Anlehnung an ständische Modelle galten die überkommenen Rechte von Gruppen gegenüber der Gesamtgesellschaft als unveräußerlich und die Existenz einer eigenen kirchlichen Rechtssphäre als legitim und verbindlich. Das widersprach letztlich dem individuellen Freiheitsbegriff, der gerade die Befreiung des Einzelnen aus den Ansprüchen und Begrenzungen von Gruppen zum Ziel hatte.[79]

Trotz dieses im Kern antiliberalen Freiheitsverständnisses übernahm der Ultramontanismus im Vormärz wesentliche Grundforderungen des politischen Liberalismus, die auch kirchlichen Interessen zu Gute kommen konnten. Rede- und Pressefreiheit, die Möglichkeit der freien Versammlung und Vereinigung wurden als Grundrechte auch für die katholische Bevölkerung und für den kirchlichen Bereich gefordert. Parlamentarismus und Presse wurden als Möglichkeiten wahrgenommen, die Interessen der Kirche und der Katholiken gegenüber dem Staat öffentlich zum Ausdruck zu bringen und nach Möglichkeit durchzusetzen. Wesentliche Teile des Ultramontanismus näherten sich damit vor allem in den 1840er Jahren politisch-liberalen Positionen an. Liberal gab man sich in erster Linie in der gewünschten Reduzierung staatlichen Einflusses auf die Kirche als Teil

---

[79] Zur Differenz der Freiheitsbegriffe vgl. SCHATZ, Zwischen Säkularisation und Zweitem Vatikanum, S. 75f.; FITSCHEN.

der Gesellschaft und in der Anwendung liberaler Instrumentarien zugunsten von Kirche und katholischer Bevölkerung. Konservativ blieb der Ultramontanismus dabei jedoch in seinem korporativen Freiheitsverständnis, das sich auf Gruppen und nicht auf die Rechte von Individuen bezog, die sonst auch im innerkirchlichen Bereich Geltung hätten beanspruchen können.[80]

Die Hinwendung des Ultramontanismus zu dem neuen Medium der Zeitschrift kann als eine Anwendung liberaler Instrumentarien betrachtet werden, die zum einen der Förderung und Durchsetzung der eigenen Position im innerkirchlichen Bereich diente, zum anderen und in engem Zusammenhang damit die Wahrnehmung der ultramontanen Position in der Öffentlichkeit beförderte. Die bereits in den 1830er Jahren stattgehabte Verdrängung alternativer innerkirchlicher Richtungen im Bereich der periodischen Publizistik ist bereits oben beschrieben worden. Mit ihr einher ging die Ausbildung und Festigung eines ultramontan geprägten katholischen Bewusstseins und Gruppengefühls. Das publizistische Engagement führte gerade im Zusammenhang mit Ereignissen wie dem Kölner ‚Mischehenstreit' zu einer Förderung der katholischen Identitätsbildung.

Bereits zu Beginn der 1830er Jahre wurden zahlreiche ultramontane Zeitschriften herausgegeben.[81] Dies geschah häufig in enger Anbindung an örtliche Kreise, die als Keimzellen der ultramontane Bewegung betrachtet werden können. Vorläufer solcher ultramontaner Initiativkreise waren die ‚Familia sacra' im westfälischen Münster um die Fürstin Amalie von Gallitzin (1748-1806) und der eng mit der literarischen und philosophischen

---

[80] Der Begriff des ‚liberalen Katholizismus' für ultramontane Kreise scheint mir daher höchst problematisch. Dies gilt insbesondere dann, wenn die so bezeichnete Gruppe dem Ultramontanismus gegenübergestellt wird, dessen integraler Teil sie tatsächlich war. Vgl. so im Ansatz VICTOR CONZEMIUS: Liberaler Katholizismus, in: TRE, Bd. 21 (1991), S. 68-73, der jedoch aufgrund der zahlreichen antiliberalen Züge der „katholischen Bewegung" selbst zu dem Schluss kommt, dass man für den deutschen Kontext kaum von einem „liberalen Katholizismus" sprechen kann. Zurecht weist Otto Weiss darauf hin, dass durch eine positiv gemeinte Belegung ultramontaner Katholiken mit dem Terminus „liberal" diesen ein Begriff übergestülpt wird, den sie selbst wahrscheinlich empört von sich gewiesen hätten, und der das historische Verständnis verzerrt. Vgl. OTTO WEISS: Anmerkungen zum „Liberalen Katholizismus" im italienischen Nationalstaat des 19. Jahrhunderts, in: Bücherzensur – Kurie – Katholizismus und Moderne (FS f. Herman H. Schwedt), hg. v. PETER WALTER u. HERMANN-JOSEF REUDENBACH, Frankfurt/M. u. a. 2000, S. 309-346, hier S. 325. Auf die engen Begrenzungen eines ultramontanen Liberalismus verweist auch HERRES, S. 18f. Zu den Unterschieden zwischen deutschem und französischem Ultramontanismus in dieser Hinsicht vgl. Kap. 2.2.3.

[81] Im folgenden wird nur näher auf die in dieser Arbeit benutzten Zeitschriften eingegangen.

Romantik verbundene Hofbauer-Kreis in Wien.[82] Eine breitere Wirkung erzielte der Mainzer Kreis, nicht zuletzt aufgrund seiner publizistischen Vorreiterrolle.

In Mainz hatte der 1802 noch von Napoleon ernannte Bischof Johann Ludwig Colmar eine ultramontan orientierte kirchliche Erneuerung begonnen, für die er weitere Mitarbeiter aus dem Elsass, aus dem er stammte, heranzog. Darunter befand sich der spätere Straßburger Bischof Andreas Räß, der am Mainzer Priesterseminar lehrte, und ab 1821 zusammen mit Nikolaus Weis, dem späteren Bischof von Speyer, die Zeitschrift *Der Katholik* herausgab.[83] Der Untertitel, „Eine religiöse Zeitschrift zur Belehrung und Warnung", präzisierte das Anliegen der Zeitschrift. Die ultramontane Ausrichtung des Blattes wurde bereits im ankündigenden Prospekt deutlich gemacht, in dem klar gestellt wurde, „daß wir nur *den* und *das* für wahrhaft katholisch halten, der und das mit dem Oberhaupte der katholischen Kirche, dem Papst, vereinigt ist und mit ihm gleichlautend

---

[82] Durch den Münsteraner Kreis wurde die aufsehenerregende Konversion des Grafen Friedrich Leopold von Stolberg (1800) motiviert. Hier erfuhr auch der spätere Kölner Erzbischof Droste zu Vischering wesentliche Impulse. Im Kreis um den Redemptoristen Clemens Maria Hofbauer (1751-1820) verkehrten u.a. Friedrich und Dorothea Schlegel, Zacharias Werner, Adam Müller, Joseph von Eichendorff, Clemens Brentano. Vgl. SCHNABEL, Deutsche Geschichte, Bd. 4, S. 47ff.; HEINZ HÜRTEN: Kurze Geschichte des deutschen Katholizismus 1800-1960, Mainz 1986, S. 34-37; KARL BACHEM: Vorgeschichte, Geschichte und Politik der deutschen Zentrumspartei. Zugleich ein Beitrag zur Geschichte der katholischen Bewegung, sowie zur allgemeinen Geschichte des neueren und neuesten Deutschland 1815-1914, Bd. 1, ND Aalen 1967 (orig. Köln ²1928), S. 60f.; OTTO WEISS: Klemens Maria Hofbauer. Repräsentant des konservativen Katholizismus und Begründer der katholischen Restauration in Österreich. Eine Studie zu seinem 150. Todestag, in: Zeitschrift für bayerische Landesgeschichte 34 (1971), S. 211-223; KORNELIUS FLEISCHMANN: Klemens Maria Hofbauer. Sein Leben und seine Zeit, Graz u. a. 1988; EWALD REINHARD: Die Münsterische „Familia sacra". Der Kreis um die Fürstin Gallitzin: Fürstenberg, Overberg, Stolberg und ihre Freunde, Münster 1953; MATHILDE KÖHLER: Amalie von Gallitzin. Ein Leben zwischen Skandal und Legende, 2., durchges. Aufl., Paderborn u. a. 1995; SIEGFRIED SUDHOF: Von der Aufklärung zur Romantik. Die Geschichte des „Kreises von Münster", Berlin 1973.

[83] Andreas Räß (1794-1887) lehrte ab 1820 Philosophie (später auch Dogmatik) in Mainz und wurde 1824 Leiter des Priesterseminars. 1830 ging er nach Straßburg, wo er als Professor und Domkapitular wirkte, bevor er 1840 Koadjutor und 1842 schließlich Bischof wurde. Nikolaus Weis (1796-1869) hatte das Mainzer Priesterseminar besucht und war ab 1822 Domkapitular in Speyer. Er folgte dort 1842 dem ebenfalls aus dem Mainzer Kreis stammenden und nun nach Köln wechselnden Johannes von Geissel auf den Bischofssitz. Vgl. ERWIN GATZ: Andreas Räß, in: Die Bischöfe der deutschsprachigen Länder 1785/1803 bis 1945. Ein biographisches Lexikon, hg. v. DEMS., Berlin 1983, S. 584-590; LUDWIG LITZENBURGER: Nikolaus von Weis, in: Die Bischöfe der deutschsprachigen Länder 1785/1803 bis 1945. Ein biographisches Lexikon, hg. v. ERWIN GATZ, Berlin 1983, S. 801ff.

lehrt."[84] *Der Katholik*, der zunächst monatlich, Mitte der 1840er Jahre aber schon drei mal wöchentlich erschien, wurde das öffentliche Organ des Mainzer Kreises. Er trug wesentlich dazu bei, dass dem Mainzer Modell entsprechend in der Theologie die Scholastik wiederbelebt wurde, und förderte entscheidend die Rezeption des französischen Ultramontanismus in Deutschland. *Der Katholik* war die erste kirchenpolitische Zeitschrift des deutschen Ultramontanismus, die überregional eine größere Wirkung entfalten konnte und damit eine Vorbildfunktion für weitere Zeitschriftengründungen in den Folgejahren besaß. Obwohl ihre Bedeutung später abnahm, konnte sie bis 1918 kontinuierlich erscheinen. In den ersten Jahrzehnten ihres Bestehens arbeiten nahezu alle bekannten Vertreter des deutschen Ultramontanismus an ihr mit.[85] Für die erste Hälfte der 1830er Jahre wird ihr nicht selten die Rolle eines „Zentralorgans für katholisch-kirchliche Interessen in Deutschland" zugewiesen, wobei dies allerdings nur für die ultramontane Ausrichtung des Katholizismus Geltung beanspruchen kann.[86]

Ergänzt wurde *Der Katholik* ab 1842 durch die ebenfalls vom Mainzer Kreis herausgegebenen *Katholischen Sonntagsblätter zur Belehrung und Erbauung*, die sich volkstümlicher gaben und eine weniger gebildete Leserschaft anzusprechen versuchten. Die *Sonntagsblätter* bekannten sich offen zur Polemik, um, wie es in einer Verlagsanzeige hieß, „das Böse auf seinem eigenen Gebiete mit gleichen Waffen zu bekämpfen."[87] Redakteur sowohl der *Sonntagsblätter* wie kurze Zeit später auch des *Katholik* (ab

---

[84] Zit. nach LUDWIG BERGSTRÄßER: Studien zur Vorgeschichte der Zentrumspartei, Tübingen 1910, S. 118f.

[85] Vgl. die Namensauswahl bei VALERIUS, S. 30; PESCH, Die kirchlich-politische Presse, S. 141 sowie das Mitarbeiterverzeichnis in JOHANNES STILBAUER: General-Register des „Katholik" vom Jahr 1821 bis 1889. Zugleich ein Beitrag zur Bibliographie der katholischen Wissenschaft und zur Geschichte des kirchlichen Lebens im 19. Jahrhundert, Mainz 1892, S. Vf.

[86] BACHEM, Joseph Bachem, Bd. 1, S. 195; ähnlich BERGSTRÄßER, Studien zur Vorgeschichte der Zentrumspartei, S. 125; LÖFFLER, S. 21; KLUG, Rückwendung, S. 170. Vgl. zum *Katholik* als Organ des Mainzer Kreises daneben HELMUT SCHWALBACH: Der Mainzer Katholik als Spiegel des neuerwachenden kirchlich-religiösen Lebens in der ersten Hälfte des neunzehnten Jahrhunderts, Mainz 1966; PESCH, Die kirchlich-politische Presse, S. 140-143, 182ff.; SCHNABEL, Deutsche Geschichte, Bd. 4, S. 74-97; BERGSTRÄßER, Studien zur Vorgeschichte der Zentrumspartei, S. 115-188; VALERIUS, S. 29f.

[87] Vgl. den rückseitigen Innendeckel der 1842 erschienenen Broschüre [FRANZ SAUSEN:] Der Czar und der Nachfolger des h. Petrus. Eine Erklärung der päpstlichen Darlegung über die schweren Leiden der katholischen Kirche in Rußland und Polen und der damit verbundenen Actenstücke für das katholische Volk, Mainz 1842. Vgl. zu den *Katholischen Sonntagsblättern* PESCH, Die kirchlich-politische Presse, S. 180ff.

1844) war Franz Sausen, der 1848 auch die katholische Tageszeitung *Mainzer Journal* gründete.[88]

In enger Verbindung zum Mainzer Kreis stand der mit Andreas Räß befreundete Berufsjournalist Johann Baptist Pfeilschifter (1793-1875). Pfeilschifter hatte schon 1817 seine erste Zeitschrift herausgegeben, die noch eine politisch-liberale Ausrichtung trug, bevor er in das katholisch-konservative Lager überschwenkte.[89] Karl Bachem meint, dass Pfeilschifter mit dem von 1822 bis 1831 erschienenen Staatsmann und dessen Nachfolger, dem *Zuschauer am Main*, die ersten „richtige[n] katholisch-politische[n] Zeitschriften und Zeitungen" geschaffen habe und dadurch „ein Mittelpunkt der geistigen Bestrebungen im katholischen Deutschland" geworden sei.[90] Beide Zeitschriften vertraten einen politisch extrem konservativen Standpunkt, was im Mainzer *Katholik* lobende Erwähnung und durch die Wiener Staatskanzlei Metternichs zeitweilig finanzielle Unterstützung fand.[91] Obwohl eine ultramontane Tendenz zumindest im seit 1831 erschienenen *Zuschauer am Main* deutlich hervortrat,[92] stellte Pfeilschifter seinen politischen Publikationen 1829 die *Katholische Kirchenzeitung* zur Seite, eine dezidiert kirchenpolitische Zeitschrift. Dieses „schärfste Kampforgan"[93] des Ultramontanismus wurde zu einem der einflussreichsten Organe der ultramontanen Presse in den 1830er Jahren. Nach dem Einstellen der Zeitschrift im Jahr 1837 legte Pfeilschifter umgehend ein Nach-

---

[88] Franz Sausen (1810-1866) hatte Theologie in Mainz studiert, den geistlichen Beruf aber nicht ausgeübt. Nach einer kurzen Zeit als Gymnasiallehrer in der Schweiz arbeitete er ab 1839 als katholischer Publizist und Redakteur vor allem in Mainz. 1857 gründete er nochmals eine Zeitung u.d.T. *Katholisches Volksblatt*. Vgl. HERMANN WIESEOTTE: F. J. Sausen und die Gründung des „Mainzer Journal", in: Archiv für mittelrheinische Kirchengeschichte 5 (1953), S. 267-298.

[89] Pfeilschifters erste Zeitschrift waren die *Zeitschwingen*, die er aber schon bald nach der Gründung 1817 an Ludwig Börne abtrat. Vgl. BERGSTRÄßER, Studien zur Vorgeschichte der Zentrumspartei, S. 192. Zu Pfeilschifters publizistischem Wirken vgl. BACHEM, Joseph Bachem, Bd. 1, S. 200-219, 279 ff.; PESCH, Die kirchlich-politische Presse, S. 151 ff; BERGSTRÄßER, Studien zur Vorgeschichte der Zentrumspartei, S. 190-218; EWALD REINHARD: Johann Baptist Pfeilschifter, der bayerische Plutarch, München 1954; DERS.: Johann Baptist Pfeilschifter. Ein Redakteur aus dem Vormärz, in: HPBKD 168 (1921), S. 14-32.

[90] BACHEM, Joseph Bachem, Bd. 1, S. 280.

[91] Zur Haltung des *Katholik* vgl. VALERIUS, S. 32. Zum Verhältnis zu Metternich vgl. HUBERT RUMPEL: Johann Baptist Pfeilschifter und die österreichische Staatskanzlei, in: Jahrbuch für fränkische Landesforschung 14 (1954), S. 363-378.

[92] Vgl. BACHEM, Joseph Bachem, Bd. 1, S. 205. KLUG, Rückwendung, S. 241 hält den *Staatsmann* für „noch kein eigentliches Erzeugnis der katholischen Presse", blendet den *Zuschauer am Main* dagegen aus.

[93] VALERIUS, S. 35. Vgl. zur *Katholischen Kirchenzeitung* auch PESCH, Die kirchlich-politische Presse, S. 151ff.; BACHEM, Joseph Bachem, Bd. 1, S. 206-213.

folgeblatt mit dem Titel *Herold des Glaubens* auf, das bis 1843 erschien, aber nicht mehr die Bedeutung und den Erfolg der *Katholischen Kirchenzeitung* erreichen konnte.

Pfeilschifters Zeitschriften erschienen zunächst in Offenbach, in den 1830er Jahren zumeist in Aschaffenburg, teilweise auch in Würzburg, immer jedoch in relativer räumlicher Nähe zum ultramontanen Zentrum in Mainz.[94] Im bayerischen Mainfranken wurde seit 1828 auch der *Allgemeine Religions- und Kirchenfreund und Kirchencorrespondent* von Franz Benkert (1790-1859), dem Regens am Würzburger Priesterseminar, der ein Freund von Räß und Pfeilschifter war, herausgegeben. Wie die kirchenpolitischen Blätter aus Mainz und die Organe Pfeilschifters wandte sich auch diese Zeitschrift programmatisch gegen liberalen Zeitgeist, Aufklärung und Protestantismus, Rationalismus und Revolution. Ebenfalls ein „Pionier der Kirchenblattbewegung"[95] besaß sie eine vergleichsweise lange Kontinuität und konnte sich fast zwanzig Jahre auf dem katholischen Zeitschriftenmarkt halten.[96]

Die Häufung katholisch-ultramontaner Zeitschriften gerade in Bayern war in den 1830er Jahren kein Zufall, sondern ging auf die Kirchenpolitik Ludwigs I. zurück, der die Erneuerung des katholischen Lebens im romantischen Geist unterstützte. Folge dessen war eine vergleichsweise geringe Reglementierung der ultramontanen Publizistik, so dass diese in Bayern ein günstiges Wirkungsfeld vorfand und auch nutzte. Zu Anfang der 1830er Jahre war dabei eine Konzentration auf Mainfranken zu beobachten, was wohl in der räumlichen Nähe zu Mainz begründet lag.[97]

In Altbayern dagegen erschien zunächst ohne dauerhaften Erfolg im Jahr 1830 die *Kirchenzeitung für das katholische Deutschland* in München. Diese von Jakob Sengler herausgegebene und von Franz von Baader wesentlich geprägte Zeitschrift war ein für den deutschen Ultramontanismus eher untypisches Organ.[98] Hier wurde der französische Ultramontanismus

---

[94] Mainz war von 1800 bis 1847 der größte deutsche Druckort für katholische Zeitschriften, wie die Zählung SCHNEIDER, Katholiken auf die Barrikaden, S. 49 ergibt.

[95] So PESCH, Die kirchlich-politische Presse, S. 151.

[96] Der Zeitschrift war bereits seit 1822 der ebenfalls von Benkert herausgegebene *Religionsfreund für Katholiken* vorausgegangen. Ab 1841 erschien sie in Neuer Folge unter der Herausgeberschaft Georg Joseph Saffenreuthers. Vgl. zur Zeitschrift PESCH, Die kirchlich-politische Presse, S. 143-146, 150f.; VALERIUS, S. 30f.

[97] Vgl. SCHNEIDER, Katholiken auf die Barrikaden, S. 51. Zur Kirchenpolitik Ludwigs I. vgl. HEINZ GOLLWITZER: Ludwig I. von Bayern. Königtum im Vormärz. Eine politische Biographie, München ²1987, S. 513-536, 561-583.

[98] Jakob Sengler (1799-1878) entstammte der gemäßigten und auf Ausgleich bedachten Tübinger theologischen Schule und wurde 1831 als Professor an die Universität Marburg berufen, wohin auch der Erscheinungsort der *Kirchenzeitung* wechselte. Vgl. zu Sengler

eines Lamennais auch in politischer Hinsicht am stärksten rezipiert und seine Forderung nach der Trennung der Kirche vom Staat am konsequentesten übernommen.[99] Anders als andere Blätter des deutschen Ultramontanismus suchte die *Kirchenzeitung* gleichzeitig eine produktive Auseinandersetzung mit den geistigen Erscheinungen der Zeit und dem Protestantismus, auch wenn der als übertrieben angesehene Subjektivismus der Aufklärung kritiert und der neue Aufbau einer kirchlichen Gemeinschaft angestrebt wurde. Als anspruchsvolle Fachzeitschrift mit zumeist wissenschaftlichen Aufsätzen konnte die *Kirchenzeitung* jedoch keine breitere Wirkung erzielen und ging bereits nach nicht einmal drei Jahren wieder ein.[100]

Wesentlich populärer und polemischer gehalten, und deshalb wohl auch deutlich langlebiger war dagegen die von 1832 bis 1875 in Augsburg erscheinende *Sion*. Das von zwei Kaplänen gegründete Blatt kündigte als „Stimme der Kirche in unserer Zeit", so der Untertitel, in typisch ultramontaner aggressiver Defensivhaltung in seinem Prospekt an, die katholischen Leser im „Kampf gegen den bösen Geist der Zeit" stärken und unterstützen zu wollen.[101] Wegen persönlicher Querelen zwischen der Redaktion und dem Augsburger Verleger Karl Kollmann kam es zwischen 1845 und 1855 zur Abspaltung und Gegengründung der *Neuen Sion*, die

---

FRANZ EICHINGER: Die Philosophie Jakob Senglers als philosophische Theologie. Ein Beitrag zum Gespräch der Theologie mit dem spätidealistischen Denken, Göttingen 1976; DERS.: Jakob Sengler, in: Christliche Philosophie im katholischen Denken des 19. und 20. Jahrhunderts, hg. v. EMERICH CORETH, WALTER M. NEIDL u. GEORG PFLIGERSDORFER, Bd. 1: Neue Ansätze im 19. Jahrhundert, Graz, Wien u. Köln 1987, S. 306-318. Franz von Baader (1765-1841), der bekannte Anreger der ‚Heiligen Allianz', war als Professor der Philosophie in München neben Joseph Görres der Mittelpunkt der dortigen katholischen Spätromantik und galt in den 1830er Jahren als der „Hausphilosoph" der Ultramontanen, verlor diese Position aber wegen seines Festhaltens an Lamennais über die päpstliche Verurteilung hinaus und wegen seiner fortan kirchenkritischen Haltung. Vgl. VALERIUS, S. 355; WILLI LAMBERT: Franz von Baader (1765-1841), in: Christliche Philosophie im katholischen Denken des 19. und 20. Jahrhunderts, hg. v. EMERICH CORETH, WALTER M. NEIDL u. GEORG PFLIGERSDORFER, Bd. 1: Neue Ansätze im 19. Jahrhundert, Graz, Wien u. Köln 1987, S. 150-173; HANS-CHRISTOF KRAUS: Franz Xaver v. Baader, in: Lexikon des Konservatismus, hg. v. CASPAR V. SCHRENCK-NOTZING, Graz u. Stuttgart 1996, S. 46f. Als Philosoph war Baader über den katholischen Kontext hinaus einflussreicher als seine geringe Bekanntheit heute vermuten lässt. Zu seinem Einfluss z.B. auf Adam Mickiewicz vgl. RYSZARD ZAJĄCZKOWSKI: Auf den Wegen der heiligen Revolution. Franz Baader und Adam Mickiewicz, in: Adam Mickiewicz und die Deutschen, hg. v. EWA MAZUR-KĘBŁOWSKA u. ULRICH OTT, Wiesbaden 2000, S. 127-137.

[99] Vgl. Kap. 2.2.3.

[100] Vgl. zur Zeitschrift PESCH, Die kirchlich-politische Presse, S. 154ff.; VALERIUS, S. 38f.

[101] Zit. nach PESCH, Die kirchlich-politische Presse, S. 158, Anm. 128.

sich inhaltlich aber kaum von der *Sion* unterschied und von der übrigen ultramontanen Kirchenblattpresse als neue Kampfgefährtin freudig begrüßt wurde.[102] Die wechselnden Redakteure der *Sion* verweisen auf das personelle Geflecht innerhalb der ultramontanen Publizistik: So arbeitete Franz Sausen 1840/41 an der Redaktion mit, bevor er in Mainz die *Katholischen Sonntagsblätter* und den *Katholik* redigierte. Der Hauptredakteur zwischen 1838 und 1840 dagegen, der Kaplan Ferdinand Herbst, hatte zu Beginn der 1830er Jahre nicht nur an Senglers *Kirchenzeitung* mitgearbeitet, sondern mit der Münchener *Eos* auch das erste Organ des Görres-Kreises redigiert.[103]

Der Görres-Kreis in München wurde in den 1830er Jahren zum wichtigsten Zentrum des deutschen Ultramontanismus. Joseph Görres (1776-1848), nach dem der Kreis benannt wurde, war 1827 als Professor für Allgemeine und Literaturgeschichte an die Münchener Universität berufen worden. Bereits Ende des 18. Jahrhunderts war Görres schon in jungen Jahren und begeistert von der Französischen Revolution publizistisch aktiv geworden. Nach seiner enttäuschten Abwendung vom revolutionär-republikanischen Ideal hatte er zur Zeit der Befreiungskriege durch die Herausgabe des *Rheinischen Merkur* größere Bekanntheit erlangt. Die Wirkung seines nationalen Propagandablatts soll Napoleon so hoch eingeschätzt haben, dass er es zur fünften europäischen Großmacht erklärt haben soll. Nach Einsetzen der Restauration sah Görres sich gezwungen nach Straßburg auszuweichen, wo er sich der Religion zuwandte. Seit Mitte der 1820er Jahre arbeitete er am Mainzer *Katholik* mit, bevor er dem Ruf nach München folgte. In München sammelte sich um Görres herum bald die ultramontane Avantgarde des deutschen Katholizismus, die sich dem Kampf gegen Revolution und Rationalismus, Aufklärung und Liberalismus ebenso widmete wie dem Einsatz für die Stärke und Unabhängigkeit der Kirche vom Staat.[104]

Die bereits bestehende Zeitschrift *Eos*, bis dahin ein Blatt für Literatur und Kunst, übernahm der Görres-Kreis im Jahr 1828, um sie zu einem kirchenpolitischen Organ ihrer Ansichten zu machen. Dies gelang nur teilweise, weil liberale Gegner immer wieder bei der bayerischen Regierung intervenierten, so dass die Mitglieder des Kreises zeitweise die Mitarbeit einstellen mussten. Bis 1832 kann jedoch von einer wesentlichen Prägung der *Eos* gesprochen werden. Nach ihrem publizistischen Organ

---

[102] Vgl. ebd., S. 156ff., 189-192.

[103] Vgl. ebd., S. 156f.

[104] Zur Biographie von Joseph Görres vgl. JON VANDEN HEUVEL: A German Life in the Age of Revolution. Joseph Görres, 1776-1848, Washington D.C. 2001 (mit Angabe der älteren Literatur).

wurde der Kreis von Ultramontanen um Joseph Görres um diese Zeit ‚Eos-Kreis' genannt. Die Zeitschrift selbst konnte Anfang der 1830er Jahre aufgrund ihres relativ elitären Charakters aber keine größere Breitenwirkung erzielen.[105] Der Görres-Kreis dagegen etablierte sich in den Folgejahren zum weit ausstrahlenden Zentrum der ultramontanen Bewegung in Deutschland und 1838 gelang ihm die Herausgabe einer Zeitschrift, die bald schon den Ruf eines Zentralorgans des ultramontanen Katholizismus besaß. Den äußeren Anlass für die Herausgabe der *Historisch-politischen Blätter für das katholische Deutschland* gab der ‚Mischehenstreit' in Preußen, der auch die Aufsehen erregende „Athanasius"-Schrift von Joseph Görres motiviert hatte.[106] Der ‚Mischehenstreit' trug wesentlich zur Konfessionalisierung des allgemeinen Bewusstseins bei und führte zur Spaltung überkonfessioneller, christlich-konservativer Projekte, wie dem *Berliner Politischen Wochenblatt*, an dem Protestanten wie die Brüder Ernst Ludwig und Leopold von Gerlach mit Katholiken wie Joseph Maria von Radowitz und Carl Ernst Jarcke zusammengearbeitet hatten. Jarcke war es dann auch, der zum eigentlichen Urheber und Initiator der *Historisch-politischen Blätter* wurde, nachdem er sich vom *Berliner Politischen Wochenblatt* abgewandt hatte.[107] Zusammen mit George Phillips gründete Jarcke unter den Auspizien der Familie Görres das neue Organ, dessen wichtigster inhaltlicher Gestalter er in den ersten Jahren war. Die Juristen Jarcke (1801-1852) und Phillips (1804-1872) kannten sich aus Berlin, wo sie in der zweiten Hälfte der 1820er Jahre an der Universität gelehrt hatten. Jarcke stammte aus Danzig, Phillips aus Königsberg, beide waren in Berlin zum Katholizismus konvertiert. Während Jarcke 1832 an die Wiener Staatskanzlei als Nachfolger des verstorbenen Friedrich v. Gentz berufen wurde, wechselte Phillips

---

[105] Vgl. zum Eos-Kreis und zu der Zeitschrift HANS KAPFINGER: Der Eos-Kreis 1828-1832. Ein Beitrag zur Vorgeschichte des politischen Katholizismus in Deutschland, München 1928; HEUVEL, S. 293-303; KLUG, Rückwendung, S. 252-274; PESCH, Die kirchlich-politische Presse, S. 148ff.; BACHEM, Joseph Bachem, Bd. 1, S. 196-200; VALERIUS, S. 37f.

[106] Vgl. zu den *Historisch-politischen Blättern* im folgenden BERNHARD WEBER: Die „Historisch-politischen Blätter für das katholische Deutschland" als Forum für Kirchen- und Konfessionsfragen, Diss. München 1983; DERS. u. DIETER ALBRECHT: Die Mitarbeiter der Historisch-politischen Blätter für das katholische Deutschland 1838-1923. Ein Verzeichnis, Mainz 1990; FRANZ RHEIN: Zehn Jahre Historisch-politische Blätter. 1838-1848. Ein Beitrag zur Vorgeschichte des Zentrums, Obercassel 1916; GÖTZ FREIHERR VON PÖLNITZ: Einleitung, in: GÖRRES, JOSEPH: Gesammelte Schriften, hg. v. WILHELM SCHELLBERG im Auftrag der Görres-Gesellschaft, Bd. 16: Aufsätze in den Historisch-politischen Blättern, hg. v. GÖTZ FREIHERR VON PÖLNITZ, Teil 1: 1838-1845, Köln 1936, S. IX-LIV; KLUG, Rückwendung, S. 277-333; BACHEM, Joseph Bachem, Bd. 1, S. 229-239.

[107] Zu dem Bruch Jarckes vgl. KLUG, Rückwendung, S. 274-277.

1833 ans bayerische Innenministerium nach München. Im Folgejahr wurde er zum Professor an die Münchener Universität berufen und damit ein Kollege von Joseph Görres, dessen Kreis von konservativen Ultramontanen er mit seiner Person verstärkte.[108] Jarcke und Phillips waren nicht nur streng legitimistische, konservativ-altständische politische Theoretiker, die eine Form politischer Theologie vertraten, sondern besaßen auch eine beachtliche journalistische Umtriebigkeit. Bis zu Beginn der 1850er Jahre steuerten sie einen großen Teil der nicht namentlich gekennzeichneten Artikel in den *Historisch-politischen Blättern*, vor allem der tagesaktuellen Rubriken „Zeitläufte" und „Glossen zur Zeitgeschichte", bei.[109] Während George Phillips zusammen mit Guido Görres, dem Sohn von Joseph Görres, auf dem Titelblatt als Herausgeber genannt wurde, blieb Jarckes bestimmende Stellung nach außen hin ungenannt.[110] In der breiteren Öffentlichkeit wurden die *Historisch-politischen Blätter* in erster Linie mit der Person von Joseph Görres verbunden, der sich zwar häufiger mit Beiträgen an der Zeitschrift beteiligte, das redaktionelle Tagesgeschäft aber seinem Sohn Guido und George Phillips überließ.

Die *Historisch-politischen Blätter* wurden in den Jahren nach ihrer Gründung zu der prominentesten und einflussreichsten, nach Bachems Meinung auch „bestgehaßten"[111] Zeitschrift ultramontaner Provenienz in Deutschland. In ihrer Beschäftigung gerade mit historischen Themen, die zumeist als Vergleichsfolie oder Erklärungsmodell für die aktuelle Zeitlage dienten, verbanden sie ein gehobenes intellektuelles Niveau mit schonungsloser konfessioneller und antiliberaler Polemik. In den Folgejahren kam man innerhalb des deutschen Katholizismus und in der Auseinandersetzung mit dem Ultramontanismus nicht mehr an den ‚Gelben Blättern', wie die Zeitschrift wegen ihres Schutzumschlages genannt wurde, vorbei. Noch 1880 erinnerte sich der Altkatholik Johann Friedrich Schulte: „Der Einfluß dieses Organs ist vor 1848 ein kolossaler gewesen, die ‚guten' Katholiken schwuren darauf und selbst die nicht correcten konnten sich nicht enthalten, dasselbe zu lesen."[112]

---

[108]　Zu den Biographien von Jarcke und Phillips vgl. HANS-CHRISTOF KRAUS: Carl Ernst Jarcke und der katholische Konservativismus im Vormärz, in: HJb 110 (1990), S. 409-445 (mit weiterer Lit.); RHEIN, S. 45-67; GÖTZ FREIHERR VON PÖLNITZ: George P. Phillips. Ein grossdeutscher Konservativer in der Paulskirche, in: HZ 155 (1937), S. 51-97; JOHANNES NEUMANN: George Phillips (1804-1872), in: Katholische Theologen Deutschlands im 19. Jahrhundert, hg. v. HEINRICH FRIES u. GEORG SCHWAIGER, Bd. 2, München 1975, S. 293-317.

[109]　Vgl. die Aufschlüsselung der Artikel in WEBER/ALBRECHT.

[110]　Zu seiner Rolle als Verbindungsglied zur Wiener Staatskanzlei vgl. Kap. 5.4 u. 5.5.

[111]　BACHEM, Joseph Bachem, Bd. 1, S. 167.

[112]　Zit. nach WEBER/ALBRECHT, S. 9

Mit den *Historisch-politischen Blättern* war auch die ab 1838 wichtigste katholische Zeitschrift in Bayern situiert, das in den 1830er Jahren der wichtigste Druckort ultramontaner Zeitschriften war.[113] Der Anlass für die Gründung der *Historisch-politischen Blätter* war jedoch der preußische ,Mischehenstreit' gewesen. In Preußen selbst blieben die *Historisch-politischen Blätter* bis 1848 verboten. Gleichzeitig gab es bis Mitte der 1840er Jahre in Preußen aufgrund der strengen staatlichen Reglementierung kaum Möglichkeiten für die Gründung eigener ultramontan-katholischer Zeitschriften. Erst 1843 verbesserten sich die äußeren Bedingungen mit der Aufhebung der Konzessionspflicht für Monatsschriften. Daraufhin wurde bereits im Folgejahr das *Rheinische Kirchenblatt* gegründet. Weil der Herausgeber, der Düsseldorfer Kaplan G. B. Bayerle, keine Konzession für ein Wochenblatt bekommen konnte, teilte er das *Rheinische Kirchenblatt* und gründete eine zweite Monatsschrift, die *Katholischen Blätter*, die ab 1845 im Abstand von zwei Wochen zum *Rheinischen Kirchenblatt* erschienen. Die beiden Zeitschriften kamen am selben Ort heraus (zunächst in Düsseldorf, später in Köln und Neuss), hatten dieselbe Redaktion und unterschieden sich auch nicht in ihrer inhaltlichen Ausrichtung. Sie waren strengkirchlich-konservativ und wandten sich gegen Protestantismus, religiöse Indifferenz und Liberalismus.[114] Ein besonders beliebtes Angriffsziel war die ,schlechte Presse', womit liberale Zeitungen gemeint waren, die aus ultramontaner Perspektive die Interessen der Kirche missachteten oder antikirchlich eingestellt waren. Eine regelrechte Kampagne wurde in dieser Hinsicht gegen die erfolgreichste Tageszeitung der Rheinprovinz, die *Kölnische Zeitung*, betrieben, die im Verlag der katholischen Familie DuMont erschien, sich aber um kirchenpolitische Neutralität und Zurückkhaltung bemühte.[115]

Etwas gemäßigter als die Zwillingsblätter *Rheinisches Kirchenblatt* und *Katholische Blätter* gab sich die Zeitschrift *Nathanael*, die seit 1845 von

---

[113] Auch die erste illustrierte katholische Zeitschrift, der *Katholische Hausfreund*, der ab 1846 in Regensburg herausgegeben wurde, hatte seinen Erscheinungsort in Bayern. Vgl. PESCH, Die kirchlich-politische Presse, S. 192.

[114] Vgl. ebd., S. 24-96.

[115] Die Kampagne wurde besonders intensiv von dem Redakteur Wilhelm Prisac geführt, der zwei selbständige Kampfschriften gegen die *Kölnische Zeitung* schrieb. Vgl. WILHELM PRISAC: Die akatholische Tendenz der Kölnischen Zeitung, Koblenz 1844; DERS.: Die Fortschritte der Kölnischen Zeitung auf dem Wege der Dekatholisierung und Entchristlichung, Neuß 1846. Vgl. zu der Kampagne PESCH, Die kirchlich-politische Presse, S. 74-79; KARL BUCHHEIM: Die Stellung der Kölnischen Zeitung im vormärzlichen rheinischen Liberalismus, Leipzig 1914, S. 349-359; BACHEM, Josef Bachem, Bd. 1, S. 298-308 zeigt, dass sich auch andere ultramontane Blätter (*Katholik, Historisch-politische Blätter*) an der Kampagne beteiligten, hält diese selbst aber für begründet.

dem Kaplan Hermann Joseph Schmittmann in Köln herausgegeben wurde. Obwohl hier ebenfalls die mangelnde Parität zwischen Katholiken und Protestanten beklagt und der Protestantismus für sein hegemoniales Streben kritisiert wurden, vermied die Kölner Zeitschrift sowohl Angriffe gegen die *Kölnische Zeitung* als auch verbale Attacken gegen den Hermesianismus, was wohl darin begründet lag, dass sie selbst im Verlag DuMont verlegt wurde. Eine vergleichbare Bedeutung und Verbreitung wie *Rheinisches Kirchenblatt* und *Katholische Blätter* konnte der *Nathanael* aber nicht erlangen.[116]

Gemeinsam mit den anderen katholischen Zeitschriften war dem *Nathanael* allerdings die scharfe Polemik gegen den Deutschkatholizismus. Der Ausgangspunkt der deutschkatholischen Bewegung lag im Protest gegen die Ausstellung des Heiligen Rocks zu Trier im Jahr 1844. Die Präsentation des angeblichen Gewandes Jesu hatte eine Massenwallfahrt von Katholiken nach Trier hervorgerufen, die mit insgesamt ca. 500.000 Besuchern als die größte öffentliche Mobilisierung der Bevölkerung im Vormärz gelten kann.[117] Liberale und protestantische Kreise bezweifelten nicht nur die Echtheit des ausgestellten Rockes, sondern sahen in der Trierer Wallfahrt auch eine bewusste Machtdemonstration der katholischen Kirche, die ihrer Ansicht nach ihren Einfluss auf den katholischen Teil der Bevölkerung demonstrativ zur Schau stellen wollte. Tatsächlich machte die Wallfahrt die Etablierung ultramontaner Frömmigkeitsformen deutlich und verwies auf einen hohen Formierungsgrad des ultramontanen Katholizismus. Obwohl die Begeisterung für den Heiligen Rock nicht nur ein Unterschichtenphänomen darstellte, sondern auch die ultramontan orientierten katholischen Bildungseliten ergriff,[118] wurden die Pilger von liberaler Seite als eine rückständige, unmündige und daher durch die Kirche leicht lenkbare Masse wahrgenommen. Dem Massenphänomen der Wallfahrt, das dem aufgeklärten Ideal vernunftgelenkter individueller Autonomie zu widersprechen

---

[116] Vgl. PESCH, Die kirchlich-politische Presse, S. 96-130.

[117] Als neuere Beiträge zur Trierer Wallfahrt vgl. BERNHARD SCHNEIDER: Wallfahrt, Ultramontanismus und Politik. Zu Vorgeschichte und Verlauf der Trierer Hl.-Rock-Wallfahrt von 1844, in: Der Heilige Rock zu Trier. Studien zur Geschichte und Verehrung der Tunika Christi, hg. v. ERICH ARETZ u. a., Trier 1996, S. 237-280; DERS.: Presse und Wallfahrt. Die publizistische Verarbeitung der Trierer Hl. Rock-Wallfahrt von 1844, in: Ebd., S. 281-306.

[118] Vgl. beispielsweise die Begeisterung des späteren Zentrumspolitikers August Reichensperger, seit 1844 Landgerichtsrat in Trier, der mit seiner Frau in die Speichermansarde seines Hauses zog, um die große Zahl an Freunden, Verwandten und Bekannten beherbergen zu können, die wegen des Heiligen Rocks nach Trier kamen (vgl. LUDWIG PASTOR: August Reichensperger 1808-1895. Sein Leben und sein Wirken auf dem Gebiet der Politik, der Kunst und der Wissenschaft, Bd. 1, Freiburg/Br. 1899, S. 184).

schien, begegneten viele Liberale daher nicht nur mit Unverständnis, sondern mit unverhohlenem Abscheu, dem auch ein latentes Bedrohungsgefühl gegenüber den scheinbar ungebildeten Massen zu Grunde lag.[119] Die Trierer Wallfahrt bildete den Impuls für eine katholische, überkonfessionell ausgerichtete Gegenbewegung zum Ultramontanismus. Der bereits suspendierte katholische Priester Johannes Ronge verurteilte Ausstellung und Wallfahrt und rief zur Abwendung von der „tyrannischen Macht der römischen Hierarchie" und Gründung einer deutschen Nationalkirche auf.[120] Auf der Basis einer vereinfachten, ausschließlich auf Vernunft zu gründenden Theologie und Liturgie sollten Katholiken und Protestanten in dieser Kirche zusammenfinden und die konfessionelle Spaltung der Deutschen überwinden. Das Projekt des Deutschkatholizismus fand zeitweilig erhebliche Unterstützung von sowohl protestantischen als auch katholischen Liberalen und Demokraten, die teilweise auch politische Hoffnungen mit ihm verbanden. Eine zentrale Figur des Deutschkatholizismus war der spätere Demokratenführer Robert Blum, deutschkatholisches Engagement zeigten auch Revolutionäre von 1848 wie Gustav Struve und Friedrich Hecker. Auch gemäßigte Liberale wie Georg Gervinus, Friedrich Daniel Bassermann oder Karl Mittermaier setzten sich für die Bewegung ein.[121] Den hochfliegenden Hoffnungen von liberaler Seite, der Deutschkatholizismus könne Position und Einfluss der katholischen Kirche auf die Massen nachhaltig schwächen, und ihrem daraus abgeleiteten publizistischen Engagement folgten nur vergleichsweise geringe Erfolge der Ronge-Bewegung.

---

[119] Vgl. zu den liberalen Reflexen auf die Wallfahrt FRANK EYCK: Liberalismus und Katholizismus in der Zeit des deutschen Vormärz, in: Liberalismus in der Gesellschaft des deutschen Vormärz, hg. v. WOLFGANG SCHIEDER, Göttingen 1983, S. 133-146, hier S. 143ff. Die kritische Haltung gegenüber der Trierer Wallfahrt fand ihre Fortsetzung auch in der historischen Forschung. Insbesondere Wolfgang Schieder hat in den 1970er Jahren die Wallfahrt als eine von der Hierarchie gelenkte und vom Staat unterstützte Veranstaltung gedeutet, welche die geistig unselbständigen Katholiken von sozialen und politischen Problemen ablenken und von revolutionären Ideen fernhalten sollte. Vgl. WOLFGANG SCHIEDER: Kirche und Revolution. Sozialgeschichtliche Aspekte der Trierer Wallfahrt von 1844, in: AfS 14 (1974), S. 419-454; im Ton etwas abgeschwächt DERS.: Religion und Revolution. Die Trierer Wallfahrt von 1844, Greifswald 1996; gegen Schieder mit ungewöhnlicher Schärfe RUDOLF LILL: Kirche und Revolution. Zu den Anfängen der katholischen Bewegung im Jahrzehnt vor 1848, in: AfS 18 (1978), S. 565-575.

[120] Zit. nach EYCK, Liberalismus und Katholizismus, S. 144.

[121] Zum Zusammenhang von deutschkatholischem und politischem Engagement vgl. FRIEDRICH WILHELM GRAF: Die Politisierung des religiösen Bewußtseins. Die bürgerlichen Religionsparteien im Vormärz: Das Beispiel des Deutschkatholizismus, Stuttgart 1978. Zur Rolle deutschkatholischer Abgeordneter in der Frankfurter Nationalversammlung vgl. Kap. 7.3.1.

Während die deutschkatholische Bewegung keine dauerhaften Erfolge verbuchen konnte und bereits im Revolutionsjahr 1848 wieder einging, weil sie ihre politische Ersatzfunktion verlor, stärkte sie indirekt und entgegen ihrer Absicht die Ultramontanisierung des Katholizismus. Denn unmittelbar nach der Entstehung des Deutschkatholizismus und seiner publizistischen Förderung durch bekannte Liberale nahm die ultramontane Presse die Herausforderung an und trat in eine rücksichtslos polemische Kampagne ein. Die Deutschkatholiken wurden zu einem neuen Feindbild stilisiert, gegen das noch weit schärfer als gegen Protestantismus oder Liberalismus vorgegangen wurde, weil ihm der Geruch des Abfalls und Verrats anhing. Ähnlich wie das Kölner Ereignis von 1837 führte der Deutschkatholizismus so zur Integration der deutschen Katholiken unter ultramontanem Vorzeichen. Der Abgrenzung nach außen gegen die Deutschkatholiken stand eine Inklusion nach innen gegenüber, in der bislang bestehende Differenzen zunehmend nivelliert wurden und eine ultramontane Identitätsbildung stattfand. Andreas Holzem beschreibt die Wirkung des Deutschkatholizismus in diesem Sinne als die eines exogenen Stimulans' „mit einer endogenen Eigendynamik des Milieubildungs- und Ultramontanisierungsprozesses."[122]

In der Kampagne gegen den Deutschkatholizismus erhielt die ultramontane Presse als Mittel der Immunisierung der ‚guten' Katholiken eine herausragende Bedeutung und wurde dementsprechend ausgebaut.[123] Eine unmittelbare Reaktion auf die Herausforderung der Deutschkatholiken war die Umwandlung des seit 1841 wöchentlich in Freiburg erscheinenden *Südteutschen Katholischen Kirchenblattes* in die *Süddeutsche Zeitung für Kirche und Staat*, die ab 1845 dreimal wöchentlich und ab dem Folgejahr täglich herauskam.[124] Die *Süddeutsche Zeitung* stand unter dem Einfluss des badischen Katholikenführers Franz Joseph Buß (1803-1878), Professor für Staats- und Völkerrecht in Freiburg, der auch als Abgeordneter im badischen Parlament saß und ein wesentlicher Motor der katholischen Vereinsbewegung war. Als geschickter Demagoge, der unermüdlich in zahllosen Flug- und Zeitschriften sowie auf öffentlichen Versammlungen agitier-

---

[122] HOLZEM, Kirchenreform, S. 215; vgl. ebd. S. 442, 446.

[123] Vgl. PESCH, Die kirchlich-politische Presse, S. 186f.; HOLZEM, Kirchenreform, S. 185-190, 444;

[124] Vgl. RUDOLF PESCH: Das „Südteusche Katholische Kirchenblatt" 1841-1845. Ein „klassisches Beispiel für die Übergangssituation der katholischen Kirchenblattpresse vor 1848 in Deutschland", in: Freiburger Diözesan-Archiv 86 (1966), S. 466-489; WILHELM HUBERT GANSER: Die Süddeutsche Zeitung für Kirche und Staat. Freiburg 1845-1848. Eine Studie über die Anfänge des politischen Katholizismus in Baden, Berlin 1936; PESCH, Die kirchlich-politische Presse, S. 173f.; SCHNEIDER, Katholiken auf die Barrikaden, S. 71ff.; JULIUS DORNEICH: Franz Josef Buß und die katholische Bewegung in Baden, Freiburg 1979, S. 117-126.

te, war Buß in der zweiten Hälfte der 1840er Jahre einer der populärsten Figuren des katholischen Deutschland.[125] Buß bekannte sich selbst offensiv zum „Geschäft des Wühlens" und bezog damit einen pejorativen Begriff auf sich, der in der Regel von konservativer Seite gegen linke Demokraten vorgebracht wurde, um ihre populistische Agitation zu brandmarken.[126] Das Selbstbekenntnis zum Populismus war in diesem Fall jedoch ein – vielleicht etwas kokettierender – Hinweis auf die programmatische Hinwendung des Ultramontanismus zur breiten Bevölkerung.[127] Allerdings waren nicht alle Projekte des badischen Katholikenführers erfolgreich. Die Zeitschrift *Capistran*, die Buß seit 1847 in Eigenregie herausgab, wurde in ultramontanen Kreisen anfangs zwar erfreut aufgenommen,[128] konnte aber nur unregelmäßig erscheinen und wurde nach nur drei Jahrgängen wieder eingestellt. Mit der *Süddeutschen Zeitung für Kirche und Staat* dagegen war es erstmals gelungen, ein katholisches Kirchenblatt in eine politische Tageszeitung umzuwandeln.[129]

Etwa zur selben Zeit wurden auch andernorts erste katholische Tageszeitungen begründet oder bereits bestehende Zeitungen in dezidiert katholische umgewandelt. So entstand ebenfalls unter dem Eindruck des Deutschkatholizismus, der in Schlesien vergleichsweise stark war, 1846 in Breslau die *Allgemeine Oder-Zeitung*.[130] Sie ergänzte das bereits seit 1835

---

[125] Vgl. FRANZ SCHNABEL: Der Zusammenschluß des politischen Katholizismus in Deutschland im Jahre 1848, Heidelberg 1910, S. 20-24; ausführlicher DORNEICH; FRANZ DOR: Joseph Ritter v. Buß in seinem Leben und Wirken geschildert, Freiburg 1911; JOSEF OELINGER: Franz Josef Ritter von Buß (1803-1878), in: Zeitgeschichte in Lebensbildern. Aus dem deutschen Katholizismus des 19. und 20. Jahrhunderts, hg. v. JÜRGEN ARETZ, RUDOLF MORSEY u. ANTON RAUSCHER, Bd. 5, Mainz 1982, S. 9-24.

[126] Sten. Ber. FNV, Bd. 7, S. 5525. Zum Sprachgebrauch vgl. WILLIBALD STEINMETZ: „Sprechen ist eine Tat bei euch." Die Wörter und das Handeln in der Revolution von 1848, in: Europa 1848. Revolution und Reform, hg. v. DIETER DOWE, HEINZ-GERHARD HAUPT u. DIETER LANGEWIESCHE, Bonn 1998, S. 1089-1138, hier S. 1125.

[127] Daraus aber zu folgern, der deutsche Ultramontanismus sei eine im Kern demokratische Bewegung gewesen, greift zu weit. Vgl. diese Position bei KARL BUCHHEIM: Ultramontanismus und Demokratie. Der Weg der deutschen Katholiken im 19. Jahrhundert, München 1963.

[128] So berichtete August Reichensperger in einem Brief an Albert Freiherr von Thimus vom 21.2.1847 von einem „hohen, ungewöhnlichen Genuß" der Lektüre (LHA Koblenz, Best. 700, 138; Nr. 45, Bl. 155).

[129] Zur Kirchenblattpresse als Vorform und Ersatz einer katholischen Tagespresse vgl. PESCH, Die kirchlich-politische Presse, S. 1-13.

[130] Zum Deutschkatholizismus in Schlesien vgl. WOLFGANG LEESCH: Die Geschichte des Deutschkatholizismus in Schlesien (1844-1852) unter besonderer Berücksichtigung seiner politischen Haltung, Breslau 1938; MIECZYSŁAW PATER: Katolicki ruch polityczny na Śląsku w latach 1848-1871, Wrocław 1967, S. 29ff.

bestehende *Schlesische Kirchenblatt*, das seinen kirchlichen Charakter
behielt, während die *Allgemeine Oder-Zeitung* ein politisch konservatives
Tagesblatt darstellte, das die Zeitereignisse von einem katholischen Standpunkt aus zu berichten beanspruchte.[131] Die *Allgemeine Oder-Zeitung* war
das einzige Projekt einer katholische Tageszeitung vor 1848, das aufgrund
des persönlichen Einsatzes des als staatsloyal geltenden Breslauer Bischofs
Melchior von Diepenbrock die in Preußen nötige staatliche Konzession
erhielt.

Trotz verschiedener Initiativen konnte eine solche Konzession in den
preußischen Westprovinzen nicht erreicht werden. Hier gelang es dem
ultramontanen Katholizismus jedoch nach der Lockerung der Zensurbestim-
mungen im Zuge der Thronübernahme Friedrich Wilhelms IV. bereits
bestehenden Zeitungen ein ultramontanes Gepräge zu geben. Dies betraf
zum einen den *Westfälischen Merkur*, der bereits seit 1822 in Münster
erschien, aber erst ab 1840 eine eigene politische Prägung entwickeln
konnte und Mitte der 1840er Jahre nicht nur als die praktisch einzige
politische Zeitung Westfalens, sondern auch als führendes katholisches
Blatt galt.[132] Zum anderen entwickelte die Koblenzer *Rhein- und Moselzeitung*, die seit 1831 bestand, ab 1844 ein kirchlich-katholisches Profil,
nachdem eine ultramontane Kampagne andernfalls mit Abonnentenboykott
gedroht hatte. Vor 1848 war die *Rhein- und Moselzeitung* die einzige
politische Tageszeitung von größerer Wichtigkeit für den ultramontanen
Katholizismus im Rheinland. August Reichensperger, der selbst Artikel für
die Zeitung schrieb, erklärte sie noch im Januar 1848 zum „einzige[n]
Halt".[133]

Neben den genannten Tageszeitungen wurde in der ultramontanen
Presse vor 1848 noch auf ein weiteres Blatt als nahestehendes und empfeh-

---

[131] Zum *Schlesischen Kirchenblatt* vgl. LEONHARD MÜLLER: Die Breslauer politische
Presse von 1742-1861, Breslau 1908, S. 127-141; ANNEMARIE THEISSING: Das Schlesische
Kirchenblatt (1835-1851). Ein Beispiel kirchlicher Publizistik des 19. Jahrhunderts, Breslau
1938; PESCH, Die kirchlich-politische Presse, S. 11, 161ff. Noch stärker als das *Schlesische
Kirchenblatt* besaß das seit 1846 in Marienburg erscheinende *Katholische Wochenblatt aus
Ost- und Westpreußen* den Charakter eines kirchlichen Mitteilungsblattes. Zur *Allgemeinen
Oder Zeitung* vgl. BACHEM, Josef Bachem, Bd. 1, S. 269-273; MÜLLER, Die Breslauer
politische Presse, S. 78-87. Zum Wandel der Zeitung in ein demokratisches Blatt im Jahr
1848 vgl. Kap. 7.2.2.

[132] Vgl. LÖFFLER, S. 11, 18; KURT KOSZYK: Die katholische Tagespresse im westfälischen Ruhrgebiet von 1870 bis 1949, Schwerte 1982, S. 6; BACHEM, Josef Bachem, Bd.
1, S. 258; BERGSTRÄßER, Studien zur Vorgeschichte der Zentrumspartei, S. 229.

[133] Zit. nach BACHEM, Josef Bachem, Bd. 1, S. 257. Vgl. daneben FRIEDRICH MÖNCK-
MEIER: Die Rhein- und Moselzeitung. Ein Beitrag zur Entstehungsgeschichte der katholi-
schen Presse und des politischen Katholizismus in den Rheinlanden, Bonn 1912 sowie
PESCH, Die kirchlich-politische Presse, S. 22.

lenswertes Organ verwiesen. Mit besonderer Achtung wurde immer wieder die *Augsburger Postzeitung* genannt, weil ihre Existenz bis ins 17. Jahrhunderts zurückging und sie damit als älteste katholische Zeitung galt. Aber erst im Zuge des Kölner ‚Mischehenstreits' wandelte sie sich 1838 vom bloßen Nachrichtenblatt zu einer ultramontan orientierten Zeitung mit eigener Prägung. Da die *Augsburger Postzeitung* in Süddeutschland eine gewisse Bedeutung besaß, gab es Mitte der 1840er Jahre Pläne, sie in ein ultramontanes Zentralorgan umzuwandeln, die jedoch nicht umgesetzt werden konnten.[134]

Trotz widriger Bedingungen war vor 1848 mit den genannten Zeitungen durchaus eine ultramontan-katholische Tagespresse in ersten Ansätzen vorhanden. Sie wirkte mit verschiedenen Organen zwar nicht auf nationaler, aber doch auf überregionaler Ebene und spielte innerhalb des eng verflochtenen publizistischen Kommunikationssystems des deutschen Ultramontanismus neben der bestehenden Kirchenblattpresse gerade in der inhaltlichen Ausdehnung auf das Feld der allgemeinen Politik eine bedeutende Rolle. Mit der Revolution von 1848 und der damit einhergehenden Pressefreiheit konnte sich schließlich auch der deutsche Katholizismus ungehindert publizistisch entfalten. Dies machte sich besonders in der Neugründung von Tageszeitungen bemerkbar. Nicht nur der Mainzer Kreis fügte seinen Kirchenblättern mit dem *Mainzer Journal* ein politisches Tageblatt hinzu.[135] Auch im Rheinland etablierte sich mit der Gründung der *Rheinischen Volkshalle* eine katholische Tageszeitung, die geeignet war, die *Rhein- und Moselzeitung* zu ersetzen.[136] Kleinere Gründungen, wie die des Paderborner *Westfälischen Volksblattes* folgten, konnten sich aber nicht immer dauerhaft halten.[137] Im Revolutionsjahr 1848/49 verfügte der ultramontane Katholizismus auf jeden Fall über eine ausreichend umfangrei-

---

[134] Vgl. HERMANN HART: Die Geschichte der Augsburger Postzeitung bis zum Jahre 1838, Augsburg 1934, S. 8, 152; KARL FEISTLE: Geschichte der Augsburger Postzeitung von 1838-1871. Ein Beitrag zur Geschichte der katholischen Presse, Diss. München 1951, S. 19f.; MANFRED TREML: Bayerns Pressepolitik zwischen Verfassungstreue und Bundespflicht (1815-1837). Ein Beitrag zum bayerischen Souveränitätsverständnis und Konstitutionalismus im Vormärz, Berlin 1977, S. 109; BACHEM, Josef Bachem, Bd. 1, S. 240f.

[135] Vgl. ANTON DIEHL: Zur Geschichte der katholischen Bewegung im 19. Jahrhundert. Das Mainzer Journal im Jahre 1848, Mainz 1911; HERMANN WIESEOTTE: Das Mainzer Journal des Jahres 1848 als Organ der mittelrheinischen Katholischen Bewegung, in: Idee, Gestalt und Gestalter des ersten deutschen Katholikentages in Mainz 1848, hg. v. LUDWIG LENHART, Mainz 1948, S. 268-283; DERS., F.J. Sausen.

[136] Vgl. BACHEM, Joseph Bachem, Bd. 2, S. 1-124.

[137] Das *Westphälische Volksblatt*, das 1849 als Beigabe zum *Westfälischen Kirchenblatt* herauskam, erschien allerdings in den folgenden Jahrzehnten kontinuierlich. Zur Programmatik vgl. „Zweck und Aufgabe des Westphälischen Volksblattes", in: WV 1 (1849), Nr. 1 v. 3.1., S. 1ff.

che Presse, um seinen kirchenpolitischen Forderungen Gehör zu verschaffen und die Mobilisierung der katholischen Bevölkerung anzuregen. Die ultramontane Publizistik des Vormärz hatte wesentlich zur Formierung des deutschen Katholizismus beigetragen, der nun in der Öffentlichkeit als eigenständiger Faktor auftrat und als solcher wahrgenommen wurde. Es war nicht zuletzt eine Folge dieses publizistischen Engagements, dass im Jahr 1848 ‚katholisch' und ‚ultramontan' häufig als identisch betrachtet wurden.[138]

---

[138] Zum Katholizismus im Jahr 1848/49 vgl. Kap. 7.1.1.

2. REVOLUTION GEGEN EINEN SCHISMATISCHEN USURPATOR? – DER NOVEMBERAUFSTAND 1830 IM INNERKATHOLISCHEN RICHTUNGSSTREIT

2.1 Der polnische Novemberaufstand und sein Echo

2.1.1 „Für unsere und eure Freiheit" – Der Aufstand und die liberale deutsche Polenfreundschaft

Der Novemberaufstand von 1830 war nicht der erste und blieb nicht der letzte polnische Versuch den Zustand staatlicher Nichtexistenz zu revidieren, der seit dem Ende des 18. Jahrhunderts bestand. Nach jahrhundertelanger staatlicher Kontinuität war Polen in drei Teilungsschritten – 1772, 1793 und 1795 – von seinen Nachbarn Russland, Preußen und Österreich aus machtpolitischen Interessen sukzessive aufgelöst worden und infolgedessen von der politischen Landkarte verschwunden. Obgleich die militärischen Erfolge Napoleons gegen die drei Teilungsmächte kurzzeitig eine Restituierung polnischer Staatlichkeit in Aussicht stellten, blieb das im Jahr 1807 gegründete, aber nur einen geringen Teil des ehemaligen Territoriums umfassende Herzogtum Warschau nur eine kurze Episode der Eigenstaatlichkeit. Der Wiener Kongress von 1815 wiederholte und bestätigte in seiner Neuordnung der europäischen Staatenlandschaft die Auflösung der politischen Selbständigkeit Polens. In den Wiener Beschlüssen wurde das ehemals polnische Territorium erneut auf die drei Teilungsmächte verteilt, so dass unter Zeitgenossen das Wort von einer ‚vierten Teilung Polens' geläufig war. Die Wiener Verträge, welche die Grundlage der europäischen Staatenordnung bis zum Ersten Weltkrieg darstellen sollten, verpflichteten dabei jedoch Russland, Preußen und Österreich zur Bewahrung und Förderung der polnischen Nationalität. Darüber hinaus erhoben sie den größeren Teil der zu Russland geschlagenen Gebiete zum Königreich Polen, in dem der russische Zar als polnischer König den Thron einnehmen sollte.
Dem so entstandenen ‚Kongresspolen' gestand Alexander I. weitgehende Selbstbestimmungsrechte und eine eigene, vergleichsweise liberale Verfassung zu. Das Königreich besaß ein eigenes Parlament, eine eigene Regierung und ein eigenes Heer. Die konstitutionell zugesicherten, recht weitgehenden Handlungsspielräume wurden jedoch schon bald durch einschrän-

kende Verordnungen und Maßnahmen wieder zurückgenommen. Der Kontrast zwischen Verfassung und Verfassungswirklichkeit, zwischen zugesagten und tatsächlichen nationalen Selbstbestimmungsrechten verschärfte sich endgültig nach der Thronübernahme durch Zar Nikolaus I. im Jahr 1825, der den liberalen Experimenten seines Vorgängers ablehnend gegenüber stand. Die autokratische Grundeinstellung des neuen Zaren kollidierte zunehmend mit den konstitutionellen Rechten der Polen und ihrem Anspruch auf Selbstbestimmung. Im Jahr 1830, als die europäische Staatenwelt von Revolutionen erschüttert wurde, sahen auch junge polnische Offiziersanwärter die Zeit gekommen, sich gegen die russische Herrschaft zu erheben. Was im November 1830 als ein Putsch einer kleinen Gruppe begann, weitete sich zu einem polnisch-russischen Krieg aus, der sich über mehrere Monate hinzog.

Der militärische und politische Verlauf der Erhebung braucht hier nicht im einzelnen dargestellt zu werden, da er für die Haltung des deutschen Katholizismus offenbar keine Rolle gespielt hat.[1] Nachdem Ende Januar 1831 die Romanow-Dynastie durch polnischen Reichstagsbeschluss für abgesetzt erklärt worden war, konzentrierte sich der Konflikt auf die militärische Auseinandersetzung, welche die russische Armee letztlich für sich entscheiden konnte. Nach der russischen Einnahme Warschaus Anfang September folgte einen Monat später die endgültige Kapitulation der Polen. Wichtiger für die folgende Untersuchung ist, dass die Motive für den Aufstand rein politischer Natur waren und keinen religiösen Charakter trugen. Nichtsdestoweniger wurde der Aufstand von weiten Teilen der polnischen katholischen Geistlichkeit aktiv unterstützt. Vor allem der niedere Klerus stellte sich offen hinter die Erhebung: Er trug vor allem durch patriotische Predigten, öffentliche Gebete und Unterstützungsaufrufe dazu bei, dass die Insurrektion in der Bevölkerung als eine gerechte Sache angesehen wurde. Häufig leisteten Geistliche auch materielle Unterstützung oder wurden in der Verwundetenpflege tätig, sie gewährten den kämpfenden Soldaten die Absolution und nahmen z.T. sogar selbst aktiv an den Kämpfen teil. Die höhere Geistlichkeit stand dem Aufstand zurückhaltender gegenüber, stellte sich aber bis auf wenige Ausnahmen nicht gegen ihn. Auch unter den Bischöfen fanden sich leidenschaftliche Befürworter. Die Enthebung des russischen Zaren vom polnischen Königsthron wurde von

---

[1] Zur Ereignisgeschichte des Novemberaufstands hier nur der Hinweis auf die aktuelle polnische Bearbeitung WŁADYSŁAW ZAJEWSKI: Powstanie listopadowe 1830-1831. Polityka, wojna, dyplomacja, Warszawa 2003 und den Aufsatzband Powstanie listopadowe 1830-1831. Geneza, uwarunkowania, bilans, porównania, hg. v. JERZY SKOWRONEK u. MARIA ŻMIGRODZKA, Wrocław u. a. 1983 sowie die schon etwas ältere Arbeit von ROBERT F. LESLIE: Polish Politics and the Revolution of November 1830, London 1956.

den Bischöfen, die automatisch Mitglieder im Senat, der ersten Kammer des polnischen Parlaments waren, mitunterzeichnet.[2] Der polnische Aufstand stieß in den deutschen Ländern auf ein ebenso lebhaftes Echo wie in ganz Europa. Während die konservativen Regierungen und ihre offiziösen Presseorgane den Aufstand der Polen missbilligten und verurteilten, verbreitete sich in liberalen Kreisen eine beispiellose Polenbegeisterung, die sich in vielfältiger Form öffentlich äußerte. Seinen Höhepunkt erreichte der liberale Polenenthusiasmus während des Durchzuges polnischer Emigranten, die nach der Niederschlagung des Aufstandes ihren Weg ins französische Exil durch Deutschland nahmen. Schon vorher waren in vielen Städten Unterstützungsvereine und Polenkomitees gegründet worden, die materielle Hilfe für die aufständischen Polen organisierten, Sammlungen durchführten und gesellschaftliche sowie kulturelle Veranstaltungen ausrichteten, auf denen für die Sache der Polen geworben wurde. Die Poleneuphorie wurde in zahllosen Zeitungs- und Zeitschriftenartikeln, in Broschüren und historischen Darstellungen sowie in literarischen Arbeiten zum Ausdruck gebracht. Es entstand eine eigene Form der „Polenlyrik", die unzählige Gedichte und vor allem Lieder umfasste, in denen der polnische Freiheitskampf verherrlicht und verklärt wurde.[3]

---

[2] Lediglich Bischof Marceli Gutkowski von Podlachien versagte seine Unterschrift. Vgl. zur Beteiligung und Rolle der Geistlichkeit HANNA DYŁĄGOWA: Duchowieństwo katolickie wobec sprawy narodowej (1764-1864), Lublin 1981, S. 85-96; ANDRZEJ WROŃSKI: Duchowieństwo katolickie a sprawa narodowa w królestwie polskim w latach dwudziestych i trzydziestych XIX wieku, in: Od reformy państwa szlacheckiego do myśli o nowoczesnym państwie, hg. v. JACEK STASZEWSKI, Toruń 1992, S. 125-138, hier S. 130f.; JAN ZIÓŁEK: Die Kirche und der polnisch-russische Krieg von 1831, in: Der polnische Freiheitskampf 1830/31 und die liberale deutsche Polenfreundschaft, hg. v. PETER EHLEN, München 1982, S. 113-120.

[3] Das Phänomen der liberalen Polenbegeisterung ist relativ umfassend untersucht worden. Vgl. MAREK Jaroszewski: Der polnische Novemberaufstand in der deutschen Literatur und Historiographie. Auswahlbibliographie 1830-1993, in: Studia niemcoznawcze 10 (1993), S. 5-74; DERS.: Der polnische Novemberaufstand in der zeitgenössischen deutschen Literatur und Historiographie, Warszawa 1992; Dokumente zur Geschichte der deutsch-polnischen Freundschaft 1830-1832, hg. v. HELMUT BLEIBER u. JAN KOSIM, Berlin (Ost) 1982; JOSEPH MÜLLER: Die Polen in der öffentlichen Meinung Deutschlands 1830-32, Marburg 1923; ANNELIESE GERECKE: Das deutsche Echo auf die polnische Erhebung von 1830, Wiesbaden 1964; HANS-ERICH VOLKMANN: Der polnische Aufstand 1830/31 und die deutsche Öffentlichkeit, in: ZfO 16 (1967), S. 439-452; JAN KOSIM: Der polnische Aufstand von 1830 im Spiegel der deutschen Öffentlichkeit und die Zusammenarbeit zwischen deutschen und polnischen Demokraten, in: Zum Verständnis der polnischen Frage in Preussen und Deutschland 1772-1871, hg. v. KLAUS ZERNACK, Berlin 1987, S. 28-41; Der polnische Freiheitskampf 1830/31 und die liberale deutsche Polenfreundschaft, hg. v. PETER EHLEN, München 1982; HENRYK KOCÓJ: Niemcy a powstanie listopadowe. Sprawy powstania listopadowego w niemieckiej opinii publicznej i w polityce pruskiej 1830-1831. Zagadnienia wybrane, Warszawa 1970; DERS.: Prusy i Niemcy wobec powstania listopadowego,

Die liberale Polenbegeisterung hatte über den Enthusiasmus und das Engagement für die polnische Freiheitsbewegung hinaus eine eigene politische Bedeutung. Sie fungierte zum einen als ein Ventil für die eigenen liberalen Ideale und Forderungen, die über den Umweg der Poleneuphorie relativ ungefährlich formuliert werden konnten, zum anderen als ein Übungsgelände der liberalen Selbstorganisation. Insbesondere durch die Bildung der Polenvereine wurde die Organisationsform der freien Assoziation politischer Willensbildung in relativ großem Umfang erprobt und etabliert.[4]

Wie sich im folgenden zeigen wird, wurde die liberale Polenbegeisterung in Teilen des aufgeklärten Katholizismus, die einen sowohl innerkirchlichen als auch politischen Liberalismus vertraten, durchaus geteilt.[5] Hinweise auf spezifisch katholische oder katholisch geprägte Polenvereine finden sich in der von mir bearbeiteten katholischen Presse und Publizistik ebenso wenig wie in der zur deutschen Polenfreundschaft vorliegenden Forschungsliteratur. Es scheint, dass das diesbezügliche Engagement von Katholiken, wie z.B. das von Ignaz v. Wessenberg oder Karl v. Rotteck, im Rahmen der politisch-liberalen Bewegung geblieben ist und keinen spezifisch katholischen Anspruch oder Charakter angenommen hat.[6]

Kraków 2001; PIOTR ROGUSKI: Poezja i czyn polityczny. Powstanie listopadowe w poezji niemieckiej pierwszej połowy XIX wieku, Warszawa 1993.

[4] Zur politischen Funktion der deutschen Polenfreundschaft vgl. EBERHARD KOLB: Polenbild und Polenfreundschaft der deutschen Frühliberalen. Zu Motivation und Funktion außenpolitischer Parteinahme im Vormärz, in: Saeculum 26 (1975), S. 111-127; GEORG W. STROBEL: Die deutsche Polenfreundschaft 1830-1834: Vorläuferin des organisierten Liberalismus und Wetterzeichen des Vormärz, in: Die deutsch-polnischen Beziehungen 1831-1848: Vormärz und Völkerfrühling, hg. v. RAINER RIEMENSCHNEIDER, Braunschweig 1979, S. 126-147; DERS.: Die liberale deutsche Polenfreundschaft und die Erneuerungsbewegung Deutschlands, in: Der polnische Freiheitskampf 1830/31 und die liberale deutsche Polenfreundschaft, hg. v. PETER EHLEN, München 1982, S. 31-47; MÜLLER, Polen-Mythos; DERS., Deutsche und polnische Nation.

[5] Vgl. Kap. 2.3.1.

[6] Zum Polenengagement Wessenbergs vgl. MÜLLER, Die Polen in der öffentlichen Meinung Deutschlands, S. 59; GERECKE, S. 81; zu dem Rottecks vgl. GERECKE, S. 40, 90; zu Rottecks Bewertung der Teilungen Polens in seiner Allgemeinen Geschichte vgl. MARIAN HENRYK SEREJSKI: Europa a rozbiory Polski, Warszawa 1970, S. 219ff. Rotteck gilt in der ultramontanen bzw. apologetischen Literatur wegen seines Liberalismus und seiner Nähe zu Wessenberg im allgemeinen als nicht ‚kirchlich gesinnt' und nur von seiner Herkunft her als katholisch. Sein Einsatz für die kirchlichen Rechte während des Kölner ‚Mischehenstreits' wird aber gerade deshalb oft positiv hervorgehoben. Vgl. z.B. KIßLING, Geschichte des Kulturkampfes, Bd. 1, S. 447f.; BACHEM, KARL: Vorgeschichte, Geschichte und Politik der deutschen Zentrumspartei, Bd. 1, S. 261f.; SCHNABEL, Deutsche Geschichte, Bd. 4, S. 38, 102, 143.

2.1.2 „Dieu et la liberté" – Das Polenengagement und die Widerstandslehre der französischen Ultramontanen

Die Haltung des deutschen Katholizismus zum polnischen Aufstand Anfang der 1830er Jahre war wesentlich beeinflusst durch die jeweilige Stellung zum französischen Ultramontanismus und seinem Cheftheoretiker Félicité de Lamennais (1782-1854).[7] Während der aufgeklärte Katholizismus in Lamennais als dem eigentlichen Begründer des Ultramontanismus seinen Hauptgegner sah, war er für die ultramontane Bewegung in Deutschland Verbündeter, theoretischer Vordenker und praktisches Vorbild zugleich. Seit Mitte der 1820er Jahre hatte der bretonische Priester die Unabhängigkeit der Kirche vom Staat propagiert, die er in der Nachfolge traditionalistischer Vordenker wie Joseph de Maistre und Louis de Bonald in der innerkirchlichen Ausrichtung auf ein starkes Papsttum garantiert sah. Angesichts der faktischen Unterordnung eines zur Staatreligion ernannten Katholizismus unter die Autorität des Staates zur Zeit der bourbonischen Restauration warnte er die Kirche vor dem Verlust ihrer Selbständigkeit.

Wie Gerhard Valerius' Untersuchung der katholischen Presse in Deutschland eindrucksvoll zeigt, ist der Einfluss Lamennais' auf den deutschen Katholizismus zu Beginn der 1830er Jahre kaum zu überschätzen.[8] Die deutschen Ultramontanen teilten vor allem die Favorisierung einer auf das Papsttum zentrierten hierarchischen Kirche und den Kampf für die Freiheitsrechte der Kirche gegenüber dem Staat, auch wenn sie nicht bis zur völligen Trennung gehen wollten. Eine Vorbildfunktion nahm der französische Ultramontantismus um Lamennais auch in der Selbstorganisation und der Verwendung moderner Instrumente für die Verbreitung und Durchsetzung des eigenen kirchenpolitischen Standpunktes ein. Beispielgebend für den deutschen Ultramontanismus der folgenden Jahrzehnte wurden die Herausgabe der Zeitschrift *L'Avenir*, die Eingabe von Petitionen, die Gründung von katholischen Vereinen und generell die Hinwendung zu einer breiteren katholischen Bevölkerung, um die eigenen kirchenpolitischen Forderungen zu verbreiten und ihnen dadurch Nachdruck zu verleihen.

---

[7] Zu Lamennais und seinem Programm vgl. VALERIUS, S. 9-24; LÖNNE, Politischer Katholizismus, S. 88-91; ANDREAS VERHÜLSDONK: Religion und Gesellschaft: Félicité Lamennais, (Diss. Hannover 1990) Frankfurt/M. u. a. 1991; CHARLES CHAUVIN: Lamennais ou l'impossible conciliation, 1782-1845, Paris 1999; FRÉDÉRIC LAMBERT: Théologie de la Républic. Lamennais, prophète et législateur, Paris u. a. 2001.

[8] Vgl. VALERIUS. Vgl. zum Verhältnis zu Deutschland auch die ältere Arbeit von LIESELOTTE AHRENS: Lamennais und Deutschland. Studien zur Geschichte der französischen Restauration, Münster 1930.

Das Programm Lamennais' ging jedoch über die Stärkung einer selbständigen und zentrierten Kirche und ihrer Loslösung vom Staat hinaus. Lamennais wandte sich insbesondere gegen eine Verbindung der Kirche mit dem monarchischen Staat, den er für den Verlust kirchlicher Autonomie verantwortlich machte, und trat für ein Bündnis mit dem politischen Liberalismus und den emanzipativen Volksbewegungen ein. Im Verein mit diesen erhoffte er sich ein System der kirchlichen und politischen Freiheit, das in der Utopie einer theokratischen Demokratie mündete. Theoretischer Hintergrund war die Annahme eines *sens commun*, einer von der Allgemeinheit getragenen und bewahrten göttlichen Wahrheit. Der Kirche ordnete er die Rolle einer autoritativen und unfehlbaren Interpretin dieses Gemeinwillens zu, wobei die innerkirchliche Ordnung alles andere als demokratisch, vielmehr zentralistisch auf den Papst fokussiert gedacht wurde.[9] Nichtsdestoweniger sollte die Kirche die Freiheitsbewegungen der Völker unterstützen, insbesondere dann, wenn sie auch als religiöse Freiheitsbewegungen gedeutet werden konnten. Dies zeigt sich beispielhaft an der Beurteilung des polnischen Novemberaufstandes.

Der *Avenir*, das zentrale Publikationsorgan des Lamennais-Kreises, zeigt, dass Lamennais und seine Freunde dem polnischen Aufstand von 1830 mit unverhohlener Begeisterung begegneten. Es verging kein Tag zwischen dem Ausbruch der Revolution und der Einstellung der Zeitschrift etwa ein Jahr später, an dem nicht in irgendeiner Weise über Polen berichtet wurde, und es erschienen häufig Leitartikel zur Polenfrage, die nicht nur von Lamennais und seinem engen Mitarbeiter Charles René de Montalembert (1801-1870)[10], sondern von allen Redaktionsmitgliedern verfasst

---

[9] Vgl. MAIER, S. 164-173, 181-197; KURT JÜRGENSEN: Lamennais und die Gestaltung des belgischen Staates. Der liberale Katholizismus in der Verfassungsbewegung des 19. Jahrhunderts, Wiesbaden 1963, S. 6-61. Während Maier Lamennais' Bündnis mit dem politischen Liberalismus eher als ein Mittel zum Zweck einer freien Kirche sieht, betont Jürgensen die tatsächliche Bindung an den politischen Liberalismus und Lamennais' Überzeugung von den allgemeinen Freiheitsrechten.

[10] Montalembert war ein wichtiger Verbindungsmann zu den deutschen Ultramontanen, zu denen er zahlreiche persönliche Kontakte unterhielt. Freundschaftlich verbunden war er unter anderem dem Münchener Görres-Kreis. Montalembert behielt seine Verbindungsfunktion auch über die Jahrhundertmitte hinaus und hatte über August Reichensperger Kontakt zum politischen Katholizismus in Deutschland. Vgl. PAULINE DE LALLEMAND: Montalembert et ses relations littéraires avec l'étranger jusqu'en 1840, Paris 1927, S. 53-92, 107ff.; VICTOR CONZEMIUS: Montalembert et l'Allemagne, in: Revue d'histoire de l'eglise de France 61 (1970), S. 17-46; DERS.: Döllinger et la France: Bilance d'une alliance intime, in: Francia 24 (1997), H. 3, S. 23-38; STEFAN LÖSCH: Döllinger und Frankreich. Eine geistige Allianz 1823-1871, München 1955.

wurden.[11] Die Haltung des *Avenir* zu Polen war eindeutig: Unabhängig vom Wechsel der dominierenden politischen und sozialen Gruppen in der polnischen Erhebung, der im *Avenir* kaum Beachtung fand, wurde keinerlei Zweifel an der vorbehaltlosen Unterstützung gelassen. Es wurde sogar eine militärische Intervention Frankreichs gefordert und in beide französische Kammern eine dahingehende Petition eingereicht.[12] Nach der polnischen Niederlage unterstützten insbesondere Montalembert und Lamennais die in Paris eintreffenden polnischen Emigranten nach Kräften.[13]

Worin lag die Motivation für diese rückhaltlose Unterstützung? Die polnische Insurrektion war in den Augen des *Avenir*-Kreises noch mehr als der belgische Unabhängigkeitskampf die praktische Umsetzung ihres religiös-politischen Ideals eines gemeinsamen Kampfes von Katholizismus und Liberalismus für die Freiheit und gegen Despotie und Unglauben. Sie verkörperte geradezu das Motto, das sich der *Avenir* gegeben hatte und das auf dem Kopf einer jeden Ausgabe zu lesen war: „Dieu et la liberté". In ihr fanden und verbanden sich alle Ingredienzien des „ideologischen Cocktails", der in der Gruppe um Lamennais gemixt worden war.[14] Auf die polnische Unabhängigkeitsbewegung ließ sich die eigentümliche Mischung traditionalistischer und liberaler Theorien passgenau übertragen, die in dem Ideal einer liberalen Volkstheokratie bzw. einer katholischen Demokratie gipfelten. Denn in Polen fand aus der Sicht des *Avenir* nicht nur ein Freiheitskampf eines unterdrückten Volkes gegen einen despotischen Unterdrücker statt (politische Komponente), hier kämpfte darüber hinaus ein katholisches Volk für die Freiheit seiner Kirche und seines Glaubens (religiöse Komponente). Beides zusammen war ein Kampf, der einerseits die Restitution eines alten legitimen Zustandes zum Ziel hatte (traditionalistische Komponente), der anderseits aber zukunftsgerichtet auf eine Verbindung der politischen Herrschaft des Volkes als Träger des *sens commun*

---

[11] In 338 Ausgaben der Zeitschrift zwischen Dezember 1830 und November 1831 fanden sich mehr als 370 Beiträge und 15 Leitartikel zu Polen. Das war auch im Vergleich mit anderen französischen Blättern ungewöhnlich viel. Vgl. GASTON BORDET: La Pologne, Lamennais et ses amis 1830-1834, Paris 1985, S. 38.

[12] Vgl. BORDET, S. 66ff.; JERZY PARVI: Montalembert w obronie niepodległości Polski i wiary katolickiej, Warszawa 1994, S. 16-27; DERS.: „L'Avenir" de Lamennais sur la Pologne, in: Cahiers Mennaisiens spécial 16/17 (1983/84), S. 71-76.

[13] Vgl. BORDET, S. 71-78. Lamennais und Montalembert schlossen auch während ihres Romaufenthaltes 1831/32 zahlreiche Kontakte zu den dort lebenden polnischen Familien. Vgl. BORDET, S. 88-96; PARVI, Montalembert, S. 37-40; NICOLE TAILLADE: Montalembert, Lamennais et la Pologne 1830-1833, in: Cahiers Mennaisiens spécial 16/17 (1983/84), S. 59-70, hier S. 62ff. Auch vor 1830 hatte Lamennais schon Kontakt zu Polen gehabt, vgl. BORDET, S. 78-88.

[14] BORDET, S. 67.

und der religiösen Herrschaft der katholischen Kirche gerichtet war (ideal-utopische Komponente). Im Rahmen der Konzeption einer Verbindung von Volksbewegungen und katholischer Kirche wurde der polnische Kampf für „Gott und die Freiheit" nicht nur als ein vereinzeltes Phänomen begrüßt, sondern ihm wurde allgemeine historische und universale Bedeutung zugesprochen. Polen galt als Avantgarde in der Umsetzung dieser Konzeption.[15]

Der polnische Aufstand fungierte aber nicht nur als Verkörperung und praktische Umsetzung der Lamennais'schen Konzeption, sondern beeinflusste diese auch. Zumindest die Lehre vom Widerstandsrecht und die positive Haltung zur Revolution scheinen unter dem Eindruck des polnischen Unabhängigkeitskampfes weiter präzisiert und verschärft worden zu sein.[16] Im Zusammenhang mit dem polnischen Aufstand schrieb Lamennais in einem Artikel vom 12. Februar 1831, dass ein Volk durchaus das Recht habe, sich einen anderen Souverän zu geben, wenn der bestehende Souverän seine religiösen, politischen und bürgerlichen Rechte verletze, denn damit verstoße er gegen göttliches Recht als der einzigen Quelle jeder wahren Legitimität. In einem solchen Fall sei eine Revolution gutzuheißen.[17] Bereits 1829 hatte Lamennais die Wendung eines Volkes gegen die Obrigkeit auch mit gewaltsamen Mitteln für den Fall gerechtfertigt, dass diese sich von ihrer göttlichen Mission entferne und sich dem göttlich angelegten Freiheitsstreben der Völker entgegenstelle.[18] Aber erst angesichts der katholischen Unabhängigkeitsbewegungen in Polen, Belgien und Irland entwickelten Lamennais und seine Mitstreiter eine eigene und ausgereifte Theorie des aktiven Widerstandsrechts.

Mit Berufung auf Thomas von Aquin propagierte der *Avenir* das Recht, wenn nicht sogar die Pflicht zur gewaltsamen Auflehnung gegen einen despotischen Herrscher, der die göttlichen Rechte des Volkes und der Kirche nicht achte und damit seine Legitimität verliere.[19] Grundlage dieser

---

[15] Vgl. BORDET, S. 67f.; VERHÜLSDONK, S. 124; PARVI, Montalembert, S. 18-25.

[16] Vgl. PARVI, Montalembert, S. 22ff.

[17] Vgl. den Abdruck des Artikels in BORDET, S. 44f.

[18] In seiner Schrift *Des progès de la revolution et de la guerre contre l'église* (1829), vgl. VALERIUS, S. 17.

[19] Das Thomas-Zitat, auf das der Avenir sich beruft, lautet: „Die sündhafteste aller Empörungen ist die Tyrannei, welche, die Rechte Aller verletzend, alles auf den Vortheil eines Einzigen bezieht. Die Zerstörung eines tyrannischen Regiments hat deßwegen auch nicht den Charakter des Aufruhrs, *wenigstens so lange nicht, als sie nicht eine Unordnung herbeiführt, welche der Societät verderblicher würde, als die Tyrannei selbst.*" Zit. nach „Von der Freiheit der Kirche. Zweiter Artikel" [Abdr. aus dem Avenir], in: KZKD 2 (1831), Nr. 24 v. 11.12., S. 94f., hier 95. Zum aktiven Widerstandsrecht bei Thomas von Aquin vgl. JOSEF SPINDELBÖCK: Aktives Widerstandsrecht. Die Problematik der sittlichen

Überlegungen war die Unterscheidung von „Legalität" und „Legitimität" der staatlichen Gewalt. Das von der legalen Gewalt gegebene Recht sei nur ein relatives und untergeordnetes, das „im Augenblicke aufhört, wo es sich in fundamentaler Opposition mit dem unveränderlichen und ewigen Rechte befindet".[20] Wie der Avenir-Kreis in einer Rechtfertigungsschrift gegenüber Rom ausführte, sei es Teil der vorgeordneten Gerechtigkeit, dass „die Völker ebenmäßig göttliche Rechte haben, die kein Zugeständnis der Fürsten sind, sondern die ihren Grund in etwas haben, das älter und höher ist, als irgend eine politische Gewalt."[21] Die staatliche Gewalt sei nur so lange legitim, wie sie „das göttliche Recht der Völker auf Freiheit schütze". Dass ein Herrscher seine von Gott verliehene Gewalt wegen Unwürdigkeit oder Tyrannei verlieren könne, sei „eine zur katholischen Lehre gehörende Wahrheit."[22] Die legale Gewalt, die gegen die Grundsätze göttlichen Rechts verstoße, gilt demnach nicht als „legitim", die Gehorsamspflicht ihr gegenüber als aufgehoben. Das Widerstandsrecht tritt nach dem *Avenir* u.a. dann ein, wenn „eine große Anzahl von Individuen sich zum wahren Glauben bekennt, der Staat nichts desto weniger außerhalb der katholischen Socialordnung sich befindet" und gleichzeitig eine tyrannische Unterdrückung besteht.[23] Das Volk befinde sich dann im Zustand der Selbstverteidigung gegen einen kollektiven „Meuchelmord" und sei dazu aufgerufen, den göttlichen Gesetzen der Gerechtigkeit wieder zu ihrer Wirksamkeit zu verhelfen.[24]

Im Rahmen dieser Widerstandslehre galt der polnische Aufstand als Paradebeispiel eines legitimen aktiven Widerstandes, da Russland aus der Sicht der französischen Ultramontanen sowohl die politischen und nationalen als auch die religiösen Rechte des polnischen Volkes missachtet und misshandelt hatte.

Doch je länger die Auseinandersetzung Polens mit Russland andauerte, ohne dass die Aufständischen wirksame Unterstützung von außen erhielten, desto wahrscheinlicher war eine Niederlage der Unabhängigkeitsbewegung. Im *Avenir* ging man daher zunehmend dazu über, die messianistische Opferrolle Polens für die christliche Demokratie in ganz Europa herauszu-

---

Gewalt in der Auseinandersetzung mit ungerechter staatlicher Macht. Eine problemgeschichtlich-prinzipielle Darstellung, St. Ottilien 1993, S. 74-92.

[20] „Von den Grundsätzen des Avenir" [Abdr. aus dem Avenir], in: „Die katholische Kirche in Frankreich", in: Katholik 39 (1831), S. 176-189, hier S. 178.

[21] „Erklärung, welche die Redakteurs des Avenirs dem heiligen Stuhle übergeben haben" [Abdr. aus dem Avenir], in: Katholik 40 (1831), S. 210-234, hier S. 218.

[22] Ebd., S. 219.

[23] Ebd., S. 221.

[24] Ebd., S. 222f.

stellen. Polen galt als Märtyrer für den Sieg des Christentums. In diesem Zusammenhang war wiederholt auch vom polnischen „holocauste" in der ursprünglichen Wortbedeutung, also vom polnischen Sühneopfer für ganz Europa die Rede.[25] Der *Avenir* wurde zu einem Organ, das an führender Stelle zur Verbreitung des Stereotyps von Polen als Märtyrer beitrug und die messianistische Idee im französischen und europäischen Bewusstsein verankerte.[26]

Die abweisende Haltung des Vatikan gegenüber Polen, insbesondere das päpstliche Breve an die polnischen Bischöfe vom 9. Juni 1832, das den polnischen Aufstand von 1830 scharf verurteilte, trug wesentlich zur Entfremdung Lamennais' von der katholischen Kirche bei.[27] Nach Ansicht des Lamennais-Experten Louis Le Guillou hatte das Polen-Breve in dieser Hinsicht sogar größere Bedeutung als die päpstliche Verurteilung, die sich gegen Lamennais und seinen Kreis selbst richtete und diesem Ende August 1832 während eines Festbanketts in München zugestellt wurde, das der Görres-Kreis zu Ehren der durchreisenden französischen Freunde ausrichtete.[28]

Auch die Enttäuschung Montalemberts über das Polen-Breve war groß. Das Breve wurde für ihn zum Symbol einer römischen Politik der Feigheit und Komplizenschaft mit der Tyrannei, die er fortan sein Leben lang bekämpfte, ohne sich wie Lamennais von der Kirche abzuwenden. Insbesondere in den Jahren des Vormärz standen die ‚polnische Frage' und der Versuch, eine Annäherung Roms an die polnische Emigration herbeizufüh-

---

[25] So z.B. in den bei BORDET abgedruckten Artikeln von Lacordaire (BORDET, S. 45-48, hier S. 46) und Daguerre (ebd., S. 56f., hier S. 56). Zur Opferrolle vgl. ebd., S. 68.

[26] Vgl. PARVI, L'Avenir, S. 75f.

[27] Vgl. zur Haltung Roms Kap. 2.1.3.

[28] Während des Essens wurde noch auf das Wohl Lamennais' und die Union der Katholiken Frankreichs und Deutschlands angestoßen. Vgl. Montalemberts Tagebucheintragung vom 30.8., in: CHARLES RENÉ COMTE DE MONTALEMBERT: Journal intime inédit, Bd. 2: 1830-1833, hg. v. LOUIS LE GUILLOU u. NICOLE ROGER-TAILLADE, Paris 1990, S. 346; vgl. auch R. P. (EDOUARD) LECANUET: Montalembert, Bd. 1, Paris ³1900, S. 322f. Zu der Wirkung der beiden Verurteilungen auf Lamennais vgl. LOUIS LE GUILLOU: Politique et religion: Lamennais et les révolutions de 1830, in: Romantisme et politique 1815-1851. Colloque de l'Ecole Normale Supérieure de Saint-Cloud (1966), Paris 1969, S. 212-219. Nachdem Lamennais sich nach der päpstlichen Verurteilung in „Mirari vos" 1832 zunächst unterworfen und vom öffentlichen Leben zurückgezogen hatte, wurde er 1834 nach dem Erscheinen seiner Schrift *Paroles d'un croyant*, in der er die politische und soziale Revolution als Weg in das Gottesreich auf Erden dargestellt hatte, ein zweites Mal, jetzt namentlich und sehr scharf, in der Enzyklika „Singulari nos" verurteilt. 1836 vollzog Lamennais in seiner Schrift *Affaires de Rome* seinen endgültigen Bruch mit der Kirche und wandte sich der sozialen Bewegung im Sinne urchristlicher Nächstenliebe und Gerechtigkeit zu. 1848/49 saß er als sozialistischer Abgeordneter in der französischen Nationalversammlung.

ren, im Zentrum seiner Beziehungen zum Vatikan. Sein Leben lang blieb sein Engagement für Polen zentraler Ausdruck seiner religiös-politischen Grundüberzeugungen, was immer wieder zu Unstimmigkeiten mit seinen deutschen Freunden führen sollte.[29]

Umgekehrt erfolgte die päpstliche Verurteilung Lamennais' und des *Avenir* in der Enzyklika „Mirari vos" nicht zuletzt wegen des pro-polnischen Engagements. Metternich, der Papst Gregor XVI. gleichermaßen energisch zu einer Verurteilung des polnischen Aufstandes und Lamennais' gedrängt hatte, sah in der Lehre des *Avenir* vom Bündnis der Kirche mit den Volksbewegungen eine motivierende Aufhetzung des polnischen Klerus. Beide Verurteilungen sollten eine Etablierung der Ansicht, Geistliche dürften sich hinter revolutionäre Volksbewegungen stellen, verhindern.[30]

2.1.3 Thron und Altar – Die Verurteilung aus Rom

Der Heilige Stuhl als Zentrum der katholischen Kirche und Spitze der Hierarchie zögerte nicht, seine Missbilligung gegenüber der polnischen Insurrektion auszusprechen. Bereits am 15. Februar 1831 erließ der frisch gewählte Papst Gregor XVI., der noch keine zwei Wochen im Amt war, das an die polnischen Bischöfe gerichtete Breve „Impensa caritas". Er forderte darin die polnische Geistlichkeit auf, die Gläubigen zum Gehorsam gegenüber der Obrigkeit und zur Unterwerfung unter die staatlichen Gesetze zu ermahnen. Es sei alles zu unternehmen, um die öffentliche Ruhe wiederherzustellen.[31] Dieses Breve entfaltete jedoch keine größere Wirkung. Es wurde an zwei polnische Bischöfe geschickt, von denen der eine bereits seit Monaten verstorben war, während sich der andere hinter der russischen Frontlinie befand, und wurde so im Königreich Polen kaum bekannt. Auch von der russischen Regierung wurde es nicht verbreitet,

---

[29] Vgl. NICOLE TAILLADE: Montalembert, Rome et la Pologne (1833-1850), in: Liberalisme chretien et catholisme liberal en Espagne, France et Italie dans la premiere moitie du XIXè siècle, Aix en Provence 1989, S. 342-359, hier S. 345-348 und Kap. 5.5 dieser Arbeit.

[30] Vgl. ALAN J. REINERMAN: Metternich, Pope Gregory XVI, and Revolutionary Poland, 1831-1842, in: The Catholic Historical Review 86 (2000), H.4, S. 603-619, hier S. 606f.; BOGUSŁAW CYGLER: Wielka Emigracja a kuria rzymska, in: Szkice z dziejów papiestwa, hg. v. JANUSZ TAZBIR u. IRENA KOBERDOWA, Bd. 1, Warszawa 1989, S. 132-195, hier S. 148.

[31] Abdruck des lateinischen Originals bei AHRENS, S. 244f. und in polnischer Übersetzung in: Papiestwo wobec sprawy polskiej w latach 1772-1864. Wybór źródeł, hg. v. OTTON BEIERSDORF, Wrocław 1960, S. 89f.

weil sie fand, dass es in der Verurteilung des Aufstandes nicht scharf genug ausfiel.[32]

Nach der Niederschlagung des Aufstandes bemühten sich Russland und Österreich im Frühjahr 1832 energisch um eine weitere, schärfere Verurteilung der polnischen Insurrektion durch den Papst. Metternich wollte mit einer derartigen päpstlichen Erklärung auch die katholisch-liberale Bewegung um Lamennais schwächen, die er für mitverantwortlich an der Revolution hielt und deren gefährlichem Programm eines Bündnisses von Kirche und revolutionären Volksbewegungen er eine eindeutige Absage von Seiten des Papstes entgegengesetzt sehen wollte.[33] Unabhängig vom starken Druck, den Russland und Österreich auf den Vatikan ausübten, war der Papst selbst dem polnischen Aufstand gegenüber äußerst ablehnend eingestellt und sympathisierte keineswegs mit dem Polenengagement der französischen Ultramontanen. Gregor XVI. lehnte prinzipiell jede Revolution vehement ab. Eine Erschütterung des Wiener Systems stellte auch für den Kirchenstaat eine potentielle Bedrohung dar, denn auf dem Wiener Kongress war er als einziger unter den ehemaligen geistlichen Staaten wiederhergestellt worden. Durch die akuten revolutionären Unruhen im Kirchenstaat, an der auch einzelne polnische Militärs teilnahmen,[34] wurde die antirevolutionäre Haltung des Papstes noch verstärkt. Zwar begründete das militärische Eingreifen Österreichs, durch das die Unruhen im Kirchenstaat eingedämmt werden konnten, ein gewisses Abhängigkeitsverhältnis gegenüber Österreich. Die zweite Verurteilung des polnischen Aufstandes musste dem Papst jedoch nicht abgezwungen werden. Das Breve „Cum Primum", das am 9. Juni 1832 erschien, war zwar unter dem Druck und maßgeblicher Mitwirkung Russlands und Österreichs entstanden, doch wie bereits Mieczysław Żywczyński gezeigt hat, entsprach die darin enthaltene Verurteilung des Aufstandes vollkommen der ureigensten päpstlichen Überzeugung.[35] Der Wunsch Gregors XVI., durch eine derartige Erklärung eine

---

[32] Die genauen Umstände dieses Breves scheinen nicht ganz geklärt zu sein. Es muss offen bleiben, ob der Vatikan gar nicht eindeutig und öffentlich Stellung nehmen wollte, um nicht voreilig Partei in einem noch unentschiedenen Konflikt nehmen zu müssen. Vgl. so STEFAN KIENIEWICZ: Europa und die Novemberrevolution, in: Der polnische Freiheitskampf 1830/31 und die liberale deutsche Polenfreundschaft, hg. v. PETER EHLEN, München 1982, S. 15-30, hier S. 20. In den von mir untersuchten katholischen Zeitschriften findet das Breve keine Erwähnung.

[33] Vgl. REINERMAN, S. 606f.

[34] Vgl. CYGLER, S. 141.

[35] Die maßgebliche Untersuchung, auf die sich die polnische Forschung bis heute stützt, ist MIECZYSŁAW ŻYWCZYŃSKI: Geneza i następstwa encykliki Cum primum z 9 VI 1832 r. Watykan i sprawa polska w latach 1830-1837, Warszawa 1935. Vgl. KAZIMIERZ PIWARSKI: Wstęp, in: Papiestwo wobec sprawy polskiej w latach 1772-1864. Wybór źródeł,

möglichst milde Behandlung der polnischen Katholiken nach der Niederschlagung des Aufstandes im russischen Herrschaftsbereich zu erwirken,
scheint dabei nicht so ausschlaggebend gewesen zu sein, wie dies von Alan
J. Reinerman jüngst dargestellt wurde.[36] Denn auch Jahre später, als der
Papst sich keinerlei Illusionen mehr über die Möglichkeit machte, durch
eine Verurteilung polnischer Aufstandstätigkeit mildernden Einfluss auf die
russische Kirchenpolitik und die Behandlung der Polen nehmen zu können,
erklärte er sich für den Fall eines neuen Aufstandes ohne weiteres zu einer
erneuten Verurteilung bereit und machte der polnischen Emigration definitiv klar: „Der Papst mußte Eure Revolution verurteilen und er wird sie
im Fall der Notwendigkeit einer neuerlichen Erklärung, wenn auch mit
Bedauern, noch einmal verurteilen."[37]

In dem Breve „Cum Primum" erklärte der Papst gegenüber den polnischen Bischöfen als Ursache des schrecklichen Elends, welches das
blühende Königreich erlitten habe, „die Bosheit und die Hinterlist der
Uebelgesinnten" welche „unter dem Vorwande der Religion, sich gegen die
gesetzliche Gewalt der Herrscher erhoben, und ihr Vaterland durch die
Zerreißung aller Bande gesetzlicher Unterwürfigkeit in einen Abgrund von
Elend stürzten."[38] Damit wandte er sich eindeutig gegen die Verbindung
von politischem und religiösem Freiheitskampf, wie sie von den französischen Ultramontanen und Teilen des polnischen Klerus für die polnische
Insurrektion in Anspruch genommen worden war. Zwar räumte auch der
Papst die grundsätzliche Möglichkeit einer Aufhebung des Gehorsams-
gebotes für den Fall ein, dass durch seine Erfüllung göttliche und kirchliche Gesetze verletzt würden. Diesen Fall sah er in Polen aber nicht als
gegeben an. Daher hielt er an der Aufrechterhaltung des unwandelbaren
Grundsatzes von der Unterwerfung unter die durch Gott gegebene Obrig-

---

hg. v. OTTON BEIERSDORF, Wrocław 1960, S. XIII-LXXV, hier S. XXVIII-LIII; CYGLER,
S. 139-153). Noch in den 1990er Jahren erschien eine gekürzte Fassung der Arbeit
Żywczyńskis in der populärwissenschaftlichen Reihe *Bestsellery z przeszłości*: MIECZYSŁAW
ŻYWCZYŃSKI: Watykan wobec powstania listopadowego, Kraków 1995. Zu den Motiven
des Papstes vgl. auch REINERMAN, S. 610f.; EDUARD WINTER: Russland und das Papsttum,
Bd. 2: Von der Aufklärung bis zur grossen sozialistischen Oktoberrevolution, Berlin (Ost)
1961, S. 219-226.

[36] Vgl. REINERMAN, S. 611f.

[37] So 1841 gegenüber einem Sendboten Adam Czartoryskis, zit. nach ROGER AUBERT:
Die katholische Kirche in der orthodoxen Welt, in: Handbuch der Kirchengeschichte, hg. v.
HUBERT JEDIN, Bd. VI/1, Freiburg, Basel u. Wien 1971, S. 590-614, hier S. 597, Anm.
12.

[38] Das Breve wird hier nach der deutschen Übersetzung zitiert, wie sie in der Aschaffenburger *Katholischen Kirchenzeitung* Anfang Oktober 1832 erschienen ist: KKZ 4 (1832),
Nr. 82 v. 11.10, Sp. 644-647, hier Sp. 644.

keit, wie er sich aus der Heiligen Schrift und der Tradition klar ergebe, fest. Wer sich dagegen der Obrigkeit widersetze, widersetze sich der Ordnung Gottes. Er erinnerte daher die polnische Geistlichkeit dringend an ihre Pflicht, sich gegen Irrlehren und ihre Verbreiter zu stellen, die etwas anderes behaupteten.[39] Der deutliche Ton dieses Breves entsprach den Wünschen der österreichischen und mehr noch der russischen Regierung, welche die päpstliche Verurteilung massenhaft drucken und verbreiten ließ.[40] Im Gegenzug entzog die päpstliche Verlautbarung der ultramontanen Bewegung um Lamennais die Möglichkeit, die polnische Aufstandsbewegung öffentlich zu unterstützen, solange sie gleichzeitig den Papst als *die* unhinterfragbare Autorität propagierte.

2.2 Die Haltung der deutschen Ultramontanen

Eine Untersuchung der deutschen ultramontanen Publikationsorgane der frühen 1830er Jahre ergibt eine auffallende Zurückhaltung nicht nur in der Kommentierung, sondern auch schon in der Berichterstattung zum polnischen Aufstand, der zur selben Zeit bei den französischen Ultramontanen so große Aufmerksamkeit erregte. Während im *Avenir* fast täglich Artikel zu Polen erschienen, wurden die Insurrektion und die Auseinandersetzung Polens mit Russland in den deutschen Zeitschriften kaum erwähnt. Lediglich die päpstliche Verurteilung „Cum Primum", die Monate nach Beendigung des Konflikts herauskam, wurde in den wichtigsten Blättern – meist kommentarlos – abgedruckt.[41]

Diese verhaltene Reaktion ist zum einen darauf zurückzuführen, dass sich die ultramontanen Organe nicht als politische, sondern allenfalls als kirchenpolitische Blätter verstanden und daher allgemeinpolitische Ereignisse in ihre Spalten nur dann aufnahmen, wenn ihnen auch eine Bedeutung für die Kirche zugesprochen wurde. Allerdings fällt auf, dass Berichte über die durchaus nicht unpolitischen katholischen Bewegungen in Irland und Belgien wesentlich häufiger zu finden sind als solche über Polen, wo insbesondere die Rolle der katholischen Geistlichkeit in der Revolution und die Konfrontation mit dem schismatischen Russland dem politischen Konflikt durchaus eine religiös-konfessionelle Komponente geben konnten, wie

---

[39] Ebd., Sp. 645.

[40] Vgl. HANS HENNING HAHN: Außenpolitik in der Emigration. Die Exildiplomatie Adam Jerzy Czartoryskis 1830-1840, München u. Wien 1978, S. 187f.

[41] Vgl. KKZ 4 (1832), Nr. 82 v. 11.10, Sp. 644-647; KZKD 3 (1832), Nr. 177 v. 5.11., S. 707f. und ARKF 5 (1832), Kirchenhistorischer Bemerker 34 (Nov.), Sp. 497-500. Im lateinischen Original erschien das Breve im Katholik 12 (1832), Bd. 46, S. 207-211.

das Beispiel der französischen Ultramontanen zeigt. Es scheint, dass der Blick des deutschen Ultramontanismus zu dieser Zeit, wie auch noch in den folgenden Jahrzehnten, fest nach Westen ausgerichtet war, der Osten Europas in seiner mentalen Geographie dagegen ein relativ unbeachtetes Randgebiet blieb. Die Aschaffenburger *Katholische Kirchenzeitung* stellte 1835 selbstkritisch fest, dass „die Aufmerksamkeit derjenigen, welche die Schicksale der katholischen Kirche interessiren, vorzugsweise auf das westliche Europa gerichtet ist".[42]

Die Analyse der somit relativ rar gesäten Äußerungen zu Polen zeigt, dass die Positionierung der deutschen Ultramontanen in enger Auseinandersetzung mit den politischen Konzepten des *Avenir*-Kreises stattfand. Insbesondere die Lehre vom aktiven Widerstandsrecht wurde diskutiert, zumeist aber grundsätzlich oder zumindest auf den konkreten polnischen Fall bezogen abgelehnt. Ein gängiges Erklärungsmodell für den Ausbruch des für illegitim gehaltenenen polnischen Aufstandes war dagegen die Vorstellung einer stattgehabten Dekatholisierung der Polen oder zumindest ihrer politischen Führungseliten, welche die Erhebung erst ermöglicht habe. Während der ultramontane Katholizismus sich aufgrund dieser ablehnenden Haltung vom Engagement der französischen Bundesgenossen distanzierte, gab es doch hin und wieder auch verhaltene Sympathie für die Polen und Versuche, den Aufstand zu legitimieren.

2.2.1 Der „offene Thorweg des Chaos" – Der Aufstand als illegitime Erhebung

Der deutsche Ultramontanismus war prinzipiell antirevolutionär eingestellt. Der Kampf gegen die Revolution sowohl als konkret politisches als auch als weltanschauliches Phänomen war einer der thematischen Schwerpunkte der ultramontanen Publizistik im Vormärz.[43] Der französische Kreis um Lamennais dagegen versuchte Anfang der 1830er Jahre, die Kirche mit dem Prinzip der Revolution zu versöhnen, wenn diese im Dienst der Kirche stand. Aus diesem Grund wurden die belgische und die polnische Revolution lebhaft als katholische Revolutionen begrüßt, weil sie in den Augen der französischen Ultramontanen eine Verbesserung der kirchlichen Lage zum

---

[42] „Neuester Zustand der katholischen Kirche in Polen", in: KKZ 7 (1835), Nr. 80 v. 22.7., Sp. 657ff., hier Sp. 657.

[43] Vgl. hierzu die Studie von SCHNEIDER, Katholiken auf die Barrikaden. Schneider beschäftigt sich insbesondere mit der katholischen Haltung zu den französischen Revolutionen von 1789 und 1830 und der belgischen Revolution und versucht anhand von ca. 40 katholischen Zeitschriften des Vormärz eine katholische Revolutionstheorie herauszukristallisieren. Der polnische Aufstand wird von Schneider nicht behandelt.

Ziel hatten. Diese Sicht wurde von den deutschen Ultramontanen mehrheitlich nicht geteilt. Was die Haltung zur Revolution im allgemeinen und zum polnischen Aufstand im besonderen angeht, kann die Position von Joseph Görres, dem Doyen des politischen Katholizismus im Vormärz, als beispielhaft gelten.

Joseph Görres erlebte nach der Niederschlagung des Aufstandes selbst die Ankunft von Flüchtlingen aus dem Königreich Polen in München.[44] Noch zehn Jahre zuvor hatte er die Teilungen Polens öffentlich und in scharfer Form als Gipfel einer „heidnischen Politik" verurteilt, als das Werk einer „sehr unheiligen Allianz", die es versäumt habe, das Unrecht auf dem Wiener Kongress durch die Wiederherstellung eines unabhängigen Polen zu revidieren.[45] Zum polnischen Aufstand von 1830/31 dagegen äußerte Görres sich öffentlich zunächst gar nicht. Erst Jahre später schrieb er im Zusammenhang mit dem Kölner ‚Mischehenstreit' von 1838 in seinem „Athanasius", dem vielzitierten publizistischen Ausgangspunkt der katholischen Bewusstwerdung, dass im Konflikt der Polen mit Russland die Anwendung von Gewalt nicht legitim gewesen sei, unabhängig von der Berechtigung polnischer Beschwerden. Polen habe damit die berechtigte Gegengewalt der Russen provoziert. Görres ging in legitimistischer Konsequenz davon aus, das Russland die Aufgabe zugekommen sei, Polen zu „bewältigen", wie es ähnlich auch für Österreich in bezug auf Italien gelte.[46] Görres lehnte daher den polnischen Aufstand rundweg als illegitim ab. Dass er dies nicht nur in der Retrospektive, im Abstand von immerhin sieben Jahren tat, bezeugt eine Tagebuchnotiz von Charles René de Montalembert, der sich Ende August 1832 mit Lamennais auf dem Rückweg von Rom in München befand. Wenige Tage bevor sie hier in Anwesenheit der Münchner Freunde die Nachricht von ihrer Verurteilung durch den Papst in der Enzyklika „Mirari vos" erhielten, notierte Montalembert, der sich zu dieser Zeit bereits schwer enttäuscht über die ablehnende römischen Hal

---

[44] Vgl. JOSEPH GÖRRES: Gesammelte Schriften, hg. v. MARIE GÖRRES, Bd. 7, S. 324: „Die Häuser um uns her füllen sich mehr und mehr mit Flüchtlingen, die vor der Cholera aus Oesterreich und vor den Russen aus Polen Reißaus nehmen." (Brief vom 27.9.1831).

[45] GÖRRES, JOSEPH: Die heilige Allianz und die Völker auf dem Congresse von Verona [1822], in: DERS.: Gesammelte Schriften, hg. v. MARIE GÖRRES, Bd. 5, S. 1-124, hier S. 57. Bereits in seiner revolutionären Phase galt Görres die Teilung Polens als ein Beispiel des despotischen Umgangs zwischen den Staaten, der in der von ihm anvisierten idealen Völkerrepublik unmöglich sein werde. Vgl. GÖRRES, JOSEPH: Der allgemeine Frieden, ein Ideal [1795/98], in: DERS.: Ausgewählte Werke, hg. v. WOLFGANG FRÜHWALD, Bd. 1, Freiburg/Br., Basel u. Wien 1978, S. 3-78, hier S. 52. Zur katholischen Bewertung der Teilungen Polens vgl. Kap. 7.3.3.2.

[46] GÖRRES, JOSEPH: Athanasius [1838], in: DERS.: Ausgewählte Werke, Bd. 2, S. 572-719, hier S. 584.

tung zum polnischen Aufstand zeigte, einen „violente dispute avec Görres sur la Pologne".[47] In Anbetracht der äußerst positiven Haltung Montalemberts zum polnischen Aufstand, die er immer wieder öffentlich dokumentiert hatte, ergibt sich aus diesen wenigen Worten deutlich die Einstellung von Görres, die bereits 1832 mit der später im „Athanasius" geäußerten identisch gewesen zu sein scheint.

Die heftige Auseinandersetzung zwischen Montalembert und Görres verweist bereits darauf, dass die deutschen Ultramontanen die positive Einstellung ihrer französischen Bundesgenossen bezüglich Polen nicht teilten. Sie mussten sich allerdings mit dem Polenengagement der französischen Ultramontanen und den damit verbundenen politischen Anschauungen auseinandersetzen. Dies taten sie in ihren publizistischen Organen in der Regel kaum konkret auf Polen bezogen, sondern indem sie sich allgemein zu der Theorie des aktiven Widerstandsrecht äußerten.[48]

So lehnte die Münchener *Eos* als das publizistische Organ des Görres-Kreises zu Beginn der 1830er Jahre konsequent jedes Widerstandsrecht ab. In einem „Nachwort an alle Gutgesinnten", das zu einem Artikel aus dem *Avenir* abgedruckt wurde, verwarf sie die „in höchster Giftblüthe" stehende Lehre, dass Untertanen unter bestimmten Bedingungen berechtigt seien, sich gegen ihre Obrigkeit zu erheben. Dieser Grundsatz sei vielmehr „die eigentliche Sprengmien [sic!] des Hochverraths und der offene Thorweg des Chaos".[49] Auch die dem Konzept des *Avenir*-Kreises zugrunde liegende Widerstandslehre des heiligen Thomas von Aquin, der immerhin eine Hauptbezugsgröße der auch von den Münchner Ultramontanen vertretenen Neuscholastik war, wurde hier ausdrücklich als zu vage und für die Praxis nicht umsetzbar abgelehnt.

Ähnlich äußerte sich die Zeitschrift *Sion*, die zwar zum polnischen Fall selbst keine Stellung nahm, sich aber in dem Artikel „Die Regenten und der Katholik" im Februar 1832 in einer Weise zum Widerstandsrecht stellte, dass man ihn ohne weiteres als einen Kommentar zu der niedergeworfenen polnischen Aufstandsbewegung lesen kann. Die Haltung der *Sion*

---

[47] Die Tagebuchnotiz vom 23.8.1832 in: MONTALEMBERT, Journal intime inédit, Bd. 2, S. 344. Zu Montalemberts Enttäuschung über den Papst wegen Polen vgl. PARVI, Montalembert, S. 31. Zum Aufenthalt in München und der Nachricht über die Verurteilung des *Avenir* aus Rom vgl. LALLEMAND, S. 65-72. Görres stimmte „Mirari vos" inhaltlich zu, wenn ihn auch die Art des Umgangs Roms mit den papsttreuen Franzosen ärgerte, vgl. VALERIUS, S. 354f.; AHRENS, S. 84ff., 91.

[48] Zum Umgang mit dem Polenengagement des *Avenir*-Kreises vgl. Kap. 2.2.3. Zur Haltung gegenüber dem von Lamennais propagierten Widerstandsrecht vgl. auch VALERIUS, S. 199-210.

[49] „Nachwort an alle Gutgesinnten", in: Eos 15 (1831), Nr. 150 v. 21.9., S. 601-604, hier S. 602.

ist ebenfalls eindeutig; sie vertritt ein strenges Gehorsamsgebot ohne Ausnahmen und erklärt kategorisch:

> „Auf daß er immerdar klar und ohne Anstand seine Pflichten wisse, hat der Katholik in Bezug auf Religion nur Ein Gesetz; und das heißt in allen Ländern und Zungen [...] Brief an die Römer Cap. 13. Vers 1.:
> ,Eine jegliche Seele sey den höheren Gewalten untergeben; denn es gibt keine Gewalt, außer die von Gott. Die es aber gibt, die sind von Gott geordnet. Wer demnach der Gewalt widersteht, widerstehet Gottes Ordnung.'
> Siehe da die Summe der Politik, das Reglement der Unterthanenschaft, und das Geheimnis des Völkerfriedens. Alle Fragen sind beantwortet, und sämmtliches Subtilisiren ist am Ende." [50]

Die *Sion* hielt die Widerstandslehre des heiligen Thomas nicht nur für nicht praktikabel, sondern widersprach ausdrücklich bereits der Grundüberlegung einer Unterscheidung zwischen legitimer und bloß legaler Gewalt, die Lamennais für seine Theorie vom Widerstandsrecht zu Grunde gelegt hatte. Sie machte unmissverständlich klar, dass ein Katholik jeder Obrigkeit – auch der unterdrückenden oder unrechtmäßigen – zu Gehorsam verpflichtet sei, solange diese die Gewalt in Händen habe. Selbst eine usurpatorische Obrigkeit müsse als von Gott eingesetzt betrachtet werden, ein Urteil über deren Legitimität oder Illegitimität komme dem Untertanen nicht zu. Der Katholik gehorche daher immer dem Träger der Gewalt, Aufruhr und Rebellion seien ihm unbekannt.

Stärker als *Eos* und *Sion* ging der Mainzer *Katholik* auf die politischen Theorien des *Avenir*-Kreises ein und gab ihnen ein gewisses Forum, indem er zahlreiche Artikel aus dem *Avenir* abdruckte. In den meisten dieser Beiträge ging es um die Freiheitsrechte der Kirche gegenüber dem Staat, teilweise wurde in ihnen aber auch das Bündnis der Kirche mit der allgemeinen politischen Freiheitsbewegung propagiert, so in dem Artikel „Von der Trennung der Kirche und des Staates". Der Abdruck dieses Artikels erfolgte daher nur mit einer ausdrücklichen Kritik der Redaktion an der „unter so vielen Völkern gleichzeitig epidemisch ausbrechenden Empörungssucht".[51]

Ähnlich wie die *Sion* gab auch der Mainzer *Katholik* seiner Überzeugung Ausdruck, dass der Gehorsam gegenüber der weltlichen Autorität

---

[50] „Die Regenten und der Katholik", in: Sion 1 (1832), Nr. 23 v. 22.2. Sp. 177-182, hier Sp. 178.

[51] „Die katholische Kirche in Frankreich", in: Katholik 11 (1831), Bd. 39, S. 40-71, hier S. 61. Der Artikel aus dem *Avenir*, hier auf S. 49-59, wurde auch abgedruckt in KZKD 1 (1830), Nr. 81 v. 18.11, S. 323f. u. Nr. 87 v. 29.11., S. 345f. und in ARKF 4 (1831), Nr. 47 v. 14.6., Sp. 763-771.

prinzipiell so lange zu leisten sei, wie diese bestehe.[52] Anders als *Sion* und *Eos* gestand er in der Auseinandersetzung mit der Widerstandslehre des *Avenir*-Kreises jedoch zu, dass nicht „jede Auflösung der Unterwürfigkeitsbande als religiös unerlaubt" gelten dürfe.[53] Vielmehr könne es auch Staatsordnungen geben, in denen der Widerstand sogar zur Pflicht werde:

> „Allerdings kann hier der Fall eintreten, daß der Bürger Widerstand leisten darf, ja wohl sogar, daß diesen Widerstand zu leisten seine Pflicht wird, sowohl seines eignen Bestens willen, als wegen des allgemeinen Besten der Gesellschaft, deren hülfpflichtiges Glied er ist; und dann, weit entfernt, daß die christliche Religion ihn in seiner bürgerlichen Berechtigung und Verpflichtung behindern sollte, unterstützt sie dieselbe vielmehr durch das Gesetz der Selbsterhaltung und Nächstenliebe."[54]

Der *Katholik* teilte im Gegensatz zur *Sion* die der Widerstandslehre zugrundeliegende Annahme eines Unterschieds von legitimer und bloß legaler, letztlich aber illegitimer Gewalt. Er unterschied zwischen „obrigkeitlich qualificirter und nicht qualificirter aber Gehorsam erpressender Gewalt", durch welche sich die Tyrannei auszeichne.[55] Das christliche Untertänigkeitsgesetz beziehe sich aber nur auf die legitime Obrigkeit und nicht auf die des Tyrannen. *Der Katholik* warnte jedoch, sich insbesondere an die Redakteure des *Avenir* wendend, vor einer leichtfertigen Anwendung dieses grundsätzlich bestehenden aktiven Widerstandsrechtes, das nur für absolute Ausnahmesituationen gelte. Es dürfe nicht zu der Annahme verleiten,

> „als ob es den Christen im Allgemeinen erlaubt sey, das Joch jedes ungerechten oder sogar kirchenfeindlichen Regenten abzuschütteln. Nein! ein solcher Grundsatz wäre sowohl dem Geiste als den Geboten des Christenthums entgegen".[56]

Die Gewissensentscheidung der einzelnen Christen sei insbesondere durch die Autorität kirchlicher Stellungnahmen begrenzt. Darüber hinaus vertrat *Der Katholik* den Standpunkt, dass dem aktiven Widerstand prinzipiell die christliche Tugend des Martyriums vorzuziehen sei. Ein bloßer Blick auf das Kreuz bezeuge, dass dem angenommenen Leiden nach göttlichem

---

[52] Vgl. „Betrachtungen eines Katholiken zu den Zeitereignissen", in: Katholik 11 (1831), Bd. 39, S. 30-39, hier S. 37.

[53] „Über den Art. II des Avenirs: Von der Freiheit der Kirche; erste Jahrhunderte", in: Katholik 11 (1831), Bd. 39, S. 207-222, hier S. 210.

[54] Ebd., S. 214.

[55] Ebd., S. 216.

[56] Ebd., S. 210.

Ratschlusse der Sieg über die Gewalt beschert sei. Dies sei die eindeutige Botschaft des Christentums:

> „[W]ahrlich ruhmwürdiger als der Triumph des Löwen ist der Triumph des Lammes, das siegend stirbt und sterbend siegt. Lassen wir also andere auf den Gräbern der Märtyrer die Knechtschaft geschrieben sehen, wir sehen auf ihnen nur die Worte: ‚*Selig sind, welche Verfolgung leiden wegen der Gerechtigkeit, denn das Himmelreich ist ihnen.*'"[57]

Auch die *Sion* ermahnte die Katholiken, die gezwungen seien, in einem unterdrückenden Regime zu leben, lediglich „Thränen, Bitten, Gebet" als die einzig legitimen Formen der Gegenwehr anzuwenden.[58] Das äußerste Mittel eines Katholiken bei einer aus Gewissensgründen nicht möglichen Unterwerfung sei es, diese „unzweideutig auszusprechen, und ohne alle Reaction zuzusehen, was der Sieger mit ihm beginnt. Bindet er ihn an den Pfahl, so gibt er die Arme her; dictirt er ihm den Kerker, so wandert er ohne Zwang hinein."[59] Diesen Weg des widerstandslosen Martyriums als den dem Christentum gemäßen empfahl auch die *Eos*, die erklärte, der Untertan solle „statt sich zu empören, eher dulden und leiden, und bei einer ganz unerträglichen Behandlung lieber auswandern."[60]

Auf den polnischen Aufstand und das Engagement der französischen Ultramontanen bezogen stellt sich die in diesen drei Zeitschriften vertretene Haltung als eine eindeutig ablehnende dar. Die Rechtfertigung der polnischen Insurrektion als einer Form legitimen Widerstandes gegen eine usurpatorische Obrigkeit, die zudem die religiösen Rechte beschneide, wurde hier nicht geteilt. *Sion* und *Eos* lehnten die Grundüberlegung des Widerstandsrechts, die auf Thomas von Aquin zurückgehende Unterscheidung zwischen legitimer und bloß legaler Gewalt, sogar grundsätzlich ab, während *Der Katholik* sie zwar prinzipiell anerkannte, aber vor einer konkreten Anwendung dieses Prinzips warnte. Die Interpretation und Bewertung des polnischen Aufstandes folgte also nicht dem Deutungsmuster eines legitimen Widerstandes. Alle drei Zeitschriften präferierten gegenüber einer aktiven Widerstandshaltung das passive Leiden unter einer unterdrückenden Herrschaft bis hin zum Martyrium als die angemessene christliche Form der Reaktion.

---

[57] Ebd., S. 214.

[58] „Die Regenten und der Katholik", in: Sion 1 (1832), Nr. 23 v. 22.2. Sp. 177-182, hier Sp. 179.

[59] Ebd., Sp. 181.

[60] „Nachwort an alle Gutgesinnten", in: Eos 15 (1831), Nr. 150 v. 21.9., S. 601-604, hier S. 602.

2.2.2 Das „Geheimniß der Revolution" –
Der Aufstand als Folge von Dekatholisierung

Ein wesentliches Argument des *Avenir*-Kreises für die Unterstützung des polnischen Aufstandes war, dass es sich bei ihm um einen katholischen Aufstand handele. Ähnlich wie in Belgien habe sich hier ein katholisches Volk gegen eine nichtkatholische Obrigkeit empört, welche die Freiheitsrechte von Religion und Kirche in unzulässiger Weise beschnitten habe. Zudem zeige die Beteiligung des Klerus, dass der Aufstand einen katholischen Charakter trage.

Tatsächlich neigte auch der deutsche Ultramontanismus zu einer nachsichtigeren Beurteilung von Revolutionen, wenn sie im Ergebnis den Interessen der Kirche nützten.[61] Den Revolutionen selbst wurde jedoch nie ein katholischer Charakter zugesprochen. Ganz im Gegenteil galt in der Regel der Grundsatz, dass ein Katholik prinzipiell keine Revolution mache oder sich an ihr beteilige. Aus diesem Prinzip zog die *Sion* den Umkehrschluss, dass diejenigen, die eine Revolution machten, keine ‚wahren' Katholiken seien, auch wenn sie katholisch getauft waren. Ein Katholik, der sich trotzdem an Revolutionen beteilige, müsse vielmehr notwendigerweise als „dekatholisiert" gelten:

> „Ehe man ihn nicht dekatholisirt, dem Glauben entwindet und verführt, wird man keinen wahren Katholiken in den Reihen der Aufwiegler, aber immer im Lager der rechtmäßigen Fürsten, so lange die Gewalt bei ihnen ist, seyen sie Heiden, oder böse, finden".[62]

In der Sicht der *Sion* konnte somit auch der polnische Aufstand nicht als ein katholischer oder zumindest von Katholiken getragener gelten, die Teilnehmer hätten sich vielmehr durch ihre Beteiligung selbst aus der Gemeinschaft der ‚wahren' Katholiken ausgeschlossen. In einem zweiten Umkehrschluss gab die *Sion* den Machthabern zu Bedenken, dass statt einer Politik der Dekatholisierung nur eine Bewahrung und Förderung der katholischen Kirche, ihrer Freiheiten und Privilegien die Sicherung ihrer Herrschaft garantiere.[63] Bezogen auf den polnisch-russischen Konflikt hieß dies, dass die russische Regierung durch ihre negative Kirchenpolitik nicht ganz unschuldig an dem Ausbruch des Konflikts gewesen sei und es bei einer

---

[61] Vgl. Kap. 2.2.4 sowie für den belgischen Fall und im allgemeinen Schneider, Katholiken, S. 288-329, 381.

[62] „Die Regenten und der Katholik", in: Sion 1 (1832), Nr. 23 v. 22.2., Sp. 177-182, hier Sp. 181.

[63] „Die Regenten und der Katholik", in: Sion 1 (1832), Nr. 25 v. 26.2., Sp. 193-197, hier Sp. 196.

kirchenfreundlicheren Haltung Russlands zu diesem wohl kaum hätte kommen können.[64] Einen ähnlichen Standpunkt nahm auch die dem *Avenir* weit näher stehende *Katholische Kirchenzeitung* ein, die sich trotz der Herausgeberschaft des legitimistisch-konservativen Berufsjournalisten Johann Baptist Pfeilschifter das Programm des *Avenir* so weit zu eigen gemacht hatte, dass Gerhard Valerius von ihr als einer „Avenir-Filiale" spricht.[65] Zu der Frage des katholischen Charakters der polnischen Erhebung aber druckte sie nicht einen der zahlreichen Artikel aus ihrem französischen Schwesterblatt ab, sondern einen ausführlichen Beitrag aus dem von ihr ansonsten wenig goutierten, weil gallikanisch orientierten und in Gegnerschaft zum Programm Lamennais' stehenden *Ami de la Religion*.[66] Auch in diesem Artikel galt der polnische Aufstand nicht als eine sich gegen die Unterdrückung der religiösen Rechte richtende und daher legitime Erhebung der Katholiken, sondern als ein direktes Ergebnis der Dekatholisierungspolitik der russischen Regierung. Die polnischen Revolutionäre seien nicht gläubige Katholiken, sondern aufgrund der russischen Kirchenpolitik ihrer Religion entfremdet und deshalb überhaupt erst in der Lage, sich gegen die Obrigkeit zu empören. Angesichts dieser negativen Religionspolitik sei es aber auch verständlich, dass die ‚wahren' Katholiken das alte System nicht auch noch verteidigen würden:

> „Wenn ihr unsere Bischöfe zu feilen Werkzeugen euerer Laune macht oder die feilsten Subjecte uns als solche aufdringet, wenn ihr unsere Doctrinen verfälschen lasset und unseren Unterricht zerstöret, wenn ihr das zarte Kind vom Schooß der katholischen Mutter wegreisset, um es in eueren Schulen zur Gottlosigkeit und Empörung heranzubilden, wenn euere theueren Zöglinge sich zum Dank für so viele Wohlthaten euch verspotten, sich verschwören und die Fahne des Aufruhrs aufpflanzen, dann treibet die Naivetät oder noch etwas wenigstens

---

[64] Bernhard Schneider hat auch im Fall der französischen und belgischen Revolution den Appell der deutschen Ultramontanen festgestellt, die Herrschenden sollten zur Vermeidung von Revolutionen einfach Religion und Kirche stärken, vgl. SCHNEIDER, Katholiken auf den Barrikaden, S. 368-376, 383.

[65] VALERIUS, S. 208. Bereits SCHRÖRS, Ein vergessener Führer, S. 292 bezeichnete die *KKZ* als eine „Avenir-Geschäftsstelle".

[66] Im Literatur-Blatt zur KKZ 3 (1831), Nr. 4 (April), Sp. 24 war zu lesen, der *Ami de la Religion* enthalte trotz einiger interessanter Nachrichten „nichts aber zu einer tiefer gehenden Begründung des Katholizismus". Er vertrete einen beschränkten, zum Teil falschen Standpunkt, welcher der Religion nicht nur nicht nütze, sondern ihr sogar unsägliches Übel zufüge. Ein ähnlich negatives Urteil erfolgte auch in KKZ 5 (1833), Nr. 150 v. 20.12., Sp. 1186.

nicht so weit, zu erwarten oder zu begehren, daß die Katholiken sich auch noch für euch todtschlagen lassen."[67]

Als Träger der polnischen Revolution erschienen hier also nicht die gläubigen Katholiken, die ihre Religion verteidigen würden, sondern die Areligiösen und die ihrer Religion Entfremdeten. Das „Geheimniß der Revolution" erklärte die *Katholische Kirchenzeitung* damit, dass die negative Religionspolitik Russlands letztlich selbst die Revolution provoziert habe. Diese sei schließlich wie eine Strafe Gottes erfolgt, der sich die Katholiken nicht entgegengestellt hätten: „Die Katholiken haben sich nicht verschworen, nicht empört; als Gott aber die, welche Winde gesäet, Stürme ärnten ließ, erkannten sie den Finger Gottes".[68]

In ähnlicher Weise wie die *Katholische Kirchenzeitung* sah die *Eos* den polnischen Aufstand und seine Träger nicht als katholisch an, sondern als das Ergebnis einer Abwendung von der Religion. Die *Eos* äußerte sich, obwohl der Kampf gegen die Revolution in dieser Zeit eines ihrer Schwerpunktthemen war, nur ein einziges Mal in einem eigenen Artikel zum polnischen Aufstand und dies in poetisch verschlüsselter Form in dem elfstrophigen Versgedicht „Amphion an die Ritter von Polen und Lithauen", das Anfang August 1831 auf der Titelseite der Zeitschrift erschien. Es handelte sich dabei um ein Gedicht des im 19. Jahrhundert als „polnischer Horaz" bekannten polnischen Dichters Maciej Kazimierz Sarbiewski (1595-1640), genannt Sarbievius, der in der ersten Hälfte des 17. Jahrhunderts u.a. im Auftrag von Papst Urban VIII. in lateinischer Sprache dichtete und am Hof des polnischen Königs Władysław IV. Hofprediger war.[69] Außer in der Überschrift nimmt das Gedicht selbst keinen direkten Bezug auf Polen. Es besteht vielmehr aus einer Mahnung des griechischen Helden und Sängers Amphion, der sich an die Bewohner Thebens richtet. Der griechischen Mythologie entsprechend wird in den folgenden Strophen beschrieben, wie

---

[67] „Die katholische Kirche in Polen", in: KKZ 3 (1831), Nr. 47 v. 12.6., Sp. 369ff., hier S. 370f.

[68] Ebd., S. 371. Bereits diese die polnische Revolution verurteilende, gleichwohl aber das Verhalten der Katholiken herunterspielende und rechtfertigende Beurteilung wurde im innerkonfessionellen Streit in diffamierender Absicht als Begrüßung und Unterstützung der Revolution bewertet. Vgl. Kap. 2.3.3.

[69] Als „polnischer Horaz" figurierte er 1878 im deutschen Lexikon: „Sarbiewski, Matthias Kasimir", in: Meyers Konversations-Lexikon, 3., gänzlich umgearb. Aufl., Bd. 14, Leipzig 1878, S. 155. Die *Eos* setzte Sarbiewski offenbar als bekannt voraus, zumindest hielt sie es nicht für nötig, weitere Angaben zum Autors zu machen. 1805 war eine Ausgabe seiner lateinischen Dichtungen in deutscher Übersetzung erschienen. Vgl. Nowy Korbut. Bibliografia Literatury Polskiej, Bd. 3, Warszawa 1965, S. 208-216; IWĄCZAK, WOJCIECH: „Sarbiewski, Maciej Kazimierz", in: Biographisch-Bibliographisches Kirchenlexikon, Bd. 8 (1994), Sp. 1357-1361.

infolge des mahnenden Gesangs Felsen und Steine herabfallen, sich von selbst zusammenfügen und eine gewaltige, unbezwingbare Schutzmauer um Theben bilden. Die Mahnung des Amphion ist hier als Mahnung an die aufständischen Polen zu verstehen, bei deren Befolgung Polen, wie Theben in der Mythologie, göttlichen Schutz erfahren und unbezwingbar für die Feinde sein werde. Der Inhalt dieser Mahnung kann als Kommentar der *Eos* zu der polnischen Insurrektion jedoch unterschiedlich gelesen werden, denn die Bewohner Thebens/Polens werden aufgefordert, ihre traditionellen Sitten und Gebräuche sowie ihre Religion zu bewahren und gegen äußere Angriffe zu verteidigen, ohne dass deutlich wird, wer als Angreifer angesehen wird.[70] Setzt man an die Stelle des Angreifers die russische Fremdherrschaft, erscheint das Gedicht als Rechtfertigung eines Aufstandes, der sich gegen die russische Usurpation richtet, welche die nationale und religiöse Eigenständigkeit durch Einführung lasterhafter Sitten bedroht. In diesem Fall würde die *Eos* durch die Verse eines Gedichts aus dem 17. Jahrhundert zu erkennen geben, dass sie im Falle Polens ihre strikt antirevolutionäre Haltung zu durchbrechen bereit wäre. Andere verstreute Äußerungen zu Polen und die prinzipielle Haltung der Zeitschrift legen jedoch nahe, dass die im Gedicht angesprochene strafbare Lasterhaftigkeit sich auf die Polen selbst bezieht. Die *Eos* vertrat wie die *Sion* das Deutungsmodell, dass eine Revolution in einem katholischen Land zwangsläufig auf dessen Abfall von der Religion und den guten Sitten hindeute und hierin ihre Ursache habe.[71]

Auch in späteren ultramontanen Publikationen wurde insbesondere dem polnischen Adel vorgeworfen, durch die Abwendung von Religion und Tradition und die Hinwendung zur Aufklärung das Unglück Polens provoziert zu haben. Die Hinwendung zur Revolution galt dabei als erneuter und deutlicher Ausdruck dieses strafwürdigen Fehlverhaltens.[72] Der zweite Teil

---

[70] In dem Gedicht heißt es unter anderem: „Haltet fern durch Gesetz die fremden Sitten / Vaterländisches Recht und fromme Bräuche / Und die Religion der Väter lehret / Euere Kinder. // Heilig waltet das Recht im freien Tempel, / Billigkeit vor Gericht, mit Wahrheit ziehe / Lieb' und Frieden durch's Land; verbannt sey jedes / Laster durch Reinheit. // Keine Mauer hat je das Laster. Aus der / Städte hohem Gethürm durch hundert Pforten / Stürmt die Strafe hervor, auf jeden Schuld'gen / Lauern die Blitze." („Amphion an die Ritter von Polen und Lithauen", in: Eos 15 [1831], Nr. 124 v. 6.8., S. 497f.)

[71] Vgl. „Ueber die Grundursache der Revolutionen und über die mögliche Aufhebung derselben", in: Eos 16 (1832), Nr. 115 v. 20.7., S. 462. Vgl. zu diesem verbreiteten katholischen Deutungsmodell in bezug auf Revolutionen allgemein SCHNEIDER, Katholiken auf die Barrikaden, S. 343.

[72] Vgl. beispielsweise WILHELM VON SCHÜTZ: Die frommen katholischen Alt-Sarmaten und die neuen heidnischen Anti-Sarmaten in Polen. Zur richtigen Würdigung ihrer letzten Insurrection, Leipzig 1846. Auch der in der Emigration entstehende polnische Ultramontanismus vertrat diese Haltung, was von den deutschen Ultramontanen begrüßt wurde. Vgl. Kap. 4.3.1. und Kap. 4.3.2.

der Mahnung, der zur inneren Einheit und zur Vereinigung der Kräfte
aufruft, ist daher als Aufruf an den Adel zu verstehen, sich in der Bewahrung der altpolnischen Sitten und der Religion wieder zu vereinigen. An
anderer Stelle führt die *Eos* aus, dass der polnische Adel durchaus nicht
voll und ganz der Revolution verfallen sei, sondern dass die edelsten Teile
immer Vorbehalte gegen einen Aufstand gehabt hätten, sich aber nicht
durchsetzen konnten und schließlich selbst mehrheitlich den Verheißungen
der Revolution erlegen seien.[73] Der Ruf des „Amphion an die Ritter von
Polen und Litauen" erscheint somit im Kontext der *Eos* als eine Mahnung
an den polnischen Adel, zur alten Gesittung zurückzukehren, statt einen
frevelnden revolutionären Kampf zu führen, Gottes Ordnung und Gesetze
wieder zu respektieren und zur Leitlinie ihres Denkens und Handelns zu
machen. Wie für Theben werde sich dann auch um Polen von selbst eine
göttliche Schutzmauer ziehen, die für jeden Feind unbezwingbar sein
werde.

Wie in der *Katholischen Kirchen-Zeitung* erschien der polnische Aufstand hier also nicht als ein katholischer, sondern als Folge der Abwendung
vom wahren katholischen Glauben. Anders als in der *Katholischen Kirchenzeitung* wurde in der *Eos* aber diese Abwendung nicht der Religionspolitik Russlands, sondern den Polen selbst zur Last gelegt, die sich von
der Religion und anderen Traditionen abgewandt hätten. Darüber hinaus
wurden die katholischen Polen nicht bloß als unbeteiligte Zuschauer, sondern durchaus als an der Revolution Beteiligte dargestellt, die vom richtigen Weg abgekommen seien, diesen aber auch wieder einschlagen könnten.
In diesem Zusammenhang stellt sich die Frage nach der Beurteilung der
Rolle der katholischen Geistlichkeit in Polen, die sich in weiten Teilen am
Aufstand beteiligt, diesen unterstützt oder doch zumindest akzeptiert
hatte.[74] Die Beteiligung des Klerus trug einerseits bei den französischen
Ultramontanen zur Legitimierung der Insurrektion als einer katholischen
bei und führte andererseits mit zu der scharfen Verurteilung durch den
Papst.

In der ultramontanen Presse war es einzig die *Katholische Kirchenzeitung*, die sich zur Rolle des polnischen Klerus überhaupt wertend äußerte. Ohne Kommentar war bereits Ende 1830 im *Allgemeinen Religions- und
Kirchenfreund* die Mahnung des Erzbischofs von Gnesen und Posen, Marcin von Dunin, an die Polen in Preußen abgedruckt worden, in der diese zu
Ruhe und Gehorsam gegenüber der Obrigkeit aufgerufen wurden. Dies war

---

[73] Vgl. „Keine Revolution mehr", in: Eos 16 (1832), Nr. 209 v. 31.12., S. 835f.
[74] S.o., Kap. 2.1.1.

somit ein Beispiel der antirevolutionären Haltung der höheren katholischen Geistlichkeit.[75]

Die *Katholische Kirchenzeitung* äußerte sich erst nach der Beendigung des Aufstandes und nach der Verurteilung des revolutionären Engagements von Geistlichen durch den Papst. In bezug auf die belgische Revolution hatte sie zwar ihre grundsätzliche Überzeugung ausgedrückt, „daß der Priester, der sich der Obrigkeit widersetzt, um seine *verfolgte* Kirche und seine *gedrückte Heerde* zu verteidigen, die ersten und heiligsten Pflichten seines Amtes erfüllt".[76] Doch wie die ultramontane Publizistik insgesamt die Beteiligung des Klerus an der belgischen Revolution meist entweder völlig abstritt oder aber als Einzelfälle missbilligte,[77] so versuchte auch die *Katholische Kirchenzeitung* im polnischen Fall die Rolle der Geistlichkeit herunterzuspielen. Sie gab zwar zu, dass allein schon das mahnende Breve des Papstes an die polnischen Bischöfe beweise, dass „religiöse Elemente der Unruhe zu beschwichtigen waren",[78] doch habe es sich nur um einzelne Geistliche gehandelt, die sich an der Insurrektion direkt oder indirekt beteiligt hätten. In diesem Zusammenhang erfolgte ein kommentarloser Abdruck der Reueerklärung des Płocker Bischofs Adam Prażmowski, der erklärte und bedauerte, gegen seinen Willen und sein Gewissen aus Furcht vor einem schmachvollen Tod dem Druck der Revolution nachgegeben und diese unterstützt zu haben.[79] Die *Katholische Kirchenzeitung* äußerte prinzipiell ihr Verständnis dafür,

> „wenn nach politischen Stürmen die *regierende Gewalt* ihre Strafen auch über einzelne geistliche Personen verhängt, von denen man glaubt [!], daß sie durch

---

[75] Vgl. „Preußisch-Polen", in: ARKF 3 (1830), Nr. 105 v. 31.12., Sp. 1673. Die Erklärung Dunins war auf ausdrücklichen Befehl des preußischen Königs entstanden. Vgl. DYLĄGOWA, S. 90f. Der *Allgemeine Religions- und Kirchenfreund* druckte Dunins Erklärung 1839 im Zusammenhang mit dem ‚Mischehenkonflikt' erneut ab, um die politisch korrekte Haltung des mittlerweile mit dem preußischen Staat in Konflikt geratenen Bischofs zu dokumentieren. S.u. Kap. 6.1.

[76] „Über die belgische Geistlichkeit und ihr Verhältnis zur Revolution. Vom Rheine eingesandt", in: KKZ 4 (1832), H. 4 v. 12.1., S. 25 ff, hier S. 27.

[77] Vgl. SCHNEIDER, Katholiken auf die Barrikaden, S. 305f.

[78] „Neuester Zustand der katholischen Kirche in Polen", in: KKZ 7 (1835), Nr. 83 v. 29.7., Sp. 681ff., hier Sp. 682.

[79] Vgl. „Neuester Zustand der katholischen Kirche in Polen", in: KKZ 7 (1835), Nr. 86 v. 5.8., Sp. 705-709, hier Sp. 705. Prażmowski gehörte zu den Bischöfen, welche die Dethronisation Nikolaus I. mitunterzeichnet und die Revolutionsregierung auch materiell kräftig unterstützt hatten. Zur Bewertung seines Widerrufes und den Sanktionen der russischen Regierung vgl. ANDRZEJ WROŃSKI: Duchowieństwo i kościół katolicki w królestwie polskim wobec sprawy narodowej w latach 1832-1860, Warszawa 1994, S. 53ff., 144 sowie DYLĄGOWA, S. 87f.

Gesinnung und That an der allgemeinen Schuld mehr oder weniger Theil genommen haben".[80]

Im konkreten Einzelfall aber, wie in dem des Krakauer Bischofs Karol Skórkowski, bemühte sich das ultramontane Organ um ein Herunterspielen der tatsächlichen Beteiligung, bzw. um eine Umdeutung der staatlichen Strafaktion gegen den Kirchenmann. Denn Skórkowski war während der Revolution ihr eifrigster Anhänger innerhalb des polnischen Episkopats gewesen und hatte den nationalen Kampf gleichzeitig als einen für die katholische Religion propagiert.[81] Konkret wurde ihm von der russischen Regierung vorgeworfen, er habe die Fahne der sich bewaffnenden akademischen Jugend Krakaus geweiht und ein Rundschreiben erlassen, in dem die Geistlichkeit aufgefordert worden sei, den Segen Gottes für die vaterländischen Waffen zu erflehen. Deswegen und weil er sich anders als sein Amtsbruder Prażmowski nicht von seinem Engagement während des Aufstandes distanzierte, wurde er im Juli 1833 von der Verwaltung des im Königreich Polen liegenden Anteils seiner Diözese enthoben.

Auf die der Amtsenthebung zu Grunde gelegten Vorwürfe ging die *Katholische Kirchenzeitung* in ihrer wiederholten Berichterstattung zu der Angelegenheit aber bewusst kaum ein. Sie verharmloste und entschuldigte vielmehr das Engagement des Bischofs während der Revolution als ein aus der Leidenschaft der Situation geborenes und nicht planmäßig verfolgtes, indem sie erklärte, dass „in Zeiten so außerordentlicher Aufregung selbst edle und treue Gemüther fortgerissen werden können."[82] Hauptsächlich aber entzog sie sich der eigentlichen Diskussion um die Beteiligung des Bischofs an der Revolution, indem sie das Thema auf kirchenpolitisches Gebiet lenkte, auf dem ihrer Meinung nach die wahren Gründe für die Enthebung Skórkowskis lagen. Skórkowski habe sich nämlich konsequent gegen die staatlich angeordnete Einsegnung von Mischehen und für die Wiederzulassung der Jesuiten zur Verbesserung des Schulsystems ausgesprochen und sei deswegen schon vor der Revolution bei der Regierung in Ungnade gefallen. Wegen seiner unnachgiebigen Haltung in dieser kirchlichen Frage werde er nun bestraft. Die Seelengröße, mit der er sich für seine kirchliche Überzeugung einer Macht wie der des Zaren entgegen-

---

[80] „Aus Polen, den 6. Mai", in: KKZ 6 (1834), Nr. 59 v. 23.5., Sp. 466-470, hier Sp. 466.

[81] Vgl. DYLĄGOWA, S. 86ff.; WROŃSKI, Duchowieństwo i kościół katolicki, S. 138.

[82] „Aus Polen, den 1. März", in: KKZ 6 (1834), Nr. 55 v. 14.5., Sp. 435ff., hier Sp. 436.

stelle, müsse bewundert werden.[83] Der politische Konflikt zwischen der russischen Regierung und einem Bischof, der zur Revolution gegen diese aufgerufen hat, wurde so in einen kirchenpolitischen umgemodelt. Anstatt das politische Verhalten des Kirchenvertreters zu bewerten wurde seine kirchliche Treue und Konsequenz lobend hervorgehoben. Die *Katholische Kirchenzeitung* versuchte so, sich der Auseinandersetzung um die Rolle, welche die Geistlichkeit in der polnischen Revolution gespielt hatte, zu entziehen, bzw. diese herunterzuspielen.

Für die Frage nach dem katholischen Charakter der Revolution bedeutete dies ebenfalls eine Absage. Zumindest wurde die Beteiligung und Unterstützung der Geistlichkeit im deutschen Ultramontanismus, anders als bei den französischen Freunden, nicht als Beleg oder Indiz für eine derartige religiöse Dimension der Erhebung herangezogen.

2.2.3 Distanzierung von der Avantgarde – Die Beurteilung des Polenengagements der französischen Ultramontanen

Das starke Polenengagement des Lamennais-Kreises konnte den deutschen Ultramontanen nicht verborgen bleiben. Der *Avenir* als das Zentralorgan des französischen Ultramontanismus veröffentlichte laufend ausführliche Artikel zur polnischen Erhebung, während die deutschen ultramontanen Zeitschriften einen kirchenpolitischen Artikel nach dem anderen aus dem *Avenir* zum Abdruck übernahmen, so dass Gerhard Valerius für das Revolutionsjahr 1831 von einem „Lamennais-Jahrgang" der deutschen Blätter spricht.[84] Der Polenenthusiasmus fand in diesen Blättern jedoch kaum ein Echo, wurde in der Regel sogar nicht einmal erwähnt. Das hing mit der

---

[83] Vgl. ebd. und „Neuester Zustand der katholischen Kirche in Polen", in: KKZ 7 (1835), Nr. 84 v. 31.7., Sp. 689ff. Die *Katholische Kirchenzeitung* vertrat diese Argumentation damit auch noch, nachdem bereits mehr als ein Jahr zuvor gemeldet worden war, dass der Papst Bischof Skórkowski nach Rom berufen habe, um ihn wegen seines politischen Benehmens während und nach der polnischen Revolution zur Rechenschaft zu ziehen. Dies wurde gemeldet in: „Aus Russland, den 26. April", in: KKZ 6 (1834), Nr. 55 v. 14.5, Sp. 437; ebenso in „Rußland", in: ARKF 7 (1834), Kirchenhistorischer Bemerker 21, Sp. 265f. Die Meldung von Skórkowskis endgültiger Amtsniederlegung zugunsten seines Generalvikars auf die Intervention des Papstes hin und von seinem Rückzug in ein schlesisches Kloster erfolgte ein Jahr später in „Schlesien", in: ARKF 9 (1836), Bemerker 36 v. 13.9., Sp. 522. Ähnlich positiv über Skórkowski äußerte sich auch der Katholik 14 (1833), Bd. 51, Beilage Nr. 2, S. LVIIIf.: dieser sei „ein höchst achtungswerther und musterhafter Mann" (LVIII). Die Affäre wurde Jahre später nochmals in der katholischen Presse aufgewärmt, wiederum unter Herunterspielen des politischen Engagements Skórkowskis während der Revolution. Vgl. „Preußen. Aus Oberschlesien, 13. März", in: SZ 6 (1846), Nr. 57 v. 27.3., S. 248f. sowie in: APZ (1846), Nr. 80 v. 21.3., S. 322.

[84] VALERIUS, S. 352.

einseitigen Rezeption des liberalen Katholizismus zusammen, wie Lamennais ihn konzipiert hatte. Die kirchenpolitische Seite im engeren Sinn wurde zwar als wegweisendes und vorbildhaftes Modell angesehen. Dies galt sowohl prinzipiell für die kirchliche Ablösung vom Staat bei gleichzeitiger Orientierung auf den Papst als dem kirchlichen Zentrum als auch konkret für das Wirken in der Öffentlichkeit durch die Bildung von katholischen Vereinen und Presseorganen sowie durch die Nutzung parlamentarischer Möglichkeiten, z.B. der Eingabe von Petitionen. Auf diese kirchenpolitischen Bereiche bezog sich die große Mehrzahl aller Artikel, die aus dem *Avenir* in den Zeitschriften des deutschen Ultramontanismus abgedruckt oder in ihnen besprochen wurden.

Die weitere politische Komponente des französischen Ultramontanismus aber, vor allem das angestrebte Bündnis der Kirche mit den emanzipativen Volks- und Freiheitsbewegungen und dem politischen Liberalismus, wurde sehr viel zurückhaltender aufgenommen und viel weniger bekannt gemacht. Dies gilt wie oben gezeigt noch mehr für die Konzeption des aktiven Widerstandsrechtes, die der *Avenir*-Kreis während des polnischen Aufstandes weiterentwickelte und präzisierte und zur Rechtfertigung der polnischen Insurrektion anwendete. Nur zwei der hier untersuchten ultramontanen Zeitschriften, *Der Katholik* und die *Kirchenzeitung für das katholische Deutschland*, druckten überhaupt Artikel aus dem *Avenir* ab, in denen ihre Ansichten zum aktiven Widerstandsrecht formuliert wurden. Die zweite vertrat innerhalb des ultramontanen Spektrums am stärksten auch die politischen Implikationen des französischen Programms eines liberalen Katholizismus, also das Konzept eines Bündnisses der Kirche mit den emanzipativen Volksbewegungen. Zu der „Verschwisterung" der *Kirchenzeitung für das katholische Deutschland* mit dem *Avenir* trug wesentlich ihr Mitarbeiter und programmatischer Spiritus rector Franz von Baader bei.[85] Noch fast drei Wochen nach Abdruck der Enzyklika „Mirari vos", die das liberal-katholische Programm des *Avenir*-Kreises scharf verurteilte, hob sie Person und Lehren Lamennais' positiv hervor und erklärte es zur politischen Sendung der Kirche, die Menschen aus der Sklaverei zu befreien.[86]

---

[85] Die Parteinahme Franz von Baaders für Lamennais war auch nach der päpstlichen Verurteilung und sogar über Lamennais' öffentlichen Bruch mit der Kirche 1836 hinaus ohne jeden Vorbehalt. 1839 wurde Baader, bis dahin der Hausphilosoph der deutschen Ultramontanen, nach einem heftigen Angriff gegen Rom in kirchlichen Bann genommen und galt fortan als deutscher „La Mennaide in Miniatur", auf den man sich öffentlich nicht mehr berufen konnte. Vgl. VALERIUS, S. 355.

[86] LEOPOLD SCHMID: „Eine Reihe Schilderungen des gegenwärtigen kirchlichen Zustandes der verschiedenen christlichen Länder. II. Kirchlicher Zustand Frankreichs. Zweiter Artikel", in: KZKD 3 (1832), H. 154 v. 25.9., S. 613-616, hier S. 614. Die Enzyklika war in der *KZKD* bereits am 6. und 7. September abgedruckt worden.

In diesem Sinne veröffentlichte die Zeitschrift eine Form von politischer Freiheitslyrik, wie sie sich in keinem anderen Kirchenblatt der Ultramontanen fand. Unter dem Titel „Die Freiheit" hieß es im Januar 1832:

> „Nie ward ein Mensch zum Sklavenjoch geboren
> Seit sich der Himmel wölbt um die Erde:
> Frei steht er da, mit herrschender Geberde
> Zum König der Schöpfung auserkoren.
>
> Drum ging auch nie dieß höchste Gut verloren,
> Stets kämpften sich die Völker mit dem Schwerte
> Ein freies Leben an der Völker Heerde,
> Wie hart sich auch die Tyrannei verschworen. [...]"[87]

Auf den polnischen Aufstand ging die *Kirchenzeitung* jedoch nicht ein. Ein einziges Mal war überhaupt von der polnischen Insurrektion die Rede, davon dass Polen „seine Ketten abgeschüttelt hat",[88] was von der Metaphorik her sowohl in die allgemeine Freiheitslyrik der *Kirchenzeitung* als auch in die Polenbegeisterung des französischen Ultramontanismus und schließlich auch in die Rhetorik der liberalen deutschen Polenfreundschaft passt. Außer dieser kurzen Äußerung, die auf eine positive Bewertung des Aufstandes deutet, gibt es aber sonst keinen Kommentar zu den Ereignissen in Polen. Auch das Polenengagement der französischen Freunde wurde mit keinem Wort erwähnt.

Während die sich theoretisch zu den Freiheitsrechten der Völker bekennende *Kirchenzeitung* zur Polenbegeisterung des *Avenir*-Kreises keine Stellung nahm, fielen die Äußerungen anderer ultramontaner Zeitschriften, die auch mit den politischen Konzepten der Franzosen sympathisierten, widersprüchlich aus.

Die einzige Zeitschrift, die überhaupt eine Passage aus dem *Avenir* übernahm und kommentierte, in der die Stellung des Kreises um Lamennais zu Polen unmissverständlich deutlich wurde, war der *Allgemeine Religions- und Kirchenfreund*. Die entsprechende Passage ist Teil eines programmatischen Artikels, der Ende 1831 in der letzten Ausgabe des *Avenir* erschienen war, bevor sich die Redakteure in der trügerischen Hoffnung auf den Weg nach Rom machten, sie könnten sich dort ihre kirchlichen und politischen Positionen päpstlich bestätigen lassen. Der Artikel erschien im *Allgemeinen Religions- und Kirchenfreund* merkwürdigerweise erst im Herbst 1832 mit der Prophezeiung, dass der *Avenir* bald wieder erscheinen werde, obwohl erst kurz vorher mit dem kommentarlosen Abdruck von „Mirari vos" das

---

[87]   „Die Freiheit", in: KZKD 3 (1832), H. 8 v. 13.1., S. 31.

[88]   „Polen. Statistik der Intelligenz in Polen", in: KZKD 2 (1831), H. 115 v. 21.7., S. 460.

endgültige Ende der Zeitschrift dokumentiert worden war.[89] Auch die Meldung, dass der Papst ein Schreiben an die polnischen Bischöfe wegen der Teilnahme von Geistlichen an der Revolution gesandt habe, war bereits erschienen, als die Zeitschrift das solidarische Bekenntnis des Lamennais-Kreises zu Polen druckte.[90] Der aus dem *Avenir* übernommene Artikel liest sich schließlich wie ein indirekter Angriff auf die deutschen Ultramontanen und ihr ausbleibendes Engagement für Polen, dem die pro-polnische Haltung der französischen Freunde entgegensetzt wird:

> „So lange das Martyrthum dieser edlen Nation dauerte, waren unsere Gebethe, unsere Gedanken, unsere Herzen ihr nahe; keine ihrer Verherrlichungen, keiner ihrer Unglücksfälle entging unserer besorgten Liebe; und sehen wir vielleicht je ihr Grab, so werden keine Gewissensbisse sich unseren Thränen beigesellen; wir haben das Bewußtseyn, ihr alle Kräfte gewidmet zu haben, die Gott uns verlieh; wir haben nie verabscheuungswürdige Gebethe gemurmelt, um den Sturz der letzten Hoffnungen des Katholicismus unter dem nordischen Himmel zu erflehen."[91]

Die französischen Ultramontanen untermauerten ihr Polenengagement noch durch die Beigabe einer polnischen Adresse, in der im Namen der polnischen Nation ewiger Dank für das Engagement der französischen Katholiken, insbesondere für die Petition zugunsten Polens im französischen Parlament ausgesprochen wurde,[92] während auf Seite der deutschen Katholiken nichts auch nur annähernd Vergleichbares unternommen worden war. Der *Allgemeine Religions- und Kirchenfreund* druckte diesen Artikel aus dem *Avenir* nicht nur ab, sondern kommentierte ihn auch noch positiv, indem er „die Art, wie er das Verhältnis des Katholicismus und des Priesterstandes zum Wohle der Völker auffaßt", für „beachtungswürdig" erklärte.[93] Zehn Tage später allerdings wurde dieses vorsichtige Bekenntnis zu den politischen Prinzipien und damit auch zum Polenengagement des *Avenir*-Kreis wieder zurückgenommen. Vor dem Hintergrund der Unterwerfung Lamennais' unter die päpstliche Verurteilung und der Einstellung des *Avenir* erklärte die deutsche Zeitschrift, man möge den vor kurzem erst

---

[89] Vgl. „Unterbrechung des Avenir (Aus der letzten Numer des genannten Blattes vom 15. November 1831)", in: ARKF 5 (1832), H. 79 v. 2.10., Sp. 1239-1254. Der Abdruck von „Mirari vos" war bereits in: ARKF 5 (1832), H. 77 v. 25.9., Sp. 1207-1220 erfolgt.

[90] Die erste Meldung über das Polen-Breve erschien in: ARKF 5 (1832), Kirchenhistorischer Bemerker 29, Sp. 421.

[91] „Unterbrechung des Avenir (Aus der letzten Numer [!] des genannten Blattes vom 15. November 1831)", in: ARKF 5 (1832), H. 79 v. 2.10., Sp. 1239-1254, hier Sp. 1245f.

[92] Ebd. ein Abdruck der Adresse vom 13.9.1831, die von zwei prominenten Vertretern des Hôtel Lambert, Graf Ludwik Plater und General Karol Kniaziewicz, unterzeichnet war.

[93] Ebd., Sp. 1239.

abgedruckten Artikel „hiernach beurtheilen und diese Sache als geschlossen ansehen".[94]

Während der *Allgemeine Religions- und Kirchenfreund* das Polenengagement des Lamennais-Kreises in Ansätzen dokumentierte, sich in der Bewertung jedoch von anfänglich vorsichtiger Zustimmung auf eine distanzierte Position zurückzog, spielte die Aschaffenburger *Katholische Kirchenzeitung*, das einflussreichste und schärfste ultramontane Organ vor 1838, die Polenbegeisterung der französischen Kampfgenossen herunter. Ähnlich wie die *Kirchenzeitung für das katholische Deutschland* stand auch sie noch nach Lamennais' Verurteilung durch den Papst auf dessen Seite und scheute sich nicht, selbst Rom und den Papst zu kritisieren – für ein ultramontanes Blatt ein unerhörtes Verfahren! Noch 1834 wurde in einem von Ferdinand von Eckstein verfassten Artikel kritisiert, dass Papst Gregor XVI. das von Lamennais anvisierte Bündnis mit den Volksbewegungen ausgeschlagen habe. In diesem Zusammenhang wurde auch Polen als ein Beispiel für die Politik Roms aufgeführt, die „einer wahrhaften Agonie äußerst ähnlich" sehe.[95]

Zu der Widerstandstheorie des *Avenir* äußerte sich die *Katholische Kirchenzeitung* nicht direkt, machte ihre grundsätzlich zustimmende Haltung aber in einem Artikel zur belgischen Revolution deutlich.[96] Zum

---

[94]   „Frankreich", in: ARKF 5 (1832), H. 82 v. 12.10., Sp. 1302. Zur zwiespältigen Haltung des *Allgemeinen Religions- und Kirchenfreundes* gegenüber Lamennais und dessen Verurteilung, die offensichtlich auf verschiedene Auffassungen des Herausgebers Benkert und seiner Mitarbeiter zurückging, vgl. VALERIUS, S. 316-319.

[95]   [FERDINAND VON ECKSTEIN:] „Ueber das Verhalten des heiligen Stuhls bei den neuern politischen Ereignissen. Erster Artikel", in: KKZ 6 (1834), Nr. 25 v. 3.3., Sp. 193-196, hier S. 195. Eckstein war ein konvertierter Katholik und Begründer der Zeitschrift *La Catholique*. Vgl. JOHANN AUGUST BRÜHL: Geschichte der Katholischen Literatur Deutschlands vom 17. Jahrhundert bis zur Gegenwart. In kritisch-biographischen Umrissen. Ein vervollständigender Beitrag zur National-Literaturgeschichte, 2. Ausg., Wien u. Leipzig 1861, S. 796f. Er hatte den Artikel ursprünglich für die Augsburger *Allgemeine Zeitung* verfasst, für die er als Frankreich-Korrespondent tätig war. Die *Katholische Kirchenzeitung* übernahm den Artikel und stellte den Verfasser als „einen der geistreichsten und scharfsinnigsten katholischen Schriftsteller unserer Zeit" vor (S. 193). Die ebenfalls abgedruckte grundsätzliche Entgegnung eines anonymen Autors, der Polens Lage auf eigenes Verschulden zurückführte, kommentierte sie dagegen abfällig mit dem Hinweis, der Leser solle selbst entscheiden, ob und inwiefern der Einsender der Zuschrift den Inhalt des Eckstein-Artikels überhaupt verstanden habe. Vgl. „Ueber das Verhalten des heiligen Stuhls bei den neuern politischen Ereignissen. Zweiter Artikel", in: KKZ 6 (1834), Nr. 26 v. 6.3., Sp. 201-204. Zu der Bedeutung der in diesem Artikel formulierten Romkritik in dem führenden ultramontanen Blatt vgl. VALERIUS, S. 339-342.

[96]   Hier hieß es, „daß der Gehorsam des christlichen Untertanen überhaupt eine Schranke habe, da, wo der Fürst seine Befugnisse überschreitet, die Gerechtsamen des Bürgers antastet und sonach, anstatt rechtmäßiges Regiment, Gewalttaten übt". Vgl. „Über die

Polenengagement des Lamennais-Kreises dagegen verhielt sie sich zurückhaltend. Statt in den Monaten des Aufstandes einen der zahlreichen enthusiastischen Polenartikel aus dem *Avenir* abzudrucken, wählte sie einen ausführlichen Beitrag aus einem französischen Konkurrenzblatt, dem sie ansonsten fern stand.[97]

Erst 1833 beschäftigte sich die *Katholische Kirchenzeitung* mit dem Eintreten der französischen Ultramontanen für die polnische Revolution im Zusammenhang mit der Herausgabe der französischen Übersetzung von Adam Mickiewiczs *Büchern des polnisches Volkes und der polnischen Pilgerschaft (Księgi narodu i pielgrzymstwa polskiego; frz.: Le livre des Pèlerins Polonais).*[98] In diesem Buch formulierte Mickiewicz erstmals in einer Verbindung von politisch-nationalen und christlich-religiösen Motiven und Erwartungen und mit einer stark an der Bibel angelehnten Sprache das Konzept eines polnischen Messianismus, in dem Polen als der Messias der Völker stilisiert wird, der stellvertretend für alle Völker leidet und sie durch sein Opfer zur Freiheit erlöst.[99] Die französische Übersetzung des Buches war mit einem enthusiastischen Vorwort Montalemberts und einer „Hymne an Polen" von Lamennais als Nachwort versehen worden. Beide

---

belgische Geistlichkeit und ihr Verhältnis zur Revolution. Vom Rheine eingesandt", in: KKZ 4 (1832), H. 3 v. 8.1., S. 17-20, hier S. 17. Zur Haltung der *Katholischen Kirchenzeitung* zum Widerstandsrecht vgl. auch VALERIUS, S. 203f., 208f.

[97] Vgl. Kap. 2.2.2.

[98] Die im selben Jahr ebenfalls in Paris erscheinende deutsche Übersetzung erfuhr in der katholischen Presse keine Besprechung. Zu den Hintergründen der deutschen Übersetzung vgl. STEFANIA SKWARCZYŃSKA: Mickiewicz a rewolucja frankfurcka w 1833 roku (O nowe oblicze Mickiewicza w latach 1832-1833), in: DIES.: W kręgu wielkich romantyków polskich, Warszawa 1966, S. 149-212, hier S. 169-177. Zu der Schrift selbst vgl. ZOFIA STEFANOWSKA: Historia i profecja. Studium o „Księgach narodu i pielgrzymstwa polskiego" Adama Mickiewicza, Warszawa 1962. Zu ihrer Bedeutung für das Konzept des Messianismus vgl. GERARDO CUNICO: Messianismus bei Mickiewicz, in: Von Polen, Poesie und Politik ... Adam Mickiewicz 1798-1998, hg. v. ROLF-DIETER KLUGE, Tübingen 1999, S. 171-196. Zu der Rolle, welche die Schrift auch für den deutschen liberalen Freiheitsdiskurs gespielt hat, vgl. PIOTR ROGUSKI: Mickiewicz ‚Bücher des polnisches Volkes und der polnischen Pilgerschaft' als Diskurs über die Freiheit 1830-1833, in: Adam Mickiewicz und die Deutschen, hg. v. EWA MAZUR-KĘBŁOWSKA u. ULRICH OTT, Wiesbaden 2000, S. 138-149 sowie SKWARCZYŃSKA. Zur Bewertung Mickiewiczs in der katholischen Publizistik vgl. Kap. 4.2.

[99] Beispielhaft seien hier einige Zeilen zitiert (nach ADAM MICKIEWICZ: Dichtung und Prosa. Ein Lesebuch, Frankfurt/M. 1994, S. 316): „Und man peinigte das Polnische Volk zu Tode und legte es ins Grab, und die Könige riefen aus: wir haben die Freiheit getötet und sie begraben. [...] Aber am dritten Tage kehrt die Seele wieder zurück in ihren Körper, und das Volk wird auferstehen und alle Völker Europas von der Sklaverei befreien. [...] Und so wie mit der Auferstehung Christi auf der ganzen Erde die Blutopfer aufhörten, so werden mit der Auferstehung des Polnischen Volkes in der Christenheit die Kriege aufhören."

waren hingerissen von Mickiewiczs Buch, Lamennnais hielt es für so „schön wie das Evangelium", Montalembert sprach in seinem Vorwort von der polnischen Revolution als einer „heiligen Revolte".[100] Beide begrüßten die Schrift nicht nur als Verteidigung Polens, sondern auch als Rechtfertigung des von ihnen propagierten, von Rom mittlerweile jedoch verurteilten Bündnisses von Katholizismus und politischer Freiheitsbewegung.[101]

Angesichts des gegen Lamennais erhobenen Vorwurfs, er habe mit seiner Mitwirkung an der Herausgabe der Übersetzung sein Versprechen gegenüber dem Papst gebrochen, nicht mehr politisch aktiv zu werden, betonte die *Katholische Kirchenzeitung*, dass es an Lamennais' Eintreten für die polnische als einer katholischen Sache nichts kritikwürdiges gebe. Sie verharmloste allerdings sein politisches Engagement in dieser Sache, indem sie seine „Hymne an Polen", die der französischen Übersetzung beigegeben war, als „ganz unschuldige ‚Ode auf Polens Fall'" bezeichnete. Diese Beigabe dürfe man ebenso wenig wie die Übersetzung Montalemberts, die dieser mittlerweile „schon längst verworfen" habe, als politisches Manifest der ganzen Schule betrachten.[102] Auch die *Katholische Kirchenzeitung* fand sich somit nicht bereit, die Unterstützung und Rechtfertigung des polnischen Aufstandes, wie sie von Lamennais und seinen Mitstreitern betrieben wurde, offensiv zu verteidigen oder gar selbst zu übernehmen. Zu berücksichtigen ist dabei, dass Mickiewiczs Buch bereits in einem päpstlichen Breve an den Bischof von Rennes verurteilt worden war.[103] Es zeugt wiederum von einer gewissen Resistenz gegenüber Rom, nach diesem Breve das Engagement der französischen Ultramontanen bei der Herausgabe des Buches öffentlich herunterzureden und zu relativieren.

---

[100]   Zit. nach PARVI, Montalembert, S. 44.

[101]   Zur Zusammenarbeit Montalemberts, Lamennais' und Mickiewiczs bei der Herausgabe der Übersetzung vgl. BORDET, S. 107-111; TAILLADE, Montalembert, Lamennais et la Pologne, S. 66-69; PARVI, Montalembert, S. 43-50.

[102]   „Kirchenhistorische Nachrichten. Paris den 10. Dezember", in: KKZ 5 (1833), Nr. 150 v. 20.12., Sp. 1184-1187, hier Sp. 1185. Die Schrift war nicht wirklich von Montalembert, sondern von Mickiewicz selbst ins Französische übersetzt worden. Er wurde dabei von Bogdan Jański unterstützt, der Montalembert zur selben Zeit Polnischunterricht gab. Montalembert, der die Übersetzung nur in stilistischer Hinsicht überarbeitete, fungierte jedoch auf dem Titelblatt offziell als Übersetzer, um dem Buch größere Bekanntheit zu verschaffen. Bereits vor Erscheinen der Übersetzung las Montalembert im Freundeskreis aus ihr vor. Unter den Zuhörern befand sich auch Ferdinand von Eckstein, dessen Pariser Korrespondenzen u.a. in der *Katholischen Kirchenzeitung* abgedruckt wurden. Vgl. zum Ganzen PARVI, Montalembert, S. 43f.

[103]   Abdruck des Breves vom 5.10.1833 bei BORDET, S. 124.

Nichts deutet jedoch darauf hin, dass die *Katholische Kirchenzeitung* oder andere ultramontane Blätter, die dem *Avenir* auch politisch nahe standen, das Polenengagement des Lamennais-Kreises begrüßt oder unterstützt hätten, obwohl die enorme Bedeutung Polens für die politischen Konzeptionen der französischen Ultramontanen unübersehbar war. Obwohl der deutsche Ultramontanismus wesentlich vom *Avenir*-Kreis und seinen Lehren geprägt war, setzte nach der päpstlichen Verurteilung und der darauf folgenden Entfernung Lamennais' von der Kirche eine Distanzierung ein, die nach dem Bruch Lamennais' mit der Kirche im Jahr 1836 allgemein wurde. Das Konzept eines politischen liberalen Katholizismus, der Verbindung von katholischer Kirche mit politischem Liberalismus und Demokratie, das früher meist verschwiegen worden war, wurde nun zur negativen Charakterisierung Lamennais' benutzt, das Polenengagement negativ ausgelegt.[104] Noch Jahre später wurden in der ultramontanen Presse in diesem Sinne der polnische Aufstand und die Gruppe um Lamennais in Zusammenhang gebracht und zur wechselseitigen Desavouierung herangezogen. Noch 1849 kritisierten die *Historisch-politischen Blätter für das katholische Deutschland* die religiöse Rechtfertigung und das angestrebte Bündnis der Kirche mit der polnischen Revolution, wie sie in der Lehre Lamennais' vertreten worden seien:

„[D]ie schwerste und größte Schuld, welche deren Urheber und Verbreiter auf ihr Gewissen luden, war die, daß sie dem revolutionären Polenthume die Waffen schmiedeten [...]. Die Herausgeber des Avenir, welche die polnischen Rebellen von 1830 seelig sprachen, und im Namen der polnischen Nationalität alle gläubigen Katholiken zum Kreuzzuge gegen Rußland aufriefen, diese sind es hauptsächlich, welche dereinst vor dem Richterstuhle Gottes jene Verwechselung der lateinischen Kirche mit dem revolutionären Polenthume, und Alles, was sich weiter daran knüpft, zu verantworten haben werden."[105]

Polnischer Aufstand und die Lehren Lamennais' wurden in der Rückschau untrennbar miteinander verknüpft und verurteilt. Beide seien eine neue Form der Häresie gewesen und daher vom Papst „in der Geburt erstickt und als glaubenswidrige[r] Irrthum bezeichnet und ausgestossen" worden.[106]

---

[104] Vgl. z.B. „Abbé de la Mennais und sein Treiben", in: ARKF 10 (1837), Nr. 23 v. 21.3., Sp. 364-367 u. Nr. 24 v. 24.3., Sp. 369-373.

[105] „Glossen zur Tagesgeschichte", in: HPBKD 24 (1849), S. 180ff., hier S. 181.

[106] Ebd., S. 182.

2.2.4 Doch ein gerechter Krieg? –
Vorsichtige Sympathie und restaurative Polenbegeisterung

Trotz der offensichtlichen Distanz der deutschen Ultramontanen gegenüber der enthusiastischen Polenbegeisterung ihrer französischen Bundesgenossen gab es auch unter ihnen nicht selten zumindest verhaltene Sympathie für den polnischen Aufstand, auch wenn die Revolution an sich abgelehnt wurde. Selbst in dezidiert antirevolutionären Schriften findet sich für das polnische Tun immer wieder auch Verständnis.

So wandte sich der bayerische Pfarrer Johann Baptist Kastner[107] in seinem Buch „Ueber den Revolutionismus unserer Tage", das 1831 erschien, zwar vehement gegen das von ihm für völlig illegitim gehaltene Prinzip der Revolution, stellte die Polen aber gleichzeitig als lediglich Verführte dar, die zwar das falsche Mittel gewählt hätten, aber letztlich doch ehrenhafte Motive verfolgten. Angesichts der ruhmreichen Vergangenheit Polens sowie der niederträchtigen Unterdrückung und Zerstückelung in den Teilungen, müsse „man es leicht begreiflich finden", dass es zu einem solchen Aufstand gekommen sei.[108] Kastner verfolgte bei seinen nachsichtigen Erläuterungen eine konservativ-traditionalistische Argumentation, die sich auf die ehemalige Größe und Bedeutung Polens bezog. Da diese durch die Teilungen gewaltsam zerstört worden war, wurde nach dieser Argumentation das Streben der Polen nach deren Wiederherstellung als legitim betrachtet.[109]

Obwohl der deutsche Ultramontanismus den polnischen Aufstand nicht als spezifisch katholischen sehen wollte wie ihre französischen Freunde, spielten die religiöse Komponente und die konfessionelle Gemeinsamkeit doch eine nicht unbedeutende Rolle für eine eher nachsichtige Haltung. So hatte die *Katholische Kirchenzeitung* in ihrem Bericht zur polnischen Insurrektion ausführlich die bedrückende Lage der katholischen Kirche unter dem zaristischen Regime geschildert und daraus den ausbleibenden Einsatz

---

[107] Johann Baptist Kastner (1775-1841) war Pfarrer bei Amberg in Bayern und trat vor allem als Verfasser strengkirchlich apologetischer und polemischer Literatur hervor. U.a. schrieb er für den *Allgemeinen Religions- und Kirchenfreund*. Hier wurde die oben behandelte Schrift auch wärmstens empfohlen. Vgl. ARKF 6 (1833), Nr. 59 v. 23.7., Sp. 927f.; zur Biographie vgl. FRANZ HEINRICH REUSCH: Johann Baptist Kastner, in: ADB, Bd. 15 (1882), S. 438f.

[108] JOHANN BAPTIST KASTNER: Ueber den Revolutionismus unserer Tage. Allen aufrichtigen Verehrern der Wahrheit, der Religion und Kirche, des Thrones, des Vaterlandes, der bürgerlichen Ordnung und Glückseligkeit gewidmet, Sulzbach 1831, S. 42.

[109] Zu dieser konservativen, das historische Recht der Polen betonenden Argumentation vgl. ausführlicher Kap. 7.3.3.2.

der polnischen Katholiken für die russische Regierung abgeleitet.[110] In einem anderen Artikel druckte sie den Tagesbefehl des polnischen Generals Jan Skrzynecki ab, in dem dieser seine Soldaten zur Verteidigung des Glaubens ihrer Väter aufrief und zugleich ein Gebet um Gottes Beistand bekannt machte, dass täglich beim Morgen- und Abendappell gesprochen werden sollte.[111] Dieser unkommentierte Artikel suggerierte zumindest eine religiöse Haltung der Aufständischen.

Auch für Ernst von Lasaulx, einem Neffen von Joseph Görres, der in München gerade sein Studium der Philosophie und Philologie beendet hatte, und sich im ultramontanen Kreis seines Onkels bewegte, besaß der polnische Kampf eine allgemeine religiöse Dimension.[112] An seinem 26. Geburtstag schrieb er an seine Mutter in Koblenz, er sei ebenso bereit, in ein Kloster zu gehen wie Soldat zu werden „und in offener Schlacht mein elendes Leben für meinen Glauben zu opfern oder für die Einheit Polens."[113] Der militärische Kampf Polens für seine Unabhängigkeit stand also für den jungen Lasaulx auf einer Stufe mit der Verteidigung des Christentums. Lasaulx kam mit seiner Polenbegeisterung der des Lamennais-Kreises recht nah, indem er gegenüber seinem völlig entgegengesetzt gesinnten Onkel Jospeh Görres die Hoffnung aussprach, dass der polnisch-

---

[110] Vgl. „Die katholische Kirche in Polen", in: KKZ 3 (1831), Nr. 46 v. 9.6., Sp. 361-365 u. Nr. 47 v. 12.6., Sp. 369ff.

[111] Vgl. „Warschau, den 1. July", in: KKZ 3 (1831), Nr. 61 v. 31.7., Sp. 484.

[112] Görres war nicht der direkte Onkel von Lasaulx, sondern mit der Cousine seines Vaters verheiratet. Ernst von Lasaulx (1805-1861) erhielt 1835 einen Lehrstuhl für klassische Philologie und Ästhetik in Würzburg, bevor er 1844 an die Münchener Universität zurückkehrte. Dort lehrte er bis zu seinem Tod, unterbrochen allerdings durch die Amtsenthebung zwischen 1847 und 1849 wegen seiner Beteiligung am Protest ultramontaner Kreise in der Lola-Montez-Affäre. In dieser Zeit saß er als Abgeordneter in der Frankfurter Nationalversammlung auf der äußersten Rechten, von 1849 bis 1861 war er auch Delegierter im bayerischen Landtag. Bereits während seines Studiums Mitglied des Görres-Kreises, trat er während des preußischen ‚Mischehenkonfliktes' 1838 mit einer polemischen Schrift zur Verteidigung des Kölner Erzbischofs hervor, die von der bayerischen Regierung wegen der heftigen Kritik an Preußen verboten wurde. Für die im selben Jahr gegründeten *Historisch-politischen Blättern für das katholische Deutschland* schrieb Lasaulx wiederholt Beiträge. Lasaulx entwickelte ein eigenes geschichtsphilosphisches Konzept in der Tradition christlicher Heilsgeschichte (vgl. dazu Kap. 7.3.3.3). Zur Biographie Lasaulxs vgl. REMIGIUS STÖLZLE: Ernst von Lasaulx. Ein Lebensbild, Münster 1904; HERTA-URSULA DOCEKAL: Ernst von Lasaulx. Ein Beitrag zur Kritik des organischen Geschichtsbegriffs, Münster 1970, S. 1-55; SIEGBERT PEETZ: Die Wiederkehr im Unterschied. Ernst von Lasaulx, Freiburg/Br. u. München 1989, S. 17-34; AXEL SCHWAIGER: Christliche Geschichtsdeutung in der Moderne. Eine Untersuchung zum Geschichtsdenken von Juan Donosco Cortés, Ernst von Lasaulx und Vladimir Solov'ev in der Zusammenschau christlicher Historiographieentwicklung, Berlin 2001, S. 240-244.

[113] Brief vom 16.3.1831, zit. nach STÖLZLE, S. 27.

russische Krieg nur den Beginn eines allgemeinen europäischen Völker-
krieges markiere, „der notwendig ein Religionskrieg sein müßte" und eine
Regenerierung des Christentums in Europa zur Folge haben werde.[114]
Lasaulx verfolgte mit dieser Haltung innerhalb des deutschen Ultramontanismus nahezu isoliert die Auffassung, dass eine Unterstützung Polens nicht
nur den Katholizismus im östlichen Europa stärke, sondern der Beginn
einer katholischen Remissionierung Europas insgesamt wäre. Lasaulx
äußerte seine Ansicht nur in Privatbriefen, in öffentlichen Organen war
diese Auffassung nicht zu lesen.

Ebenfalls eine Sonderstellung bei der Beurteilung des polnischen Novemberaufstandes nahm innerhalb des ultramontanen Spektrums der umtriebige Publizist Wilhelm von Schütz ein, der in den 1830er und 1840er
Jahren in allen wichtigen ultramontanen Zeitschriften Beiträge veröffentlichte.[115] Von Schütz stammt ein mehrteiliger Artikel mit dem Titel „Die
polnische Sache und die Russen", der im Juni und Dezember 1832 in der
Zeitschrift *Der Zuschauer am Main* erschien. Dieses politisch streng konservative und strikt antirevolutionäre katholische Blatt war ein Organ des
Berufsjournalisten Johann Baptist Pfeilschifter, der auch die Aschaffenburger *Katholische Kirchenzeitung* herausgab und nach der Einschätzung Karl
Bachems die ersten publizistischen Organe schuf, welche die Verteidigung
kirchlicher Rechte im weiteren Rahmen der allgemeinen Politik betrieben.[116]

Der *Zuschauer am Main* scheint sich erst ab Januar 1832 mit der Polenfrage intensiver auseinander gesetzt zu haben. Er begründete seine bisherige Zurückhaltung damit, dass „diese in mehrern Beziehungen so kitzliche
Frage" erst nach Beendigung des Konflikts als quasi nun historisch gewordene Angelegenheit angemessen behandelt werden könne. In Überein-
stimmung mit der monarchisch-reaktionären Grundhaltung des Blattes
wurde erklärt, man habe den Staatsmännern die praktische Schlichtung der
Frage so lange vertrauensvoll überlassen wie sie aktuell war, sehe sich jetzt
aber imstande und verpflichtet, die Sachlage zu untersuchen, denn die
Geschichte gehöre den Zeitgenossen und der Nachwelt. Das Publikum
wurde sogar dringend ermahnt, sich nun mit der Polenfrage zu beschäftigen, statt ihr „bequem oder feige aus dem Wege zu gehen".[117] Dass eine
solche Mahnung trotz der ausgeprägten und weit verbreiteten liberalen
Polenfreundschaft der Zeit in dieser Zeitschrift für notwendig gehalten

---

[114]   Brief vom 14.1.1831 an Joseph Görres, zit. nach STÖLZLE, S. 24.

[115]   Zur Biographie s.u.

[116]   Vgl. BACHEM, Joseph Bachem, Bd. 1, S. 200.

[117]   „Die polnische Sache und die Russen. Erster Artikel", in: ZaM 2 (1832), Nr. 5 v.
18.1., Sp. 33-39, hier Sp. 33.

wurde, deutet darauf hin, dass das Verhaltensmuster der Nichtbeachtung ein häufiges unter konservativen Katholiken gewesen ist, was sich unter anderem aus der schwierigen Beurteilungslage des polnischen Aufstandes erklärt, die auch in der Behandlung der Frage im *Zuschauer am Main* deutlich wird.

Bevor der *Zuschauer am Main* selbst zur Polenfrage Stellung nahm, druckte er zwei fremde und sehr entgegengesetzte Beiträge aus dem französischen, liberal-katholisch orientierten *Correspondant* ab. Der *Correspondant* stand dem Avenir-Kreis sehr nah und verbreitete gleichermaßen das Konzept eines katholischen Liberalismus. Die ebenfalls von Pfeilschifter herausgegebene *Katholische Kirchenzeitung* hielt den *Correspondant* für eine der „ausgezeichnetsten Produktionen der Tagsblatt-Literatur", in der alles in jener Harmonie stehe, die „*das Katholische*" ausmache und die daher als Vorbild und Muster für entsprechende Zeitschriften der deutschen Katholiken zu gelten habe.[118]

Im *Zuschauer* erschien zunächst ein mehrseitiges Schreiben eines Russen, der den *Correspondant* wegen seiner polenfreundlichen Haltung angriff.[119] Darauf folgte im zweiten Artikel die Entgegnung des *Correspondant*. Sie stellte zum einen klar, dass die Zeitschrift durchaus nicht das Prinzip der Revolution vertrete, bestand aber zum anderen darauf, dass jeder Einzelfall für sich nach den Begriffen von Recht und Unrecht beurteilt werden müsse und eine pauschale Verurteilung aller gegenwärtigen Aufstandsbewegungen nicht zulässig sei. Ein Aufstand sei nicht in jedem Fall ein Verbrechen, sondern je nach Maßgabe der Ursachen, Mittel und Zwecke zu bewerten. Die Revolution in Polen dürfe daher nicht ohne weiteres mit anderen, etwa der im Kirchenstaat, über einen Kamm geschoren werden. Eine genaue Prüfung des polnischen Falles ergebe vielmehr, dass es sich hier nicht um das unrechtmäßige Aufbegehren gegen eine legitime Obrigkeit handele. Der Zar sei „durch seine Geburt und seinen Glauben dem Lande fremd" und daher nicht in dem Maße legitimer Souverän, wie ein König, der in seiner Person die Geschichte und Nationalität seines Landes repräsentiere.[120] Das Unrecht der Teilungen sei noch keineswegs vergessen und verjährt und der Zar habe sich durch seine Behandlung Polens noch nicht ausreichend als legitimer Herrscher des Landes profiliert. Der *Correspondant* verblieb mit seiner Argumentation bewusst im Rahmen des konservativen Legitimitätsprinzips, weichte es aber

---

[118] Literatur-Blatt zur KKZ 3 (1831), Nr. 3 (März), Sp. 22.

[119] Vgl. „Die polnische Sache und die Russen. Erster Artikel", in: ZaM 2 (1832), Nr. 5 v. 18.1., Sp. 33-39.

[120] „Die polnische Sache und die Russen. Zweiter Artikel", in: ZaM 2 (1832), Nr. 7 v. 25.1., Sp. 50-54, hier Sp. 53.

im Sinne Lamennais' dahingehend auf, dass nicht jede Herrschaft allein aufgrund der Tatsache ihrer Existenz auch legitim sei. Auf diese Weise rechtfertigte der *Correspondant* die polnische Erhebung als einen Akt, der nicht gegen die Legitimität verstoße, sondern sie wiederherzustellen bemüht sei. Der *Correspondant* wiederholte dabei, dass die polnische Revolution in ihren Augen zwar keinen religiösen Charakter trage, die Religion aber bei dieser Frage nicht unbeteiligt sei. Immerhin sei Polen „eine katholische Oasis in Mitte heterodoxer Bevölkerungen", die durch Proselytenmacherei und die intolerante Haltung der russischen Regierung durchaus bedroht sei.[121]

Nach der Dokumentierung der beiden entgegengesetzten Positionen bezog der *Zuschauer am Main* schließlich selbst Stellung, ohne jedoch einer der beiden Ansichten zu folgen. Der von Schütz verfasste, umfangreiche Artikel, der in fünf Fortsetzungen erschien,[122] skizzierte vielmehr eine eigene, höchst originelle Position, die nicht unwesentlich mit der Person und Biographie des Autors zusammenhing. Wilhelm von Schütz (1776-1847) war vor allem als Schriftsteller und Mitglied literarischer Zirkel der Romantik, Kleist-Biograph und erster deutscher Übersetzer der Casanova-Memoiren bekannt geworden. Seit Mitte der 1820er Jahre schrieb er aber auch für zahlreiche katholisch-konservative Zeitschriften, bevor er selbst um 1830 zum Katholizismus konvertierte und in der ersten Hälfte der 1840er Jahre eine scharf antiprotestantische katholische Zeitschrift unter dem Titel *Anticelsus* herausgab. In dieser Zeit galt Schütz je nach Standpunkt entweder als treuer und entschiedener Verfechter der katholischen Kirche oder als reaktionärer und fanatischer religiöser Eiferer. Innerkirchlich positionierte er sich weit rechts, indem er einerseits Lamennais in der

---

[121] Vgl. ebd., Sp. 53f.

[122] [WILHELM VON SCHÜTZ:] Die polnische Sache und die Russen. Dritter Artikel, in: Nr. 44 v. 2.6., Sp. 345-348; Vierter Artikel, in: Nr. 100 v. 21.12., Sp. 793-800; Nr. 101 v. 24.12., Sp. 803-807; Nr. 102 v. 27.12., Sp. 812-816; Nr. 103 v. 30.12., Sp. 822ff. Die Verfasserschaft von Schütz für diesen und einige weitere anonym erschienene Artikel im *Zuschauer am Main* erschließt sich deutlich aus darin enthaltenen biographischen Hinweisen auf seine persönlichen Erfahrungen in Polen, seiner spezifischen Ansicht über Polens historischer Rolle als theokratischer Vorbild-Staat, wie sie auch formuliert wurde in: SCHÜTZ, Die frommen katholischen Alt-Sarmaten, und aus Hinweisen in WILHELM VON SCHÜTZ: Rechtsgutachten in der Angelegenheit des Erzbischofs von Gnesen und Posen nebst einer Zugabe: Allocution Sr. Heiligkeit des Papstes Gregor XVI. in dem Consistorium vom 13. September 1838 im Original und Uebersetzung, Regensburg 1838, S. 32. Die weiteren anonym im *Zuschauer* erschienen Artikel, für die im folgenden aufgrund dieser Kriterien von Schütz als Autor ausgegangen werden kann, sind: „Wie war Polen nach der Teilung zu behandeln?", in: ZaM 2 (1832), Nr. 82 v. 16.10., Sp. 649-653; „Adam Müllers politische Bestrebungen", in: ZaM NF 2 (1835), S. 137-163; „Aus und über Polen", in: ZaM NF 3 (1836), S. 69-75.

Zurückweisung des Rationalismus zugunsten des Glaubens folgte, andererseits aber dessen angestrebte Trennung der Kirche vom Staat vehement ablehnte und stattdessen eine theokratische Verbindung von monarchischer und kirchlicher Herrschaft in idealisierter Form favorisierte.[123]
Die entscheidenden Impulse für seine Hinwendung zum katholischen Glauben hatte Schütz nach eigenen Angaben bereits in jungen Jahren empfangen, als er als preußischer Regierungsrat in den nach der dritten Teilung zu Preußen geschlagenen polnischen Gebieten in der Säkularisation der Kirchengüter tätig gewesen und hier in Kontakt mit polnischen Geistlichen und Adligen getreten war.[124] Auch seine politischen Überzeugungen vom Ideal des christlichen als eines theokratischen Staates, in dem der Staat nur eine Erweiterung der Kirche sein sollte, meinte Schütz hier entwickelt zu haben, „weil der theokratische Charakter des Regiments, wenigstens in der nordischen Hälfte Europa's, nirgend sich länger erhalten hat wie in Polen."[125]
Entsprechend dieses besonderen Verhältnisses zu Polen entwickelte sich Schütz' Beurteilung des polnischen Novemberaufstandes in äußerst origineller Weise. Anders als man erwarten sollte, ging Schütz in seinen umfangreichen Ausführungen kaum auf die Argumente ein, die in den beiden vorangestellten Artikeln aus dem *Correspondant* ausgetauscht worden

---

[123] Wie der Schütz-Biograph HELMUT SEMBDNER: Schütz-Lacrimas. Das Leben des Romantikerfreundes, Poeten und Literaturkritikers Wilhelm von Schütz (1776-1847), Berlin 1974 konzentriert sich auch die übrige Literatur zu Schütz nahezu ausschließlich auf dessen Rolle und Tätigkeit im Rahmen der literarischen Romantik (vgl. eine Übersicht bei STEFAN LINDINGER: Wilhelm von Schütz, in: Biographisch-bibliographisches Kirchen-Lexikon, Bd. 15, Herzberg 1999, Sp. 1264-1271). Zur publizistischen Tätigkeit in katholischen Zeitschriften vgl. die Hinweise in BRÜHL, S. 332 u. PESCH, Die kirchlich-politische Presse, S. 179; speziell zum *Anticelsus* die unveröffentlichte Trierer Staatsarbeit von MICHAEL WEIDERT: Wilhelm von Schütz (1776-1848): Romantiker, Schriftsteller und katholischer Publizist. Eine Studie zu der von ihm herausgegebenen antiprotestantischen Zeitschrift „Anticelsus", Trier 2000 (Ms.). Positive Beurteilungen des kirchlichen Engagements finden sich bei DAVID AUGUST ROSENTHAL: Convertitenbilder aus dem neunzehnten Jahrhundert, verb. u. verm. Aufl., Schaffhausen 1871, Bd. 1, Abt. 1, S. 488 u. BRÜHL, S. 324; negative Beurteilungen bei SCHRÖRS, Ein vergessener Führer, S. 142 u. SEMBDNER, S. 11. Zum Verhältnis zu Lamennais vgl. VALERIUS, S. 331f.

[124] Schütz wies selbst darauf hin, dass neben ihm auch andere preußische Beamte wie Zacharias Werner und Adam Müller während ihrer Tätigkeit im preußischen Teilungsgebiet Polens zur katholischen Konfession gefunden hätten. Vgl. [WILHELM VON SCHÜTZ:] „Die polnische Sache und die Russen. Vierter Artikel", in: ZaM 2 (1832), Nr. 103 v. 30.12., Sp. 822ff., hier Sp. 824

[125] [WILHELM VON SCHÜTZ:] „Wie war Polen nach der Teilung zu behandeln?", in: ZaM 2 (1832), Nr. 82 v. 16.10., Sp. 649-653, hier Sp. 649. In ähnlicher Weise äußerte sich Schütz auch in dem Artikel „Adam Müllers politische Bestrebungen", in: ZaM NF 2 (1835), S. 137-163, hier S. 146 und in seinen späteren Publikationen zu Polen (vgl. SCHÜTZ, Rechtsgutachten; DERS., Die frommen katholischen Alt-Sarmaten).

waren. Immerhin lehnte der politisch erzkonservative Autor es ab, den Aufstand pauschal als unrechtmäßige Erhebung gegen die Obrigkeit zu verurteilen, wie es der russische Einsender getan hatte. Er folgte stattdessen dem Hinweis des *Correspondant*, dass jeder Einzelfall für sich geprüft werden müsse. Offensichtlich bereitete es Schütz Schwierigkeiten, dass eine Revolution gerade in dem von ihm so hochgeschätzten Polen stattgefunden hatte, und er gestand ein, es gäbe „kaum ein politisches Rechts- und Weisheitsproblem, welches schwieriger wäre, wie der *polnische Nationalaufstand*".[126]

Gleich zu Beginn seiner Ausführungen gibt Schütz, seiner Meinung über Polens Bedeutung gemäß, zu Bedenken, dass dem russischen Reich in dem Konflikt „die Ureinwohner eines weiland mächtigen, für Europa nicht nur wichtigen, sondern auch heilsamen Reiches" gegenübergestanden hätten.[127] Er bringt dann in Anschlag, „daß auch mäßige und besonnene, sogar solche Beurtheiler ihm [dem polnischen Aufstand] sich nicht ungünstig erklären, welche man sonst keineswegs zu den Apologeten des Revolutionirens und der liberalen Bewegungen zählen darf."[128] Schütz folgt der im *Correspondant* geäußerten Meinung, dass die polnische Revolution anders als andere Aufstandsbewegungen beurteilt werden müsse. In fast allen Stellungnahmen zum polnischen Fall werde „ein dunkles Gefühl laut, daß nicht der *bloße* Revolutionskitzel, sondern ein tieferes Motiv und ein beharrlich ernsterer Wille die Polen unter die Waffen gerufen habe. Ihr letzter Zweck scheint abzuweichen von dem, was in Italien, Belgien, Sachsen, und andern kleinen deutschen Staaten gewirkt hatte".[129] Während Schütz die auf liberalen Motiven beruhenden Aufstandsbewegungen als revolutionär deutlich ablehnt, versucht er im folgenden umständlich zu erklären, worin das vermeintlich tiefere und begründetere Motiv der Polen bestand.

Bei der Klärung dieser Frage entwickelt Schütz in einer Mischung aus völkerpsychologischem und historischem Abriss eine eigentümliche Eloge auf die natürliche und im Kern unverfälschbare Religiosität der Polen. Der Autor zeigt sich überzeugt, „daß der Katholizismus mehr denn irgendwo beim Polen seinen Sitz im Glauben, im Gemüth und im Naturell hat."[130] In eigentümlicher Interpretation der alten polnischen Verfassungsgeschichte rühmt er „die herrliche, uralte, rein theokratische Landesverfassung", die

---

[126] [WILHELM VON SCHÜTZ:] „Die polnische Sache und die Russen. Dritter Artikel", in: ZaM 2 (1832), Nr. 44 v. 2.6., Sp. 345-348, hier Sp. 347.

[127] Ebd., Sp. 345.

[128] Ebd.

[129] Ebd.

[130] [WILHELM VON SCHÜTZ:] „Die polnische Sache und die Russen. Vierter Artikel", in: ZaM 2 (1832), Nr. 103 v. 30.12., Sp. 822ff, hier Sp. 823.

der ehemalige polnische Staat besessen habe.[131] Das innere Leben sei fast ausschließlich von der Geistlichkeit geregelt worden, König und Adel hätten sich in den Dienst der zur Königin Polens erhobenen heiligen Jungfrau Maria gestellt.[132] Aufgrund dieses treu-religiösen Charakters sei „der Pole zur Meuterei fast unfähig".[133]

Schütz zieht aus diesen Überlegungen jedoch nicht die Schlussfolgerung, zu welcher der *Correspondant* gekommen war, dass es sich bei dem polnischen Novemberaufstand um den legitimen Kampf eines frommen Volkes für das ihm geraubte Recht auf Selbstbestimmung und Glauben handelte. Er folgt nicht der aus konservativer Sicht möglichen Deutung des Aufstandes als Wiederherstellung des Rechts, das mit den Teilungen gebrochen worden war, wie sie z.B. Johann Baptist Kastner vertrat.[134] Nach dem Interpretationsmodell von Schütz war der Aufstand vielmehr ein den Polen selbst unklar gebliebener Versuch einer politisch-religiösen „Restitution", der sich auf einen bereits früher zerstörten Zustand bezog. Denn nach Schütz hatte sich bereits vor den Teilungen Polens das katholisch-theokratische Wesen des polnischen Staates in der Aufnahme modernen Gedankenguts und der Entstehung verschiedener Parteien mit je eigenen Konzepten aufgelöst. Eine dieser Parteien sei die der Katholisch-Konföderierten gewesen, womit Schütz wohl die Konföderation von Bar im Jahr 1768 meint, die das alte Modell der politischen Vorherrschaft der katholischen Kirche hätten wiederherstellen wollen und „das Bild eines aus der Reinheit eines echt katholischen bereuenden Gemüthes entsprungenen religiösen und politischen *Restitutionsversuches* aufgestellt haben".[135] Solch ein Restitutionsversuch der alten theokratischen Ordnung habe sich auch hinter dem Novemberaufstand verborgen, ohne dass den Polen selbst dies bewusst gewesen sei, denn die religiös-restitutive Tendenz sei in dem Gedanken der Nationalität „wie in einem neutralen Fossil" verborgen und zumindest provisorisch neutralisiert gewesen. Dieser von Schütz angenommene Kampf für die Restitution eines theokratischen polnischen Staates findet seine vorbehaltlose Unterstützung, auch wenn die Polen ihn nur unbewusst gekämpft hätten: „Denn leider ist denselben bei aller ihrer enthusiastischen

---

[131] Ebd., Nr. 101 v. 24.12., Sp. 803-807, hier Sp. 805.

[132] Vgl. ebd., Nr. 102 v. 27.12., Sp. 812-816, hier Sp. 815f. u. Nr. 103 v. 30.12., Sp. 822f.

[133] Ebd., Nr. 101 v. 24.12., Sp. 803-807, hier Sp. 807.

[134] Vgl. zu diesem Deutungsmodell auch Kap. 7.3.3.2.

[135] Ebd., Nr. 102 v. 27.12., Sp. 812-816, hier Sp. 813. Die Konföderation von Bar war ein Zusammenschluß des polnischen Kleinadels zur Verteidigung von ‚Glaube und Freiheit', der sich gegen ein russisches Protektorat über Polen richtete. Vgl. MÜLLER, Die Teilungen Polens, S. 32f.

Vaterlandsliebe doch die richtige Kunde dessen verloren gegangen, was ihnen am meisten Werth und ihrer Angelegenheit Theilnahme zu gewähren vermögend sein dürfte".[136] Trotz des weiterhin bestehenden unverfälschten Katholizismus beim „Ur- und Hauptvolk" sei immer noch „die sonderbarste Verschmelzung alter Volkseigenthümlichkeiten mit den Verirrungen des modernen Zeitgeistes" zu konstatieren, die auf gewisse „Charakterwidersprüche" der Polen zurückgingen:[137]

> „Namentlich die Polen in der Allgemeinheit sind einer Art Composition oder Amalgama verschiedenartiger Metalle zu vergleichen. Sie bestehen, wie Messing aus Kupfer und Galmei, aus einer Masse unverwüstlicher Ureigenthümlichkeiten und unveränderter Katholizität, wodurch sie eine gewisse Analogie zu den Juden verrathen, und aus einer gleichen Masse des unglaublichsten Leichtsinnes, der sie verführt, allen Frivolitäten der modernsten französischen Aufklärung zu huldigen. Beide Eigenschaften der Massen sind aber dergestalt innig gemischt, daß man niemals weiß, wo die eine aufhört und wo die andere anhebt, und was man, die Polen im allgemeinen nennend, gerade jedesmal unter den Händen hat."[138]

Vor dem Hintergrund dieser Vermischung eines echt-katholischen Grundcharakters der Polen mit den modernen Ideen der Gegenwart sei der Aufstand der Polen nur ein verborgener, ihnen selbst nicht bewusster Versuch der Wiederherstellung des quasi unschuldigen, theokratischen Urzustandes des polnischen Staates gewesen. Schütz nimmt für sich in Anspruch, als erster diese tiefen inneren Zusammenhänge zu beleuchten und gibt seiner Hoffnung Ausdruck, dass die Polen, denen bislang noch die „richtige Einsicht in die wahre Natur des Verhältnisses" gefehlt habe, Notiz von seiner Bemühung, „den Gegenstand in sein richtiges Licht zu stellen", nehmen würden.[139]

Für Schütz war der Aufstand nach dieser Deutung also kein Kampf für die verletzten politischen und religiösen Rechte der polnischen Nation (wie für den *Correspondant* oder den *Avenir*-Kreis), aber auch keine aus Prinzip abzulehnende Erhebung gegen die legitime Obrigkeit. Nach seiner Interpretation war der Aufstand auch kein Religionskrieg, sondern noch darüber hinausgehend ein unbewusster Versuch der Polen, das ihrem Wesen angemessene Modell des theokratischen polnischen Staates wiederherzustellen, das vorbildhaft für ganz Europa sei. Der ultra-konservative, re-

---

[136] Ebd., Sp. 814.

[137] [WILHELM VON SCHÜTZ:] „Die polnische Sache und die Russen. Dritter Artikel", in: ZaM 2 (1832), Nr. 44 v. 2.6., Sp. 345-348, hier Sp. 347f.

[138] Ebd., Sp. 347.

[139] [WILHELM VON SCHÜTZ:] „Die polnische Sache und die Russen. Vierter Artikel", in: ZaM 2 (1832), Nr. 102 v. 27.12., Sp. 812-816, hier Sp. 814.

aktionäre Schütz deutet den polnischen Aufstand damit als einen im Kern restaurativen Akt, auch wenn er nach außen nicht so erscheine und selbst den Urhebern und Teilnehmern des Aufstandes nicht als solcher bewusst gewesen sei. Schütz rechtfertigte den Aufstand als einen Versuch der katholisch-theokratischen Restauration, und dies zu einer Zeit, als die nachträgliche Verurteilung durch den Papst längst bekannt geworden war![140] Dieser Restaurationsversuch sei zwar wegen der Verborgenheit der wahren Motive und ihrer Vermischung mit denen des Zeitgeistes als ein vereinzelter gescheitert, doch Schütz prophezeite langfristig den notwendigen Erfolg der theokratischen Staatsform, in dessen Rahmen auch Polen in seiner alten Herrlichkeit wiederhergestellt würde: „der [polnischen] Nation bleibt vielleicht nichts übrig, als die Wirkungen der allgemeinen kirchlichen und politischen Wiederherstellung abzuwarten".[141]

Diese eigenwillige Deutung des polnischen Aufstandes als restaurativen Akt, die in der hier untersuchten katholischen Zeitschriftenliteratur einzigartig ist, wurde von Schütz selbst wenige Jahre später revidiert. In einem Artikel, der 1836 nicht nur im *Zuschauer am Main* erschien, sondern auch in den beiden wichtigsten Kirchenblättern der Zeit, der Aschaffenburger *Katholischen Kirchenzeitung* und dem Mainzer *Katholik* und damit eine weite Verbreitung fand, interpretierte er das Scheitern des Aufstandes nun als ein Gottesurteil, das auf eine historische Schuld der Polen verweise.[142] In Annäherung an eine Position, wie sie bereits von der Münchener *Eos* vertreten worden war,[143] sah Schütz nun die Verantwortung für den Aufstand in dem „sittlichen Verderben" der Polen, das „durch Abfall von Gott und der Religion erzeugt" sei und insbesondere die höheren polnischen Stände in ihrer Zuneigung zur französischen Aufklärung ergriffen habe, während das einfache Volk und einzelne Ausnahmen des höheren Adels den alten Sitten und dem Glauben treu geblieben seien.[144] Der Aufstand habe daher schon deshalb scheitern müssen, weil er nicht den Kern des Problems, die Entfernung von der Religion, sondern nur die äußere politische Lage bekämpft habe. Für die Gesundung der polnischen Nation und

---

[140] Der vierte Artikel von Schütz erschien Ende Dezember 1832; das päpstliche Breve war in der deutschen katholischen Presse bereits im Oktober veröffentlicht worden.

[141] Ebd.

[142] [WILHELM VON SCHÜTZ:] „Aus und über Polen", in: ZaM NF 3 (1836), S. 69-75, hier S. 73. ND u.d.T. „Aus Polen" in: KKZ 8 (1836), Nr. 66 v. 15.6., Sp. 547ff. u. Nr. 67 v. 17.6., Sp. 555ff. und in: Katholik 16 (1836), Bd. 61, Beilage Nr. 8 (Aug.), S. L-LVII.

[143] Vgl. Kap. 2.2.2.

[144] Ebd., S. 74. Eine ähnliche Interpretation findet sich später in Schütz' Deutung des Aufstandes von 1846 in seiner Schrift mit dem programmatischen Titel „Die frommen katholischen Alt-Sarmaten und die neuen heidnischen Anti-Sarmaten in Polen".

der langfristigen Wiederherstellung der politischen Selbständigkeit sei aber nicht nur eine politische, sondern eine grundlegende religiöse Restitution, innige Buße und demütige Annahme des von Gott verordneten Schicksals erforderlich. Ein solcher Appell an die Polen zur religiösen Restauration an Stelle politischer und militärischer Erhebungen, wie Schütz ihn Mitte der 1830er Jahre erhob, nahm im wesentlichen bereits die Haltung vorweg, die der deutsche Katholizismus später im Zusammenhang mit dem polnischen Aufstand von 1846 und in der Auseinandersetzung mit dem Programm der polnischen Ultramontanen vertreten sollte.[145]

2.3 Die Haltung des aufgeklärten Katholizismus

Innerkirchliche Liberalität und aufgeklärter Reformwille, die häufig einhergingen mit einem politisch liberalen Veränderungsdrang, führten nicht automatisch zu einer positiven Unterstützung der polnischen Insurrektion. Eine große Rolle bei deren Beurteilung spielte auch auf aufgeklärt-katholischer Seite, ob und inwieweit die polnische Aufstandsbewegung einen kirchlich-religiösen Charakter trug und sie von ultramontanen Kreisen unterstützt und gefördert erschien. Eine gewisse Unklarheit über die religiös-kirchliche Dimension des polnischen Aufstandes mag dazu beigetragen haben, dass sich auch die aufgeklärt-katholische Publizistik, ähnlich wie die ultramontane Presse, in der Besprechung und Bewertung der polnischen Erhebung von 1830/31 auffallend zurückhielt. Neben vereinzelten Zeugnissen liberaler Polenbegeisterung, die sich mit innerkirchlichen Motiven verband, wurde der polnische Novemberaufstand selbst kaum behandelt. Wenn er, teilweise erst Jahre später, thematisiert wurde, dann zumeist in instrumentalisierter Form als Element in der anti-römischen und anti-ultramontanen Polemik.

2.3.1 Die Kirche als Unterstützerin der politischen Freiheitsbewegung – Spuren liberaler Polenbegeisterung

Im Kreis der hier untersuchten aufgeklärt-katholischen Blätter nahm die *Konstitutionelle Kirchenzeitung* aus Bayern eine Sonderstellung ein. Bereits die belgische Erhebung war von ihr bei weitem nicht so negativ beurteilt worden, wie dies im *Canonischen Wächter* oder in den *Freymüthigen Blättern* üblich war, die in ihr eine ultramontan-jesuitische Verschwörung

---

[145] Vgl. Kap. 4.3.

sahen.[146] Im Falle Polens teilte die *Konstitutionelle Kirchenzeitung* die allgemeine liberale Begeisterung für den Freiheitskampf eines unterdrückten Volkes vorbehaltlos, ohne die Aufstandsbewegung auf ultramontane Einwirkungen zurückzuführen. Dabei wurde der Anteil katholischer Geistlicher an der Insurrektion durchaus hervorgehoben, allerdings in positiver Weise.

So wurde zum Beispiel eine Predigt des polnischen Priesters Ignacy Szynglarski abgedruckt, der gleichzeitig Mitglied der politisch links stehenden Warschauer Patriotischen Gesellschaft (Towarzystwo Patriotyczne) war. Szynglarski forderte in seiner anfeuernden Kriegspredigt zur ausdauernden Verteidigung des Vaterlandes gegen die Russen auf und versprach dafür göttliche Unterstützung und göttlichen Segen. Begründet wurde der göttliche Beistand aber nicht etwa damit, dass die Polen für ihre Religion, sondern damit, dass sie für ihr Vaterland kämpften: „[Gott] wird auch fernerhin die polnischen Waffen segnen; denn der Himmel segnet die Tugend und die Liebe zum Vaterlande!"[147] Die *Konstitutionelle Kirchenzeitung* konnte mit dem Abdruck dieser „herrlichen Rede"[148] deutlich machen, dass es sich bei dem Aufstand der Polen nicht um einen Religionskrieg handelte, wie von französischen Ultramontanen behauptet oder zumindest nahegelegt wurde, sondern um einen patriotischen Kampf für die Unabhängigkeit des Vaterlandes. Es ist durchaus als eine Wendung gegen die Prinzipien des Ultramontanismus zu verstehen, wenn hier der Kampf für das eigene Vaterland und nicht für die übernationale katholische Kirche propagiert wird. Dies entsprach dem Engagement der *Konstitutionellen Kirchenzeitung* für eine deutsche Nationalkirche und gegen eine nach Rom ausgerichtete Papstkirche.

Unterstützung fand also hier der politisch motivierte, vaterländische Kampf der Polen, nicht der religiöse für die Rechte von Kirche und Religionsausübung. Der politische Impetus der verbreiteten liberalen Polenfreundschaft, der in der Polenbegeisterung eine Möglichkeit ergriff, die eigenen liberalen Anschauungen auszudrücken, findet sich auch hier. So wurde etwa bei dem Hinweis auf das pro-polnische Versgedicht „Kosziusko's Zuruf an seine Landsleute. Ein Sterbegesang der Polen" von Ernst Grosse kritisch angemerkt, dass der Autor aus Bayern verbannt worden sei und „aus lächerlicher Furcht der absolutistischen Diplomaten" grausam

---

[146] Zu der Ablehnung der belgischen Revolution im deutschen Katholizismus vgl. SCHNEIDER, Katholiken auf die Barrikaden, S. 297-301.

[147] „Polnische Kanzelberedsamkeit und deutsche Begeisterung für Polen", in: KoKZ 2 (1831), Nr. 38 v. 17.9., S. 298f., hier S. 298. Zur politischen Stellung Szynglarskis vgl. DYLĄGOWA, S. 93f.

[148] So die redaktionelle Bewertung der *Konstitutionellen Kirchenzeitung*, ebd., S. 299.

verfolgt werde.[149] Dabei werde in der Polenschrift Grosses ausgesprochen, „was Deutschland, was Bayern, was in Bayern jedes Dorf für Polen fühlt und wünschet."[150] Die genannte Broschüre Grosses ist ein typisches Erzeugnis liberaler Polenfreundschaft im Gefolge des Novemberaufstandes. In 49 Strophen wird der polnische Freiheitskampf in blumiger Sprache nicht nur als ein Kampf für die Freiheit der Polen, sondern aller Völker verherrlicht: Polens Wunde blute für die Freiheit der Welt, sein Freiheitsmorgen werde ein Siegesfest des gesamten Weltteils sein. Dementsprechend gebühre den Polen auch die Teilnahme und Solidarität der Deutschen und der anderen Völker, für die Polen stellvertretend kämpfe und leide.[151] Das Versgedicht Grosses propagiert den politischen Freiheitskampf, nicht den religiösen. Doch der Kampf für die Freiheit selbst erhält eine religiöse Dimension: Gott steht auf der Seite der Freiheit, er ist ein Gott der Völker, nicht der Unterdrücker. Die Priester werden aufgerufen, sich in den Dienst der Freiheit zu stellen, der als ein Dienst an Gott, als Gottesdienst erscheint. Sie sollen ihre Landsleute in den Krieg, der ein heiliger ist, begleiten und sie unterstützen. Das hehre Ziel, das mit dem Kampf verfolgt werde, mache es zweitrangig, ob der Krieg mit einem Sieg oder einer Niederlage ende (die sich bei Abfassung des Gedichts wohl schon abzeichnete), da der moralische Sieg in jedem Fall sicher sei.[152] In den Worten Grosses klingt das so:

„Auf ihr gottgeweihten Priester! wo im blut'gen Opferkleid
Unter Mörsern und Kanonen Vaterland die Opfer weiht,
Wo der Pulverdampf der Schlachten wie ein Weihrauch rollt empor,
Und der Donner der Geschütze wiederhallt im lauten Chor.

In der Freiheits-Kämpfer Reihen, wo des Todes Fahne weht,
Hoch erhebt den Gott des Kreuzes, schickt zum Himmel das Gebet!

---

[149] Der aus dem Königreich Hannover stammende Ernst Grosse war als Herausgeber der in Kempten erscheinenden *Bayerischen Blätter* einer der bekanntesten Journalisten Bayerns und im Oktober 1830 durch Kabinettsbefehl des Landes verwiesen worden. Später beteiligte er sich an der Vorbereitung des Hambacher Festes und wurde in Abwesenheit wegen Majestätsbeleidigung verurteilt. Vgl. Handbuch der bayerischen Geschichte, hg. v. MAX SPINDLER, Bd. 4/1, München 1974, S. 150f.; LUDWIG SCHROTT: Biedermeier in München. Dokumente einer schöpferischen Zeit, München 1963, S. 272-275.

[150] „Polnische Kanzelberedsamkeit und deutsche Begeisterung für Polen", in: KoKZ 2 (1831), Nr. 38 v. 17.9., S. 298f., hier S. 299.

[151] Vgl. ERNST GROSSE: Kosziusko's Zuruf an seine Landsleute. Ein Sterbegesang der Polen, Lindau 1831, S. 3, 15.

[152] Vgl. ähnlich auch der Abdruck des Gedichtes „Der Sänger an Polen. Im Sept. 1831", in: KoKZ 2 (1831), Nr. 48 v. 26.11., S. 383, in dem die Niederlage des polnischen Freiheitskampfes beklagt wird.

Gott er hält den Schild des Rechtes selbst, in diesem heil'gen Krieg;
Solche Niederlag' ist Sieger, Niederlag' ist solch ein Sieg!"[153]

Da die *Konstitutionelle Kirchenzeitung* in dieser Schrift ihre eigene Position
zum polnischen Aufstand ausgedrückt sah, ist davon auszugehen, dass sie
selbst ein Bündnis der Kirche mit den Freiheitsbewegungen präferierte.
Dieser Eindruck wird auch durch einen kritischen Kommentar zu der
Verurteilung zweier Polinnen bestätigt, die zur Unterstützung des Auf-
standes als Barmherzige Schwestern aus Posen nach Warschau gegangen
waren. Im preußischen Posen wurden sie dafür 1832 zu sechsmonatiger
Gefängnishaft und zum Verlust ihres Vermögens verurteilt. Die restituierte
Neue Konstitutionelle Kirchenzeitung missbilligte dieses Urteil und verglich
die zwei Frauen mit verschiedenen biblischen Vorbildern, u.a. mit den
Aposteln, die erklärt hätten, man müsse Gott mehr gehorchen als den
Menschen.[154] Auch hier wurde somit dem politischen Kampf eine religiöse
Dimension zugewiesen und die Zusammenarbeit von Kirche und Aufstands-
bewegung propagiert.

Das klingt zunächst nach den Lehren Lamennais', dem innerkirchlichen
Gegner auch der *Konstitutionellen Kirchenzeitung*. Der wesentliche Unterschied war aber, dass Lamennais und der *Avenir* das Bündnis von Volksbewegungen und Kirche mit dem Ziel von politischer *und* kirchlicher
Freiheit, d.h. einer starken, vom Staat unabhängigen Papstkirche, vertraten. In der Konzeption der *Konstitutionellen Kirchenzeitung* hingegen
spielte die Kirche im Idealfall nur die Rolle einer unterstützenden Gewalt
im politischen Befreiungskampf; ihre Stellung war die einer nationalen
Institution.

Das sollte nicht nur für die Kirche in Polen, sondern generell, und somit
auch für die deutsche Kirche gelten. Als praktisches Beispiel dafür konnte
der Abdruck einer Predigt dienen, die von einem deutschen Geistlichen an
seine Gemeinde bei dem Durchzug der flüchtenden Polen auf ihrem Weg
nach Frankreich gehalten wurde. Die Gläubigen werden darin von dem
Priester ermahnt, ihrer Christenpflicht der Barmherzigkeit nachzukommen
und die polnischen Flüchtlinge zu unterstützen. Der Geistliche verwirft den
Einwand, die Niederlage der Aufständischen gegen Russland sei als ein
Gottesurteil zu verstehen, mit dem das aufständische Verhalten der Polen
als sündhaft ausgewiesen sei – offenbar eine Ansicht, die auch in liberale-
ren katholischen Kreisen geäußert wurde, da es hier für nötig gehalten

---

[153] GROSSE, S. 7.
[154] Vgl. „Posen, 3. Mai", in: NKoKZ 1 (1832), H. 19 v. 2.9., Sp. 168.

wurde, sie zurückzuweisen.[155] Wesentlich ist an dieser Stelle, dass das Phänomen der liberalen deutschen Polenfreundschaft, das auch eigene politische Implikationen besaß, in der *Konstitutionellen Kirchenzeitung* als ein von einem Vertreter der Kirche gefördertes dokumentiert wird. Das Motiv der Unterstützung der Freiheitsbewegung durch die Kirche wird also auch hier wieder aufgegriffen, diesmal für die deutsche Seite.

Der polnische Aufstand wurde jedoch in der *Konstitutionellen Kirchenzeitung* nicht nur als eine Freiheitsbewegung unterstützt, sondern bewirkte auch eine Klärung und Präzisierung der politischen Haltung der Zeitschrift selbst. Der bereits von seinem geistlichen Amt suspendierte Herausgeber erklärte im Juli 1832, dass die „Reaktion des Absolutismus nach Warschau's ewig beweinenswerthem Falle" zur Folge gehabt habe, „daß ich eine wo möglich noch entschiedenere Sprache führte".[156]

2.3.2 Der Papst als Genosse der Unterdrücker – Der Aufstand in der anti-päpstlichen Polemik

Anders als man angesichts der allgemeinen liberalen Polenbegeisterung in Deutschland und der Haltung in der *Konstitutionellen Kirchenzeitung* annehmen könnte, wurde dem polnischen Aufstand gegen Russland in den anderen hier untersuchten aufgeklärt-katholischen Kirchenzeitungen der Jahre 1830-1833 kaum Aufmerksamkeit gewidmet. Das lag zum einen sicher an der prinzipiellen Konzentration auf die innerkirchliche Auseinandersetzung. Zum anderen scheint es aber auch dieser Richtung vergleichsweise schwer gefallen zu sein, die polnische Erhebung überhaupt einzuordnen und zu beurteilen. Während im *Canonischen Wächter* z.B. über die Beteiligung von Geistlichen an der Revolution in Belgien negativ, am Freiheitskampf in Griechenland dagegen positiv berichtet wurde, findet sich über Polen in dieser Hinsicht gar nichts, obwohl auch hier der katholische Klerus den Aufstand unterstützt und an ihm selbst teilgenommen hatte, was nicht zuletzt die deutliche Mahnung aus Rom provoziert hatte.[157]

---

[155] Vgl. „Predigt, gehalten den 26. Febr. 1832 während der Durchzüge der Polen in Deutschland", in: NKoKZ 1 (1832), H. 10 v. 1.8., Sp. 83ff.

[156] „Erklärung des Alois Lerchenmüller", in: NKoKZ 1 (1832), H. 5 v. 15.7., Sp. 33-40, hier Sp. 35.

[157] Zu Belgien vgl. z.B. CW 4 (1833), H. 25 v. 29.3., Sp. 199f. und CW 4 (1833), H. 55 v. 9.6., Sp. 425ff. Die belgische Revolution und Loslösung von den Niederlanden galt hier als reaktionäre Operation der Jesuiten. Vgl. hierzu auch SCHNEIDER, Katholiken auf die Barrikaden, S. 297-307. Zu Griechenland vgl. CW 3 (1832), H. 28 v. 6.4., Sp. 237ff. Die aktive Rolle der griechischen Geistlichkeit beim Freiheitskampf wird hier als vorbildhaft bezeichnet.

Auch sonst berichtete der *Canonische Wächter* nichts von der Erhebung in Polen.

Ebenso wenig findet man eine direkte Äußerung in den wessenbergianischen *Freymüthigen Blättern* dieser Jahre. Hier wurde erst über ein Jahrzehnt später rückblickend auf die polnische Insurrektion der Jahre 1830/31 bezug genommen. Im Zusammenhang mit der 1842 öffentlich formulierten Kritik des Papstes an der Behandlung der Katholiken im russischen Reich, die allgemein als eine Revision seiner negativen Haltung zu den Polen betrachtet wurde,[158] erinnerten die *Freymüthigen Blätter* nun an die ablehnende Haltung des Papstes zur polnischen Erhebung von 1830. Es sollte damit gezeigt werden, dass das Papsttum, unabhängig von seinem momentanen Engagement, sich grundsätzlich von den wahren Interessen der Völker entfernt habe und auf der Seite der weltlichen Gewaltherrscher stehe.[159] Überraschend bei der Argumentation der aufgeklärt-katholischen *Freymüthigen Blätter* ist dabei, dass der Verurteilung des Aufstandes und der Beteiligung von Geistlichen durch den Papst dem Grundsatz nach zugestimmt wird:

> „Denn es ist dem Wesen der Christuslehre gemäß, daß die bestehende Regierung mit Folgsamkeit geehrt werde, und dass die Diener und Lehrer der Kirche sich jeder Einmischung in politische Angelegenheiten enthalten."[160]

Es wird allerdings kritisiert, dass das mahnende Breve des Papstes nach dem Novemberaufstand in dem Bestreben, den russischen Zaren zufrieden zu stellen, zu scharf ausgefallen sei. Zu dem eben noch erhobenen Postulat der anzumahnenden christlichen Untertanentreue wird einschränkend zu Bedenken gegeben, dass es dem Papst gar nicht zukomme, über die Legitimität der polnischen Beschwerden gegen willkürliche Bedrückung zu urteilen (wobei dieser Vorwurf ins Leere läuf, da der Papst nicht die inhaltliche Berechtigung, sondern die Form des polnischen Protestes verurteilt hatte). Auch der gerade noch verteidigte Grundsatz der politischen Abstinenz des Klerus wird sodann im konkreten Fall Polens relativiert mit dem Hinweis auf die traditionell starke politische Mitwirkung der Bischöfe in Polen. Schließlich wird in rhetorischer Fragestellung auf die moralische

---

[158] Zu der Entwicklung der päpstlichen Haltung zu Polen und der russischen Religions- und Polenpolitik vgl. Kap. 3.3.

[159] „Einige Betrachtungen über die neuesten Verhandlungen zwischen dem römischen Hofe und dem Kaiser Nikolaus von Rußland in Betreff der unirten Griechen und der lateinischen Kirche in Polen und Rußland", in: FB 25 (= N.F. 22) (1843), S. 157-166, hier S. 160ff.

[160] Ebd., S. 161.

Zwangslage der Bischöfe und die Negativfolgen für die Kirche im Fall einer Wendung gegen den Aufstand verwiesen:

> „Hätten nun die Bischöfe sich dazu hergeben sollen, dienstbare Knechte und Werkzeuge russischer Gewalt und Willkürherrschaft und Schutzredner derselben zu seyn? Welche Achtung hätten sie dann in ihrer geistlichen Amtsführung behalten?"[161]

Diese Ausführungen über Moral und Glaubwürdigkeit im Zusammenhang mit der Dienstbarmachung gegenüber Russland betreffen nicht nur die Haltung der polnischen Bischöfe, sondern auch die des Bischofs von Rom. Sie zielen indirekt auf eine negative moralische Bewertung des päpstlichen Verhaltens, das in dem Artikel als besonders willfährig den weltlichen Potentaten gegenüber beschrieben wird.

Auch in diesem Jahre später erschienenen Artikel findet man also kaum Aussagen und Stellungnahmen zum polnischen Aufstand selbst. Vielmehr wird dieser als Folie benutzt, vor dem das aktuelle päpstliche Engagement für die polnischen Katholiken Anfang der 1840er Jahre diskreditiert und seine Stellung als eine von den Völkern entfremdete, grundsätzlich im Bündnis mit den sie unterdrückenden Gewaltherrschern stehende gezeichnet werden kann. Die nur durchschimmernde Position zur polnischen Insurrektion selbst scheint dabei eine auch Jahre später noch unsichere, im Urteil schwankende zu sein. Die in diesem Zusammenhang formulierte Kritik an der Teilnahme Geistlicher an politischen Angelegenheiten ist dabei wohl der staatskirchlichen Orientierung der Reformbewegung geschuldet, die prinzipiell mit und nicht gegen den Staat arbeiten wollte. Der Staat galt hier als wichtiger Bündnispartner gegen Ansprüche der römischen Zentrale. Dies erklärt die Betonung des Folgsamkeitsgebots gegenüber dem Staat, das auch den Ultramontanen in ihrem Bemühen um eine vom Staat unabhängige Kirche immer wieder entgegengehalten wurde.

Auch die *Neue Konstitutionelle Kirchenzeitung*, die sich als Organ liberaler Polenbegeisterung erwiesen und die Beteiligung der katholischen Geistlichkeit am Aufstand begrüßt hatte, formulierte im Zusammenhang mit der polnischen Insurrektion bereits 1832 deutliche und grundsätzliche Kritik an der Stellung des Papstes. Dieser hätte nach ihrer Ansicht als neutraler Schlichter zwischen Polen und Russland seine traditionelle Rolle eines völkerrechtlichen Mittlers einnehmen können und sollen. Das hätte nicht nur den beiden Konfliktparteien, sondern auch seinem eigenen Ansehen und dem der Kirche gedient. Dieses päpstliche Versäumnis bestand nach Ansicht der Zeitschrift auch nach Beendigung der polnisch-russischen Auseinandersetzung fort. Statt sich deutlich vernehmbar zu den Verfolgun-

---

[161] Ebd.

gen der polnischen Katholiken durch Russland zu äußern, beschäftige er sich mit der Disziplinierung nicht auf römischer Linie liegender Richtungen innerhalb der Kirche:

> „Was aus Polen wird, ist deutlich. Die katholische Welt hat einen Verlust erlitten, wie seit 300 Jahren Keinem gleichen, ohne daß ihr Oberhaupt demselben auch nur die Aufmerksamkeit schenkt, welche einem Buche gewidmet wird, dem man eine unrichtige oder irrige Auffassung katholischer Lehren zutraut."[162]

Auch das nachträgliche Polen-Breve des Papstes ändere diesen Eindruck nicht, da es viel zu spät komme, um noch als „eine *Captatio benevolentiae* bei dem Czaar" etwas für die Polen erreichen zu können.[163] Die passive Haltung des Papstes im Konflikt der Polen mit Russland habe klar gezeigt, „daß das Papstthum im reinen Sinne erloschen sei".[164]

2.3.3 Revolutionäre Wölfe im klerikalen Schafspelz – Der Aufstand als Waffe im Kampf gegen die Ultramontanen

Die verbreitete Zurückhaltung und Unsicherheit bei der Beurteilung der polnischen Aufstandsbewegung, die aus dem Artikel der *Freymüthigen Blätter* und aus der Tatsache spricht, dass in den Jahren der Erhebung selbst hier und im *Canonischen Wächter* überhaupt nicht auf sie eingegangen wurde, liegt unter anderem darin begründet, dass nicht klar war, ob und inwieweit die polnische Insurrektion auch eine religiös motivierte und kirchlich-katholisch getragene war. Aufstandsbewegungen, für die man das annahm, wie die in Belgien, wurden in den aufgeklärt-katholischen Organen negativ bewertet, weil sie im innerkirchlichen Kräfteverhältnis auf der Seite des Gegners, nämlich der Ultramontanen, verortet wurden.[165] Wie bei der belgischen Revolution, so neigte das aufgeklärt-katholische Lager auch im polnischen Fall dazu, den Unabhängigkeitskampf in der anti-ultramontanen Polemik zur Desavouierung des Gegners zu benutzen. Er wurde als eine unmittelbare Folge der Lehren des ultramontanen Chef-Theoretikers Lamennais interpretiert, zu denen das Bündnis der Kirche mit den Volksbewegungen und das Wiederstandsrecht der Völker gegenüber einer despo-

---

[162] „Der Papst und die Polen", in: NKoKZ 1 (1832), H. 33 v. 21.10., Sp. 297-300, hier Sp. 300.

[163] Ebd.

[164] Ebd., Sp. 297.

[165] Zur Haltung zur belgischen Revolution vgl. SCHNEIDER, Katholiken auf die Barrikaden, S. 297ff., 303f., 386.

tischen, ihre (religiösen) Rechte nicht achtenden Obrigkeit gehörte.[166] Es wurde bewusst ein direkter Zusammenhang der Grundsätze des *Avenir*-Kreises, der nicht zu Unrecht als Denkschule auch des deutschen Ultramontanismus galt, und den Ereignissen in Polen hergestellt, um die deutschen Ultramontanen als revolutionäre Wölfe im klerikalen Schafspelz denunzieren zu können.

Der einzige Artikel im *Canonischen Wächter*, der den Aufstand in Polen überhaupt thematisierte, beschäftigte sich daher auch nicht mit der Insurrektion selbst, sondern ausschließlich mit der Reaktion der ultramontanen Gegner. Es wurde bezug genommen auf den schon oben erwähnten Artikel der Aschaffenburger *Katholischen Kirchenzeitung*, in dem das Verhalten der polnischen Katholiken während des Aufstandes besprochen und bewertet worden war.[167] Die *Katholische Kirchenzeitung* war hier zu dem Schluss gekommen, dass es angesichts der russischen Religionspolitik der vergangenen Jahre nicht verwunderlich sei, dass die Katholiken der Insurrektion nicht entgegengetreten seien. Die ‚wahren‘ polnischen Katholiken wurden hier als passive Zuschauer charakterisiert und gerechtfertigt, während die Initiatoren und Teilnehmer des Aufstandes als der Religion durch Rationalismus und Aufklärung entfremdet dargestellt wurden. Trotzdem bildete gerade diese Aussage für den *Canonischen Wächter* „das unumwundene Geständniß, daß der römische Katholizismus, sobald die Staatsgewalt mit ihm in Collision geräth, *revolutionärer* Natur ist."[168] Sie zeige, dass weder eine Monarchie noch eine Republik sich in Ruhe entfalten könne, „so lange Rom durch seine sublimiert-gefährlichen Grundsätze und seine darnach handelnden Ordens [!] die Völker fanatisirt."[169] Der Ultramontanismus wird so ganz entgegen seiner anti-revolutionären Rhetorik bewusst als Urheber der Revolution präsentiert. Die Polemik gegen den Ultramontanismus benutzt hier genau die Argumente, die in umgekehrter Richtung von den Ultramontanen gegen die aufgeklärt-katholische Seite verwendet wurden, nämlich dass sie revolutionär sei und die Ordnung zu zerstören drohe.

Die Strategie der Charakterisierung des Ultramontanismus als der eigentlich revolutionären Bewegung anhand der Polenfrage lässt sich auch für die Hermesianer nachweisen. Die politische Haltung der Hermesianer,

---

[166]   Zu Lamennais und seinem Konzept eines Bündnisses von Kirche und Volksbewegungen vgl. Kap. 2.1.2.

[167]   „Die katholische Kirche in Polen", in: KKZ 3 (1831), Nr. 47 v. 12.6., Sp. 369ff. Zur Einordnung und Bewertung des Artikels vgl. Kap. 2.2.2.

[168]   „Die katholische Kirchenzeitung von Aschaffenburg enthüllt das Geheimnis der Revolution in Polen", in: CW 2 (1831), H. 56 v. 15.7., Sp. 494f., hier Sp. 495.

[169]   Ebd.

die innerkirchlich liberal, aber auch staatskirchlich orientiert waren, wird von Bernhard Schneider als „prinzipiell antirevolutionär und obrigkeitlich ausgerichtet" gekennzeichnet.[170] Sie entlarvten den sich strengkirchlich gebenden Lamennais und den deutschen Ultramontanismus, als dessen geistiger Führer Lamennais galt, daher in desavouierender Absicht als politische Revolutionäre. In diesem Sinne bezogen sie sich nicht nur auf die päpstliche Verurteilung Lamennais' selbst. Auch das den Aufstand verurteilende päpstliche Breve an die polnischen Bischöfe aus dem Sommer 1832 wurde in dem hermesianischen Zentralorgan, der *Zeitschrift für Philosophie und katholische Theologie*, in erster Linie als eine Verurteilung Lamennais' verstanden, als „eine indirecte Verdammung der Meinungen und Grundsätze [...], welche [...] in einem gewissen Journal (dem Avenir) so beharrlich und eifrig sind vertheidigt worden".[171] 1833 wurde die Herausgabe der französische Übersetzung von Mickiewiczs *Księgi narodu i pielgrzymstwa polskiego* (*Le livre des Pèlerins Polonais*) als Beweis dafür interpretiert, dass von einer Unterwerfung Lamennais' unter das päpstliche Urteil keine Rede sein könne. Nach Ansicht der *Zeitschrift für Philosophie und katholische Theologie* war die Schrift von Adam Mickiewicz „ein Buch, in dem auf jeder Seite der Aufruhr gepredigt, der Durst nach Rache genährt, und in dem über die Souveräne Europa's, ohne Unterschied, eine Fluth von Verwünschungen sich ergießt, in dem die Revolution mit alle ihren blutigen Folgen in den Mantel der Religion gehüllt wird".[172] Insofern fiel es nicht schwer, das Engagement Montalemberts und Lamennais' bei der Herausgabe der französischen Übersetzung als eine Widersetzlichkeit gegen den Papst und sie selbst als Revolutionäre darzustellen.[173]

Die ablehnende Haltung des hermesianischen Zentralorgans gegenüber der polnischen Insurrektion ist damit indirekt charakterisiert. Die Zeitschrift verwies in diesem Zusammenhang darauf, dass das Christentum *jede* Empörung gegen eine bestehende Herrschaft verdamme, und dass die Gehorsamspflicht auch noch im „tiefsten Verfalle" einer Obrigkeit bestehe.[174] Sie verteidigte das Polen-Breve des Papstes und sprach sich gegen „Gewalt, Empörung, Aufruhr, Enthronung und Mord der Könige"

---

[170] SCHNEIDER, Katholiken auf die Barrikaden, S. 301.

[171] Vgl. ZPT 1 (1832), H. 3, S. 210. Ergänzung in Klammern im Original, das hier eine Passage aus der Augsburger *Allgemeinen Zeitung* übernahm. Zur ablehnenden Haltung der Hermesianer zu Lamennais vgl. VALERIUS, S. 297f., 354.

[172] „Delamennais und seine Freunde", in: ZPT 2 (1833), H. 7, S. 219ff., hier S. 221.

[173] Zur Rolle Lamennais' und Montalemberts bei der Herausgabe der französischen Übersetzung und zur Verurteilung des Buches durch den Papst vgl. Kap. 2.2.3.

[174] „Delamennais und seine Freunde", in: ZPT 2 (1833), H. 7, S. 219ff., hier S. 221.

als Mittel des Widerstandes aus.[175] Während jedoch den Polen „am Grabe ihrer Nation" immerhin Nachsicht dafür entgegengebracht werden könne, dass sie aus enttäuschter Hoffnung weiterhin die Revolution propagierten, könne es Lamennais und seinen Freunden nicht nachgesehen werden, wenn sie dieses Engagement in Kenntnis der eindeutigen päpstlichen Verdammung der polnischen Revolution und der Verurteilung des Konzepts eines Bündnisses von Kirche und Volksbewegungen unterstützten. Das Verhalten des Lamennais-Kreises, ihr Einsatz für den polnischen Unabhängigkeitskampf, wurde also grundsätzlich abgelehnt und als ein verstocktes Verharren im Ungehorsam gegenüber dem Papst interpretiert. Über die Offenlegung des politischen Verhaltens des Avenir-Kreises sollte auch die innerkirchlich ultramontane Richtung als Ganzes als revolutionär und unrechtmäßig entlarvt werden:

> „Das sind die Priester, welche die Kirche [in ultramontaner Weise] reformieren wollen, indem sie die verderblichsten Grundsätze verbreiten und die Fackel des Aufruhrs schwingen."[176]

Noch 1840, als Lamennais sich längst von der katholischen Kirche losgesagt und von dieser auf das schärfste verurteilt worden war, betonte die *Zeitschrift für Philosophie und katholische Theologie* anlässlich eines juristischen Verfahrens gegen Lamennais in Frankreich, dass sie schon vor Jahren seine Prinzipien abgelehnt habe und dafür von seinen deutschen Anhängern scharf angegangen worden sei. Seine Lehren würden jedoch von den deutschen Ultramontanen immer noch im Stillen verbreitet. Offensichtlich waren damit nicht nur die innerkirchlichen und theologischen Lehren, sondern auch die politischen gemeint. Denn die ultramontanen Gegner wurden streng ermahnt:

> „mögen sie aufhören den Katholizismus für so strafbare Zwecke zu missbrauchen, und mögen sie bei Zeiten von einem Wege zurückkehren, der zur Revolution oder in das Gefängnis und in die Festungen führt!"[177]

Die Polemik zeigt, dass der polnische Aufstand in den aufgeklärt-katholischen Organen nicht für sich thematisiert, sondern meist nur als unmittelbare Folge der Lehren der französischen Ultramontanen interpretiert und damit als Instrument in der Auseinandersetzung mit den ultramontanen

---

[175] C[ARL] F[ERDINAND] HOCK: Rez. „F[RIEDRICH] W[ILHELM] CAROVÉ: Zur Beurtheilung des Buchs der polnischen Pilgrime von Mickiewicz, der Worte eines Gläubigen von Abbé F. de Lamennais und der Gegenschriften von Abbé Bautin, Faider u.a.m., Zürich 1835", in: ZPT 5 (1836), H. 20, S. 115-126, hier S. 119.

[176] „Delamennais und seine Freunde", in: ZPT 2 (1833), H. 7, S. 219ff., hier S. 221.

[177] „Der Abbé de Lamennais", in: ZPT NF 1 (1840), H. 4, S. 168.

Gegnern benutzt wurde.[178] Es scheint den aufgeklärten Gruppierungen innerhalb des deutschen Katholizismus, die das ständige Ziel ultramontaner Denunziationen waren, eine besondere Genugtuung gewesen zu sein, ihre innerkirchlichen Gegner mit Hinweis auf die polnische Erhebung als die eigentlichen Revolutionäre entlarven zu können. Ihr Verhalten zum polnischen Aufstand wurde als Beweis dafür präsentiert, dass die Ultramontanen zwar nach außen hin gegen die Revolution und für den absoluten Gehorsam gegenüber dem Papst predigten, dass sie aber keine Hemmungen besäßen, selbst eine Revolution zu unterstützen und dem Papst den Gehorsam aufzukündigen, wenn es um ihre eigenen Interessen ginge. Polen und die polnische Insurrektion boten für diese Argumentation den willkommenen Anlass, an dem vor allem wegen des bekannten Engagements des *Avenir*-Kreises diese ‚Enthüllung' festgemacht und veranschaulicht werden konnte.

Diese Strategie passt zu der Beobachtung von Bernhard Schneider, dass der Terminus ‚Revolution' generell und von allen Seiten als Kampfbegriff in der innerkatholischen Auseinandersetzung und zur Diffamierung des Gegners verwendet wurde, verbunden mit der offenen oder unausgesprochenen Aufforderung an die kirchliche oder staatliche Autorität, dem jeweiligen Gegner entsprechend disziplinierend zu begegnen.[179] Der polnische Aufstand selbst spielte dabei nur eine Statistenrolle und wurde selbst kaum thematisiert. Als Objekt der Beurteilung stand er jedoch argumentativ in direkter Verbindung mit den ultramontanen Gegnern und wurde so zumindest implizit mit verurteilt.

Dieser Zusammenhang von anti-ultramontaner Einstellung und negativer Bewertung des polnischen Aufstandes war jedoch nicht zwangsläufig, wie das Beispiel der *Konstitutionellen Kirchenzeitung aus Baiern* zeigt.[180] Auch hier war man aus innerkirchlichen Gründen entschieden ablehnend gegenüber Lamennais und dem *Avenir* eingestellt. Auch hier wurde zur Diskreditierung des Gegners vor der aufrührerischen Wirkung der „unaufhörlich zur Unzufriedenheit gegen die bestehende Regierung unter dem Deck-

---

[178] In ähnlicher Weise versuchten die *Freymüthigen Blätter* und der *Canonische Wächter* das Engagement Lamennais' auch für andere katholische Volkserhebungen zu seiner Diskreditierung zu benutzen. Gleichzeitig wurde betont, dass sein Engagement unehrlich, weil nur Mittel zum Zweck der Stärkung der Papstkirche sei. Vgl. „Fortgesetzte Beleuchtung der Ansichten des Hrn. Abbé de la Mennais und seiner Geistesverwandten", in: FB 2 (1831), S. 169-205; „L'Avenir und die Revolution im Kirchenstaat", in: CW 2 (1831), Nr. 25 v. 29.3., S. 221f. sowie zum Ganzen VALERIUS, S. 124, 184-189, 205f., 354.

[179] Vgl. SCHNEIDER, Katholiken auf die Barrikaden, S. 380f.

[180] Vgl. Kap. 2.3.1.

mantel religiöser Freiheit, auffordernde[n] Zeitschrift" gewarnt.[181] Im Fall der *Konstitutionellen Kirchenzeitung* wirkte sich das anti-ultramontane Engagement aber, wie gesehen, nicht negativ auf das Urteil über den polnischen Aufstand aus.

---

[181] „Die französische (jesuitische) Zeitschrift L'Avenir von Abbé de la Mennais", in: KoKZ 2 (1831), Nr. 25 v. 18.6., S. 196ff., hier S. 197.

3. Das Leid der Glaubensbrüder – Konfessionelle Solidarität mit Polen angesichts Russischer Unterdrückungspolitik

„Nimm dich in Acht, großmüthiger Nikolaus! sonst fallen auch Jene über dich her, in deren Augen du bisher das göttliche Recht hattest, der Tyrann der ‚rebellischen' Polen zu seyn."[1]

Diese mahnenden Worte an den russischen Zaren waren Anfang des Jahres 1832 in der polenfreundlichen, aufgeklärt-katholischen *Konstitutionellen Kirchenzeitung* zu lesen. Sie richteten sich natürlich nicht wirklich an den direkt angesprochenen Zaren, sondern erhielten ihre Funktion innerhalb des katholischen Diskurses. Die Mahnung bezog sich vor allem auf die Ultramontanen und ihre mehrheitlich ablehnende Haltung gegenüber dem polnischen Novemberaufstand, aus der heraus sie auch dessen Niederschlagung durch die russische Regierung legitimierten. Die antiultramontane *Konstitutionelle Kirchenzeitung* prophezeite bereits zu diesem frühen Zeitpunkt, dass die sich im Rahmen der russischen Vergeltungsmaßnahmen abzeichnende Unterdrückung der katholischen Kirche und Konfession im russischen Teilungsgebiet den „Rußlandfreunden" unter den deutschen Katholiken, die im Zaren einen Garanten der bestehenden politischen Ordnung sahen, die Augen für die russische Despotie öffnen und ihr Bündnis mit dieser beenden würde.

Tatsächlich sollte die russische Kirchenpolitik, die auf eine Schwächung der katholischen Konfession ausgerichtet war, in der zunehmend ultramontan ausgerichteten Presse und Publizistik des deutschen Katholizismus das Hauptthema in der Beschäftigung mit Polen und den Polen zwischen den Aufständen von 1830/31 und 1846/48 werden. Sie bewirkte eine breite Welle des Mitgefühls und der konfessionellen Solidarität mit den katholischen Polen, die sich zunächst auf einen scheinbar bekannten Konflikt zwischen Staat und Kirche bezogen. Seit Ende der 1830er Jahre und bestärkt durch eine veränderte Haltung Roms Anfang der 1840er Jahre wurde die russische Politik jedoch zunehmend als Vernichtungsfeldzug gegen die katholische Kirche interpretiert und auch der Zusammenhang von konfes-

---

[1] „Frage", in: KoKZ 3 (1832), Nr. 8 v. 25.2., S. 60f., hier S. 60.

sioneller und nationaler Unterdrückung der Polen erkannt. Das Bild der Polen als katholische Märtyrer gewann eine wichtige Vorbildfunktion für das Eigenbewusstsein der deutschen Ultramontanen und beeinflusste die Rollenzuweisung Polens und Russlands im *mental mapping* des immer stärker vom Ultramontanismus beherrschten deutschen Katholizismus.

3.1 Pole gleich Katholik? – Die russische Konfessions- und Polenpolitik nach dem Novemberaufstand

Es war zu erwarten gewesen, dass nach der Niederschlagung der polnischen Novemberrevolution Vergeltungsmaßnahmen gegen die Initiatoren, Träger und Beteiligten des Aufstandes vorgenommen werden würden. Tatsächlich kam es zu individuellen Verhaftungen, Verurteilungen und Bestrafungen von Aufständischen, unter denen sich auch Geistliche befanden. Dieses Vorgehen der russischen Regierung fand in der katholischen Publizistik und Presse prinzipiell Verständnis, auch wenn man sich bemühte, die Beteiligung der katholischen Geistlichkeit und einzelner Bischöfe herunterzuspielen.[2]

Sehr bald schon nahm man jedoch wahr, dass die repressiven Maßnahmen gegen die Bevölkerung im allgemeinen und gegen den katholischen Klerus im besonderen sich nicht auf die am Aufstand Beteiligten beschränkten, sondern unabhängig davon Anwendung fanden. Die *Katholische Kirchenzeitung* merkte 1834 vorsichtig an, es sei nicht gut, „wenn diese Ausübung der Gerechtigkeit den betrübenden Anschein gewinnt, als würde die ganze Confession und Kirche [...] als Mitschuldige" betrachtet.[3] Bereits wenige Monate zuvor hatte sie weniger zurückhaltend festgestellt, die katholische Geistlichkeit werde als Ganzes „das Opfer der härtesten und erniedrigendsten Quälereien."[4]

Neben dem undifferenzierten Vorgehen gegen den Klerus allgemein und nicht nur gegen einzelne in den Aufstand verstrickte Geistliche war auf die Dauer auch erkennbar, dass die Maßnahmen der russischen Regierung nicht zeitlich begrenzt waren und nach einer gewissen Zeit wieder eingestellt wurden. Die *Katholische Kirchenzeitung* erklärte 1835 selbstkritisch, man habe sich anfangs damit beruhigt, dass die Repressionen nur vor-

---

[2] Zu der Haltung des deutschen Katholizismus zur Bestrafung von Geistlichen vgl. Kap. 2.2.2.

[3] „Aus Polen, den 6. Mai", in: KKZ 6 (1834), Nr. 59 v. 23.5., Sp. 466-470, hier Sp. 466f. ND des Artikels auch in: Katholik 14 (1834), Bd. 53, Beilage Nr. 8, S. XXXIII-XXXVIII.

[4] „(Polen)", in: KKZ 5 (1833), Nr. 155 v. 30.12., Sp. 1229.

übergehend, nämlich als direkte Reaktion auf den Aufstand, stattfinden würden: „[M]an glaubte, die Wunden des Unglücksjahres 1831 würden bald wieder vernarben und in kirchlicher Hinsicht das alte Verhältnis wieder eintreten."[5] Dies war jedoch, wie sich im Laufe der Jahre zeigte, nicht der Fall, die Wendung gegen die katholische Kirche und Konfession nahm mit der Zeit viel mehr noch an Schärfe zu.

Die russische Regierung wollte nicht nur im akuten Fall die Aufständischen bestrafen, sondern langfristig die Möglichkeit einer Wiederholung einer revolutionären Erhebung gegen ihre Herrschaft verhindern. Sie bemühte sich infolgedessen, die Ausgangsbedingungen eines eventuellen Aufstandes von vornherein zu erschweren. In diesem Zusammenhang wandte sie sich gegen die Autonomierechte des Königreiches Polen als organisatorische Ausgangsbasis der polnischen Erhebung. Die Teilselbständigkeit, die das Königreich Polen seit 1815 besessen hatte, wurde stark eingeschränkt: die Verfassung wurde aufgehoben und durch ein Organisches Statut ersetzt, Parlament und Armee wurden abgeschafft, als Statthalter des Zar-Königs wurde der Chef der russischen Besatzungsarmee eingesetzt und alle höheren Ämter mit Russen besetzt. 1833 wurde über das Königreich der Ausnahmezustand verhängt, der fast ein Vierteljahrhundert lang aufrechterhalten wurde. Damit waren für diesen Zeitraum auch die Zusagen des Organischen Statuts außer Kraft gesetzt.[6]

Neben diesen politischen Einschränkungen wurde nach der Niederschlagung des Aufstandes aber auch eine Politik betrieben, die sich generell gegen Gruppen und Institutionen richtete, die nicht nur als Ausgangspunkte, Träger und Propandeure des letzten Aufstandes, sondern prinzipiell als Initiatoren und Multiplikatoren des nationalen Eigenbewusstseins der Polen galten, das auch in Zukunft wieder zur Quelle oppositionellen Verhaltens zu werden drohte. Dies betraf zum einen die höheren polnischen Erziehungs- und Bildungsanstalten, die als Hort nationalen Bewusstseins und damit als Brutstätten nationaler Opposition galten und daher geschlossen oder russifiziert wurden. Zum anderen sah man im polnischen Adel den primären Träger nationalen Bewusstseins, weshalb es im Königreich und noch stärker in den ehemals polnischen Gebieten, die zu russischen Gouvernements erklärt worden waren, zu umfangreichen Konfiskationen und Zwangsumsiedlungen in das Innere Russlands kam. Schließlich galten der

---

[5] „Neuester Zustand der katholischen Kirche in Polen", in: KKZ 7 (1835), Nr. 80 v. 22.7., Sp. 657ff., hier Sp. 657.

[6] Zu den allgemeinen repressiven Maßnahmen nach der Niederschlagung der Novemberrevolution vgl. JÖRG K. HOENSCH: Geschichte Polens, 2., neubearb. u. erw. Aufl., Stuttgart 1990, S. 200ff.; ANDRZEJ CHWALBA: Historia Polski 1795-1918, Kraków 2000, S. 217-220, 280-284.

polnische Klerus und die katholische Kirche als Stifter und Förderer eines polnischen Eigenbewusstseins.

Die katholische Kirche konnte von den genannten drei Trägern und Vermittlern nationalen Bewusstseins als die gefährlichste Größe angesehen werden, weil sie nicht nur eine zahlenmäßig kleine Elite der polnischen Gesellschaft, sondern auch die Bauernschaft und damit weite Teile der polnischen Bevölkerung erreichte. Gerade in den bäuerlichen Schichten, die den notwendigen Resonanzboden für eine erfolgreiche Revolution bilden mussten, war zu dieser Zeit das konfessionelle Bewusstsein noch sehr viel stärker ausgeprägt als eine nationale Identität, die noch weitgehend ein Elitenphänomen darstellte. Die Unterscheidung zwischen der Wir-Gruppe und ‚den Anderen' wurde hier häufig sozial oder eben konfessionell getroffen. Somit stellte für einen eventuellen Aufstand insbesondere gegen das orthodoxe Russland das konfessionell bestimmte Eigenbewusstsein und Abgrenzungsmuster ein wichtiges Mobilisierungspotential dar. Dieser Zusammenhang war sowohl der russischen Teilungsmacht als auch der polnischen Unabhängigkeitsbewegung klar. Beide Seiten operierten daher mit dem bereits einige Jahrhunderte alten Stereotyp ‚Pole gleich Katholik' – allerdings in entgegengesetzter Stoßrichtung.[7]

Auf polnischer Seite bemühte man sich, offensiv das Stereotyp zu nutzen, indem man den nationalen Gegensatz der breiten Bevölkerung gegenüber als einen konfessionellen darstellte, um diese mobilisieren zu können, gleichzeitig aber versuchte, das traditionell konfessionelle Bewusstsein in ein nationales zu überführen. Auf russischer Seite operierte man ebenfalls, jedoch in defensiver Weise mit dem Stereotyp ‚Pole gleich Katholik'. Es bildete den Ausgangspunkt für eine repressive Politik gegenüber der katholischen Konfession, die mit einer Schwächung des konfessionellen Eigenbewusstsein der polnischen Bevölkerung den vielfach einzigen Faktor nationaler Identität und Abgrenzung treffen sollte. In diesem Zusammenhang sind die nach der Niederschlagung des Aufstandes einsetzenden, umfangreichen Repressionen gegenüber der katholischen Kirche und der Ausübung des katholischen Glaubens zu sehen sowie die zahlreichen Maßnahmen, die eine Veränderung des Konfessionsverhältnisses zugunsten der orthodoxen Kirche bewirken sollten.

---

[7] Zur Entstehung und Geschichte dieses Stereotyps, das spätestens seit den sogenannten ‚Kriegen der Sintflut' des 17. Jahrhunderts bestand, als Polen sich sowohl von orthodoxen Russen als auch von protestantischen Schweden in seiner Existenz bedroht sah, und das im ‚nationalen' 19. Jahrhundert eine starke Wiederbelebung erfuhr, vgl. ZYGMUNT ZIELIŃSKI: Mit Polak-Katolik, in: DERS.: Kościół i naród w niewoli, Lublin 1995, S. 19-30.

3.2 Wahrnehmung und Deutung der russischen Politik im deutschen Katholizismus

3.2.1 Staat gegen Kirche – Ein scheinbar bekannter Konflikt

Im deutschen Katholizismus wurde der Zusammenhang von kirchlicher und nationaler Bedrückung nicht sofort gesehen. In den 1830er Jahren war man eher geneigt, das russische Vorgehen gegen die katholische Kirche in den größeren Rahmen der Auseinandersetzung zwischen Staat und Kirche einzuordnen, der in den deutschen Ländern den Erfahrungshorizont abgab und auch in Russland bis zur Novemberrevolution als der Bezugsrahmen der staatlichen Kirchenpolitik angesehen werden konnte. Die Maßnahmen gegen die katholische Kirche waren in Russland vor 1830 mit den in fast allen europäischen Staaten zu dieser Zeit üblichen Bestrebungen einhergegangen, die Kirche stärker der staatlichen Kontrolle zu unterstellen. Aus dieser staatskirchlichen Motivation heraus war den katholischen Bischöfen seit dem Ende des 18. Jahrhunderts kein direkter Verkehr mit dem Heiligen Stuhl mehr gestattet, Bischofsstühle wurden einseitig ohne Absprache mit Rom besetzt oder jahrelang unbesetzt gelassen, zur Kontrolle des Klerus und als dessen oberste Behörde wurde eine Kommission für Kultus und Unterricht eingeführt. Solche und ähnliche Vorgehensweisen waren zu Beginn des 19. Jahrhunderts auch in vielen anderen europäischen Staaten zu beobachten und insofern nicht ungewöhnlich. Im deutschen Katholizismus wurde die russische Kirchenpolitik daher auch nach 1832 häufig noch in dem Kontext der ‚normalen' Auseinandersetzung zwischen Staatskirchentum und kirchlicher Unabhängigkeit vom Staat gesehen und als solche je nach der innerkirchlichen Position bewertet. [8]

So wurden die entsprechenden Artikel des an die Stelle der Verfassung getretenen Organischen Statuts für das Königreich Polen, welche die Kir-

---

[8] Die europäische Dimension dieses Konflikts, die den Zeitgenossen durchaus bewusst war, ist in der Forschung zwar verschiedentlich konstatiert, in der historischen Praxis aber letztlich zugunsten einer nationalgeschichtlichen Betrachtung kaum berücksichtigt worden. Selbst Darstellungen, die eine über die reine Nationalgeschichte hinausgehende Perspektive einnehmen, kommen bislang kaum über eine bloße Aneinanderreihung der verschiedenen nationalgeschichtlichen Entwicklungen hinaus, bei der die notwendige vergleichende Betrachtung wieder ins Hintertreffen gerät. Ansätze einer übernationalen Betrachtungsweise finden sich bei FRANZ; LÖNNE, Politischer Katholizismus. Neben der nationalen auch die konfessionelle Grenzlinie überschreitend LEIF GRANE: Die Kirche im 19. Jahrhundert. Europäische Perspektiven, Göttingen 1987; RENÉ RÉMOND: Religion und Gesellschaft in Europa. Von 1789 bis zur Gegenwart, München 2000. Rémonds in der Reihe „Europa bauen" erschienenes Buch nimmt am stärksten eine gesamteuropäische Perspektive ein, die ihren Fokus bewusst auf die Gemeinsamkeiten der einzelnen Nationalgeschichten wirft und dabei auch Osteuropa und die Orthodoxie mit einbezieht.

che und Religionsausübung betrafen und die Einrichtung einer Kommission für geistliche Angelegenheiten und die Besetzung kirchlicher Ämter durch den Staat vorsahen, in der ultramontanen Publizistik zwar nicht begrüßt. Sie wurden aber akzeptiert als eine auch in den meisten anderen paritätischen Staaten mittlerweile übliche Praxis. Die Kritik richtete sich eher gegen die Diskrepanz zwischen der im Organischen Statut zugesicherten Kultusfreiheit, die ergänzt wurde durch einen besonderen Schutz für die katholische Konfession, worunter auch die ausdrückliche Garantie kirchlicher Eigentumsrechte fiel, und der tatsächlichen kirchenpolitischen Praxis unter den Bedingungen des ausgerufenen Belagerungszustandes.[9] Für die deutschen Katholiken bildeten Klosteraufhebungen in großem Umfang sowie die Frage gemischtkonfessioneller Ehen vertraute Gegenstände des Konflikts zwischen Staat und Kirche, die nun auch in der russischen Kirchenpolitik virulent wurden.[10] Bischöfe wie Karol Skórkowski in Krakau und Marceli Gutkowski in Podlachien, die mit der russischen Regierung in Konflikt geraten waren und schließlich ihr Hirtenamt verlassen mussten, galten als Helden im Kampf um die kirchliche Position im ‚Mischehenstreit'. Im Fall von Bischof Skórkowski wurden die Differenzen in der ‚Mischehenfrage' als Ursache des Konflikts angeführt, obwohl der entscheidende Hintergrund sein Verhalten während des Novemberaufstandes war.[11] Besonders nach dem ‚Mischehenstreit' in Preußen (1837-1840), in dessen Verlauf sowohl der Kölner als auch der Posener Erzbischof verhaftet wurden, drängten sich die Parallelen auf.[12] Gutkowski galt dem *Allgemeinen Religions- und Kirchenfreund* wegen seines Beharrungsvermögens gegenüber der russischen Regierung als würdig, in das „Kleeblatt der

---

[9]   Vgl. „Warschau, 26. März", in: KKZ 4 (1832), Nr. 36 v. 3.5., Sp. 287ff. sowie „Neuester Zustand der katholischen Kirche in Polen", in: KKZ 7 (1835), Nr. 83 v. 29.7., Sp. 681ff., hier Sp. 682.

[10]   Nach Ukasen der Jahre 1832-34 mussten Kinder aus gemischten orthodox-katholischen Ehen im orthodoxen Glauben erzogen werden, gleichzeitig wurde die katholische Geistlichkeit verpflichtet, bei der Einsegnung gemischter Ehen mitzuwirken; Zuwiderhandlung galt als Majestätsverbrechen. Vgl. FELIX HAASE: Die katholische Kirche Polens unter russischer Herrschaft, Breslau 1917, S. 19f.

[11]   Vgl. Kap. 2.2.2. Gutkowski dagegen war aus den revolutionären Ereignissen völlig unbelastet hervorgegangen: er war der einzige Bischof, der sich strikt gegen den Aufstand ausgesprochen hatte. Seine Entfernung ging tatsächlich auf rein kirchenpolitische Auseinandersetzungen zurück. Vgl. DYLĄGOWA, S. 112f.; WROŃSKI, Duchowieństwo i kościół katolicki, S. 138ff

[12]   Vgl. zum preußischen ‚Mischehenstreit' Kap. 6.1.

Bekenner" zusammen mit dem Kölner und dem Posener Erzbischof „eingeflochten" zu werden.[13]

Die Einordnung der Verfolgung der polnischen Katholiken im russischen Teilungsgebiet in den Komplex der allgemeinen Auseinandersetzung zwischen Kirche und Staat, wie sie in Europa dieser Zeit fast überall stattfand, lag für die deutschen Ultramontanen somit nahe. Sie bot ihnen die Möglichkeit, die Nachrichten aus Polen und Russland in einen ihnen bekannten Deutungsrahmen zu stellen, der ihnen ihre eigene Positionierung zu dem Konflikt wesentlich leichter machte, als wenn sie von einer politischen bzw. nationalpolitischen Auseinandersetzung ausgegangen wären. Eine Stellungnahme zu der politischen Dimension, also der russischen Stoßrichtung gegen die polnische Nationalität, konnte so umgangen werden. Allerdings muss bei dieser Feststellung berücksichtigt werden, dass die Presse des deutschen Ultramontanismus in den 1830er Jahren auch sonst nahezu ausschließlich auf die kirchenpolitische Ebene konzentriert war.

Ähnliches zeigt sich auch in den Zeitschriften der aufgeklärt-katholischen Richtung, wo man die russische Konfessionspolitik ebenfalls im Rahmen des bekannten Konflikts zwischen Kirche und Staat sah. Da man im Staat generell einen wichtigen Unterstützer für eine möglichst weite Loslösung der Ortskirchen von Rom sah und ihm daher einen weitgehenden Einfluss auf den kirchlichen Bereich zuzubilligen bereit war, fiel die Bewertung der russischen Kirchenpolitik, betrachtet als eine Zurückdrängung römischen Einflusses durch den Staat, hier sehr positiv aus. Der antiultramontane *Canonische Wächter*, der die Unterordnung einer von Rom losgelösten deutschen Nationalkirche unter die Kontrolle des Staates favorisierte, hob die 1832 in Russland in großem Stil durchgeführte Auflösung der katholischen Klöster, die mit der staatlichen Einziehung ihres Vermögens einherging, als vorbildlich und beispielhaft hervor. Es entbehrt nicht eines gewissen Paradoxes, dass in der radikalsten Zeitschrift des aufgeklärten Katholizismus der Zeit Russland, das im allgemeinen liberalen Diskurs als Symbol für Despotie und Rückständigkeit schlechthin fungierte, zumindest in kirchenpolitischer Hinsicht als Hort des Fortschritts erschien, dem ein „Zurücksinken in die alte Barbarei" in Ländern wie Bayern als Negativfolie kontrastiv gegenübergestellt wurde.[14] Die Kennzeichnungen

---

[13] „Polen", in: ARKF NF 1 (1841), Kirchencorrespondent Nr. 9 v. 2.3., S. 41ff., hier S. 41. Zu Gutkowskis Verhaftung auch „Aus dem Königreich Polen", in: SKB 6 (1840), Nr. 21 v. 23.5., S. 166f.

[14] CW 4 (1833), Nr. 18 v. 4.3., Sp. 144. In anderen Artikeln der Zeitschrift wurde Russland zudem als Hort der Gewissens- und Religionsfreiheit dargestellt. Vgl. „Rußland (Religiöser Zustand daselbst)", in: CW 3 (1832), Nr. 1 v. 3.1., Sp. 11f. und „Blicke auf

‚fortschrittlich' und ‚barbarisch' wurden hier in einer Weise zugewiesen, die den üblichen Stereotypen des liberalen Diskurses der Zeit diametral entgegengesetzt war.

Auch die aufgeklärt-katholischen *Freymüthigen Blätter* äußerten sich positiv über die russische Kirchenpolitik und hoben insbesondere die feste und unnachgiebige Haltung Russlands gegenüber Rom hervor, die sie an der Verweigerung eines ständigen Nuntius in St. Petersburg und dem Festhalten am Plazet des Zaren festmachten. Sie leugneten zwar nicht, dass die Maßnahmen gegen Katholiken teilweise über die Selbstbehauptung des Staates gegen einen als übertrieben wahrgenommenen Machtanspruch der Kirche hinausgingen. Solche über das Ziel hinausschießenden Maßnahmen wurden aber als Reaktion auf katholische Intoleranz, wie sie im Umgang mit religiösen Dissidenten im alten Polen gesehen wurde, gedeutet und damit gerechtfertigt.[15]

Eine Ausnahme innerhalb des innerkirchlich aufgeklärt-katholischen Spektrums stellte wieder die *Konstitutionelle Kirchenzeitung* dar, die sich bereits während des Novemberaufstandes als polenfreundlich erwiesen hatte und jetzt angesichts der russischen Bedrückung der katholischen Konfession im ehemaligen Polen davor warnte, dass „die katholische Existenz der polnischen Nation gefährdet" sei.[16] Mit dieser Formulierung brachte sie die Verbindung von religiöser und nationaler Unterdrückung der Polen zum Ausdruck, die auch im ultramontanen Lager zunehmend erkannt wurde.

3.2.2 Vernichtung der Kirche? – Neue Qualität der Bedrückungen

In der Publizistik des ultramontanen Katholizismus wurde bereits in den 1830er Jahren gelegentlich bemerkt, dass die repressiven Maßnahmen der russischen Regierung gegenüber der katholischen Kirche nach 1831 eine völlig neue Qualität gewonnen hatten und über das Maß, das man aus den sonstigen Auseinandersetzungen zwischen Staat und Kirche selbst kannte, hinausgingen.[17]

---

die griechische Kirche in Griechenland und in Rußland, in historischer, statistischer und hierarchischer Beziehung, mit einer, die katholische Kirche in Deutschland betreffenden, Schlussbemerkung", in: CW 4 (1833), Nr. 97 v. 3.12., Sp. 761-766.

[15] Vgl. „Einige Betrachtungen über die neuesten Verhandlungen zwischen dem römischen Hofe und dem Kaiser Nikolaus von Rußland in Betreff der unirten Griechen und der lateinischen Kirche in Polen und Rußland", in: FB 25 (= N.F. 22) (1843), S. 157-166.

[16] „Die katholische Existenz der polnischen Nation", in: NKoKZ 1 (1832), Nr. 38 v. 7.11., Sp. 337-341, hier Sp. 339.

[17] Vgl. ausdrücklich: „Ueber die Behandlung, welche die katholischen Polen unter der russischen Herrschaft erfahren", in: Katholik 13 (1833), Bd. 47, Beilage Nr. 3 (März), S.

So schien die russische Politik eine Veränderung des Bevölkerungsverhältnisses im ehemaligen Polen zugunsten der orthodoxen Konfession zum Ziel zu haben. Verschiedene Maßnahmen der russischen Regierung wurden in diese Richtung gedeutet. Nicht nur die Mischehenregelung, die eine orthodoxe Erziehung der Kinder vorschrieb, wurde angeführt, sondern auch die allgemeine Erschwerung der katholischen Taufe durch die staatliche Anordnung, Neugeborene innerhalb von 24 Stunden taufen zu lassen, was angesichts der aufgehobenen Klöster und der daraus resultierenden weiten Entfernung des nächsten katholischen Priesters nicht selten eine orthodoxe Zwangstaufe nötig machte.[18] Auch die Ausstattung russischer, d.h. orthodoxer Offiziere mit konfiszierten Gütern, die nur an orthodox Getaufte weitergegeben werden durften, sowie die Umsiedlung polnischer Adelsfamilien und die Versetzung zwangsrekrutierter junger Männer in das Innere Russlands, wo die katholische Religionsausübung nicht möglich sei, wurden genannt.[19]

Bereits 1832 war in der *Katholischen Kirchenzeitung* von einem „Krieg auf Tod und Leben", den die russische Verwaltung der katholischen Kirche erklärt habe, sowie von ihren Versuchen zu lesen, die ehemals polnischen Provinzen zu „dekatholisiren".[20] Aber erst zu Beginn der 1840er Jahre setzte sich im Diskurs des deutschen Katholizismus die Deutung der russischen Kirchenpolitik als einer systematischen Verfolgung mit Vernichtungsabsicht gegenüber der katholischen Kirche durch. Dem voraus gingen die eigene Erfahrung des preußischen Mischehenkonflikts und, wichtiger noch, die Vereinigung der griechisch-unierten mit der russisch-orthodoxen Kirche, die nach jahrelangem Druck der russischen Regierung 1839 zustande gekommen war. Der Zwangscharakter dieser kirchlichen Vereinigung, der in der ultramontanen Publizistik immer wieder hervorgehoben wurde, ließ ähnliche Befürchtungen für die römisch-katholische Kirche laut

---

XLIVf., hier XLIV; als Nachdruck auch in: ARKF 6 (1833), Kirchenhistorischer Bemerker Nr. 16, Sp. 231ff.

[18] Vgl. „Warschau, den 2. August", in: KKZ 5 (1833), Nr. 96 v. 19.8., Sp. 759f.; „Neuester Zustand der katholischen Kirche in Polen", in: KKZ 7 (1835), Nr. 81 v. 24.7., Sp. 665-668, hier Sp. 666. Die Mischehenregelung als bewusster Versuch, die Zahl der Katholiken zu reduzieren in: „Petersburg, 22. Dec.", in: KKZ 5 (1833), Nr. 4 v. 10.1., Sp. 28ff.

[19] Zur Bevorzugung der orthodoxen Bevölkerung und den Umsiedlungen vgl. neben den genannten Artikeln „Die Lage der katholischen Kirche in Rußland", in: HPBKD 15 (1845), S. 400-405, hier S. 404f.; „Rußland", in: SKB 5 (1839), Nr. 33 v. 17.8., S. 262.

[20] „Aus Polen, 19. Febr.", in: KKZ 4 (1832), Nr. 25 v. 25.3., Sp. 194ff.

werden und realistisch erscheinen.[21] Die deutliche Stellungnahme des Papstes in seiner Allokution „Haerentem diu" von 1842 schließlich trug zu einer radikalisierten und sprachlich unzweideutigen Einstufung der russischen Politik in der Publizistik der deutschen Katholiken bei, in der nun immer wieder von einer beabsichtigten „Austilgung", „Vernichtung" oder „Ausrottung" der katholischen Kirche die Rede war.[22]

Damit überwand man letztlich auch die eigene Skepsis, die immer wieder gegenüber Berichten über die massive Verfolgung der katholischen Konfession in Russland geäußert worden war. So warnte noch 1837 der *Allgemeine Religions- und Kirchenfreund* davor, dass insbesondere in der französischen Presse derartige Artikel „aus wohlbekannten Absichten" fabriziert würden, „um gewisse Ideen im Umlauf zu erhalten".[23] Damit wurde angedeutet, dass das Leid der polnischen Katholiken von den Anhängern Lamennais' künstlich aufgebauscht würde, um das Konzept des kirchlichen Bündnisses mit den Volksbewegungen am Leben zu erhalten. Dagegen erklärte der *Katholik* 1844, dass Berichte, die vielfach als „französische Märchen" dargestellt und abgetan worden seien, sich „bis ins Detail" bewahrheitet hätten.[24] Die *Sion* bemerkte zwei Jahre später, dass man die ans Unglaubliche grenzenden Meldungen über die Unterdrückung der Katholiken in Russland „in der That oft für Märchen halten möchte, wenn wir nicht leider zu viele und zu starke Beweise hätten, daß sie nur zu sehr traurige Wahrheit sind."[25]

---

[21] Zu der Zwangsvereinigung vgl. WASYL LENCYK: The Eastern Catholic Church And Czar Nicholas I, Rome u. New York 1966; THEODORE R. WEEKS: Between Rome and Tsargrad: The Uniate Church in Imperial Russia, in: Of Religion and Empire. Missions, Conversions and Tolerance in Tsarist Russia, hg. v. ROBERT P. GERACI u. MICHAEL KHODARKOVSKY, Ithaca 2001, S. 70-91, hier S. 74-77; WINTER, S. 233ff., 618ff.; ROGER AUBERT: Die Kirchen des orientalischen Ritus, in: Handbuch der Kirchengeschichte, hg. v. HUBERT JEDIN, Bd. VI/1, Freiburg, Basel u. Wien 1971, S. 218-229, hier S. 226f. Zur Kritik vgl. „Aus dem Königreiche Polen, im April", in: Katholik 21 (1841), Bd. 80, Beilage Nr. 5, S. LIIIf.; „Ueber Russlands Verfahren gegen die Katholiken", in: HdG 3 (1840), Nr. 13, Sp. 193-196ff.; „Ueber das Schicksal der unierten Griechen in Russland", in: HdG 3 (1840), Nr. 17, Sp. 261ff.; „Rußland", in: SKB 6 (1840), Nr. 14 v. 4.4., S. 109f.; „Rußland", in: SKB 6 (1840), Nr. 20 v. 16.5., S. 157f.

[22] Vgl. beispielhaft [IGNAZ DÖLLINGER:] „Papst Gregor XVI. und der Kaiser aller Reussen Nikolaus Paulowitsch. Erste Betrachtung", in: HPBKD 10 (1842), S. 455-464, hier S. 462; „Von der polnischen Gränze", in: SKB 9 (1843), Nr. 21 v. 27.5., S. 165; „Kunde aus Rußland", in: HPBKD 17 (1846), S. 81-94, hier S. 82. Zur Bedeutung der vatikanischen Politik für die Haltung des deutschen Katholizismus vgl. Kap. 3.3.

[23] „Russisch-Polen", in: ARKF 10 (1837), Bemerker 27 v. 11.8., Sp. 352.

[24] „Aus Polen", in: Katholik 24 (1844), Nr. 13 v. 31.1., S. 59.

[25] „Von der polnischen Gränze", in: Sion 15 (1846), Nr. 113 v. 19.9., Sp. 1152.

Die anfängliche Skepsis gegenüber den Berichten über die Situation der polnischen Katholiken hing daneben auch mit der immer wieder beklagten schlechten Nachrichtenlage zusammen. In den 1840er Jahren wurde die Behinderung des Informationsflusses durch die russische Regierung jedoch zunehmend als Hinweis für die Richtigkeit der durch die verschlossene Grenze nur tropfenweise hindurchdringenden Meldungen angesehen. Die *Süddeutsche Zeitung für Kirche und Staat* klagte zu Anfang des Jahres 1848 über das weitgehend unbekannt bleibende Schicksal der polnischen Katholiken unter Verwendung einer Vorform des Bildes vom ‚eisernen Vorhang':

„Ein undurchdringliches Dunkel liegt über ihrem Loose; kein Laut, keine Klage, obgleich ihrer viel tausend alltäglich gepressten Herzen entfahren mögen, dringt herüber zu ihren Brüdern [...]. Um so willkommener ist uns jede Nachricht, die nach langem Zeitverlauf einmal die eiserne Mauer [!] des Heeres von russischen Kosaken und Grenzjägern durchdringt."[26]

Auch in den *Katholischen Sonntagsblättern* aus Mainz wurden 1846 vielsagend die tatsächlichen Ausmaße der konfessionellen Unterdrückung angesichts des erschütternden Inhalts der wenigen bekannten Nachrichten beschworen:

„Was müßte man erst Alles erfahren, wenn einmal ein aufmerksamer Beobachter längere Zeit im russischen Reiche verweilen, Notizen sammeln und das ganze Labyrinth von Unthaten durchgehen könnte?"[27]

Die russische Unterdrückung von Nachrichten über die Lage der polnischen Katholiken schien die bekannten Berichte somit zumindest indirekt zu bestätigen. Daneben trug die päpstliche Verurteilung der russischen Kirchenpolitik erheblich dazu bei, den Berichten über die Verfolgung der katholischen Konfession Glauben zu schenken und sie abzudrucken.[28]

Die Berichterstattung über die Lage der Katholiken im russischen Teilungsgebiet galt um so mehr als dringend notwendig, als in der Wahrnehmung des deutschen Katholizismus die politischen Journale liberaler Prägung, die, wie der *Katholik* schrieb, „doch sonst den Mund so voll nehmen, wenn irgendwo einem Protestanten ein saures Gesicht gemacht

---

[26] „Lage der katholischen Kirche in Rußland", in: SZ 8 (1848), Nr. 47 v. 27.2., S. 187f., hier S. 187. Ähnlich zu der Behinderung des Nachrichtenflusses auch schon: „Polen", in: ARKF NF 2 (1842), Kirchencorrespondent Nr. 25 v. 21.6., S. 107; „Von der polnischen Gränze", in: SKB 9 (1843), Nr. 21 v. 27.5., S. 165; „Die Zugeständnisse Rußlands an den Katholizismus", in: SZ 6 (1846), Nr. 138 v. 5.7., S. 578f. , hier S. 579

[27] „Die katholische Kirche in Rußland", in: KSB 5 (1846), Nr. 43 v. 25.10., S. 335ff., hier S. 337.

[28] Vgl. dazu Kap. 3.3.

wurde, hier ganz und gar alle Urtheilskraft verloren zu haben scheinen."[29] Aufgrund der feindlichen Einstellung der mehrheitlich liberal-protestantisch bestimmten deutschen Blätter gegenüber der katholischen Kirche werde Russland, das im liberalen Diskurs des Vormärz ansonsten als die Verkörperung der Despotie galt, in kirchenpolitischer Hinsicht als fortschrittliches Vorbild angesehen und dargestellt.[30] Tatsächlich war die Haltung der politisch liberalen Presse, wie einige von Adam Lencyk gesammelte Beispiele zeigen, im Hinblick auf die russische Kirchenpolitik wesentlich rußlandfreundlicher, als die allgemeine liberale Russophobie der Vormärzzeit vermuten lässt. Die politisch motivierte Ablehnung gegenüber Russland wurde offenbar zumindest in dieser Hinsicht durch Vorbehalte gegenüber der katholischen Kirche relativert.[31] Angesichts der Tatsache, dass die Unterdrückung der polnischen Katholiken in Russland in diesen Medien aus Sicht der deutschen Ultramontanen bewusst verschwiegen oder verharmlost wurden, sahen sie sich selbst um so mehr in der Pflicht, Berichte über die fatale Lage der Katholiken in Russland zu veröffentlichen.[32]

Die Glaubwürdigkeit dieser Berichte wurde um so höher eingestuft, je vertrauenswürdiger die Quelle galt, aus der sie stammten bzw. entnommen wurden. Hier besaßen kirchliche Quellen, Berichte von Geistlichen oder die katholische Presse anderer Länder die höchste Priorität; so z.B. der öffentliche Hilfsappell von im französischen Exil lebenden polnischen Priestern, der sich 1845 an den Papst richtete und das russische Vorgehen gegenüber der Kirche und der katholischen Bevölkerung folgendermaßen zusammenfasste:

„Die Tempel des Herrn sind bereits verwüstet, Altäre umgestürzt, die Seelenhirten, weinende Priester, theils unter die Soldaten gesteckt, theils in die Verbannung geschickt, theils in den Kerker geworfen oder zu einem schmachvollen Tode verurtheilt worden. Klöster sind zerstört, gottheilige Jungfrauen [...] sind, pfui der Schmach! den Soldaten zur Befriedigung ihrer Lüste überliefert und Kinder aus den Armen ihrer Mütter gerissen und, um sie der Religion ihrer

---

[29]   „Russland. Enthüllung des Geheimnisses der Ungerechtigkeit. – Urtheile der Journalistik", in: Katholik 22 (1842), Bd. 86, Beilage Nr. 11, S. XXXVIIIf., hier S. XXXVIII.

[30]   Vgl. „Russen überall", in: ARKF NF 4 (=17) (1844), Nr. 21 v. 12.3., S. 129-134.

[31]   Vgl. LENCYK, S. 132f. Ähnliches gilt für die aufgeklärt-katholischen Kirchenblätter, vgl. Kap. 3.2.1.

[32]   Vgl. Rez. „Der Czar und der Nachfolger des heiligen Petrus", in: Katholik 22 (1842), Bd. 86, S. 303f., hier S. 304

Ahnen zu entwöhnen, an die äußersten Gränzen des Landes getrieben worden."[33]

Derartige Berichte, die eine Schreckensherrschaft mit fast schon apokalyptischen Ausmaßen präsentierten, waren in der katholischen Publizistik häufig zu lesen. Aufgrund des Zustands faktischer Rechtlosigkeit wurde für das Königreich Polen und die von Russland inkorporierten polnischen Gebiete eine völlige Demoralisation konstatiert. Die Lage der polnischen Katholiken galt als trost- und nahezu hoffnungslos.[34] Das Schicksal der katholischen Konfession im russischen Teilungsgebiet schien dem deutschen Katholizismus besiegelt. Sie liege, wie der *Katholik* 1842 schrieb, zweifellos in den letzten Zügen und müsse des Todesstreiches gewärtig sein, der ihr durch die Hand des Despotismus versetzt werde. Zusammenfassend stellte er resigniert fest: „Nach menschlichem Ermessen ist hier unrettbar Alles verloren".[35]

3.2.3 „Letztes Palladium der Nationalität" – Die Verbindung von konfessioneller und nationaler Unterdrückung

Die in der katholischen Publizistik festgestellte außergewöhnliche, auf Vernichtung der katholischen Konfession im russischen Herrschaftsgebiet zielende Bedrückung der katholischen Kirche und der Bevölkerung in Russland konnte nicht mehr in den Rahmen eines gewöhnlichen Konflikts zwischen Kirche und Staat eingebettet werden, wie er den deutschen Katholiken vertraut war. Sie schien vielmehr diesen bekannten Deutungsrahmen durch ihre über die ‚normalen' Konfliktmerkmale hinausgehende Qualität zu sprengen und machte daher die Etablierung eines neuen Deutungsmusters erforderlich.

Der ultramontane Katholizismus fand ein solches Deutungsmuster vor allem in den 1840er Jahren in einer vermeintlichen Tradition der russischen Politik, die zur Erweiterung der inneren und äußeren Machtposition spä-

---

[33] „Appellation des polnischen Klerus an den heiligen Vater", in: Katholik 26 (1846), Neueste Nachrichten aus den Missionen Nr. 1 v. 4.1., S. 3f., hier S. 4. Der *Katholik* nennt das Schreiben „einen wahren Weheruf der Verzweiflung" (ebd., S. 3). Derselbe Text wurde auch abgedruckt u.d.T. „Hilferuf der polnischen Geistlichkeit an den hl. Vater", in: Sion 15 (1846), Nr. 9 v. 21.1., Sp. 95f.

[34] Vgl. „Aus dem Großherzogthum Posen, 20. December", in: Katholik 27 (1847), Nr. 1 v. 1.1., S. 4; „Kirchliche Zustände in Polen", in: Katholik 27 (1847), Nr. 102 v. 25.8., S. 415f., hier S. 416.

[35] Rez. „Die Neuesten Zustände der Katholischen Kirche beider Ritus in Polen und Rußland seit Katharina II. bis auf unsere Tage", Augsburg 1841, in: Katholik 22 (1842), Bd. 84, S. 176-184, hier S. 182.

testens seit Katharina II. der Staatsdoktrin folgte, gleichermaßen und eng
miteinander verbunden eine Zerstörung sowohl der katholischen Kirche als
auch der polnischen Nationalität zu betreiben. In diesen Deutungsrahmen
passten die Teilungen Polens von 1772 bis 1795, auf die von russischer
Seite durch die Schürung und Ausnutzung des Konflikts zwischen Dissidenten und Katholiken in Polen systematisch hingearbeitet worden sei und
die der äußeren Machtausdehnung gedient hätten, ebenso wie die gewaltsame Rückführung der Unierten in die orthodoxe Kirche, die schon seit
Jahrzehnten beabsichtigt und planmäßig betrieben worden sei, und auch die
gegenwärtige negative Politik gegenüber der römisch-katholischen Konfession und der polnischen Nationalität, die seit dem Regierungsantritt Nikolaus I. 1825 forciert ausgeübt werde und das Ziel der inneren Machtsiche-
rung durch Homogenisierung der Bevölkerung verfolge.[36]

Innerhalb dieses Deutungsrahmens bewirkte die niedergeschlagene
Revolution von 1830/31 keine prinzipielle Veränderung der russischen
Politik, sondern nur eine graduelle Intensivierung der Mittel.[37] Die russischen Maßnahmen, die nach 1831 zur Schwächung der Kirche und der
polnischen Nationalität getroffen worden waren, waren in dieser Interpretation nur ein Teil eines umfassenderen Projektes, in dem mit der
Schwächung der Nationalität das konfessionelle und umgekehrt mit der

---

[36] Wesentlich angeregt wurde dieses Deutungsmuster durch die 1841 anonym erschienene Schrift von AUGUSTIN THEINER: Die Neuesten Zustände der Katholischen Kirche
beider Ritus in Polen und Rußland seit Katharina II. bis auf unsere Tage. Mit einem Rückblick auf die Russische Kirche und ihre Stellung zum heiligen Stuhle seit ihrem Entstehen
bis auf Katharina II. Von einem Priester aus der Kongregation des Oratoriums des heil.
Philippus Neri. Mit einem Bande Dokumente, Augsburg 1841. Das Muster einer kontinuierlich von der Feindschaft zur katholischen Kirche motivierten politischen Doktrin Russlands
behielt innerhalb des katholischen Diskurses bis weit in das 20. Jahrhunderts eine zentrale
Stellung. Beispielhaft dafür ist seine Aktualisierung während des Ersten Weltkrieges, der
von deutscher katholischer Seite als ein Krieg der Orthodoxie gegen das katholisch geprägte
Abendland interpretiert wurde. Vgl. so z.B. die vom Volksverein für das katholische
Deutschland herausgegebene Arbeit von FRANZ MESSERT: Das zarische Russland und die
katholische Kirche. Eine apologetische Studie, Mönchen-Gladbach 1918, S. 9f., 203f.

[37] Theiner, Die Neuesten Zustände der Katholischen Kirche, S. 502 betonte ausdrücklich, dass die nach 1831 verstärkten antikirchlichen Maßnahmen nicht genuin im Zusammenhang mit dem polnischen Novemberaufstand stünden. Anders sah dies Carl Ernst
Jarcke, der mit seiner Ansicht, die Polen hätten mit dem Novemberaufstand die Reaktionen
der russischen Regierung provoziert, in der katholischen Presse ziemlich allein stand. Jarcke
schrieb 1846 unter dem Eindruck des von ihm scharf verurteilten polnischen Aufstandes in
Galizien, die russische Politik sei „der einfache und unvermeidliche Rückschlag gegen die
sich immer höher steigernden Ansprüche einer fanatisch-polnischen Volksthümlichkeit."
Diese sei es hauptsächlich, die als Reaktion einen eben so einseitigen russischen Unifizie-
rungswillen ins Leben gerufen habe, unter dem nun die Katholiken in Russland zu leiden
hätten. Vgl. [CARL ERNST JARCKE:] „Zeitläufte", in: HPBKD 18 (1846), S. 744-756, hier
S. 754f.

Schwächung der Konfessionalität das nationale Bewusstsein und in beiden Varianten ein polnisch-katholisches Eigenbewusstsein getroffen werden konnte, das zugunsten der Herrschaftssicherung nach Möglichkeit beseitigt werden sollte.

Auch wenn die Bedeutung des Novemberaufstandes in diesem Deutungsmuster nicht die Rolle spielte, die er für die Ausrichtung der russischen Politik nach 1831 wohl tatsächlich besaß, weil er das Szenario vorgab, das man in Zukunft unter allen Umständen verhindern wollte, kam die Interpretation den Absichten der russischen Regierung doch schon sehr nahe. Dekatholisierung und Russifizierung bzw. Entpolonisierung galten hier als die zwei Seiten derselben Medaille.[38] Die antikatholische Kirchenpolitik Russlands konnte daher in der ultramontanen Publizistik schließlich nicht nur als ein Selbstzweck, sondern auch als ein Mittel der negativen Nationalitätenpolitik gegenüber Polen gesehen werden. Im *Allgemeinen Religions- und Kirchenfreund* war 1840 zu lesen, dass die „Ausrottung des Katholizismus" der vollständigen Einverleibung Polens dienen solle, und der *Katholik* erklärte vier Jahre später die Unterdrückung der katholischen Kirche damit, dass die russische Regierung davon überzeugt sei, „daß sie die Wurzel des nationalen polnischen Lebens ausmacht, und daß sie *darum* weggeschnitten werden muß, bis die letzte Faser."[39] Umgekehrt wurde jetzt auch die nationale Bedeutung der Religion für die Polen positiv hervorgehoben, die in ihr zu Recht das „letzte Palladium für ihre Nationalität" erblickten und für die daher die Beschränkungen der katholischen Kirche durchaus auch eine nationalpolitische Bedeutung hätten.[40]

Mit der Etablierung dieses Deutungsmusters im Diskurs des ultramontanen deutschen Katholizismus in den 1840er Jahren wurde hier somit auch das Stereotyp ‚Pole gleich Katholik' aktualisiert und gefestigt, denn es lieferte den Ausgangspunkt, der die Koppelung von antipolnischer und antikatholischer russischer Politik ermöglichte und erklärte. Es setzte sich damit zunehmend die Überzeugung durch, dass die Katholizität der eigentliche Kern der polnischen Nationalität sei. Nur aufgrund dieser Überzeugung konnte die *Süddeutsche Zeitung für Kirche und Staat* 1845 schreiben:

---

[38] Vgl. Kap. 3.1.

[39] „Polen", in: ARKF 13 (1840), Bemerker Nr. 11 v. 28.2., Sp. 112; „Aus Polen", in: Katholik 24 (1844), Nr. 13 v. 31.1., S. 59. Hervorhebung von mir. Ähnlich auch „Von der russischen Gränze, 22. März", in: Katholik 27 (1847), Nr. 38 v. 28.3., S. 156.

[40] „Rußlands Bestrebungen gegen die katholische Kirche", in: NSion 1 (1845), Nr. 10 v. 23.1., S. 45ff., hier S. 45; vgl. ähnlich „Rußland", in: SKB 5 (1839), Nr. 33 v. 17.8., S. 262.

„Das aber glauben wir, daß die Polen ihre Nationalität mit den stärksten Anstrengungen retten wollen, und darin haben sie Recht".[41]

3.3 Der Impuls aus Rom – Rolle und Bedeutung der veränderten vatikanischen Politik

Einen wesentlichen Einfluss auf den Wandel der Haltung des deutschen Katholizismus zu den polnischen Katholiken im russischen Teilungsgebiet übte die sich ebenfalls verändernde Positionierung des Papstes gegenüber Russland aus. Fundamentaler Bezugspunkt war und blieb die Enzyklika „Cum primum" aus dem Jahr 1832, in der die Polen für ihre Aufstandstätigkeit scharf gerügt und zum Gehorsam gegenüber dem russischen Zaren streng ermahnt worden waren. Papst Gregor XVI. hatte offensichtlich gehofft, mit seiner öffentlich abgegebenen eindeutigen Stellungnahme die russische Politik gegenüber der katholischen Kirche positiv beeinflussen zu können.[42] Schon bald zeigte sich jedoch, dass Zar Nikolaus I. zwar gerne die päpstliche Verurteilung des Aufstandes entgegennahm und verbreitete, dem Papst auch immer wieder bereitwillig Zusagen zur Verbesserung der kirchlichen Lage in Russland machte, letztlich aber seine gleichermaßen gegen katholische Konfession und polnische Nationalität gerichtete Politik unbeirrt fortsetzte.

Dieser für die vatikanische Politik enttäuschende und ihr Scheitern bloßstellende Umstand wurde bereits im Jahr nach Erscheinen der Enzyklika in der katholischen Presse eingeräumt.[43] Auch der Papst selbst erkannte nach wiederholten diplomatischen Bemühungen die Erfolglosigkeit seiner Versuche. Infolgedessen begann sich der Vatikan gegenüber konservativen und kirchlich gesinnten Kreisen der polnischen Emigration zu öffnen.[44]

Diese Teile der Emigration hatten sich sofort nach der Veröffentlichung der Enzyklika „Cum Primum", die nur als eine Katastrophe für die polnischen Belange aufgefasst werden konnte, bemüht, Kontakt zur Kurie aufzunehmen, um für eine Zurücknahme oder zumindest abmildernde

---

[41]　„Rußland und Posen", in: SZ 5 (1845), Nr. 28 v. 7.6., S. 118.

[42]　Stark betont wird dieses Motiv von REINERMAN, S. 611.

[43]　Vgl. „Petersburg, 22. Dec.", in: KKZ 5 (1833), Nr. 4 v. 10.1., Sp. 28ff., hier Sp. 30; „(Polen)", in: KKZ 5 (1833), Nr. 155 v. 30.12., Sp. 1229.

[44]　Vgl. REINERMAN, S. 612-619.

Erläuterung des verheerenden Dokuments zu wirken.[45] Zwei personell z.t. eng miteinander verflochtene Gruppen der polnischen Emigration versuchten in dieser Richtung tätig zu werden: zum einen das aristokratisch-konservative Lager, das sich um den Fürsten Adam Czartoryski als zentrale Führungsfigur gebildet hatte und nach dessen Pariser Domizil das Hôtel Lambert genannt wurde,[46] zum anderen eine Gruppe von ultramontanen Polen, die sich Mitte der 1830er Jahre zusammenfand und 1842 den Resurrektionsorden (Zgromadzenie Zmartwychstania Pańskiego) gründete. Während das Hôtel Lambert sich von seinem römischen Engagement erhoffte, durch einen Wandel der päpstlichen Haltung die ‚polnische Frage' wieder auf die europäische Tagesordnung zu setzen und letztlich das politische Ziel einer Wiederherstellung des polnischen Staates zu erreichen, kritisierten die Resurrektionisten diese Konzentration auf politische Ziele.[47] Die polnischen Ultramontanen wollten mit Unterstützung Roms vielmehr eine sittlich-religiöse ‚Wiederauferstehung' der polnischen Nation erreichen, die ihnen als Grundvoraussetzung für eine zukünftige politische Regeneration unabdingbar schien. Die Priorität der Ziele von nationaler oder religiöser Wiederbelebung waren letztlich genau entgegengesetzt.[48]

---

[45] Die Enzyklika hatte nicht nur in politischer Hinsicht fatale Folgen, sondern war auch ein entscheidender Faktor für die Etablierung einer antiklerikalen Haltung in der polnischen Emigration. Nicht nur in der demokratischen Exilzeitschrift *Demokrata polski* polemisierte man gegen „die blasphemischen Worte des altersschwachen Greises, der sich den heiligen Novemberaufstand zu verurteilen erlaubt". Zit. nach PRZEMYSŁAW MATUSIK: Die polnischen Katholiken und der preußische Staat zwischen der Revolution von 1848 und dem Kulturkampf, in: Forum für osteuropäische Ideen- u. Zeitgeschichte 2 (1998), H. 2, S. 275-299, hier S. 279.

[46] Czartoryski bewohnte das Hôtel Lambert erst ab 1843, in der Forschung hat sich aber diese Bezeichnung für den Kreis der aristokratisch-konservativen Emigration um Czartoryski auch schon für die Jahre davor eingebürgert. Vgl. HAHN, Außenpolitik in der Emigration, S. 112f.

[47] Zu den Konzepten und Bemühungen des Hôtel Lamberts in bezug auf Rom und zu den Differenzen zu den polnischen Ultramontanen vgl. ZYGMUNT ZIELIŃSKI: Watykan w polityce Hotelu Lambert, in: Kościół i naród w niewoli, hg. v. DEMS., Lublin 1995, S. 157-166; HAHN, Außenpolitik in der Emigration, S. 187ff.; BARBARA KONARSKA: W kręgu Hotelu Lambert. Władysław Zamoyski w latach 1832-1847, Wrocław u. a. 1971, S. 131-153; CYGLER, S. 154-170; MARIAN KUKIEL: Czartoryski and European Unity 1770-1861, Princeton 1955, S. 225f.

[48] Zum Programm der Resurrektionisten vgl. Kap. 4.3.1. Zu den programmatischen Differenzen zum Hôtel Lambert vgl. KONARSKA, S. 151ff.; WOJCIECH KARPIŃSKI u. MARCIN KRÓL: Sylwetki polityczne XIX wieku, Kraków 1974, S. 60-76; MARCIN KRÓL: Konserwatyści a niepodległość. Studia nad polską konserwatywną XIX wieku, Warszawa 1985, S. 164-176; ZYGMUNT ZIELIŃSKI: Pierwsi zmartwychstańcy jako budziciele sumienia narodowego i duszpasterze wielkiej emigracji, in: Zmartwychstańcy w dziejach Kościoła i narodu, hg. v. DEMS., Katowice 1990, S. 212-220; DERS. Kazania paryskie ks. H. Kajsie-

Die Resurrektionisten sahen ihren eigenen Auftrag in der Missionierung der polnischen Emigration, die einer religiösen Erneuerung zugeführt werden sollte. Zu diesem Zweck bemühten sie sich darum, Priester in Rom ausbilden zu lassen, die nach Beendigung des Studiums und Erhalt der Weihe in der Emigration missionarisch tätig werden sollten. Die Ausbildung von Priestern in Rom und die Gründung des Ordens gelang mit Unterstützung der polnischen Exilpolitiker aus dem Hôtel Lambert und durch den persönlichen Einsatz von Charles René de Montalembert.

Über Emissäre des Hôtel Lambert, über Montalembert und die Mitglieder des Ordens entwickelte sich ab 1837 eine Verbindung nach Rom, die es möglich machte, dort Gehör zu finden und den Papst in einer Zeit mit Informationen über die Lage der polnischen Katholiken unter dem russischen Zepter zu versorgen, als er sich enttäuscht von der Hoffnung verabschiedete, direkt auf den Zaren positiv einwirken zu können. Durch die Einwirkung Montalemberts ließ Gregor XVI. sich dazu bewegen, nun sogar persönlich Vertreter der polnischen Emigration zu empfangen und sich von diesen über die Zustände im russischen Teilungsgebiet in Kenntnis setzen zu lassen.[49]

Wichtiger Verbindungsmann der Polen in Rom war der Deutsche Augustin Theiner, der Mitglied des Kollegiums der Propaganda war.[50] Theiner nahm sich persönlich der jungen polnischen Priester in Rom an[51] und zeigte sich bereit, für die Weitergabe von Informationen zu sorgen und seinen Einfluss auf die römische Kurie geltend zu machen.[52] Er war vortragendes

---

wicza a myśl niepodległościowa wielkiej emigracji, in: Kościoł i naród w niewoli, hg. v. DEMS., Lublin 1995, S. 145-156.

[49] Vgl. zu den Verbindungen nach Rom und der wichtigen Vermittlerrolle von Montalembert, Władysław Zamoyski und Cezary Plater: TAILLADE, Montalembert, Rome et la Pologne, S. 350ff.; PARVI, Montalembert, S. 67-70; CYGLER, S. 158f.; KONARSKA, S. 133-153.

[50] Piotr Semenenko, einer der Priesteramtskandidaten in Rom und späterer Leiter des Resurrektionsordens, würdigte Theiner in seinen Briefen aus dem Januar 1839 an Bogdan Jański als einen der ganz wenigen in Rom, die wirklich vertrauenswürdig und auf der Seite der Polen seien. Vgl. die Briefe in: PAWEŁ SMOLIKOWSKI: Historja Zgromadzenia Zmartwychwstania Pańskiego, Bd. 2, Kraków 1893, S. 185-198.

[51] Vgl. HIERONIM KAJSIEWICZ: Pisma, Bd. 3, Berlin u. Kraków 1872, S. 420.

[52] Theiner war seit 1834 Mitglied der Propaganda, nachdem er sich Anfang der 1830er Jahre von seinem romkritischen Engagement distanziert hatte. Noch 1828 hatte er mit seinem Bruder Anton Theiner eine scharfe antizölibatäre Schrift herausgegeben. Mitte der 1840er Jahre war er es dann jedoch selbst, der die Schriften seines Bruders, der mittlerweile der Bewegung des Deutschkatholizismus angehörte, indizierte. Vgl. HUBERT WOLF: Simul censuratus et censor. Augustin Theiner und die römische Indexkongregation, in: Bücherzensur – Kurie – Katholizismus und Moderne (FS f. Herman H. Schwedt), hg. v. PETER WALTER u. HERMANN-JOSEF REUDENBACH, Frankfurt/M. u. a. 2000, S. 27-59. Seine

Mitglied einer päpstlichen Kommission, die zur Erforschung der polnischen Angelegenheiten eingerichtet worden war, nachdem im Auftrag Czartoryskis Cezary Plater in Rom Dokumente vorgelegt hatte, welche die Dekatholisierungspolitik Russlands offen legten und den Stimmungswandel gegenüber Russland untermauerten.[53] Theiner, der 1840 Konsultor der Indexkongregation wurde, arbeitete offenbar eng mit Cezary Plater und Władysław Zamoyski, dem wichtigsten Emissär Czartoryskis, zusammen und veröffentlichte 1841 eine in Augsburg auf deutsch erscheinende umfangreiche Zusammenstellung von Dokumenten zur russischen Kirchenpolitik, die er von den polnischen Emigranten erhalten hatte.[54] Er ergänzte die Dokumentensammlung mit einer ausführlichen und äußerst kritischen historischen Betrachtung zur russischen Kirchenpolitik, die er als eine traditionell der katholischen Konfession gegenüber feindlich eingestellte und seit Katharina II. diese systematisch bekämpfende darstellte. Dagegen werden die historischen Verdienste der Polen für die katholische Kirche und ihre Rolle als ‚Bollwerk des Katholizismus' hervorgehoben, ihr traditionell katholischer Charakter betont und ihr gegenwärtiger Kampf um ihre konfessionelle

---

Verbindungen zur polnischen Emigration sind bislang noch nicht erforscht, obwohl es viele Belege für einen engen Austausch gibt. Unter Umständen hatte Theiner bereits während seines Aufenthaltes in Paris 1830-33, in der in engem Kontakt zu Lamennais stand, die Bekanntschaft von Polen gemacht; Theiner selbst hat später allerdings das Verhältnis zu Lamennais herunterzuspielen versucht. Vgl. AUGUSTIN THEINER: Geschichte der geistlichen Bildungsanstalten, Mainz 1835, S. XXIIIf. Dass die Mutter des gebürtigen Schlesiers eine Polin gewesen sei, wie es Theiners Mitarbeiter Achille Mauri in seinem Nachruf kolportiert hat, wurde als unbelegt und zweifelhaft zurückgewiesen von HUBERT JEDIN: Augustin Theiner. Zum 100. Jahrestag seines Todes am 9. August 1874, in: Archiv für Schlesische Kirchengeschichte 31 (1973), S. 134-176, hier S. 135. Aber auch KAJSIEWICZ, Pisma, Bd. 3, S. 420 berichtet in seinen Erinnerungen von einer polnischen Mutter Theiners. Theiner selbst dagegen betonte 1841, ihn verbänden nicht „die süßen Bande des Blutes", sondern nur die gemeinsame Kirche mit den Polen. Vgl. THEINER, Die Neuesten Zustände der Katholischen Kirche, S. XIX.

[53] Zu Theiners Funktion in der Kommission vgl. die Tagebuchnotiz Montalemberts, der ihn fälschlicherweise für einen konvertierten Protestanten hielt, abgedruckt in: ANDRÉ TRANNOY: Le romantisme politique de Montalembert avant 1843, Paris 1942, S. 562. Zu Platers Rolle vgl. BORDET, S. 99; TAILLADE, Montalembert, Rome et la Pologne, S. 352.

[54] Vgl. THEINER, Die Neuesten Zustände der Katholischen Kirche. Zu der Herkunft der abgedruckten Dokumente vgl. SMOLIKOWSKI, Bd. 2, S. 198; PARVI, Montalembert, S. 68; anders dagegen JEDIN, Augustin Theiner, S. 147f., der die polnische Emigration nicht erwähnt und nach dem Theiner Dokumente von Staatssekretär Lambruschini erhalten habe. Entweder waren dies jene von den polnischen Emigranten oder es handelte sich hierbei um weniger relevante Dokumente über Polen, die Lambruschini hauptsächlich durch den Wiener Nuntius Altieri erhielt, der sich immer wieder über die Dürftigkeit der ihn erreichenden Nachrichten beklagte und sich daher gezwungen sah, Ausschnitte aus deutschen Zeitungen zusammenzustellen. Vgl. LENCYK, S. 132f., der die polnische Emigration als Informationsquelle des Vatikan ebenfalls vollständig vernachlässigt.

Identität gewürdigt. Theiner betonte auch die Verpflichtung der Kirche, über die Gewährung der Rechte der polnischen Katholiken zu wachen.[55] Obwohl sich auch Worte der Mahnung finden, z.b. nur mit erlaubten Mitteln zu kämpfen und sich auf die religiöse Regeneration zu konzentrieren, da das politische Unglück der Polen als eine Sühne für die Abwendung von der Religion zu betrachten sei, wurde die Schrift von der polnischen Emigration doch als ein erster Erfolg gewertet und eine Übersetzung ins französische vorgenommen.[56] Auch in der Presse des deutschen Katholizismus wurde sie „als eine neue Probe katholischer Geschichtsauffassung", die zur Aufklärung über die gegenwärtigen Ereignisse beitrage, positiv aufgenommen.[57]

Gleichzeitig warb Theiner in Rom für eine öffentliche Stellungnahme des Papstes zu den Ereignissen in Polen, die er für unaufschiebbar hielt. Sein Druck scheint wesentlich zu der Entstehung der Allokution „Haerentem diu" beigetragen zu haben, die am 22. Juli 1842 erschien, nachdem der Papst bereits Ende 1839 die Reunion der unierten mit der orthodoxen Kirche verurteilt hatte.[58] Begleitet wurde die Allokution durch eine Art ‚Weißbuch', der „Staatsschrift oder Darlegung der unablässigen Sorge Sr. Heiligkeit zur Abwendung der harten Bedrängnisse der katholischen Religion in den K. K. Staaten von Rußland und Polen". Wie in der Staatsschrift

---

[55] Vgl. THEINER, Die Neuesten Zustände der Katholischen Kirche, S. V-XXIV.

[56] Für die französische Ausgabe, die 1843 in zwei Bänden u.d.T. „Vicissitudes de l'Église catholique des deux rites en Pologne et en Russe..." erschien, verfassten Montalembert ein Vorwort und Zamoyski einen Anhang. Vgl. [WŁADYSŁAW ZAMOYSKI:] Jenerał Zamoyski 1803-1868, Bd. 4, Poznań 1918, S. 179, 233ff. Eine Übersetzung ins Polnische war ebenfalls geplant, konnte aber nicht realisiert werden. Die französische Übersetzung stammt wohl von dem polnischen Emigranten Leonard Rettel (vgl. PRZEMYSŁAW MATUSIK: Religia i naród. Życie i myśl Jana Koźmiana 1814-1877, Poznań 1998, S. 95) und nicht von Cezary Plater (so TAILLADE, Montalembert, Rome et la Pologne, S. 354 u. PARVI, Montalembert, S. 68). Als Hauptfinanzier aus dem Kreis der polnischen Emigration werden wechselweise Zamoyski (KONARSKA, S. 144), Czartoryski (MATUSIK, Religia i naród, S. 95) und Plater angegeben (NICOLE ROGER-TAILLADE: Lettres inédites de Montalembert aux Peres de la Resurrection, in: Bretagne et Romantisme. Mélanges offerts a M. le Professeur Louis Le Guillou, Brest 1989, S. 391-411, hier S. 401).

[57] Rez. „Die Neuesten Zustände der Katholischen Kirche beider Ritus in Polen und Rußland seit Katharina II. bis auf unsere Tage", Augsburg 1841, in: Katholik 22 (1842), Bd. 84, S. 176-184. Eine weitere positive Besprechung in: ARKF NF 3 (1843), Nr. 13 v. 14.2., Nr. 14 v. 17.2., S. 97-107.

[58] Vgl. den Abdruck der die Reunion verurteilenden Allokution „Multa quidem", gehalten im geheimen Konsistorium zu Rom am 22. November 1839, in: THEINER, Die Neuesten Zustände der Katholischen Kirche, S. 425-430. Zu den Umständen vgl. LENCYK, S. 132-137.

selbst ausgeführt wurde,[59] handelte es sich in erster Linie um eine Verteidi-
gungsschrift, die das Engagement des Papstes in den vergangenen 15
Jahren für das Schicksal der Katholiken in Rußland und Polen nachweisen
sollte, nachdem dieser immer wieder und zuletzt vermehrt der Passivität
oder sogar der Billigung der russischen Behandlung der polnischen Katholiken beschuldigt worden war.[60] Der Papst zeigt sich in der Schrift tief
enttäuscht über die russische Regierung, die alle Zusagen gegenüber dem
Heiligen Stuhl, die Situation der Katholiken zu verbessern, gebrochen und
das Vertrauen des Heiligen Vaters, der sich immer wieder an den Zaren
gewandt hatte, missbraucht habe. Die russische Religions- und Kirchenpolitik wird in allen Einzelheiten einer heftigen Kritik unterzogen. Trotz
allen Mitgefühls für das Leiden der Katholiken unter russischer Herrschaft
wird diesen jedoch gleichzeitig ihre Untertanentreue und der Gehorsam
unter die weltliche Obrigkeit eingeschärft. In diesem Zusammenhang
werden auch noch einmal das Breve an die polnischen Bischöfe von 1832
und generell die päpstliche Verurteilung des polnischen Aufstandes in
Erinnerung gerufen und betont. Der Rekurs darauf erfolgt auch in der
Absicht, die einwandfreie päpstliche Haltung gegenüber dem Zaren hervor-
zuheben, welche die Unterdrückung der katholischen Kirche in nichts
rechtfertige. Insgesamt scheint die Schrift den Eindruck vermitteln zu
wollen, dass der Papst gleichermaßen ein Garant der legitimen Herrschaft
als auch der Beschützer der Gläubigen und ihrer Rechte sei. Trotz der
heftigen Kritik an der russischen Religions- und Kirchenpolitik setzt die
Schrift doch auf das Einsehen des Zaren und ruft diesen erneut, allerdings
zum ersten Mal öffentlich, zu einem Einlenken auf.

Obwohl der Papst somit seine Verurteilung der polnischen Revolution
von 1832 keineswegs zurücknahm, sondern nochmals bestätigte, und sich
auf Kritik an der religiösen Bedrückung der Polen im russischen Teilungsgebiet beschränkte, verbuchte die polnische Emigration die öffentliche
Verurteilung der russischen Politik doch als einen großen Erfolg. Tatsächlich fand sie in der öffentlichen Meinung Europas große Beachtung, lenkte

---

[59] Ich beziehe mich im folgenden auf den Abdruck der Staatsschrift in: ARKF NF 2
(1842), Nr. 65 v. 16.8 u. Nr. 66 v. 19.8, S. 534-543.

[60] Der *Allgemeine Religions- und Kirchenfreund* berichtete 1838 von einem jungen
Polen, der sich dem Papst zu Füßen geworfen und Aufklärung über seine Verurteilung der
gläubigen Polen und seine Billigung der russischen Kirchenpolitik verlangt hatte. Die
Redaktion der Zeitschrift versicherte darauf, der Papst interessiere sich sehr für die Belange
der Polen und setze sich auch für sie ein. Vgl. „Rom", in: ARKF 11 (1838), Bemerker Nr.
51 v. 18.12., Sp. 724.

den Blick erneut auf Polen und trug zu einer allgemein wachsenden antirussischen Stimmung bei.[61]

Auch auf die deutschen Katholiken machte die Allokution einen tiefen Eindruck. Neben zahlreichen Zeitschriftenartikeln, welche Allokution und Staatsschrift abdruckten,[62] erschienen auch eigene Sonderdrucke, erläuternde Broschüren und popularisierende Volksausgaben.[63] Die päpstliche Stellungnahme bewirkte in der katholischen Publizistik einen enormen Schub in der Beschäftigung mit der Lage der polnischen Katholiken. Dies zeigt sich beispielhaft an den seit 1838 bestehenden und schnell zum wichtigsten ultramontanen Organ aufgestiegenen *Historisch-politischen Blättern für das katholische Deutschland*: Diese hatten bis 1842 nicht einen einzigen Artikel zu den Katholiken in Russland veröffentlicht, brachten aber nach der Allokution sofort eine von Ignaz Döllinger verfasste vierteilige Betrachtung, die insgesamt fast fünfzig Seiten umfasste, und der weitere Berichte im selben und kommenden Jahr nachfolgten.[64] Ähnlich verhielt es sich auch in den übrigen ultramontan bestimmten Zeitschriften. Offenbar wurde auf die Allokution hin bewusst eine regelrechte Pressekampagne in Gang gesetzt. Constantin Höfler, der „Historiker des Görres-Kreises",[65] Mitarbeiter der *Historisch-politischen Blätter* und Verfasser mindestens eines dieser Artikel,[66] sprach Mitte 1843 in einem Brief an Augustin Theiner gar von einem „kleinen Krieg", den man auf diese Weise gegen Russland führe. Die

---

[61] Vgl. ADRIEN BOUDOU: La Saint-Siège et la Russie. Leurs relations diplomatiques au XIXe siècle, Bd. 1, Paris 1922, S. 311-316.

[62] Vgl. „Russland", in: Katholik 22 (1842), Bd. 85, Beilage Nr. 9, S. LXXXIXff. u. Bd. 86, Beilage Nr. 10, S. IV-XXVIII; „Päpstliche Staatsschrift zur Darlegung der Beschwerden gegen Rußland", in: ARKF NF 2 (=15) (1842), Nr. 65 v. 16.8 u. Nr. 66 v. 19.8, S. 534-543; „Rom, vom 22. Juli. Päpstliche Staatsschrift zur Darlegung der Beschwerden gegen Rußland", in: SKB 8 (1842), Nr. 34 v. 20.8., S. 269f.; Nr. 35 v. 27.8., S. 276f.; Nr. 36 v. 3.9., S. 284f.

[63] Vgl. z.B. „Allocution Sr. Heiligkeit Gregor XVI., gehalten im geheimen Consistorium den 22. Julius 1842, mit einer durch Dokumenten belegten Darstellung der unablässigen Sorge seiner Heiligkeit zu Abwendung der harten Bedrängnisse der katholischen Religion in den K. K. Staaten von Rußland und Polen", Einsiedlen 1842; JULIUS RÖTTINGER: Leiden und Verfolgungen der katholischen Kirche in Rußland und Polen. Nach authentischen Quellen dargestellt, Regensburg 1844; SAUSEN.

[64] [IGNAZ DÖLLINGER] „Papst Gregor XVI. und der Kaiser aller Reussen Nikolaus Paulowitsch", in: HPBKD 10 (1842), S. 455-464, 465-491, 583-591, 647-657. Döllingers Verfasserschaft nach WEBER/ALBRECHT, S. 16.

[65] So sein Biograph TARAS VON BORODAJKEWYCZ: Deutscher Geist und Katholizismus im 19. Jahrhundert. Dargestellt am Entwicklungsgang Constantins von Höfler, Salzburg u. Leipzig 1935, S. 122.

[66] WEBER/ALBRECHT, S. 16 weisen Höfler als Verfasser des Artikels „Die Aussichten in Russland", in: HPBKD 11 (1843), S. 498ff. aus.

Wirkung der Artikel werde noch dadurch erhöht, dass sie auch in nicht-katholischen Blättern zirkulierten und wieder abgedruckt würden. So werde die öffentliche Meinung in Bewegung gehalten.[67]

Inhaltlich gingen diese Artikel selten über das hinaus, was von Seiten des Heiligen Stuhls formuliert worden war. Franz Sausen, der Redakteur des *Katholik* machte die bewusste und selbstverständliche Bindung der Ultramontanen an das Votum des Papstes, sowohl was die Kritik an sich als auch ihr Maß und die Art der Äußerung anging, deutlich:

> „Was uns nun betrifft, so dürfen wir nicht weiter gehen, als der heilige Vater uns vorangegangen ist, wir dürfen nicht anders handeln, als der heilige Vater gehandelt hat."[68]

Der zweite Teil dieser Aussage zeigt, dass man sich nach den Enthüllungen über die Verfolgung der polnischen Katholiken durch die päpstliche Schrift nun auch in der Pflicht sah „zum Besten jener Unglücklichen Alles aufzubieten, was in seinen Kräften steht",[69] um somit der russischen Regierung zu zeigen, dass das Schicksal der Glaubensbrüder den deutschen Katholiken nicht gleichgültig sei und genau beobachtet werde. Die *Historisch-politischen Blätter* legitimierten ihr Engagement direkt mit der päpstlichen Stellungnahme, indem sie es für eine Schmach erklärten, wenn man die mahnende Stimme des Statthalters Christi teilnahmslos verhallen ließe.[70]

---

[67] Der Brief vom 21.6.1843 ist abgedruckt in HUBERT JEDIN: Briefe Constantin Höflers an Augustin Theiner 1841 bis 1845, in: HJb 91 (1971), S. 118-127, hier S. 124f. Bereits im Jahr 1841 hatte Höfler mit Theiner über dessen *Zustände* mehrfach korrespondiert und versprochen, sie in der katholischen Presse bekannt zu machen (vgl. ebd., S. 121ff.). Ob und inwieweit Theiner persönlich auf die Kampagne in der deutschen katholischen Presse Einfluss genommen hat, geht hieraus nicht hervor. Auf jeden Fall gab es vielfältige Verbindungen. 1839 ist im *Allgemeinen Religions- und Kirchenfreund* von „unserm Theiner" die Rede („Von der italienischen Grenze, 27. Juli", in: ARKF 12 [1839], Bemerker 36 v. 13.8., Sp. 461). Als ein „Agent" der deutschen Ultramontanen in Rom wird Theiner bezeichnet von DOMINIK BURKARD: Augustin Theiner – ein deutscher Doppelagent in Rom? Oder: Über den Umgang mit Quellen am Beispiel der Rottenburger Bischofswahlen von 1846/47, in: Rottenburger Jahrbuch für Kirchengeschichte 19 (2000), S. 191-251, hier S. 205.

[68] SAUSEN, S. 39.

[69] Vgl. RÖTTINGER, S. IV.

[70] Rez. „Allocution Sr. Heiligkeit Gregor XVI., gehalten im geheimen Consistorium den 22. Julius 1842, mit einer durch Dokumenten belegten Darstellung der unablässigen Sorge seiner Heiligkeit zu Abwendung der harten Bedrängnisse der katholischen Religion in den K. K. Staaten von Rußland und Polen", Einsiedeln 1842, in: HPBKD 10 (1842), S. 545f.

Auch in den folgenden Jahren konnte das päpstliche Verhalten immer wieder zur Untermauerung der kritischen Berichterstattung über die Lage der polnischen Katholiken herangezogen werden, so z.b. während des Aufenthaltes des Zaren in Rom im Dezember 1845. Augustin Theiner hatte in einem Brief an den Papst und seinen Staatssekretär Lambruschini vor dem Besuch gewarnt:

> „Es ist mehr als wahrscheinlich, daß der Kaiser kunstvoll Seiner Heiligkeit eine Anerkennung abzuringen versucht, nicht nur der Teilung Polens, vollzogen 1773, sondern auch und noch mehr der Inkorporierung oder totalen Unterdrückung des Königreiches, die er 1832 vollzogen hat, und zwar gegen die feierliche Verbindlichkeit des Vertrages von Wien von 1815."[71]

Man solle sich davor hüten, in die Falle zu gehen! Eine Anerkennung in diesem Sinne, „schon die leichteste", wäre ein „unbeschreibliches Unglück". Der Papst empfing den Zaren, allerdings betont kühl und beinahe schroff, wie in den Zeitschriften der deutschen Ultramontanen mit Befriedigung berichtet wurde.[72]

So wie allgemeine Berichte über die Lage der polnischen Katholiken durch die päpstliche Allokution eine allerhöchste Bestätigung erfuhren, so erging es auch einigen speziellen Erzählungen über die Verfolgung unter der russischen Herrschaft, die bis dahin oft angezweifelt wurden. Dies galt z.b. für den Bericht der Äbtissin der Basilianerinnen von Minsk, Makryna Mieczysława, über die grausame Verfolgung und Misshandlung der unierten Ordensschwestern, der seit 1845 großes Aufsehen erregte, aber schon bald auch in Zweifel gezogen wurde. Die ultramontane katholische Publizistik, die ausführlich über das Zeugnis der aus Russland geflohenen Nonne berichtete und sie als „Glaubensheldin unserer Tage" feierte,[73] bemühte

---

[71] Der Brief vom 6.12.1845 ist abgedruckt in: BOUDOU, Bd. 1, S. 512f.

[72] Vgl. „Der Czar und der Nachfolger des heiligen Petrus", in: KSB 5 (1846), Nr. 2 v. 11.1., S. 12f.; „Der Czar und der Papst", in: KHF 1 (1846), Nr. 2, Sp. 17-20; „Rom, den 18. Decbr.", in: RKB 3 (1846), Sp. 35ff. Zu dem Besuch selbst und seiner Bedeutung vgl. WINTER, S. 255f.; JOSEF SCHMIDLIN: Papstgeschichte der neueren Zeit, Bd. 1: Papsttum und Päpste im Zeitalter der Restauration (1800-1846), München ²1933, S. 634-638.

[73] „Weltlage. Von dem Einsiedler am Olmenstein", in: SZ 8 (1848), Nr. 6 v. 9.1., S. 21f., hier S. 21. Der Bericht der Äbtissin wurde in nahezu jeder katholischen Zeitschrift abgedruckt und erschien sogar als eigenständige Broschüre. Vgl. Erzählung der Mutter Makrena Mieczyslawa, Aebtissin der Basilianerinnen zu Minsk; oder Geschichte einer siebenjährigen Verfolgung, welche sie und ihre Ordensschwestern um des Glaubens willen gelitten, Mainz 1846; „Russischer Fanatismus. Wie katholische Nonnen von apostasirten Popen gemartert werden. Eine mongolische Bekehrungsgeschichte", in: ARKF NF 5 (=18) (1845), Nr. 82 v. 14.10, S. 502-505; „Moscovitische Bekehrungsversuche", in: KSB 4 (1845), Nr. 41 v. 12.10., S. 333f., Nr. 42 v. 19.10., S. 341f.; „Rußland", in: SZ 5 (1845), Nr. 84 v. 16.10., S. 349f.; Nr. 85 v. 18.10., S. 352ff.; Katholik 25 (1845), Nr. 116 v.

sich die Authentizität nachzuweisen.[74] Als entscheidender und unhinterfragbarer Beleg für ihre Glaubwürdigkeit galt schließlich der Besuch des Papstes bei der Nonne und deren Segnung, wodurch alle Betrugsvorwürfe als nunmehr gegenstandslos betrachtet wurden.[75] Ähnlich verhielt es sich etwa zur selben Zeit mit dem spektakulären Bericht einer Gruppe von unierten Priestern, die vorgaben, aus Sibirien geflohen zu sein, nachdem sie dorthin vor einigen Jahren wegen ihrer Weigerung, zur Orthodoxie überzutreten, verbannt worden seien.[76] Solche Berichte, die sich später als nicht authentisch erweisen sollten, führten in der Publizistik der deutschen Ultramontanen zu der Überzeugung, „daß in Rußland alles möglich ist."[77] Die päpstlichen Stellungnahmen förderten diesen Eindruck und die Bereitschaft, ihn öffentlich zu vertreten.

Die Wandlung in der päpstlichen Politik, die sich ab Ende der 1830er Jahre von der stillen diplomatischen Einflussnahme auf den Zaren wegen ausbleibenden Erfolges abgewendet hatte und nach Kontaktaufnahme mit der polnischen Emigration nunmehr ihren Protest öffentlich machte, beeinflusste wesentlich den Diskurs des deutschen Katholizismus und trug massiv zum wachsenden Interesse und Mitgefühl der deutschen Ultramontanen für das Schicksal ihrer polnischen Glaubensgenossen bei. Dieses führte nicht nur zu einer Veränderung des Polenbildes, sondern wirkte sich auch auf das Eigenbewusstsein der deutschen Katholiken und ihre Sicht auf die politische Ordnung Europas aus.

26.9., S. 541ff. u. Nr. 119 v. 3.10., S. 556; „Paris, 27. April", in: KB 2 (1846), Sp. 192-195; „Katholikenverfolgung in Rußland", in: SKB 12 (1846), Nr. 8 v. 21.2., S. 85ff.

[74] Vgl. „Noch ein Wort über die gemarterten polnischen Nonnen", in: Katholik 26 (1846), Nr. 8 v. 18.1., S. 39f.; „Rom, 18. März", in: Katholik 26 (1846), Nr. 39 v. 1.4., S. 177f.

[75] Vgl. „Rom, 27. October", in: Katholik 26 (1846), Nr. 136 v. 13.11., S. 616. Derselbe Bericht in: KSB 5 (1846), Nr. 47 v. 22.11., S. 374f.; RKB 3 (1846), Sp. 499f.; SKB 12 (1846), Nr. 49 v. 5.12., S. 592f.

[76] Vgl. „Berlin, 4. Januar", in: KSB 5 (1846), Nr. 5 v. 1.2., S. 40; „Berlin, 31. Dez.", in: KB 2 (1846), Sp. 31; „Brüssel, 5. Febr.", in: KB 2 (1846), Sp. 75f.; „Brüssel, 11. Februar", in: Katholik 26 (1846), Nr. 20 v. 15.2., S. 89f.; „Paris, 19. Februar", in: Katholik 26 (1846), Nr. 23 v. 22.2., S. 108.

[77] „Brüssel, 11. Februar", in: Katholik 26 (1846), Nr. 20 v. 15.2., S. 89f., hier S. 90. Der Bericht der angeblichen Äbtissin wurde endgültig als unrichtig nachgewiesen durch die Arbeit des Jesuiten JAN URBAN: Makryna Mieczyslavska w świetle prawdy, Kraków 1923. Trotzdem wurde er immer wieder für authentisch erklärt (so auch noch von LENCYK, S. 139). Trotz aller Zweifel fand die Figur der Nonne auch Eingang in die polnische Literatur, vgl. z.B. JULIUSZ SŁOWACKI: Rozmowa z matką Makryną Mieczysławską, in: DERS.: Dzieła, Bd. 4: Poematy, Wrocław u. a. 1952, S. 117-146 und STANISŁAW WYSPIAŃSKI: Legion, opracował JAN NOWAKOWSKI, Wrocław u. a. 1989.

3.4 Funktion und Folgen für den ultramontanen Stereotypenhaushalt

3.4.1 Vorkämpfer für den Glauben? – Das Verhältnis von Polen- und Selbstbild

Die Polen galten den deutschen Katholiken zunehmend als eine originär katholische Nation, die im russischen Teilungsgebiet aufgrund ihrer Konfession und ihres Festhaltens am katholischen Glauben unterdrückt wurde. Sie wurden dabei nicht nur zu einem Objekt des Mitgefühls, sondern auch der Solidarität, die auf die Zugehörigkeit zur selben konfessionellen Gruppe zurückging. Die Funktion der Berichte über die Verfolgungen der polnischen Glaubensbrüder unter dem russischen Zepter bestand aber nicht nur in der Produktion dieser solidarischen Haltung, sondern auch umgekehrt in der Festigung des ihr zugrundeliegenden Gefühls der Zusammengehörigkeit. Franz Sausen formulierte 1842 den Zweck seiner Schrift, welche die päpstliche Allokution „Haerentem diu" erläuterte und die Unterdrückung der Katholiken in Russland darstellte:

> „[Sie soll] allgemein das Bewußtseyn hervorrufen, *daß wir nur Eines sind unter dem Einen von Gott uns gesetzten Haupte,* Eines in Liebe unter uns, Eines in der Gesinnung gegen Andere, welche Zunge wir auch sprechen, und welchem Stamme wir auch angehören mögen."[78]

Sinn und Zweck der Berichterstattung über die Leiden der polnischen Katholiken unter russischer Herrschaft war demnach die Herstellung bzw. Festigung einer übernationalen katholischen Identität, die wie jede gruppenbildende Formierung aus Elementen der Integration („Eines in Liebe unter uns") und der Distinktion („Eines in der Gesinnung gegen Andere") bestand.[79]

Grundlage für das Gefühl der Solidarität war nicht allein die gemeinsame Zugehörigkeit zur selben Konfession, sondern auch die Einschätzung einer grundsätzlich vergleichbaren, letztlich nur graduell variierenden Situation der Benachteiligung und Verfolgung, die nicht nur auf den paritätischen Staat, sondern auch auf eine katholizismusfeindliche Umwelt zurückgeführt wurde. Wichtige Bezugspunkte für das Gefühl der Diskriminierung waren für die deutschen Ultramontanen der preußische ‚Mischehenkon-

---

[78] SAUSEN, S. IV (Hervorhebungen im Original).

[79] Zu den grundlegenden Prozessen von Integration/Inklusion und Distinktion/Exklusion für die Ausbildung von kollektiver Identität vgl. ASSMANN, Zum Problem der Identität, S. 22f.; ASSMANN, Das kulturelle Gedächtnis, S. 151f.; EISENSTADT/GIESEN, S. 74ff.; GIESEN, S. 13ff.

flikt' zwischen 1837 und 1840 sowie die ablehnende Reaktion des liberalen Deutschland gegenüber der Trierer Wallfahrt von 1844 und die sich daran anknüpfende Abfallbewegung des Deutschkatholizismus, die von liberaler Seite gefördert wurde.[80] Die prekäre Lage der polnischen Katholiken als Opfer staatlicher Unterdrückung unter dem russischen Zepter entsprach somit der „minoritären Identiät", d.h., dem Selbstbild des ultramontanen Katholizismus, eine diskriminierte Gruppe zu sein.[81] Die ultramontanen deutschen Katholiken sahen sich prinzipiell in derselben Opferrolle, in der Position der Abwehr und der erzwungenen Defensive, die in dieser Sicht im russischen Teil Polens lediglich ihre extreme Ausformung erlangt hatte. Das polnische Beispiel bestätigte dieses Selbstbild und bot gleichzeitig ein leuchtendes Vorbild für das gebotene Verhalten in einer solchen Situation: Festhalten am wahren Glauben, notfalls bis zum Martyrium.

Die Publizistik des ultramontanen Katholizismus berichtete immer wieder vom entschiedenen Widerstand der Polen gegen die gewaltsamen Versuche der ‚schismatischen Proselytenmacherei'. Neben der drohenden Vernichtung der katholischen Konfession im russischen Herrschaftsbereich wurde die Belebung des konfessionellen Bewusstseins und des religiösen Lebens der polnischen Katholiken positiv hervorgehoben, die in Reaktion auf die repressiven Maßnahmen der russischen Regierung und im Gegensatz zu deren Absicht erfolgte. Die *Sion* konstatierte 1847 sogar eine wachsende kirchliche Gesinnung in ehemals bereits der Religion entfremdeten Kreisen:

„Es war früher durchaus nichts Ungewöhnliches, unter dem polnischen Adel und unter den reichen Klassen in den Städten religiösen Indifferentismus zu finden, Spöttelei über Gebräuche der römisch-katholischen Confession zu vernehmen sc. Jetzt wird man diesen Indifferentismus viel seltener oder nur bei denen, welche ihr Glück im Staatsdienste versuchen wollen, antreffen; ja man kann zu seiner Freude die Wahrnehmung machen, daß viele jener früheren Indifferenten und Religionsspötter jetzt häufig die bis Czenstochau im Betriebe befindliche Warschau-Wiener-Eisenbahn benutzen, um dort zu dem weit und breit bekannten wunderthätigen Marienbilde zu wallfahrten."[82]

---

[80] Vgl. Kap. 1.2.2.

[81] Zum Begriff der „minoritären Identiät" als ein mögliches Muster kultureller Identitätsbildung unter den Bedingungen einer Umwelt, die starken Assimiliationsdruck ausübt, vgl. ASSMANN, Zum Problem der Identität, S. 19ff.

[82] „Polen", in: Sion 16 (1847), Nr. 64 v. 28.5., Sp. 632. In den Hintergrund trat bei dieser Konstatierung vermehrter Wallfahrten nach Tschenstochau die Vermischung religiöser und nationaler Motive der Pilger: Das Marienbild erfreute sich vor allem deshalb so großer Verehrung, weil es der Legende nach Mitte des 17. Jahrhunderts in wundertätiger Weise nicht nur die Verteidigung des zugehörigen Klosters vor den Schweden, sondern auch deren Vertreibung aus Polen bewirkt und damit die Nation gerettet hatte, woraufhin der

Auch die *Süddeutsche Zeitung für Kirche und Staat* bemerkte Anfang 1848 eine Revitalisierung des religiösen Lebens, einen erhöhten Eifer und eine festere Anhänglichkeit der Katholiken in Russland an ihre Kirche. Dies ließ sie trotz der „Macht des Feindes" hoffen, „daß die Kirche Christi einen vollständigen Sieg über die dichte Finsterniß, den Aberglauben und den tollen Haß des Schismas erringen werde."[83]

Diese Haltung der Besinnung auf das konfessionelle Bewusstsein und dessen Intensivierung im Angesicht äußerer Bedrohung, wie man sie bei den polnischen Katholiken sah, wurde in der Publizistik des deutschen Katholizismus als mahnendes Leitbild für das eigene Verhalten in den Bedrückungen der Gegenwart und den Ungewissheiten der Zukunft in Szene gesetzt. Gelegentlich wurde dieser funktionale Aspekt der Berichterstattung über Leiden und Resistenz der polnischen Katholiken direkt benannt. So wurde 1846 ein Bericht im *Schlesischen Kirchenblatt* mit dem Titel „Katholikenverfolgung in Rußland" mit den gleichermaßen ängstliche Ungewissheit wie Hoffnung ausdrückenden Worten eingeleitet:

> „Möge die nachfolgende Schilderung auch uns zu einer ähnlichen Glaubens-Stärke und Lebendigkeit entflammen; denn welche Tage unserer noch warten – wer kann dies wissen außer Gott?"[84]

Der rheinische *Nathanael*, der ebenfalls die Funktion dieser Berichte in der Stärkung der eigenen Abwehrbereitschaft sah, spielte in diesem Zusammenhang auf die prinzipiell vergleichbaren äußeren Verhältnisse an, unter denen sowohl polnische als auch deutsche Katholiken zu leben hätten:

> „Wie sehr solche Gräuel auch empörend sind, so erheben sie zugleich die Seele jedes echten Katholiken, stählen ihn zum heldenmüthigen Feststehen und Ausharren, und dies nicht bloß in unmittelbarer Nähe, sondern auch in den fernsten Reichen, wohin die Kunde davon früh oder spät sich Bahn bricht, zumal wo die Gläubigen etwa mehr oder weniger in ähnlichen Verhältnissen, unter ähnlichem Einflusse leben mögen."[85]

---

polnische König Jan Kazimierz die Mutter Gottes zur Königin der Krone Polen-Litauens ernannte. Die bis heute charakteristische Marienverehrung in Polen geht zum nicht unbeträchtlichen Teil auf diese nationale Bedeutung zurück. Vgl. ALBERT S. KOTOWSKI: Polen in Deutschland. Religiöse Symbolik als Mittel der nationalen Selbstbehauptung (1870-1918), in: Nation und Religion in Europa. Mehrkonfessionelle Gesellschaften im 19. und 20. Jahrhundert, hg. v. HEINZ-GERHARD HAUPT u. DIETER LANGEWIESCHE, Frankfurt/M. u. New York 2004, S. 253-279, hier S. 258; WATERKOTT.

[83]   „Lage der katholischen Kirche in Rußland", in: SZ 8 (1848), Nr. 47 v. 27.2., S. 187f., hier S. 187.

[84]   „Katholikenverfolgung in Rußland", in: SKB 12 (1846), Nr. 8 v. 21.2., S. 85ff., hier S. 85.

[85]   „Von der russischen Gränze", in: Nathanel 2 (1846), Nr. 1, S. 57.

Das Bild der verfolgten, aber ihrem Glauben auch in der Not treu bleibenden Polen bestätigte und befestigte somit das bestehende Selbstbild der
ultramontanen Katholiken, die sich in einer Abwehrhaltung gegenüber einer
feindlichen Umwelt sahen. Die als feindlich wahrgenommene Umwelt
verkörperte sich vor allem im paritätischen Staat und im weltanschaulichen
Liberalismus, die beide zu versuchen schienen, die religiöse Freiheit und
gesellschaftliche Gleichberechtigung der Katholiken zu beschränken. Das
Polenbild diente somit der Selbstvergewisserung und der Motivierung zu
noch entschiedenerem konfessionellen Bekenntnis und Engagement in der
Gegenwart.

3.4.2 Bollwerk gegen den Osten? – Das Verhältnis von Polen- und Russlandbild

Noch 1831, als der polnische Aufstand von Seiten der deutschen Ultramontanen verurteilt und seine Niederschlagung gebilligt wurde, galt Russland
dem ultramontanen deutschen Katholizismus als ein konservativer Verbündeter und als ein Garant der durch Wiener Kongress und Heilige Allianz
begründeten politischen Ordnung in Europa.[86] Mit der fortdauernden Bedrückung der katholischen Konfession unter russischer Herrschaft und
unter dem Eindruck der öffentlichen Distanzierung und Kritik des Papstes
seit der zweiten Hälfte der 1830er Jahre änderte sich diese Haltung. Angesichts der Verfolgung der polnischen Katholiken wurde in den 1840er
Jahren in der katholischen Publizistik zum Ausdruck gebracht, dass an eine
Bundesgenossenschaft zwischen der Kirche und dem Zaren, wie sie noch
1831 bestanden habe, nicht mehr zu denken sei.[87]

---

[86] Im französischen Katholizismus konservativer Prägung scheint die Haltung gegenüber Russland dagegen schon früh negativ geprägt gewesen zu sein. So vertrat Joseph de
Maistre die Auffassung, dass Russland kein konservatives Bollwerk gegen die Revolution
sein könne, weil es durch das Schisma das Christentum schwäche und daher indirekt die
Revolution begünstige. Vgl. DIETER GROH: Rußland im Blick Europas. 300 Jahre historische Perspektive, Frankfurt/M. 1988, S. 133f.

[87] Vgl. SAUSEN, S. 38; „Der Czar und der Nachfolger des heiligen Petrus", in: KSB 5
(1846), Nr. 2 v. 11.1., S. 12f.; „Rom, den 18. Decbr.", in: RKB 3 (1846), Sp. 35ff. Das
Verhältnis des deutschen Katholizismus zu Russland im Vormärz ist anhand der *Historisch-
politischen Blätter* untersucht worden von FRANK REUTHER: Das Rußlandbild der
„Historisch-politischen Blätter für das katholische Deutschland" im Vormärz, in: JbbGOE
39 (1990), H. 2, S. 177-198. Reuther berücksichtigt dabei aber nicht die Bedeutung Polens
und die Lage der polnischen Katholiken. Generell ausgeklammert wird der katholische
Konservativismus bei PETER JAHN: Russophilie und Konservativismus. Die russophile
Literatur in der deutschen Öffentlichkeit 1831-1852, Stuttgart 1980. Einige Ansätze zum
katholischen Russlandbild finden sich dagegen bei WILHELM KAHLE: Kirchliche Russlandbilder. Ein Überblick, in: Russen und Rußland aus deutscher Sicht. 19. Jahrhundert: Von

In der Charakterisierung der russischen Politik gegenüber den polnischen Katholiken wurde jetzt eine Sprache benutzt, die offensichtlich aus dem zeitgenössischen Diskurs liberaler Russophobie übernommen wurde.[88] Bereits 1833 hatte der *Katholik* das russische Verfahren einer Regierung für unwürdig erklärt, „die civilisirt und christlich seyn will".[89] Aber erst etwa zehn Jahre später etablierte sich auch im Katholizismus aufgrund der russischen Kirchenpolitik eine Kennzeichnung Russlands mit Attributen, die im Gegensatz zum christlich-zivilisierten Selbstbild standen und gemeinhin ‚dem Osten' zugeschrieben wurden.[90] Im allgemein dominierenden Diskurs aufgeklärt-liberaler Prägung hatte bereits seit dem 18. Jahrhundert ein Prozess stattgefunden, der das antike und im Humanismus aktualisierte Vorstellungsmodell eines Nord-Süd-Gegensatzes von zivilisierter und barbarischer Welt in einen Ost-West-Gegensatz umgewandelt hatte. Diese Umwandlung war Mitte des 19. Jahrhunderts weitgehend abgeschlossen. Russland, bis dahin als eine Macht des Nordens gedacht, lag nun im allgemeinen *mental mapping* im Osten Europas an der Grenze zu und teilweise sogar selbst in Asien. Seine Zugehörigkeit zu Europa war umstritten, häufig galt Russland als ‚halbasiatisch'.[91] Im religiös bestimmten Vorstellungssystem war eine solche Umwandlung nicht nötig gewesen, weil hier nicht aus der Antike stammende Denkmodelle in Nord und Süd vorwalteten, sondern in der Folge des Schismas von 1054 der Gegensatz von Ost- und Westkirche und dadurch auch eine terminologische Tradition des ‚Östlichen' in bezug auf Russland bestand. Die russisch-orthodoxe als Teil der griechischen Kirche lag von Rom aus gesehen nicht im Norden, sondern im Osten. Sie galt daher traditionell nicht als ‚nordisch', sondern als

---

der Jahrhundertwende bis zur Reichsgründung (1800-1871), hg. v. MECHTHILD KELLER, München 1991, S. 849-886.

[88] Vgl. dazu JAHN, S. 56-76; GROH, S. 189-233; WALTER PAPE: Eispalast der Despotie. Russen- und Rußlandbilder in der politischen Lyrik des Vormärz (1830-1848), in: Russen und Rußland aus deutscher Sicht. 19. Jahrhundert: Von der Jahrhundertwende bis zur Reichsgründung (1800-1871), hg. v. MECHTHILD KELLER, München 1991, S. 435-472.

[89] „Polen", in: Katholik 14 (1833), Bd. 51, Beilage Nr. 2, S. LVIIIf., hier LIX.

[90] REUTHER, S. 189 konstatiert für den Vormärz ein „durchgängig negative[s] Bild der zaristischen Herrschaft" im deutschen Katholizismus. Da er nur die erst ab 1838 erscheinenden HPBKD untersucht und nur Belegstellen aus den 1840er Jahren anführt, entgeht ihm die Entwicklung, die das katholische Russlandbild seit Beginn der 1830er Jahre nahm.

[91] Vgl. zu diesem Prozess HANS LEMBERG: Zur Entstehung des Osteuropabegriffs im 19. Jahrhundert. Vom „Norden" zum „Osten" Europas, in: JbbGOE 33 (1985), Nr. 1, S. 48-91; LARRY WOLFF: Inventing Eastern Europe. The Map of Civilization on the Mind of the Enlightenment, Stanford (Cal.) 1994, S. 357. Zur Entstehung des Stereotyps vom ‚asiatischen' Russland bereits im 16. Jahrhundert vgl. EKKEHARD KLUG: Das ‚asiatische' Russland. Über die Entstehung eines europäischen Vorurteils, in: HZ 245 (1987), S. 265-289.

‚östlich', ‚orientalisch' oder ‚morgenländisch'. In kirchlichen Kategorien gedacht lag Russland also schon lange im Osten.[92]

Der katholischen Publizistik der 1840er Jahre fiel es daher nicht schwer, sich der Russlandstereotypen aus dem liberalen Diskurs zu bedienen, die einen östlich-byzantinischen oder asiatischen Unrechtscharakter suggerierten. Die Vorgehensweise Russlands gegenüber den polnischen Katholiken wurde wiederholt als „despotisch" und „barbarisch" charakterisiert.[93] Typisch für katholische weltanschaulich-geographische Vorstellungen ist die Wortkombination des „despotisch-revolutionären" Charakters des russischen Vorgehens, wie sie Ignaz Döllinger in einem Artikel verwendete.[94] Sie verweist auf die Verwandtschaftsannahme zwischen Despotie und Revolution, wie sie bereits 1831 in der Münchener *Eos* formuliert wurde, wo der Despotismus als „der Milchbruder der Anarchie" galt.[95] Die beiden Prinzipien stellten zwar entgegengesetzte politische Extreme dar, die jedoch gleichermaßen, wenn auch aus verschiedenen Richtungen, den organischen historischen Verlauf, die natürliche Gesellschaftsordnung und nicht zuletzt die Stellung der Kirche in Staat und Gesellschaft bedrohten. Nach dem Vorstellungsmodell von Joseph Görres war das revolutionär-anarchische ein amerikanisches und das despotische ein asiatisches Prinzip. Beide ragten nach Europa hinein, Amerika in Form der Schweiz und Asien in Form von Russland.[96] Das russische Vorgehen gegen Polen und den Katho-

---

[92] Vgl. LEMBERG, S. 80f.; OTTO KALLSCHEUER: Kirche und Macht. Kleine politisch-theologische Geographie Europas – aus westlicher Sicht, in: Religion und Kirche in der modernen Gesellschaft. Polnische und deutsche Erfahrungen, hg. v. EWA KOBYLIŃSKA, u. ANDREAS LAWATY, Wiesbaden 1994, S. 47-62, hier S. 50.

[93] Vgl. [IGNAZ DÖLLINGER:] „Papst Gregor XVI. und der Kaiser aller Reussen Nikolaus Paulowitsch. Erste Betrachtung", in: HPBKD 10 (1842), S. 455-464, hier S. 458 u. „Zweite Betrachtung", S. 465-491, hier S. 481; „Kunde aus Rußland", in: HPBKD 17 (1846), S. 81-94, hier S. 82; „Der Czar und der Nachfolger des heiligen Petrus", in: KSB 5 (1846), Nr. 2 v. 11.1., S. 12f., hier Sp. 13; „Rom, den 18. Decbr.", in: RKB 3 (1846), Sp. 35ff. Zur historischen Semantik des Begriffs „Despotismus" als typisch asiatischer und barbarischer Herrschaftsform vgl. MELVIN RICHTER: Despotism, in: Dictionary of the History of Ideas. Studies of Selected Pivotal Ideas, Bd. 2, New York 1964, S. 1-18.

[94] [IGNAZ DÖLLINGER:] „Papst Gregor XVI. und der Kaiser aller Reussen Nikolaus Paulowitsch. Erste Betrachtung", in: HPBKD 10 (1842), S. 455-464, hier S. 458.

[95] „Aphorismen", in: Eos 15 (1831), Nr. 107 v. 8.7., S. 432. In seiner Athanasius-Schrift gegen die preußische Verhaftung des Kölner Erzbischofs im Zuge des ‚Mischehen-streits' erklärte Joseph Görres 1838, dass die Omnipotenz des Staates immer eine Form der Despotie darstelle. Vgl. KLUG, Rückwendung, S. 246.

[96] Vgl. den programmatischen Artikel von Joseph Görres in der ersten Ausgabe der *Historisch-politischen Blätter*: „Weltlage", in: HPBKD 1 (1838), S. 1-31, 214-231, 261-280, hier S. 25f.; vgl. dazu auch HERIBERT RAAB: Europäische Völkerrepublik und christliches Abendland. Politische Aspekte und Prophetien bei Joseph Görres, in: HJb 96 (1976),

lizismus wurde, wie schon die Teilungen Polens im 18. Jahrhundert, als eine Verknüpfung von asiatischer Despotie und anarchischer Revolution gedeutet.[97] Die Verfolgung der polnischen Katholiken wurde als in der Gegenwart für einzigartig erklärt und galt als nur mit den Christenverfolgungen durch heidnische Kaiser oder dem orientalischen Völkerrecht eines Nebucadnezars und der babylonischen Gefangenschaft des Volkes Israel vergleichbar.[98] Diese Vergleiche mit dem auserwählten Volk Gottes und den ersten Christen verweisen auf die besondere Stellung, die den Polen im Zusammenhang mit ihrer konfessionellen Unterdrückung zugebilligt wurde. Für die politische Ordnung Europas wurde Polen in historischer Perspektive ebenfalls eine besondere Rolle zugewiesen. Aufgrund seiner Katholizität galt Polen in der katholischen Presse jetzt wechselweise als die historische Scheidewand zwischen Asien und Europa, als Bollwerk Deutschlands gegen Russland oder des christlichen Abendlandes gegen das Schisma.[99] Da Polen als Staat seit den Teilungen nicht mehr bestand, konnte es diese Rolle aber nur noch unvollkommen, einzig in der Resistenz im Glauben erfüllen. Seit den 1840er Jahren erhoben sich warnende Stimmen, die ein aggressives Ausgreifen Russlands auf Deutschland und Europa für den Fall prophe-

---

S. 58-91, hier S. 89ff. REUTHER, S. 197 sieht in der Gleichsetzung von Demokratie und Autokratie eine bewusste Abwertung liberaler Positionen, für die das zaristische Russland den Hort der Reaktion darstellte.

[97] Zu dieser Interpretation der Teilungen Polens vgl. ausführlicher Kap. 7.3.3.2.

[98] Vgl. [IGNAZ DÖLLINGER:] „Weitere Berichte über Rußland", in: HPBKD 11 (1843), S. 630ff., hier S. 630; „Von der russischen Gränze", in: Nathanel 2 (1846), Nr. 1, S. 57; „Ueber die Behandlung, welche die katholischen Polen unter der russischen Herrschaft erfahren", in: Katholik 13 (1833), Bd. 47, Beilage Nr. 3, S. XLIVf., hier XLV; als Nachdruck auch in: ARKF 6 (1833), Kirchenhistorischer Bemerker Nr. 16, Sp. 231ff.

[99] Vgl. [IGNAZ DÖLLINGER:] „Papst Gregor XVI. und der Kaiser aller Reussen Nikolaus Paulowitsch. Vierte Betrachtung", in: HPBKD 10 (1842), S. 647-657, hier S. 653, 656; RÖTTINGER, S. 119; „Aus Polen", in: Katholik 24 (1844), Nr. 13 v. 31.1., S. 59; FRANZ JOSEPH BUß: Aufgabe der Zeitschrift, in: Capistran 1 (1847), S. 3-21, hier S. 14; „Lage der katholischen Kirche in Rußland", in: SZ 8 (1848), Nr. 47 v. 27.2., S. 187f., hier S. 187; „Weltlage. Von dem Einsiedler am Olmenstein", in: SZ 8 (1848), Nr. 6 v. 9.1., S. 21f. Zum Mythos Polens als *antemurale Christianitatis*, der erst im Zeitalter der Teilungen weite Verbreitung fand, von den polnischen Klerikalen gepflegt, aber auch von der polnischen Linken in säkularisierter Form propagiert wurde, vgl. JANUSZ TAZBIR: Polskie przedmurze chrześcijańskiej Europy. Mity a rzeczywistość historyczna, Warszawa 1987, S. 105-140; in enger Anlehnung an Tazbir MAŁGORZATA MORAWIEC: Antemurale christianitatis. Polen als Vormauer des christlichen Europa, in: Jahrbuch für Europäische Geschichte 2 (2001), S. 249-260. Zur Vorgeschichte dieses Mythos in Mittelalter und früher Neuzeit vgl. auch JADWIGA KRZYŻANIAKOWA: Polen als *antemurale* Christianitatis. Zur Vorgeschichte eines Mythos, in: Mythen in Geschichte und Geschichtsschreibung aus polnischer und deutscher Sicht, hg. v. Adelheid von Saldern, Münster 1996, S. 132-146.

zeiten, dass im Kampf gegen die katholische Konfession der Polen der Abbruch der „Vormauer und Veste" des katholischen Abendlandes vollständig gelinge.[100] Das *Rheinische Kirchenblatt* und die *Katholischen Sonntags-Blätter* aus Mainz mahnten 1846, dass bei einem Erfolg der antikatholischen Politik Russlands mittelfristig auch „die Niederlage der Civilisation gegen die nach Westen vorschreitende Barbarei zu beklagen" wäre.[101] Der *Katholik* sah aufgrund des Ausfalls Polens als Bollwerk gegen Russland diese Aufgabe auf die Deutschen übergehen und hoffte: „möge sie der deutsche Geist und mögen sie die deutschen Kanonen einigermaßen ersetzen!"[102] Der Hinweis auf die „deutschen Kanonen" deutet schon darauf hin, dass hier mittelfristig ein militärischer Konflikt zwischen Deutschland und dem aggressiv expandierenden Russland vorhergesehen und als unausweichlich erwartet wurde.[103] Es blieb jedoch unklar, welche Rolle Polen in oder nach einem solchen Konflikt zukommen sollte, ob es seine historische Funktion als Bollwerk gegen den barbarischen Osten nicht mehr nur religiös, sondern auch wieder politisch in staatlicher Form einnehmen sollte.

Unmissverständlich war 1846 in der Augsburger *Neuen Sion* und wortgleich im *Schlesischen Kirchenblatt* zu lesen, dass ein selbständiges katholisches Polen auch für das Europa der Gegenwart angesichts des Gegensatzes zu Russland von Nutzen sei:

> „Wie einst Ungarn die Vormauer gegen die Türken war, so ist Polen, das katholische Polen, unsere Vormauer gegen das russische Reich. Ein starkes Polen gehört zu Europa's weisester Politik."[104]

Beim Ausbruch der Revolution von 1848, als die Frage nach der staatspolitischen Gestalt Deutschlands und Polens neu auftauchte und eine militärische Auseinandersetzung mit Russland zeitweise vielen Zeitgenossen unumgänglich erschien, waren in Folge der russischen Konfessions- und Polenpolitik die Sympathien des deutschen Katholizismus zwischen Polen

---

[100] FRANZ JOSEPH BUß: Aufgabe der Zeitschrift, in: Capistran 1 (1847), S. 3-21, hier S. 14.

[101] „Der Czar und der Nachfolger des heiligen Petrus", in: KSB 5 (1846), Nr. 2 v. 11.1., S. 12f., hier Sp. 13; „Rom, den 18. Decbr.", in: RKB 3 (1846), Sp. 35ff.

[102] „Aus Polen", in: Katholik 24 (1844), Nr. 13 v. 31.1., S. 59.

[103] Vgl. ausdrücklich in: „Zustände der griechisch-russischen Kirche", in: Katholik 21 (1841), Bd. 82, S. 150-163, hier S. 150.

[104] „Der polnische Aufstand und die deutsche Journalistik", in: NSion 2 (1846), Nr. 39 v. 31.3., S. 203; SKB 12 (1846), Nr. 16 v. 18.4., S. 189.

und Russland eindeutig verteilt.[105] Das sollte sich wesentlich auf die katholische Haltung gegenüber den Polen und ihrem Wunsch nach politischer Unabhängigkeit im Revolutionsjahr auswirken. Die *Süddeutsche Zeitung für Kirche und Staat* sah eine zukünftige polnische Selbständigkeit Anfang des Jahres 1848, wenige Wochen vor Ausbruch der ganz Europa erschütternden Revolutionen, für gewiss an, auch wenn sie gleichzeitig den Polen von einer gewaltsamen Erlangung dieses Zieles abriet:

> „Und Du, *Land der Piasten*, das du Jahrhunderte hindurch für die Völker des Abendlandes ein Bollwerk warst gegen die Horden aus den Wüsten Asiens und gegen die Schaaren barbarischer Moscowiten, auch für dich wird der Tag der Wiedergeburt kommen, mit Gewalt aber werden ihn deine Söhne nicht herbeiführen können, mögen sie beten und ausharren, die Rettung wird nicht ausbleiben."[106]

---

[105] Vgl. Kap. 7.2.4. Ausnahmen bildeten einzelne Ultra-Konservative wie Wilhelm von Schütz, der zwar entschieden für eine Wiederherstellung Polens war, aber nicht die Ansicht teilte, „daß Polens Herstellung eine Nothwendigkeit deshalb sei, weil dadurch eine Schutzmauer gegen Rußland aufgerichtet werde. Mir scheint diese Herstellung ein Bedürfniß für die Vollendung der Restauration zu sein". Schütz sah sowohl in Russland als auch in Polen noch echt hierarchisch-restaurative Gesellschaftsordnungen, die in Westeuropa bereits verloren gegangen seien. Vgl. SCHÜTZ, Die frommen katholischen Alt-Sarmaten, S. 119-123, Zitat S. 122.

[106] „Weltlage. Von dem Einsiedler am Olmenstein", in: SZ 8 (1848), Nr. 6 v. 9.1., S. 21f.

4. RELIGIÖSE ERNEUERER ODER POLITISCHE REVOLUTIONÄRE? – DAS VERHÄLTNIS ZUR POLNISCHEN EMIGRATION

Angesichts der relativ einheitlichen Ablehnung des Novemberaufstandes von 1830 und des sich positiv wandelnden Polenbildes durch die russische Kirchenpolitik im Gefolge des Aufstandes stellt sich die Frage nach dem Verhältnis des deutschen Katholizismus zu der polnischen Emigration.[1] Die ,Große Emigration', die sich aus den Beteiligten des Aufstandes von 1830/31 zusammensetzte, welche ihr Land nach der Niederschlagung verlassen mussten, und einen erheblichen Teil der geistigen und politischen Elite des Landes umfasste, konzentrierte sich vor allem in Frankreich. Sie wurde von ihrer Bedeutung her so etwas wie das vierte Teilungsgebiet Polens. Hier versammelte sich eine kritische Masse, die über die Geschichte, Gegenwart und Zukunft Polens nicht nur nachdenken, sondern auch schreiben und öffentlich diskutieren konnte. In relativ kurzer Zeit differenzierte sich das polnische Exil auch in politischer Hinsicht und bildete unterschiedliche Parteien und Lager mit verschiedenen Konzepten über die Zukunft Polens, die Wiederherstellung des polnischen Staates und die geeigneten Mittel zur Erreichung desselben. Die Präsenz der Emigration und ihr Wirken auf europäischer Ebene war und blieb ein entscheidender Faktor dafür, dass die ,polnische Frage' sich im Bewusstsein der europäischen Öffentlichkeit fest verankerte und immer wieder thematisiert wurde. Die polnische Emigration bildete einen kontinuierlichen und stets spürbaren Stachel in der politischen Ordnung Europas. Ihre Existenz hielt ein latentes Unrechtsbewusstsein auch bei denjenigen am Leben, die den politischen Status quo als dauerhafte Ordnung betrachteten und einer Wiederherstel-

---

[1] Zur polnischen Emigration vgl. SŁAWOMIR KALEMBKA: Wielka Emigracja. Polskie wychodźstwo polityczne w latach 1831-1862, Warszawa 1971; HAHN, Außenpolitik in der Emigration; DERS.: Die Organisation der polnischen „Großen Emigration". 1831-1847, in: Nationale Bewegung und soziale Organisation, hg. v. THEODOR SCHIEDER u. OTTO DANN, Bd. 1: Vergleichende Studien zur nationalen Vereinsbewegung des 19. Jahrhunderts in Europa, München u. Wien 1978, S. 131-279; DERS.: Die erste 'Große Emigration' der Polen und ihr historischer Stellenwert, in: Sendung und Dichtung. Adam Mickiewicz in Europa, hg. v. ZDZISŁAW KRASNODĘBSKI u. STEFAN GARSZTECKI, Hamburg 2002, S. 207-228.

lung Polens wegen der damit verbundenen Kriegs- und Revolutionsgefahr für ganz Europa skeptisch oder ablehnend gegenüber standen.

Insbesondere das konservative Lager und die sich ausbildende religiöse Erneuerungsbewegung der polnischen Emigration boten Anknüpfungspunkte zum deutschen Ultramontanismus. Sie versuchten entsprechende Kontakte herzustellen und die katholische Presse für das Schicksal Polens zu interessieren. Tatsächlich kam es zu freundschaftlichen Kontakten insbesondere mit dem Münchener Görres-Kreis. Das Interesse der deutschen Ultramontanen blieb jedoch zurückhaltend und bezog sich vor allem auf die religiöse Entwicklung innerhalb der polnischen Emigration. Für ihre Beurteilung war in erster Linie die Treue zur katholischen Kirche und das Verhältnis zur Revolution maßgeblich. Besonderes Interesse erfuhr daher die Bewegung der polnischen Ultramontanen, die sich in der Emigration herausbildete und programmatisch dem deutschen Ultramontanismus nahe stand. Zur Präsentation ihrer geschichtstheologisch begründeten antirevolutionären Haltung zur ‚polnischen Frage' bot sich die wichtigste ultramontane Zeitschrift in Deutschland Mitte der 1840er Jahre bereitwillig als öffentliches Forum an. Zu einer tiefen und nachhaltigen Entfremdung kam es jedoch angesichts des polnischen Aufstandes von 1846 im österreichischen Teilungsgebiet.

4.1 Konservative Brückenschläge – Die Bemühungen des Hôtel Lambert um die Bundesgenossenschaft des Görres-Kreises

Die konservativen Kreise innerhalb der polnischen Emigration in Frankreich bemühten sich seit der zweiten Hälfte der 1830er Jahre nicht nur im Vatikan um eine Revision der negativen Polenpolitik Roms.[2] Sie versuchten auch zur ultramontanen Bewegung des deutschen Katholizismus Kontakt aufzunehmen und diese dazu zu bewegen, eine polenfreundlichere Perspektive einzunehmen, als sie es während des Novemberaufstandes getan hatte. Im Hôtel Lambert hoffte man über persönliche Kontakte die Presse der deutschen Katholiken in einem grundsätzlich pro-polnischen Sinne beeinflussen und so einen Bundesgenossen innerhalb des europäischen Katholizismus gewinnen zu können, der bei den Bemühungen um eine revidierte Haltung Roms gegenüber Polen unterstützend wirken könnte.

Versuche dieser Art wurden vor allem von Władysław Zamoyski, dem Neffen und ‚Außenminister' Czartoryskis, unternommen. Zamoyski war selbst ein sehr überzeugter Katholik; Intensität und Ausmaß seiner Religio-

---

[2] Vgl. Kap. 3.3.

sität scheinen selbst seine nähere Umgebung immer wieder irritiert zu haben.[3] Er förderte die ultramontane Bewegung innerhalb der Emigration und war eine treibende Kraft für das Engagement in Rom. Mit Montalembert verband ihn eine enge Freundschaft; über ihn erhielt er seit 1837 mehrere Audienzen beim Papst, in denen er diesem die Lage der polnischen Katholiken unter russischer Herrschaft darstellte. Etwa zur selben Zeit suchte Zamoyski insbesondere zum Münchener Görres-Kreis Kontakt. Mehrmals hielt er sich zwischen 1838 und 1845 in München auf.[4]

Bereits im Sommer 1838 war Zamoyski mit Constantin Höfler bekannt, einem Mitglied des Görres-Kreises mit Verbindungen zu Augustin Theiner in Rom, der an der Universität München Privatdozent für Geschichte war und offenbar dem jüngeren Bruder Zamoyskis, Stanisław, zu dieser Zeit Unterricht erteilte.[5] Spätestens ab 1839 stand Zamoyski dann in einem recht vertrauten Verhältnis zu der Familie Görres. Im Sommer reiste er mit Guido Görres, dem Sohn von Joseph Görres und Herausgeber der *Historisch-politischen Blätter*, durch die Schweiz und dann weiter nach München, wo er ebenfalls mit der Familie Görres in Kontakt blieb.[6] Im September 1839 traf Zamoyski mit Joseph Görres in dessen Feriendomizil Schloß Hörtenberg in Bozen zusammen, wohin er mit dem Münchner Theologen und Orientalisten Friedrich Windischmann gereist war, der ebenfalls Mit-

---

[3] Vgl. KONARSKA, S. 133-153. Die Annahme von ADAM ANDREW HETNAL: The Polish Question during the Crimean War 1853-1856, Diss. Nashville/Tenn. 1980, S. 496, dass Zamoyski im Fall einer Kollision der Interessen des Hôtel Lambert mit denen Roms wahrscheinlich Rom gefolgt wäre, scheint mir allerdings überzogen und angesichts seines Engagements, Rom zu einem Bundesgenossen des Hôtel Lamberts zu machen, unbegründet.

[4] Vgl. zu den Reisedaten KONARSKA, S. 202-205. Im Dezember 1838 befand sich auch Cezary Plater in München, wie Montalembert in einem Brief an Semenenko und Kajsiewicz vom 20.12.1838 erwähnt, vgl. ROGER-TAILLADE, S. 397.

[5] Vgl. Zamoyskis Brief an seinen Bruder August v. 11.7.1838, in dem er sich lobend über die pädagogischen Fähigkeiten Höflers äußert (ZAMOYSKI, Jenerał Zamoyski, Bd. 4, S. 18f.). Zu Höflers Verbindungen zu Theiner in der Frage der polnischen Katholiken in Rußland vgl. Kap. 3.3.

[6] Vgl. die Briefe Guidos aus Thun und Bern vom 20. u. 21. Juli 1839 an seine Familie in München (GÖRRES, Gesammelte Schriften, hg. v. MARIE GÖRRES, Bd. 7, S. 384-389). Guido bedauert in ihnen, „daß Zamoyski nicht länger die Reise mitmachen konnte", erkundigt sich nach der Ankunft Zamoyskis in München und erwartet Briefe von diesem (ebd., S. 384, 386, 388f.). Am 26.7. schreibt die Mutter Katharina an Guido nach Paris, Zamoyski sei in München „glücklich angekommen". Dieser Brief befindet sich im Görres-Jochner-Archiv: Akt Marie Görres I. Einblick in eine Abschrift erhielt ich freundlicherweise von Dr. Monika Fink-Lang, München, die zur Zeit im Auftrag der Görres-Gesellschaft den zweiten Band (Die Münchner Zeit: Okt. 1827-1848) einer Edition der Briefe von Joseph Görres vorbereitet.

glied des Görres-Kreises war.[7] Wie Zamoyski seinem Bruder schrieb, fühlte er sich in der Umgebung dieses Kreises äußerst wohl, und insbesondere die Person von Joseph Görres, um die sich der Zirkel gruppierte, strahlte auf ihn eine faszinierende Anziehungskraft aus.[8] Noch zwanzig Jahre später erinnerte er sich an das menschlich und geistig-religiös anregende Zusammentreffen mit den Münchener Ultramontanen:

> „Verbunden mit ihnen war mir ihre Bekanntschaft eine Quelle großer Freude und klarerer Sicht auf das Verhältnis von Gesellschaft und Kirche. Abends versammelten sich die Professoren abwechselnd bei einem von ihnen; mit großer Freude besuchte ich diese Abende, und die Liebenswürdigkeit, die mir in diesem Kreise erwiesen wurde, zähle ich zu den kostbaren Erinnerungen meines Lebens. Ich ging zur Universität zu einigen Vorlesungen. Görres, der schon um die siebzig Jahre zählte, begeisterte mich mit einer allgemein-geschichtlichen Vorlesung, nach der Lehrstunde kam er noch zu mir zu einem Gespräch ins Hotel, bis in den zweiten Stock, wo ich wohnte."[9]

Offenbar war auch Görres von Zamoyski, den er für einen „wackere[n], gescheidte[n] junge[n] Mann" hielt, recht angetan. Nach dessen Abreise aus München erkundigte er sich bei seinem Sohn Guido, der sich gerade in Paris aufhielt, nach Zamoyskis Ankunft dort und ließ ihn grüßen.[10] Guido seinerseits traf Zamoyski in Paris zusammen mit Montalembert.[11] Vermutlich durch Zamoyskis Vermittlung erhielt er auch Zugang zum Salon des Fürsten Czartoryski. Guido berichtete nach München von einem Abend „unter Polen und Polenfreunden aller Nationen" im Haus des Fürsten,

---

[7] Am 16.9. schrieb Mutter Katharina an Guido in Paris, dass Zamoyski mit Windischmann nach Bozen abgereist sei (Görres-Jochner Archiv: Akt Marie Görres I. Abschrift von Dr. Monika Fink-Lang, München). Zur Begegnung mit Görres vgl. den Brief von Joseph Görres an seine Frau (GÖRRES, Gesammelte Schriften, hg. v. MARIE GÖRRES, Bd. 7, S. 393). Windischmann, der ab 1839 auch Domkapitular in München war, vermittelte 1843 auch Jan Koźmian den Kontakt zum Görres-Kreis (vgl. Kap. 4.2).

[8] Vgl. den Brief an den Bruder Andrzej v. 13.12.1839 (ZAMOYSKI, Jenerał Zamoyski, Bd. 4, S. 114).

[9] ZAMOYSKI, Jenerał Zamoyski, Bd. 4, S. 110. Übersetzung von mir. Aufgezeichnet bzw. diktiert wurden diese Erinnerungen zwischen 1858 und 1867.

[10] Brief an Guido Görres vom 24.12.1839. In dem gekürzten Abdruck dieses Briefes in GÖRRES, Gesammelte Schriften, hg. v. MARIE GÖRRES, Bd. 7, S. 409f. fehlt das Zitat über Zamoyski. Für eine Abschrift des Originals, das in der Bayerischen Staatsbibliothek (Görresiana 2, Nr. 76) liegt, danke ich Dr. Monika Fink-Lang, München.

[11] Am 2. März 1840 berichtet Guido Görres von einem gemeinsamen Essen: „Wir waren sehr heiter". Vgl. GÖRRES, Gesammelte Schriften, hg. v. MARIE GÖRRES, Bd. 7, S. 416.

entwickelte aber darüber hinaus kein besonderes Interesse an der Intensivierung seiner Kontakte zur polnischen Emigration.[12]

Dieses über persönliche Sympathie kaum hinausgehende Interesse scheint symptomatisch für die Haltung des Münchener Görres-Kreises zum Hôtel Lambert gewesen zu sein. Zwar wurde Zamoyski selbst offenbar geschätzt; noch im September 1846 schrieb der Augsburger *Sion*, dass er sich „nicht minder durch seinen Charakter, seine Geistesgaben und seine treue Anhänglichkeit an die Religion, als durch seine Geburt auszeichnet, im Exil lebt und eines der vornehmsten Häupter der polnischen Emigration ist."[13] Das eigentliche Ziel seiner Mission erreichte Zamoyski aber nicht. Im Dezember 1839 hatte er noch hoffnungsvoll aus München an Czartoryski geschrieben:

> „Hier verliere ich keine Zeit. Ich habe die ganze Heerschar der katholischen politischen Schriftsteller getroffen, vorzugsweise Görres. Ihre Aufmerksamkeit gegenüber unserem Land ist lebhaft erwacht, ihr Hass auf die Verfolger des Glaubens vollkommen. [...] Ich bemühe mich, diesen Schriftstellern eine genauere Kenntnis von unserem Land zu vermitteln, dass sie nach Vermögen darüber schreiben."[14]

Trotz dieser optimistischen Einschätzung Zamoyskis erschien in den *Historisch-politischen Blättern*, dem Zentralorgan des deutschen Katholizismus, das vom Görres-Kreis herausgegeben wurde, bis 1842, als die russische Konfessionspolitik durch den Papst erstmals öffentlich verurteilt wurde, kein einziger Artikel über Polen allgemein oder die Lage der polnischen Katholiken in Russland speziell. Obwohl es Zamoyski offenbar gelungen war, auf der Basis gemeinsamer religiöser Interessen freundschaftliche Kontakte zum Görres-Kreis zu knüpfen, blieb er in seinem eigentlichen Bemühen erfolglos. Es konnte im deutschen Katholizismus weder eine Sensibilität für die polnischen Belange, wie sie das Hôtel Lambert vertrat, herstellen noch fand er Bereitschaft, die Lage der Polen in der katholischen Publizistik zu thematisieren. In dieser Hinsicht war seine Mission gescheitert. Offensichtlich waren die deutschen Ultramontanen vor der öffentlich dokumentierten Abkehr Roms von der pro-russischen Haltung, die gleichzeitig als eine gewisse Annäherung an die konservativen Teile der polnischen Emigration aufgefasst werden konnte, nicht bereit,

---

[12] Er berichtet lediglich von einem Gespräch mit einem „Kosakengrafen" über „unsere Kosakenprinzessin Raczivil", vgl. seinen Brief vom 12.1.1840, in: GÖRRES, Gesammelte Schriften, hg. v. MARIE GÖRRES, Bd. 7, S. 412.

[13] „Von der polnischen Gränze", in: Sion 15 (1846), Nr. 113 v. 19.9., Sp. 1152.

[14] Brief vom 3.12.1839 (ZAMOYSKI, Jenerał Zamoyski, Bd. 4, S. 108f., Übersetzung von mir.)

Kontakte mit Emigranten über rein persönliche Beziehungen im Einzelfall hinaus zu unterhalten oder sich von diesen beeinflussen zu lassen. Zudem scheint die Linie des Hôtel Lambert den deutschen Ultramontanen zu politisch und auf Veränderung ausgerichtet gewesen zu sein, denn auch in der Zeit nach 1842 deutet nichts auf eine Intensivierung der bestehenden Kontakte hin, wohingegen Verbindungen zu den polnischen Ultramontanen nun lebhafter wurden.[15]

4.2 Einblicke in die religiöse Erneuerung – Die polnische Emigration in der ultramontanen Publizistik

In der katholischen Publizistik erschienen bis 1846 nur sehr selten Berichte über die polnischen Emigranten, die nach dem Novemberaufstand ihr Land verlassen mussten. Die wenigen vorhandenen Meldungen bezogen sich dem Charakter der katholischen Zeitschriften entsprechend zumeist auf das religiöse Leben der nach Frankreich geflohenen Polen. Bereits 1832 wurde im *Katholik* berichtet, dass den eingetroffenen Flüchtlingen eine Kirche zur Verfügung gestellt worden sei, in denen polnische Geistliche Kanzelvorträge halten dürften. In diesem Zusammenhang wurde anerkennend festgestellt, dass die Polen „rührende Beispiele der Frömmigkeit" abgäben und man durch sie endlich einmal wieder „die Epaulettes in der Kirche und die Uniform auf den Knieen an dem Tische des Herrn gesehen" habe.[16] In Paris fand fortan wöchentlich ein Gottesdienst mit polnischsprachiger Predigt statt. Gegen die alljährliche Ausrichtung eines Trauergottesdienstes am Tag der russischen Einnahme Warschaus für die dabei gefallenen Polen, der auch eine politische Dimension besaß, konnte, wie das *Südteutsche Katholische Kirchenblatt* 1843 zu melden wusste, auch der russische Geschäftsträger beim Pariser Erzbischof nichts ausrichten.[17]

Angesichts der nur vereinzelten und kurzen Meldungen über die polnische Emigration kommt einem ausführlicheren Artikel, der 1843 an zentraler Stelle, nämlich in den *Historisch-politischen Blättern für das katholische Deutschland* unter dem Titel „Die Schicksale der polnischen Emigration" erschien, eine besondere Bedeutung zu.[18] Der Verfasser dieses zwanzigseitigen Textes, der wie üblich nicht namentlich genannt wurde, war kein gewöhnlicher Mitarbeiter der Zeitschrift, sondern Jan Koźmian,

---

[15] Vgl. Kap. 4.3.

[16] „Besancon", in: Katholik 12 (1832), Bd. 45, Beilage Nr. 7, S. XV.

[17] „Frankreich", in: SZ 3 (1843), Nr. 2 v. 14.1., S. 14.

[18] [JAN KOŹMIAN:] „Die Schicksale der polnischen Emigration. (Aus einer Zuschrift an die Redaction)", in: HPBKD 12 (1843), S. 419-439.

ein polnischer Emigrant aus dem Umkreis des ultramontanen Resurrektionsordens, der erst im Jahr zuvor gegründet worden war. Koźmian, der als Laie kein vollgültiges Mitglied des Ordens, sondern nur ein ‚externer Bruder' war, hatte sich im August 1843 bei den Redemptoristen in Altötting zu Exerzitien aufgehalten, um seine Eignung zum Priester zu prüfen.[19] Er entschied sich zunächst gegen die Priesterschaft,[20] wurde aber dennoch für den Orden tätig, indem er, ähnlich wie Zamoyski einige Jahre vor ihm, Kontakt zum Görres-Kreis in München suchte, um ihn über das religiöse Leben in der polnischen Emigration zu informieren und von ihm geistige und publizistische Unterstützung für die Arbeit der Resurrektionisten zu erhalten. Bereits im Jahr zuvor hatte sich Koźmian gleichzeitig mit Piotr Semenenko, einem der Gründungsväter des Ordens, in München aufgehalten und vielleicht schon zu dieser Zeit erste Kontakte zu Mitgliedern des Görres-Kreises geknüpft.[21] Koźmian lernte Joseph und Guido Görres durch Vermittlung von Friedrich Windischmann kennen,[22] verkehrte in deren Haus und nahm mehrmals an den Treffen des Görres-Kreises teil. In einem Nachruf, den Koźmian 1848 für den verstorbenen Joseph Görres schrieb, erinnerte er sich an sonntägliche Zusammenkünfte und an die Gelehrsamkeit und Intuition von Görres, die ihn tief beeindruckt hatten.[23] Joseph Görres forderte Koźmian auf, für die *Historisch-politischen Blätter* einen Artikel über die polnische Emigration zu schreiben. Koźmian tat dies innerhalb weniger Tage und übergab den Text an Guido Görres, der ihn

---

[19] Vgl. seinen Brief an Semenenko v. 26.8.1843 (SMOLIKOWSKI, Bd. 3, S. 22ff.) sowie MATUSIK, Religia i naród, S. 103.

[20] Nach dem Tod seiner späteren Frau studierte Koźmian ab 1857 doch noch Theologie und wurde 1860 zum Priester geweiht. Vgl. MATUSIK, Religia i naród, S. 184-191.

[21] Der Aufenthalt in München dauerte mehrere Wochen (vgl. MATUSIK, Religia i naród, S. 101). Nach Angaben von Franciszek Chłapowski hatte Koźmian bereits bei dieser Gelegenheit Joseph Görres kennengelernt (vgl. FRANCISZEK CHŁAPOWSKI: Vorwort an die deutschen Leser, Przedmowa do polskich czytelników, in: Die Schicksale der polnischen Emigration. Ein Brief von Jan Koźmian an J. J. von Görres, aus dem französischen ins deutsche durch Guido Görres übersetzt, Posen 1914, S. 5-8, hier S. 5). Nach MATUSIK, Religia i naród, S. 103 fand die Bekanntschaft jedoch erst ein Jahr später statt. Semenenko erwähnt in einem Brief vom 5.8.1842 ein Empfehlungsschreiben von Guido Görres, das ihm den Zugang zum jungen Baron Giovanelli in Bozen ermöglichte, mit dem er zur stigmatisierten Maria von Mörl pilgerte. Guido Görres muss also zumindest Semenenko schon zu diesem Zeitpunkt gekannt haben (vgl. den Brief in: SMOLIKOWSKI, Bd. 3, S. 137).

[22] Vgl. übereinstimmend CHŁAPOWSKI, S. 7 u. MATUSIK, Religia i naród, S. 103. Windischmann hatte bereits Zamoyski 1839 begleitet, als dieser Joseph Görres in Bozen besuchte, s.o. Kap. 4.1.

[23] Vgl. JAN KOŹMIAN: Józef Görres, in: DERS.: Pisma, Bd. 3, Poznań 1881, S. 212ff., hier S. 214.

aus dem Französischen ins Deutsche übersetzte und veröffentlichte.[24] Es war dies die erste bedeutendere Veröffentlichung Koźmians überhaupt,[25] der wenig später selbst die erste und wichtigste katholische Zeitschrift in polnischer Sprache, den seit 1845 in Berlin erscheinenden *Przegląd Poznański* herausgeben sollte, für den er anfangs auch auf die Mitarbeit von Personen aus dem Görres-Kreis zählte – anscheinend aber ohne Erfolg.[26]

Koźmians Artikel über die Emigration wurde auch noch Jahrzehnte später in konservativ-klerikalen polnischen Kreisen geschätzt: Hieronim Kajsiewicz, führender Resurrektionist, verwies noch 1871 auf ihn als eine wichtige Informationsquelle für die Anfänge der ultramontanen Bewegung in der Emigration,[27] und der ehemalige preußische Landtagsabgeordnete Franciszek Chłapowski besorgte 1914 sogar einen selbständigen Nachdruck des Textes, weil er ihn für „eine nüchterne, parteilose Darstellung der Umwandlungen, welche die polnische Emigration in Frankreich während der ersten 10-12 Jahre durchmachte", hielt.[28]

Auch die deutschen Herausgeber von 1843 waren mit dem Inhalt des Artikels offenbar zufrieden, denn, obwohl Koźmian Ansichten zu vertreten meinte, „welche vielleicht in mehreren Punkten nicht mit den Ihrigen übereinstimmen möchten",[29] wurde er unverändert und ohne Kommentare der Redaktion, die ansonsten nicht unüblich waren, abgedruckt. Offensichtlich war man mit der klerikal-konservativen Innensicht aus der polnischen Emigration durchaus einverstanden. In dem Artikel selbst formulierte Koźmian die Absicht, die ‚polnische Frage' angesichts der verzerrten Darstellung in der europäischen Presse, die sich entweder unreflektiert-

---

[24] Vgl. Chłapowski, S. 5ff.

[25] Vgl. Matusik, Religia i naród, S. 103.

[26] Koźmians Zeitschrift wurde bei ihrem Erscheinen auch in der deutschen katholischen Presse begrüßt und geschätzt. *Der Katholik* hielt sie für die beste Zeitschrift, „welche die polnische Literatur bisher gehabt hat." („Posen, Ende Juli", in: Katholik 45 [1845], Nr. 100 v. 20.8., S. 466; ähnlich positiv auch im Artikel „Katholische Zustände in der Erzdiöcese Posen", in: Katholik 45 [1845], Nr. 109 v. 10.9., S. 505ff.) In einem Brief an Semenenko vom 14.8.1844 hatte Koźmian Guido Görres und George Phillips als mögliche Autoren genannt (vgl. Matusik, Religia i naród, S. 116); in dem Mitarbeiterverzeichnis, das im Abschlussartikel der letzten Ausgabe der Zeitschrift im Jahr 1865 beigegeben wurde, findet sich jedoch kein Vertreter des deutschen Katholizismus, vgl. Jan Koźmian: „Zakończenie wydawnictwa Przeglądu", in: Przegląd Poznański 38 (1865), S. 323-328, hier S. 327.

[27] Vgl. Kajsiewicz, Pisma, Bd. 3, S. 413.

[28] Chłapowski, S. 6.

[29] [Jan Koźmian:] „Die Schicksale der polnischen Emigration. (Aus einer Zuschrift an die Redaction)", in: HPBKD 12 (1843), S. 419-439, hier S. 419.

enthusiastisch oder undifferenziert-feindselig äußere, zu erörtern.[30] Offensichtlich plante er dazu mehrere Beiträge, von denen er schon zwei weitere konkret ankündigte: einen über die religiöse Erneuerung in Polen selbst und einen über die polnische Literatur der letzten zwanzig Jahre. Bei dieser Ankündigung sollte es jedoch bleiben – keiner dieser Artikel ist später tatsächlich erschienen. Offen bleibt, ob Koźmian selbst nicht dazu kam oder, was wahrscheinlicher erscheint, die Redaktion der *Historisch-politischen Blätter* doch nur geringes Interesse zeigte.[31]

Der von Koźmian abgedruckte Beitrag beschäftigte sich schwerpunktmäßig mit der religiösen Entwicklung der polnischen Emigration in Frankreich, die er insgesamt in einem positiven Licht zeichnete.[32] Dieser religiöse Aspekt war für die Haltung des deutschen Katholizismus zur Emigration eine entscheidende Frage, da in seinem Deutungssystem stärker noch als politische Erwägungen die Stellung zur katholischen Kirche der primäre Faktor der Beurteilung war. Für Koźmian selbst stand fest, dass der Katholizismus das innerste Lebensprinzip der polnischen Nation sei. Doch noch zur Zeit des Wiener Kongresses und des Novemberaufstandes sei vor allem der hohe Adel unter dem Einfluss der französischen Aufklärung der Religion entfremdet gewesen und habe zumeist eine passiv-indifferente Haltung eingenommen. Diese Entfremdung habe sich in der Emigration teilweise bis zur offenen Feindschaft gesteigert, wozu, wie Koźmian für einen papsttreuen Ultramontanen erstaunlich freimütig anmerkte, unter anderem auch die ablehnende Haltung des Papstes gegenüber dem Novemberaufstand beigetragen habe.[33] Der Hass gegen die Religion sei daneben besonders bei den Demokraten stark ausgeprägt.[34]

Gleichzeitig und im Gegenzug dazu habe es aber von Beginn an Bewegungen innerhalb der Emigration gegeben, die eine Rückkehr zur Religion angestrebt hätten. Koźmian hebt hierbei insbesondere die Rolle des zu Beginn der 1830er Jahre zum Katholizismus zurückgekehrten Adam Mickiewicz hervor, der immer wieder und ab 1840 vom Katheder des im Collège de France für ihn eingerichteten Lehrstuhls für slawische Sprache

---

[30] Vgl. ebd.

[31] Vgl. ebd., S. 435, 438. Koźmians Hoffnung, dass Münchener Ultramontane an seiner eigenen Zeitschrift mitarbeiten würden, zeigt, dass von seiner Seite aus der Wunsch nach einer weiteren Zusammenarbeit durchaus bestand.

[32] Vgl. ebd., S. 419. Koźmian konzentrierte sich dabei auf die Emigration in Frankreich als das politische und geistige Zentrum, da sie in anderen Länder entweder den Ideenrichtungen ihrer Landsleute in Frankreich in jeder Beziehung folgen würde oder zahlenmäßig nur gering sei und zerstreut lebe (vgl. ebd., S. 438).

[33] Vgl. ebd., S. 420ff.

[34] Vgl. ebd., S. 424.

und Literatur verkündet habe, „daß zu aller Zeit die katholische Religion das Lebensprincip Polens gewesen" sei.[35] Koźmian verweist in diesem Zusammenhang sowohl auf Mickiewiczs Schrift von der polnischen Pilgerschaft aus dem Jahr 1832, das den national-politischen mit einem christlich-katholischen Diskurs verknüpft und das Konzept des polnischen Messianismus verkündet hatte, als auch auf Mickiewiczs Zusammenarbeit mit Lamennais bei der französischen Übersetzung, obwohl beides vom Papst getadelt worden war.[36] Koźmian erklärt es zwar für eine Pflicht, sich dem päpstlichen Tadel zu beugen, beschreibt Mickiewiczs Schrift aber trotzdem als ein „sowohl durch die Kühnheit und Erhabenheit des Gedankens, wie durch Tiefe und Reinheit der Gefühle ausgezeichnete[s] Gedicht", welches „auf die beredteste Weise die religiöse Weihe des Dichters durch das Leiden" enthülle.[37] Mit dieser Charakterisierung setzte er sich trotz vordergründiger Unterwerfung unter das Urteil des Papstes über eben dieses hinweg. Koźmian musste jedoch bei der Beurteilung von Mickiewicz einräumen, dass dieser sich in den letzten Jahren ähnlich wie auch sein Dichterkollege Juliusz Słowacki der schwer zu bewertenden Anhängerschaft von Andrzej Towiański, einem selbsterklärten Gesandten Gottes, zugesellt habe. Dies sei für den Katholizismus ein schwerer und unerwarteter Schlag gewesen.[38]

In dem Artikel ging Koźmian nicht weiter auf die Verbindung Mickiewiczs zum Towianismus ein. Gleichwohl war dies nahezu das einzige Thema, über das in den folgenden Jahren in der Publizistik des deutschen Katholizismus berichtet wurde, wenn es um die polnische Emigration ging. Towiański, von dem es hieß, er habe sich selbst zum neuen Messias ausgerufen, meinte man in der *Sion* „nur als einen irregeleiteten Enthusiasten, als einen geistig Kranken erklären" zu können.[39] Dass eine so berühmte und auch für den polnischen Katholizismus wichtige Persönlichkeit wie Mickiewicz sich seiner Anhängerschaft anschloss, wurde mit dem All-

---

[35] Ebd., S. 434.

[36] Vgl. dazu Kap. 2.2.3.

[37] Ebd., S. 427.

[38] Vgl. ebd., S. 436f. Zu der messianistischen Bewegung Towiańskis vgl. ALINA WIT-KOWSKA: Towianczycy, Warszawa 1989; ADAM SIKORA: Posłannicy słowa. Hoene-Wroński, Towiański, Mickiewicz, Warszawa 1967, S. 129-238; zum Verhältnis Mickiewiczs zu Towiański vgl. KONRAD GÓRSKI: Mickiewicz – Towiański, Warszawa 1986; JACEK ŁUKASIEWICZ: Mickiewiczs towianistische Dichtung, in: Adam Mickiewicz und die Deutschen, hg. v. EWA MAZUR-KĘBŁOWSKA, u. ULRICH OTT, Wiesbaden 2000, S. 97-106. Zur Reaktion der polnischen Ultramontanen auf den Towianismus vgl. BOGDAN SZLACHTA: Ład – Kościół – Naród, Kraków 1996, S. 150-158.

[39] „Pariser Briefe. Zehnter Brief", in: Sion 13 (1844), Nr. 77 v. 28.6., Sp. 756-759, hier Sp. 757.

gemeinplatz erklärt, dass Enthusiasmus und Genialität mit Verblendung und Fanatismus eng verwandt seien.[40] Bereits 1833 hatte die *Katholische Kirchenzeitung* die „revolutionären Extravaganzen" des „durch Geist und Feuer vor Vielen ausgezeichneten, aber durch die Lebhaftigkeit seiner Phantasie und das Unglück seines Vaterlandes befangenen Verfassers" recht nachsichtig beurteilt.[41] Nun erhielt Mickiewicz erneut eine Art romantischen Künstlerbonus für unberechenbares Verhalten, so dass die Verbindung mit Towiański der Achtung für Mickiewicz im deutschen Katholizismus zunächst keinen Abbruch tat. Er wurde weiterhin zu den Menschen gezählt, die „es aufrichtig mit der Menschheit meinen, deren Beglückung durch allgemeine Liebe und Duldung ihnen am Herzen liegt."[42] Dass er dabei die falschen Mittel zur Erreichung dieses großen Zweckes anwende, sei freilich eine andere Frage. Der Erfolg der sektenähnlichen Gruppierung um Towiański wurde zum einen mit einer verurteilenswerten Entfernung ihrer Anhänger vom katholischen Glauben erklärt, galt zum anderen aber auch als eine „Überspanntheit", die aus den unglücklichen Bedingungen des Exils resultiere und daher Nachsicht und Mitleid verdiene; in der *Sion* war 1844 zu lesen:

„Ein Gefühl des Ueberdrusses hat sich dieser verlornen Ueberbleibsel jener großen Nation bemächtigt und sie greifen die heiligste Sache mit ihren Thorheiten und überspannten Kniffen an."[43]

Als 1846 schließlich gemeldet wurde, Mickiewicz habe sich nun selbst zum Messias ausgerufen, wurde im *Allgemeinen Religions- und Kirchenfreund*

---

[40] „Pariser Briefe. Achter Brief", in: Sion 13 (1844), Nr. 72 v. 16.6, Sp. 705-708, hier Sp. 708.

[41] „Kirchenhistorische Nachrichten. Paris den 10. Dezember", in: KKZ 5 (1833), Nr. 150 v. 20.12., Sp. 1184-1187, hier Sp. 1184.

[42] „Pariser Briefe. Achter Brief", in: Sion 13 (1844), Nr. 72 v. 16.6, Sp. 705-708, hier Sp. 706. Die hier zu Tage tretende Wertschätzung Mickiewiczs geht wohl auf dessen Etablierung einer christlich-religiösen Dimension im politischen Diskurs zurück, spiegelt sich in der katholischen Publizistik aber ansonsten kaum wider. Ein Grund dafür mag die Ähnlichkeit seiner Konzepte mit denen Lamennais' im Hinblick auf die Verbindung von religiöser und politischer Erweckungsbewegung sein (vgl. dazu Kap. 2.2.3), sowie seine positive Bewertung in der liberalen deutschen Freiheitsbewegung. Zu den Wechselbeziehungen zwischen Mickiewicz und der deutschen (politischen) Romantik (u.a. dem jungen Joseph Görres) vgl. STEFAN GARSZTECKI: Mickiewcz' Messianismus und romantisches deutsches Sendungsbewusstsein, in: Sendung und Dichtung. Adam Mickiewicz in Europa, hg. v. DEMS. u. ZDZISŁAW KRASNODĘBSKI, Hamburg 2002, S. 127-170; zu dem Einfluss seiner Bücher der polnischen Pilgerschaft auf den liberalen deutschen Freiheitsdiskurs vgl. ROGUSKI, Mickiewiczs ‚Bücher'.

[43] „Pariser Briefe. Zehnter Brief", in: Sion 13 (1844), Nr. 77 v. 28.6., Sp. 756-759, hier Sp. 759.

zwar auch dies kritisiert, aber wiederum aus den äußeren Bedingungen heraus erklärt und letztlich als krankhafte Überreiztheit bedauert:

„Daß ein Pole für eine neue Zeit schwärmt, daß er sich einen politischen Messias wünscht, gerade wie einst die Juden am Ende ihres Staates, ist sehr verzeihlich, aber die Sache auf den religiösen Boden hinüber zu spielen, ist zum wenigsten überspannt."[44]

Koźmian dagegen betonte in seinem Artikel für die *Historisch-politischen Blätter* die religiöse Erneuerung der Emigration durch die Tätigkeit des Resurrektionsordens, dem er selbst verbunden war, und seiner Vorläufer. Bereits Anfang der dreißiger Jahre habe sich um Mickiewicz herum ein Kreis von jungen Polen gebildet, die sich mit religiöser Mystik beschäftigt hätten.[45] Unter ihnen habe sich besonders Bogdan Jański hervorgehoben, der 1835 eine klosterähnliche religiöse Gemeinschaft gründete, die auf den Priesterberuf vorbereiten sollte. Aus dieser Gemeinschaft heraus seien sieben junge Männer zum Studium der Theologie nach Rom gegangen, von denen drei nach Frankreich zurückgekehrt seien, um „in der Emigration Missionen zu halten", die schon reiche Ernte getragen hätten.[46] In allgemeiner religiöser Hinsicht zeige sich daher ein merklicher Fortschritt: „Diejenigen, welche von edler Gesinnung und Uneigennützigkeit beseelt sind, stehen der Religion nicht mehr fern."[47] Koźmians Artikel drehte sich jedoch nicht nur um die religiösen, sondern äußerte sich auch zu den politischen Aktivitäten der Emigration. Er kritisierte, dass die emigrierten Polen für ihr Liebäugeln mit revolutionären Parteien übermäßig getadelt worden seien und machte für die Hinwendung zum politischen Radikalismus bei einigen Emigranten die ausbleibende Zugewandtheit und Offenheit der anderen politischen Gruppen in Europa verantwortlich:

„Im Exil, alles dessen entbehrend, was ein häusliches Glück ausmacht, bedurften sie da nicht um so mehr der Theilnahme und der Herzlichkeit? Wie ist es aber zugegangen, daß die Revolutionäre aller Länder allein es waren, welche es wagten, ihnen offen ihre Sympathie zu zeigen?"[48]

---

[44]   „Paris, 11. Mai", in: ARKF NF 6 (1846), Nr. 46 v. 9.6., S. 259f., hier S. 259. Zum Motiv des Krankhaften im Zusammenhang mit dem Towianismus vgl. auch „Towianskis mystische Sektiererei", in: SZ 4 (1844), Nr. 32 v. 10.8., S. 256.

[45]   Vgl. [JAN KOŹMIAN:] „Die Schicksale der polnischen Emigration. (Aus einer Zuschrift an die Redaction)", in: HPBKD 12 (1843), S. 419-439, hier S. 426f.

[46]   Vgl. ebd., S. 437f. Zu der Gründungsphase der Resurrektionisten und der Tätigkeit Bogdan Jańskis vgl. ZIELIŃSKI, Pierwsi zmartwychstańcy; JOHN IWICKI: Bogdan Jański – z okazji 150-rocznicy jego śmierci 2 lipca 1840-1990, Rom 1989.

[47]   Ebd., S. 430f.

[48]   Ebd., S. 421f.

Mit diesen Worten mussten sich auch die konservativ-katholischen Leser der *Historisch-politischen Blätter* angesprochen und kritisiert fühlen, die zu den polnischen Emigranten wegen deren Beteiligung an der Novemberrevolution bewusst Distanz gehalten hatten. Vielleicht meinte Koźmian bei seiner Ankündigung, dass nicht alles den Beifall der Leser finden werde, neben den papstkritischen Äußerungen auch solche wie diese. Was den Radikalismusvorwurf anging, war es allerdings auch Koźmians Meinung, dass die Hinwendung zum Radikalismus verderblich gewesen sei. Fremde Unruhestifter hätten die Polen nur für eigene politische Zwecke benutzt (Koźmian erwähnt hier das Hambacher Fest, auf dem Polen mit Solidaritätsadressen aufgetreten waren), gleichzeitig sei „ihre heilige, reine und gerechte Sache" mit den Interessen „der Utopier und der Zerstörer verwechselt worden". Koźmian verwies in diesem Zusammenhang beispielhaft auf die päpstliche Verurteilung von 1832, die zwar im Interesse der Ordnung ausgesprochen worden sei, aber Entfremdung und Misstrauen hervorgerufen habe.[49] Er begrüßte, dass der Papst in den letzten Jahren angesichts der Katholikenverfolgung in Russland zugunsten der polnischen Gläubigen seine Stimme erhoben habe. Damit habe er sich gegen den Zaren gewandt, der begonnen habe, die katholische Kirche gnadenlos zu verfolgen, „so bald er […] einmal die Axt an den Baum der polnischen Nationalität angelegt hatte und wahrnahm, daß diesem der Lebenssaft durch die Religion zugeführt wurde".[50] Koźmian bedauerte allerdings, wiederum latent papstkritisch, dass auch die päpstliche Allokution von 1842 Stellen enthalte, welche die polnischen Hoffnungen wieder trübten und patriotische Empfindlichkeiten verletzten, ohne den Zaren zu besänftigen.

Im Rahmen des politischen Spektrums der Emigration schlug Koźmian sich weder auf die Seite der Demokraten noch auf die der Aristokraten. Die Demokratische Gesellschaft kritisierte er grundsätzlich, weil sie trotz großer Opferbereitschaft und Disziplin wegen fehlender Religiosität letztlich eine Sekte sei, „welche nur zerstören könnte".[51] Allerdings waren aus Koźmians Sicht mittlerweile auch hier „Fortschritte zur Wahrheit" erkennbar, da die Notwendigkeit der Religion doch zunehmend erkannt würde. Die Bewertung der aristokratischen Partei verlief dagegen genau gegenläufig: Das Hôtel Lambert habe sich zwar „stets mit Entschiedenheit unter das Banner des Katholicismus geschaart", was grundsätzlich begrüßenswert sei, sei aber seit einigen Jahren durch dynastische Ansprüche eines Teils der

---

[49] Vgl. ebd., S. 422.

[50] Ebd., S. 435.

[51] Ebd., S. 431.

Anhänger kompromittiert, geschwächt und gespalten.[52] Koźmian machte seine Distanz zum Hôtel Lambert deutlich, indem er auf die fehlende Legitimierung ihrer Führungsfigur, Fürst Adam Czartoryski, hinwies.[53]

Obwohl sich Koźmian keiner politischen Partei zuordnete, verteidigte und erklärte er doch das Phänomen, dass es in der polnischen Emigration verschiedene Parteiungen gab, als ein natürliches und notwendiges. Die innere Zerrissenheit und Faktionierung der Polen war innerhalb des deutschen Polendiskurses ein „Lieblingsklischee"[54] und wurde häufig und mit negativer Konnotation konstatiert. Die Spaltung der Emigration galt immer wieder als ein Beispiel für den angeblich unveränderlichen polnischen Charakterzug der Uneinigkeit, der letztlich für die Teilungen Polens mitverantwortlich gewesen sei und die Polen prinzipiell zur politischen Selbständigkeit unfähig mache. Koźmian dagegen machte geltend, dass die Emigration als eine „Nation im Kleinen" notwendigerweise verschiedene politische Parteien umfassen müsse und dass es zudem natürlich sei, dass das Unglück die Menschen „bitter und tadelsüchtig" mache. Außerdem sei ein reges politisches Leben der schlaffen Apathie vorzuziehen. Es bezeuge die innere Kraft und große Hoffnung der Polen. Koźmian zeigte sich überzeugt, dass im Augenblick des Handelns, mit der Wahrscheinlichkeit eines Erfolges vor Augen, alle Spaltungen überwunden würden.[55] Denn die Hoffnung auf Rückkehr in die Heimat sei immer noch lebendig, was sich daran zeige, dass kaum ein Pole in der Emigration an eine feste Niederlassung denke oder langfristige Verträge abschließe.[56] Koźmian erklärte diesen Glauben an eine nationale Zukunft Polens für einen der ehrenwertesten Züge des polnischen Charakters: „Denn nach der innern Kraft und nach der Lebendigkeit der Hoffnung muß man den Grad der Lebensfähigkeit eines unterdrückten Volkes bemessen."[57]

Koźmian betonte im Gegensatz zu der natürlichen, letztlich aber nur oberflächlichen Zersplitterung der Emigration das innere „brüderliche Band"[58], das sich nie gelockert habe und sich insbesondere im Wohltätig-

---

[52] Ebd., S. 432

[53] Vgl. ebd., S. 423.

[54] HANS HENNING HAHN: Die „Große Emigration" der Polen in der deutschen Publizistik des Vormärz (1842-47), in: Die deutsch-polnischen Beziehungen 1831-1848: Vormärz und Völkerfrühling, hg. v. RAINER RIEMENSCHNEIDER, Braunschweig 1979, S. 83-100, hier S. 97

[55] [JAN KOŹMIAN:] „Die Schicksale der polnischen Emigration. (Aus einer Zuschrift an die Redaction)", in: HPBKD 12 (1843), S. 419-439, hier S. 425.

[56] Vgl. ebd., S. 430.

[57] Ebd., S. 426.

[58] Ebd., S. 428.

keitswesen und in der gegenseitig erwiesenen Unterstützung und Gast-
freundschaft manifestiere.[59] Letztlich spielten die politischen Differenzen
für Koźmian als Vertreter einer dezidiert „katholischen Partei"[60] nicht die
entscheidende Rolle, da in seiner Sicht alle auf die Politik begrenzten
Bemühungen ohnehin erfolglos bleiben mussten, wenn nicht gleichzeitig
eine religiös-sittliche Regeneration, eine Besinnung auf die katholische
Substanz der polnischen Nation stattfinden würde. Koźmian sah die polnische Emigration jedoch auf einem guten Weg dorthin. Die von ihm
beobachteten Fortschritte in der religiösen Entwicklung hin zu einer neuen
katholischen Kirchlichkeit ließen ihn optimistisch in die Zukunft blicken.

Der einzige längere Artikel zur polnischen Emigration in einem Organ
des deutschen Katholizismus zeichnete somit ein Bild, das für die Leser,
denen vor allem das religiöse Kriterium wichtig war, positiv ausfallen
musste. Und dies nicht nur deshalb, weil die Emigration insgesamt auf dem
richtigen Weg einer religiösen Regeneration erschien, die sich deutsche
Ultramontane selbst immer wieder auch für die deutsche Gesellschaft
wünschten, sondern auch weil der Autor den polnischen Katholizismus
selbst repräsentierte und damit bewies, dass es diesen gab. Darüber hinaus
machte der Artikel die geistig-politische Heterogenität der polnischen
Exilgesellschaft deutlich, so dass eine pauschale Verurteilung einer dem
Radikalismus vermeintlich zugewandten Emigration unmöglich wurde.
Gleichzeitig wurde diese Heterogenität, die häufig als notorisch selbstzer-
störerische und die Handlungsunfähigkeit der Polen dokumentierende
Zerfaserung gedeutet wurde, als natürlich und notwendig verteidigt und
versichert, dass sie einer inneren Einigkeit und Verbundenheit, die im
entscheidenden Augenblick handlungsleitend sein würde, nicht entgegenstand.

Wie dieses positive Bild der Emigration bei den Redakteuren und Rezi-
pienten der *Historisch-politischen Blätter* aufgenommen, ob es übernommen oder abgelehnt wurde, ist schwer zu sagen. Weder der Artikel selbst
wurde kommentiert noch erschienen in der katholischen Presse und Publizistik weitere Beiträge, die sich auf ihn bezogen hätten, obwohl die indirekte Anfrage an die ausgebliebene Solidarität der Katholiken sowie die
papstkritischen Töne solche durchaus hätten provozieren können. Es hat
den Anschein, dass der Beitrag Koźmians eben doch nur auf eine persönliche Begegnung mit dem Görres-Kreis zurückging, ohne dass darüber

---

[59] Vgl. ebd., S. 428ff. Er nennt hier u.a. die Gesellschaft der polnischen Damen unter
der Leitung der Fürstin Czartoryska, die später auch lobend in der katholischen Presse
erwähnt wurde. Vgl. „Paris, 12. Februar", in: Katholik 26 (1846), Nr. 20 v. 15.2., S. 89.

[60] [JAN KOŹMIAN:] „Die Schicksale der polnischen Emigration. (Aus einer Zuschrift an
die Redaction)", in: HPBKD 12 (1843), S. 419-439, hier S. 433.

hinaus tatsächlich ein regeres Interesse bei den deutschen Ultramontanen bestanden hätte. Dieser Eindruck verstärkt sich angesichts der Tatsache, dass die von Koźmian angekündigten weiteren Artikel für das Zentralorgan des deutschen Katholizismus nie erschienen sind. Diese passiv-indifferente Haltung der deutschen Ultramontanen überrascht insofern, als Koźmian zu der ‚katholischen Partei' der polnischen Emigration gehörte, die ideologisch und kulturell, in bezug auf ihre allgemeinen Weltdeutungsmodelle, dem deutschen Ultramontanismus sehr nahe stand. Aber auch in dieser Hinsicht scheint das Interesse des deutschen Katholizismus begrenzt gewesen zu sein.

4.3 Der deutsche Ultramontanismus und das polnische Projekt der Resurrektion

4.3.1 Verfall und Auferstehung – „Polens Geschicke" aus der Sicht der polnischen Ultramontanen

Der Abdruck des Artikels von Jan Koźmian über die polnische Emigration in den *Historisch-politischen Blättern* sorgte nicht nur für eine differenziertere Sicht auf die Heterogenität der Exilgruppierungen, sondern hatte auch einer bestimmten Teilgruppe der Emigration, nämlich der katholisch-klerikalen Gruppierung um den Resurrektionsorden, die Möglichkeit gegeben, ihr Programm und ihre Sicht auf die jüngere Geschichte Polens zu präsentieren. Über die Bemerkungen hinaus, die Koźmian in seinem Artikel dazu gemacht hatte, war ein wesentlich ausführlicherer Beitrag, der drei Jahre später erschien, noch mehr geeignet, das Programm der Resurrektionisten, das zahlreiche Anknüpfungspunkte an die Ideologie der deutschen Ultramontanen bot, zu entfalten. „Polens Geschicke" lautete der schlichte Titel, unter dem 1846 ebenfalls im Zentralorgan der Münchener Ultramontanen in drei Teilen und auf fast siebzig Seiten ein nicht namentlich bekannter polnischer Einsender Einblick in die Ideologie und das Programm der klerikal-konservativen Emigranten gab.[61] Hauptbezugspunkt des Artikels waren dabei fünf Predigten, die zwischen 1842 und 1845 von Hieronim Kajsiewicz in Paris gehalten worden waren, drei davon jeweils am Jahrestag des Ausbruches der Novemberrevolution. Kajsiewicz war einer der jungen Emigranten gewesen, die auf Vermittlung Montalemberts in Rom studiert und sich zum Priester hatten weihen lassen, um später den Resurrektionsorden zu gründen. Seit 1842 war er wieder in Frankreich und galt

---

[61] Vgl. „Polens Geschicke", in: HPBKD 17 (1846), S. 444-461, 505-542, 569-584.

seitdem als „der Apostel der Emigration".[62] Im Sommer 1845 hatte Kajsiewicz sich in München aufgehalten und den Görres-Kreis persönlich kennen
gelernt. Er hatte dort als Gast an seinen Zusammenkünften teilgenommen
und bei Joseph Görres Vorlesungen gehört, bevor er weiter nach Tirol zur
stigmatisierten Maria von Mörl reiste, die er, wie bereits Semenenko vor
ihm, mehrmals aufsuchte und um deren Gebet er für den Orden und die
polnische Kirche bat.[63] Wie schon bei Koźmian scheint auch der Artikel
über Kajsiewicz also auf eine persönliche Begegnung zurückzugehen.

Die Redaktion der *Historisch-politischen Blätter* schickte in einer kurzen
Vorrede vorweg, dass sie gern die Spalten der Zeitschrift einer „Stimme
gottergebener, und nur von Gott und innerer Besserung und nicht von der
Revolution, von Feuer und Schwert, das Heil erwartenden Trauer" öffne
und dadurch „die Gesinnung des an Rom hängenden, streng katholischen
Clerus kennen lernen [wolle], dem seine Religion nicht in der Nationalität
untergegangen ist."[64] Diese einleitenden Worte verwiesen bereits auf die
zwei wesentlichen Merkmale der polnischen Klerikalen, die sie für die
deutschen Ultramontanen attraktiv machten und dafür sorgten, dass den
Resurrektionisten verhältnismäßig viel Raum zur Selbstpräsentation gegeben wurde: zum einen der Primat des Religiösen vor dem Politischen und
Nationalen, dem ein religiös bestimmtes Weltdeutungsmodell zu Grunde
lag; zum anderen eine sich daraus ergebende antirevolutionäre Grundeinstellung, aus der heraus gewaltsame Versuche der Wiederherstellung Polens verurteilt wurden. Dies waren die beiden Grundpfeiler, auf denen
Kajsiewicz und seine ultramontanen Mitstreiter aus dem Resurrektionsorden ihre Sicht auf die Geschichte, Gegenwart und Zukunft Polens auf-
bauten.[65]

---

[62] Auch Kajsiewicz selbst sah sich als solchen. Vgl. ZIELIŃSKI, Kazania paryskie ks. H.
Kajsiewicza, S. 156; zu den Pariser Predigten vgl. ebd.

[63] Vgl. BRONISŁAW ZALESKI: Ksiądz Hieronim Kajsiewicz. Wyciągi z listów i notatek
zmarłego (1812-1873), Poznań 1878, S. 128-132. Kajsiewicz berichtet von Bekanntschaften
mit Windischmann, Döllinger, Joseph und Guido Görres sowie Phillips. Bei Görres traf er
weitere Mitglieder des Kreises (er nennt Karl Ernst von Moy, Ernst von Lasaulx, Karl
Joseph von Hefele). Zur Bedeutung der Maria von Mörl, die in ultramontanen Kreisen eine
Berühmtheit war, vgl. NICOLE PRIESCHING: Maria von Mörl (1812-1868). Leben und
Bedeutung einer „stigmatisierten Jungfrau" aus Tirol im Kontext ultramontaner Frömmigkeit, Brixen 2004; OTTO WEISS: Die Redemptoristen in Bayern (1790-1909). Ein Beitrag
zur Geschichte des Ultramontanismus, St. Ottilien 1983, S. 663-671.

[64] „Polens Geschicke", in: HPBKD 17 (1846), S. 444-461, 505-542, 569-584, hier S.
444.

[65] Zur weltanschaulichen und politischen Ideologie der polnischen Klerikalen vgl.
neben den verschiedenen Beiträgen in Zmartwychstańcy w dziejach Kościoła i narodu, hg.
v. ZYGMUNT ZIELIŃSKI, Katowice 1990 besonders SZLACHTA; KRÓL, S. 164-176;
ZIELIŃSKI, Kazania paryskie ks. H. Kajsiewicza; ADAM CZARNOTA: Podstawy świato-

Die Genese der Einstellung der polnischen Resurrektionisten lässt sich mit der Erfahrung des gescheiterten Aufstandes von 1830/31 und der deprimierenden Exilsituation erklären. Die Mitglieder und Symphatisanten der klerikalen Vereinigung waren selbst Teilnehmer des Aufstandes gewesen. Viele von ihnen hatten sich in der Emigration zunächst im politisch-demokratischen Lager befunden, bevor sie sich enttäuscht von der Politik abwandten. In der Situation einer vielfach empfundenen politischen Ohnmacht wandten sie sich der Religion zu und entwickelten ein Modell der katholischen Erneuerung, durch das das nur schwer erträgliche individuelle und nationale Schicksal in einen größeren Bedeutungszusammenhang gestellt und mit Sinn versehen werden konnte.[66] So wurde die politische Entwicklung Polens, die in die Teilung und Auslöschung des Staates gemündet hatte, als die notwendige Folge eines sittlich-religiösen Niederganges, der auf dem Abfall der Polen von ihrer göttlichen Bestimmung beruht habe, interpretiert. Die Teilungen galten somit im wesentlichen als selbstverschuldet. Schon Koźmian hatte in den *Historisch-politischen Blättern* erklärt: „Die Katholiken haben es ausgesprochen und hören nicht auf dieß zu thun, daß Polen sein Unglück verdient habe".[67] Kajsiewicz führte diese Sicht nun detaillierter aus:

Ausgehend davon, dass die wahre polnische Nationalität in ihrer Katholizität bestehe, nahm er für Polen ein traditionell besonders enges und treues Verhältnis zur katholischen Kirche an. Dieses habe sich historisch in der besonderen Rolle Polens als Bollwerk des Christentums gegen Schisma und Barbarei und der engen Verknüpfung von Staat und Kirche geäußert. Anders als im übrigen Abendland habe die weltliche Macht in Polen sich nicht über die Kirche erhoben, sondern deren zentrale Stellung wegen der

---

poglądu konserwatywnego w publicystyce „Przeglądu Poznańskiego" w okresie formowania się pisma, in: Polska myśl polityczna na ziemiach pod pruskim panowaniem, hg. v. SŁAWOMIR KALEMBKA, Warszawa, Poznań u. Toruń 1988, S. 127-150; DERS.: Wartości konserwatywne i ich interpretacja (Struktura myśli politycznej Jana Koźmiana), in: Ideologowie epoki romantyzmu wobec współczesnych problemów Polski i Europy, hg. v. SŁAWOMIR KALEMBKA, Toruń 1989, S. 83-104; PRZEMYSŁAW MATUSIK: Kościół i katolicyzm w myśli ultramontanów poznańskich, in: Polska myśl polityczna na ziemiach pod pruskim panowaniem, hg. v. SŁAWOMIR KALEMBKA, Warszawa, Poznań u. Toruń 1988, S. 151-164.

[66] Vgl. JAN ZIÓŁEK: Z szeregów powstańczych i środowisk radykalnych do zgromadzenia, in: Zmartwychstańcy w dziejach Kościoła i narodu, hg. v. ZYGMUNT ZIELIŃSKI, Katowice 1990, S. 171-183; ZIELIŃSKI, Pierwsi zmartwychstańcy.

[67] [JAN KOŹMIAN:] „Die Schicksale der polnischen Emigration. (Aus einer Zuschrift an die Redaction)", in: HPBKD 12 (1843), S. 419-439, hier S. 433.

identitätsstiftenden Kraft für die Nation akzeptiert und gestützt. Kajsiewicz war überzeugt: „Die Kirche allein hielt dieses Gemeinwesen zusammen."[68] Seit der Reformation aber sei in Polen immer wieder Gedankengut eingesickert, das auf lange Sicht zu einer Entfremdung wichtiger Bevölkerungskreise von der Kirche und vom spezifisch katholischen Beruf Polens sowie zu einem Niedergang des sittlich-religiösen Lebens geführt habe:

> „Wir ließen mit der Wissenschaft und dem Handel Luxus und Sittenverdebtheit in unsere Mitte eindringen, woraus Gleichgültigkeit gegen den strengen Glauben der Väter, Befreundung mit neuen bequemen Glaubenslehren und eine schiefe Richtung der Geister emporwuchs. Die Begierde nach eigenmächtiger, auf Kosten des Gemeinwesens zu steigernder Freiheit verband sich mit Egoismus aller Art. […] [A]lsdann bewilligten wir dem Protestantismus eine freie Existenz in unserer Mitte, weßhalb wir denn auch alles Unheil, was bis auf den heutigen Tag daraus für uns hervorgegangen ist, uns, uns nur allein zuzuschreiben haben."[69]

Gleichgültigkeit oder sogar Hass gegen die Religion, die Entfernung von den eigentlichen Lebensquellen der Nation hätten demnach eine Indolenz und Apathie zur Folge gehabt, welche die Teilung des Landes und die Vernichtung der politischen Selbständigkeit nicht nur möglich gemacht, sondern als Strafe Gottes zur notwendigen Konsequenz gehabt hätten.

Der Abfall vom katholischen Glauben der Väter, der sich auch in der Hinwendung zu Aufklärung und Revolution in der Gegenwart dokumentiere, führe direkt zu einer Zerstörung der polnischen Nationalität, weil die Katholizität gerade deren Kern sei. Ausgehend von diesem inneren Zusammenhang von religiöser Orientierung, nationaler und politischer Existenz sahen die Resurrektionisten für die Gegenwart und Zukunft der polnischen Nation einzig den Weg der religiösen Erneuerung, der Buße und Läuterung als denjenigen an, von dem eine positive Veränderung des Schicksals zu erhoffen sei. Bewahrung und Stärkung der polnischen Nation hieß für sie Erneuerung der Religiosität und der Moral. Geschehe dies, würden sich alle politischen Fragen von selbst lösen. Geschehe dies nicht, wäre die polnische Nation für immer verloren und die Lösung der politischen Fragen damit ebenfalls hinfällig geworden. Notwendig sei daher

---

[68] „Polens Geschicke", in: HPBKD 17 (1846), S. 444-461, 505-542, 569-584, hier S. 457. Vgl. auch ebd., S. 510. Auf deutscher Seite teilte insbesondere Wilhelm von Schütz die Auffassung, dass Polen in seiner engen Verbindung von weltlicher und geistlicher Herrschaft bis in das 18. Jahrhundert hinein ein positives Gegenbild zur Entwicklung im übrigen Europa gewesen sei. Vgl. Kap. 2.2.4 und SCHÜTZ, Die frommen katholischen Alt-Sarmaten, S. 74f.; SCHÜTZ, Rechtsgutachten, S. 32f.

[69] „Polens Geschicke", in: HPBKD 17 (1846), S. 444-461, 505-542, 569-584, hier S. 535.

religiöse Besinnung, Bewusstwerdung der Schuld, Annahme des Schicksals und Bereitschaft zum Martyrium. Nur so sei der wahre nationale Charakter wiederherstellbar und die Hoffnung auf eine Besserung des Schicksals berechtigt. Bereits Koźmian hatte die Gegenwart als eine Zeit der Prüfung und Sühne dargestellt und festgestellt, „daß nur durch die Rückkehr zu Gott die Nation von dem Untergang zu retten sey."[70] Kajsiewicz führte die Abhängigkeit der nationalen von der religiösen Existenz in dem Bild des Freskos plastisch vor Augen, in dem sich der äußerliche Farbauftrag mit dem Putz der Wandfläche zu einer untrennbaren Einheit verbindet:

> „Unsere Nationalität ist demnach, wie ein Frescogemälde in die Mauer, in den Glauben gewissermaßen gebannt. So lange die Mauer noch unverfallen dasteht, lassen alle Beschädigungen des Gemäldes noch Abhülfe zu; sobald aber diese Mauer einstürzt, und bei uns beginnt sie bereits ihr Gleichgewicht zu verlieren, werden alle Eure Theorien, nebst allem Patriotismus, die Mitvernichtung der Nation nicht abwenden, sondern Polen wird aufhören Polen zu seyn."[71]

Aus diesem Abhängigkeitsverhältnis ergab sich auch die Verurteilung revolutionärer Versuche der Wiederherstellung Polens, die nach diesem Modell als eine Wendung gegen den göttlichen Heilsplan nur noch tiefer ins Verderben und von der notwendigen Gnade Gottes wegführen muss-ten.[72] Für die Resurrektionisten war daher klar, dass eine Wiederherstel-lung polnischer Souveränität nicht vom Kampf auf den Barrikaden, auch nicht von den Bemühungen auf dem diplomatischen Parkett, sondern einzig von einer erneuerten Kirchlichkeit zu erhoffen sei. Kajsiewicz schrieb:

> „Wer also nicht mit kaltem Blute den Polen zumuthen will, daß es ihre Pflicht sei, die über sie (vielleicht von dem blinden Fatum) verhängte Ausrottung ihres Namens und Seyns stumpfsinnig über sich ergehen zu lassen, der kann nur einräumen, daß es jetzt ihre Sache ist, sich um so inniger an jene Kirche an-zuschließen, welche einst die Grundlage ihres Gemeinwesens bildete, und dabei ihre Nationalität zu bewahren, ohne mit verwegenem Frevelmuth, aus sich selbst handelnd statt aus Gott, die Ruhe Europa's zu stören."[73]

---

[70] [JAN KOŹMIAN:] „Die Schicksale der polnischen Emigration. (Aus einer Zuschrift an die Redaction)", in: HPBKD 12 (1843), S. 419-439, hier S. 433f.

[71] „Polens Geschicke", in: HPBKD 17 (1846), S. 444-461, 505-542, 569-584, hier S. 571.

[72] Vgl. ebd., S. 523, 531, 570f., 578.

[73] Ebd., S. 522f.

4.3.2 Vom Beruf der Völker in der Heilsgeschichte – Die Haltung
der deutschen Ultramontanen zum Programm der Resurrektionisten

Die Interpretation der polnischen Geschichte durch die Resurrektionisten
sowie ihr daraus sich ergebender Appell an die Gegenwart waren in mehrfacher Hinsicht geeignet, die Zustimmung des deutschen Ultramontanismus
zu erhalten. Zunächst war das zugrundeliegende Modell geschichtstheologi-
scher Deutung ein allgemein katholisches, das in der Tradition eines
Jacques-Bénigne Bossuet stand, von den französischen Traditionalisten
erneuert worden war und auch vom deutschen Ultramontanismus geteilt
wurde.[74] Die geschichtliche Entwicklung galt hier weder als eine zufällige
noch als eine allein innerweltlich bestimmte, sondern als eine an Gott und
seinen Heilsplan gebundene. Für polnische wie deutsche Ultramontane war
die transzendierende Orientierung auf Gott als außerhistorischem Fixpunkt,
auf die Wahrheit der göttlichen Offenbarung als sinn- und einheitsstiftendes
Prinzip der menschlichen Geschichte konstitutiv: Geschichte verläuft demnach nach dem Plan und den Gesetzen Gottes und gewinnt darin ihre Sinnhaftigkeit. Besonders Jospeh Görres, dessen Vorlesungen auch von polnischen Ultramontanen besucht wurden und großen Anklang bei ihnen
fanden, betrachtete Geschichte unter diesem heilsgeschichtlichen Paradigma. Sein Neffe Ernst von Lasaulx, der ebenfalls seine Vorlesungen gehört
hatte, schrieb über Görres' Vorträge: „Er stellt die Geschichte der Menschheit dar, zwar als Werk menschlicher Freiheit im einzelnen, aber das
Ganze geführt und geleitet nach den ewigen unvergänglichen Zweckgeset-
zen der Providenz."[75] Auch der badische Katholikenführer Franz Joseph

---

[74] Constantin Höfler hatte Bossuet in seinem Artikel „Über katholische und protestanti-
sche Geschichtsschreibung", in: HPKD 16 (1845), S. 297-321, hier S. 317 zu einem
„Gränzstein" katholischer Geschichtsauffassung erklärt. Zu Bossuets heilsgeschichtlichem
Konzept vgl. KARL LÖWITH: Weltgeschichte und Heilsgeschehen. Die theologischen
Voraussetzungen der Geschichtsphilosophie, Stuttgart u. a. [7]1979, S. 129-135; THOMAS
BRECHENMACHER: Großdeutsche Geschichtsschreibung im neunzehnten Jahrhundert. Die
erste Generation (1830-48), Berlin 1996, S. 360ff. Zur Rolle im französischen Tradi-
tionalismus vgl. DANIEL MOLLENHAUER: Sinngebung in der Niederlage: Die französischen
Katholiken und die „année terrible" (1870/71), in: „Gott mit uns". Nation, Religion und
Gewalt im 19. und frühen 20. Jahrhundert, hg. v. HARTMUT LEHMANN u. GERD KRU-
MEICH, Göttingen 2000, S. 157-171, hier S. 166.

[75] Zit. nach KLUG, Rückwendung, S. 146. Zu Görres' Geschichtsphilosophie und historischer Praxis als Professor für Allgemeine und Literargeschichte in München vgl. HERI-
BERT RAAB: Görres und die Geschichte, in: HJb 93 (1973), S. 73-103; ANDREAS KRAUS:
Görres als Historiker, in: HJb 96 (1976), S. 93-122; BRECHENMACHER, S. 414-420; HA-
RALD DICKERHOF: Zu Görres' Umgang mit der „exakten" Geschichte. Aus Vorlesungen
und Manuskripten, in: Görres-Studien. Festschrift zum 150. Todesjahr von Joseph von Görres, hg. v. DEMS., Paderborn u. a. 1999, S. 129-138. Zur Geschichtstheologie des Münchener Kreises generell vgl. BORODAJKEWYCZ, S. 60ff.; BRECHENMACHER, S. 420-426.

Buß erklärte 1847: „Dem Christen ist die ganze Geschichte ein einheitlicher Plan der göttlichen Vorsehung".[76]

Den Glauben an eine göttliche Vorsehung der Geschichte teilten zwar auch nichtkatholische Geschichtsphilosophen wie Georg Friedrich Wilhelm Hegel, Leopold von Ranke oder Johann Gustav Droysen.[77] Während diese jedoch das heilsgeschichtliche Ziel in den innerweltlichen Bereich verschoben (z.b. als Verwirklichung des höchsten Weltzustandes oder als Vollendung der sittlichen Bestimmung des Menschen) und damit mit dem Idealismus verbanden, bestand für das katholische Geschichtsverständnis einzig in der Kirche der Bereich, in dem sich die Herankunft des Reiches Gottes als Ziel und Erfüllung der menschlichen Geschichte innerhalb der diesseitigen Welt vollzog und bereits ablesbar war. Die Kirche als Ort göttlicher Offenbarung war daher in diesem Denken eigentlicher Mittelpunkt der Geschichte.[78] Die Völker und Nationen hatten jedoch den Auftrag, den heilsgeschichtlichen Prozess zu begünstigen, indem sie sich in den Dienst der Kirche stellten und diese unterstützten. Sowohl im deutschen als auch im polnischen Ultramontanismus wurde darüber hinaus der je eigenen Nation ein besonders enges Verhältnis zur Kirche und damit eine besondere Rolle für die Christenheit in der Welt zugesprochen.[79]

Integraler Bestandteil dieses heilsgeschichtlichen Konzepts war die Vorstellung von spezifischen christlichen Berufen der Völker. Während den

---

[76] FRANZ JOSEPH BUß: Zum neuen Jahr 1847. Die Stellung des Katholizismus zu den Bewegungen der Zeit. Eine Betrachtung und Mahnung an und für die Katholiken Teutschlands, in: Capistran 1 (1847), Nr. 1, S. 22-101, hier S. 23.

[77] Zur religiösen Fundierung v.a. der historistischen Schule vgl. ausführlich und instruktiv den Abschnitt „Gott in der Geschichte" in THOMAS NOLL: Vom Glück des Gelehrten. Versuch über Jacob Burckhardt, Göttingen 1997, S. 48-127.

[78] Buß schrieb 1847, die Kirche sei „die Wurzel, die Mitte der Weltgeschichte" (FRANZ JOSEPH BUß: „Zum neuen Jahr 1847. Die Stellung des Katholizismus zu den Bewegungen der Zeit. Eine Betrachtung und Mahnung an und für die Katholiken Teutschlands", in: Capistran 1 [1847], Nr. 1, S. 22-101, hier S. 23).

[79] Zu dem Potential nationalistischer Überhöhung des eigenen Volkes in diesem Denken vgl. für den deutschen Ultramontanismus STEPHAN SCHOLZ: Vater oder Feind der Deutschen? – Der Bonifatiusmythos als Medium konfessionell bestimmter Nationsbildung im 19. Jahrhundert, in: Nationale Wahrnehmungen und ihre Stereotypisierung im Vergleich, hg. v. HANS HENNING HAHN u. ELENA MANNOVÁ, Frankfurt/M. u.a. (im Erscheinen). Przemysław Matusik unterschätzt m.E. dieses Potential, wenn er schreibt, dass sich das klerikal-konservative Konzept vom Beruf Polens von messianistischen Vorstellungen gerade dadurch abhob, dass es nicht die eigene Nation über die anderen erhöht, sondern sie wie die anderen als einen gleichwertigen Baustein für ein Europa nach göttlichem Plan ansieht. Vgl. PRZEMYSŁAW MATUSIK: Polska i Europa w polskiej myśli katolicko-konserwatywnej w latach 1845-1865 (ze szczególnym uwzględnieniem poglądów poznańskich ultramontanów), in: Ideologie, poglądy, mity w dziejach Polski i Europy XIX i XX wieku, hg. v. JERZY TOPOLSKI, WITOLD MOLIK, u. KRZYSZTOF MAKOWSKI, Poznań 1991, S. 279-288, hier S. 286.

polnischen Katholiken Polen als das Bollwerk der Kirche gegen Schisma und Unglauben im Osten galt und als Ausdruck ihrer besonderen Kirchlichkeit die direkte Schutzherrschaft der Gottesmutter Maria, der eigentlichen Königin Polens, über ihr Land, betonten die deutschen Katholiken mit Bezug auf das alte Reich Deutschlands göttlichen Beruf, weltliche Schutzmacht der Kirche zu sein und die Einheit der Christenheit zu bewahren.

Das Trauma sowohl der deutschen als auch der polnischen Ultramontanen bestand darin, dass ihre jeweiligen Völker ihrem göttlichen Beruf untreu geworden seien und diesen verraten zu haben schienen – die Deutschen durch die Glaubensspaltung, die Polen durch die vermeintliche Abwendung von strenger Kirchlichkeit. In beiden Fällen sei die notwendige Folge dieses Verrats eine nationale Katastrophe gewesen – für die Deutschen der Untergang ihres Heiligen Römischen Reiches, für die Polen die Teilung und völlige Vernichtung ihrer politischen Souveränität. Grundlage dieser Geschichtsinterpretation war die Vorstellung, dass trotz der Existenz eines göttlichen Heilsplans, der nach der *providentia dei* prinzipiell unbeeinflussbar abläuft, die Völker frei sind, ihrem göttlichen Beruf nachzukommen: Wird der Beruf wahrgenommen, fördert dies die Umsetzung des göttlichen Heilsplanes, wird der Auftrag dagegen missachtet oder sogar direkt gegen ihn agiert, verzögert dies den Heilsplan ohne ihn jedoch wirklich stören zu können. Eine Wendung gegen den göttlichen Beruf wirkt sich jedoch notwendigerweise negativ auf das weitere Schicksal eines Volkes aus. Franz Joseph Buß schrieb dazu 1847: „Jedes Volk empfängt von Gott einen Beruf, den es aber frei wählt und vollführt, oder aber verschmäht, dadurch glücklich oder unglücklich."[80] Mit der Vorstellung, dass ein seinem christlichen Beruf untreu und damit sündhaft gewordenes Volk notwendigerweise ins eigene Unglück verfalle, und dadurch zumindest indirekt die Strafe Gottes auf sich ziehe, ließen sich historische, zunächst sinn- und grundlos erscheinende Negativentwicklungen in ein stimmiges und sinnvolles Gesamtmodell einfügen. Dies bedeutete jedoch umgekehrt auch, dass dem Unglück eines Volkes zwangsläufig eine Verfehlung, eine Entfernung vom göttlichen Beruf vorangegangen sein musste.[81] Da

---

[80] Vgl. FRANZ JOSEPH BUß: Zum neuen Jahr 1847. Die Stellung des Katholizismus zu den Bewegungen der Zeit. Eine Betrachtung und Mahnung an und für die Katholiken Teutschlands. In: Capistran 1 (1847), S. 22-101, hier S. 42. Ähnlich äußerte sich Buß bereits 1838, vgl. den Abdruck eines einleitenden Sendschreibens von ihm in FRANZ JOSEF STEGMANN: Franz Joseph von Buß 1803-1878, Paderborn u. a. 1994, S. 78f.

[81] Auch im französischen Katholizismus war diese Überzeugung weit verbreitet. Joseph de Maistre, der ebenfalls sicher war: „chaque peuple a sa mission", hatte bereits die Französische Revolution als Folge der Entfernung vom Glauben im ‚philosophischen Zeitalter' der Aufklärung, bzw. als Strafe Gottes für eine Abwendung vom christlichen Auftrag Frankreichs interpretiert (vgl. GROH, S. 131). Auch noch die französische Nieder-

aber nach heilsgeschichtlichem Denken unwillkürlich und unbewusst alle weltlichen Begebenheiten letzten Endes wieder zusammen zur Erfüllung eines ewigen Zweckes wirken, gewannen auch diese Fehlentwicklungen innerhalb des göttlichen Heilsplans wieder Sinnhaftigkeit.

Eine Parallelisierung der Geschichte des deutschen und polnischen Reiches im Zusammenhang einer umfassenderen religiös gedeuteten historischen Entwicklung lag innerhalb dieses Denksystems nahe und wurde z.t. auch ausdrücklich hergestellt. George Phillips schrieb bereits 1840 in den *Historisch-politischen Blättern*: „Polen sank, wie das deutsche Reich auch gesunken ist, ein Opfer der die Kirche unterwühlenden, den Staat verwirrenden Ideen des sechzehnten Jahrhunderts."[82] Die Geschichtsinterpretation der polnischen Resurrektionisten lag den deutschen Ultramontanen also nicht nur nahe, weil sie von demselben geschichtsphilosophischen bzw. geschichtstheologischen Grundkonzept ausgingen, sondern weil sie auch eine Parallelität der historischen Erfahrung aufrief: die Erfahrung nationalen Unglücks aufgrund eines religiösen Versagens. Ausgehend von dieser gemeinsamen Erfahrung teilten die deutschen mit den polnischen Ultramontanen nicht nur die Trauer um den Verlust einer alten, im nachhinein idealisierten Ordnung, in der religiöses und politisches Leben harmonisch miteinander verbunden zu sein schien.[83] Sie verband auch das Projekt einer religiösen Regeneration im Rahmen der katholischen Kirche, von der allein

---

lage im deutsch-französischen Krieg von 1870/71 galt in dieser Deutungstradition als eine Strafe Gottes angesichts von Gallikanismus und Dechristianisierung der Gesellschaft und speziell für die französische Billigung der italienischen Besetzung des Vatikanstaates. Vgl. MOLLENHAUER, S. 157-171.

[82] [GEORGE PHILLIPS:] Blicke auf die russische Geschichte. Dritter Artikel, in: HPBKD 5 (1840), S. 98-117, hier S. 117. Mit genau denselben Worten (offenbar Phillips zitierend) stellte auch RÖTTINGER, S. 18 die Teilungen Polens in einen größeren geschichtsphilosophischen Kontext. Parallelen zwischen dem Ende des Heiligen Römischen Reiches und den Teilungen Polens zog jüngst noch in bezug auf die Dominanz materieller Motive der Besitz- und Staatsvergrößerung über traditionelle Rechtsprinzipien WINFRIED BECKER: Grundlinien des Verhältnisses zwischen römisch-katholischer Kirche und Staat in Deutschland während des 19. und 20. Jahrhunderts, in: KZG 14 (2001), H.1, S. 77-95, hier S. 78.

[83] Robert J. W. Evans hat darauf hingewiesen, dass das Deutsche Reich und Polen gleichermaßen erst nach ihrem Untergang in größerem Umfang zu identitätsstiftenden Konstrukten wurden. Vgl. ROBERT J. W. EVANS: The Polish-Lithuanian Monarchy in International Context, in: The Polish-Lithuanian Monarchy in European Context. 1500-1795, hg. v. RICHARD BUTTERWICK, New York 2001, S. 25-38, hier S. 34ff. Ebenfalls einen Vergleich der jeweiligen Rezeption der Ereignisse in Deutschland und Polen stellt an MÜLLER, Das Ende zweier Republiken. Zur melancholischen Sehnsucht nach der ‚heilen' Vergangenheit im deutschen Katholizismus vgl. KLUG, Rückwendung, S. 328-331.

sie sich neue nationale Einheit und Größe in der Zukunft erhofften.[84] Die Vorstellung des Programms der Resurrektionisten im Zentralorgan des deutschen Katholizismus besaß somit zumindest das Potential, ein solidarisches Gefühl herzustellen oder sogar das eigene religiöse Regenerationsprojekt durch den Vergleich neu zu motivieren und zu unterstützen. Die Gemeinsamkeit der historischen Erfahrung konnte dabei jedoch sowohl eine Relativierung der polnischen als auch der eigenen historischen Schuld bewirken. Ersteres geschah z.B. in der *Neuen Sion*, wo 1846 zu Bedenken gegeben wurde, dass die Deutschen angesichts der eigenen historischen Sündhaftigkeit wohl kaum das Recht hätten, den Polen etwas vorzuwerfen.[85] Andererseits bot das Ausmaß des polnischen Unglücks, das auf eine ebenso umfassende Schuld der polnischen Nation verwies, die Möglichkeit, die eigene historische Schuld zu relativieren. Wilhelm von Schütz betonte in einem mehrfach abgedruckten Artikel:

> „Eine so große, über ein Volk von der Vorsehung verhängte *Strafe* setzt eine verhältnißmäßige *Schuld* voraus, und härter wird eine Nation nicht gestraft, als wenn der Engel der Souveränität sie verläßt."[86]

Unabhängig von der eigenen historischen Betroffenheit wurde das antirevolutionäre Programm der religiösen Wiedergeburt der Resurrektionisten zum Ausgangspunkt dafür genommen, die Polen und vor allem die Emigranten zu einer religiös-sittlichen Besinnung und zu einer demütigen Annahme des göttlichen Richterspruches aufzurufen und sie vor allen gewaltsamen Versuchen der Wiedererlangung politischer Souveränität zu warnen. Auch wenn der Abdruck des Artikels über „Polens Geschicke" im Zusammenhang mit dem persönlichen Aufenthalt Kajsiewiczs im Sommer 1845 in München steht,[87] scheint es doch kein Zufall zu sein, dass er im Jahr 1846 in den *Historisch-politischen Blättern* zusammen mit den ersten Berichten über den gescheiterten polnischen Aufstand in Galizien erschien, der auch schon innerhalb dieses Artikels ausdrücklich verurteilt wurde. Aber auch schon in den Jahren zuvor war in der Publizistik des deutschen Katholizis-

---

[84] Eine Rekatholisierung war die Utopie aller ultramontanen Bewegungen in Europa mit der sie auf die Erschütterungen von Revolution und Rationalismus reagierten. Vokabeln wie „Resurrektion", „Wiedergeburt", „Erweckung", „Remissionierung", „Reveil/Revival" waren innerhalb dieser Bewegung überall geläufig.

[85] Vgl. „Der polnische Aufstand und die deutsche Journalistik", in: NSion 2 (1846), Nr. 39 v. 31.3., S. 203; ND des Artikels in: SKB 12 (1846), Nr. 16 v. 18.4., S. 189.

[86] [WILHELM VON SCHÜTZ:] „Aus und über Polen", in: ZaM NF 3 (1836), S. 69-75, hier S. 74. ND des Artikels in: KKZ 8 (1836), Nr. 66 v. 15.6., Sp. 547ff. u. Nr. 67 v. 17.6., Sp. 555ff. (u.d.T. „Aus Polen") und in: Katholik 16 (1836), Bd. 61, Beilage Nr. 8, S. L-LVII. (u.d.T. „Aus Polen, den 31. Januar").

[87] Vgl. Kap. 4.3.1.

mus immer wieder zu lesen gewesen, dass eine Reorganisation der politischen Selbständigkeit nur auf dem Boden einer religiösen Regeneration und der Gnade Gottes denkbar sei. In den beiden wichtigsten katholischen Zeitschriften der 1830er Jahre, im *Katholik* und in der Aschaffenburger *Katholischen Kirchenzeitung* war bereits 1836 zu lesen gewesen:

> „Eine *große Buße* scheint nothwendig zu sein, und von der Aufrichtigkeit derselben dürfte es abhängen, ob Polens Loos im Rathe Gottes unwiderruflich entschieden, oder noch einer glücklicheren Wendung fähig ist. Uns wenigstens, die wir in den Schicksalen der Völker ein Walten der göttlichen Vorsicht, Gerechtigkeit und Barmherzigkeit glauben, uns erscheint es nicht zweifelhaft, daß über die polnische Nation nur dann eine neue Morgenröthe aufgehen kann, wenn die am meisten schuldvollen höheren und mittleren Stände sich einer solchen würdig machen und durch die Rückkehr zur alten Tugend und Religion vor Allem *sich selbst* restaurieren."[88]

Für die deutschen Katholiken bot das heilsgeschichtliche Erklärungsmodell der Resurrektionisten in bezug auf die Gegenwart und Zukunft Polens somit eine moralische Entlastung. Es ermöglichte ihnen, die Teilung und das Schicksal der Polen zu bedauern, ohne eine Änderung des gegenwärtigen staatlichen Status quo fordern zu müssen, den man trotz der eingestandenen Unrechtmäßigkeit der Teilung Polens mittlerweile doch zumeist für einen legitimen Rechtszustand hielt.[89] Auch wenn man, wie die *Neue Sion* 1846, optimistisch die Ansicht vertrat, dass der „Gang der Geschicke" darauf hindeute, dass Polen wieder selbständig würde, wenn es nur an der katholischen Kirche festhalte,[90] so war die vorausgesetzte Umkehr der Polen zu einem gottesfürchtigen, sich dem göttlichen Willen unterwerfenden Volk tatsächlich doch kaum meßbar, so dass die Wiedererlangung der polnischen Staatlichkeit selbst vollends zu einem Luftgebilde wurde, dem

---

[88] [WILHELM VON SCHÜTZ:] „Aus und über Polen", in: ZaM NF 3 (1836), S. 69-75, hier S. 75.

[89] Einleitend zu den „Polnischen Geschicken" heißt es von der Redaktion, dass die Teilungsmächte den bestehenden Rechtszustand wahren müssten, „der ursprünglich im Unrechte wurzelt." Die Verantwortung der Teilungsmächte für dieses Unrecht wird noch dadurch heruntergespielt, dass in diesem Zusammenhang nur von einer unglücklichen Verkettung geschichtlicher Verhältnisse die Rede ist, die gleichermaßen verhängnisvoll für die Polen wie für diese Mächte gewesen sei („Polens Geschicke", in: HPBKD 17 [1846], S. 444-461, 505-542, 569-584, hier S. 444). So werden alle Beteiligten zum Objekt unpersönlicher historischer Gesetze, die ihren Sinn nur in der göttlichen Vorsehung finden. Der Gegensatz von prinzipieller Unverjährbarkeit historisch-moralischen Unrechts und der Entstehung von Legitimität durch den Ablauf von Zeit war immer ein Dilemma konservativen Denkens, das nie plausibel gelöst werden konnte. Vgl. zu den Bemühungen von katholisch-konservativer Seite durch Carl Ernst Jarcke: KRAUS, Carl Ernst Jarcke, S. 429.

[90] Vgl. „Der polnische Aufstand und die deutsche Journalistik", in: NSion 2 (1846), Nr. 39 v. 31.3., S. 203.

man nachhängen konnte ohne seine Realisierung befürchten oder gar betreiben zu müssen. Die Verantwortung für die Wiederherstellung Polens lag andererseits bei den Polen und ihrem religiösen Regenerierungswillen selbst. Der Primat der religiösen Erneuerung ermöglichte den deutschen Ultramontanen mittelfristig die Verteidigung des staatlichen Status quo, wie es seine konservative Überzeugung und seine Bindung an die Teilungsmacht Österreich, die besonders im Jahr 1846 deutlich wurde, verlangte.[91] Gleichzeitig verwies das heilsgeschichtliche Erklärungsmodell in Verbindung mit dem Projekt einer religiösen Erneuerung doch auch zumindest auf die Möglichkeit einer politischen Wiederherstellung Polens. Wenn Augustin Theiner, der deutsche Agent der polnischen Emigration in Rom, 1841 die Polen ermahnte, dass sie „nur eine wahre religiöse Wiedergeburt […] aus dem Grabe entführen" könne,[92] stand das von ihm benutzte und ins Politische transformierte Auferstehungsmotiv in deutlichem Kontrast zum Bild Polens als einer „längst in der Auflösung begriffenen Leiche, die nicht mehr geduldet werden durfte unter den Lebendigen", wie es der Hegelianer Wilhelm Jordan 1848 in seiner berüchtigten Polenrede in der Frankfurter Paulskirche benutzte.[93] Dem kategorischen Fatum der Geschichte stand die Unwägbarkeit der göttlichen Heilsgeschichte und die Überzeugung einer auf den Glauben folgenden göttlichen Gnade gegenüber.

4.4 Das Jahr der Entfremdung – Die Bedeutung des Aufstandes von 1846

Der polnische Aufstand des Jahres 1846, der von Posen, Krakau und Galizien aus über das ganze ehemalige Polen ausgreifen sollte, jedoch rasch von den Teilungsmächten niedergeschlagen wurde, stellte für die Wahrnehmung der deutschen Öffentlichkeit allgemein wie auch für die katholische Publizistik speziell das Ereignis dar, das zum ersten Mal seit dem Durchzug der polnischen Flüchtlinge durch Deutschland 1832 die Aufmerksamkeit verstärkt wieder auf die polnische Emigration lenkte.[94]

---

[91] Vgl. zum letzten Punkt Kap. 5.4.

[92] Theiner, Die Neuesten Zustände der Katholischen Kirche, S. XXI.

[93] Sten. Ber. FNV, Bd. 2, S. 1146.

[94] In Posen wurden die Rädelsführer schon vor dem eigentlichen Ausbruch verhaftet. Zum Aufstand selbst und der Haltung des deutschen Katholizismus vgl. Kap. 5; im folgenden geht es nur um den Einfluss des Aufstandes auf das Verhältnis zur Emigration. Für das Aufleben des Interesses an der Emigration in der deutschen Publizistik allgemein vgl. Hahn, Die „Große Emigration", S. 87.

Wie in der deutschen Publizistik generell wurde auch in der Berichterstattung der katholischen Organe schnell erkannt und stark betont, dass
der Aufstand keine spontane Erhebung der polnischen Bevölkerung, sondern eine aus der Emigration heraus geplante und organisierte war. Dieser
Umstand galt bereits als ein Beleg dafür, dass der Aufstand nicht den
Interessen und Bedürfnissen der in den preußischen und österreichischen
Teilungsgebieten lebenden Polen entsprach, sondern nur eine Verschwörung von auswärtigen Agenten war, die eigene Ziele verfolgten. Der rheinische *Nathanael* und die schlesische *Allgemeine Oder-Zeitung* spiegelten
die allgemeine Meinung in der katholischen Publizistik wider, wenn sie
schrieben, dass die Erhebung

> „nicht erzeugt [ist] von dem Drange eines verführerischen Augenblickes, nicht
> geboren durch unerträglich gewordenen Druck, sondern mit kaltem Blute
> vorbereitet, gerichtet gegen milde, väterlich gesinnte Regierungen und nicht
> sich selbst Zweck, sondern lediglich ein Mittel, um den Krieg nach Russisch-
> Polen mit Erfolg hineintragen zu können."[95]

Entgegen dem „Lieblingsklischee"[96] der inneren Uneinigkeit der polnischen
Emigration, das auch jetzt teilweise wieder aktualisiert wurde,[97] galt diese
doch in der Befürwortung des Aufstandes und der darin eingesetzten Mittel
als besonders einmütig. Die verschiedenen Exilgruppen wurden gleichermaßen für die oft beschriebenen angeblichen Gräueltaten der Aufständischen verantwortlich gemacht, über die offenbar bewusst Berichte breit
gestreut wurden. Verschiedentlich war zu lesen, dass sämtliche Parteien
der Emigration die Vernichtung aller Nicht-Polen, vor allem der Deutschen, mit Dolch oder Gift als patriotische Handlung befürwortet hätten.[98]
Diese drastischen Vorwürfe wurden innerhalb der katholischen Publizistik
von polnischer Seite empört zurückgewiesen, insbesondere die als besonders unehrenhaft geltende Verwendung von Gift, das, wie Graf Tytus
Działyński in einem in der *Allgemeinen Oder-Zeitung* abgedruckten Brief
hinzufügte, als Mittel für einen Aufstand sowieso gänzlich ungeeignet

---

[95] „Vom Rhein", in: Nathanel 2 (1846), Nr. 7, S. 449ff., hier S. 449 (ND eines
Artikels aus der AOZ v. 22.4.). Ähnlich „Krakau", in: APZ (1846), Beilage Nr. 22 v.
18.3., S. 87f.; „Oesterreich", in: SZ 6 (1846), Nr. 66 v. 7.4., S. 285f.

[96] HAHN, Die „Große Emigration", S. 97.

[97] Die *Allgemeine Oder-Zeitung* verwies auf die Uneinigkeit und den gegenseitigen
Verrat der Emigration in Paris selbst in Phasen des Unglücks wie der gegenwärtigen als ein
bekanntes Muster aus der polnischen Geschichte. Vgl. „Was können die Polen und die
Deutschen aus der letzten polnischen Agitation lernen?", in: AOZ 1 (1846), Nr. 48 v. 31.5.

[98] „Oesterreich", in: SZ 6 (1846), Nr. 66 v. 7.4., S. 285f., hier S. 285. (ND eines
Artikels aus dem *Österreichischen Beobachter* v. 26.3.); ebenfalls abgedruckt u. d. T.
„Wien, 26. März", in: AOZ 1 (1846), Nr. 4 v. 5.4.)

wäre.[99] Auch Carl Ernst Jarcke betonte in den *Historisch-politischen Blättern* die Einigkeit der ansonsten so uneinigen Emigration in der Frage des Aufstandes und verwies in diesem Zusammenhang auf die angebliche Distanz und Unkenntnis aller Exilgruppen gegenüber den wahren Verhältnissen, Interessen und Bedürfnissen der Polen im Lande, zu denen sie längst jede Verbindung verloren hätten:

> „*jede* der vielen sich wüthend hassenden und befehdenden Factionen, in welche die Emigration selbst zerfallen ist, ging von dem Axiom aus, ganz Polen wolle, fühle, denke wie sie, während die unermeßliche Mehrheit der Nation, - Galizien hat es bewiesen! - *alle* diese Parteien und Factionen miteinander verabscheute."[100]

Trotz der angenommenen Einigkeit der Emigration in der grundsätzlichen Frage des Aufstandes war innerhalb der katholischen Publizistik immerhin klar, dass die konkrete Planung, Vorbereitung und Durchführung bei der Demokratischen Gesellschaft gelegen hatte. Diese wichtigste Organisation des linken Flügels der polnischen Emigration, die Koźmian drei Jahre zuvor in den *Historisch-politischen Blättern* als zerstörerische Sekte dargestellt hatte, stieß im konservativ-ultramontanen Katholizismus nur auf Antipathie. Ihre Mitglieder waren schon allein dadurch diskreditiert, dass sie, „in den Bereich der französisch-politischen Clubbs gezogen, den bekannten radicalen Phantasiegebilden der Pariser Weltbesserer von jeder Schattierung huldigten."[101] Vorbereitend hätten sie die polnischen Länder mit Emissären und revolutionären Schriften überzogen und so den Aufstand initiiert und schließlich auch durchgeführt.[102]

---

[99] Tytus Działyński (1795-1861) war ein bekannter polnischer Patriot und Mäzen, der die Bibliothek in Kórnik gründete. Sein Brief in „Königsberg, 27. März", in: AOZ 1 (1846), Nr. 5 v. 7.4. Wie er, erklärte auch der Posener Korrespondent des *Schlesischen Kirchenblattes* mit patriotischer Empörung: „Gift gehörte bisher niemals zu den Waffen der Polen." („Posen, 9. März", in: SKB 12 [1846], Nr. 12 v. 21.3., S. 142f., hier S. 142). Giftmord galt traditionell als feige und hinterhältig und zudem als eine ‚feminine' Tötungsart; er wurde daher strafrechtlich besonders streng geahndet (vgl. RICHARD J. EVANS: Rituale der Vergeltung. Die Todesstrafe in der deutschen Geschichte 1532-1987, Berlin 2001 S. 376f.). Dass die Insurgenten sich nicht gegen die Deutschen wandten, betonte auch ein „Manifest des nach Freiheit ringenden Polens an die freie Nation der Deutschen", unterzeichnet von Vertretern der „einstweiligen Regierung des nach Freiheit ringenden Königreiches von Polen" in: „Polen", in: SZ 6 (1846), Nr. 50 v. 17.3., S. 222.

[100] [CARL ERNST JARCKE:] Zeitläufte, in: HPBKD 18 (1846), S. 744-756, hier S. 751.

[101] [DERS.:] Zeitläufte, in: HPBKD 17 (1846), S. 491-503, hier S. 497.

[102] Vgl. „Oesterreich", in: SZ 6 (1846), Nr. 66 v. 7.4., S. 285f. (ND eines Art. aus dem *Österreichischen Beobachter* v. 26.3.); ebenfalls abgedr. u.d.T. „Wien, 26. März", in: AOZ 1 (1846), Nr. 4 v. 5.4.)

Aber auch das aristokratische Lager um Fürst Adam Czartoryski wurde in der katholischen Publizistik scharf angegriffen: Das Hôtel Lambert habe sich zwar an der Aufstandsvorbereitung nicht direkt beteiligt, aber die Revolutionsregierung in Krakau anerkannt und sich, offensichtlich zu voreilig einen Sieg der Insurgenten annehmend, ihrer Autorität förmlich unterstellt.[103] Dies entsprach im wesentlichen den Tatsachen: Czartoryski, der von der aktuellen Erhebung überrascht worden war, hatte unter dem Eindruck positiv lautender Meldungen die Krakauer Nationalregierung als oberstes nationales Regierungsorgan anerkannt, damit zu ihren Gunsten auf seinen eigenen Führungsanspruch verzichtet und ihr seine Unterstützung zugesichert.[104] Die Führungsfigur des Hôtel Lambert hatte sich damit in den Augen der katholischen Publizistik selbst desavouiert. Wie die *Augsburger Postzeitung* schrieb, habe Czartoryski, der privat vielleicht eine achtbare Persönlichkeit sei, „von dem Augenblicke, wo er den schändlichsten aller Aufstände mit allen ihm zu Gebote stehenden Mitteln zu fördern sich bereit erklärte, allen Anspruch auf Achtung von Seite der Katholiken verloren".[105] Dem Hôtel Lambert wurde darüber hinaus vorgeworfen, durch Verweis auf die Beteiligung von Geistlichen dem Aufstand einen religiösen Hintergrund zuschreiben zu wollen, was eine verwerfliche Verfälschung der wahren Motive der Erhebung sei.[106] Jarcke meinte in diesem Zusammenhang, dass die national-polnische Opposition zum allergrößten Teil selbst gar nicht mehr religiös sei.[107]

In dieser deutlichen Wendung gegen den liberal-konservativen Teil der Emigration empörte es die deutschen Katholiken besonders, dass dieser offenbar durch den französischen Klerus unterstützt wurde. Die ultramontane deutsche Presse scheute nicht davor zurück, hohe Würdenträger der

---

[103] Vgl. „Paris, 8. März", in: APZ (1846), Nr. 71 v. 12.3., S. 268; „Oesterreich", in: SZ 6 (1846), Nr. 66 v. 7.4., S. 285f. (ND eines Art. aus dem *Österreichischen Beobachter* v. 26.3.); ebenfalls abgedruckt u. d. T. „Wien, 26. März", in: AOZ 1 (1846), Nr. 4 v. 5.4.

[104] Vgl. HENRYK ZALIŃSKI: Myśl polityczna Hotelu Lambert wobec sprawy wyzwolenia polski w przededniu i w czasie rewolucji 1846 roku, in: Uwarunkowania, możliwości i sposoby działań niepodległościowych w piśmiennictwie czasów romantyzmu, hg. v. SŁAWOMIR KALEMBKA, Toruń 1990, S. 97-114, hier S. 106-112; KUKIEL, S. 251-258.

[105] „München, 5. April", in: APZ (1846), Nr. 99/100 v. 8.4., S. 397. In derselben Zeitung wurde auf die Zweifelhaftigkeit der patriotischen Haltung Czartoryskis verwiesen, der vor dem Novemberaufstand 1830 in russischen Diensten gestanden und sich erst, nachdem ihm mehrfach die Statthalterwürde abgeschlagen worden war, zum hochgefeierten Patrioten gewandelt habe. Vgl. „Czartoryski", in: APZ (1846), Beilage Nr. 34 v. 29.4., S. 135.

[106] „Von der Isar, 27. Juli", in: AOZ 1 (1846), Nr. 101 v. 4.8.; Nr. 103 v. 6.8. Zur Rolle der katholischen Geistlichkeit bei dem Aufstand vgl. Kap. 5.3.

[107] [CARL ERNST JARCKE:] Zeitläufte, in: HPBKD 17 (1846), S. 491-503, hier S. 497.

Kirche direkt und heftig anzugreifen, nachdem bekannt geworden war, dass der Pariser Erzbischof Czartoryski mit einigen Domherren besucht hatte, um ihm seine Sympathie mit den aufständischen Polen zu versichern. Man wisse zwar, „welche Rücksichten einem Dignitär der Kirche gebühren, auch wenn er fehlt", schrieb daraufhin die *Augsburger Postzeitung,* doch die Huldigung des Erzbischofs gegenüber Czartoryski sei „mehr als unverzeihlich". Durch den Besuch habe sich der Erzbischof vollkommen kompromittiert, der französische Klerus insgesamt, bislang „ein Muster correcter Gesinnung", all seinen Ruhm eingebüßt. Die katholische Zeitung war sich sicher, dass eine päpstliche Zurechtweisung folgen würde.[108]

Die Front gegen die Haltung des Czartoyski-Lagers in der katholischen Publizistik ließ sich auch nicht durch eine apologetische Einzelstimme durchbrechen, die sich in der *Allgemeinen Oder-Zeitung* erhob. Hier wies ein nicht näher bezeichneter Einsender darauf hin, dass die Anerkennung der Krakauer Nationalregierung durch Czartoryski, wenn diese von Dauer gewesen wäre, die Ordnung nicht gefährdet, sondern gestützt hätte. Daneben warb er um Verständnis für die Haltung der polnischen Emigranten aufgrund ihrer Exilsituation: Es sei ihnen nicht um „Aufwiegelung oder Empörung gegen die rechtmäßige Regierung [gegangen], sondern darum, daß die unglücklichen in Paris lebenden Polen nun wieder ein Vaterland hatten, in das sie zurückkehren, in dem sie leben und sterben konnten."[109] Diese verständnisvolle Position fand jedoch in der katholischen Presse keine Unterstützung, sondern wurde umgehend missbilligt.[110]

Statt Verständnis für die besondere Lage der im Exil lebenden Polen zu entwickeln, wurden plakative Negativstereotypen ausgebildet oder aufgegriffen und zunehmend etabliert, die eine Positionierung gegenüber der polnischen Emigration leicht machten. Emigranten wurden unter dem Eindruck der Ereignisse des Jahres 1846 prinzipiell immer mehr als ‚Sturmvögel der Revolution' gesehen. Anton Ruland sprach in den *Historisch-politischen Blättern* davon, dass es in den vergangenen Jahrzehnten allgemein zur Ausbildung eines „neuen Standes in der europäischen Gesellschaft" in Form der „politischen Flüchtlinge" gekommen sei. Diese „gewerbmäßigen Entrepreneurs der Revolution für ganz Europa" führten in der Regel „einen unterirdischen Krieg gegen die Regierungen ihrer Hei-

---

[108] „München, 5. April", in: APZ (1846), Nr. 99/100 v. 8.4., S. 397. Der Besuch des Erzbischofs bei Czartoryski wurde berichtet in: „Frankreich. Paris, 2. April", in: APZ (1846), Nr. 96 v. 6.4., S. 386f.

[109] „Der polnische Aufstand und die französischen Katholiken", in: AOZ 1 (1846), Nr. 25 v. 2.5.

[110] „Der polnische Aufstand und die französischen Katholiken", in: AOZ 1 (1846), Nr. 28 v. 6.5.

math" und seien die „thätigsten und energischsten Factoren" des Radikalismus.[111] In der *Süddeutschen Zeitung für Kirche und Staat* wurde ein Bericht des damals bekannten Reiseschriftstellers Moritz Wagner in Auszügen abgedruckt, der ein Bild von in aller Welt verstreut lebenden „polnischen Refugies" zeichnete, die, soweit sie nicht im Irrenhaus oder als Renegaten im Orient lebten, statt sich niederzulassen und eine ruhige Existenz aufzubauen, ohne Unterlass als wanderndes Abenteurertum umherzögen, von Almosen und Schuldenmachen lebten und sich auf allen Kampfplätzen einfänden.[112]

Das Negativimage der polnischen Emigration, das sich 1846 stark ausgebildet hatte, sollte sich im Stereotypenhaushalt des deutschen Katholizismus befestigen.[113] Besonders das Bild der revolutionäre Kämpfer auf allen Barrikaden Europas setzte sich hartnäckig und ohne innere Differenzierung fest.[114] Franz Joseph Buß nannte die Polen im Zusammenhang mit ihrer Beteiligung am ungarischen Aufstand 1848 gegen Österreich „diese ewigen Juden der Revolution"[115] – ein Bild, das durch seinen Verweis auf die Legende vom ewigen Juden den Zustand des heimatlosen Umherstreifens in der Welt aufrief, und diesen zusammen mit antisemitischen Konnotationen mit einem dauerhaften Tätigsein für die Revolution auf negative Weise verband. Auch Ignaz Döllinger äußerte sich im Februar 1849 in der Frankfurter Paulskirche in einer ansonsten polenfreundlichen Rede in ähnlicher Weise pauschalisierend:

> „[D]ie sogenannte polnische Emigration ist unverbesserlich! [...] Von der jetzigen Generation der polnischen Emigration ist nicht zu erwarten, daß sie jemals Ruhe geben werde, Unruhe und Verwirrung zu stiften und ihre Landsleute aufzuwiegeln, sie wird unter allen Umständen ihre Bemühungen fortsetzen!"[116]

---

[111] [ANTON RULAND:] „Zeitläufte", in: HPBKD 18 (1846), S. 411-434, hier S. 418.

[112] „M. Wagner über slavische Zustände", in: SZ 6 (1846), Nr. 142 v. 10.7., S. 596. Der Reisebericht erschien auch in der Augsburger *Allgemeinen Zeitung*, vgl. dazu HAHN, Die „Große Emigration", S. 97, der den Artikel „infam" nennt.

[113] Zu dem analogen Prozeß im allgemeinen deutschen Polendiskurs vgl. Vgl. HAHN, Die „Große Emigration", S. 99.

[114] Zu der realhistorischen Beteiligung polnischer Emigranten an den verschiedensten Aufstandsbewegungen vgl. HANS HENNING HAHN: Die polnische Nation in den Revolutionen von 1846-49, in: Europa 1848. Revolution und Reform, hg. v. DIETER DOWE, HEINZ GERHARD HAUPT u. DIETER LANGEWIESCHE, Bonn 1998, S. 231-252.

[115] FRANZ BUß: Die teutsche Einheit und die Preußenliebe. Ein Sendschreiben an Herrn Gustav Pfizer. Rechtfertigung der großteutschen Parthei in der teutschen Nationalversammlung, Stuttgart 1849, S. 12.

[116] Sten. Ber. FNV, Bd. 7, S. 5069.

Eine Sonderstellung nahm in diesem Zusammenhang einmal mehr der erzkonservative Wilhelm von Schütz ein, der die Erhebung von 1846 zwar scharf verurteilte, eine gewisse Radikalisierung der polnischen Emigranten angesichts der Exilsituation aber trotzdem für logisch und verständlich hielt. Ihre Lage sei so verzweifelt und hoffnungslos, dass es nur natürlich sei, wenn sie sich utopischen Projekten verschrieben, denn man müsse bedenken „daß in ihrer gegenwärtigen Lage die Welt unmöglich bleiben kann."[117] Schütz griff das Bild der auf allen Barrikaden kämpfenden Polen auf, wandelte es in seinem Sinne um und formulierte die Vision eines fahrenden polnischen Rittertums, das als konservativ-restaurative mobile Einsatztruppe gegen „Hypercivilisation" und „Pseudocivilisation" kämpfen „und die Bekenner des Christentums von ihr befreien" sollte.[118] Trotz der offensichtlichen Realitätsferne dieser Vision, lag ihr doch die seltene Bereitschaft zu Grunde, sich in die Aussichtslosigkeit der Exilsituation hineinzuversetzen und diese als handlungsleitendes Moment ernst zu nehmen. Diese Bereitschaft war im deutschen Katholizismus zu diesem Zeitpunkt ansonsten kaum mehr vorhanden.

Die Ereignisse des Jahres 1846 bewirkten nicht nur eine Veränderung des Bildes von der polnischen Emigration im deutschen Katholizismus und der Haltung, die ihr gegenüber eingenommen wurde, sondern sorgte auch für eine erhebliche Abkühlung der wenigen persönlichen Kontakte, die zwischen deutschen Ultramontanen und polnischen Katholiken bis dahin bestanden: Władysław Zamoyski, der Ende der 1830er Jahre Kontakte zum Görres-Kreis geknüpft hatte und sich diesem geistig verbunden fühlte, sah sich durch die einseitige Berichterstattung in den *Historisch-politischen Blättern* genötigt, einen offenen Brief zu schreiben, in dem er alle Vorwürfe, er habe seine Landsleute zur Insurrektion aufgefordert, bei seinem christlichen Glauben als absurd und lächerlich zurückwies und jede auch nur indirekte Beteiligung an der Schilderhebung bestritt. Zamoyski selbst verurteilte den Aufstand in der Rückschau als das unheilvolle Werk einiger beschränkter Männer, die keinerlei Ansehen in Polen besäßen und nicht mit der polnischen Nation oder ihren achtbaren Teilen verwechselt oder vermischt werden dürften.[119] Allerdings hielt er die Ereignisse für verstehbar

---

[117] SCHÜTZ, Die frommen katholischen Alt-Sarmaten, S. 100.

[118] Ebd., S. 100, 106.

[119] Vgl. WŁADYSŁAW ZAMOYSKI: „A messieurs G. Goerres et Phillips", in: Le Correspondant 18 (1847), S. 788-792, hier S. 788ff. Zamoyski reagierte mit diesem im französischen *Correspondant* veröffentlichten Brief vom 27.4.1847 an die Redaktion der *Historisch-politischen Blätter* auf Vorwürfe die gegen ihn in der Broschüre *Aufschlüsse über die Ereignisse in Polen. Nebst sechszehn authentischen Actenstücken, Mainz 1846* erhoben worden waren. Diese war in den *Historisch-politischen Blättern* von Joseph Görres als halboffizielle Schrift der österreichischen Regierung und damit als glaubwürdig gekenn-

oder zumindest erklärbar und warf seinen deutschen Freunden vor, es gerade an dieser Rücksicht fehlen zu lassen. Er appellierte an die Unparteilichkeit der Adressaten bei der Beurteilung der Polen und forderte sie auf, sich nicht von nationalen Gefühlen für die österreichische Regierung leiten zu lassen. Er verwies dabei darauf, dass er sie selbst in anderen Zusammenhängen schätzen gelernt habe:

> „Meine Herren, seit langem kennen Sie meine Gefühle der katholischen Sympathie für Sie und Ihre Freunde, die ich gerne als eine aufgeklärte Avantgarde des Katholizismus betrachte, frei von den üblichen Banden wie das der Politik. Ich habe mehr als einmal den Vorzug gehabt, Ihnen diese Gefühle persönlich und offenherzig mitzuteilen."[120]

Zamoyski brachte seinen tiefen Schmerz darüber zum Ausdruck, dass die Münchener Ultramontanen sich bislang hätten täuschen lassen und die Augen vor der Gerechtigkeit verschlössen. Er bekundete jedoch sein Vertrauen in die Kraft und Wirksamkeit des „katholischen Gefühls" und seine Hoffnung, dass sie sich bald von ihrer Verirrung abwenden würden. Zamoyskis Bitte, seinen Brief in den *Historisch-politischen Blättern* abzudrucken, wurde nicht entsprochen.[121] Die Redaktion des katholischen Zentralorgans in München hielt es offenbar nicht für nötig, ihm ein öffentliches Forum für seine Beschwerden über die deutschen Katholiken zu geben. Auch dies ist kennzeichnend für die mangelnde Bereitschaft, eine polnische Perspektive einzunehmen. Zamoyskis Brief erschien daher nur im liberal-katholischen französischen *Correspondant* und im *Dziennik Narodowy*, einem Organ der polnischen Emigranten in Paris.[122] Die Unbekümmertheit, mit der die Bemühungen Zamoyskis um einen Dialog von Seiten des Görres-Kreises ignoriert wurden, ist angesichts des ansonsten freundschaftlichen Kontaktes erstaunlich und war für Zamoyski selbst schmerzlich. Noch Jahre später drückte er seine Enttäuschung über die Münchener Ultramontanen aus, die er immer für Verbündete gehalten hatte und die dies auch tatsächlich gewesen seien, solange es um den Kampf gegen Moskau gegangen sei. Ihre Loyalität gegenüber Österreich, in dem sie in erster Linie die wichtigste katholische Schutzmacht sehen wollten, sei

---

zeichnet worden. Vgl. [JOSEPH GÖRRES:] Der Brief des Grafen von Montalembert an die Redaction, in: HPBKD 18 (1846), S. 548-576., hier S. 568f.

[120] ZAMOYSKI, A messieurs G. Goerres et Phillips, S. 791, Übersetzung von mir.

[121] Ebd., S. 791f.

[122] Vgl. ebd. sowie [WŁADYSŁAW ZAMOYSKI:] „Protestacja pułkownika Zamoyskiego", in: Dziennik Narodowy/Paryż (1847), S. 1298f. Dass Zamoyski sich an die französischen Ultramontanen wandte, verweist auf das enge Beziehungsgeflecht. Zur Kontroverse zwischen deutschen und französischen Ultramontanen über den polnischen Aufstand von 1846 vgl. Kap. 5.5.

jedoch größer gewesen als alles andere.[123] Zamoyski fühlte sich von dieser Zeit an den deutschen Ultramontanen entfremdet. In seinen Memoiren schrieb er: „Ich bekenne, daß von 1846 an meine Neigung zu Beziehungen mit den deutschen Professoren in München erkaltete."[124] Es zeugt jedoch von der nachhaltigen Hochachtung gegenüber Joseph Görres, dass er diesen von seinem Urteil ausnahm und in der Rückschau glaubte, dieser sei bereits ein Jahr vor dem Aufstand gestorben: „Es ist wahr, daß Joseph Görres, der ein Jahr zuvor sein Leben beendet hatte, schon nicht mehr unter ihnen war. Ich will glauben, daß er ein gesundes Urteil über dieses Verbrechen abgegeben hätte."[125] Joseph Görres war jedoch im Jahr 1846 durchaus noch am Leben und ein Hauptagitator in der negativen Beurteilung Polens.[126]

Anders als Zamoyski vergaß Jan Koźmian nicht die Rolle, die Joseph Görres, den Clemens Brentano einmal den „Artilleriedirector der katholischen Sache" genannt hat, gespielt hatte.[127] Obwohl Koźmian im Umkreis des Resurrektionsordens stand, der den Aufstand an sich ebenfalls verurteilte, kritisierte er delikaterweise gerade im Nachruf, den er 1848 auf den nun tatsächlich verstorbenen Joseph Görres schrieb, die Haltung der Münchener Ultramontanen. Im Zusammenhang mit den Ereignissen von 1846 und mit dem Hinweis auf die wichtige Position, die Joseph Görres für die *Historisch-politischen Blätter* eingenommen habe, erklärte er darin ähnlich wie Zamoyski, dass diese ihrer eigentlichen Berufung entsagt hätten und zu einem Werkzeug eines der Freiheit feindlichen Interesses geworden seien. Die Herausgeber hätten für dieses Interesse die Unparteilichkeit, wie sie dem Christen gebühre, das christliche Liebesgebot und sogar das Feingefühl, wie es redlichen Leuten einem jeden Unglück gegenüber zukomme, vergessen.[128] Auch bei den Resurrektionisten, die den deutschen Ultramontanen ideologisch sehr nahe standen, zeigte sich also eine tiefe Entfremdung von ihren deutschen Glaubensgenossen, die aus deren Position zu den Ereignissen des Jahres 1846 resultierte. Über weitere Kontakte zwischen diesen beiden Gruppen ist für die Jahre nach 1846 nichts bekannt.

---

[123] Vgl. ZAMOYSKI, Jenerał Zamoyski, Bd. 4, S. 443. Vgl. zum Verhältnis zu Österreich Kap. 5.4.

[124] Ebd., S. 444, Übersetzung von mir.

[125] Ebd., S. 443f., Übersetzung von mir.

[126] Vgl. Kap. 5.

[127] Das Brentano-Zitat nach BERND WACKER: „Die Wahre Einheit aller Gegensätze". Katholisch-christliche Weltanschauung als politische Theologie. Zum Spätwerk von Joseph Görres, in: Görres-Studien. Festschrift zum 150. Todesjahr von Joseph von Görres, hg. v. Harald Dickerhof, Paderborn u. a. 1999, S. 55-77, hier S. 56.

[128] Vgl. KOŹMIAN, Pisma, Bd. 3, S. 213.

5. REVOLUTION GEGEN DIE KATHOLISCHE SCHUTZMACHT? – DER AUFSTAND VON 1846

Wie schon im Verhältnis des deutschen Katholizismus zu der polnischen Emigration deutlich geworden ist, spielte der gescheiterte Aufstandsversuch des Jahres 1846 eine entscheidende Rolle für die Haltung der deutschen Ultramontanen zu Polen und den Polen in der Zeit des Vormärz. Sowohl die mentale als auch eine z.t. personelle und materielle Bindung an Österreich beeinflussten wesentlich die ausgesprochen scharfe Beurteilung der polnischen Erhebung sowie die ungewöhnlich rücksichtsvolle Bewertung der österreichischen Reaktion zu einer Zeit, in der das positive Bild der Polen als katholische Märtyrer bereits verankert war. Der polnische Aufstand von 1846 führte nicht nur zu einer tiefen Krise im Verhältnis zu den polnischen Ultramontanen, sondern auch zur ultramontanen Bewegung im übrigen Europa, vor allem in Frankreich. Er setzte damit nicht nur neue Akzente in der katholischen Ausprägung des deutschen Polendiskurses, sondern auch im nationalen Selbstverständnis des deutschen Katholizismus.

5.1 Von der nationalen zur sozialen Revolution – Der gescheiterte Aufstandsversuch des Jahres 1846

Bereits seit Jahren hatte vor allem die politisch links stehende Polnische Demokratische Gesellschaft (Towarzystwo Demokratyczne Polskie) im französischen Exil eine Insurrektion geplant und vorbereitet.[1] Ihren Aus-

---

[1] Zur Ereignisgeschichte vgl. vor allem die Veröffentlichungen von Stefan Kieniewicz: Rewolucja Polska 1846 roku. Wybór źródeł, hg. v. STEFAN KIENIEWICZ, Wrocław 1950; DERS.: Ruch chłopski w Galicji w r. 1846, Wrocław 1951; DERS.: Społeczeństwo polskie w powstaniu poznańskim, Wydanie nowe, uzupełnione, Warszawa 1960, S. 83-98; DERS.: The Emancipation of the Polish Peasantry, Chicago u. London 1969, S. 113-126; DERS.: The Free State of Cracow 1815-1846, in: The Slavonic and East European Review 26 (1947), S. 69-89. Außerdem: MARIAN ŻYCHOWSKI: Rok 1846 w Rzeczypospolitej Krakowskiej i w Galicji, Warszawa 1956; GERNOT SEIDE: Wiener Akten zur politisch revolutionären Bewegung in Galizien und Krakau, in: Mitteilungen des Österreichischen Staatsarchivs 26 (1973), S. 295-327; ARNON GILL: Die polnische Revolution 1846. Zwischen nationalem Befreiungskampf des Landadels und antifeudaler Bauernerhebung, München u. Wien 1974; WOLFGANG HÄUSLER: Österreich und die Polen Galiziens in der Zeit des „Völkerfrühlings"

gang sollte sie in den preußischen und österreichischen Teilungsgebieten sowie im Freistaat Krakau nehmen und sich von hier aus möglichst schnell auf den russischen Teil Polens ausdehnen, um das ganze Land von der Fremdherrschaft der drei Teilungsmächte zu befreien. Doch trotz der langen Vorbereitung zeichnete sich das Scheitern der Erhebung schon vor ihrem eigentlichen Beginn ab. Noch ehe das Signal für den Aufstand überhaupt gegeben worden war, wurden Mitte Februar aufgrund einer Denunziation seine wichtigsten Organisatoren und Führungspersönlichkeiten in Preußen verhaftet. Wenige Tage später ließ die österreichische Regierung, die eigene Informationen über eine bevorstehende Insurrektion besaß, die Freie Stadt Krakau präventiv besetzen. Eine Erhebung schien somit schon im Keim erstickt, ihre Ausgangsbedingungen hatten sich zumindest erheblich verschlechtert.

Der Aufstand, der daraufhin dennoch und, um Verhaftungen zuvorzukommen, früher als geplant in Galizien zum Ausbruch kam, endete schnell in einem Desaster. Die Insurgenten, die vornehmlich aus dem Adel stammten, stießen auf den heftigen Widerstand der bäuerlichen Bevölkerung, die sie nicht als Akteure nationaler Befreiung, sondern als Träger ökonomischer und sozialer Bedrückung identifizierte. Die Erhebung, die eine nationale Revolution anstoßen sollte, ging in eine soziale Gegenrevolution über. Es kam zu Plünderungen von Gutshöfen und zur Massakrierung des Landadels durch die Bauern, die ihre Gutsherren in zahlreichen Fällen den österreichischen Behörden auslieferten. Von staatlicher Seite wurde das brutale Vorgehen der Bauern weder behindert noch geahndet, an vielen Stellen aber offensichtlich motiviert und gefördert. Zwischen ein- bis zweitausend Tote hatte der polnische Adel als Opfer der Jacquerie schließlich zu beklagen.

In Krakau selbst gestalteten sich die Ereignisse zunächst günstiger. Angesichts des auch in der Freien Stadt beginnenden Aufstandes zogen die österreichischen Besatzungstruppen schon nach wenigen Tagen wieder ab, und es gelang, eine Nationalregierung unter dem Diktator Jan Tyssowski zu installieren. Wegen des ausbleibenden Erfolges außerhalb der Stadt blieb der Sieg der Revolutionäre jedoch auch hier nur eine Episode. Es dauerte kaum zehn Tage bis der Aufstand militärisch niedergeschlagen und die Stadt von den Truppen der drei Teilungsmächte besetzt wurde. Das Ende der Erhebung bedeutete gleichzeitig das Ende der Teilautonomie Krakaus.

(1830-1849), in: Polen – Österreich. Aus der Geschichte einer Nachbarschaft, hg. v. WALTER LEITSCH u. MARIA WAWRYKOWA, Wien u. Warszawa 1988, S. 125-188; MICHAŁ ŚLIWA: Galizien 1846 und die polnische Revolution von 1848, in: Die europäische Revolution 1848/49 in Polen und Österreich und ihre Folgen, hg. v. HELMUT REINALTER, Frankfurt/M. u. a. 2001, S. 27-41.

Die Teilungsmächte enthoben sie – unter Verletzung der Wiener Verträge – ihres Status als Freie Stadt, um sie im November 1846 vollständig in die österreichische Monarchie einzugliedern.[2]

Bereits unter den Zeitgenossen des Aufstandes gab das Verhalten Österreichs während der Insurrektion, insbesondere die offensichtliche Schürung und Ausnutzung eines sozialen Konfliktes zur Niederschlagung einer politischen Revolution, Anlass zu den verschiedensten Vermutungen über die tatsächliche Rolle und das eigentliche Interesse der österreichischen Regierung. Bereits Mitte der 1830er Jahre waren von den Teilungsmächten Versuche unternommen worden, den Sonderstatus Krakaus aufzuheben und die Freie Stadt in die österreichische Monarchie zu inkorporieren. Es gab die Absprache, dieses Vorhaben bei der nächsten sich bietenden Gelegenheit umzusetzen.[3] In der polnischen Forschung ist man sich heute weitgehend darüber einig, dass Metternich den Aufstand bewusst in Kauf genommen hat, um einen bequemen Vorwand für die Liquidierung des Freistaates Krakau zu erhalten.[4] Für diese Annahme spricht nicht nur die Tatsache, dass Verhaftungen im Vorfeld des Aufstandes, wie sie in Preußen stattfanden, in Österreich nicht in dem Maß vorgenommen wurden, wie es nach den vorliegenden Informationen über konkrete Planungen möglich gewesen wäre.[5] Erhärtet wird diese Vermutung darüber hinaus auch dadurch, dass Carl Ernst Jarcke, enger Mitarbeiter Metternichs und prominentes Mitglied des Görres-Kreises, bereits Mitte Januar, also mehr als vier Wochen vor Ausbruch der Erhebung, in einem Brief an George

---

[2] Zu den Umständen der Inkorporierung vgl. MARCEL SZAROTA: Die letzten Tage der Republik Krakau, Breslau 1910; WISŁAWA KNAPOWSKA: La politique de Metternich avant l'annexion de la République de Cracovie, in: La Pologne au VII-e congres international des sciences historiques, Bd. 2, Warszawa 1933, S. 39-59.

[3] Zwischen 1836 und 1841 war die Freie Stadt ständig durch österreichische Truppen besetzt. Vgl. KIENIEWICZ, The Free State of Cracow, S. 74ff.; SEIDE, S. 311-316.

[4] Vgl. SZAROTA, S. 3, 22; MIECZYSŁAW ŻYWCZYŃSKI: Rabacja galicyjska z 1846 r. w polityce i opinii europejskiej, in: Roczniki humanistyczne 1 (1949), S. 39-58, hier S. 41-45; ANTONI CETNAROWICZ: Metternich in den Augen der zeitgenössischen Polen und in der polnischen Historiographie, in: Polen – Österreich, hg. v. WALTER LEITSCH u. MARIA WAWRYKOWA, Wien u. Warszawa 1988, S. 77-124, hier S. 92f., 98, 105. Vgl. auch die Forschungsüberblicke von GILL, S. 22-49 und THOMAS W. SIMONS: The Peasant Revolt of 1846 in Galicia: Recent Polish Historiography, in: Slavic Review 30 (1971), S. 795-817, der sich jedoch auf die Diskussion über die Rolle der Bauern konzentriert.

[5] SEIDE, S. 325 hält es für „unverständlich", dass es angesichts der zahlreichen Anzeigen und umfangreichen Kenntnisse der Behörden überhaupt zum Ausbruch des Aufstandes kommen konnte, vermutet als Ursache jedoch nicht das Kalkül der Regierung, sondern die Unfähigkeit der untergeordneten Behörden.

Phillips und Joseph Görres die Annexion Krakaus ankündigte, um diese rechtzeitig publizistisch vorbereiten zu lassen![6]

5.2 „Welch ein Dämon hat dieses unglückliche Land von neuem bezogen?" – Die prinzipielle Ablehnung des Aufstandes in der katholischen Publizistik

Die Umstände, unter denen der Aufstand im Februar und März 1846 ablief, machte es dem deutschen Katholizismus vergleichsweise leicht, eine eindeutige Stellung zu beziehen.[7] Anders als der Novemberaufstand 1830 war die Erhebung nach wenigen Tagen niedergeschlagen, es kam zu keinen lang andauernden militärischen Auseinandersetzungen, die auch nur den Anschein eines möglichen Erfolges erweckt hätten. Die ausführlichere Berichterstattung in der Presse begann erst, als die Insurrektion bereits niedergeschlagen worden war, ihr Scheitern war somit schon evident, bevor man an die Ursachenforschung und an die Frage nach der Legitimität gehen konnte. Die bereits offensichtliche Erfolglosigkeit des Unternehmens ermöglichte es, eine Notwendigkeit des Scheiterns zu proklamieren, wie es Joseph Görres tat, der von einem „Gottesurteil" sprach, das die Aufständischen provoziert hätten. Unter dem Eindruck der klaren Niederlage der Insurgenten benutzte er eine für einen Konservativen nicht ungefährliche Argumentationsweise, nach der jedes historische Geschehen – letztlich auch erfolgreiche Revolutionsversuche – seine Rechtfertigung erfahren kann:

> „[D]er Adel hat seine Sache auf das Schwert gesetzt, und das Gottesurtheil im Kampfe angerufen. Kriegsrecht aber ist Naturrecht; die eiserne Naturgewalt richtet nach dem unbeugsamen Gesetz, das Gott ihrem Nacken aufgelegt; der Erfolg entscheidet, mit ihm ist nicht zu hadern. Vae victis! Die Urtheile der Verhängnisse sind für den Fall in letzter Instanz gesprochen."[8]

In der Presse und Publizistik des deutschen Katholizismus insgesamt, die im Vergleich zu 1830 wesentlich umfangreicher geworden war, sich inhalt-

---

[6] Auf diesen Brief vom 13.1.1846 verweist PÖLNITZ, Einleitung, S. XLIV sowie eine Anmerkung in JOSEPH GÖRRES: Gesammelte Schriften, hg. v. WILHELM SCHELLBERG im Auftrag der Görres-Gesellschaft, Bd. 16: Aufsätze in den Historisch-politischen Blättern, hg. v. GÖTZ FREIHERR VON PÖLNITZ, Teil 2, S. 284f. Zu den Verbindungen der Münchener Ultramontanen zur österreichischen Staatskanzlei vgl. Kap. 5.4.

[7] Das Zitat der Überschrift aus: „Vom Rheine, Anfang März", in: RKB 3 (1846), Sp. 171f., hier Sp. 171.

[8] [JOSEPH GÖRRES:] „Der Brief des Grafen von Montalembert an die Redaction", in: HPBKD 18 (1846), S. 548-576, hier S. 559.

lich jedoch immer mehr der ultramontanen Ideologie entsprechend verengt hatte, war die Beurteilung der Aufstandsbewegung einheitlich und entschieden ablehnend. Es wurden keine Grundsatzdebatten mehr geführt über die Legitimität eines Aufstandes gegen die weltliche Obrigkeit, über Widerstandsrecht und Tyrannenmord, wie dies Anfang der 1830er Jahre noch in der unvermeidlichen Auseinandersetzung mit dem Programm von Lamennais der Fall gewesen war. Mitte der 1840er Jahre stand für den deutschen Katholizismus außer Frage, „[d]aß dem wahren Katholiken, selbst das Schwert im Nacken, der Geist der Empörung nicht eigen", die Revolution als Mittel für ihn vielmehr in jedem Fall inakzeptabel sei.[9] Die religiöse Begründung der ablehnenden Haltung wurde ausdrücklich hervorgehoben und dominierte alle anderen Bedenken, die für die aufständischen Polen ins Gewicht fallen konnten, wie ein Kommentar zeigt, der sowohl im rheinischen *Nathanel* als auch in der schlesischen *Allgemeinen Oder-Zeitung* erschien:

„Aber wie groß auch unser Mitgefühl mit denen, die in diese Wirrnisse hineingezogen worden, sein mochte, wie hoch wir zu Gunsten der einzelnen Verirrten das patriotische Gefühl anschlagen mochten, welches irre geführt, ihre Betheiligung veranlaßt, über die Beurtheilung der *That* haben wir, weil wir Christ und weil wir Katholik, niemals in Zweifel sein können; die That war strafwürdige, verbrecherische Auflehnung gegen die gottgewollte weltliche Obrigkeit, sie war ein Verbrechen zugleich gegen die göttliche und gegen die menschliche Ordnung, sie war im Widerspruch mit den Lehren des Heilandes und seiner Apostel [...]; sie war verdammt durch ausdrückliche Satzungen der katholischen Kirche [...]. Dies ist das Urtheil, welches vom kirchlichen Standpuncte aus über den beklagenswerten Aufstand gefällt werden muß, da nach kirchlichem Gesetze nichts zu thätlicher Auflehnung gegen die weltliche Obrigkeit berechtigt."[10]

Auch in einer Korrespondenz aus dem Rheinland, die im *Katholik* erschien, wurde die Sympathie mit den Polen und das Mitgefühl für ihre bedauernswerte Lage versichert, ohne dass dadurch die prinzipielle Ablehnung revolutionären Verhaltens, das zudem in völligem Widerspruch zum Wesen des katholischen Rheinländers stehe, wirklich abgeschwächt worden wäre:

„*Der polnische Aufstand* hat auch hier großes Interesse erregt. Die Sympathie für ein Volk, welches dergestalt unterdrückt wurde und in dem Haupt- und größern Theile seines ehemaligen Reiches beinahe mit heidnischer Wuth zu Boden geworfen und gepeinigt ist, findet einen zu natürlichen Boden bei Jedem, der nur noch irgend für die höhern Ideen von Freiheit, Vaterland und Religion

---

[9] „Berlin, 30. März", in: AOZ 1 (1846), Nr. 1 v. 2.4.

[10] „Der polnische Aufstand und die französischen Katholiken", in: AOZ 1 (1846), Nr. 16 v. 22.4.; „Vom Rhein", in: Nathanel 2 (1846), Nr. 7, S. 449ff., hier S. 449f.

Gefühl hat. Allerdings mussten aber jene anarchischen, radicalen und revolutionären Elemente, die sich dort in der stärksten Färbung kund gaben, die erste augenblickliche Theilnahme unserer Bevölkerung bedeutend schwächen. Die Rheinländer sind im Allgemeinen auf kirchlichem Boden erzogen und ihrer Natur nach jenen bodenlosen, fanatischen politischen Bestrebungen, in denen weder Moral noch Verstand vorherrscht, durchaus abhold."[11]

In der *Augsburger Postzeitung* wurde in ähnlicher Weise zu Bedenken gegeben, dass man sich ungeachtet des ungeheuren Schlages, den der Untergang des polnischen Staates für Europa und die Kirche bedeutet habe, von allen Sympathien mit den Polen frei machen müsse, sobald diese versuchten, ihren Staat auf verbrecherische Weise zu restituieren, womit sie sich selbst aller Achtung berauben würden.[12]

Neben die Ablehnung des Aufstandes aus prinzipiellen Erwägungen trat das Unverständnis über eine Erhebung, die sich gegen die deutschen Teilungsmächte, also die preußische und vor allem die österreichische Herrschaft richtete. War es 1830 immerhin noch möglich gewesen, konfessionell bedingte Ressentiments für einen Aufstand ins Feld zu führen, der sich gegen einen schismatischen Herrscher richtete, war dies im gegenwärtigen Fall nur bedingt, nämlich in bezug auf Preußen möglich, wo der Aufstand jedoch nicht richtig zum Ausbruch gekommen war. Es wurde demgegenüber in der katholischen Publizistik immer wieder hervorgehoben, dass die Polen in Österreich keinen Grund zur Unzufriedenheit besäßen, da hier ihre nationalen und mehr noch ihre religiösen Rechte geachtet würden. Dies gelte zumindest solange, so schränkte die *Allgemeine Oder-Zeitung* ein, wie „diese wahren und heiligen Interessen des Menschen nicht ausarten und in ihren Grenzen bleiben."[13] Österreich, als zweite große deutsche Macht neben dem protestantischen Preußen, galt im Bewusstsein der deutschen Katholiken als *die* Schutzmacht der katholischen Interessen. Es war für sie daher klar, dass die Polen sich hier nicht über die Behinderung ihrer religiösen Bedürfnisse beschweren konnten, was sie allerdings auch nicht taten.[14] Carl Ernst Jarcke gab darüber hinaus in den *Historisch-politischen Blättern* der allgemeinen katholischen Überzeugung von der nationalen

---

[11] „Vom Rheine, 23. April", in: Katholik 26 (1846), Nr. 50 v. 26.4., S. 231f., hier S. 231.

[12] Vgl. „München, 5. April", in: APZ (1846), Nr. 99/100 v. 8.4., S. 397.

[13] „Berlin, 30. März", in: AOZ 1 (1846), Nr. 1 v. 2.4.

[14] Das *Schlesische Kirchenblatt* versicherte bereits 1844, dass die Polen „unter Oesterreichs mildem Scepter [...] alle Tröstungen und Seelengüter, Belehrungen und Beruhigungen, die die Mutter der Gläubigen, die katholische Kirche, uns zu geben vermag, im reichsten Maße" genössen („Oesterreichisch und russisch Polen", in: SKB 10 [1844], Nr. 26 v. 29.6., S. 206). Zum besonderen Verhältnis des deutschen Katholizismus zu Österreich und den Folgen für ihre Bewertung des Aufstandes vgl. Kap. 5.4.

Toleranz Österreichs und der guten Behandlung der Polen Ausdruck, indem er betonte, dass Österreich, das seit Jahrhunderten gewöhnt sei, unterschiedliche Völker zu beherrschen, ohne ihre Nationalität zu zerstören, auch die polnischen Reichsteile, seiner „Natur nach fern von allen aufreizenden Dekatholisirungs- und Denationalisirungs-Plänen [...], seit beinahe achtzig Jahren gerecht, vernünftig, billig regiert und ihm wahre und große Wohltaten erwiesen" habe.[15]

Zur Untermauerung dieser Ansicht wurde häufig das Verhalten der bäuerlichen Bevölkerung in Galizien angeführt, die sich gegen die adligen Revolutionäre gewendet hatte. Dieses Verhalten zeigte nach Ansicht vieler Berichte, dass die einfache Bevölkerung sehr wohl wisse, dass es ihr unter der gegenwärtigen Regierung besser gehe, als sie es unter einer polnischen zu erwarten hätte. Ähnliches wurde auch für das preußische Teilungsgebiet angeführt.[16] Die Jacquerie, die sich dem Aufstand direkt angeschlossen und diesem ein rasches und blutiges Ende bereitet hatte, wurde somit weniger mit einem kaum ausgebildeten Nationalbewusstsein der Bauern oder mit dem sozialen Gegensatz und erst recht nicht mit der Motivierung durch österreichische Behörden erklärt, sondern mit dem wohlverstandenen Eigeninteresse des einfachen Volkes, das richtig erkannt habe, dass allein unter der österreichischen Regierung eine stetige Verbesserung ihrer Lebensbedingungen zu erwarten sei.[17]

Diese Argumentationsweise, die das Schwergewicht auf die nationalen, religiösen und sozialen Rechte der Polen im österreichischen Teilungsgebiet legte, nahm dabei nicht zur Kenntnis, dass Österreich für die Insurgenten nicht das Hauptziel, sondern nur den strategischen Ausgangspunkt für einen gesamtpolnischen Aufstand bilden sollte. Es ging den Aufständischen nicht um die spezifischen Lebensbedingungen im österreichischen Teilungsgebiet (was ihnen im polnischen Diskurs später oft vorgeworfen wurde, weil dies zur mangelnden Mobilisierung der Bauern für die Insurrektion beigetragen habe), sondern um die Wiedergewinnung der staatlichen Eigenständigkeit insgesamt. Dies wurde in der katholischen Publizistik unter dem Schock, dass der Aufstand sich diesmal gegen die katholische Schutzmacht Österreich gerichtet hatte und hier vor allem die militärischen Auseinander-

---

[15] [CARL ERNST JARCKE:] Zeitläufte, in: HPBKD 17 (1846), S. 491-503, hier S. 494.

[16] In der *Süddeutschen Zeitung für Kirche und Staat* war zu lesen, dass die Bauern in Posen sich nur deshalb dem Aufstand nicht angeschlossen hätten, „weil sie fühlten, daß sie unter der teutschen Herrschaft sicherer und freier athmen als unter irgend einer slawischen." Vgl. „Preußen. Berlin, 23. März", in: SZ 6 (1846), Nr. 63 v. 3.4., S. 273.

[17] Vgl. [CARL ERNST JARCKE:] Zeitläufte, in: HPBKD 17 (1846), S. 491-503, hier S. 492ff.; „Posen, 10. Juli", in: Nathanael 2 (1846), Nr. 9, S. 577f.; „Wien, 13. März", in: SZ 6 (1846), Nr. 53 v. 21.3., S. 233f.

setzungen stattfanden, vernachlässigt. Mit dieser auf die österreichischen Verhältnisse konzentrierten Betrachtungsweise wurde es dagegen möglich, auf die scheinbare Grundlosigkeit des ganzen Unternehmens hinzuweisen. Die Wendung der Bauern gegen die Aufständischen wurde in der katholischen Publizistik darüber hinaus herangezogen, um die Isoliertheit der Insurgenten aufzuzeigen. Die Tatsache, dass die breite Masse der Bevölkerung den Aufstand nicht nur nicht unterstützte, sondern sich sogar aktiv gegen ihn erhob, unterstützte die Ansicht, dass es sich bei den Insurgenten nur um eine kleine Clique von adligen Revolutionären handelte, die jeden Kontakt zur Bevölkerung verloren hatte, und entweder bloß ihre eigenen restitutiven Klasseninteressen oder, von revolutionären Ideen verdorben, die Durchsetzung des Kommunismus in Europa verfolgte.[18] Jarcke verglich das Vorgehen der galizischen Bauern mit dem religiösen Protest der katholischen Petitionsbewegung in Bayern und Baden und sah in beiden Gruppen das „wirkliche" Volk, das sich gegen die Machinationen einer kleinen, fehlgeleiteten Elite wandte:

> „In Bayern und Baden hat das wirkliche Volk gegen das kirchlich-revolutionäre Treiben einer kleinen Partei in den Kammern durch seine Petitionen Verwahrung eingelegt; in Galizien hat die Masse gegen eine Clique, die auf politischem Gebiete ähnliche Zwecke nur mit gewaltsamern Mitteln verfolgte, mit Sense und Dreschflegel protestiert."[19]

Die von Jarcke sprachlich hergestellte Analogie von ultramontaner Volksbewegung, wie sie seine Leser kannten, und polnischen Bauern, die sich gegen die Aufständischen wandten, sollte eine Identifizierung mit den Gegnern des Aufstandes ermöglichen, die mit seinen Befürwortern dagegen verhindern. Der Tatbestand, dass es sich bei dem Aufstand von 1846 ganz offensichtlich nicht um einen Volksaufstand gegen eine ungerechte Regierung handelte, wie dies für den Novemberaufstand 1830 immerhin ins Feld geführt werden konnte, diente der Publizistik des deutschen Katholizismus somit dazu, die Illegitimität der Erhebung zu bekräftigen.

---

[18] Vgl. die verschiedenen Interpretationen in: „Posen, 10. Juli", in: Nathanael 2 (1846), Nr. 9, S. 577f.; „Galizien", in: Sion 15 (1846), Nr. 51 v. 29.4., Sp. 504; „Aus der Erzdiöcese Posen", in: Katholik 26 (1846); Nr. 67 v. 5.6., S. 305f.; „Posen, 24. März", in: SKB 12 (1846), Nr. 14 v. 4.4., S. 163f.; [CARL ERNST JARCKE:] Zeitläufte, in: HPBKD 17 (1846), S. 491-503, hier. S. 492ff. u. HPBKD 18 (1846), S. 744-756, hier S. 745.

[19] [CARL ERNST JARCKE:] Zeitläufte, in: HPBKD 17 (1846), S. 491-503, hier S. 494.

5.3 „Von einer theokratischen Tendenz [...] nicht die leiseste Spur" – Rolle und Beurteilung von Kirche und Geistlichkeit

5.3.1 Die Rolle der polnischen Geistlichkeit für die Erhebung

Ähnlich wie beim Novemberaufstand 1830 mußte sich die Publizistik des deutschen Katholizismus auch 1846 mit der unbequemen Tatsache auseinandersetzen, dass sich an der polnischen Erhebung, die als unkatholisch, weil revolutionär verurteilt wurde, auch katholische Geistliche beteiligt hatten.[20]

Für die Revolutionäre war die Gewinnung von Priestern für die nationale Sache von besonderem Gewicht, weil über sie vor allem die ländliche Bevölkerung viel leichter zu erreichen war als über Emissäre, die von außen nur schwer einen Zugang zu den Bauern gewannen. Zudem war das nationale Bewusstsein gerade der Bevölkerung auf dem Land in der Regel nur gering, die konfessionelle Identität dagegen stark ausgeprägt, so dass die Mobilisierung der Bauern für einen Aufstand eher vor dem Hintergrund einer vermeintlichen Bedrohung der Kirche und der Religion als über nationalpolitische Appelle möglich schien.

Eine geeignete Drohkulisse bot im preußischen Teilungsgebiet die christkatholische Reformbewegung des Jan Czerski aus Schneidemühl. Dieser war in seiner Wendung gegen die kirchliche Hierarchie, aber auch in seiner bis zum Juli 1846 während Kirchengemeinschaft mit dem schlesischen Deutschkatholizismus des Johannes Ronge, der eine deutsche Nationalkirche anstrebte, in der polnischen Bevölkerung unpopulär und wurde als eine feindliche Bedrohung wahrgenommen. Die polnischen Revolutionäre unterstützten diesen Eindruck und beschworen mit dem Hinweis auf die Unterstützung der Deutschkatholiken durch die preußischen Behörden eine ernsthafte Bedrohung der katholischen Religion durch den preußischen Staat, der entschieden entgegenzutreten sei.[21]

---

[20] Das Zitat der Überschrift aus „Lemberg, 24. April", in: Katholik 26 (1846), Nr. 54 v. 6.5., S. 252; derselbe Artikel auch in: SZ 6 (1846), Nr. 91 v. 17.5., S. 387.

[21] Vgl. ZYGMUNT ZIELIŃSKI: Kościół katolicki w Wielkim Księstwie Poznańskim w latach 1848-1865, Lublin 1973, S. 90f.; MANFRED LAUBERT: Wie der Polenaufstand von 1846 in Oberschlesien aussah, in: Der Oberschlesier 11 (1929), S. 159f.; KIENIEWICZ, Społeczeństwo, S. 77f. Zum Verhältnis des Christ- bzw. Deutschkatholizismus zur polnischen Bevölkerung vgl. auch KARL HEINK STREITER: Die nationalen Beziehungen im Grossherzogtum Posen (1815-1848), Bern, Frankfurt/M., New York 1986, S. 114f.; ABRAHAM PETER KUSTERMANN: Zum Synodenwesen der Deutschkatholiken (1844-1847). Mit Seitenblicken auf den Deutschkatholizismus in Südwestdeutschland, in: Rottenburger Jahrbuch für Kirchengeschichte 5 (1986), S. 91-114, hier S. 96f. Zur Bedeutung des Deutschkatholizismus für die Formierung des deutschen Ultramontanismus vgl. Kap. 1.2.2.

Auch in Krakau wurde das religiöse Mobilisierungspotential erkannt. Die Revolutionsregierung versuchte in ihren offiziellen Verlautbarungen und Manifesten religiöse Akzente zu setzen und das agitatorische Potential der katholischen Geistlichkeit zu nutzen. Um diese günstig zu stimmen, wurde ein Mitglied des katholischen Klerus in die Nationalregierung berufen, wo er das Amt für religiöse Angelegenheiten übernahm. Im Gegenzug wurde von der Geistlichkeit erwartet, dass sie die Aufstandsregierung unterstützen würde. Mit einer Prozession aus der Stadt nach Podgorze, die von dem bekannten Demokraten und Antiklerikalen Edward Dembowski angeführt wurde, sollte die umliegende bäuerliche Bevölkerung für die Aufstandsregierung eingenommen werden. Doch die Prozession geriet zu einem Fiasko: Österreichische Truppen schossen sie zusammen. Dembowski, der entschiedene Gegner der katholischen Kirche, fiel mit dem Kreuz in der Hand.[22] Dreißig der vierzig Priester, die wie der Administrator der Diözese, Bischof Łętowski, z.T. nur unter starkem äußeren Druck zur Teilnahme hatten bewegt werden können, wurden verhaftet. Insgesamt wurden in Krakau rund einhundert Geistliche wegen Teilnahme am Aufstand inhaftiert, der vor allem im niederen Klerus Unterstützung gefunden hatte.[23]

Anders als in Krakau, wo der Aufstand zumindest für einige Tage erfolgreich war und eine eigene revolutionäre Regierung installiert werden konnte, lag die Erfolglosigkeit des Unternehmens in Preußen und Galizien schon sehr viel früher zu Tage, so dass sich Geistliche kaum Gedanken machen mussten, wie sie sich positionieren sollten. Unter den 254 Angeklagten im Aufsehen erregenden Polenprozess, der 1847 in Berlin stattfand, waren daher nur zehn Geistliche, von denen nur zwei wegen Beteiligung an der Verschwörung verurteilt wurden.[24] In Galizien gehörten immerhin ca. 10% der 462 bekannten Verschwörer dem Klerus an.[25] Priester, die mit dem Adel verbunden waren, wurden nicht selten selbst Opfer der bäuerlichen Übergriffe. Nur sehr wenige arbeiteten mit den Bauern während der Gegenrevolte zusammen.[26]

---

[22] Vgl. DYŁĄGOWA, S. 100, siehe auch die Titelabbildung dieser Arbeit.

[23] Vgl. ebd., S. 100f.; JERZY KŁOCZKOWSKI; LIDIA MÜLLEROWA u. JAN SKARBEK: Zarys dziejów Kościoła katolickiego w Polsce, Kraków 1986, S. 221f.

[24] Vgl. LECH TRZECIAKOWSKI: Pod pruskim zaborem 1850-1918, Warszawa 1973, S. 22; ZIELIŃSKI, Kościół katolicki, S. 93; KIENIEWICZ, Społeczeństwo, S. 114-119.

[25] Vgl. DYŁĄGOWA, S. 98.

[26] Vgl. KŁOCZKOWSKI/MÜLLEROWA/SKARBEK, S. 222.

5.3.2 Die Beurteilung in der katholischen Publizistik

In der Publizistik des deutschen Katholizismus wurde das Mobilisierungspotential, das sich den polnischen Revolutionären in der religiösen Agitation bot, durchaus erkannt. Es verband sich damit die Kritik nicht nur an der russischen, sondern auch an der preußischen Teilungsmacht, dass diese durch eine verfehlte, die Konfrontation suchende Politik gegenüber der katholischen Kirche erst die Mißstände geschaffen habe, die nun von der polnischen Nationalbewegung zur Mobilisierung der katholischen Bevölkerung benutzt würden. Carl Ernst Jarcke schrieb,

„daß die rohen und ungerechten Versuche: Polen griechisch oder protestantisch zu machen, der, ursprünglich gegen jede religiöse Beziehung gleichgültigen (antik) nationalen Opposition eine gefährliche Waffe bieten, ja diese ihr beinahe aufdringen mußte. Im Posen'schen geht die Aeusserung eines frühern Oberpräsidenten [Flottwell]: in zehn Jahren soll es in diesem Lande keinen Priester mehr geben, - von Mund zu Munde; wer konnte darauf rechnen, daß die nationale Opposition so ungeheure Fehler unbenutzt lassen werde?"[27]

Die Revolutionäre selbst wurden dabei als religiös indifferent oder sogar als ausgesprochene Kirchenfeinde charakterisiert, die sich lediglich der kirchenpolitischen Mißstände bedienten und sie für ihre Zwecke instrumentalisierten.[28] Trotz der Kritik Jarckes an der preußischen und russischen Kirchenpolitik, die eine revolutionäre Situation begünstigt habe, wurde immer wieder betont, dass der Aufstand keine direkte Reaktion auf die Verletzung katholischer Interessen gewesen sei, sondern nur die dadurch hergestellte negative Stimmung in der Bevölkerung ausgenutzt und die Religion als Deckmantel revolutionärer Umtriebe missbraucht habe. Eine katholische Tendenz der Erhebung wurde heftig bestritten, Versuche der polnischen Emigration und des französischen Katholizismus, den Aufstand als einen Religionskrieg zu kennzeichnen, wurden vehement zurückgewiesen.[29]
Dementsprechend wurde – ähnlich wie schon 1830 – das Engagement katholischer Geistlicher im Rahmen des Aufstandes heruntergespielt und klein geredet. Ende Februar, als der Aufstand noch im Gang und Berichte noch spärlich waren, kommentierte das *Schlesische Kirchenblatt* noch selbstbewusst ein bereits vor dem Erhebung erschienenes bischöfliches

---

[27] [CARL ERNST JARCKE:] Zeitläufte, in: HPBKD 17 (1846), S. 491-503, hier S. 496f.

[28] Vgl. neben dem Artikel von Jarcke auch „Posen, 10. Juli", in: Nathanael 2 (1846), Nr. 9, S. 577f.

[29] Vgl. „Westpreußen", in: Sion 15 (1846), Nr. 44 v. 12.4., Sp. 439f.; „Von der Isar, 27. Juli", in: AOZ 1 (1846), Nr. 101 v. 4.8.; Nr. 103 v. 6.8. Zur Auseinandersetzung mit den französischen Ultramontanen vgl. Kap. 5.5.

Umlaufschreiben aus Posen, das den Klerus zu politischer Abstinenz an-
hielt: „der Geistliche", so das Kirchenblatt, habe seine Pflicht bislang nie
verletzt, „mag er auch sonst noch so sehr verschmäht, verleumdet, verhöhnt und verlästert worden sein, wie dies besonders in den letzten Jahren
zum Uebermaß geschehen ist."[30] Nachdem aber wenig später nicht mehr
bestritten werden konnte, dass auch katholische Geistliche in das Auf-
standsgeschehen involviert waren, wurde in der katholischen Presse und
Publizistik immer wieder betont, dass es sich dabei nur um wenige, zahlenmäßig nicht ins Gewicht fallende Ausnahmefälle handele, von denen man
nicht auf das Verhalten des gesamten katholischen Klerus und der Kirche
schließen dürfe.[31]

Die nicht zu leugnenden Fälle von Priestern, welche die nationale Erhebung unterstützt hatten, wurden als bedauernswerte Verfehlungen Einzelner
scharf verurteilt, die von falschem Patriotismus geleitet ihren heiligen
Stand entweiht und ihre damit verbundenen Pflichten verletzt hätten.[32] Die
Allgemeine Oder-Zeitung und der rheinische *Nathanel* betonten die Priorität
des religiös fundierten Anti-Revolutionismus gegenüber durchaus ver-
ständlichen patriotischen Gefühlen, denen einzelne Priester ihr Handeln
unterstellt hätten:

> „Es hat daher unsern Schmerz nur noch gemehrt, als wir erfuhren, daß nicht
> nur Laien unter den Verbrechern sich befunden, sondern daß sogar einzelne,
> freilich sehr wenige, Priester vergessen, daß es etwas Höheres gebe, als den
> Patriotismus, nämlich das positive christliche Sittengesetz und das Gebot der
> Kirche, ja, daß von Einzelnen die Liebe des Volkes zu seinem Glauben zur
> Begünstigung verbrecherischer Parteizwecke ausgebeutet wurde."[33]

Dem unumstößlichen Autostereotyp folgend, dass Katholiken und erst recht
katholische Priester keine Revolutionen machen, wurden die am Aufstand
beteiligten polnischen Geistlichen teilweise sogar diskursiv aus der Gemeinschaft der ‚wahren' Katholiken ausgeschlossen, so in der *Neuen Sion* aus

---

[30] „Posen, 2. Febr." in: SKB 12 (1846), Nr. 9 v. 28.2., S. 98.

[31] Vgl. „Posen, 27. März", in: AOZ 1 (1846), Nr. 3 v. 4.4, nachgedruckt in: Katholik
26 (1846), Nr. 42 v. 8.4., S. 196; „Aus Westpreußen", in: KB 2 (1846), Sp. 150 sowie in:
AOZ 1 (1846), Nr. 5 v. 7.4.; „Posen, 4. April", in: Katholik 26 (1846), Nr. 44 v. 12.4.,
S. 203f.; „Posen", in: Sion 15 (1846), Nr. 51 v. 29.4., Sp. 504; „Zeitungslügen", in: SKB
12 (1846), Nr. 12 v. 21.3., S. 147f.; „Der polnische Aufstand und die deutsche Journalistik", in: NSion 2 (1846), Nr. 39 v. 31.3., S. 203, nachgedruckt in: SKB 12 (1846), Nr. 16
v. 18.4., S. 189; [CARL ERNST JARCKE:] Zeitläufte, in: HPBKD 17 (1846), S. 491-503.

[32] So in „Zeitungslügen", in: SKB 12 (1846), Nr. 12 v. 21.3., S. 147f., hier S. 148.

[33] „Der polnische Aufstand und die französischen Katholiken", in: AOZ 1 (1846), Nr.
16 v. 22.4. und „Vom Rhein", in: Nathanel 2 (1846), Nr. 7, S. 449ff., hier S. 450.

Bayern, die schrieb, dass solche Angehörige des Klerus „eher getaufte Heiden, als Diener Christi zu nennen" seien.[34] Die Verletzung der geistlichen Pflichten durch einige „sittlich verkommene anrüchige Glieder des Clerus" wurde unter Rückgriff auf bekannte Stereotypen des deutschen Polendiskurses über die polnische Sozialstruktur teilweise mit ihrer sozialen Herkunft aus dem Adel oder damit begründet, dass sie „doch die falsche Bildung jenes Standes mehr oder weniger in sich aufgenommen" hätten, womit das Stereotyp des verdorbenen, der Religion entfremdeten und französisch, d.h. aufklärerisch gebildeten polnischen Adels aktualisiert wurde.[35] Dem wurde die Masse der polnischen Landgeistlichkeit gegenüber gestellt, die, „aus dem Bürger- und Bauernstande entsprossen", kein Interesse an der Restitution der alten, den Adel einseitig privilegierenden Gesellschaftsordnung des ehemaligen polnischen Reiches habe und daher den Aufstand auch nicht unterstützt habe.[36]

Dieses Begründungsschema, das sich auf einen spezifischen Faktor der polnischen Sozialstruktur bezog, lenkte von der Zugehörigkeit zum geistlichen Stand ab und entlastete den Klerus insgesamt. Es funktionierte jedoch nicht durchgängig und in jedem Einzelfall. Ein weiteres Erklärungsmuster wurde vor allem im Fall der Krakauer Geistlichkeit und ihrer Beteiligung an der von der Aufstandsregierung organisierten Prozession nach Podgorze nötig, an der vierzig Geistliche, unter denen sich auch der Administrator der Diözese befand, teilnahmen, so dass hier nicht mehr von einzelnen Ausnahmen die Rede sein konnte. Mit der Prozession sollte unter Verwendung religiöser Symbole und kirchlichen Personals die Unterstützung der umliegenden Landbevölkerung für die Revolutionsregierung gewonnen werden. In der katholischen Presse wurde zwar auch die Version der Krakauer Insurgenten abgedruckt, nach der die Prozession der Krakauer Geistlichkeit ein Versuch war, „die mörderische Wuth der Bauern zu beschwichtigen und diese Unglücklichen zu menschlicheren Gesinnungen zurückzuführen".[37] Diese Version fand jedoch nur einen einzigen Befürworter in einer Zuschrift an die *Allgemeine Oder-Zeitung*, der zudem die Ansicht vertrat, dass es die Pflicht der Geistlichkeit gewesen sei, dem Aufruf der Aufstandsregierung Folge zu leisten. Da es nämlich dem Klerus nicht zukomme, über die Rechtmäßigkeit einer Regierung zu urteilen, müsse er jeder bestehenden Regierung den nötigen Gehorsam leisten, so

---

[34] „Aus Galizien", in: NSion 2 (1846), Nr. 66 v. 2.6., S. 348.

[35] [CARL ERNST JARCKE:] Zeitläufte, in: HPBKD 17 (1846), S. 491-503, hier S. 497; ähnliches Begründungsmuster in „Posen, 12. Mai", in: SZ 6 (1846), Nr. 103 v. 22.5., S. 433 und in AOZ 1 (1846), Nr. 34 v. 14.5.

[36] „Posen, 24. März", in: SKB 12 (1846), Nr. 14 v. 4.4., S. 163f., hier S. 164.

[37] „Oesterreich", in: SZ 6 (1846), Nr. 71 v. 14.4., S. 305f., hier S. 306.

auch der Polnischen Nationalregierung in Krakau.[38] Diese Argumentation, die geschickt mit dem Gehorsamsgebot gegenüber der Obrigkeit arbeitete, das von der Kirche immer wieder gegen revolutionäre Umtriebe ins Feld geführt wurde und sich auf die im katholischen Diskurs ungelöste Frage nach der Legitimität einer Regierung nach einem gewaltsamen Umsturz bezog, blieb jedoch eine Einzelstimme, die in derselben Zeitung sofort heftig abgewiesen wurde. Der wenige Tage später erschienene Gegenartikel verwies auf die offensichtliche Illegitimität der Revolutionsregierung, die infolge einer gewaltsamen Erhebung installiert worden sei und mit ihrem Anspruch, eine Regierung für die ganze polnische Nation zu sein, direkt zum Aufstand gegen die Teilungsmächte aufgefordert habe. Die Geistlichkeit Krakaus sei daher nicht berechtigt gewesen, diese Regierung zu unterstützten.[39] Diese Auffassung entsprach dem breiten Konsens der katholischen Publizistik.

Dass der Krakauer Klerus trotzdem für die Aufständischen aktiv wurde, indem er an der Prozession nach Podgorze teilnahm und auch darüber hinaus die Bevölkerung zur Unterstützung der Revolutionsregierung aufforderte, wurde mit dem äußeren Zwang eines diktatorischen Systems erklärt. Die große Mehrheit der Priester sei eigentlich gegen den Aufstand gewesen und habe nur unter Todesandrohung zum Einsatz für das neue System gezwungen werden können.[40]

Den am Aufstand beteiligten Geistlichen, deren Schuld auf diese Weise zwar nicht geleugnet, aber immerhin doch gemindert wurde, stellte man in der katholischen Publizistik gerne das Beispiel einzelner Priester gegenüber, die sich gegen den Aufstand gewendet hatten. Für Krakau wurde das leuchtende Vorbild von Märtyrern beschworen, die gezeigt hätten, was das dem Priester eigentlich angemessene Verhalten gewesen sei.[41] Für Preußen wurde beispielhaft die Ergebenheitsadresse der Geistlichkeit der Dekanate Gorzno und Lautenburg gegenüber dem König abgedruckt und auf ober-

---

[38] „Der polnische Aufstand und die französischen Katholiken", in: AOZ 1 (1846), Nr. 25 v. 2.5.

[39] „Der polnische Aufstand und die französischen Katholiken", in: AOZ 1 (1846), Nr. 28 v. 6.5.

[40] Vgl. „Verhältnis des Clerus zum polnischen Aufstande", in: AOZ 1 (1846), Nr. 13 v. 18.4., abgedruckt auch als „Ratibor, 16. April", in: KB 2 (1846), Sp. 189f. und in: APZ (1846), Nr. 119 v. 29.4., S. 478f. sowie in: SZ 6 (1846), Nr. 81 v. 25.4., S. 345f.; „Aus Oberschlesien", in: AOZ 1 (1846), Nr. 17 v. 23.4.; „Von der Isar, 27. Juli", in: AOZ 1 (1846), Nr. 101 v. 4.8.; Nr. 103 v. 6.8.; „Lemberg, 24. April", in: Katholik 26 (1846), Nr. 54 v. 6.5., S. 252 und in: SZ 6 (1846), Nr. 91 v. 17.5., S. 387 sowie in: RKB 3 (1846), Sp. 213f.

[41] „Vom Rhein", in: Nathanel 2 (1846), Nr. 7, S. 449ff., hier S. 450 und „Der polnische Aufstand und die französischen Katholiken", in: AOZ 1 (1846), Nr. 16 v. 22.4.

schlesische Priester verwiesen, die das Volk derart über den Aufstand „aufgeklärt" hätten, dass es bereit gewesen sei, gegen die Insurgenten zu marschieren. Auch für Galizien wurde die antirevolutionäre und friedensstiftende Rolle der Vertreter der Kirche betont.[42]
Um die Abwegigkeit einer Verbindung der katholischen Geistlichkeit mit den Insurgenten deutlich zu machen, wurde mehrfach darauf verwiesen, dass diese selbst auf den Proskriptions- und Mordlisten der kirchenfeindlichen Revolutionäre an oberer Stelle gestanden hätte.[43] Von einer engen Zusammenarbeit der Insurgenten mit dem katholischen Klerus und jesuitischen Umtrieben als Ausgangspunkt der Verschwörung war in der liberalen deutschen Presse wiederholt berichtet worden. Die entschiedene Ablehnung des Aufstandes und die z.T. übereifrige Versicherung der antirevolutionären Haltung in der katholischen Publizistik ist unter anderem auch als Reaktion auf die Häufung solcher Meldungen zu verstehen. Ähnlich wie bereits 1830 sah sich der deutsche Katholizismus in eine ungewollte Verteidigungsposition gestellt, in der er sich gezwungen sah, die Behauptung einer Urheberschaft bzw. einer engen Verschwisterung insbesondere der ultramontanen Bewegung mit der Revolution zu bestreiten.
Ein Ausgangspunkt der liberalen Angriffe auf die Kirche war die Rolle polnischer Priester als Träger und Vermittler nationalen Bewusstseins. Aus Posen wurde berichtet, dass auf offener Strasse die Parole umlief: „Erst ein Paar hundert Pfaffen eingesperrt, dann wird Ruhe im Lande sein".[44] Im *Schlesischen Kirchenblatt* wurde jedoch auf die Fragwürdigkeit des Patriotismusvorwurfes gegenüber dem polnischen Klerus mit dem Hinweis aufmerksam gemacht, dass er von einer Seite komme, die den deutschen Ultramontanen sonst immer einen Mangel an Nationalbewusstsein und die Überordnung kirchlicher vor politischen Interessen vorwerfe.[45] Eine Verantwortung der Jesuiten für die Revolution wurde im Einzelnen zu widerlegen versucht, insgesamt jedoch als billige Jesuitenriecherei abgetan. Die

---

[42] Vgl. „Posen", in: Sion 15 (1846), Nr. 44 v. 12.4., Sp. 440; „Preußen. Aus Oberschlesien, 13. März", in: SZ 6 (1846), Nr. 57 v. 27.3., S. 248f., auch abgedruckt in APZ (1846), Nr. 80 v. 21.3., S. 322f.; „Aus Galizien", in: NSion 2 (1846), Nr. 66 v. 2.6., S. 348.

[43] Vgl. den an verschiedener Stelle abgedruckten Artikel „Lemberg, 14. April", in: Katholik 26 (1846), Nr. 49 v. 24.4., S. 227f.; RKB 3 (1846), Sp. 213f.; SZ 6 (1846), Nr. 87 v. 2.5., S. 371f., der im wesentlichen inhaltsgleich ist mit „Von der galizischen Grenze, im April", in: AOZ 1 (1846), Nr. 28 v. 6.5. (Abdruck aus der *Rhein- und Moselzeitung*); „Münster, 20. April", in: AOZ 1 (1846), Nr. 19 v. 25.4.; „Aus der Erzdiöcese Posen", in: Katholik 26 (1846); Nr. 67 v. 5.6., S. 305f.

[44] „Posen, 9. März", in: SKB 12 (1846), Nr. 12 v. 21.3., S. 142 f.; „Posen, 4. April", in: Katholik 26 (1846), Nr. 44 v. 12.4., S. 203f.

[45] Vgl. „Zeitungslügen", in: SKB 12 (1846), Nr. 12 v. 21.3., S. 147f.

Absurdität des Vorwurfs bemühte sich das *Schlesische Kirchenblatt* mit dem Hinweis deutlich zu machen, dass von denselben Leuten sowohl die Teilungen Polens als auch derzeitige Versuche einer Wiederherstellung polnischer Eigenstaatlichkeit gleichermaßen den Jesuiten zur Last gelegt würden.[46] Wäre die polnische Geistlichkeit tatsächlich Anstifter, Leiter oder Prediger des Aufstandes gewesen, dann, so versichert das Kirchenblatt, hätte die Bewegung wahrlich einen bedrohlicheren Charakter angenommen.[47] Im Ganzen sah man in der ultramontan bestimmten katholischen Publizistik den Vorwurf einer kirchlichen Verursachung, Beteiligung oder Mitwirkung an der polnischen Insurrektion als Teil einer umfassenderen Kampagne gegen die katholische Kirche und den deutschen Katholizismus. Bereits in den Jahren zuvor, insbesondere nach dem preußischen ‚Mischehenkonflikt' 1837-1840, mussten immer wieder Vorwürfe zurückgewiesen werden, der Katholizismus in seiner ultramontanen Ausrichtung begünstige die Revolution. Von liberaler und protestantischer Seite wurde dabei auf historische Ereignisse wie die Bartholomäusnacht, auf die Staatslehre und angebliche Verschwörungsversuche der Jesuiten, auf die Theorie von der Legitimität des Tyrannenmordes oder einfach auf die Häufung von Revolutionen in katholischen Ländern verwiesen. Auch die resistente Haltung der Katholiken im ‚Mischehenstreit' gegenüber dem Staat wurde angeführt.[48] Als Hauptakteure der aktuellen antikirchlichen Propaganda im Zusammenhang mit der polnischen Insurrektion wurden von ultramontaner Seite liberale Presseorgane ausgemacht, die den Deutschkatholizismus lebhaft unterstützten.[49] In verschiedenen ultramontanen Zeitschriften war zu lesen, dass es diese kirchenfeindlichen Zeitungen seien, welche die polnische Revolte auf perfide Weise als Werk der ultramontanen Partei denunzierten, um „die Landesregierung irre zu leiten

---

[46] „Posen, 25. Febr.", in: SKB 12 (1846), Nr. 10 v. 7.3., S. 111f.

[47] „Posen, 24. März", in: SKB 12 (1846), Nr. 14 v. 4.4., S. 163f.

[48] Vgl. dazu SCHNABEL, Deutsche Geschichte, Bd. 4, S. 142, 487; KLUG, Rückwendung, S. 276, 283, 291-294. Derartige Vorwürfe knüpften an aufklärerische Mythen über das verschwörerische Wirken der Jesuiten an. Sie erneuerten sich Anfang der 1830er Jahre angesichts revolutionärer Ereignisse in katholischen Ländern wie Belgien und Polen und in den 1840er Jahren während des Schweizer Sonderbundkrieges, vgl. beispielhaft ROTTECK, Weltgeschichte, Bd. 6, S. 443. Auch in der zweiten Jahrhunderthälfte war es über Deutschland hinaus ein Gemeinplatz, dass die Jesuiten bei allen Revolutionen ihre Hände im Spiel hätten. Vgl. GUSTAVE FLAUBERT: Das Wörterbuch der Gemeinplätze, Zürich 1998, S. 69. Aus diesen Vorwürfen erklärt sich zum Teil auch die Vehemenz der Distanzierung des deutschen Ultramontanismus von den polnischen Aufständen.

[49] Vgl. zur Bedeutung des Deutschkatholizismus für die Formierung des Ultramontanismus Kap. 1.2.2.

und die öffentliche Meinung zu verrücken".[50] Es werde von liberaler Seite ein „abscheuliches Lügengewebe und Verdächtigungssystem"[51] entfaltet, um, wie Jarcke in den *Historisch-politischen Blättern* schrieb, „die polnischen Unruhen zur Erregung von Haß und Erbitterung gegen die katholische Kirche auszubeuten".[52]

Jarcke wies eine religiös-konfessionelle Interpretation des polnischen Aufstandes strikt zurück und erklärte – ausblendend, dass auch französische Katholiken die Insurrektion so deuteten –, dass die Deutschen aus ihrer spezifischen bi-konfessionellen Situation heraus bedauerlicherweise zu einer Umdeutung eines jeden Konflikts in einen konfessionellen neigten:

> „Bei uns Deutschen ist nun einmal seit dreihundert Jahren unser confessioneller Zwiespalt die Achse, um welche sich stillschweigend oder ausgesprochen unser politisches Leben dreht. – Auf diesen unsern deutschen Span und Streit wird jedes, auch ausserhalb unsrer Sphäre geschehende Ereignis zurückbezogen."[53]

Ungeachtet dessen, dass er selbst mit seinen Artikeln in den *Historisch-politischen Blättern* nicht unwesentlich zu einer konfessionellen Polarisierung auch in nicht-kirchlichen Fragen beitrug, beklagte Jarcke, dass so in unverantwortlicher Weise der konfessionelle Gegensatz in Deutschland geschürt werde. Die möglichen Folgen davon prophezeite er unter Heranziehung der Geschichte Polens, wo nach katholischer Interpretation die religiösen Gegensätze zum inneren Zerfall beigetragen hatten: „So könnte es gelingen mitten in Deutschland ein zweites Polen zu schaffen."[54] Zur

---

[50] So „Posen, 10. Juli", in: Nathanael 2 (1846), Nr. 9, S. 577f., hier S. 577 in einer Übernahme aus dem *Westphälischen Merkur*; ähnlich auch „Zeitungslügen. Breslau", in: SKB 12 (1846), Nr. 14 v. 4.4., S. 168. Als Organe des Deutschkatholizismus, auf deren Angriffe zu reagieren war, wurden u.a. genannt: *Deutsche Allgemeine Zeitung, Schlesische Zeitung, Breslauer Zeitung, Leipziger Zeitung*.

[51] „Die Tarnowitzer- und Halberstädter Revolte vor dem Richterstuhle des Gesetzes", in: Sion 15 (1846), Nr. 139 v. 20.11, Sp. 1357ff., hier Sp. 1357, abgedruckt auch in: SKB 13 (1847), Nr. 2 v. 9.1., S. 21f.

[52] [CARL ERNST JARCKE:] Zeitläufte, in: HPBKD 17 (1846), S. 491-503, hier S. 498. Ähnlich auch „Posen, 4. April", in: Katholik 26 (1846), Nr. 44 v. 12.4., S. 203f.; „Zeitungslügen. Breslau", in: SKB 12 (1846), Nr. 14 v. 4.4., S. 168.

[53] [CARL ERNST JARCKE:] Zeitläufte, in: HPBKD 17 (1846), S. 491-503, hier S. 496.

[54] Ebd., S. 499. Offensichtlich wird hier auf die Dissidentenfrage im 18. Jahrhundert rekurriert, die nach katholischer Interpretation ein entscheidender Ansatzpunkt insbesondere für Rußland und Preußen gewesen war, um Polen in einen Religions- und Bürgerkrieg zu führen, der das Land schließlich soweit ruinierte, dass es aufgeteilt werden konnte. Vgl. beispielhaft [GEORGE PHILLIPS:] „Blicke auf die russische Geschichte. Dritter Artikel", in: HPBKD 5 (1840), S. 129-151, hier S. 147; THEINER, Die Neuesten Zustände der Katholischen Kirche, S. VIIIf., 154, 431.

Abweisung der gegnerischen Argumentation wurde damit Polen selbst wieder als Negativfolie herangezogen.

Die Angriffe gegen die katholische Geistlichkeit im Zusammenhang mit der polnischen Insurrektion zeitigten auf Seite der deutschen Katholiken jedoch auch Solidarisierungseffekte. So wurde mehrfach der nationalen Frontstellung gegenüber den Polen, die sich nicht selten mit der antikatholischen Polemik verband, abweisend begegnet. Aus Posen wurde berichtet:

> „Es liegt [...] im Interesse der hiesigen Deutschen (bei uns so viel wie Protestanten) in die Welt hinauszuschreien, daß die Unruhen einen religiös-revolutionären Charakter hatten, um eine Reaction der öffentlichen Meinung in Deutschland und der Preußischen Regierung gegen die hiesigen Katholiken (d.h. Polen) zu verursachen und so der Nationalität und der Kirche zumal zu schaden."[55]

Berichten in der liberalen Presse, dass sich die auf jesuitischen Umtrieben beruhende Verschwörung der Polen auch gegen Protestanten und Deutsche richtete, wurde in der katholischen Publizistik mit Skepsis begegnet, darüber hinaus auch die Proklamierung eines natürlichen Hasses zwischen Deutschen und Polen abgewiesen.[56]

Eine Distanzierung von der polnischen Insurrektion schien dem deutschen Katholizismus aber gleichwohl nicht nur aus prinzipiell antirevolutionärer Einstellung und Abwehr liberaler Angriffe auf die ultramontane Bewegung angebracht, sondern auch aus der pragmatischen Erwägung, dass die Ereignisse des Jahres 1846 der Umsetzung katholischer Interessen faktisch schadeten. Aus der Erzdiözese Posen wurde berichtet, dass die staatlichen Behörden „geneigt [seien] alle Interessen, die sich auf kirchlichem Gebiete geltend zu machen suchen, dadurch zu verdächtigen, daß es nur Ausflüsse des gährenden und so gerne aufbrausend übersprudelnden politisch-revolutionären Stoffes seyen."[57] Die Ereignisse des Jahres 1846 sorgten so indirekt nicht nur für eine Erschwerung der Tätigkeit religiöser Vereine,[58] sondern ließen auch die seit Jahren projektierte und dringend notwendige Reorganisation des Posener Priesterseminars wieder in weite Ferne rücken. Die Erweiterung auf sechs theologische und vier philosophische Lehrstühle, die nach Wunsch von Erzbischof Leon Przyłuski mindestens zur Hälfte polnischsprachigen Unterricht anbieten sollten, um das

---

[55] „Posen, 20. Juni", in: Katholik 27 (1847), Nr. 76 v. 25.6., S. 312.

[56] Vgl. „Miscellen", in: KB 2 (1846), Sp. 157 sowie „Ueber die Polenfrage", in: APZ (1846), Beilage Nr. 35 v. 2.5., S. 138ff.; Nr. 38 v. 13.5., S. 151f.; Nr. 41 v. 23.5., S. 164, hier S. 139.

[57] „Zeitfragen. Kirchliche Zustände in der Erzdiözese Posen", in: Katholik 27 (1847), Nr. 34 v. 19.3., S. 137f., hier S. 137.

[58] Vgl. „Deutschland", in: ARKF NF 6 (=19) (1846), Nr. 67 v. 21.8., S. 371f.

Seminar für polnische Priesteramtskandidaten attraktiver zu machen und damit mittelfristig den chronischen Priestermangel der Erzdiözese zu beheben, wurde Ende des Jahres vom Oberpräsidenten rückgängig gemacht.[59] Der *Katholik* gab zu bedenken, dass sich die Fortdauer des Priestermangels auch politisch negativ auswirken werde, „denn wo die kirchliche Gesinnung schwindet, da glaubt sich der Antichrist berufen, thätig seine Wirksamkeit zu entwickeln; ist aber das Bewußtseyn des Rechtes wieder wach geworden, da muß auch der Zeitgeist weichen."[60] Damit beschwor er im Gegensatz zu den Vorwürfen einer Komplizenschaft der katholischen Geistlichkeit mit der Revolution die antirevolutionäre Kraft der Kirche, wie dies auch Carl Ernst Jarcke tat: dieser ging angesichts der Angriffe gegen den Ultramontanismus in die Offensive und empfahl insbesondere der preußischen Regierung zukünftig eine besondere Förderung dieser innerkirchlichen Richtung, die bislang immer bekämpft worden sei. Er versicherte, dass sich „gerade jene Elemente, welche unsre Gegner als Ultramontanismus schmähen", aufgrund ihrer autoritär-hierarchischen Orientierung am resistentesten gegenüber der nationalpolnischen Aufstandspropaganda gezeigt hätten.[61] Matthias Klug spricht für den Vormärz zu Recht von einem „Wettbewerb um die Gunst der Herrschenden in jener Atmosphäre des ständigen Verdachts auf desintegrierende und revolutionäre Tendenzen".[62] In einer Apologie des Ultramontanismus stellte Jarcke diesen als wirksamen Schutzwall gegen revolutionäre Umtriebe vor allem in den polnisch bewohnten Landesteilen vor:

> „Für die in Polen herrschende moralische Krankheit einer falschen und fanatischen Nationalität ist grade das, was man in Deutschland Ultramontanismus nennt, das spezifische und alleinige Heilmittel. Möchten sie nur dem Rathe und Befehle, der ihnen von jenseits der Berge kömmt, unbedingt und mit aller Treue Folge leisten, so könnten die Garnisonen [...] um ein bedeutendes verringert werden, und die Gefahr der Vergiftung wäre von der Küche der preußischen Kaserne in Posen für immer glücklich abgewendet."[63]

---

[59] Vgl. „Posen, 4. April", in: Katholik 26 (1846), Nr. 44 v. 12.4., S. 203f.; „Aus der Erzdiöcese Posen", in: NSion 2 (1846), Nr. 28 v. 5.3., S. 151f.; „Zeitfragen. Kirchliche Zustände in der Erzdiözese Posen", in: Katholik 27 (1847), Nr. 34 v. 19.3., S. 137f.

[60] „Zeitfragen. Kirchliche Zustände in der Erzdiözese Posen", in: Katholik 27 (1847), Nr. 34 v. 19.3., S. 137f., hier S. 138.

[61] [CARL ERNST JARCKE:] Zeitläufte, in: HPBKD 17 (1846), S. 491-503, hier S. 497.

[62] KLUG, Rückwendung, S. 293. Vgl. dazu auch SCHNEIDER, Katholiken auf die Barrikaden, S. 368-376.

[63] [CARL ERNST JARCKE:] Zeitläufte, in: HPBKD 17 (1846), S. 491-503, hier S. 498.

Jarckes Hinweis auf die garantiert antirevolutionäre Position „von jenseits der Berge", also des Papstes in Rom, war nicht unbegründet. In der Publizistik des deutschen Katholizismus wurde immer wieder zur Legitimierung der eigenen Haltung auf den offiziellen Standpunkt der katholischen Kirche zu der polnischen Insurrektion, insbesondere auf die aus ihrer Sicht letztlich allein maßgeblichen Stellungnahmen des Papstes verwiesen, die sich kaum von denen zur Novemberrevolution von 1830 unterschieden. Das päpstliche Schreiben an den Bischof von Tarnów vom 27. Februar 1846, in dem der Aufstand als eine frevelhafte Verschwörung verurteilt, die Beteiligung von Geistlichen bedauert und der Klerus als Ganzes ermahnt wurde, den Gläubigen die Pflicht des Gehorsams gegenüber der Obrigkeit zu predigen, wurde in der katholischen Publizistik mehrfach abgedruckt und mit dem Kommentar versehen, „daß die conservativen Principien der Kirche *ewig und unveränderlich* sind und der heilige Stuhl sich darum eben so gegen die jüngste polnische Revolution erklären musste, wie er früher schon gegen jede andere sich erklärt hat."[64] Ein ähnlich verfasstes Schreiben an die Bischöfe des preußischen Teilungsgebietes vom 7. März 1846 sowie bereits vorher erschiene Aufforderungen des Erzbischofs von Gnesen-Posen und des Bischofs von Kulm an den Diözesanklerus, sich politischer Aktivitäten zu enthalten, wurden ebenfalls kolportiert.[65]

Jarckes Hinweis auf die antirevolutionäre Haltung des Ultramontanismus, die sich aus der bedingungslosen ideologischen Gefolgschaft gegenüber dem Papst ergebe und ihn deshalb insbesondere für die Teilungsmächte zu einem attraktiven Partner machen könne, fand im Fall der deutschen Ultramontanen seine volle Bestätigung. Dass dies aber nicht notwendig so sein musste, zeigt das Beispiel der französischen Ultramontanen, die

---

[64] „Schreiben des heiligen Vaters an den Hochwürdigen Bischof von Tarnow", in: Katholik 26 (1846), Nr. 43 v. 10.4., S. 199f., hier S. 199; „Oesterreichische Monarchie", in: AOZ 1 (1846), Nr. 1 v. 2.4. Abdruck des Breve „Inter gravissimas" auch in: Papiestwo wobec sprawy polskiej, S. 147-150. Nach DYLĄGOWA, S. 101 war das Schreiben des Papstes auf Druck Österreichs entstanden.

[65] Zum päpstlichen Schreiben vgl. „Westpreußen", in: Sion 15 (1846), Nr. 44 v. 12.4., Sp. 439f.; das Umlaufschreiben von Bischof Anastasius Sedlag von Kulm vom 3.2. wurde zunächst abgedruckt als „Circular des Hochwürdigen Bischofs von Culm", in: KWOW 5 (1846), Nr. 11 v. 14.3., S. 45f., dann in „Preußen", in: Sion 15 (1846), Nr. 35 v. 22.3., Sp. 351f.; das Rundschreiben des Erzbischofs Leon Przyłuski von Gnesen-Posen abgedruckt in „Posen, 14. Febr." in: APZ (1846), Nr. 54 v. 23.2., S. 215. Auch der Bischof für das Ermland hatte bereits am 26.1. seinen Klerus ähnlich wie Sedlag von Kulm ermahnt. Vgl. MANFRED LAUBERT: Die Stellung des Kulmer Bischofs Sedlag zum polnischen Aufstand von 1846, in: Schlesische Volkszeitung (1921), Nr. 372 v. 4.8. Zu den unterschiedlichen Verhaltensweisen insbesondere Sedlags und Przyłuskis vgl. daneben ZIELIŃSKI, Kościół katolicki, S. 91-94; DYLĄGOWA, S. 106f.; MANFRED LAUBERT: Die Sendung des Gnesener Erzbischofs v. Przyłuski nach Berlin im April 1846, in: HZ 125 (1921), S. 70-79.

sich trotz der päpstlichen Stellungnahme in der Frage des polnischen Aufstandes völlig anders positionierten und darüber in eine heftige Auseinandersetzung mit ihren deutschen Glaubensgenossen gerieten.[66] Erst der Vergleich mit der französischen Ausprägung des Ultramontanismus macht deutlich, dass die politische Orientierung in Grundsatzfragen, die wesentlich die Einstellung zur ‚polnischen Frage' beeinflusste, durchaus unterschiedlich ausfallen konnte und von nationalen Besonderheiten abhing. Für den deutschen Katholizismus spielte hierbei das enge Verhältnis zu Österreich eine entscheidende Rolle.

5.4 „Aber Oesterreich?" – Die Bedeutung der ultramontanen Österreich-Bindung für die Haltung zum polnischen Aufstand

Im Laufe des Jahres 1846 sorgte die Reaktion Österreichs auf den polnischen Aufstandsversuch mehr noch als die Insurrektion selbst für allgemeines Aufsehen. In der deutschen und europäischen öffentlichen Meinung war die Empörung groß über die offensichtliche staatliche Billigung, Förderung oder gar Initiierung einer bäuerlichen Gegenrevolte, die der vornehmlich von Adligen getragenen Aufstandsbewegung in Galizien auf brutale Weise ein schnelles Ende bereitet hatte und der auch viele Gutsbesitzer zum Opfer gefallen waren, die sich an der Erhebung nicht beteiligt hatten. Nicht nur liberale, sondern auch katholische Presseorgane in Frankreich und England kolportierten, dass den Bauern von den lokalen staatlichen Behörden in Galizien regelrechte Kopfgelder für die Ablieferung vermeintlicher Insurgenten gezahlt worden waren, dass dagegen aber eine strafrechtliche Verfolgung der bäuerlichen Übergriffe ausblieb. Es verbreitete sich die Überzeugung, dass die österreichische Regierung wie die preußische von den Aufstandsplanungen gewusst, diese aber aus Kalkül nicht unterbunden hatte, um durch eine gezielt entfachte Jacquerie den national bewussten polnischen Adel langfristig zu schwächen. Polnische Adlige seien deshalb von bezahlten Mördern umgebracht und anschließend als Konspirateure verleumdet worden. Zudem habe Österreich den Ausbruch des Aufstandes bewusst abgewartet, um nach seiner Niederschlagung über einen Vorwand für die Inkorporierung der Freien Stadt Krakau verfügen zu können.[67]

---

[66] Vgl. Kap. 5.5.

[67] Vgl. zu der antiösterreichischen Stimmung in der öffentlichen Meinung Westeuropas SZAROTA, S. 85-93. Zur Kritik an Österreich in der deutschen Presse vgl. MANFRED LAUBERT: Metternich und die Kritik der deutschen Presse an der Revolution in Krakau und Galizien 1846, in: Historische Vierteljahresschrift 17 (1914/15), S. 34-53.

Neben der österreichischen und von Österreich beeinflussten politischen Presse waren es die Organe des deutschen Katholizismus, die einer solchen Darstellung entschieden entgegentraten und die Anklage gegen Österreich empört zurückwiesen. Man zeigte sich in der katholischen Publizistik weitgehend einig, dass Österreich in seinem Verhalten prinzipiell über jeden Zweifel erhaben sei. Joseph Görres erklärte daher den Vorwurf „des blutgierigsten Machiavellismus", wie er gegenüber Österreich erhoben werde, in den *Historisch-politischen Blättern* für vollkommen absurd:

> „Aber Oesterreich? ihm in dieser Zeit, unter den vorliegenden Umständen, eine solche improvisirte Unthat aufzubürden! ihr mögt ihm hundert Dinge nachreden, aber muthet der Welt, die noch bei Troste ist, nicht zu, solchem ausschweifenden Fabelwerk auch nur einen Augenblick Gehör zu geben." [68]

Da „die Welt" jedoch den Vorwürfen gegenüber Österreich durchaus ernsthaft Gehör gab, sah sich auch die Presse des deutschen Katholizismus genötigt, sich mit ihnen auseinander zu setzen. Zumeist wurden sie für vollkommen erlogen und im übrigen auch durch die österreichische Regierung vollständig widerlegt erklärt. Man verwies in diesem Zusammenhang häufig auf eine als halboffiziell geltende Schrift mit dem Titel *Aufschlüsse über die Ereignisse in Polen*, die noch im selben Jahr in Mainz erschien, konnte sich jedoch nicht der Notwendigkeit entziehen, auch auf die einzelnen Vorwürfe selbst einzugehen, wobei zumeist die Darstellung der österreichischen Regierung übernommen wurde.

Der Bauernaufstand erschien demnach nicht als von österreichischer Seite initiiert oder gefördert, sondern als eine spontane und verständliche Reaktion des einfachen Volkes auf den gewaltsamen Versuch ihrer Gutsherren, entweder die alte polnische Adelsherrschaft zu reinstallieren oder aber ein kommunistisches System einzuführen. Obwohl diese beiden angenommenen Ziele in Gegensatz zu einander standen, wurden sie in der katholischen Publizistik wechselweise und manchmal auch gemeinsam genannt, da sie gleichermaßen furchteinflößend waren und unter den Revolutionären tatsächlich die verschiedensten politischen und gesellschaftlichen Zukunftskonzepte umliefen. Das Verhalten der Bauern wurde als eine notwendige Folge des Aufstandes und als ein legitimer Akt der Notwehr dargestellt. Österreich sei erst später ins Spiel gekommen und habe versucht, die Parteien auseinander zu bringen und den bestehenden Konflikt zu entschärfen, sei jedoch nicht in der Lage gewesen, die Insurgenten vor dem

---

[68] [JOSEPH GÖRRES:] „Der Brief des Grafen von Montalembert an die Redaction", in: HPBKD 18 (1846), S. 548-576, hier S. 563, 567.

gerechten Zorn des Volkes zu schützen.[69] Das Verhalten der Behörden sei daher nicht zu beanstanden. Sie hätten weder das Volk aufgehetzt noch ein Kopfgeld auf Angehörige des Adels ausgesetzt, die ländliche Bevölkerung allerdings auf ihr Recht zur Selbstverteidigung hingewiesen und Aufwandsentschädigungen bei der Ablieferung von Revolutionären gezahlt. Das Gerücht, es seien Prämien gezahlt worden, wurde als ehrabschneidend bezeichnet, allerdings nicht in bezug auf die österreichischen Beamten, sondern auf die polnische Nation, die damit als korrumpierbar verleumdet werde.[70] Die Wendung der Bauern gegen den Adel sei nicht eine Folge finanziellen Anreizes gewesen, sondern einerseits Resultat der von jeher unmenschlichen Behandlung durch die polnischen Gutsherren, und andererseits Ergebnis und Beweis der langjährigen Berücksichtigung ihrer Interessen durch die österreichische Regierung. Dies habe dazu geführt, dass die Landbevölkerung Galiziens im Staat zurecht ihren wohlmeinenden Beschützer sehe, den sie zu verteidigen bereit gewesen sei.[71]

Carl Ernst Jarcke, gleichzeitig Mitherausgeber der *Historisch-politischen Blätter* und enger Mitarbeiter Metternichs in der Wiener Staatskanzlei, verwies im Hinblick auf das Verhalten der galizischen Bauern darauf, dass es in Zukunft von entscheidender Bedeutung sei, dass sich die Regierungen in der Abwehr revolutionärer Bewegungen auf „das Volk" stützen könnten und prophezeite einen Konkurrenzkampf von revolutionären und restaurativen Kräften um die unteren Bevölkerungsschichten, dessen Ausgang für die Auseinandersetzung von Revolution und alter

---

[69] Joseph Görres schrieb in seiner typischen mythologisch verbrämten und kryptisch-kapriziösen Sprache: „Die österreichische Regierung hat nur abwehrend in das rasende Gewirre eingegriffen, damit sie die Kämpfenden auseinanderbringe; umsonst! ihr Anblick hat nur die Krämpfe aufgeregt; der halbthierische Schrei, in dem die Gebundenheit der Irren sich ausläßt, hat sie empfangen; das ist die böse Feindin, die all diese Zwietracht ausgesäet; sie ist all dieses Blut schuldig, nieder mit der Sünderin! So wurde sie vom Haufen der an Menschenverstand schadhaft Gewordenen angeschrien." [JOSEPH GÖRRES:] „Der Brief des Grafen von Montalembert an die Redaction", in: HPBKD 18 (1846), S. 548-576, hier S. 560.

[70] Vgl. „Galizien", in: SZ 6 (1846), Nr. 59 v. 30.3., S. 257f.; „Oesterreich, Wien, 25. März", in: SZ 6 (1846), Nr. 61 v. 1.4., S. 266; „Oesterreich. Von der Donau, 22. März", in: SZ 6 (1846), Nr. 62 v. 2.4., S. 269f.; „Oesterreich", in: SZ 6 (1846), Nr. 66 v. 7.4., S. 285f., auch abgedruckt als „Wien, 26. März", in: AOZ 1 (1846), Nr. 4 v. 5.4.; „Wien, 29. März", in: SZ 6 (1846), Nr. 67 v. 8.4., S. 288f.; „Von der Isar, 27. Juli", in: AOZ 1 (1846), Nr. 101 v. 4.8.; Nr. 103 v. 6.8.; „Galizien", in: SZ 6 (1846), Nr. 59 v. 30.3., S. 257f.

[71] Vgl. „Wien, 13. März", in: SZ 6 (1846), Nr. 53 v. 21.3., S. 233f.; „Oesterreich. Von der Donau, 22. März", in: SZ 6 (1846), Nr. 62 v. 2.4., S. 269f.; „Oesterreich", in: SZ 6 (1846), Nr. 66 v. 7.4., S. 285f.; „Preußen. Vom Rhein, 25. April", in: SZ 6 (1846), Nr. 86 v. 1.5., S. 368; „Aus Galizien, vom Anfang Mai", in: SZ 7 (1847), Nr. 142 v. 23.5., S. 607; „Polen", in: SZ 6 (1846), Nr. 172 v. 14.8., S. 720.

Ordnung entscheidend sei. In den *Historisch-politischen Blättern* schrieb er, den polnischen Aufstandsversuch kommentierend:

„Hoffentlich wird es in Zukunft Princip jeder gesunden Regierungskunst seyn: den Geist und die Gesinnung der Massen zu studiren, die gerechten Bedürfnisse derselben zu befriedigen, die dadurch fest und innig an die bestehende Ordnung zu ketten und dann jene, vom wirklichen Volke isolirte Schicht der Gesellschaft, in welcher die principmäßig revolutionäre Gesinnung haust, statt sie, wie bisher zu fürchten und ihrem Rathe ausschließlich zu folgen, nach Verdienst in eine Lage zu versetzen, wo sie möglichst wenig schädlich werden kann. Denn wenn nicht alle Zeichen trügen, nähern wir uns einer Zeit, wo das Schicksal der Welt durch die Gesinnung der Massen entschieden werden wird."[72]

Jarcke empfahl für die Gewinnung der unteren Volksschichten ein Bündnis zwischen Thron und Altar unter den Bedingungen eines freien Wirkens der katholischen Kirche. Wie keine andere Größe könne gerade sie die treue Gesinnung des einfachen Volkes garantieren, wenn man sie frei arbeiten lasse und sich die Regierung nicht in ihre inneren Angelegenheiten einmische.[73]

Der von Jarcke propagierten Hinwendung zum Volk entsprechend wurde in der katholischen Publizistik befürwortet und erwartet, dass sich die österreichische Regierung im Gefolge der Insurrektion um eine Verbesserung der bäuerlichen Verhältnisse in Galizien bemühe, unter anderem weil sie sich, wie die *Süddeutsche Zeitung für Kirche und Staat* zu bedenken gab, „in der neuesten Zeit auch aus Dank für diese rohe, aber treue Bevölkerung verpflichtet halten dürfte."[74] Die Zeitung dokumentierte dementsprechend auch die Enttäuschung der Bauern über das Ausbleiben der erhofften entschädigungslosen Aufhebung der Robotpflicht, die erst unter dem Druck der Revolution von 1848 durch ein kaiserliches Patent stattfand.[75]

---

[72] [CARL ERNST JARCKE:] Zeitläufte, in: HPBKD 17 (1846), S. 491-503, hier S. 494f.

[73] Vgl. ebd.

[74] „Lemberg, 24. März", in: SZ 6 (1846), Nr. 67 v. 8.4., S. 289. Ähnlich auch „Oesterreich. Wien, 9. Sept.", in: SZ 6 (1846), Nr. 199 v. 17.9., S. 828.

[75] Vgl. „Oesterreich. Von der galizischen Grenze", in: SZ 6 (1846), Nr. 210 v. 30.9., S. 871; „Galizien. Aus Galizien, 5. Okt.", in: SZ 6 (1846), Nr. 228 v. 21.10., S. 943; „Aus Galizien, 18. Dezember", in: SZ 7 (1847), Nr. 7 v. 7.1., S. 29. Zur Bauernemanzipation in Galizien vgl. KIENIEWICZ, The Emancipation of the Polish Peasantry, S. 133-139; ANTONI PODRAZA: Die Agrarfrage in Galizien und die Bauernbefreiung 1848, in: Die europäische Revolution 1848/49 in Polen und Österreich und ihre Folgen, hg. v. HELMUT REINALTER, Frankfurt/M. u. a. 2001, S. 43-56.

Was die Inkorporation der Freien Stadt Krakau in die österreichische Monarchie anging, wie sie durch die drei Teilungsmächte im November 1846 im Gefolge der Insurrektion beschlossen wurde, so stand die deutsche katholische Publizistik hier ebenfalls voll auf der Seite Österreichs. Auf die schon damals oft hervorgehobene Delikatesse, dass mit der Inkorporierung Krakaus gerade die drei konservativen Garantiemächte der Wiener Friedensordnung von 1815 dieselbe verletzten, da der Status der Stadt integraler Bestandteil der Wiener Verträge war, ging die katholische Presse allerdings nicht ein.[76] Sie begründete die Aufhebung des Status einer Freien Stadt dagegen mit der fortwährenden Verletzung ihres Gründungsvertrages durch die Stadt Krakau selbst, weil sie die vertraglich festgelegte Auflage der strengsten Neutralität und der Nichtaufnahme von Flüchtlingen und Deserteuren ständig mißachtet habe.[77] Sie sei, wie sich in der neuesten Insurrektion gezeigt habe, zu einem Sammelplatz und Ausgangspunkt zahlloser Verschwörer und Revolutionäre, zu einem „permanenten Feuerheerde der Revolution" und einem untragbaren Sicherheitsrisiko für die Teilungsmächte und die ganze europäische Friedensordnung geworden. Krakau sei daher selbst dafür verantwortlich, dass sich ihre „Schutzmächte" in einem Akt der „Notwehr" nun gezwungen sähen, das fehlgeschlagene Experiment einer zumindest eingeschränkten polnischen Selbständigkeit zu beenden.[78]

Gegenüber dem breiten Konsens über die Notwendigkeit und Rechtmäßigkeit der Inkorporation Krakaus waren nur am Rande der katholischen Publizistik ganz vereinzelte Töne hörbar, die Zweifel andeuteten, wie eine Korrespondenz in der *Süddeutschen Zeitung für Kirche und Staat*, die betonte, dass die Initiative von Rußland ausgegangen sei, Österreich dagegen nur unwillig zugestimmt habe. Aber auch diese Bemerkung diente

---

[76] Die Beschädigung des Ansehens der konservativen Mächte wegen der Verletzung der Wiener Verträge konstatierte u.a. der preußische Gesandte in München, Albrecht Graf von Bernstorff, in einem Brief an seinen Außenminister, Karl Freiherr von Canitz, am 1.2.1847 (Gesandtschaftsberichte aus München 1814-1848, hg. v. ANTON CHROUST, Abt. III, Bd. 4, S. 210f.)

[77] Vgl. „Oesterreich", in: SZ 6 (1846), Nr. 258 v. 25.11., S. 1063; „Zur Rechtfertigung der Besitznahme von Krakau", in: SZ 6 (1846), Nr. 260 v. 27.11., S. 1071f.; Nr. 261 v. 28.11., S. 1075f.; Nr. 262 v. 29.11., S. 1080. Zur Rechtslage vgl. KIENIEWICZ, The Free State of Cracow, S. 70.

[78] Vgl. „Bayern", in: SZ 6 (1846), Nr. 268 v. 6.12., S. 1102; „Polen. Von der Gränze, 9. November", in: SZ 6 (1846), Nr. 252 v. 17.11., S. 1036; [CARL ERNST JARCKE:] Zeitläufte, in: HPBKD 18 (1846), S. 744-756, hier S. 745; „Zur Rechtfertigung der Besitznahme von Krakau", in: SZ 6 (1846), Nr. 260 v. 27.11., S. 1071f.; Nr. 261 v. 28.11., S. 1075f.; Nr. 262 v. 29.11., S. 1080.

letztlich, wie auch die übrige Argumentation, nur der Rechtfertigung Österreichs.[79] Das Motiv, Österreich gegen die Anschuldigungen in Schutz zu nehmen, die in der liberalen europäischen Presse, aber auch von den Katholiken Frankreichs und Englands im Zusammenhang mit der polnischen Insurrektion erhoben wurden, lag in der besonderen Beziehung des deutschen Katholizismus zum Habsburger Reich. Vor allem aus historischer Perspektive wurde Österreich idealisiert. In ihm lebte die Erinnerung an das untergegangene Deutsche Reich fort, an ein katholisch-universales deutsches Kaisertum, das in seinen Glanzzeiten in enger Verbindung mit dem Papsttum das Abendland regiert habe.[80] Die Parteinahme für Österreich in der Auseinandersetzung über sein Verhalten während des polnischen Aufstandes wurde dementsprechend in der *Süddeutschen Zeitung für Kirche und Staat* historisch begründet, wenn angeführt wurde, dass Österreich wie kein anderer europäischer Staat „rein und groß" in der Geschichte dastehe und daher am wenigsten die erhobenen Anschuldigungen verdient habe.[81] Mit der idealisierten Sicht auf den deutschen und katholischen ‚Beruf' Österreichs in der Vergangenheit verband sich für die deutschen Katholiken aber auch die Hoffnung auf eine führende und einigende Rolle des Hauses Habsburg in Deutschland sowohl in politischer als auch in konfessioneller Hinsicht. Obwohl das dem Josephinismus noch stark verhaftete Österreich der Gegenwart gerade in kirchenpolitischer Hinsicht vielfach mit Enttäuschung betrachtet wurde, galt es doch als Hort und Schutzmacht der katholischen Kirche und der Katholiken im konfessionell gespaltenen Deutschland.[82] Bis 1866, wenn nicht sogar bis zur Reichsgründung 1871 gab es im deutschen Katholizismus kaum einen Zweifel an der notwendigen Führungsrolle Österreichs in Deutschland.

Dass die Polen sich gerade gegen die mit so großen Hoffnungen beladene katholische Schutzmacht Österreich erhoben hatten, war daher in den Augen des deutschen Katholizismus ein ebensolches Skandalon wie die Vorwürfe einer kalkulierten Bauernrevolte zur nachhaltigen Schwächung der polnischen Nationalbewegung und Inkorporierung Krakaus. Die katho-

---

[79]   „Oesterreich. Wien, 12. Okt.", in: SZ 6 (1846), Nr. 255 v. 21.11., S. 1050.

[80]   Vgl. HUBER, Kirche und deutsche Einheit, S. 23, 30, 64; RUDOLF LILL: Großdeutsch und kleindeutsch im Spannungsfeld der Konfessionen, in: Probleme des Konfessionalismus in Deutschland seit 1800, hg. v. ANTON RAUSCHER, Paderborn u. a. 1984, S. 29-47, hier S. 35.

[81]   „Wien, 18. Juli", in: SZ 6 (1846), Nr. 155 v. 25.7., S. 648.

[82]   Vgl. BRECHENMACHER, S. 346f.; HUBER, Kirche und deutsche Einheit, S. 116; WOLFGANG ALTGELD: Religion, Denomination and Nationalism in Nineteenth-century Germany, in: Protestants, Catholics and Jews in Germany, 1800-1914, hg. v. HELMUT WALSER SMITH, Oxford u. New York 2001, S. 49-65, hier S. 57.

lische Presse vermutete daher hinter den Angriffen eine politische Intrige, die insbesondere von norddeutschen, also protestantischen Journalisten ausginge, um das Ansehen und die Rolle Österreichs in Deutschland und Europa zu beschädigen.[83]

Neben dieser grundsätzlichen Parteinahme für Österreich kam jedoch noch die direkte Beeinflussung der katholischen Presse in Deutschland durch die österreichische Staatskanzlei hinzu. Metternich war generell sehr darum bemüht, österreichfreundliche Darstellungen in der deutschen Presselandschaft zu lancieren, und intensivierte diese Bemühungen, als erkennbar wurde, dass das öffentliche Echo auf die Ereignisse in Galizien für Österreich ausgesprochen negativ ausfiel. Neben der Augsburger *Allgemeinen Zeitung* nutzte er dazu auch die katholische Presse.[84] Der preußische Gesandte in München, Albrecht Graf von Bernstorff, erklärte in einem Bericht, es sei für das Echo auf die Einverleibung Krakaus von Vorteil gewesen, daß Österreich die hauptbeteiligte Macht gewesen sei:

„Dies hatte zur Folge, daß sowohl die ‚Allgemeine Zeitung' das Krakauer Ereignis meist von dem Gesichtspunkte der drei Mächte aus darstellte, als auch, daß die ganze katholische Partei für die Sache gestimmt war und die Vertheidigung derselben übernahm."[85]

Das Ausmaß des Einflusses der österreichischen Staatskanzlei auf die katholische Publizistik in der Auseinandersetzung um die polnische Insurrektion von 1846 hat Götz von Pölnitz bereits 1936 für das wichtigste

---

[83] Vgl. „Was können die Polen und die Deutschen aus der letzten polnischen Agitation lernen?", in: AOZ 1 (1846), Nr. 48 v. 31.5.; „Zeitungslügen. Breslau", in: SKB 12 (1846), Nr. 14 v. 4.4., S. 168; „Wien, 18. Juli", in: SZ 6 (1846), Nr. 155 v. 25.7., S. 648.

[84] Der Verweser des bayerischen Außenministeriums, Ludwig Krafft Ernst Fürst von Öttingen-Wallerstein, schrieb am 9.12.1847 an den bayerischen Gesandten in Berlin, Maximilian Graf von Lerchenfeld-Köfering, die Augsburger *Allgemeine Zeitung* habe bezüglich der Einverleibung Krakaus „gegen die westlichen Blätter einen förmlichen und erfolgreichen Krieg unterhalten" (Gesandtschaftsberichte aus München, Abt. II, Bd. 3, S. 504). Vgl. dazu auch CETNAROWICZ, S. 101; SZAROTA, S. 85f. Zum prinzipiellen Einfluß der österreichischen Staatskanzlei auf die Augsburger *Allgemeine Zeitung* vgl. das Urteil von HEINRICH V. TREITSCHKE: Deutsche Geschichte im 19. Jahrhundert, Bd. 5, Leipzig 1927, S. 187f. sowie GÜNTER MÜCHLER: „Wie ein treuer Spiegel". Die Geschichte der Cotta'schen Allgemeinen Zeitung, Darmstadt 1998, S. 135ff., 168 und ausführlich EDUARD HEYCK: Die Allgemeine Zeitung 1798-1898. Beitrag zur Geschichte der deutschen Presse, München 1898, S. 238-298. Metternich intervenierte auch erfolgreich bei der preußischen Regierung gegen die Berichterstattung einiger preußischer Blätter und bewirkte dort eine Verschärfung der Zensurmaßnahmen. Die Beziehungen zu den Hansestädten Hamburg und Bremen verschlechterten sich aufgrund kritischer Berichte dortiger Presseorgane erheblich. Vgl. dazu LAUBERT, Metternich.

[85] Brief an den preußischen Außenminister, Freiherr von Canitz, am 1.2.1847 (Gesandtschaftsberichte aus München, Abt. III, Bd. 4, S. 210f.).

Organ des deutschen Katholizismus im Vormärz, die *Historisch-politischen Blätter für das katholische Deutschland* exemplarisch herausgearbeitet.[86] Das Organ des Münchener Görres-Kreises wurde bald nach seiner Gründung, die 1838 in Reaktion auf den preußischen ‚Mischehenkonflikt' stattgefunden hatte, trotz seines vergleichsweise hohen intellektuellen Anspruches „das Flaggschiff der katholischen Presse im Jahrzehnt vor der Revolution von 1848"[87] und bildete nach Michael Schmolke das Rückgrat des katholischen Selbstbewusstseins schlechthin.[88] Auf die übrige katholische Publizistik übte es einen enormen Einfluss aus. Neben der Idealisierung Österreichs war es die Opposition zu Preußen – ein Gründungsmotiv der Zeitschrift –, die von Anfang an nach guten Beziehungen zur österreichischen Regierung suchen ließ. Zudem war kaum mit gefährlichen Maßnahmen des Deutschen Bundes gegen die Zeitschrift zu rechnen, solange man das Wohlwollen Metternichs besaß.[89]

Für das enge Verhältnis zu Metternich war vor allem der Mitbegründer und bis 1843/44 auch Mitinhaber der *Historisch-politischen Blätter*, Carl Ernst Jarcke, verantwortlich. Seit 1832 als Nachfolger von Friedrich von Gentz in der Wiener Staatskanzlei tätig, sorgte Jarcke für die stille Schirmherrschaft Metternichs, wenn die *Blätter* auch nicht finanziell unterstützt worden sein sollen.[90] Nach außen hin war Jarckes Einfluss auf das katholische Zentralorgan nur in Ansätzen bekannt, am ehesten noch seine Autorenschaft der Rubriken *Zeitläufte* und *Glossen zur Zeitgeschichte*. Auf dem Titelblatt der Zeitschrift erschien Jarckes Name nie.[91] Bis 1848 war Jarcke

---

[86] Vgl. PÖLNITZ, Einleitung, S. IX-LIV.

[87] ROEGELE, S. 407.

[88] Vgl. MICHAEL SCHMOLKE: Katholisches Verlags-, Bücherei- und Zeitschriftenwesen, in: Katholizismus, Bildung und Wissenschaft im 19. und 20. Jahrhundert, hg. v. ANTON RAUSCHER, Paderborn 1987, S. 93-117, hier S. 111. Der Kirchenrechtler und Altkatholik Johann Friedrich Schulte schrieb 1880: „Der Einfluß dieses Organs ist vor 1848 ein kolossaler gewesen, die ‚guten' Katholiken schwuren darauf und selbst die nicht correcten konnten sich nicht enthalten, dasselbe zu lesen. Ich erinnere mich, mit welcher Hast mein Vater, der gleich dem Pfarrer meiner Geburtsstadt durchaus auf Seite der preußischen Regierung stand, jedes neue Heft las. Selten bin ich vor 1848 zu einem katholischen Geistlichen gekommen, ohne die gelben Hefte zu sehen" (zit. nach WEBER/ALBRECHT, S. 9). Vgl. zu der Zeitschrift auch WEBER, Die „Historisch-politischen Blätter" sowie RHEIN.

[89] Vgl. PÖLNITZ, Einleitung, S. XLIII.

[90] Zu dem aus Danzig stammenden Konvertiten Jarcke vgl. mit weiteren Literaturhinweisen KRAUS, Carl Ernst Jarcke.

[91] Nach PÖLNITZ, Einleitung, S. XIIIf. blieb die Intensität des Kontakts selbst der preußischen und sogar der bayerischen Regierung, zu welcher der Görres-Kreis bis zum Sturz des Ministeriums Abel 1847 ebenfalls ein sehr gutes Verhältnis pflegte, unbekannt. Der preußische Gesandte in München stufte seinen österreichischen Kollegen, Friedrich Christian Ludwig von Senfft-Pilsach, während der Auseinandersetzung über die polnische

nach den Erkenntnisses von Pölnitz derjenige, der „in [Metternichs] Auftrag politische Ratschläge und Weisungen mannigfachen Betreffs an den Münchener Görreskreis weitergeleitet hatte".[92] Auch in der Angelegenheit des polnischen Aufstandes fungierte er als ein direkt einwirkendes Instrument der österreichischen Regierung auf die Münchener Ultramontanen und ihr publizistisches Organ. Über die Stärke des Einfusses, den Jarcke als Vertreter der österreichischen Regierung auf bedeutende Mitglieder des Görres-Kreises ausübte, schrieb der französische Ultramontane Alexis-Francois Rio, der sich 1846 in München aufhielt, nach einem Gespräch mit Ignaz Döllinger und George Philipps im September an Montalembert:

> „Niemals hätte ich eine derartige Servilität für möglich gehalten. [...] Du machst Dir kein Bild von der Art der Diktatur, die er [Jarcke] über den Großteil der notablen Katholiken in München ausübt; seine Ankunft hat unter ihnen dieselbe Sensation gemacht, wie in unseren Provinzkollegien das Erscheinen eines Generalinspekteurs."[93]

Jarcke schrieb selbst die entscheidenden Stellungnahmen und Kommentare der *Historisch-politischen Blätter* zu der polnischen Insurrektion und der österreichischen Reaktion.[94] Die heftigen Entgegnungen, die darauf in Frankreich von Montalembert formuliert wurden, beantwortete dagegen Joseph Görres, der Doyen der Münchener Ultramontanen, der sich zu dieser Zeit ansonsten nur noch selten zu Tagesfragen äußerte, in zwei längeren Beiträgen.[95] Görres' abweisende Kommentare zu Montalemberts kritischen Äußerungen waren vor der Veröffentlichung sowohl mit Jarcke als auch mit Graf Senfft, dem österreichischen Gesandten in München,

---

Insurrektion als einen der wichtigsten Agenten der ultramontanen Bewegung in München und als eine entscheidende Schnittstelle derselben zur österreichischen Staatskanzlei ein. Vgl. Graf Bernstorff an Außenminister Canitz am 22.4.1846, in: Gesandtschaftsberichte aus München, Abt. III, Bd. 4, S. 170f.

[92] PÖLNITZ, George P. Phillips, S. 54; vgl. auch GOLLWITZER, Ein Staatsmann, S. 61. Auch den rheinischen Ultramontanismus soll Jarcke als „wichtige Zwischenstation" mit Metternich verbunden haben. Vgl. WEBER, Aufklärung und Orthodoxie, S. 39.

[93] Abdruck des Briefes in: MARY CAMILLE BOWE: Francois Rio. Sa place dans le renouveau catholique en europe (1797-1874), Paris 1938, S. 192; Übersetzung von mir.

[94] „Zeitläufte", in: HPBKD 17 (1846), S. 491-503 und S. 801-821; „Katholische Betrachtungen über die Rede des Grafen von Montalembert vom 2. Juli (Nachtrag zu den Zeitläuften)", in: HPBKD 18 (1846), S. 184-189; „Zeitläufte", in: HPBKD 18 (1846), S. 744-756. Die Verfasserschaft hier wie auch bei den anderen Angaben zu Artikeln aus den *Historisch-poliitschen Blättern* nach WEBER/ALBRECHT.

[95] „Der Brief des Grafen von Montalembert an die Redaction", in: HPBKD 18 (1846), S. 548-576; „Die zweite Rede des Grafen von Montalembert", in: HPBKD 19 (1847), S. 225-255.

ausführlich besprochen und von beiden gutgeheißen worden.[96] Metternich zeigte sich seinem Gesandten gegenüber „für den Genuß wahrhaft verbunden", den ihm die Lektüre des ersten Artikels bereitet habe. Er rühmte den Beitrag von Görres als ein „Meisterstück an Logik, an Darstellungsgabe, an Beredsamkeit", das den Unwillen eines ehrlichen Mannes über ein bodenloses System der Lüge und der Verleumdung gegenüber Österreich lebhaft zum Ausdruck bringe. Auch der Kaiser, dem er den Artikel vorgelegt habe, spreche Görres seinen „Dank für die der Wahrheit geleistete Gerechtigkeit aus".[97] Der Anregung seines Münchener Gesandten, Görres' Verdienst durch eine äußere Würdigung zu honorieren, entsprach Metternich jedoch mit Rücksicht auf die Delikatesse des Gegenstandes und der gebotenen Geheimhaltung des Kontaktes vorläufig nicht, versprach aber, dass sich dafür später sicherlich eine entsprechende Gelegenheit bieten würde.[98] Joseph Görres soll sich hoch beglückt über das Handschreiben Metternichs und verständnisvoll über die Verschiebung einer anerkennenden Würdigung von seiten des Kaisers gezeigt haben.[99] Auch der zweite Görres-Artikel, der sich gegen Montalemberts wiederholte Anschuldigungen gegenüber Österreich richtete, wurde von der österreichischen Regierung freudig begrüßt und für seine schlagende Argumentation belobigt.[100]

Was die Inkorporierung Krakaus anging, so war die Redaktion der *Historisch-politischen Blätter* schon am 13. Januar 1846, also mehr als vier Wochen vor Ausbruch des Aufstandes in Krakau und Galizien, durch einen Brief Jarckes von dem beabsichtigten Schritt informiert und zur publizistischen Vorbereitung aufgefordert worden. Jarcke schmeichelte den Münch-

---

[96] Jarcke nannte den ersten Artikel von Görres ein „wahres Meisterstück", Senfft pries ihn als eine „gewonnene Hauptschlacht" (nach PÖLNITZ, Einleitung, S. XLIV) und sprach am 29.10.1846 gegenüber Metternich von einer „Abfertigung" der im französischen *Univers* erneuerten verleumderischen Angriffs Montalemberts gegen die österreichische Regierung, „welche durch Wärme und Kraft der Rede sowie durch die Innigkeit der Überzeugung, womit sie der guten Sache das Wort redet, ohne dem eitlen, mehr durch die unverschämte Lügenhaftigkeit der polnischen Emigranten getäuschten als in absichtlicher Feindseligkeit befangenen Gegner durch verletzende Anschuldigungen die mögliche Rückkehr zur Wahrheit allzu sehr zu erschweren, sich unter den neueren Producten des berühmten Veteranen [Görres] überaus günstig auszeichnet." (Senfft an Metternich am 29.10.1846, in: Gesandtschaftsberichte aus München, Abt. II, Bd. 3, S. 392, Anm. 1).

[97] Metternich an Senfft am 5.11.46, in: Gesandtschaftsberichte aus München, Abt. II, Bd. 3, S. 392f.

[98] Vgl. die Anregung von Senfft an Metternich am 29.10.1846, in: Gesandtschaftsberichte aus München, Abt. II, Bd. 3, S. 392, Anm. 1; die Vertröstung Metternichs am 5.11.46 ebd., S. 393; vgl. dazu auch PÖLNITZ, Einleitung, S. XLVf.

[99] Vgl. Senfft an Metternich am 10.11.1846, in: Gesandtschaftsberichte aus München, Abt. II, Bd. 3, S. 393, Anm. 1.

[100] Vgl. Senfft an Metternich am 17.2.1847, in: ebd., S. 413, Anm. 3.

nern damit, dass die *Historisch-politischen Blätter* mit diesem Vertrauens-
beweis eine politische Bedeutung in Europa wie ehedem der *Rheinische
Merkur* erlangt hätten:

> „Übrigens soll Dir nicht verhohlen sein, daß Euch, d.h. den Historisch-Politi-
> schen Blättern, durch gegenwärtige Mitteilung eine Auszeichnung widerfährt,
> die Euch mit England und Frankreich auf eine Linie stellt und nach der Analo-
> gie der fünften Macht auch zu einer journalistischen Puissance kreiert oder als
> solche anerkennt.“[101]

Während mit den *Historisch-politischen Blättern* „die repräsentativste
Zeitschrift der katholischen Bewegung"[102] die Einverleibung Krakaus
tatsächlich publizistisch unterstützend begleitete, berichtete Senfft nach
Wien von der aufrichtigen Freude, die Görres darüber zeige, „daß man
ungeachtet des zu erwartenden Widerspruchs der dem sentimentalen Polenthum oder vielmehr der in diesem Polenthum liegenden Feindseligkeit
gegen die drei Höfe huldigenden Regierungen in seinem Rechte vorge-
schritten sei."[103]

Auch wenn die Verurteilung der polnischen Insurrektion und die Rechtfertigung des österreichischen Verhaltens der tatsächlichen Überzeugung
des Görres-Kreises entsprach, bleibt doch mit Pölnitz zu konstatieren, dass
die Redaktion der *Historisch-politischen Blätter* „durch die Verbindung
Jarckes sich als publizistisches Werkzeuge für den Staatskanzler Fürst
Metternich gebrauchen ließ."[104] Der Effekt einer schonenden Behandlung
durch die österreichische Zensur, wie er durch die österreichfreundliche
Berichterstattung erreicht wurde,[105] war sicherlich nicht das Hauptmotiv,
aber doch ein Teilerfolg für das beabsichtigte Bündnis von deutschem
Katholizismus und österreichischer Regierung. Der deutsche Katholizismus

---

[101] Nach PÖLNITZ, Einleitung, S. XLIV. Der Brief war an George Philipps und Joseph
Görres gerichtet (vgl. Pölnitz' Anmerkung in: GÖRRES, JOSEPH: Gesammelte Schriften, hg.
v. WILHELM SCHELLBERG im Auftrag der Görres-Gesellschaft, Bd. 16/2, S. 284f.). Das
Diktum von der fünften Macht geht angeblich auf Napoleon zurück, der während der
sogenannten Befreiungskriege so den Einfluss des von Görres herausgegebenen *Rheinischen
Merkurs* charakterisiert haben soll.

[102] BUCHHEIM, Ultramontanismus und Demokratie, S. 48.

[103] Senfft an Metternich am 25.11.1846, in: Gesandtschaftsberichte aus München, Abt.
II, Bd. 3, S. 397.

[104] So PÖLNITZ, Einleitung, S. XXXVIII. Dass die *Historisch-politischen Blätter* sich
damit aus der breiten Front der katholisch-politischen Bewegung in Deutschland gelöst
hätten, wie Pölnitz (ebd., S. XXXIX) meint, findet in meiner Auswertung der katholischen
Presse und Publizistik jedoch keine Bestätigung. Die Position des Münchener Organs
scheint hier vielmehr einem breiten Konsens entsprochen zu haben.

[105] Vgl. Pölnitz' Anmerkungen in: GÖRRES, Gesammelte Schriften, hg. v. WILHELM
SCHELLBERG, Bd. 16/2, S. 284.

suchte in Österreich immer einen starken Partner zur Stützung seiner kirchenpolitischen Interessen und zur Stärkung der katholischen Stellung in Deutschland. Dafür war er bereit, die österreichische Position wie in zahlreichen anderen Fragen so auch in der ‚polnischen Frage' zu unterstützen, selbst wenn es darüber zu einem Bruch mit den anderen katholischen Bewegungen in Europa, insbesondere mit den französischen Ultramontanen, zu kommen drohte.

5.5 Zweierlei Ultramontanismen? – Der Konflikt zwischen deutschen und französischen Ultramontanen über die Polenfrage

Der Blick auf die Auseinandersetzung zwischen deutschem und französischem Katholizismus in der Beurteilung der polnischen Insurrektion von 1846 ermöglicht eine Annäherung an den spezifischen diskursiven Rahmen und Handlungskontext der deutschen Katholiken. Er verdeutlicht, dass der Ultramontanismus im 19. Jahrhundert zwar eine europäische Erscheinung war, die gemeinsame innerkirchliche und kirchenpolitische Interessen vertrat und in dieser Beziehung eine ‚gemeinsame Sprache' sprach, gleichzeitig jedoch in durchaus heterogenen nationalen Diskursen steckte, aus denen höchst unterschiedliche Positionierungen resultieren konnten. Schließlich zeigt sich, dass es für die Haltung von ultramontan eingestellten Katholiken zu Polen und der ‚polnischen Frage' keinen Automatismus der Beurteilung gab, der z.B. allein von der päpstlichen Stellung abhängig gewesen wäre, wie man vielleicht meinen könnte, wenn man einzig den politisch konservativen deutschen Katholizismus betrachtet. Der übernationale Vergleich macht vielmehr deutlich, dass es trotz der engen Bindung an das Papsttum immer einen durchaus flexiblen Spielraum gab, innerhalb dessen man sich relativ eigenständig positionieren konnte.

Die Konfliktlinie zwischen deutschem und französischem Katholizismus in der Beurteilung der polnischen Insurrektion von 1846 verlief im Prinzip ähnlich wie schon während des Novemberaufstandes von 1830. Verschärfend kam nun jedoch hinzu, dass der faktische Gegner des Aufstandes nicht Russland, sondern Österreich war und damit die Position der deutschen Katholiken noch eindeutiger ablehnend ausfiel. Demgegenüber hatten sich führende Kirchenvertreter in Frankreich solidarisch mit den Polen erklärt, als in Krakau für kurze Zeit eine Nationalregierung errichtet werden konnte. Insbesondere die französischen Ultramontanen, angeführt von Charles René de Montalembert, unterstützten offen die polnische Nationalbewegung, verurteilten in scharfen Tönen das zweifelhafte Vorgehen der österreichischen Regierung und forderten die französische Regierung zum

Einschreiten auf. Montalembert selbst brachte diese Haltung wiederholt öffentlich in schriftlicher Form, aber auch in der Pairskammer pointiert zum Ausdruck.[106] Auch an den Papst wandte sich Montalembert mit der Aufforderung, das Bündnis mit den Fürsten endlich durch ein Bündnis mit den Völkern zu ersetzen, womit er an das Programm von Lamennais vom Beginn der 1830er Jahre anknüpfte, das seinerzeit aus Rom eindeutig abgelehnt worden war.[107] In den Presseorganen des britischen Katholizismus und in den beiden Kammern des englischen Parlaments kam es von katholischer Seite zu ähnlich propolnischen und österreichkritischen Äußerungen.[108]

Für die deutschen Katholiken bedeutete die Tatsache, dass derartige Töne, die ihrer eigenen Position diametral entgegenstanden, nicht nur von liberaler Seite, sondern auch von ihren französischen und englischen Glaubens- und Bundesgenossen angeschlagen wurden, eine ernsthafte Infragestellung des eigenen Standpunktes, was einen starken Rechtfertigungsdruck erzeugte. Joseph Görres gab der besonderen Delikatesse Ausdruck, indem er offen bekannte, dass die gegnerische Position „durch die Unbescholtenheit der Stimmführer ein verführerisches Gewicht" gewinne.[109] Im Hinblick auf die einmütige Vertretung gemeinsamer übergeordneter Interessen schien ihm eine scharfe Konfrontation mit den französischen Partnern nicht unbedingt wünschenswert:

> „[S]ollten wir zornmüthig gegen den eigenen Bundesgenossen uns erheben, ihm Wunden schlagend uns selbst verletzen? und indem wir also im eigenen Fleische wütheten, den Gegnern den Triumph bereiten?"[110]

Trotz derartiger Bedenken kam es zu einer scharfen Konfrontation, die sich in der gesamten katholischen Presse dokumentierte, am schärfsten jedoch

---

[106] Vgl. dazu PARVI, Montalembert, S. 71-87.

[107] Vgl. VIAENE, The Roman Question, S. 138; Abdruck des Briefes bei LECANUET, Bd. 2, S. 285ff.

[108] Ein entsprechender Artikel erschien im *Tablet*, dem Organ des englischen Katholizismus, das von den deutschen Katholiken sehr geschätzt und als Bundesgenosse betrachtet wurde. Vgl. „Die neuen katholischen Zeitungen: Sion in Ungarn und Tablet in England - Kirchliche Berichte der letzteren", in: HPBKD 6 (1840), S. 686-693, hier S. 686f. Abdruck des Artikels in: [JOSEPH GÖRRES:] „Die zweite Rede des Grafen von Montalembert", in: HPBKD 19 (1847), S. 225-255. Zu der parlamentarischen Initiative katholischer Abgeordneter in England vgl. die Anmerkungen von Pölnitz in: GÖRRES, Gesammelte Schriften, hg. v. WILHELM SCHELLBERG, Bd. 16/2, S. 283.

[109] [JOSEPH GÖRRES:] „Der Brief des Grafen von Montalembert an die Redaction", in: HPBKD 18 (1846), S. 548-576, hier S. 561.

[110] [JOSEPH GÖRRES:] „Die zweite Rede des Grafen von Montalembert", in: HPBKD 19 (1847), S. 225-255, hier S. 228.

von den *Historisch-politischen Blättern* geführt wurde. Die propolnische Haltung der französischen Katholiken, die sich mit der Kritik an Österreich verband, wurde allgemein bedauert und vehement zurückgewiesen. Sehr schnell vermischte sich der Konflikt zwischen deutschen und französischen Katholiken über den polnischen Aufstand und die österreichische Reaktion mit direkten gegenseitigen und persönlichen Angriffen, die soweit gingen, die religiöse Glaubwürdigkeit des jeweils Anderen anzuzweifeln. Die extremen Gegenpole wurden personell durch Charles René de Montalembert auf der einen und Carl Ernst Jarcke auf der anderen Seite vertreten, die sich gegenseitig persönliche Befangenheit und Parteilichkeit vorwarfen.

Wie den französischen Katholiken im allgemeinen so warf man von deutscher Seite Montalembert im besonderen notorische Unkenntnis fremdländischer Verhältnisse und eine dem verbreiteten Franzosen-Stereotyp entsprechende Emotionalität und Leidenschaftlichkeit vor, die sie für Phrasen und Parolen der polnischen Emigration empfänglich mache.[111] Da Montalemberts enge und freundschaftliche Beziehungen zu Teilen der polnischen Emigration bekannt waren, wurde ihm das Fehlen notwendiger Distanz und persönlicher Unbefangenheit vorgehalten, die man für sich selbst trotz der z.T. engen Bindung an die österreichische Regierung in Anspruch nahm.[112]

Montalembert dagegen wusste von Jarckes Doppelrolle als Mitarbeiter bei den *Historisch-politischen Blättern* und in der Wiener Staatskanzlei. Er zählte ihn daher in einem offenen Brief zu den besoldeten Lakaien Metternichs, die „ihre käuflichen Federn in blutige Tinte tauchen, um im Namen des Katholizismus das Andenken derjenigen zu verhöhnen, die Österreich hingeschlachtet hat."[113] Montalembert betonte demgegenüber seine persönliche Unabhängigkeit, da er von den Polen kaum eine Gegenleistung für sein Engagement erwarten könne. Der Vorwurf der Abhängigkeit von Österreich dagegen übertrug sich von der Person Jarckes auf die *Histo-*

---

[111] [CARL ERNST JARCKE:] „Zeitläufte", in: HPBKD 17 (1846), S. 801-821, hier S. 802; ähnlich auch [JOSEPH GÖRRES:] „Der Brief des Grafen von Montalembert an die Redaction", in: HPBKD 18 (1846), S. 548-576, hier S. 571.

[112] Vgl. [JOSEPH GÖRRES:] „Der Brief des Grafen von Montalembert an die Redaction", in: HPBKD 18 (1846), S. 548-576, hier S. 571, 576; [Ders.:] „Die zweite Rede des Grafen von Montalembert", in: HPBKD 19 (1847), S. 225-255, hier S. 227; [JARCKE, CARL:] „Katholische Betrachtungen über die Rede des Grafen von Montalembert vom 2. Juli (Nachtrag zu den Zeitläuften)", in: HPBKD 18 (1846), S. 184-189; „Frankreich. Paris, 4. Juli", in: SZ 6 (1846), Nr. 141 v. 9.7., S. 591; „Wien, 2. Febr.", in: SZ 7 (1847), Nr. 40 v. 9.2., S. 173.

[113] Abdruck des Briefes in [JOSEPH GÖRRES:] „Der Brief des Grafen von Montalembert an die Redaction", in: HPBKD 18 (1846), S. 548-576, hier S. 558f. Ähnliches konnte man im *Correspondant* auch über Jarcke lesen, vgl. „M. de Montalembert et les feuilles historiques et politiques de Munich", in: Le Correspondant 17 (1847), S. 630-637, hier S. 635.

risch-politischen Blätter und teilweise auch auf andere Organe des deutschen Katholizismus.[114] Montalembert stellte klar, dass es sich bei den Stellungnahmen in der Münchener Zeitschrift keineswegs um „katholische Betrachtungen" handelte, wie sie überschrieben waren, sondern einzig um „österreichische Betrachtungen", die angestellt worden seien, um der österreichischen Regierung und Zensur zu gefallen.[115] In der Presse der französischen Katholiken las man von der freiwilligen Knechtung der deutschen Bundesgenossen unter österreichische Doktrinen; das Organ des englischen Katholizismus mahnte gleichzeitig, dass es um den wohlverdienten Einfluss der *Historisch-politischen Blätter* auf die literarische Welt getan sei, wenn ihr Inhalt weiter nach österreichischen Eingebungen gemodelt würde.[116]

Während die *Augsburger Postzeitung* den Vorwurf der österreichischen Einflussnahme abwies und die *Süddeutsche Zeitung für Kirche und Staat* ihn als ein Totschlagargument geißelte, mit dem jede inhaltliche Diskussion umgangen werde,[117] bekannte sich Joseph Görres im Namen der *Historisch-politischen Blätter* sowohl zu Jarcke und seinen Artikeln als auch zu der österreichischen Regierung. Er gestand ein, dass Jarcke ein „Sprecher der Regierung" sei, sah darin aber nichts kritikwürdiges, was Montalembert berechtige, ihn als „Auswurf der Menschheit" oder als „feilen Söldling" zu diffamieren.[118] Görres versicherte dagegen, dass die Redaktion hinter allen Äußerungen Jarckes stehe und überhaupt keinen Anlass sehe, sich von der österreichischen Regierung zu distanzieren. Er hob die natürliche Verbundenheit mit Österreich als einer katholischen Macht und das daraus resultierende Vertrauen in die „Wahrhaftigkeit und Rechtlichkeit" auch im Fall der polnischen Insurrektion hervor.[119] Das Vertrauen zur österreichischen Regierung beschwörend gestand Görres somit zwar nicht ein Verhältnis der

---

[114] So wurde z.B. auch der *Augsburger Postzeitung* im französischen *Univers* vorgeworfen unter dem Einfluss des österreichischen Kabinetts zu stehen. Vgl. „Frankreich. Paris, 16. April", in: APZ (1846), Nr. 110 v. 20.4., S. 443.

[115] [JOSEPH GÖRRES:] „Der Brief des Grafen von Montalembert an die Redaction", in: HPBKD 18 (1846), S. 548-576, hier S. 550.

[116] Vgl. „M. de Montalembert et les feuilles historiques et politiques de Munich", in: Le Correspondant 17 (1847), S. 630-637, hier S. 636; Abdruck des Artikels aus dem englischen *Tablet* in [JOSEPH GÖRRES:] „Die zweite Rede des Grafen von Montalembert", in: HPBKD 19 (1847), S. 225-255, hier S. 232.

[117] Vgl. „Frankreich. Paris, 16. April", in: APZ (1846), Nr. 110 v. 20.4., S. 443; „Frankreich", in: SZ 6 (1846), Nr. 268 v. 6.12., S. 1103.

[118] [JOSEPH GÖRRES:] „Der Brief des Grafen von Montalembert an die Redaction", in: HPBKD 18 (1846), S. 548-576, hier S. 571ff.

[119] Ebd., S. 574f.; vgl. auch [Ders.] „Die zweite Rede des Grafen von Montalembert", in: HPBKD 19 (1847), S. 225-255, hier S. 234.

Abhängigkeit, aber doch eines des guten Glaubens ein, das sich aus der grundsätzlichen Sympathie mit Österreich ergab und die Münchener Ultramontanen bezüglich des polnischen Aufstandes auf die Seite Österreichs treten ließ.

Für die ablehnende Haltung zur polnischen Insurrektion und die Parteinahme für Österreich wurden nicht nur religiöse oder konfessionelle Motive, sondern auch nationale Beweggründe ins Feld geführt. So sah der *Allgemeine Religions- und Kirchenfreund* in den polnischen Insurrektionsversuchen nicht nur „Attentate" gegen den Geist der Kirche, sondern auch gegen die Sicherheit Deutschlands.[120] Carl Ernst Jarcke, der dem Nationalitätsprinzip aus österreichischem Staatsinteresse strikt ablehnend gegenüber stand,[121] forderte ebenfalls dazu auf, bei der Beurteilung des polnischen Aufstandes die Interessen der deutschen Nation im Auge zu behalten. In diesem Zusammenhang geißelte er die seiner Ansicht nach weit verbreitete sentimentale Polenfreundschaft der Deutschen, die noch vom Durchzug der polnischen Emigranten im Gefolge der Niederlage des Novemberaufstandes von 1830/31 herrühre. Das realpolitische und nationalegoistische Paradigma antizipierend, wie es sich zwei Jahre später in der Frankfurter Paulskirche etablieren sollte,[122] votierte Jarcke für eine an den eigenen nationalen Interessen orientierte Realpolitik, statt sich auf eigene Kosten für die nationalen Belange anderer Völker zu verausgaben:

„Es ist traurig und beschämend, aber es ist wahr, – wir Deutsche des neunzehnten Jahrhunderts haben ein eigenthümliches Talent, Nationalität für fremde Rechnung zu machen, und darüber unsere eigenen, nächsten, auf flacher Hand liegenden Interessen zu opfern."[123]

„Aber es ist, so scheint es uns, Zeit, daß die politische öffentliche Meinung unserer lieben Landsleute endlich aus den Kinderschuhen trete, und das von böswilligen Intriganten so schmählich benutzte Gängelband eines unruhigen, kindischen, aber unglaublich schnell und leicht verfliegenden Enthusiasmus abwerfend, sich daran gewöhne, die *Wirklichkeit* anzuerkennen."[124]

---

[120] „Polnische Zustände", in: ARKF NF 7 (=20) (1847), Nr. 14 v. 16.2., S. 73-80, hier S. 73.

[121] Vgl. programmatisch Jarcke, Vermischte Schriften, Bd. 4, S. 432-484; s.a. KRAUS, Carl Ernst Jarcke, S. 439.

[122] Vgl. dazu Kap. 7.3.1.

[123] [CARL ERNST JARCKE:] Zeitläufte, in: HPBKD 18 (1846), S. 744-756, hier S. 753.

[124] Ebd., S. 748. Die Ähnlichkeit der Positionen des konservativen Jarcke mit der berühmt-berüchtigten Paulskirchen-Rede des liberalen Hegelianers Wilhelm Jordan bis in die Wortwahl ist verblüffend. Jordan erklärte 1848 in der Paulskirche: „Es ist hohe Zeit für uns, endlich einmal zu erwachen, aus jener träumerischen Selbstvergessenheit, in der wie schwärmten für alle möglichen Nationalitäten, während wir selbst in schmachvoller Un-

Die Inkorporierung Krakaus begrüßte Jarcke dem machtpolitischen Interesse Deutschlands entsprechend mit den Worten, dass damit „wenigstens der wichtige Gränzstein Krakau – schon heute eine großentheils deutsche Stadt! – Deutschland gerettet und erhalten ist".[125] Der Parteinahme für Österreich generell wurde eine nationale Identifizierung zugrunde gelegt. Görres schrieb in diesem Sinne:

> „[W]ir erkennen einen solchen Angriff auf ihre Ehre als Einen gegen uns selbst gerichtet, und wir halten uns verpflichtet, eine solche Unbill mit allen Kräften und mit aller Entrüstung des verletzten Nationalgefühles abzuweisen."[126]

Die Vorwürfe, die gegen die österreichische Regierung im Zusammenhang mit der Niederschlagung des polnischen Aufstandes erhoben wurden, betrachtete Görres empört als eine nationale Beleidigung, die sich gegen die Ehre des deutschen Volkes als Ganzes richte. Er begründete daher die Verteidigung der österreichischen Regierung durch die *Historisch-politischen Blätter* mit dem Wunsch, „den Schandfleck vom deutschen Namen abzuwenden".[127]

Es mag überraschen, dass gerade der deutsche Katholizismus des Vormärz somit auch nationale Motive für seine Wendung gegen die polnische Insurrektion anführte. Görres sprach in diesem Zusammenhang allerdings

---

freiheit darniederlagen und von aller Welt mit Füßen getreten wurden, zu erwachen zu einem gesunden *Volksegoismus*, um das Wort einmal gerade heraus zu sagen, welcher die Wohlfahrt und Ehre des Vaterlandes in allen Fragen oben anstellt." (Sten. Ber. FNV, Bd. 2, S. 1145). Neben Jarcke kam auch die AOZ 1 (1846), Nr. 48 v. 31.5. in ihrer Überlegung „Was können die Polen und die Deutschen aus der letzten polnischen Agitation lernen?" zu dem Schluss, dass die Polensympathie den Deutschen selbst nur schade, in den vergangenen Jahren aber glücklicherweise schon merklich abgenommen habe. Ein mehrteiliger Artikel in der *Augsburger Postzeitung* dagegen warnte gleichermaßen vor übertriebenem Polenenthusiasmus wie vor Polenfeindschaft und machte bemerkenswerterweise die liberalen Träger der Polenfreundschaft vom Beginn der 1830er Jahre als diejenigen aus, die im Jahr 1846 am stärksten den Polenhass predigten (hervorgehoben wurde dabei insbesondere Heinrich Wuttke). Diese Beobachtung machte im selben Jahr auch der Deutschkatholik FRANZ SCHUSELKA: Deutschland, Polen und Russland, Hamburg 1846, S. 320f. Der anonyme Autor der *Augsburger Postzeitung* empfahl dagegen größtmögliche Zurückhaltung, wie sie der katholische Volksteil immer beachtet habe. Vgl. „Ueber die Polenfrage", in: APZ (1846), Beilage Nr. 35 v. 2.5., S. 138ff., hier S. 139.

[125] [CARL ERNST JARCKE:] „Zeitläufte", in: HPBKD 18 (1846), S. 744-756, hier S. 756. Auch Joseph Görres schien ähnliches im Sinn zu haben, als er von der „Wiedervereinigung Krakau's" schrieb. So in „Die zweite Rede des Grafen von Montalembert", in: HPBKD 19 (1847), S. 225-255, hier S. 235.

[126] [JOSEPH GÖRRES:] „Der Brief des Grafen von Montalembert an die Redaction", in: HPBKD 18 (1846), S. 548-576, hier S. 565f.

[127] [DERS.:] „Die zweite Rede des Grafen von Montalembert", in: HPBKD 19 (1847), S. 225-255, hier S. 227.

von „Gefühlen der untereren Ordnung", die nur wirksam werden dürften, wenn ihnen die primären Interessen der katholischen Kirche nicht entgegenständen.[128] Dies war bei der polnischen Insurrektion gegen Österreich nicht der Fall, da hier aus der Sicht der deutschen Katholiken, im Unterschied zu Teilen ihrer französischen Bundesgenossen und anders als im Fall einer Wendung gegen Russland, keine berechtigten religiösen Motive auszumachen waren. Aufgrund der politischen und konfessionellen Rolle Österreichs im deutschlandpolitischen Konzept traf ein Angriff auf Österreich die nationalen Empfindlichkeiten der deutschen Katholiken sehr viel stärker als z.b. die Wendung gegen Preußen, wie sich nur zwei Jahre später während der Revolution von 1848 zeigen sollte.[129]

Während die deutschen Ultramontanen sich somit offen auch zu nationalen Rücksichten in ihrer Haltung bekannten, hielten sie den französischen Katholiken die Verfolgung nationaler Interessen als Motiv ihrer Kritik an Österreich vor. Jarcke beschuldigte sie des nationalen Egoismus', den er selbst den Deutschen empfahl. Die französischen Katholiken würden jedoch nationale Interessen über religiöse Prinzipien stellen. Jarcke zog daher die Glaubwürdigkeit des religiösen Bekenntnisses der französischen Bundesgenossen selbst in Zweifel:

> „Die alte Erbsünde der Franzosen: krankhafte Sucht nach politischer Größe und Nationalglorie um jeden Preis, der Alles, selbst Gott und der Glaube dienen müsse, zieht sich bei sehr Vielen bis in das innerste Heiligthum ihrer religiösen Gefühle, und hinter dem hochherzigen Aufschwunge gläubiger Begeisterung lauert nicht selten ein widerlich störender, bis an's Unkatholische streifender Zug nationalen Eigennutzes und politischer Absichtlichkeit."[130]

Jarcke führte mit dem Vorwurf der „Un-Katholizität" die schärfste, einem ultramontanen Katholiken mögliche Diffamierung ins Feld, die zwar in der antiliberalen Polemik des öfteren benutzt wurde, sich hier aber gegen die ultramontanen Bundesgenossen richtete! Er erweiterte den Vorwurf damit, dass die französischen Ultramontanen sich gegen die Autorität der Kirche wendeten, ja, sogar den heiligen Stuhl beleidigten, indem sie dessen ausdrückliche Verurteilung des polnischen Aufstandes missachteten.[131] Monta-

---

[128] Ebd.

[129] Vgl. dazu Kap. 7.

[130] [CARL ERNST JARCKE:] „Zeitläufte", in: HPBKD 17 (1846), S. 801-821, hier S. 803.

[131] [DERS.:] „Katholische Betrachtungen über die Rede des Grafen von Montalembert vom 2. Juli (Nachtrag zu den Zeitläuften)", in: HPBKD 18 (1846), S. 184-189, hier S. 188; ähnlich [DERS.:] „Zeitläufte", in: HPBKD 17 (1846), S. 801-821, hier S. 802f.; „Der polnische Aufstand und die französischen Katholiken", in: AOZ 1 (1846), Nr. 16 v. 22.4.;

lembert gab den Vorwurf zurück: Jarcke sei es, der das Andenken des Papstes beschmutze, indem er versuche, die Kirche mit den widerwärtigsten Verbrechen des 19. Jahrhunderts solidarisch zu erklären. Auch im englischen *Tablet* erschienen die deutschen Ultramontanen als Gegner des Papstes, indem sie sich in einer Zeit immer stärker an Österreich bänden, in der Rom sich von dem österreichischen Einfluss zu befreien versuche.[132] Im Laufe dieser innerultramontanen Polemik, die zu einer regelrechten Schlammschlacht ausartete, warfen sich beide Seiten schließlich vor, mit ihrer isolierten Extremposition den katholischen Konsens zu verlassen und den Katholizismus in Europa mutwillig zu spalten.[133] Tatsächlich enthüllten sich an der unterschiedlichen Haltung zur polnischen Insurrektion und der österreichischen Reaktion nur längst bestehende, tiefgreifende politische und nationale Unterschiede der ultramontanen Bewegung in Europa, die von der Verfolgung gemeinsamer innerkirchlicher und kirchenpolitischer Ziele lange verdeckt gewesen waren. Da erst mit der Auseinandersetzung um den polnischen Aufstand von 1846 die unterschiedliche politische Prägung deutlich wurde, wurde dieses Ereignis als Ursache für einen tiefen Bruch innerhalb des europäischen Katholizismus wahrgenommen. Görres selbst sprach davon, dass „eine nicht leicht wieder zu füllende Kluft aufgerissen" sei.[134] Die Außenwahrnehmung war ähnlich: der preußische Bundestagsgesandte, August Heinrich Hermann Graf von Dönhoff, vermerkte in einem Schreiben an Friedrich Wilhelm IV., dass die „katholische Partei" in Europa eine „Spaltung in ihrem eigenen Innern rücksichtlich der polnischen Revolution" erfahren habe.[135] Auf dieselbe Weise äußerte sich, z.T. mit offener Schadenfreude, auch die nichtkatholische Presse in

---

„Vom Rhein", in: Nathanel 2 (1846), Nr. 7, S. 449ff.; „Italien. Rom", in: SZ 6 (1846), Nr. 101 v. 19.5., S. 428.

[132] Vgl. Montalembert in [JOSEPH GÖRRES:] „Der Brief des Grafen von Montalembert an die Redaction", in: HPBKD 18 (1846), S. 548-576, hier S. 557f.; die Passage aus dem *Tablet* in [DERS.:] „Die zweite Rede des Grafen von Montalembert", in: HPBKD 19 (1847), S. 225-255, hier S. 227.

[133] Zum Vorwurf von deutscher Seite vgl. [CARL ERNST JARCKE:] „Katholische Betrachtungen über die Rede des Grafen von Montalembert vom 2. Juli (Nachtrag zu den Zeitläuften)", in: HPBKD 18 (1846), S. 184-189, hier S. 188; Ebenso [JOSEPH GÖRRES:] „Die zweite Rede des Grafen von Montalembert", in: HPBKD 19 (1847), S. 225-255, hier S. 228. Der französische Vorwurf in „M. de Montalembert et les feuilles historiques et politiques de Munich", in: Le Correspondant 17 (1847), S. 630-637, hier S. 636 und wiedergegeben in [JOSEPH GÖRRES:] „Der Brief des Grafen von Montalembert an die Redaction", in: HPBKD 18 (1846), S. 548-576, hier S. 549.

[134] [JOSEPH GÖRRES:] „Die zweite Rede des Grafen von Montalembert", in: HPBKD 19 (1847), S. 225-255, hier S. 229.

[135] Das Schreiben v. 20.3.1847 in: Gesandtschaftsberichte aus München, Abt. III, Bd. 4, S. 251.

Deutschland. In der enzyklopädisch angelegten *Gegenwart* des Brockhaus-Verlages war noch drei Jahre später zu lesen, dass die deutschen Ultramontanen sich 1846 von ihren französischen Freunden losgesagt hätten und gegen sie zu Felde gezogen seien.[136]

Doch schon hellsichtige Zeitgenossen erkannten die tieferliegenden nationalen Prägungen der deutschen und der französischen Ultramontanen, die sie zur polnischen Insurrektion wie auch prinzipiell zu Aufstandsbewegungen eine unterschiedliche Haltung einnehmen ließen. Es spielten hierbei nicht nur das Verhältnis zu Österreich oder nationale Rücksichten eine Rolle. Bedeutender war noch die auf unterschiedliche historischen Erfahrungen beruhende Haltung zum monarchischen Staat und die sich an ihn knüpfenden Hoffnungen in bezug auf die Interessen der Kirche, die für beide Seiten immer das primäre Moment ihrer politischen Orientierung waren.

Was die französische Seite anging, so wies bereits ein Artikel, der 1846 in der *Allgemeinen Oder-Zeitung* und im rheinischen *Nathanael* erschien, darauf hin, dass die Revolutionen von 1789 und 1830 den französischen Ultramontanismus nachhaltig davon überzeugt hatten, dass zur Durchsetzung der kirchlichen Interessen ein Bündnis mit dem Volk und nicht mit der Monarchie notwendig sei. Daraus resultierte eine aufgeschlossene Haltung gegenüber den emanzipatorischen Volksbewegungen, insbesondere, wenn sie von Katholiken getragen wurden wie die polnische.[137] Tatsächlich verblieb der französische Katholizismus ultramontaner Ausprägung diesbezüglich in der Tradition Lamennais', die insbesondere von Montalembert weitergeführt wurde. Obwohl deutsche Katholiken die Ursache für die Ausrichtung der französischen Ultramontanen auf das Volk als Souverän des Staates in der spezifischen Geschichte Frankreichs erkannten, waren sie selbst doch von der Fehlerhaftigkeit dieser Orientierung überzeugt. Derselbe Artikel, der auf die historischen Gründe aufmerksam gemacht hatte, mahnte die Franzosen zu der Einsicht, dass lediglich Treue und Unterwerfung unter die Obrigkeit der wahren christlichen Tugend entsprächen, jede Erhebung gegen sie aber ein unchristliches Laster sei.

Auch die politisch konservative Haltung der deutschen Katholiken war historisch und durch die Herrschaftsverhältnisse in den deutschen Staaten

---

[136] Vgl. „Jospeh Görres", in: Die Gegenwart. Eine encyklopädische Darstellung der neuesten Zeitgeschichte für alle Stände, Bd. 2, Leipzig 1849, S. 487-512, hier S. 508f. Vgl. daneben die Hinweise in [JOSEPH GÖRRES:] „Zeitgeschichtliche Glossen", in: HPBKD 19 (1847), S. 377-384, hier S. 377 und GÖRRES, Gesammelte Schriften, hg. v. WILHELM SCHELLBERG, Bd. 16/2, S. 288.

[137] Vgl. „Der polnische Aufstand und die französischen Katholiken", in: AOZ 1 (1846), Nr. 16 v. 22.4.; „Vom Rhein", in: Nathanel 2 (1846), Nr. 7, S. 449ff.

begründet. Vor dem Hintergrund der konfessionellen Spaltung der Deutschen schien ihnen eine Garantie und Stärkung der katholischen Interessen nur im Bündnis mit einer starken katholischen Regierung wie der Österreichs möglich zu sein. Hinzu kam die Negativerfahrung mit der in weiten Teilen entweder protestantisch getragenen oder kirchlich distanzierten bzw. indifferenten liberalen Bewegung in Deutschland, in der die deutschen Ultramontanen ihren Hauptgegner sahen. Insbesondere aus der engen Bindung an Österreich, deren Bild als katholische Schutzmacht nahezu unumstößlich blieb, resultierte eine langfristige Fixierung auf den monarchischen Staat als einzigem Bündnispartner, von dem etwas für die kirchlichen Interessen zu erhoffen sei. Daher bedeutete für den deutschen Katholizismus seine Forderung nach ,Freiheit' der Kirche vom Staat nicht wie für ihre französischen Bundesgenossen Trennung, sondern lediglich innere Unabhängigkeit der Kirche bei gleichzeitiger Förderung durch den Staat.

Montalembert erkannte diese Tendenz des deutschen Ultramontanismus insbesondere an ihrer Haltung zur polnischen Insurrektion, an der sie tatsächlich offenbar geworden war. Seine Enttäuschung darüber und seine sich daran anknüpfende Sorge um die zukünftige Richtung des deutschen Katholizismus äußerte er gegenüber Alexis-Francois Rio, seinem Verbindungsmann in München:

„Was mich bestürzt, ist, dass auch hellsichtige Leute wie Görres, Döllinger und Phillips nicht die dringende Notwendigkeit dieser Trennung [von den monarchischen Regierungen] verstehen; dass alles, was auf der Welt passiert […] ihnen nicht beweist, dass der Katholizismus heute nichts von den Fürsten zu erwarten hat und sich mit aller Kraft von ihnen lösen muß."[138]

„Man versteht wirklich nicht den Wahn, der die Köpfe der Münchener Katholiken verdreht hat und sie gerade in einem Moment an den Wagen des Despotismus kettet, in dem die Kirche sich vollständig von diesen unheilvollen Allianzen emanzipiert, sie selbst den Weg der Reformen beschreitet und diese abscheuliche Politik, deren Früchte die Teilung Polens und der Spielberg [österr. Staatsgefängnis] waren, unter dem Gewicht der Missbilligung der Menschen von Herz und der guten Katholiken von ganz Europa zusammenbricht. Welche Scham für den alten Görres, diesen Vorkämpfer der Freiheit und des Glaubens, der sich und seine Schule so ins Schlepptau des Herren von Metternich und der Augsburger Allgemeinen Zeitung begibt. Und welch ein Fehler! Die Konsequenzen, die aus diesem furchtbaren Abfall für den Katholizismus in Deutschland folgen werden, sind wahrlich unkalkulierbar."[139]

---

[138] Brief vom 25.10.1846 abgedruckt in BOWE, S. 192; Übersetzung von mir.

[139] Brief vom 31.1.1847 abgedruckt in BOWE, S. 192f.; Übersetzung von mir.

Die Äußerungen Montalemberts zeigen, dass die Haltung zur polnischen Insurrektion von 1846 als eine politische Richtungsentscheidung für den deutschen Katholizismus wahrgenommen werden konnte. Während sich die französischen und auch die englischen Katholiken solidarisch mit den Polen erklärten und damit ihre Überzeugung zum Ausdruck brachten, dass die langfristigen Interessen der katholischen Kirche nur in einem Bündnis mit den Völkern zu verwirklichen waren, schlug sich der deutsche Katholizismus auf die Seite Österreichs und blieb bei seiner Fixierung auf den monarchischen Staat. Dies bestätigt die Diagnose von Christopher Clark, dass trotz ultramontaner Homogenisierungseffekte Europa ein Kontinent nationaler Katholizismen blieb und es innerhalb der ‚Schwarzen Internationale' durchaus unterschiedliche Ausprägungen des Ultramontanismus gab.[140]

5.6 Auswirkungen der Insurrektion auf den Polendiskurs des deutschen Katholizismus

Der polnische Aufstandsversuch von 1846 wirkte sich nachhaltig auf die Haltung des deutschen Katholizismus gegenüber Polen aus. Der katholische Polendiskurs, d.h. der diskursive Rahmen, in dem über Polen gesprochen werden konnte, erfuhr durch die Ereignisse dieses Jahres in mehrfacher Hinsicht eine entscheidende Prägung.

Zunächst verfestigte sich das Stereotyp der revolutionären Polen. Obwohl einzelne Stimmen, wie die von Joseph Görres, davor warnten, nachteilige Folgerungen für den Charakter der Polen im allgemeinen zu ziehen,[141] etablierte sich doch immer mehr eine Gleichsetzung Polens mit der Revolution. Gleichzeitig galt den deutschen, anders als den französischen Katholiken, die Revolution weiterhin als unvereinbar mit den Lehren der katholischen Kirche. Katholizität und revolutionäres Prinzip schlossen sich aus ihrer Sicht nicht nur aus, sondern befanden sich sogar in einem existentiellen Schicksalskampf miteinander, an dessen Ende die Kirche notwendig siegen musste. Die Polen befanden sich demnach mit dem Versuch einer Wiederherstellung ihrer nationalen Selbständigkeit mit gewaltsamen Mitteln auf dem falschen Weg, der nicht zum Erfolg führen konnte. Die deutschen Katholiken sahen hierbei antireligiöse Kräfte am Werk, „jene[n] Geist der Unruhe, der falschen Aufklärung und Freiheit

---

[140] Vgl. CLARK, The New Catholicism, S. 35.

[141] Vgl. [JOSEPH GÖRRES:] „Die zweite Rede des Grafen von Montalembert", in: HPBKD 19 (1847), S. 225-255, hier S. 243.

einer von Gott getrennten Humanität, die den Gehorsam verlernt" habe.[142] Diese Kräfte hätten bereits den Niedergang Polens bewirkt und in die Teilungen geführt. Das Scheitern des jüngsten Aufstandes machte aus dieser Sicht nur wieder deutlich, dass insbesondere Polen, wie im übrigen das ganze von der Revolution infizierte Europa, einer religiösen Erneuerung bedurfte. Die religiöse Wiedergeburt stellte die unerlässliche Grundlage für jede politische Hoffnung dar.

Die deutschen Katholiken setzten zur Abwehr der Revolution europaweit auf eine Revitalisierung des kirchlichen Einflusses. Gerade im polnischen Fall hielt man angesichts des jüngsten Aufstandsversuches eine Stärkung des religiösen Bewusstseins für erforderlich. Man appellierte daher an die Regierungen der Teilungsmächte, mehr Gewicht auf die religiöse Erziehung zu legen, welche, wie die *Allgemeine Oder-Zeitung* schrieb, die beste „Bürgschaft leiste für die Aufrechterhaltung der rechtlichen Ordnung der Dinge" und die Jugend „am sichersten vor Unsittlichkeit und bodenlosem Freiheitsschwindel bewahrt."[143] Die polnische Insurrektion wurde so zum Anlass genommen, die Regierungen für ein Bündnis mit der Kirche zu gewinnen, deren Arbeit möglichst gefördert werden sollte. Im Falle Polens forderte man diesbezüglich von der preußischen Regierung die Erweiterung des Posener Priesterseminars sowie eine großzügigere Ausstattung mit Religionslehrern.[144] Polen kam im katholischen Diskurs so die Rolle eines bevorzugten Objekts religiöser Remissionierung zu.

Ein neuer Aspekt, der in Reaktion auf den polnischen Aufstand aufkam, war dabei die Diskussion darüber, inwieweit die für nötig gehaltene religiöse Bildung der Polen eine *deutsche* Mission darstellte und sich mit einer kulturellen und nationalen Missionierung verbinden sollte. Eine derartige Koppelung wurde offenbar mehrheitlich abgelehnt, weil man befürchtete, dass denationalisierende Tendenzen die Empfänglichkeit der polnischen Bevölkerung für die religiöse Bildungsarbeit einschränken würden.[145] Doch wurden im Zusammenhang mit der Insurrektion von 1846 auch Stimmen laut, die zur Reduzierung des revolutionären Potenzials eine nationale Assimilierung der Polen mithilfe des „germanische[n] Element[s] der Bildung" in den deutschen Teilungsgebieten vorschlugen.[146] Die Etablie-

---

[142] „Vom Rheine, Anfang März", in: RKB 3 (1846), Sp. 171f. hier Sp. 171.

[143] „Posen, 15. Juni", in: AOZ 1 (1846), Nr. 67 v. 25.6.

[144] Vgl. „Posen, 31. März", in: AOZ 1 (1846), Nr. 2 v. 3.4.; „Von der polnischen Grenze, 1. April", in: AOZ 1 (1846), Nr. 4 v. 5.4.; „Posen, 15. Juni", in: AOZ 1 (1846), Nr. 67 v. 25.6. Vgl. zum Verhältnis zu Preußen Kap. 6.

[145] Vgl. hierzu Kap. 6.2.

[146] „Preußen", in: SZ 7 (1847), Nr. 192 v. 16.7., S. 814.

rung nationaler Deutungskriterien im Gefolge der Insurrektion von 1846 hing, wie gesehen, eng mit der Identifizierung mit Österreich als dem Hauptobjekt der polnischen Erhebung zusammen. Elemente des liberalen deutschen Polendiskurses, der zunehmend von einer kulturellen Überlegenheit der Deutschen ausging, fanden gerade in diesem Zusammenhang auch im Polendiskurs des deutschen Katholizismus Eingang.[147]

Schließlich führte der Aufstand von 1846, der die weiterhin bestehende Attraktivität des revolutionären Prinzips für den polnischen Wunsch nach politischer Selbständigkeit dokumentierte, zu einer verstärkten Unsicherheit im deutschen Katholizismus über den ,Beruf' Polens in Europa und seine politische Zukunft. Während auf der einen Seite die Rolle des katholischen Polens als Bollwerk gen Osten weiterhin hochgehalten und eine Wiederherstellung eines polnischen Staates zu diesem Zweck befürwortet wurde,[148] mehrten sich auf der anderen Seite die Stimmen, die Polen eine Erfüllung dieser Rolle absprachen und die Aufgabe der europäischen Vormauer nach Osten zukünftig auf Deutschland übergehen sahen, während das Ziel eines polnischen Staates nur noch „eine geschichtswidrige Abstraction" von Emigranten sei.[149] Die Frage nach der politischen Unabhängigkeit Polens wurde unter dem Eindruck des Aufstandes gegen die österreichische Teilungsmacht im deutschen Katholizismus nicht mehr allein als eine Frage von Recht und Moral, sondern zunehmend auch unter dem Aspekt der nationalen Interessen der Deutschen diskutiert.

---

[147] Vgl. mit durchweg germanisierendem Grundton „Preußen. Berlin, 23. März", in: SZ 6 (1846), Nr. 63 v. 3.4., S. 273; „Von der Weichsel, 17. Mai", in: AOZ 1 (1846), Nr. 41 v. 23.5.; [CARL ERNST JARCKE:] „Zeitläufte", in: HPBKD 18 (1846), S. 744-756; „Polnische Zustände", in: ARKF NF 7 (=20) (1847), Nr. 14 v. 16.2., S. 73-80.

[148] Vgl. z.B. „Der polnische Aufstand und die deutsche Journalistik", in: NSion 2 (1846), Nr. 39 v. 31.3., S. 203; SKB 12 (1846), Nr. 16 v. 18.4., S. 189.

[149] So [CARL ERNST JARCKE:] „Zeitläufte", in: HPBKD 18 (1846), S. 744-756, hier S. 750; ähnlich „Was können die Polen und die Deutschen aus der letzten polnischen Agitation lernen?", in: AOZ 1 (1846), Nr. 48 v. 31.5.; „Bayern", in: SZ 7 (1847), Nr. 35 v. 4.2., S. 153.

6. EINE (UN-)HEILIGE ALLIANZ? – DER DEUTSCHE KATHOLIZISMUS UND DIE POLNISCHE MINDERHEIT IN PREUSSEN

Der Aufstand des Jahres 1846 hatte den deutschen Katholizismus zu einer eindeutig ablehnenden Stellungnahme veranlasst. Er hatte das Negativstereotyp der Polen als Revolutionäre verstärkt, während das positive und potentiell solidaritätsstiftende Stereotyp der Polen als verfolgte Katholiken im Fall Österreichs nicht zum Tragen kam. Die Nähe zu Österreich, das als das eigentliche Angriffsobjekt des polnischen Aufstandes wahrgenommen wurde, war die Hauptursache für die Vehemenz der Ablehnung.

Aber auch für das preußische Teilungsgebiet, wo der polnische Aufstand bereits im Keim erstickt worden war, wurde die Erhebung als illegitim verurteilt und auf eine im Vergleich mit Russland relativ gute Behandlung der Polen verwiesen.[1] Schon während der sich anschließenden sogenannten Polenprozesse allerdings, die in Berlin gegen über 250 der Verschwörung Angeklagte geführt wurden, empfahl die katholische Presse unter Hinweis auf das schwere nationale Schicksal der Polen eine möglichst milde und nachsichtige Behandlung der Angeklagten und begrüßte Berichte über eine ebensolche mit Wohlwollen.[2] Angesichts der versöhnlichen Haltung, die mit dem allgemeinen Echo der öffentlichen Meinung auf die Polenprozesse

---

[1] Der *Katholik* hob z.B. Anfang 1847 hervor, dass es im Vergleich mit dem Königreich im preußischen Teilungsgebiet zumindest „die Garantie der Menschlichkeit und die Handhabung des Gesetzes" gebe. Die Provinz Posen genieße freie geistige und leibliche Verhältnisse, die von den Polen im Königreich nur beneidet werden könnten. „Aus dem Großherzogthum Posen, 20. December", in: Katholik 27 (1847), Nr. 1 v. 1.1., S. 4.

[2] Vgl. „Berlin, 30. März", in: AOZ 1 (1846), Nr. 1 v. 2.4.; „Posen, Ende März", in: SZ 6 (1846), Nr. 75 v. 18.4., S. 320; „Preußen. Berlin, 13. April", in: SZ 6 (1846), Nr. 81 v. 25.4., S. 345; „Preußen. Berlin, 17. Januar", in: SZ 7 (1847), Nr. 26 v. 26.1., S. 110; „Preußen", in: SZ 7 (1847), Nr. 192 v. 16.7., S. 814; „Lage der katholischen Kirche in Rußland", in: SZ 8 (1848), Nr. 47 v. 27.2., S. 187f.; „Weltlage. Von dem Einsiedler am Olmenstein", in: SZ 8 (1848), Nr. 6 v. 9.1., S. 21f. Selbst Papst Pius IX., der den Aufstand selbst verurteilte, setzte sich beim preußischen König für eine milde Behandlung der Aufständischen ein, vgl. MANFRED LAUBERT: Papst Pius IX. und die Polen 1847, in: Deutsche Rundschau (1923), S. 121-124.

weitgehend konform ging,[3] stellt sich die Frage nach dem Verhältnis des deutschen Katholizismus zu der polnischen Minderheit in Preußen. Wie bei der Beurteilung des Aufstandes von 1846 das Verhältnis zu Österreich, so spielte auch hier das spezifische Verhältnis zu der Teilungsmacht Preußen eine große Rolle. Galt Österreich als katholische Schutzmacht, so nahm Preußen dieselbe Rolle für den Protestantismus ein. Die Wahrnehmung deutscher Katholiken, dass sie in Preußen aufgrund ihrer Konfession benachteiligt seien, war ein wichtiger, potentiell solidaritätsstiftender Faktor im Verhältnis zu den Polen in Preußen. Ein entscheidendes Ereignis für die katholische Bewusstseinsbildung stellte der sogenannte ‚Mischehenkonflikt' in Preußen zwischen 1837 und 1840 dar. Da dieser Konflikt parallel im Rheinland und in Posen zwischen Staat und Kirche unter großer öffentlicher Beteiligung der Bevölkerung ausgetragen wurde, stellt sich die Frage nach dem Grad der Identifizierung und Solidarisierung der deutschen mit den polnischen Katholiken. Darüber hinaus soll es im folgenden um das Verhältnis der deutschen Katholiken, die sich selbst oft genug in einer Minderheitenposition sahen, zu den Minderheitenrechten der Polen in Preußen gehen.

6.1 Solidarpakt deutscher und polnischer Katholiken? – Der ‚Mischehenstreit' in Köln und Posen

Als Initialzündung für die Bildung eines konfessionsbewussten Katholizismus in Deutschland gilt in der Regel der sogenannte ‚Mischehenstreit' zwischen der preußischen Regierung und dem Kölner Erzbischof Clemens August v. Droste-Vischering, der 1837 in der Suspendierung und Inhaftierung des rheinischen Kirchenfürsten kulminierte. Dabei führte weniger die strittige Frage nach der Einsegnung konfessionsverschiedener Ehen und der Erziehung der daraus hervorgehenden Kinder, die in allen gemischtkonfessionellen deutschen Staaten umstritten war, dazu, dass sich eine Bewegung von Katholiken in vorher nicht gekanntem Maße zu formieren und öffentlich zu artikulieren begann.[4] Es war vielmehr die Tatsache, dass der preu-

---

[3] Zu der allgemeinen positiven Reaktion auf den Auftritt der Polen während der Prozesse, die wegen der Öffentlichkeit ihrer Verhandlung den Polen eine öffentliche Bühne für die Vertretung ihrer Sache bot, vgl. KIENIEWICZ, Społeczeństwo, S. 114-121.

[4] Anders als sein Vorgänger Ferdinand August v. Spiegel folgte der 1836 zum Erzbischof ernannte Droste-Vischering konsequent dem päpstlichen Breve von 1830, das nur eine passive Assistenz des katholischen Geistlichen bei einer konfessionsverschiedenen Eheschließung vorsah, wenn eine katholische Erziehung der Kinder nicht garantiert wurde. Zu der Auseinandersetzung zwischen Staat und Kirche in der ‚Mischehenfrage' vgl. HEINRICH SCHRÖRS: Die Kölner Wirren. Studien zu ihrer Geschichte, Berlin u. Bonn 1927; Staat und Kirche im 19. und 20. Jahrhundert. Dokumente zur Geschichte des Staatskirchenrechts,

ßische König in absolutistischer Omnipotenz einen ranghohen Kirchenvertreter, der sich weigerte, den staatlichen Vorgaben zu folgen, seines Amtes
enthob und ihn ohne Gerichtsverhandlung in Haft setzen ließ, die neben
rheinischem Partikularismus und allgemeinem Unrechtsempfinden auch ein
katholisches Selbstbewusstsein in ganz Deutschland und darüber hinaus
mobilisierte. Die im Januar 1838 in erster Auflage erschienene Streitschrift
„Athanasius" von Joseph Görres war nur eine von mehreren hundert Flug-
schriften und Protestbroschüren, machte jedoch von diesen den nachhaltig-
sten Eindruck auf die Zeitgenossen und wird mitunter noch heute als
„Gründungsurkunde" des politischen Katholizismus in Deutschland gehandelt.[5] Auch wenn bereits in den Jahren vor 1837 ein konfessionsbewuss-
ter Katholizismus existierte und der Ultramontanismus im innerkatholischen
Richtungsstreit eine starke Position einnahm, so markiert das ‚Kölner
Ereignis' doch den Ausgangspunkt für eine wesentliche Intensivierung und
Verbreitung katholischen Bewusstsein und für eine forcierte Ultramontanisierung des deutschen Katholizismus. Während die Skepsis und Distanz
gegenüber dem Staat stieg, verstärkte sich die Orientierung und Identifizierung mit der katholischen Kirche. Der ‚Mischehenstreit' wirkte auf viele
Katholiken als ein entscheidender Impuls: Er führte Carl Ernst Jarcke dazu,
das überkonfessionell-konservative Projekt des Berliner *Politischen Wo-
chenblattes* zu beenden und die *Historisch-politischen Blätter für das katholische Deutschland* mitzubegründen; er veranlasste den späteren Mainzer
Bischof Wilhelm Emmanuel von Ketteler dazu, aus dem preußischen
Staatsdienst aus- und in die kirchliche Laufbahn einzutreten; er ließ August

---

hg. v. ERNST RUDOLF HUBER u. WOLFGANG HUBER, Bd. 1, Berlin 1973, S. 309-341;
ERNST RUDOLF HUBER: Deutsche Verfassungsgeschichte seit 1789, Bd. 2, Stuttgart 1960,
S. 185-265; SCHNABEL, Deutsche Geschichte, Bd. 4, S. 106-163; RUDOLF LILL: Die
Länder des Deutschen Bundes und die Schweiz 1830-1848, in: Handbuch der Kirchen-
geschichte, hg. v. HUBERT JEDIN, Bd. VI/1, Freiburg, Basel u. Wien 1971, S. 392-408,
hier S. 395-399; DERS.: Die Beilegung der Kölner Wirren 1840-1842, Düsseldorf 1962. Zur
Praxis konfessionsverschiedener Ehen selbst vgl. TILLMANN BENDIKOWSKI: „Eine Fackel
der Zwietracht". Katholisch-protestantische Mischehen im 19. und 20. Jahrhundert, in:
Konfessionen im Konflikt. Deutschland zwischen 1800 und 1970: ein zweites konfessionelles Zeitalter, hg. v. OLAF BLASCHKE, Göttingen 2002, S. 215-242.

[5] NIPPERDEY, S. 419. Auch HEINZ HÜRTEN: Görres und die Kölner Wirren, in:
Görres-Studien. Festschrift zum 150. Todesjahr von Joseph von Görres, hg. v. HARALD
DICKERHOF, Paderborn u. a. 1999, S. 47-53, hier S. 47 erklärt den *Athanasius* nicht nur zu
einer Schrift, die Görres' „Qualität einer Großmacht des Politischen" bestätigt, sondern
auch dem entstehenden politischen Katholizismus „sein Programm" gegeben habe. Die
neueste Einordnung des *Athanasius*: MARCUS BAUER: Der *Athanasius* von Joseph Görres.
Ein politisch-kirchliches Dokument im Spannungsfeld zwischen Politik und Theologie,
Liberalismus und Konservativismus, Geistesfreiheit und Dogmenstrenge, Frankfurt/M. u.
a. 2002.

Reichensperger von einem kirchenfernen Juristen zu einem Hauptakteur der katholischen Bewegung werden.[6]

Parallel, wenn auch etwas verzögert, zu der Auseinandersetzung im Rheinland, die für soviel Aufsehen und Mobilisierung sorgte, fand der gleiche Konflikt zwischen Staat und Kirche über die Einsegnung konfessionsverschiedener Ehen auch im Osten Preußens statt und nahm hier einen nahezu identischen Verlauf. Auch hier wurde der renitente Erzbischof von Gnesen-Posen, Marcin von Dunin, seines Amtes enthoben und inhaftiert, im Unterschied zum Vorgehen im Rheinland und aufgrund der dort gemachten Erfahrungen jedoch nach einem gerichtlichen Verfahren. Die Empörung in der östlichen Diözese war deshalb aber kaum geringer. Für die polnischen Katholiken im Großherzogtum Posen war die Verhaftung ihres Erzbischofs ebenfalls ein Zeichen übersteigerter staatlicher Willkür und ein Anlass zu öffentlichem Protest.[7]

Die Parallelität der Ereignisse im Westen und Osten der preußischen Monarchie und ihre Relevanz im Erleben der deutschen und polnischen Katholiken drängt die Frage nach dem gemeinschaftsstiftenden Potential dieser analogen Erfahrung geradezu auf. War das erwachende konfessionelle Bewusstsein der deutschen Katholiken so stark, dass es sich über die nationale Differenz hinwegsetzte und die polnischen Katholiken mit einbezog? Wurden die polnischen Katholiken mit zur *in-group* gezählt, die sich angesichts äußerer Anfeindungen zur Wehr setzte und damit an Festigkeit gewann? Und wenn dies der Fall sein sollte, wie weit trug dann die konfessionell begründete Vergemeinschaftung und wo hörte sie auf?

Das Interesse der deutschen Katholiken an der Auseinandersetzung zwischen Staat und Kirche im Osten Preußens fiel im Vergleich zu der

---

[6]   Vgl. KRAUS, Carl Ernst Jarcke, S. 413f.; FRITZ VIGENER: Ketteler. Ein deutsches Bischofsleben des 19. Jahrhunderts, München u. Berlin 1924, S. 16ff.; PASTOR, Bd. 1, S. 75ff. Zum allgemeinen Echo in der Rheinprovinz und in Westfalen, vgl. FRIEDRICH KEINEMANN: Das Kölner Ereignis. Sein Widerhall in der Rheinprovinz und Westfalen, 2 Bde., Münster 1974.

[7]   Zum Verlauf der Auseinandersetzung vgl. Staat und Kirche im 19. und 20. Jahrhundert, Bd. 1, S. 406-437; HUBER, Deutsche Verfassungsgeschichte, Bd. 2, S. 245-250, 257. Im Vergleich mit dem Kölner Konflikt gilt für die Behandlung des Posener ,Mischehenstreits' in der deutschen Forschung immer noch Manfred Lauberts Urteil von 1940, dass der Gegenstand eine *„terra incognita"* darstellt (MANFRED LAUBERT: Der polnische Adel und Erzbischof von Dunin, in: Forschungen zur Brandenburgischen und Preußischen Geschichte 52 [1940], S. 280-320, hier S. 280). Vgl. dagegen die reichhaltigere polnischsprachige Forschung: MIECZYSŁAW ŻYWCZYŃSKI: Der Posener Kirchenstreit in den Jahren 1837-40 und die „Kölner Wirren". Ein Beitrag zu ihrer Geschichte und zur Geschichte der Politik Metternichs, in: Acta Poloniae Historica 2 (1959), S. 17-41; FRANCISZEK PAPROCKI: Wielkie Księstwo Poznańskie w okresie rządów Flottwella (1830-1841), Poznań 1994, S. 182-206.

Reaktion auf die Ereignisse im Westen eher gering aus.[8] Es erschienen zwar auch über die Posener Angelegenheit einige katholische Broschüren, u.a. von Wilhelm von Schütz und Carl Rintel, dem späteren Redakteur der *Allgemeinen Oder-Zeitung*, der wegen seines Engagements in der ‚Mischehenfrage' aus dem preußischen Staatsdienst suspendiert und zu einer einjährigen Festungshaft verurteilt wurde.[9] Die Zahl dieser Schriften steht jedoch in keinem Verhältnis zu der Flut von Publikationen, die sich zum ‚Kölner Ereignis' ergoss. Joseph Görres, der wohl einflussreichste und mobilisierendste katholische Publizist in dieser Zeit, fand erst 1842 in einer Rückschau auf den ‚Mischehenkonflikt' nur wenige Worte auch zu den Ereignissen in Posen. Er schien sich aber dieses Mangels zumindest bewusst gewesen zu sein, denn er mahnte selbstkritisch, dass man „des in kirchlicher Bundesgenossenschaft verbündeten Stammes an der Warte nicht vergessen" dürfe.[10]

Welches waren die Ursachen für das verhaltene Interesse der deutschen Katholiken an den Auseinandersetzungen in Posen, wo die Bevölkerung und der Klerus wie im Rheinland in Opposition zur preußischen Regierung standen und somit doch ideale Partner in der Auseinandersetzung mit dem preußischen Staat abgaben? Franz Schnabel hat dies u.a. damit erklärt, dass der „Schwerpunkt des deutschen Lebens" zu dieser Zeit immer noch „in Mitteldeutschland und am Rheine" gelegen habe.[11] Tatsächlich muss man konstatieren, dass der Gesichtskreis des deutschen Katholizismus auf seinen

---

[8] Vgl. LILL, Die Beilegung der Kölner Wirren, S. 91, der im entsprechenden Abschnitt des Handbuchs der Kirchengeschichte jedoch von „eifriger Unterstützung" für Dunin im ganzen katholischen Deutschland spricht (LILL, Die Länder des Deutschen Bundes und die Schweiz 1830-1848, S. 399). Ähnlich schon Karl Bachem über eine rege Anteilnahme im Westen, die jedoch immer weit hinter der Beschäftigung mit den Ereignissen im Rheinland geblieben sei (BACHEM, Vorgeschichte, Geschichte und Politik der deutschen Zentrumspartei, Bd. 1, S. 179).

[9] Vgl. SCHÜTZ, Rechtsgutachten; [NICOLAUS CARL GUSTAV RINTEL:] Vertheidigung des Erzbischofes von Gnesen und Posen, Martin v. Dunin, Würzburg 1839. Rintel war zur Zeit der Abfassung zwar noch Protestant (vom Judentum konvertiert), trat aber noch im selben Jahr zum Katholizismus über und wurde zu einem der prominentesten Vertreter der katholischen Bewegung in Schlesien. Vgl. ROSENTHAL, Bd. 1, Abt. 2.2, S. 178-181; JOHANN FRIEDRICH VON SCHULTE: Carl Gustav Nicolaus Rintel, in: ADB, Bd. 28 (1889), S. 646f.; MÜLLER, Die Breslauer politische Presse, S. 79. BRÜHL, S. 803. Positive Besprechung von Rintels Schrift in: ARKF 12 (1839), H. 74 v. 13.9., Sp. 1176-1182.

[10] JOSEPH GÖRRES: Kirche und Staat nach Ablauf der Cölner Irrung, Weissenburg/S. 1842, S. 23. Der Posener Konflikt war allerdings selbst bei der Abfassung des Epilogs zur 4. Aufl. des *Athanasius'* (Ostern 1838) noch nicht richtig ausgebrochen und konnte so in dieser wichtigen Schrift noch keine Berücksichtigung finden. Vgl. JOSEPH GÖRRES: Vorreden und Epilog zum Athanasius. Auf vielfaches Verlangen für die Besitzer der ersten, zweiten und dritten Auflage besonders abgedruckt, Regensburg 1838, S. XLVII.

[11] SCHNABEL, Deutsche Geschichte, Bd. 4, S. 152.

historischen Erfahrungsraum des alten Deutschen Reiches und der angrenzenden romanischen Welt konzentriert war, die östlich davon gelegenen Gebiete jedoch kaum wahrgenommen wurden. Eine Korrespondenz aus der Diözese Kulm beklagte noch 1848, dass die östlichen Diözesen Preußens für das deutsche Publikum eine *terra incognita* seien und weniger bekannt als die Südsee oder Ostasien.[12] Die von Polen bewohnten Gebiete kamen im *mental mapping* der deutschen Katholiken somit kaum vor, sie bildeten in der Topographie des deutschen Katholizismus vielmehr nahezu weiße Flecken.

Die allgemein geringe Kenntnis über den polnischen Osten Preußens war jedoch nicht der alleinige Grund für die Zurückhaltung der deutschen Katholiken. Sie führte erst im Verbund mit dem, was man über diese Gegenden hörte, zu einer unsicheren und deshalb vorsichtigen Haltung. Es erscheint symptomatisch, dass Karl Bachem noch kurz nach dem Ersten Weltkrieg nebulös und ohne nähere Erläuterung die „allgemeinen Verhältnisse des Ostens" für die nur verhalten solidarische Haltung des deutschen Katholizismus während des ‚Mischehenkonfliktes' verantwortlich macht.[13] Denn gerade das ungenaue Bild der deutschen Katholiken über die Verhältnisse der polnischen Gebiete Preußens enthielt Elemente, die ihnen eine zu enge Solidarisierung mit den polnischen Glaubensbrüdern unangebracht und gefährlich erscheinen ließ.

Aufschluss über das Bild vom ‚Mischehenkonflikt' im Osten und seine Implikationen gibt eine Untersuchung der Berichterstattung und Kommentierung in der katholischen Presse. Während in der preußischen Kirchenblattpresse der Konflikt nicht besprochen werden durfte, war man in der nichtpreußischen katholischen Presse durch Korrespondenten durchaus gut informiert über die Geschehnisse in Posen.[14] In den wichtigeren katholischen Zeitschriften, wie den *Historisch-politischen Blättern*, dem *Katholik*, dem *Allgemeinen Religions- und Kirchenfreund* oder dem *Sion*, wurde der Verlauf der Ereignisse intensiv und detailliert nachgezeichnet. Die

---

[12] „Briefliche Mittheilungen aus der Diözese Culm", in: Sion 17 (1848), Nr. 28 v. 5.3., Sp. 286-271, hier S. 268.

[13] BACHEM, Vorgeschichte, Geschichte und Politik der deutschen Zentrumspartei, Bd. 1, S. 179.

[14] Für die katholische Publizistik in Preußen war eine Berichterstattung angesichts der Zensur schwierig. So berichtete das *Schlesische Kirchenblatt* erstmals von dem Konflikt, nachdem dieser schon offiziell beendet war; auch der Kölner Konflikt taucht hier vorher nicht auf. Allerdings war für die Position des schlesischen „Offiziosus der bischöflichen Kurie" (MÜLLER, Die Breslauer politische Presse, S. 80) wohl auch die staatsnahe Haltung des schlesischen Bischofs Leopold von Sedlnitzky von Bedeutung Vgl. dazu MANFRED LAUBERT: Schlesien und der Streit um die gemischten Ehen in der Provinz Posen, in: Zeitschrift des Vereins f. Geschichte u. Altertum Schlesiens 76 (1942), S. 107-124.

Korrespondenzberichte scheinen vorwiegend von Geistlichen aus der betreffenden Diözese zu stammen.[15] Allerdings wurden primär Dokumente abgedruckt, seltener jedoch Kommentare geliefert, so dass man von einer ausführlichen Dokumentation des Posener Konflikts mit nur geringer Bewertung und eigener Stellungnahme sprechen kann. Aufschlussreich ist dabei, *was* kommentiert und *was* gar nicht erst angesprochen wurde.

Selbstverständlich wurde das resistente Verhalten des Erzbischofs Dunin gegen die verschiedenen Angriffe und Vorhaltungen sowohl von Seiten der preußischen Regierung als auch von Seiten der liberalen Presse als kirchentreue Pflichterfüllung gerechtfertigt. Positiv hervorgehoben wurden die nach der Verhaftung und Wegführung des Erzbischofs geübte Kirchentrauer in den Diözesen Gnesen und Posen, die sich im Verzicht auf Glockenläuten und Orgelspiel ausdrückte, sowie die gesellschaftlich praktizierten Formen des passiven Protestes, wie das Schließen der Theater, das Aussetzen der adligen Ballsaison und das Anlegen von Trauerkleidung. Letzteres illustrierte ein Artikel im *Herold des Glaubens*:

> „Eine polnische Dame tanzt nicht, wenn das Vaterland trauert; dieß ist aber jetzt der Fall wegen des Erzbischofs von Dunin. Er wird nur ‚unser Märtyrer' genannt, und viele Damen tragen Trauer, d.h. ein schwarzes wollenes Kleid mit weißem Rande, so daß man jetzt verwundert ist, so viele Damen zu sehen, welche Preußens Farben tragen."[16]

---

[15] Die Korrespondenzberichte erschienen anonym, die Autorschaft von Geistlichen aus der Diözese erschließt sich jedoch häufig aus dem Text. Zumindest für einen Artikel in den *Historisch-politischen Blättern* ist die Verfasserschaft in WEBER/ALBRECHT, S. 15 nachgewiesen. Es handelte sich um den unmittelbar am Konflikt beteiligten Gnesener Kanonikus Franciszek Ksawery Sucharski. Sucharski war Mitte Juli 1839 Deputierter einer Delegation der Geistlichkeit der Diözese, die mehrfach, aber erfolglos um eine Audienz beim König nachsuchte, um ihm die negativen Folgen der Abwesenheit des Erzbischofs für die Diözese auseinander zu setzen. Die Delegation wandte sich später nochmals schriftlich an den König, der sein abweisendes Antwortschreiben direkt an Sucharski richtete. Vgl. „Briefliche Mitteilungen aus Posen" in: HPBKD 4 (1839), S. 305-313; „Briefliche Mittheilungen aus dem Großherzogthum Posen", in: HPBKD 5 (1840), S. 622-640. Sucharski erhielt zudem einen Verweis wegen einzelner, „in unanständigem Tone abgefasste[r] Einwürfe", die sich gegen ein Zirkular des Oberpräsidenten, die Kirchentrauer betreffend, gerichtet hatten. Vgl. „Posener Angelegenheit", in: Conversations-Lexicon der Gegenwart, Bd. 4/1, Leipzig 1840, S. 296-324, hier S. 320. Auch später kam er offensichtlich häufiger mit dem preußischen Staat in Konflikt: In einem Promemoria des Kultusministeriums vom Februar 1866 erscheint sein Name unter den in den vergangenen 3-4 Jahren wegen politischer Vergehen gerichtlich verurteilten katholischen Geistlichen. Wegen „Beleidigung eines Beamten im Dienst" wurde er zu 10 Reichstalern oder 5 Tagen verurteilt. Vgl. das Promemoria als Anlage bei BOGISLAV FREIHERR V. SELCHOW: Der Kampf um das Posener Erzbistum 1865. Graf Ledochowski und Oberpräsident v. Horn, Marburg 1923, S. 173-183.

[16] „Posen, den 18. Dec.", in: HdG 3 (1840), Nr. 1, Sp. 7f., hier Sp. 8.

Die katholische Zeitschrift hatte diesen ironischen Artikel, offensichtlich stark beeindruckt, aus der liberalen, in der ultramontanen Presse als „berüchtigt" geltenden *Leipziger Allgemeinen Zeitung* übernommen, offenbar ohne zu bemerken, dass hier das Verhalten der Polinnen nicht auf ihre Frömmigkeit, sondern ihre Vaterlandsliebe zurückgeführt wurde – ein Deutungsmuster, das im katholischen Diskurs bewusst vermieden wurde.[17] Der passive Protest der polnischen Bevölkerung wurde in der Regel vielmehr als spontaner Ausdruck ihres zutiefst katholischen Sinnes interpretiert.[18]

Die Polen erschienen in dieser Hinsicht sogar als ein positives Gegenbild zu dem Verhalten der rheinländischen Bevölkerung und Geistlichkeit. Immer wieder wurde die Geschlossenheit von Klerus und Laien in der Unterstützung des Posener Erzbischofs vor der Negativfolie der Kölner Fraktionierungen, die schon im Domkapitel begannen, hervorgehoben.[19] Nur ein einziges Mal wurde darauf hingewiesen, dass es auch in Posen durchaus Uneinigkeit über das Verhalten gegenüber der preußischen Regierung gab, als in einer Posener Korrespondenz der Gnesener Dompropst und spätere Erzbischof Leon Przyłuski sowie ein weiterer Domherr für ihre nachgiebige Haltung heftig kritisiert wurden.[20] Dies wurde aber weiter nicht beachtet. Man war offensichtlich weniger an detaillierten Berichten über die tatsächliche Sachlage in Posen interessiert, als an einem Bild, das die deutschen Katholiken vorbildhaft zur Einheit mahnen sollte. Informationen, welche diese Funktion nicht unterstützten, wurden dementsprechend ignoriert. Mit dem Ziel der Mahnung der deutschen Katholiken zur Einigkeit zeichnete Joseph Görres, der sich nie ausführlicher für die polnischen

---

[17] Zur ultramontanen Bewertung der *Leipziger Allgemeinen Zeitung* vgl. die „Notizen", in: ARKF 12 (1839), Bemerker Nr. 48 v. 12.11., Sp. 637.

[18] Vgl. „Posen", in: Katholik 19 (1839), Bd. 74, Beilage Nr. 11, S. LXXV-LXXVIII; „Aus der Erzdiöcese Posen, den 23. Febr.", in: HdG 3 (1840), Nr. 11, Sp. 170ff.; „Briefliche Mitteilungen von der Warthe", in: HPBKD 4 (1839), S. 765-768; [FRANCISZEK KSAWERY SUCHARSKI:] „Briefliche Mittheilung aus dem Großherzogthum Posen", in: HPBKD 5 (1840), S. 252-256.

[19] Vgl. „Posen", in: Katholik 19 (1839), Bd. 74, Beilage Nr. 11, S. LXXV-LXXVIII; hier S. LXXVI; „Die Rückkehr des Erzbischofs von Gnesen und Posen", in: HPBKD 6 (1840), S. 428-442, hier S. 441f.; „Aus der Erzdiöcese Posen, den 17. Febr.", in: HdG 3 (1840), Nr. 9, Sp. 137-140, hier Sp. 138; „Aus der Erzdiöcese Posen, den 23. Febr.", in: HdG 3 (1840), Nr. 11, Sp. 170ff.; „Preußen", in: SZ 1 (1841), Nr. 21 v. 4.9., S. 158; „Aus der Erzdiöcese Posen", in: NSion 1 (1845), Nr. 156 v. 30.12., S. 727f.

[20] Vgl. „Briefliche Mittheilungen aus dem Großherzogthum Posen", in: HPBKD 5 (1840), S. 378-384. Przyłuski hatte sich gegen die starre Haltung Dunins gewandt und sich um eine Verständigung mit der Regierung bemüht. Offensichtlich hatte er Dunin beim Posener Oberpräsidenten Flottwell regelrecht denunziert und sogar versucht, das Domkapitel zu einer Anzeige gegen Dunin in Rom zu bringen. Vgl. LAUBERT, Der polnische Adel, S. 284, 288-291.

Verhältnisse selbst interessiert hatte, das positive Gegenbild des polnischen Klerus, „nicht gespalten wie der Teutsche, sondern einträchtig bis zum letzten Haupt hinunter".[21] Erzbischof, Klerus, Adel und Volk hätten sich alle gleich wacker gehalten und eine „enggeschlossene Phalanx" gebildet, die letztlich zum Einlenken des Staates und zur Rückkehr des Posener Erzbischofs in seine Diözese geführt habe, während der Konflikt in Köln nach dem Regierungsantritt Friedrich Wilhelms IV. zwar ebenfalls gelöst worden war, Droste-Vischering als Kirchenoberhaupt jedoch nicht wieder zurückkehren durfte.[22]

Die Geschlossenheit der Polen im ‚Mischehenkonflikt', die in der katholischen Publizistik zum Zweck der Mahnung der deutschen Katholiken postuliert wurde, wurde hier in der Regel mit der Frömmigkeit der Polen begründet. Völlig außer Acht gelassen wurde dagegen die nationale Komponente, die der Konflikt im Großherzogtum Posen besaß und die mindestens genauso stark zu der Mobilisierung der Bevölkerung beigetragen hatte, denn dieser Aspekt hätte die mahnenden Funktion zur konfessionellen Einheit gestört.

Vor dem Hintergrund einer forcierten Germanisierungspolitik, wie sie nach dem Novemberaufstand seit dem Beginn der 1830er Jahre unter dem Oberpräsidenten der Provinz, Eduard von Flottwell, betrieben wurde, und die sich mit einer restriktiveren Politik gegenüber der katholischen Kirche verband, galt der standhaft gebliebene Erzbischof nicht nur als religiöser, sondern auch als nationaler Märtyrer. Obwohl Dunin selbst sich von der polnischen Unabhängigkeitsbewegung distanzierte und die Auseinandersetzung mit der preußischen Regierung als einen Konflikt um kirchliche Rechte betrachtete, gründete sich seine Unterstützung in der polnischen Gesellschaft vorrangig auf der Deutung des Konflikts als eines nationalen. Die Inhaftierung des Erzbischofs wurde nicht nur als ein Angriff auf die Kirche, sondern auch auf die polnische Nationalität angesehen. Aufgrund dessen bildete sich im Großherzogtum Posen als Reaktion auf die staatlichen Maßnahmen auch keine katholische Bewegung, wie das im Westen

---

[21] GÖRRES, Kirche und Staat, S. 23. Schon Zeitgenossen, die Görres freundschaftlich verbunden waren, kritisierten bereits wiederholt dessen völlige Unkenntnis und Ausblendung der mittel- und ostdeutschen Länder. Vgl. HANS-CHRISTOF KRAUS: Görres und Preußen. Zur Geschichte eines spannungsreichen Verhältnisses, in: Görres-Studien. Festschrift zum 150. Todesjahr von Joseph von Görres, hg. v. HARALD DICKERHOF, Paderborn u. a. 1999, S. 1-27, hier S. 26f.

[22] GÖRRES, Kirche und Staat, S. 24. Die vorbildliche kirchliche Einheit der Polen stellte Görres übrigens nicht nur der deutschen Uneinigkeit, sondern auch der polnischen Unfähigkeit zu politischer Einheit gegenüber. Zu den tatsächlichen Gründen für die friedliche Beendigung des Konflikts und die Rückkehr Dunins nach dem Regierungsantritt Friedrich Wilhelms IV. vgl. LILL, Die Beilegung der Kölner Wirren.

Preußens und in ganz Deutschland der Fall war, vielmehr verstärkte sich hier die national-polnische Opposition gegen die preußische Herrschaft durch die Verbindung von nationalem und konfessionellem Eigenbewusstsein.[23]

In der nichtkatholischen Publizistik wurde auf diese nationale Facette der Auseinandersetzung im Osten Preußens durchaus hingewiesen, häufig sogar besonders stark hervorgehoben und z.t. auch zur Desavouierung der deutschen Katholiken ins Feld geführt, die sich mit den Polen solidarisch erklärten.[24] Es ist unter anderem auf diese Vorwürfe zurückzuführen, dass die nationale Dimension des Konflikts in der katholischen Presse und Publizistik nach Möglichkeit ignoriert wurde, gleichzeitig aber die eigene Positionierung zu den Ereignissen in Posen recht zurückhaltend ausfiel. Kaum einmal wurde überhaupt erwähnt, dass sich der Posener Konflikt in einer Region abspielte, in der die katholische Bevölkerung überwiegend polnisch war. Nur selten und dann in der Regel in Reaktion auf entsprechende Berichte wurde zugegeben, dass politische und nationale Ursachen ebenfalls eine Rolle für die dortige Auseinandersetzung spielten. Meistens wurde dies dann aber als ein nur nebensächlicher Aspekt für die Unterstützung der Kirche durch die Bevölkerung heruntergespielt, eventuelle Instrumentalisierungen des Konflikts für politische Zwecke gleichwohl grundsätzlich kritisiert.[25]

Die Verantwortung für einen eventuell durch den kirchlichen Konflikt verschärften nationalen Gegensatz wiesen die *Historisch-politischen Blätter* der preußischen Regierung als ein Ergebnis ihrer verfehlten Kirchenpolitik zu. Die Zeitschrift warnte vor einer Radikalisierung des gespannten Verhältnisses zwischen polnischen Katholiken und deutschen Protestanten und daraus folgenden Ausschreitungen und Exzessen für den Fall, dass die

---

[23] Vgl. PAPROCKI, S. 183f.; ŻYWCZYŃSKI, Der Posener Kirchenstreit, S. 24, 40; ZDISŁAW GROT: Marcin von Dunin Sulgustowski (1774-1842), in: Die Bischöfe der deutschsprachigen Länder 1785/1803 bis 1945, hg. v. ERWIN GATZ, Berlin 1983, S. 149ff.

[24] Vgl. die Verweise bei FRANZ POHL: Martin von Dunin, Erzbischof von Gnesen und Posen. Eine biographische und kirchenhistorische Skizze, Marienburg 1843, S. 82. Der *Allgemeine Religions- und Kirchenfreund* druckte Dunins Erklärung von 1830 gegen die polnische Revolution erneut ab, um eine politische Motivation des Bischofs, wie sie von „den Feinden der Katholiken" behauptet werde, abzuweisen. Vgl. „Posen, den 4. April", in: ARKF 12 (1839), Bemerker Nr. 21 v. 10.5., Sp. 272ff.

[25] Vgl. „Berlin, 7. April", in: ARKF 11 (1838), Bemerker Nr. 20 v. 15.5., Sp. 285f.; „Posen, den 18. Dec.", in: HdG 3 (1840), Nr. 1, Sp. 7f.; „Preußen", in: Katholik 19 (1839), Bd. 74, Beilage Nr. 10, S. XXXIVf.

preußische Regierung bei ihrer unnachgiebigen Konfrontationshaltung gegenüber der katholischen Kirche bliebe.[26]

Solche Äußerungen, die auf die national-politische Dimension eingingen, blieben allerdings die Ausnahme. In der Regel versuchte der deutsche Katholizismus, die nationale Ebene, die auf die besondere Stellung des Großherzogtums Posen in Preußen zurückging, zu ignorieren, obwohl gerade auch in der Rheinprovinz die Verbindung kirchlichen Protestes mit partikularem Eigenbewusstsein der Bevölkerung eine wichtige Rolle spielte. Doch die national-polnische Komponente störte das allgemeine Bild eines Kampfes um rein kirchliche Rechte.

Trotz der versuchten Reduzierung des Posener Konflikts auf einen rein konfessionellen bzw. kirchenpolitischen führte die doch offen zu Tage liegende Verquickung mit der nationalen Frage bei den deutschen Katholiken zu einer unsicheren Bewertung und daher auch zu einer nur relativ gering ausgeprägten Bereitschaft, sich mit dem Parallelkonflikt im Osten öffentlich zu beschäftigen und ihn zu kommentieren. Die konfessionelle Solidarität, zu welcher der deutsche Katholizismus prinzipiell bereit war, erfuhr somit durch die nationale Aufladung des Konflikts im Großherzogtum, der einen unerwünschten Aspekt in die Auseinandersetzung mit dem preußischen Staat brachte, eine erhebliche Abschwächung. Eine deutsch-polnische Solidargemeinschaft vor dem Hintergrund paralleler Erfahrungen und Kämpfe mit dem preußischen Staat während des sogenannten ‚Mischehenstreits' kam somit nicht zu Stande.

6.2 Polen in Preußen – Deutsche Katholiken als Anwälte polnischer Minderheitenrechte?

Seit den Teilungen Polens verfügte Preußen über eine erhebliche polnische Minderheit, die in den östlichen Provinzen trotz stetigen Zuzugs von Deutschen in weiten Teilen die Mehrheitsbevölkerung bildete. Nach 1815 machten die ca. 3,5 Millionen Polen etwa 15 % der Gesamtbevölkerung Preußens aus. Davon lebten mehr als ein Drittel im Großherzogtum Posen, wo sie mit fast zwei Dritteln der Bevölkerung eindeutig die Mehrheit bildeten.[27] Während der gesamten Teilungsperiode stand immer die Frage im Raum,

---

[26] Vgl. „Briefliche Mittheilungen aus dem Großherzogthum Posen", in: HPBKD 5 (1840), S. 118-128, hier S. 122f. Das Begründungsmuster der staatlichen Verantwortung für politische Unruhen aufgrund einer verfehlten Kirchenpolitik wird im Revolutionsjahr 1848 in der katholischen Presse geläufig. Vgl. Kap. 7.2.

[27] Vgl. MARTIN BROSZAT: Zweihundert Jahre deutsche Polenpolitik, München 1963, S. 62; MATUSIK, Die polnischen Katholiken und der preußische Staat, S. 275.

wie mit der nationalen Minderheit der Polen umzugehen sei, welchen Status sie als preußische Staatsbürger polnischer Nationalität besäßen, ob, bis zu welchem Grad und auf welche Weise sie in den preußischen Staat zu integrieren seien.

Bis 1848 verfolgte die preußische Regierung eine Polenpolitik, deren ausdrückliches Ziel die Integration der polnischen Gebiete in das preußische Herrschaftsgefüge und die Formung der Polen zu loyalen preußischen Staatsbürgern war.[28] Grundsätzlich ging die preußische Politik in dieser Zeit von einer Überlegenheit der deutschen Kultur aus, die langfristig assimilierend auf die Polen wirken würde. Umstritten und von den jeweiligen politischen Konstellationen bestimmt war jedoch, ob und inwieweit dieser natürliche Assimilierungsprozess von staatlicher Seite beeinflusst und beschleunigt werden sollte. Die preußische Polenpolitik vor 1848 verlief in dieser Hinsicht wellenförmig: Nach der Neuaufteilung Polens auf dem Wiener Kongress hatte Friedrich Wilhelm III. den Polen in Preußen zunächst noch die Respektierung ihrer Nationalität, Religion und Sprache garantiert und eine Politik der politischen Einbindung des polnischen Adels verfolgt. Dieser Versöhnungskurs, der jedoch nur für das Großherzogtum Posen, nicht aber für Westpreußen gelten sollte, wo unter dem Oberpräsidenten Theodor von Schön eine vehemente Eindeutschungspolitik betrieben wurde, wurde unter dem Eindruck des Novemberaufstandes zu Beginn der 1830er Jahre abrupt beendet. Der Aufstand hatte zwar nur im russischen Teilungsgebiet stattgefunden, aber die Polen in Preußen hatten mit den Aufständischen sympathisiert und sie unterstützt, während die preußische Regierung Russland bei der Niederschlagung militärisch zur Seite gestanden hatte. In der nach dem neuen Oberpräsidenten des Großherzogtums benannten sogenannten Flottwell-Ära der folgenden zehn Jahre wurde die polnische Nationalbewegung daraufhin scharf bekämpft und die in Westpreußen bereits praktizierte Eindeutschungs- und Einschmelzungspolitik auch auf die Provinz Posen übertragen. Erst 1840, mit der Thronbesteigung Friedrich Wilhelms IV., erfolgte aufgrund der persönlichen, romantisch konservativ-nationalen Einstellung des neuen Königs und der verfahrenen Situation im ‚Mischehenstreit' eine Abmilderung der Polenpolitik, die sich in der Absetzung des Oberpräsidenten Flottwell und in der Amnestie für die Teilnehmer am Novemberaufstand symbolisierte und einige Germanisierungsmaßnahmen wieder rückgängig machte. Friedrich

---

[28] Vgl. zum folgenden BROSZAT, S. 60-80; SIEGFRIED BASKE: Praxis und Prinzipien der preussischen Polenpolitik vom Beginn der Reaktionszeit bis zur Gründung des Deutschen Reiches, in: FzOG 9 (1963), S. 7-267, hier S. 12-16; LECH TRZECIAKOWSKI: Preußische Polenpolitik im Zeitalter der Aufstände (1830-1864), in: JbGMOD 30 (1981), S. 96-110; WILLIAM W. HAGEN: Germans, Poles and Jews. The Nationality Conflict in the Prussian East, 1772-1914, Chicago u. London 1980, S. 78-104.

Wilhelm IV. bemühte sich in seiner Politik um Neutralität in Nationalitätenfragen und erwartete dafür im Gegenzug die Loyalität seiner polnischen Untertanen. Die Aufdeckung des Aufstandskomplotts von 1846 verdeutlichte jedoch die Fortdauer des nationalen Selbstbestimmungswillens der Polen und führte zu einer weitgehenden Rückkehr zu der verschärften Politik Flottwellscher Prägung.

Die Uneinheitlichkeit und Inkonsistenz der preußischen Polenpolitik fand ihre Analogie in der Haltung der deutschen Öffentlichkeit zu den Polen in Preußen. Der Vormärz gilt zwar allgemein als Phase der deutschen Polenfreundschaft. Doch hat sich die Forschung bislang vornehmlich auf die Haltung der deutschen Liberalen konzentriert, wie sie sich in unmittelbarer Reaktion auf den Novemberaufstand von 1830/31 und den triumphalen Durchzug der polnischen Emigranten durch einige Teile Deutschlands äußerte. Doch die Polenbegeisterung, die in den 1830er Jahren häufig ein politisches Ausdrucksmittel für die deutsche liberale Bewegung darstellte, hatte sich bereits in den 1840er Jahren merklich abgekühlt.[29] Abgesehen davon stand bislang zumeist die positive Haltung der deutschen Liberalen im Mittelpunkt der Forschung, die sich auf die polnischen Revolutionäre aus dem russischen Teilungsgebiet, welche auch den Großteil der Emigranten bildeten, bezog, ohne dass dadurch etwas über die Haltung zur polnischen Minderheit in Preußen ausgesagt wäre. Schließlich sind bei der Konzentration auf die liberale Bewegung andere Bevölkerungsgruppen und politische Richtungen stark vernachlässigt worden.[30]

Wie verhielt sich der eher konservativ geprägte deutsche Katholizismus zu der polnischen Minderheit in Preußen? Für den nicht unerheblichen Teil der deutschen Katholiken, die in Preußen lebten, waren die Polen zwar keine Mitbürger im heutigen Sinne, aber doch ,Mit-Untertanen' unter derselben, in Gebieten wie Rheinland und Westfalen wohl ähnlich ungeliebten politischen Herrschaft. Während für die deutschen Katholiken in Schlesien Polen durchaus Elemente ihrer Alltagswelt sein konnten, war die

---

[29] Vgl. zu den Ursachen HANS HENNING HAHN: Polen im Horizont preußischer und deutscher Politik im neunzehnten Jahrhundert, in: Zum Verständnis der polnischen Frage in Preussen und Deutschland 1772-1871, hg. v. KLAUS ZERNACK, Berlin 1987, S. 1-19, hier S. 16f.; DERS., Deutschland und Polen, S. 11f. Die katholisch-konservative *Augsburger Postzeitung* identifizierte 1846 in den aktuellen Predigern des Polenhasses die ehemaligen liberalen Polenfreunde vom Anfang der 1830er. Dieselben Literaten, die 1831/32 eine ganze Literatur in die deutsche Welt geschleudert hätten, in der das Lob- und Preislied der Polen in unzähligen Weisen abgesungen worden sei, hätten mittlerweile ihre schwärmerischen Tage vergessen und seien nun „unter der beliebten Firma: ,Deutsches Vaterland, deutsche Einheit" über das unterlegene Polen hergefallen. Vgl. „Ueber die Polenfrage", in: APZ (1846), Beilage Nr. 35 v. 2.5., S. 138ff.; Nr. 38 v. 13.5., S. 151f.; Nr. 41 v. 23.5., S. 164

[30] Zur reichhaltigen Literatur über die liberale Polenfreundschaft im Zuge des Novemberaufstandes vgl. die Angaben in Kap. 2.1.1.

räumliche Distanz der Katholiken in den preußischen Westprovinzen wie auch in den süddeutschen Staaten doch so groß, dass es dort zu keinen Begegnungen oder gar Überschneidungen der Lebenswelten kam und Kontakte oder auch nur Kenntnisse kaum vorhanden waren. Wie im vorherigen Abschnitt jedoch deutlich geworden ist, bot die konfessionelle Gemeinsamkeit und die gemeinsame Benachteiligungserfahrung aufgrund der Konfession vor allem in Preußen zumindest die potentielle Basis für eine solidarische Haltung. Die Analyse der katholischen Presse und Publizistik zwischen 1830 und 1848 zeigt jedoch, dass für die Position des deutschen Katholizismus zu dem Status und den Rechten der polnischen Minderheit in Preußen noch andere Faktoren bestimmend waren.

Nur wenige Wochen nach dem gescheiterten Aufstand von 1846 formulierte die neugegründete katholische *Allgemeine Oder-Zeitung* in einer ihrer ersten Ausgaben, wie ihrer Meinung nach mit der polnischen Minderheit in Preußen umzugehen sei:

> „Auch wir sagen: *Achtung vor der fremden Nationalität, schonende Behandlung derselben, ja ein möglichst freier Spielraum für ihre Entwicklung!* denn das allein kann Vertrauen und Liebe erwecken und einen versöhnenden Einfluß ausüben. Die Nationalität ist unleugbar, wie die religiöse Ueberzeugung, etwas tief Innerliches und Zartes.“[31]

Diese Äußerung zeigt zum einen, dass im Katholizismus des Vormärz, entgegen den bis heute nachwirkenden antikatholischen Stereotypen des kulturkämpferischen Liberalismus, der nationalen Identität bereits eine erhebliche Wertschätzung entgegengebracht wurde. Allerdings geht aus der Äußerung der *Allgemeinen Oder-Zeitung* auch deutlich der Primat des religiösen Bewusstsein hervor, zu dem die nationale Überzeugung in Beziehung gesetzt wird. Zum anderen verweist das Zitat auf die grundsätzliche Haltung des deutschen Katholizismus zum Umgang mit nationalen Minderheiten. Der verfolgte Grundsatz, die Entfaltung der nationalen Identität nicht zu behindern, entsprach dabei im wesentlichen der Programmatik einer Polenpolitik, welche Preußen nach 1815 zunächst angekündigt hatte. Noch 1823 hatte der preußische Kultusminister von Altenstein die Respektierung insbesondere der Sprache und Religion als „die höchsten Heiligtümer der Nation“ angemahnt, um „die Herzen der [polnischen] Untertanen zu gewinnen“.[32] Wie das Zitat aus der *Allgemeinen Oder-Zeitung* zeigt,

---

[31] „Posen, 4. April“, in: AOZ 1 (1846), Nr. 10 v. 15.4.

[32] Das Altenstein-Zitat im Zusammenhang einer Verordnung zur Organisation des Volksschulwesens ist abgedruckt in RICHARD CROMER: Die Sprachenrechte der Polen in Preußen in der ersten Hälfte des neunzehnten Jahrhunderts, in: Nation und Staat 6 (1932), S. 610-639, hier S. 619f.; HELMUT GLÜCK: Die preußisch-polnische Sprachenpolitik. Eine Studie zu Theorie und Methodologie der Forschung über Sprachenpolitik, Sprachbewußtsein

wurde die Zielvorgabe einer möglichst harmonischen Integration der Polen in den preußischen Staat geteilt. Dies verdeutlicht auch ein Artikel derselben Zeitung, der wenige Tage später erschien. In scharfer Zurückweisung eines „engherzigen Rigorismus, welcher die dargebotene Gelegenheit zur gewaltsamen ‚Germanisierung' Posens begierig ergriff", wird hier ein friedlicher und einvernehmlicher Entwicklungsgang favorisiert, der allerdings, „langsam aber sicher zu einer unlösbaren *moralischen* Einigung Posens mit der preußischen Monarchie führen muß".[33] In demselben Sinn hatte der katholisch-konservative Wilhelm v. Schütz bereits 1832 angemahnt, dass die Polen nur durch die Respektierung ihrer Nationalität und Tradition längerfristig in den preußischen Staat integriert werden könnten. Aus diesem Interesse heraus riet er von einer Germanisierungspolitik, wie sie gerade unter dem Oberpräsidenten Flottwell betrieben wurde, wegen ihres kontraproduktiven Charakters ab.[34] Auch der konservative und als äußerst staatsloyal geltende Breslauer Fürstbischof Diepenbrock gab gegenüber dem preußischen Kultusminister zu erkennen, dass er eine Germanisierung der polnischen Bevölkerung Schlesiens als nicht im Interesse des Staates liegend ansah und empfahl eine Berücksichtung ihrer nationalen und kulturellen Interessen und Besonderheiten.[35]

Dass der empfohlenen Respektierung polnischer Nationalität und Eigenart ein konservatives und kein liberales Politikverständnis zu Grunde lag, wurde bei Schütz daran deutlich, dass er insbesondere die Gewinnung des Adels und der Geistlichkeit durch die Sicherstellung ihrer Interessen anriet, wie es auch das Ziel der preußischen Politik nach 1815 gewesen war. Integration neuer Territorien durch die Einbindung der politischen und gesellschaftlichen Eliten und Anerkennung historisch begründeter Rechte und Traditionen war ein altbekanntes konservatives Konzept des Umgangs mit neu erworbenen Teilen eines Staates.

Eine weitere Quelle für das im deutschen Katholizismus favorisierte Konzept der Integration durch eine großzügige Gewährung nationaler Rechte und Förderung nationaler Eigenarten war ein ständisch geprägtes Staatsideal. Grundlage für den Staat war danach nicht das moderne nationale Selbstbestimmungsrecht der Völker, nach dem jede Nation zur

---

und Sozialgeschichte am Beispiel der preußisch-deutschen Politik gegenüber der deutschen Minderheit vor 1914, Hamburg 1979, S. 204f.; BROSZAT, S. 66.

[33] „Berlin, 17. April", in: AOZ 1 (1846), Nr. 16 v. 22.4.

[34] Vgl. [WILHELM VON SCHÜTZ:] Wie war Polen nach der Teilung zu behandeln?, in: ZaM 2 (1832), Nr. 82 v. 16.10., Sp. 649-653; Nr. 83 v. 17.10., Sp. 661ff.; Nr. 85 v. 26.10., Sp. 677ff.

[35] Vgl. MIECZYSŁAW PATER: Biskup wrocławski Melchior von Diepenbrock wobec kwestii języka polskiego na Śląsku, in: Studia Śląskie NF 30 (1976), S. 37-57, hier S. 50ff.

politischen Selbständigkeit berechtigt war, sondern eine dezentrale Struktur, innerhalb derer die verschiedenen historischen Körperschaften ihre partikularen Rechte und Traditionen in weitreichender Autonomie pflegen konnten. Der Freiburger Staats- und Völkerrechtler Franz Joseph Buß, gleichzeitig herausragender Führer des badischen Katholizismus, schrieb in diesem Sinne 1841 in seiner Schrift „Ueber den Einfluß des Christenthums auf Recht und Staat":

> „[G]ebt den Provinzen unbeschadet der Staatseinheit ihren historischen, vielmächtigen Provinzialgeist, gebt den Gemeinden das gehörige Maß der Autonomie zurück. Die Einheit, welche ihr durch die Nivellierung der Landschaften, Gemeinden, Körperschaften mißtrauisch gestiftet, war, das zeigt euch jeder Tag, nicht eine Einheit des Lebens und der Kraft, es war die Einheit, die Monotonie des Todes, allgemeiner Erlahmung."[36]

Waren diese Äußerungen nicht direkt auf die polnischen Provinzen oder auf nationale Minderheiten überhaupt, sondern auf Provinzen, Gemeinden und Körperschaften eines Staates generell bezogen, so ergänzte Buß seine Äußerung einige Jahre später mit dem Hinweis, dass der Staat auf die Eigentümlichkeiten und die „besonderen Sinnesweisen und Sinneseinrichtungen" der „Völker als erweiterte Personen" besonders Rücksicht nehmen müsse, wenn er auf Dauer Bestand haben wolle.[37] Das sich aus einer Mischung von alt-konservativen und romantischen Elementen zusammensetzende Konzept favorisierte eine auf historischen Partikularrechten beruhende dezentrale Organisation des Staates. Es bildete nicht nur die politische Grundlage für die Haltung gegenüber den Polen Preußens, denen weitgehende Rechte aufgrund ihrer historischen Tradition zugestanden werden konnte. Es stellte darüber hinaus auch das Fundament für das föderalistische Staatsmodell der katholischen Großdeutschen im Jahr 1848 dar, für das gerade Franz Joseph Buß energisch warb.[38] Die Favorisierung des auf korporativen Rechten basierenden Staatskonzeptes durch den deutschen Katholizismus lag unter anderem darin begründet, dass sich mit dem Bezug auf korporative Rechte auch für die ‚Freiheit' der Kirche vom Staat argumentieren ließ. Wie den Provinzen oder Ständen, so waren demnach auch der Kirche ihre historisch begründeten Rechte, ihre Selbstbestimmung und weitreichende Autonomie bei gleichzeitigem Schutz durch den Staat zu gewähren.

Mit den Interessen der Kirche hing auch das Eintreten des deutschen Katholizismus für die nationalen Rechte der polnischen Minderheit in

---

[36] Zit. nach STEGMANN, S. 96f.

[37] BUß, Die teutsche Einheit und die Preußenliebe, S. 22.

[38] Vgl. dazu Kap. 7.3.3.3.

Preußen auf einer anderen Ebene jenseits grundsätzlicher staatsrechtlicher und politischer Überzeugungen zusammen. Gemeint ist die Sprachenfrage, also die Frage nach der Relevanz, Duldung oder Förderung der polnischen Sprache im öffentlichen Leben der preußischen Ostprovinzen. Auch hier war die preußische Regierungspolitik uneinheitlich und wechselhaft.[39] Während in Westpreußen und Schlesien eine unnachgiebige sprachliche Germanisierungspolitik betrieben wurde, wurde den Polen im Großherzogtum Posen prinzipiell die Respektierung und Berücksichtigung ihrer Sprache garantiert, nach 1830 unter dem Oberpräsidenten Flottwell jedoch stark eingeschränkt und erst ab 1843 wieder großzügiger gewährt. Ein besonders sensibles Feld in der Sprachenpolitik waren die Schulen und die Frage der Unterrichtssprache. Im Großherzogtum Posen verfolgte der Staat zwar prinzipiell dieselbe germanisierende Tendenz wie in Westpreußen und Schlesien, konzentrierte diese jedoch vor allem auf die höhere Schulbildung, während in den Volksschulen und in den unteren Klassen des Gymnasiums die Verwendung der polnischen Sprache erlaubt war. Die Verdrängung der polnischen Sprache aus den Schulen und dem öffentlichen Leben wurde besonders während der Flottwell-Ära von Seiten der Provinzialbehörden betrieben.

Die katholische Kirche dagegen hatte ein klares, natürliches Interesse an der Respektierung der polnischen Sprache und ihrer Förderung in den Schulen. Ausgangspunkt dafür war der Umstand, dass der Zugang zu den polnischen Katholiken in der Seelsorge und der geistlichen Belehrung zumeist nur über die Muttersprache möglich war. Erzbischof Dunin von Gnesen-Posen wies bereits 1835 darauf hin, dass bei dem Großteil der polnischsprachigen Bevölkerung eine geistliche Unterweisung in deutscher Sprache vollkommen wirkungslos wäre, da die Kenntnis des Deutschen nur gering ausgeprägt sei.[40] Der Erzbischof hielt aber selbst bei Kenntnis der deutschen Sprache diese nicht für geeignet, polnische Muttersprachler religiös zu belehren oder seelsorgerlich zu betreuen, da der fremden Sprache immer etwas Künstliches anhafte, und sie deshalb den Menschen nicht

---

[39] Zur preußischen Sprachenpolitik vgl. GLÜCK, S. 199-230 und CROMER, der allerdings die Flottwellschen Initiativen zur Germanisierung der Unterrichtssprache vernachlässigt und verharmlost; dazu PAPROCKI, S. 165-171;

[40] Die Sprachenverteilung im Großherzogtum Posen lag Mitte des 19. Jahrhunderts bei ca. 50% Polnischsprachigen, ca. 30% Deutschsprachigen und ca. 20% Utraquisten. Selbst wenn man die Zweisprachigen voll zu den Polen zählt, wären dies weniger als 30% der Polen, während mehr als 70% der Polen keine deutschen Sprachkenntnisse gehabt hätten. Zahlen nach STREITER, S. 169; ZYGMUNT ZIELIŃSKI: Die Sprachenfrage im kirchlichen Leben des preußischen Teilungsgebietes von Polen im 19. Jahrhundert, in: Kirche in Staat und Gesellschaft im 19. Jahrhundert, hg. v. HELMUT BAIER, Neustadt/Aisch 1992, S. 115-145, hier S. 135ff.

so unmittelbar und nachhaltig ansprechen könne wie die Sprache, in der er aufgewachsen sei. An den preußischen Kultusminister schrieb er, dass allein die Muttersprache „für das Innigste, Höchste, Heiligste, für die Religion" geeignet sei und gewährleiste, dass die vermittelten Werte auch wirklich „in das Innerste des Herzens dringen, dasselbe ganz erfüllen, sich mit dem ganzen Wesen des Menschen unzertrennlich vereinigen, die Menschen zum unerschütterlichen Glauben an Gott, zur unbedingten Hingebung in seinen durch die Religion offenbarten Willen führen."[41]

Ähnlich äußerte sich das *Schlesische Kirchenblatt* in einem Artikel, der die Verbreitung erbaulicher Literatur in der Muttersprache empfahl, weil die religiöse Ansprache nur in der Sprache möglich sei, in der das Sprechen und Denken erlernt worden sei, und der die Muttersprache daher zu einem schützenswerten „unveräußerliche[n] Erbe" erklärte.[42] In der deutschen katholischen Presse wurde darüber hinaus darauf hingewiesen, dass das Deutsche auch deswegen als Sprache der Seelsorge und geistlichen Belehrung ungeeignet sei, weil sie in der polnischen Bevölkerung häufig als Sprache des Feindes wahrgenommen werde. Bei Verwendung der deutschen Sprache baue sich daher oft eine kaum überwindbare Barriere und Antipathie auf, welche die religiöse Einflussnahme erschwere oder sogar unmöglich mache. Mitte der 1830er Jahre wurde in der deutschen Kirchenblattpresse für diese abweisende Reaktion der Polen durchaus Verständnis geäußert, rufe die deutsche Sprache doch wehmütige Erinnerungen daran hervor, dass „durch deutsche Mitwirkung ehemals ihr Vaterland zerstückelt wurde."[43] Nicht nur in den schlesischen Blättern wurde daher der Einsatz von polnischsprachigen Geistlichen gefordert. Auch das einflussreichste

---

[41] Zit. nach MANFRED LAUBERT: Der Erzbischof Dunin und der polnische Religionsunterricht am Posener Mariengymnasium 1835, in: Evangelisches Kirchenblatt. Monatsschrift für evangelisches Leben in Posen 10 (1932), H. 10, S. 354-358, hier S. 356f.

[42] Rez. Wujek, Jakób: Postylla katolicka mniejsza, in: SKB 9 (1843), Nr. 14 v. 8.4., S. 108f. Der Verfasser des Artikels war ein deutscher katholischer Priester, der nach eigener Angabe seinen Landsleuten zu Liebe die polnische Sprache gelernt hatte. Vgl. mit derselben Tendenz auch „Aus der Provinz", in: SKB 15 (1849), Nr. 15 v. 14.4., S. 191 sowie der Bericht der Provinzialversammlung des katholischen Vereins Schlesiens in: SKB 15 (1849), Beilage zu Nr. 47 v. 24.11., S. 602f. Die besondere Bedeutung der Muttersprache für die religiöse und moralische Bildung des Menschen wurde von Seiten der Kirche auch später immer wieder hervorgehoben, vgl. die Nachzeichnung der dogmatischen Argumentationen bei JANUSZ WYCISŁO: Dlaczego kościół walczył o język polski na Górnym Śląsku w XIX wieku?, in: Chrześcijanin 15 (1983), H. 6, S. 96-105.

[43] Der Artikel, der im *Schlesischen Kirchenblatt* erschien, stellte mit dieser Äußerung gleichzeitig eine ungewöhnlich scharfe Kritik an Preußen als deutscher Teilungsmacht dar. Der Artikel wurde in die Aschaffenburger *Katholische Kirchenzeitung* übernommen. Vgl. „Aus der Erzdiöcese Posen-Gnesen", in: SKB 1 (1835), Nr. 48 v. 28.11., S. 383 u. in: KKZ 8 (1836), Nr. 85 v. 3.8., Sp. 699ff.

Organ des ultramontanen deutschen Katholizismus in der Mitte der 1830er Jahre, die Aschaffenburger *Katholische Kirchenzeitung*, wandte sich gegen den Import von deutschen Priestern und Lehrern in die preußischen Ostprovinzen, weil das gängige polnische Stereotyp, das die Deutschen mit dem Protestantismus identifzierte, ihre Arbeit behindern würde. Von der einfachen Bevölkerung zumindest würden diese deutschen Priester und Lehrer geradewegs für Lutheraner gehalten. Der Aufbau eines vertrauensvollen Verhältnisses zu den Gläubigen werde so von vornherein erheblich erschwert, wenn nicht sogar unmöglich gemacht. Der Einsatz deutscher Priester in polnischsprachigen Gebieten lag somit nicht im Interesse der katholischen Kirche. Für die *Katholische Kirchenzeitung* lag klar auf der Hand, „daß deutsche Geistliche und deutsche Schullehrer an polnischen Orten nur Ungläubige und Sittenlose bilden können."[44]

Eine Abnahme des kirchlichen Einflusses auf die polnische Bevölkerung bei Verwendung der deutschen Sprache befürchteten sowohl der ermländische Episkopat als auch Erzbischof Dunin von Gnesen-Posen.[45] Dunin hielt daher eine Erteilung des Religionsunterrichts in deutscher Sprache „für eine wirkliche Gefährdung der katholischen Religion in der hiesigen Provinz".[46] Infolgedessen protestierte er energisch und erfolgreich beim preußischen Kultusminister, als Mitte der 1830er Jahre im Großherzogtum Posen die prinzipielle Verwendung der deutschen Sprache im gymnasialen Religionsunterricht angeordnet wurde. Dunin führte dabei nicht nur kirchliche Interessen, sondern auch solche des preußischen Staates an, der gleichermaßen an einer religiösen Erziehung und Begleitung der polnischen Bevölkerung interessiert sein müsse, da nur ein guter Christ ein guter, d.h. loyaler Staatsbürger sein könne. Er verwies damit auf den antirevolutionären Einfluss der Kirche, um für eine Unterstützung der kirchlichen Interessen in der Sprachenfrage zu werben. Mit derselben Stoßrichtung argumentierte ein Jahrzehnt später auch die *Allgemeine Oder-Zeitung* unmittelbar nach dem polnischen Aufstand des Jahres 1846, dass eine umfassende und vor allem muttersprachliche religiöse Erziehung die beste Bürgschaft für die Aufrechterhaltung der öffentlichen Ordnung sei und insbesondere

---

[44] „Aus der Diöcese Culm, den 15. October", in: KKZ 7 (1835), Nr. 126 v. 16.11., Sp. 1037ff., hier Sp. 1038. Neben dem *Schlesischen Kirchenblatt* hatte sich in diesem Sinne auch die *Allgemeine Oder-Zeitung* geäußert, vgl. „Posen, 15. Juni", in: AOZ 1 (1846), Nr. 67 v. 25.6.

[45] Zu der Ablehnung einer sprachlichen Germanisierung und der Sorge vor einer damit verbundenen protestantischen Proselytenmacherei bei den ermländischen Bischöfen vgl. JAN OBŁAK: Stosunek niemieckich władz kościelnych do ludności polskiej w diecezji warmińskiej w latach 1800-1870, Lublin 1960, S. 35, 136.

[46] Zit. nach LAUBERT, Der Erzbischof Dunin, S. 357.

die polnische Jugend „am sichersten vor Unsittlichkeit und bodenlosem Freiheitsschwindel bewahrt."[47]

Das kirchliche, von der deutschen katholischen Presse unterstützte Engagement in der Sprachenfrage bezog sich aber nicht nur auf den Religionsunterricht, sondern auch auf die Unterrichtssprache in den übrigen Fächern. Auf den Gymnasien des Großherzogtums war mit Ausnahme der untersten Klassen die deutsche Sprache verpflichtend vorgegeben, in Westpreußen musste sie unabhängig von den sprachlichen Kenntnissen der Schüler auch in den Volksschulen verwendet werden.[48] Die katholische Kirche sah darin eine systematische Benachteiligung der polnischen Kinder und einen faktischen Ausschluss des Großteils der Polen aus dem höheren Bildungssystem. Weniger diese Tatsache an sich als vielmehr die nachteiligen Folgen für die Kirche und ihre Arbeit waren es, welche die Kirche und auch die deutsche katholische Presse Einspruch erheben ließen. So beschwerte sich 1843 ein offenbar deutscher Dekan aus Dirschau im *Katholischen Wochenblatt aus Ost- und Westpreußen* über die rücksichtslose Verwendung des Deutschen an den Volksschulen, was zur Folge habe, dass die Kinder, die zur Erstkommunion vorbereitet werden sollten, vielfach noch nicht einmal lesen könnten.[49] Weit bedrohlicher als diese Behinderungen der kirchlichen Arbeit durch ein allgemein niedriges Bildungsniveau war die mittelfristige Aussicht eines extremen Mangels an polnischen Priesteramtskandidaten.

Der Priestermangel in den Diözesen des preußischen Ostens war als Spätfolge der Säkularisation im Vormärz chronisch, die Vorschläge und Initiativen zu seiner Behebung vielfältig. So warb der aus Schlesien stammende Bischof Anastasius Sedlag von Kulm in Westpreußen in großem Umfang zumeist deutsche Priester oder Alumnen aus Schlesien, aber auch aus dem Rheinland und Westfalen an, was zu großem Unmut in der Diözese führte, obwohl darauf geachtet werden sollte, dass die Geistlichen auch der polnischen Sprache mächtig waren bzw. ausreichende Sprachkenntnisse vor ihrer Priesterweihe nachweisen konnten.[50] Der Erzbischof von Gnesen-

---

[47]   „Posen, 15. Juni", in: AOZ 1 (1846), Nr. 67 v. 25.6.

[48]   Vgl. STREITER, S. 68, 88; PAPROCKI, S. 166f.; ZIELIŃSKI, Die Sprachenfrage, S. 131, 138; ERWIN GATZ: Polen in Schlesien und in den preußischen Ostprovinzen, in: Kirche und Muttersprache, hg. v. DEMS., Freiburg, Basel u. Wien 1992, S. 129-150, hier S. 145-148; PETER BÖHNING: Die nationalpolnische Bewegung in Westpreussen 1815-1871. Ein Beitrag zum Integrationsprozeß der polnischen Nation, Marburg/Lahn 1973, S. 47ff.

[49]   Vgl. BÖHNING, S. 48.

[50]   Die Zahl der von Sedlag aus Schlesien angeworbenen Priester soll um die hundert gelegen haben. Von den Theologiestudenten in der Diözese Kulm war in der Mitte des Jahrhunderts nur etwa die Hälfte polnisch, während der Anteil der Polen unter den Katholiken bei 75% lag. Zu den Zahlen vgl. BÖHNING, S. 36, 43, 51f.; ZIELIŃSKI, Sprachenfrage,

Posen dagegen versuchte mit einer Reorganisation des Posener Priesterseminars das Theologiestudium für Polen attraktiver zu machen, indem er u.a. der polnischen Sprache mehr Platz einräumen wollte.[51] In der deutschen katholischen Presse erfuhr dieses Vorhaben in Zuschriften aus Posen sowohl Unterstützung – z.t. auch von deutschen Lehrenden des Posener Seminars – als auch Skepsis, die sich auf eine befürchtete Benachteiligung deutscher Priester durch eine national eingestellte Fraktion des polnischen Klerus bezog.[52]

Als Hauptursache für den notorischen Priestermangel und daher als wichtigster Ansatzpunkt wurde jedoch der weitgehende Ausschluss der polnischen Sprache vor allem aus den höheren Schulen angesehen, so dass nicht genügend polnische Katholiken die nötige Grundbildung erreichen konnten, die zum Theologiestudium befähigte. Vornehmlich aus diesem Grund wurde die preußische Sprachenpolitik an den Schulen missbilligt. Während auch in der deutschen katholischen Presse polnische Sprachkenntnisse bei Geistlichen für so unabdingbar gehalten wurden, dass man teilweise forderte, nur bei ihrem Vorhandensein die Priesterweihe zu erteilen,[53] verlangte man als Voraussetzung dafür eine stärkere Berücksichtigung des Polnischen vor allem an den höheren Schulen, aber auch an den Schullehrerseminaren, um überhaupt über eine ausreichende Zahl polnischsprachiger Schüler mit der notwendigen allgemeinen Vorbildung zu

---

S. 128-133; GATZ, Polen, S. 141f. Der Unmut in der Diözese ging auf das Gefühl der Benachteiligung der aus dem Bistum selbst stammenden Geistlichen gegenüber den Schlesiern und Unterschieden in der Frömmigkeitskultur zurück. Nach ZIELIŃSKI, Sprachenfrage, S. 130 bevorzugte Sedlag schlesische Geistliche, weil er sie für weniger anfällig gegenüber der nationalpolnischen Bewegung hielt. Zu den Unstimmigkeiten unter der Geistlichkeit in der Diözese vgl. die Korrespondenzen aus Kulm in der katholischen Presse: „Aus der Diöcese Culm, den 15. October", in: KKZ 7 (1835), Nr. 126 v. 16.11., Sp. 1037ff.; „Aus der Diöcese Culm, den 15. September", in: KKZ 7 (1835), Nr. 127 v. 18.11., Sp. 1044-1047.

[51] Zu den Reorganisationsversuchen und den dahingehenden Verhandlungen mit der preußischen Regierung vgl. ZIELIŃSKI, Kościół katolicki, S. 58ff., 83-87.

[52] Positives Echo im Mainzer *Katholik*: „Posen, 27. Juli", in: Katholik 25 (1845), Nr. 92 v. 1.8., S. 429; „Zeitfragen. Kirchliche Zustände in der Erzdiözese Posen", in: Katholik 27 (1847), Nr. 34 v. 19.3., S. 137f. Ebenfalls positive Zuschrift eines deutschen Lehrenden aus Posen: „Posen, 4. April", in: AOZ 1 (1846), Nr. 10 v. 15.4. Vorbehalte gegen eine eventuelle Diskriminierung der deutschen Priester: „Aus der Erzdiöcese Posen", in: NSion 1 (1845), Nr. 156 v. 30.12., S. 727f.; „Posen, 15. August", in: AOZ 1 (1846), Nr. 113 v. 18.8.; „Winiary bei Posen, 12. September", in: AOZ 1 (1846), Nr. 138 v. 16.9.; Nr. 139 v. 17.9.

[53] Vgl. etwa „Oberschlesien", in: SKB 10 (1844), Beilage zu Nr. 47 v. 23.11., S. 6f.

verfügen.[54] Aus denselben Gründen setzte sich der Breslauer Fürstbischof Diepenbrock Ende der 1840er Jahre vehement bei der preußischen Regierung für eine stärkere Berücksichtigung der polnischen Sprache an den Schulen ein.[55]

Der deutsche Katholizismus vertrat damit in der Sprachen- und Schulfrage dieselben Forderungen nach muttersprachlichem Unterricht, wie sie die nationalpolnische Bewegung erhob, allerdings aus einer andern Motivation heraus. In der sprachlichen Germanisierungspolitik sahen die deutschen Katholiken vornehmlich die Interessen der Kirche bedroht, da sie die kirchliche Arbeit, vor allem aber den Priesternachwuchs gefährdete. In der bayerischen *Sion* wurde 1844 vor den verheerenden Folgen eines erheblichen und dauerhaften Priestermangels aufgrund der weitgehenden Eindeutschung des Bildungssystems gewarnt:

> „[S]o werden wir als Missionäre in unsern polnischen Gegenden von Dorf zu Dorf und von Stadt zu Stadt wandern müssen, wenn wir nicht wollen, daß das Saatfeld dem Feinde überlassen werde, um sein Unkraut dort auszusäen, wo das Waizenkorn keinen Sämann mehr hat."[56]

Auch im Mainzer *Katholik* wurde ein Schwinden der kirchlichen Gesinnung als Folge der preußischen Sprachen- und Schulpolitik befürchtet und fest-

---

[54]   Vgl. „Oberschlesien", in: SKB 10 (1844), Nr. 9 v. 2.3., S. 71f.; „Der neue Erzbischof und Zustand der Vorbereitungsanstalten zum geistlichen Stande in der Erzdiözese Posen", in: Sion 14 (1845), Nr. 5 v. 10.1., Sp. 41-44; „Adel-, Bürger- und Bauernstand, Priester, Alumnate, nebst Reflexionen über einschlagende Gegenstände", in: Sion 13 (1844), Nr. 127 v. 23.10., Sp. 1241-1246, hier Sp. 1244f.

[55]   Vgl. PATER, Biskup, S. 44-47. Anders als Diepenbrock in Schlesien weigerte sich Bischof Sedlag in Kulm auch nach eindringlicher Aufforderung seiner Diözesanen, sich für eine Ausweitung der polnischen Sprache in den Schulen einzusetzen. Er gab die Schuld am Priestermangel den polnischen Familien, die ihre Söhne nicht auf die deutschsprachigen Gymnasien schicken wollten. Vgl. EUGENIUSZ MYCZKA: Z dziejów walki o wiarę i polskość pod zaborem pruskim. „Dialog" diecezjan polskich z biskupem chełmińskim A. Sedlagiem, in: Studia Gdańskie 1 (1973), S. 119-144. Die Kritik polnischer Katholiken an Sedlag wurde vom *Schlesischen Kirchenblatt* abgewehrt, das vermutete, dass sie aus politischen Erwägungen nicht nur polnischsprachige, sondern als Polen geborene Priester haben wollten, was jedoch dem übernationalen Geist der Kirche widerspreche. Vernachlässigt wurden dabei die in der Praxis doch häufig unzureichenden Polnischkenntnisse der Priester, welche die Sprache vielfach erst während des Studiums gelernt hatten. Vgl. „Breslau, 26. März", in: SKB 15 (1849), Nr. 13 v. 31.3., S. 161ff.; noch schärfer: „Aus Westpreußen", in: SKB 15 (1849), Nr. 17 v. 28.4., S. 212.

[56]   „Adel-, Bürger- und Bauernstand, Priester, Alumnate, nebst Reflexionen über einschlagende Gegenstände", in: Sion 13 (1844), Nr. 127 v. 23.10., Sp. 1241-1246, hier Sp. 1245.

gestellt, dass auf diese Weise dem „Wirken des Antichristen" Vorschub geleistet werde.[57]
Doch die Gefahr der Dekatholisierung und Dechristianisierung, die in der Verfolgung einer sprachlichen Germanisierungspolitik gesehen wurde, bezog sich nicht nur auf den daraus resultierenden Priestermangel, der eine geistliche Versorgung der polnischen Bevölkerung erschwerte. Sie wurde daneben in der Verdrängung der polnischen Sprache selbst gesehen. Nicht nur der Breslauer Fürstbischof Diepenbrock sah in der sprachlichen Germanisierung die Gefahr einer mittelfristigen Protestantisierung oder gar Dechristianisierung der Bevölkerung,[58] auch Vertreter des schlesischen Laienkatholizismus wandten sich gegen eine germanisierende Sprachenpolitik, weil sie darin das Instrument einer angestrebten Dekatholisierung sahen. So meinte das *Schlesische Kirchenblatt* 1843, dass die wahren Motive der von liberaler und staatlicher Seite aus propagierten erzieherischen Hebung der Bevölkerung durch sprachliche Germanisierung in der Feindschaft gegen die katholische Kirche lägen. Sie warnte daher vor der „fast rasende[n] Deutschthümelei einiger Nichtschlesier", die „es mit der stürmischen Verdrängung der polnischen Sprache aus unsern Gauen nicht so sehr auf die Ausrottung einiger Laute oder Töne, sondern vielmehr auf den Untergang eines geistigen Gutes, des katholischen Glaubens nämlich abgesehen" hätten.[59] Auch in den katholischen Vereinen, die sich seit 1848 in Schlesien gründeten, wurde die sprachliche Germanisierung als ein Mittel zur Protestantisierung verurteilt. Zudem wurde das niedrige Bildungsniveau der schlesischen Bevölkerung, für das in liberalen Kreisen die katholische Kirche verantwortlich gemacht wurde, auf die rücksichtslose preußische Sprachenpolitik zurückgeführt, welche die Polen faktisch von jeder Bildung ausschließe.[60]

---

[57] Vgl. „Zeitfragen. Kirchliche Zustände in der Erzdiözese Posen", in: Katholik 27 (1847), Nr. 34 v. 19.3., S. 137f.

[58] Vgl. PATER, Biskup, S. 55.

[59] „Oberschlesien", in: SKB 9 (1843), Nr. 26 v. 1.7., S. 207. Ähnlich auch verschiedene Stimmen auf der Zweiten Provinzialversammlung des katholischen Vereins von Schlesien, in: SKB 15 (1849), Nr. 51 v. 22.12, S. 660 u. Beilage zu Nr. 52 v. 29.12., S. 673f.

[60] Die bekanntesten liberalen Schriften, die einen Zusammenhang von kirchlichem Einfluss und niedrigem Bildungsniveau in Schlesien herstellten, und gegen die sich die schlesischen Katholiken wandten, sind RUDOLF VIRCHOW: Mittheilungen über die oberschlesische Typhus-Epidemie, Berlin 1848 und die Bemerkungen zum Hunger-Typhus in: JULIUS LASKER u. FRIEDRICH GERHARD: Des deutschen Volkes Erhebung im Jahre 1848, sein Kampf um freie Institutionen und sein Siegesjubel. Ein Volks- und Erinnerungsbuch für die Mit- und Nachwelt, Danzig 1848, S. 124-146. Speziell gegen Virchow: „Der Hungertyphus in Oberschlesien und die katholische Hierarchie", in: HPBKD 23 (1849), S. 28-32; „Oberschlesien", in: SKB 15 (1849), Nr. 13 v. 31.3., S. 163f. Desweiteren gegen die „irrigen Ansichten solcher gelehrten Missionaire": „Oberschlesien", in: SKB 15 (1849),

Die deutsche Sprache wurde in diesem Kontext somit nicht als die Sprache einer höheren Kultur angesehen, die geeignet wäre, die zivilisatorisch rückständigen Polen aus der Finsternis ihres zurückgebliebenen Daseins emporzuheben, wie dies im liberalen Polendiskurs häufig der Fall war. Ganz im Gegenteil galt die deutsche Sprache hier in einer Umgebung, in der das Deutsche in der Regel die Sprache des Protestantismus war, als Bedrohung. Die von liberaler Seite angestrebte Bildung der Polen durch die deutsche Sprache war keine Bildung im kirchlichen Sinne, sondern barg die Gefahr des Rationalismus und der Abwendung von der Kirche. Das *Schlesische Kirchenblatt* erklärte daher die Verteidigung der polnischen Sprache in Schlesien zum „Kampf um die heilige Wahrung der Ehre des Namens Gottes unter uns".[61] Der polnischen Sprache wurde hier die Rolle eines Bollwerks des katholischen Glaubens zugeschrieben. Als Sprache der (katholischen) Religion in den Ostprovinzen des protestantisch-preußischen Staates, als Mittlerin des Heiligen nahm sie mitunter fast schon den Charakter einer heiligen Sprache an und wurde zu einem verteidigungswürdigen *sacrum*.[62]

Der deutsche Katholizismus machte sich infolgedessen tatsächlich zumindest in der Sprachen- und Schulfrage zum Anwalt der polnischen Minderheit. Er war dabei nicht etwa von der polnischen Nationalbewegung motiviert worden, die nach Ansicht des in bester Kulturkampftradition stehenden, ebenso polen- wie katholikenfeindlichen Martin Laubert jede staatliche Förderung der deutschen Sprache bewusst zu einer Gefährdung der katholischen Religion „aufzuputzen" gewusst hätte.[63] Neben der grundsätzlichen Überzeugung von der Wirksamkeit einer Integration neuer Territorien bei der Belassung kultureller und nationaler Eigenarten sowie von den natürlichen kulturellen Rechten der einzelnen Körperschaften und Provinzen eines Staates, waren es vor allem handfeste kirchliche Interessen, welche die deutschen Katholiken zu ihrer polenfreundlichen Position insbesondere in der Sprachenfrage veranlassten. Die Polen wurde in dieser Sicht zu einem Bollwerk des wahren, nämlich katholischen Glaubens im Osten Preußens.

Nr. 12 v. 24.3., S. 152; „Ueber eine Verunglimpfung des katholischen Volkes und Klerus von Oberschlesien", in: SKB 14 (1848), Nr. 40 v. 30.9., S. 497ff. Zum preußisch-deutschen Oberschlesierbild vgl. JÖRG LÜERS: Die Oberschlesier im preußisch-deutschen Denken, in: „Wach auf, mein Herz, und denke". Zur Geschichte der Beziehungen zwischen Schlesien und Berlin-Brandenburg von 1740 bis heute, hg. v. KLAUS BŹDZIACH, Berlin u. Opole 1995, S. 79-87.

[61] „Oberschlesien", in: SKB 9 (1843), Nr. 26 v. 1.7., S. 207.

[62] Vgl. WYCISŁO, S. 97.

[63] MANFRED LAUBERT: Der Kampf um die geistliche Leitung des Schullehrerseminars zu Paradies 1844, in: Grenzmärkische Heimatblätter 3 (1927), S. 74-82, hier S. 74.

7. Überwindung der Ambivalenz? –
Das Revolutionsjahr 1848/49

7.1 1848 – Jahr des Aufbruchs oder nur ein Intermezzo?

7.1.1 Die Mobilisierung des Katholizismus

Als sich im Februar und März 1848 die Revolution von Frankreich aus über ganz Europa verbreitete und auch die deutschen Länder ergriff, konnte sich auch der deutsche Katholizismus dem Phänomen, das er immer bekämpft und das seine Haltung zu Polen wesentlich beeinflusst hatte, nicht entziehen. Auch die katholische Bevölkerung wurde in Regionen wie Baden, dem Ausgangspunkt der deutschen Revolution, von revolutionärer Begeisterung erfasst.[1] Abgesehen davon, dass in diesen Regionen die katholische Bevölkerung an der Volksbewegung teilnahm, also aktiv daran beteiligt war, was Wolfram Siemann als die „Basisrevolution" bezeichnet,[2] bildete der Katholizismus als Gruppe in der Phase des Umsturzes aber keinen selbständigen Faktor, der als solcher initiativ oder unterstützend tätig geworden wäre.

‚Die Revolution' war traditionell alles andere als das Ziel katholischer Hoffnungen. Sie stellte vielmehr das metahistorische Feindbild dar, in dem sich alle Verfallserscheinungen der Moderne fluchtpunktartig und in apokalyptischem Ausmaß zu vereinigen und sich der Kirche und der göttlichen Ordnung entgegenzustellen schienen, so dass sich für den deutschen Katho-

---

[1] Zur Rolle der katholischen Bevölkerung in Baden vgl. Wolfgang Hug: Katholiken und ihre Kirche in der Badischen Revolution von 1848/49, in: Freiburger Diözesan-Archiv 118 (1998), S. 285-310, hier S. 285-288. Auf die nicht unbeträchtliche Beteiligung von Katholiken und auch Geistlichen an der Revolution verweisen auch die kritischen Mahnungen an diese in der konservativen katholischen Presse nach Einsetzen der Reaktion. Vgl. beispielhaft „Die Revolution und die Kirche", in: HPBKD 27 (1851), S. 369-383; Joseph Augustin Ginzel: Versammlung deutscher Bischöfe zu Würzburg im October und November 1848, in: Archiv für Kirchengeschichte und Kirchenrecht 2 (1851), S. 35-38, hier S. 36.

[2] Wolfram Siemann: Die deutsche Revolution von 1848/49, Frankfurt/M. 1985, S. 59.

lizismus die Berührung mit revolutionären Tendenzen von vornherein verbot.[3]

Um so mehr überrascht die außerordentlich frühzeitig formulierte Bereitschaft, bereits nach den ersten Erfolgen der Revolution Anfang März 1848, sich auf den Boden der Tatsachen zu stellen und die Ergebnisse des Umsturzes nicht nur zu akzeptieren, sondern auch aktiv für die eigenen Interessen zu nutzen.[4] Insbesondere in den liberalen Märzerrungenschaften von Presse-, Versammlungs- und Vereinigungsfreiheit fand man wirksame Instrumente zur Erlangung kirchenpolitischer Ziele. Kurzzeitig sah man in ihnen die geeignetere Option, das Interesse der Kirche nach weitestgehender Unabhängigkeit vom Staat bei Erhalt der gesetzlichen und finanziellen Privilegierung durchzusetzen.[5] Man favorisierte sie daher für eine gewisse Zeit zu Ungunsten des traditionellen Bündnisses von Thron und Altar, das in den vergangenen Jahren häufig nicht die erwünschten Freiheiten für die Kirche gebracht, sondern vielmehr zu einer stärkeren Kontrolle der Kirche durch den Staat geführt hatte. Der *Katholik* brachte bereits am 4. März beinahe trotzig diese Haltung zum Ausdruck:

„Wir akzeptieren also alle in der jüngsten Zeit uns gewordenen Reformen [...] und wir haben durchaus keine Lust in einer Zeit, wo alle Welt nach Freiheit

---

[3] Zur katholischen „Revolutionstheorie" im Vormärz vgl. SCHNEIDER, Katholiken auf die Barrikaden, S. 330-352.

[4] Zu der häufig als paradox wahrgenommenen Gleichzeitigkeit von prinzipieller Ablehnung der Revolution auf der einen Seite und Akzeptanz und Ausnutzung der konkreten Errungenschaften auf der anderen vgl. BERGSTRÄßER, Studien zur Vorgeschichte der Zentrumspartei, S. 134; KARIN JAEGER: Die Revolution von 1848 und die Stellung des Katholizismus zum Problem der Revolution, in: Kirche zwischen Krieg und Frieden, hg. v. WOLFGANG HUBER u. JOHANNES SCHWERDTFEGER, Stuttgart 1976, S. 243-292, hier S. 256-263, 278-283; WOLFGANG HARDTWIG: Die Kirchen in der Revolution 1848/49. Religiös-politische Mobilisierung und Parteienbildung, in: Revolution in Deutschland und Europa 1848/49, hg. v. DEMS., Göttingen 1998, S. 79-108, hier S. 87; HUBERT WOLF: Der deutsche Katholizismus als Kind der Revolution von 1848? – Oder: Das ambivalente Verhältnis von katholischer Kirche und Freiheit, in: Rottenburger Jahrbuch für Kirchengeschichte 19 (2000), S. 13-30, hier S. 13ff., 28.

[5] Eine vollständige ‚Trennung der Kirche vom Staat' wurde selten anvisiert, auch wenn das Schlagwort durchaus benutzt wurde. Vgl. JONATHAN SPERBER: Kirchen, Gläubige und Religionspolitik in der Revolution von 1848, in: Europa 1848. Revolution und Reform, hg. v. DIETER DOWE, HEINZ-GERHARD HAUPT u. DIETER LANGEWIESCHE, Bonn 1998, S. 933-959, hier S. 933-940; WIESEOTTE, Das Mainer Journal, S. 273ff.; HUBERT JEDIN: Freiheit und Aufstieg des deutschen Katholizismus zwischen 1848 und 1870, in: Ders.: Kirche des Glaubens – Kirche der Geschichte. Ausgewählte Aufsätze und Vorträge, Bd. 1, Freiburg 1966, S. 469-484, hier S. 470ff.

ruft und sie auch sich erringt, um unsere Freiheit uns betrügen zu lassen oder mit dem blossen trostlosen Nachsehen uns zu begnügen."[6]

Auch die deutschen Bischöfe stellten sich auf diesen Standpunkt, zuvörderst der Kölner Erzbischof Johannes von Geissel, der bereits im Mai auf einer Versammlung der Bischöfe der Kölner Kirchenprovinz die kirchenpolitischen Ziele absteckte, die fortan handlungsleitend für die katholische Bewegung sein sollten.[7] Die angestrebte „Freiheit der Kirche" bestand demnach vor allem in ihrer inneren Selbständigkeit und in der Befreiung von staatlicher Kontrolle, Beschränkung oder Aufsicht. Konkret gemeint waren damit beispielsweise die Aufhebung des staatlichen Mitspracherechts bei Besetzung geistlicher Ämter, die freie Verfügung und Verwaltung kirchlichen Eigentums, die Aufhebung der staatlichen Zensur über kirchliche Verlautbarungen, der freie Verkehr der Bischöfe untereinander und mit der Kurie in Rom, die Unabhängigkeit der Klerikerausbildung, aber auch die kirchliche Oberaufsicht über das Schul- und Bildungswesen. Der von Erzbischof Geissel aufgestellte kirchenpolitische Forderungskatalog wurde vom deutschen Episkopat auf der nationalen Bischofskonferenz bestätigt, die als Versammlung aller deutschen Bischöfe ebenfalls eine Frucht des Revolutionsjahres war und bis 1867 in dieser Form nicht wieder zusammentrat.[8]

Die Akzeptanz der liberalen Märzfreiheiten wurde aus kirchlicher Perspektive deshalb so attraktiv, weil sie viele der Forderungen des kirchenpolitischen Programms abdecken konnten und damit dessen verfassungsmäßige Sanktionierung möglich schien. Gleichzeitig dienten Vereinigungs-, Versammlungs- und Pressefreiheit dazu, eine katholische Bewegung zu mobilisieren, die in bislang ungekannter öffentlicher Präsenz und Intensität für die kirchlichen Freiheitsrechte und ihre verfassungsmäßige Verankerung tätig wurde.

Aus diesem Grund und mit dieser Intention unterstützte der Episkopat Initiativen, die bereits von der kirchlichen Basis ausgingen und unter Aus-

---

[6] Zit. nach ERNST HEINEN: Staatliche Macht und Katholizismus in Deutschland, Bd. 1: Dokumente des politischen Katholizismus von seinen Anfängen bis 1867, Paderborn 1969, S. 113f.

[7] Das Programm bei FRIEDRICH H. VERING: Die Verhandlungen der deutschen Erzbischöfe und Bischöfe zu Würzburg im October und November 1848, in: Archiv für katholisches Kirchenrecht 21 (1869), S. 108-169, 207-290, hier S. 129-150.

[8] Vgl. RUDOLF LILL: Die ersten deutschen Bischofskonferenzen, Freiburg, Basel, Wien 1964; DERS.: Die Auswirkungen der Revolution von 1848 in den Ländern des Deutschen Bundes und den Niederlanden. Die Länder des Deutschen Bundes, in: Handbuch der Kirchengeschichte, hg. v. HUBERT JEDIN, Bd. VI/1, Freiburg, Basel u. Wien 1971, S. 493-501, hier S. 495f.; VERING; LÖNNE, Politischer Katholizismus, S. 111.

nutzung der neuen liberalen Freiheitsrechte auf eine wirksame politische Vertretung der kirchlichen Interessen abzielten.[9] So entstanden katholische Komitees, die für die Wahl der verfassungsgebenden Nationalversammlung in Franfurt Kandidaten aufstellten oder empfohlen, von denen der Einsatz für die Unabhängigkeit der Kirche erwartet werden konnte. Unterstützt wurde diese Arbeit durch die massenhafte Gründung von „Piusvereinen für religiöse Freiheit", die sich im Oktober auf einer Generalversammlung – dem ersten Katholikentag –, zum „Katholischen Verein Deutschland" zusammenschlossen und ihre Klientel in einem Umfang organisatorisch zusammenfassten, wie es keiner anderen weltanschaulichen Gruppierung im Revolutionsjahr gelang. Auch das Mittel der Petition wurde von keiner anderen Interessengruppe so ausgiebig genutzt wie von den Katholiken, die in drei Massenpetitionen an die Frankfurter Nationalversammlung die kirchlichen Freiheitsrechte einforderten. Sie unterstützten damit die Arbeit der in der Paulskirche zum Katholischen Club zusammengeschlossenen Abgeordneten, die sich ebenfalls um die Installierung einer unabhängigen, aber doch privilegierten Stellung der Kirche in der Verfassung bemühten.[10] Schließlich diente auch das unter den neuen Bedingungen der Pressefreiheit aufblühende katholische Zeitungswesen der Verbreitung und Propagierung des kirchenpolitischen Programms und der Mobilisierung der Katholiken zu dessen Umsetzung.

Die katholische Presse, das katholische Vereinswesen und generell das öffentliche und politische Engagement von Katholiken für ein Interesse, das ihnen zumeist als ein unpolitisches galt, führten nicht nur zu einer enormen Kommunikationsverdichtung und Vernetzung, sondern auch zu einer Gruppen- und Identitätsbildung oder zumindest -festigung, die bis heute die Diskussion darüber am Leben erhält, ob das Jahr 1848 nicht als das eigentliche Geburtsjahr des ‚politischen Katholizismus' in Deutschland anzusehen ist. Einigkeit besteht darüber, dass der Katholizismus in Deutschland durch die umtriebige Ausnutzung moderner Formen der Meinungs- und Willensbildung, der Vergemeinschaftung und der politischen Praxis – freiwillig

---

[9] Zum folgenden vgl. BACHEM, Vorgeschichte, Geschichte und Politik der deutschen Zentrumspartei, Bd. 2, S. 4-80; MARTIN GRESCHAT: Die Kirchen im Revolutionsjahr 1848/49, in: Zeitschrift für bayerische Kirchengeschichte 62 (1993), S. 17-35, hier S. 25-28; HEINEN, Staatliche Macht und Katholizismus, S. 97-108; HÜRTEN, Kurze Geschichte, S. 79-112; LILL, Die Auswirkungen der Revolution von 1848; LÖNNE, Politischer Katholizismus, S. 106-116.

[10] Zur Aktivität des Katholischen Clubs vgl. Kap. 7.3.

oder unfreiwillig – in diesem Jahr einen enormen Politisierungs- und Modernisierungsschub erhalten hat.[11]

Teilweise kam es dabei nicht nur zu einer pragmatischen Ausnutzung der liberalen Freiheitsrechte, sondern auch zu einer Verbindung von katholischer und liberaler Freiheitsbewegung. Dies lässt sich vor allem im Rheinland beobachten, wo beispielsweise im Programm des Kölner katholischen Wahlkomitees der klassische liberale Forderungskatalog noch vor den gewünschten kirchlichen Freiheitsrechten platziert wurde und das Motto „Freiheit für alle in allem" zur handlungsleitenden Maxime erklärt wurde. Dass dieses Motto auf Charles René de Montalembert zurückging, wurde in dem Programm zwar nicht erwähnt, verweist aber auf die Anknüpfung an die Programmatik des ultramontan-liberalen französischen Katholizismus, wie Lamennais sie zu Beginn der 1830er Jahre konzipiert hatte.[12]

Auch in der bis 1848 eher konservativen rheinischen Kirchenblattpresse fand eine Verbindung mit der politischen Freiheitsbewegung statt. Für eine solche Verbindung warb der in Köln erscheinende *Nathanel* in seiner Juni-Ausgabe offensiv in dem zwölfstrophigen Gedicht „Das deutsche Banner". Die gewünschte Verknüpfung von kirchlicher, politischer, aber auch sozialer und nationaler Freiheitsbewegung kommt hier komprimiert zum Ausdruck:

„Zum Kampfe, - daß man nicht entehr'
Gott und sein Heiligthum; -
Und daß kein Bruder hunge mehr
Im *freien* Bürgerthum; -

---

[11] Die These vom Geburtsjahr 1848 geht wohl auf SCHNABEL, Zusammenschluß, zurück. In jüngerer Zeit sprach von der „Schaffung eines politischen Katholizismus im Revolutionsjahr 1848" noch JONATHAN SPERBER: Kirchengeschichte als Sozialgeschichte – Sozialgeschichte als Kirchengeschichte, in: KZG 5 (1992), H. 1, S. 11-17, hier S. 16; in etwas abgewandelter Form auch WOLF, Der deutsche Katholizismus. Letztlich dreht es sich dabei um die Frage der Kontinuitäten. Mit Hinweis auf die bereits vor 1848 bestehenden Formen der Selbstorganisation wenden sich gegen die These DOMINIK BURKARD: 1848 als Geburtsstunde des deutschen Katholizismus? Unzeitgemäße Bemerkungen zur Erforschung des „Katholischen Vereinswesens", in: Saeculum 49 (1998), S. 61-106 und KARL HAUSBERGER: Die katholische Bewegung im Bayern des Vormärz als Wegbereiter des politischen Katholizismus in Deutschland, in: Rottenburger Jahrbuch für Kirchengeschichte 19 (2000), S. 93-105; ähnlich auch WILHELM DAMBERG: Revolution und Katholizismus in Preußen 1848, in: Rottenburger Jahrbuch für Kirchengeschichte 19 (2000), S. 65-78, der zudem auf die fehlende Kontinuität nach 1848 verweist. Zum zweifellos erfolgten Mobilisierungs- und Politisierungsschub im Jahr 1848 vgl. daneben HARDTWIG, S. 92, 104; HUG, S. 297-300, GRESCHAT, S. 25-28.

[12] Abdruck des Programms bei BACHEM, Josef Bachem, Bd. 2, S. 462-466 sowie bei HEINEN, Staatliche Macht und Katholizismus, S. 115-119. Zur Herkunft des Mottos vgl. BACHEM, Josef Bachem, Bd. 2, S. 14.

[...]

Zu *diesem* Kampfe rings im Land
Das *deutsche Banner* weht,
Seit deutscher Geist und deutsche Hand
Nicht mehr in Fesseln geht."[13]

Eine ähnliche programmatische Verknüpfung der verschiedenen Ebenen der Freiheitsbewegung verfolgte auch das *Rheinische Kirchenblatt*, das schon Ende März den Sturz des „alten Regiments" mit dem Hinweis auf „die unveräußerlichen Rechte christlicher Völker, sowohl in ihren politischen und nationalen, als auch in ihren socialen und religiösen Beziehungen" lebhaft begrüßte.[14] Im August scheint sie sich sogar der demokratischen Richtung angenähert zu haben, denn sie bedauert, dass Preußen noch nicht „aufrichtig eingetreten [ist] in die *neue demokratische Ordnung*".[15] In die Nähe der politischen Demokratie gerieten zeitweise auch andere traditionell katholische Presseorgane, so die *Rhein- und Moselzeitung* oder der *Westfälische Merkur*, ohne dass sie dabei von der Vertretung kirchlicher Interessen abgerückt oder für eine innerkirchliche Demokratisierung eingetreten wären. Daher greift das Urteil Karl Bachems zu kurz, diese Zeitungen seien vorübergehend vom katholischen ins „radikale" Lager *gewechselt*, vielmehr fand hier eine Kombination kirchlicher und politisch-demokratischer Interessen statt, wie sie im Rheinland mehrfach vorkam.[16] Das Beispiel der schlesischen *Allgemeinen Oder-Zeitung*, die bis 1848 streng konservativ-katholisch war, ab Juli 1848 dagegen offensiv für die politische

---

[13] „Das deutsche Banner", in: Nathanael 4 (1848), Nr. 6, S. 305.

[14] „Gegenwart und Zukunft. Ein Wort an die deutsche Nation von einem katholischen Geistlichen", in: RKB 5 (1848), Nr. 4, Sp. 121-126, hier Sp. 122. Der Artikel ist auch abgedruckt bei PESCH, Die kirchlich-politische Presse, S. 340-343. Der Chefredakteur Wilhelm Prisac distanzierte sich in der folgenden Ausgabe zwar von diesem Artikel, der in seiner Abwesenheit abgedruckt worden war, und warnte vor einer „Begünstigung der Anarchie". Offensichtlich konnte er sich mit seiner Position aber nicht durchsetzen, denn Mitte Juni gab er seinen Austritt aus der Redaktion bekannt. Vgl. Prisac, Wilhelm: „Erklärung", in: RKB 5 (1848), Nr. 5, Sp. 137 u. RKB 5 (1848), Nr. 16 v. 21.6.

[15] „Berlin, 23. August", in: RKB 5 (1848), Nr. 25 v. 27.8.

[16] Vgl. für Trier und Koblenz KARL-HEINRICH HÖFELE: Die Anfänge des politischen Katholizismus in der Stadt Trier (1848-1870), in: Trierer Jahrbuch 2 (1939), S. 77-112, hier S. 82-94; WEBER, Aufklärung und Orthodoxie, S. 149-166; JONATHAN SPERBER: Rhineland Radicals. The Democratic Movement and the Revolution of 1848-1849, Princeton 1991, S. 276-289. Bachems Beurteilung der beiden Blätter in BACHEM, Josef Bachem, Bd. 1, S. 194 u. Bd. 2, S. 164f. Ähnlich über die *Rhein- und Moselzeitung* auch LÖFFLER, S. 18. Dass die *Rhein- und Moselzeitung* jedoch ihren ‚katholischen Charakter' beibehielt, hat schon MÖNCKMEIER, S. 50-68 gezeigt. Der *Westfälische Merkur* wandte sich Anfang September 1848 ausdrücklich gegen innerkirchliche Demokratie. Vgl. „Schreiben aus Berlin, 4. September", in: WM 27 (1848), Nr. 217 v. 9.9.

Demokratie eintrat und sich gegen das kirchenpolitische Programm der katholischen Bewegung auszusprechen begann, blieb dagegen eine Ausnahme.[17] Auch wenn eine Hinwendung zur politischen Demokratie wohl kaum die Regel war, so führte doch auch die Generallinie der Pius-Vereinsbewegung mit der Bejahung der Märzfreiheiten als günstiges Setting zur Erreichung der kirchlichen Unabhängigkeit zu einer veränderten Haltung zur Revolution selbst. Zwar ist zu Recht darauf hingewiesen worden, dass sich im Revolutionsjahr 1848 kein grundsätzlicher ideologischer Gesinnungswechsel vollzogen hat und ‚die Revolution' zumeist prinzipiell immer noch als destruktive Kraft abgelehnt wurde.[18] Gleichzeitig produzierten aber doch der positive Umgang mit den Resultaten des Umsturzes und deren Ausnutzung für die politische Durchsetzung kirchlicher Interessen kurzzeitig eine mildere und nachsichtigere Einstellung zur konkret erfahrenen Revolution von 1848. Stefan Dietrich meint in seiner Regionalstudie für Württemberg sogar ein „neues positiv-optimistisches Deutungsmodell des Phänomens Revolution" auszumachen.[19]

Nicht nur das Kölner Wahlkomitee neigte dazu, den Umsturz heilsgeschichtlich einzubetten, indem sie ihn als ein Werk der „göttliche[n] Vorsehung" betrachtete.[20] Auch aus dem Gründungskreis der katholischen Vereinsbewegung in Mainz wurde befunden: „eine höhere Gewalt hat den morschen, ebenso aller moralischen wie materiellen Kraft entbehrenden Polizeistaat zusammengerüttelt".[21] Die Revolution als ein Mittel des göttlichen Heilsplans zur kirchlichen Befreiung anzusehen und ihr damit letztlich eine positive Qualität zuzusprechen, das war bereits Anfang der 1830er Jahre von Lamennais angeregt, im deutschen Katholizismus vor 1848 jedoch kaum und wenn, dann mit Ablehnung rezipiert worden.[22] Unter den

---

[17] Zur politischen Entwicklung der *Allgemeinen Oder-Zeitung* im Verlauf des Jahres 1848 vgl. MÜLLER, Die Breslauer politische Presse, S. 83-86.

[18] Vgl. BERGSTRÄSSER, Studien zur Vorgeschichte der Zentrumspartei, S. 134; JAEGER, S. 256-263, 278f.

[19] STEFAN J. DIETRICH: Christentum und Revolution. Die christlichen Kirchen in Württemberg 1848-1852, Paderborn u. a. 1996, S. 42, vgl. auch ebd., S. 38-42. HÜRTEN, Kurze Geschichte, S. 82 konstatiert immerhin „eine nicht unkritische, aber doch hoffnungsvolle Deutung" der revoltionären Umwälzung.

[20] Zit. nach dem Abdruck des Programms bei HEINEN, Staatliche Macht und Katholizismus, S. 116.

[21] So der *Katholik* bereits am 4. März. Zit. nach dem Abdruck ebd., S. 113.

[22] Vgl. SCHNEIDER, Katholiken auf die Barrikaden, S. 350. Lamennais hatte geschrieben: „Wir sind keineswegs unbedingte Lobsprecher aller Revolutionen, noch auch aller Handlungen ursprünglich noch so gerechter Revolutionen: aber das sagen wir, daß alle Revolutionen früher oder später die vollständige Befreiung der Kirche bewirken werden,

Bedingungen der Revolution von 1848 wurde diese Sicht jedoch plötzlich durchaus möglich und auch praktiziert. Die sich daraus ergebende positivere Sicht auf die Revolution sollte sich auf die Beurteilung der Polen und der revolutionären Vorgänge in Posen ebenso auswirken, wie das bereits im obigen Zitat aus dem *Katholik* anklingende Deutungsmuster, nach dem für die Revolution nicht die Aufständischen, sondern die herrschende Macht verantwortlich gemacht wurde. In der ersten Ausgabe des neugegründeten katholischen *Mainzer Journals* wurde darauf hingewiesen, „daß unser Vaterland und mit ihm ein bedeutender Theil von Europa in unsern Tagen großentheils darum an den Rand des Verderbens gerathen ist, weil seine Politiker [...] so wenig von Religion verstanden und so wenig auf sie Rücksicht genommen haben."[23] Dieses Kausalprinzip, das die Verantwortung für die Revolution einer religiös ignoranten Regierung zuwies, sollte auch im polnischen Fall seine Anwendung finden.

Die abgenomme Distanz zum Phänomen Revolution unter den spezifischen Umständen des Jahres 1848, die sich auch auf das Verhältnis zu Polen auswirken sollte, war nicht von Dauer. Bereits zum Ende des Jahres wuchsen wieder Reserve und Ablehnung. Insbesondere die Bischöfe erkannten, dass unter den veränderten Bedingungen auch mit den alten monarchischen Kräften ein Übereinkommen über die Stellung der Kirche im Staat möglich sein würde, das die in der Verfassung der Paulskirche zugestandenen Rechte in derselben oder in sogar noch vorteilhafterer Weise gewähren würde. Tatsächlich ging die oktroyierte Verfassung in Preußen vom 5. Dezember 1848 über die Zugeständnisse der Nationalversammlung noch hinaus und galt fortan als „Magna Charta der Kirchenfreiheit".[24] Aus kirchenpolitischer Sicht war damit das Bündnis mit dem politischen Liberalismus unnötig geworden.

Daneben hatte ‚die Revolution' wieder bedrohlichere Züge angenommen. Nicht nur, dass sie sich in eine soziale Revolution umzuwandeln drohte, sie schien sich auch zunehmend gegen die Kirche zu wenden. Diese Furcht erhielt Auftrieb durch die Flucht Papst Pius IX. aus der in Rom herrschenden Revolution Ende November 1848, galt doch gerade Pius IX. als liberaler Papst, auf den bei Bekundungen einer positiven Haltung zur

---

und daß sie unter diesem Gesichtspunkte zu den Absichten der Vorsehung gehören." Diese Passage war in Deutschland erschienen in: KKZ 3 (1831), Nr. 74 v. 15.9., S. 602 (hier zit. nach VALERIUS, S. 220).

[23] „An unsere deutschen Mitbürger", in MJ 1 (1848), Nr. 1 v. 6.6. (Probenummer). Zum *Mainzer Journal* im Jahr 1848 vgl. DIEHL; WIESEOTTE, Das Mainzer Journal; DERS., F.J. Sausen.

[24] LILL, Die Auswirkungen der Revolution von 1848, S. 497; vgl. auch SPERBER, Kirchen, S. 954.

Revolution häufig bezug genommen wurde.[25] Konkreter war die Gefährdung der bestehenden hierarchischen Struktur durch das Hineindringen des demokratischen Prinzips in das Innere der Kirche. Besonders im Südwesten Deutschlands, aber nicht nur hier, hatte die Revolution die innerkirchlichen Reformkräfte beflügelt, die für eine synodale Kirchenorganisation eintraten. Das ultramontane Geschichtsbild, nach dem die kirchliche Reformation des 16. Jahrhunderts langfristig zur politischen Revolution geführt habe, schien sich hier in umgekehrter Richtung zu aktualisieren: Die politische Revolution machte auch vor den Toren der Kirche nicht halt, sondern griff auf den innerkirchlichen Bereich über. Die ultramontanen Gegenkräfte sahen sich auf den Plan gerufen und konnten sich auch letztlich durchsetzen.[26] Zeitgleich mit dem Einsetzen der politischen Reaktion hatte ,die Revolution' auch im deutschen Katholzismus somit wieder ihr bedrohliches und abschreckendes Gesicht zurückerhalten.

7.1.2 Revolution in Posen und ein neues Teilungsprojekt

Für die Polen des Großherzogtums Posen waren die revolutionären Ereignisse in Berlin, die zur Einsetzung der liberalen Märzminister und der königlichen Ankündigung einer preußischen Verfassung sowie einer bundesstaatlichen Umgestaltung des Deutschen Bundes führten, ebenfalls ein Signal des Aufbruchs.[27] Bereits am 20. März – dem selben Tag, an dem die

---

[25] Vgl. beispielhaft [GEORGE PHILLIPS:] „Über die Stellung der Katholiken zu der gegenwärtigen deutschen Bewegung. Den 22. März", in: HPBKD 21 (1848), S. 423-450. Vgl. zu der Bedeutung Pius IX. in dieser Hinsicht BACHEM, Josef Bachem, Bd. 2, S. 139; HÜRTEN, Kurze Geschichte, S. 83; DIETRICH, S. 20-26; KLUG, Rückwendung, S. 331.

[26] Vgl. für den Südwesten eindrucksvoll HUG. Ablesbar ist diese Entwicklung auch an der katholischen Presse, die zumeist noch während des Jahres 1849 wieder auf einen streng antirevolutionären Kurs einschwenkte. Vgl. beispielhaft BACHEM, Josef Bachem, Bd. 2, S. 155, 162, 220-250 zur *Augsburger Postzeitung*, dem *Mainzer Journal* und der *Deutschen Volkshalle*.

[27] Zum folgenden vgl. sehr gut einführend die Aufsätze von KRZYSZTOF MAKOWSKI: Das Großherzogtum Posen im Revolutionsjahr 1848, in: 1848/49 - Revolutionen in Ostmitteleuropa, hg. v. RUDOLF JAWORSKI u. ROBERT LUFT, München 1996, S. 149-172 und STANISŁAW NAWROCKI: Die revolutionären Ereignisse im Großherzogtum Posen und Westpreußen in den Jahren 1848-1849, in: Deutsche und Polen in der Revolution 1848-1849. Dokumente aus deutschen und polnischen Archiven, hg. v. HANS BOOMS u. MARIAN WOJCIECHOWSKI, Boppard/R. 1991, S. 27-44. Die ältere deutsche Literatur behandelt die Thematik häufig in einer einseitig nationalistischen Perspektive, so z.B. WOLFGANG KOHTE: Deutsche Bewegung und preußische Politik im Posener Lande 1848-49, Posen 1931 und MANFRED LAUBERT: Die preussische Polenpolitik von 1772-1914, 3., verb. Aufl., Krakau 1944. Davon heben sich wohltuend ab die sehr lebendige erste Gesamtdarstellung in deutscher Sprache von HANS SCHMID: Die polnische Revolution des Jahres 1848 im Großherzogtum Posen, Weimar 1912 und WOLFGANG HALLGARTEN: Studien über die deutsche

seit dem Polenprozeß inhaftierten Polen in Berlin-Moabit auf Druck der Berliner Öffentlichkeit freigelassen und von einer begeisterten Volksmenge gefeiert wurden[28] – bildete sich in Posen ein polnisches Nationalkomitee, das sofort eine Delegation unter der Führung des Erzbischofs Leon Przyłuski zum König entsandte, um ihm die Forderung nach politischer Selbstbestimmung zu übermitteln. Die Umstände waren nicht ungünstig: Der König stand unter dem unmittelbaren Druck der Revolution und die zunächst noch sehr polenfreundliche öffentliche Meinung Deutschlands präsentierte sich ihm in einer süddeutschen Delegation, die, angeführt von Max von Gagern, offen die ,Freigebung' Polens verlangte. Schließlich verfolgte der neue preußische Außenminister Heinrich Alexander von Arnim-Suckow zu dieser Zeit eine Politik der außenpolitischen Umorientierung nach Westen. Im Zuge dieser Politik erwog Arnim im Falle eines für wahrscheinlich gehaltenen Krieges mit Rußland die Freigabe des Großherzogtums Posen zur Bildung eines neuen polnischen Staates.[29] Unter diesen Umständen sah sich Friedrich Wilhelm IV. gezwungen, auf die abgemilderten Forderungen der polnischen Delegation einzugehen und versprach am 24. März eine „nationale Reorganisation" des Großherzogtums. Diese Zusage beinhaltete im Prinzip nicht mehr als die Garantien von 1815, nämlich eine Berücksichtigung der polnischen Nationalität bei der Verwaltung des Großherzogtums, die Besetzung der maßgeblichen Ämter durch Polen und eventuell die Bildung eines polnischen Armeekorps. Zudem wurde die Umsetzung der Reorganisationsordre von der Aufrechterhaltung der öffentlichen Ordnung und gesetzlichen Autorität in der Provinz abhängig gemacht.

Polenfreundschaft in der Periode der Märzrevolution, München u. Berlin 1928. Die erste ausführliche Arbeit von polnischer Seite wurde noch 1848 veröffentlicht: JAN KOŹMIAN: Stan rzeczy w W. Księstwie Poznańskiem, in: DERS.: Pisma, Bd. 1, Poznań 1888, S. 1-211. Koźmian, obwohl ultramontan, hatte selbst eine militärische Einheit aufgebaut und an den Auseinandersetzungen teilgenommen (vgl. MATUSIK, Religia i naród, S. 130-137). Wichtige polnische Arbeiten sind JÓZEF FELDMAN: Sprawa polska w roku 1848, Kraków 1933 und KIENIEWICZ, Społeczeństwo.

[28] Vgl. RÜDIGER HACHTMANN: Berlin 1848. Eine Politik- und Gesellschaftsgeschichte der Revolution, Bonn 1997, S. 222f. sowie die anonyme Flugschrift „Die Öffnung des Polenkerkers in den blutigen Tagen in Berlin", in: Deutsche und Polen in der Revolution 1848-1849. Dokumente aus deutschen und polnischen Archiven, hg. v. HANS BOOMS u. MARIAN WOJCIECHOWSKI, Boppard/R. 1991, S. 173f.

[29] Zu der preußischen Polenpolitik und dem Scheitern Arnims vgl. neben der oben angegebenen Literatur vor allem den Aufsatz von HAHN, Polen im Horizont; daneben auch HEINZ BOBERACH: Die Posener Frage in der deutschen und der preußischen Politik 1848-1849, in: Deutsche und Polen in der Revolution 1848-1849. Dokumente aus deutschen und polnischen Archiven, hg. v. HANS BOOMS u. MARIAN WOJCIECHOWSKI, Boppard/R. 1991, S. 17-26.

Unabhängig davon sah sich das polnische Nationalkomitee in Posen durch die Meldungen aus Berlin in ihrer bereits laufenden Tätigkeit bestätigt, die Verwaltung des Großherzogtums durch Einsetzung polnischer Amtsträger sukzessive zu übernehmen und bewaffnete Verbände aufzustellen, die gleichermaßen der revolutionären Machtergreifung vor Ort und der Befreiung der anderen Teilungsgebiete in einem Krieg gegen Rußland dienen sollten. Ende März übernahm Ludwik Mierosławski, der im Berliner Polenprozess durch sein aufsehenerregendes Auftreten breite Bekanntheit erlangt hatte, den Oberbefehl über die in Aufstellung befindlichen polnischen Einheiten.

Diesen Tendenzen traten jedoch die alten preußischen Eliten von Bürokratie und Militär des Großherzogtums entgegen. Der militärische Befehlshaber der Provinz, General Ferdinand August von Colomb, untersagte die Bewaffnung der Polen, rief Anfang April den Belagerungszustand in Posen aus und entsandte mobile Kolonnen zur Pazifizierung der Provinz, d.h. zur Auflösung der polnischen Einheiten. Er tat dies auf ausdrückliche Anordnung des Königs, während die preußische Märzregierung den polenfreundlichen und auf Ausgleich setzenden General Wilhelm von Willisen in das Großherzogtum schickte, der mit den Polen über ihre Entwaffnung als Voraussetzung für eine nationale Reorganisation verhandeln sollte. Am 11. April erzielte Willisen im Abkommen von Jarosławice eine Einigung. Parallel dazu gab der König an Colomb jedoch die Order, die öffentliche Ordnung mit allen Mitteln aufrechtzuerhalten und energisch gegen die polnischen Verbände vorzugehen. Zur selben Zeit kündigte er eine Teilung des Großherzogtums nach nationalen Kriterien an. Während Willisen das Großherzogtum am 17. April für pazifiziert und reorganisationsbereit befand, erklärte Colomb wenig später die Konvention von Jarosławice wegen Verstöße der Polen als gebrochen und daher als nicht mehr bindend. In den folgenden drei Wochen kam es zu massiven militärischen Auseinandersetzungen zwischen polnischen und preußischen Verbänden, die mit der Zerschlagung der polnischen Truppen und deren Kapitulation endeten. Am 5. Mai verhängte der neue königliche Kommissar General Ernst von Pfuel, der an die Stelle Willisens trat, den Kriegszustand über die Provinz Posen.

Noch während der militärischen Auseinandersetzungen war von der Bundesversammlung auf preußischen Antrag hin die Aufnahme des westlichen Teils des Großherzogtums in den Deutschen Bund beschlossen worden. Eine „nationale Reorganisation" war nur noch für den östlichen Teil vorgesehen, dessen Territorium noch mehrmals verkleinert wurde. Die Frankfurter Nationalversammlung bestätigte nach einer dreitägigen Debatte im Juli 1848 die Teilung Posens und beschloß im Februar 1849 nochmals eine Verkleinerung des außerhalb Deutschlands verbleibenden und einer nationalen Reorganisation zur Verfügung stehenden Teils. Bereits zu diesem Zeitpunkt war jedoch fraglich, ob die Beschlüsse der Paulskirche durchsetzbar sein würden. Bereits im Oktober 1848 hatte die in Berlin parallel tagende Preußische Nationalversammlung die Teilung Posens nicht anerkannt und beschlossen, dass die Provinz als Ganzes Teil des preußischen Staates bleiben sollte. Die bald darauf einsetzende preußische Reaktion schloß sich dem in der oktroyierten Verfassung vom 5. Dezember 1848 an. In den folgenden Jahren wurde das Teilungsprojekt ganz fallengelassen und 1851 schließlich wieder die formale Ausgliederung der westlichen Teile Posens sowie Westpreußens aus dem Deutschen Bund vorgenommen.[30]

Somit hatte sich das staatsrechtliche Verhältnis der polnischen Teilungsgebiete zu Deutschland nicht verändert. Was sich im Revolutionsjahr jedoch verändert hatte, war das deutsch-polnische Verhältnis: War im März 1848 der Mythos von der deutschen Polenfreundschaft durchaus noch lebendig gewesen, so war er nach den Ereignissen des Jahres 1848 weder auf deutscher noch auf polnischer Seite mehr existent. An seine Stelle war das Paradigma des nationalen Gegensatzes getreten.[31]

7.2 Die katholische Presse und die Polenfrage

7.2.1 Polenpolitik und Parallelerfahrung

Das Interesse und der Einsatz der katholischen Presse für die Rechte der polnischen Minderheit in Preußen gewannen im Revolutionsjahr 1848 eine neue Qualität. Die Beschäftigung mit der Lage der Polen im preußischen Staat und die damit zusammenhängende Kritik an der preußischen Regierungspraxis weiteten sich nicht nur quantitativ aus – ablesbar an der Zahl der Artikel in der durch die Pressefreiheit aufblühenden katholischen Presse –, sie war auch wesentlich intensiver, politischer und in der Kritik schärfer. Obwohl auch jetzt der Schwerpunkt des Interesses und der Kritik bei der Verbindung germanisierender und dekatholisierender Tendenzen der preußischen Polenpolitik lag, war der Bezug in der katholischen Presse doch nun häufig ein anderer. In den Jahren vor und vermehrt auch wieder nach 1848 waren es die negativen Auswirkungen einer repressiven Sprachen- und Schulpolitik auf das kirchliche Leben der östlichen Provinzen selbst gewesen, die den Deutungsrahmen und den Motivationsimpuls

---

[30] Zu der sukzessiven Revision des Teilungsprojektes nach 1848 vgl. HALLGARTEN, S. 103-111; KOHTE, S. 185-202.

[31] Vgl. näher dazu Kap. 7.2.2.

für die kritische Haltung des deutschen Katholizismus abgaben. In den Berichten und Kommentaren des Jahres 1848 kamen dagegen andere Faktoren zum Tragen, die stärker mit der eigenen Haltung zum preußischen Staat, dem wachsenden katholischen Eigenbewusstsein und den Auswirkungen der Revolution zusammenhingen.

Insbesondere die Organe der preußischen Katholiken in den Westprovinzen und in Schlesien bildeten ein Forum, auf dem die Polenpolitik Preußens, wie sie zwischen 1815 und 1848 betrieben worden war, nun offen angeprangert wurde. Berichte und Dokumente, welche über die gleichzeitig germanisierenden und protestantisierenden Tendenzen der preußischen Politik Auskunft gaben, wurden hier bereitwillig aufgenommen und verbreitet. So wurde beispielsweise die Denkschrift und das dazugehörige umfangreiche „Promemoria, betreffend die Beeinträchtigungen der katholischen Kirche im Großherzogthum Posen seit der königlich preußischen Besitznahme", das der polnische Erzbischof Przyłuski von Gnesen-Posen und seine Metropolitankapitel im Juni 1848 veröffentlicht hatten, mehrfach in katholischen Zeitschriften auf der Titelseite beginnend abgedruckt oder empfohlen und äußerst positiv kommentiert.[32] Anders als der Untertitel des Promemorias vermuten lässt, gab es nicht nur eine Auflistung der verschiedenen Formen der Benachteiligung der katholischen Kirche, sondern ging auch ausführlich auf die Verknüpfung konfessioneller Schikanen mit germanisierenden Absichten der Regierung ein und beklagte die widerrechtliche Nichtgewährung der nationalen Rechte der Polen generell. Die *Rheinische Volkshalle*, die 1848 als katholische Tageszeitung gegründet wurde, empfahl die „herrliche" Denkschrift ihren Lesern ebenso dringend zur Lektüre wie zuvor schon das *Schlesische Kirchenblatt*, das die Schrift, die mehr als jede andere die allgemeinste Verbreitung verdiene, jedem preußischen und deutschen Katholiken ans Herz legte.[33] Der Kommentar des *Rheinischen Kirchenblattes*, das die Denkschrift vollständig abdruckte, gibt einen Einblick in die Motivstruktur und die Ursachen für das gewachsene und geschärfte Interesse des deutschen Katholizismus im Revolutionsjahr an dem politischen Umgang mit der polnischen Minderheit. Die hohe Glaubwürdigkeit der Schrift und das besondere Interesse an ihr wurden hier

---

[32] Vgl. Katholik 28 (1848), Nr. 72-74 v. 16., 18. u. 21.6., S. 289ff., 293-300; RKB 5 (1848), Nr. 18-22 v. 9., 16., 23., 30.7. u. 6.8.; „Vom Rhein, 8. Okt.", in: RVH 1 (1848), Nr. 11 v. 13.10. sowie in: SKB 14 (1848), Nr. 31 v. 29.7., S. 383f.

[33] „Vom Rhein, 8. Okt.", in: RVH 1 (1848), Nr. 11 v. 13.10.; Rez. „Promemoria, betreffend die Beeinträchtigungen der katholischen Kirche im Großherzogthum Posen seit der königlich preußischen Besitznahme, Posen 1848", in: SKB 14 (1848), Nr. 31 v. 29.7., S. 383f.

nämlich damit begründet, dass sie „in den meisten Theilen mit unsern eigenen traurigen Erfahrungen übereinstimmt".[34]

Offensichtlich war es das Gefühl der gemeinschaftlichen Benachteiligung als Katholiken unter preußischem Zepter, das nun eine solidarische Haltung mit den Polen produzierte, und das unter den neuen Bedingungen des freien Wortes und der freien Presse auch öffentlich formulierbar und kommunizierbar wurde und damit an Verbreitung und Festigung gewann. Bereits in der zweiten Aprilhälfte hatte eine Korrespondenz aus Westpreußen ebenfalls im *Rheinischen Kirchenblatt* die Germanisierungs- und Protestantisierungspolitik Preußens seit den Teilungen in einer Weise geschildert, die eigene Negativerfahrungen der Katholiken in den preußischen Westprovinzen aufrief. Es war hier die Rede von einem forcierten Zuzug von Protestanten und ihrer materiellen und beruflichen Bevorzugung in ansonsten katholischen Gegenden, von der gezielten Besetzung von Ämtern in Justiz, Verwaltung und Schule mit neu zugezogenen protestantischen Beamten und der entsprechenden Benachteiligung der angestammten katholischen Bevölkerung. Dies waren Vorgänge, welche die Katholiken der Provinzen Rheinland und Westfalen, die wie Posen auf dem Wiener Kongress 1815 als „Trostpreise"[35] für das eigentlich anvisierte Sachsen an Preußen gegangen waren, aus ihrer eigenen Erfahrung mit dem preußischen Gouvernement zu kennen glaubten. Auch in den Westgebieten waren die Klagen zahlreich und laut über eine Protestantisierungspolitik Preußens, die der Integration der neuen Provinzen dienen sollte, und zu deren Zweck nicht nur die gemischten Ehen gefördert, sondern auch systematisch protestantische Beamte von außerhalb der Provinz eingesetzt worden waren, die ihr Überlegenheitsgefühl über der eingesessenen katholischen Bevölkerung nicht selten offen zur Schau stellten.[36] Entsprechend sensibel und soli-

---

[34] „Denkschrift des Erzbischofs von Posen", in: RKB 5 (1848), Nr. 18 v. 9.7.

[35] HAGEN, S. 78.

[36] Eine Sammlung derartiger Klagen war 1835 anonym in Augsburg im sogenannten ‚Roten Buch' u.d.T. „Beiträge zur Kirchengeschichte des neunzehnten Jahrhunderts in Deutschland" erschienen, das von dem Begründer der Zeitschrift *Der Katholik* und späteren Straßburger Bischof Andreas Räß verfasst worden war. Für eine ähnliche, 1842 ebenfalls anonym und außerhalb Preußens veröffentlichte Schrift u.d.T. „De la Prusse et de sa domination sous les rapports politique et religieux spécialement dans les nouvelles provinces" hatten u.a. die Brüder August und Peter Reichensperger das Material geliefert. Vgl. WINFRIED BECKER: Staat, Kirche und Demokratie bei Gustave de Failly und Wilhelm Emmanuel von Ketteler 1842/1848. Ein Beitrag zum Verhältnis zwischen der „démocratie chrétienne" und dem deutschen politischen Katholizismus, in: Kirche, Staat und Gesellschaft im 19. Jahrhundert. Ein deutsch-englischer Vergleich, hg. v. ADOLF M. BIRKE u. KURT KLUXEN, München u.a. 1984, S. 67-86, hier S. 69f.; PASTOR, Bd. 1, S. 78-82; HANS-JÜRGEN BECKER: August Reichensperger (1808-1892), in: Rheinische Lebensbilder, hg. v. WILHELM JANSSEN, Bd. 10, Bonn 1985, S. 141-158, hier S. 147; WINFRIED BECKER:

darisch musste die Reaktion der deutschen Katholiken ausfallen, wenn sie von der verletzenden Überheblichkeit der preußisch-protestantischen Beamten im Osten gegenüber den dortigen polnischen Katholiken lasen, wie es aus Westpreußen berichtet wurde:

> „[K]atholisch – polnisch – und dumm, zu Nichts brauchbar, das war ihnen [den zugezogenen Deutschen] synonim, und davon machten sie kein Hehl; auf die ‚katholischen Pfaffen', den Aberglauben u.s.w. wurde losgezogen wie auf grün protestantischer Erde."[37]

Das eigene Gefühl der ungerechten Zurücksetzung aufgrund der Konfession wurde durch solche Berichte aufgerufen und aktualisiert. Die preußische Polenpolitik geriet in dieser Perspektive, wie eine weitere neu gegründete katholische Tageszeitung, das *Mainzer Journal*, schrieb, zu einem „Seitenstück", zu einem besonders „grelle[n] Bild desselben religiösen Zerwürfnisses" zwischen einer protestantischen Regierung und einer katholischen Bevölkerung, wie man es selbst erlebte.[38] Dieser eigene Erfahrungshintergrund führte zur Ausbildung einer solidarischen Grundstimmung, die zwar in erster Linie auf der Parallele der konfessionellen Benachteiligung beruhte, sich jedoch auch auf die Beurteilung der nationalen Diskriminierung der Polen auswirkte, die von der konfessionellen nicht zu trennen war und diese potenzierte. Germanisierung und Dekatholisierung erschienen in den Ostprovinzen als die zwei Seiten derselben Medaille, von der die Katholiken im Westen selbst nur die eine kennengelernt hatten. Doch auch in den Westprovinzen formte sich ein starkes landespatriotisches Eigenbewusstsein mit partikularistischen Zügen gegen die preußische Herrschaft aus, so dass die *Rheinische Volkshalle* 1848 wiederholt größere Selbständigkeit für die Westprovinzen forderte und einen eigenen Landtag verlangte.[39] Vor diesem Hintergrund kritisierte der *Westfälische Merkur*, die Tageszeitung der westfälischen Katholiken, im April 1848 die systematisch und rücksichtslos

---

Peter Reichensperger (1810-1895), in: Zeitgeschichte in Lebensbildern. Aus dem deutschen Katholizismus des 19. und 20. Jahrhunderts, hg. v. JÜRGEN ARETZ, RUDOLF MORSEY u. ANTON RAUSCHER, Bd. 5, Mainz 1982, S. 41-54, hier S. 44f. Von einer preußischen Doktrin zur Protestantisierung des Rheinlandes, wie sie der preußische Außenminister Johann Friedrich Ancillon in den 1830er Jahren angeblich verlangt hatte, ging 1912 auch noch Karl Bachem aus (vgl. BACHEM, Josef Bachem, Bd. 1, S. 33-67 u. DERS.: Vorgeschichte, Geschichte und Politik der deutschen Zentrumspartei, Bd. 1, S. 148-153).

[37] „Aus Westpreußen, 22. April", in: RKB 5 (1848), Nr. 9, Sp. 207ff., hier Sp. 208.

[38] „Eine Nutzanwendung bei Gelegenheit der Posener Frage", in: MJ 1 (1848), Nr. 46 v. 31.7.

[39] Vgl. BACHEM, Josef Bachem, Bd. 2, S. 75f.

betriebene Germanisierungspolitik der vergangenen Jahrzehnte im polnischen Teilungsgebiet als „eine Unmoralität sonder Gleichen".[40]

Doch warum ergab sich diese solidarische Haltung, die auf der Entdeckung einer parallelen Erfahrung der Benachteiligung beruhte und sich auch auf den politischen Bereich auswirkte, erst im Revolutionsjahr 1848, obwohl es in den Jahren zuvor, z.b. während der Verhaftung der Erzbischöfe von Köln und Posen, dafür ebenfalls Gelegenheiten gegeben hätte? Ausschlaggebend waren sowohl die Revolution selbst als auch ihre Auswirkungen auf die Polen und den Katholizismus in Deutschland. Die Revolution schuf mit der Pressefreiheit zumindest in Preußen überhaupt erst die äußeren Voraussetzungen, um offen über die preußische Polenpolitik zu berichten und einen kritischen politischen Standpunkt dazu zu formulieren. Gleichzeitig brachte sie die sogenannte ‚polnische Frage', also die Frage nach der politischen Zukunft der polnischen Nation, wieder auf die Tagesordnung. In dieser Hinsicht wurde in der deutschen Öffentlichkeit eine lebhafte Diskussion über den Status des Großherzogtums Posen, seine zukünftige Rolle inner- oder außerhalb Preußens und Deutschlands geführt, in deren Zusammenhang auch immer wieder auf die preußische Polenpolitik der vergangenen Jahrzehnte eingegangen wurde. Diese Diskussion wurde vom Frühjahr bis zum Herbst 1848 besonders heftig geführt und durch revolutionäre Ereignisse im Großherzogtum selbst stark aufgeheizt. Der entscheidende Punkt war jedoch die starke Mobilisierung und Politisierung, die der Katholizismus im Revolutionsjahr erfuhr und die zu seiner aktiven Beteiligung an der allgemeinen politischen Diskussion führte. Für seine Haltung zur polnischen Minderheitenfrage und zur ‚polnischen Frage' überhaupt war dies insofern von Bedeutung, als zum einen, z.B. durch das Erscheinen zahlreicher neuer Tageszeitungen, die katholisch *und* politisch sein wollten, eine breitere quantitative wie qualitative Grundlage für eine kritische Beschäftigung bestand. Zum anderen führte das Engagement für möglichst weitgehende kirchliche Freiheitsrechte vom Staat unter Ausnutzung der liberalen Freiheitsrechte zu einer grundsätzlich positiveren Haltung zu den Rechten und der Autonomie der Bevölkerung gegenüber dem Staat, die auch auf die polnische Minderheit übertragbar war. Der Kampf für kirchliche Rechte, der im Revolutionsjahr für den Katholizismus immer im Zentrum stand, führte schließlich zu einer besonders sensiblen Haltung gegenüber Verletzungen dieser Rechte, wie sie in der Verknüpfung preußischer Germanisierungs- und Dekatholisierungspolitik gesehen wurden.

Die Art und Weise, wie das paradoxe Arrangement mit den Folgen der Revolution von 1848 trotz prinzipieller Ablehnung jeglicher Revolution an sich begründet wurde, wirkte sich auch auf die Beurteilung der Vorgänge

---

[40] „Ueber die polnische Frage", in: WM 27 (1848), Nr. 98 v. 23.4.

in Posen und der polnischen Freiheitsbewegung aus. Obwohl jede Beteiligung an einer Revolution grundsätzlich als illegitim galt, wurde angesichts der einhergehenden Befreiung der Kirche von staatlichem Druck die Verantwortung für den Revolutionsausbruch weniger den Revolutionären als dem Regime zugeschrieben, das die *berechtigten* Freiheitsforderungen sowohl der Kirche als auch der Bevölkerung unrechtmäßig unterdrückt habe.[41] Der Bezug auf die dauerhafte Unterdrückung althergebrachter Rechte stellte letzlich eine sowohl konservative als auch positive Deutung der Revolution dar und verringerte die traditionelle Distanz zum Phänomen der Revolution. Die Etablierung eines positiven Deutungsmodells der Revolution mit heilsgeschichtlicher Einbettung, wie Stefan Dietrich sie für den württembergischen Katholizismus des Jahres 1848 nachweisen konnte, setzte sich auch in der Interpretation des Verhältnisses des preußischen Staates zur polnischen Minderheit und den Vorgängen im Großherzogtum Posen während des Revolutionsjahres durch.[42]

Bereits im Januar 1848, also noch vor dem Ausbruch der Revolution in Frankreich, schrieb der Mainzer *Katholik* in bezug auf die Behandlung der polnischen Katholiken durch die preußische Regierung von „destructive[n] Tendenzen gegen die bestehende wohlberechtigte Ordnung der Dinge".[43] Hinter dieser Formulierung scheint bereits die Charakterisierung des preußischen Regimes als des eigentlichen Revolutionärs auf. Im Laufe der Berichterstattung über die Auseinandersetzungen im Großherzogtum Posen in den folgenden Monaten tauchte dann immer wieder das Deutungsmuster von der Verantwortung der preußischen Regierung auf, das mit ihrer verfehlten Nationalitäten- und Konfessionspolitik zur Radikalisierung der Polen und zur Aufheizung der politischen Lage geführt habe. Insbesondere durch die langjährige Hintansetzung, Schikanierung und Untergrabung der katholischen Konfession sei der Hass der Polen gegen Preußen und in ihm gegen Deutschland überhaupt angefacht und genährt worden, schrieb beispielsweise das *Mainzer Journal* noch Ende Juli 1848.[44] Auch das *Schlesische Kirchenblatt* hielt es etwa zur selben Zeit für natürlich, dass die Polen in den Deutschen nur noch ihre Bedrücker und ärgsten Feinde erkannten,

---

[41] Zum ambivalenten Verhältnis des Katholizismus zur Revolution von 1848 vgl. neben der in Kap. 7.1.1 angegebenen Literatur besonders JAEGER und die Regionalstudien für Baden und Württemberg von HUG und DIETRICH.

[42] DIETRICH, S. 17-42 zeigt jedoch ebenso deutlich, dass dieses Deutungsmodell schon kurze Zeit später wieder in den Hintergrund gedrängt wurde.

[43] „Aus der Erzdiöcese Posen, 9. Januar", in: Katholik 28 (1848), Nr. 6 v. 14.1., S. 24.

[44] „Eine Nutzanwendung bei Gelegenheit der Posener Frage", in: MJ 1 (1848), Nr. 46 v. 31.7.

die ihnen den Glauben und die Nationalität verkümmern und entziehen wollten, und stellte abschließend fest: „Die ärgste Erbitterung der Polen gegen die Deutschen mußte die Folge eines solchen Systems sein."[45] Der *Westfälische Merkur* schließlich bezeichnete das revolutionäre Aufbegehren der preußischen Polen im Jahr 1848 angesichts der langjährigen Germanisierungs- und Protestantisierungspolitik als „die minder strafbare Contrerevolution".[46]

Damit knüpfte der deutsche Katholizismus erstmals an eine positive Bewertung von Volksaufständen an, wie sie im Umkreis Lamennais' zu Anfang der 1830er Jahre vorgenommen worden war. Der neapolitanische Theatinerpater und Lamennais-Übersetzer Gioacchino Ventura hatte damals formuliert: „Es ist sicher, daß die Völker gegenwärtig die Religion wollen und die Regierungen sie ihnen verweigern ... Die Revolution ist nicht mehr in den Völkern, sondern in den Kabinetten, von welchen sie weiter die Gesellschaft verpestet."[47]

7.2.2 Liberaler Stimmungswandel, deutschposener Agitation und katholische Berichterstattung

In der deutschen Öffentlichkeit hatte es nach Ausbruch der Revolution zunächst erhebliche Sympathien für die polnische Unabhängigkeitsbewegung gegeben. In den ersten Tagen und Wochen wurde allgemein ein gemeinsamer Krieg mit den Polen gegen Russland erwartet, der die Revolution weiter nach Osten tragen und das letzte ‚Bollwerk der Reaktion' zu Gunsten eines freien und verbündeten polnischen Staates im Osten Deutschlands zu Fall bringen würde. Die pro-polnische Stimmung änderte sich jedoch in dem Maße, wie die Option des Krieges und die damit verbundenen Hoffnungen verblaßten. Statt einer Weiterführung der Revolution wurde zunehmend einer Stabilisierung der Situation und der Bestandssicherung der erzielten Ergebnisse das Wort geredet, zumal sich im Südwesten Deutschlands die Transformation in eine soziale Revolution bedrohlich abzuzeichnen begann. Die zunehmende Abneigung gegen eine Fortführung der Revolution bezog sich auch auf die polnische Bewegung im Großherzogtum Posen. Die liberale öffentliche Haltung wandelte sich innerhalb weniger Wochen von einem Enthusiasmus der Völkerverbrüderung im Kampf für die gemeinsame Freiheit hin zu einer volksegoisti-

---

[45] Rez. „Promemoria, betreffend die Beeinträchtigungen der katholischen Kirche im Großherzogthum Posen seit der königlich preußischen Besitznahme, Posen 1848", in: SKB 14 (1848), Nr. 31 v. 29.7., S. 383f., hier S. 384.

[46] „Ueber die polnische Frage", in: WM 27 (1848), Nr. 98 v. 23.4.

[47] Zit. nach SCHATZ, Aufklärung, S. 14 (Auslassung im Zitat).

schen Konzentration auf die Wahrung der eigenen nationalen Interessen. Bereits Mitte April konstatierte ein Artikel in der katholischen *Rhein- und Moselzeitung*: „die Polenfrage nimmt in Deutschland eine Wendung."[48] Verantwortlich dafür war unter anderem die massive Agitation der deutschen Minderheit des Großherzogtums Posen. Noch im März hatte sich dort ein deutsches Nationalkomitee zur Vertretung deutscher Interessen gebildet, das eine polnische Reorganisation der Provinz oder gar deren Selbständigkeit verhindern wollte. Schon früh trat man hier für eine Teilung des Großherzogtums nach nationalen Kriterien ein und für die Angliederung der westlichen Teile an die benachbarten Provinzen oder zumindest ihre Aufnahme in den Deutschen Bund. Vertreter des Nationalkomitees versuchten intensiv auf die breite deutsche Öffentlichkeit und vor allem auf die liberale Presse einzuwirken und für ihren Standpunkt Propaganda zu betreiben. Besonders engagierten sich dabei der Abgeordnete der Frankfurter Paulskirche Samuel Gottfried Kerst und der Presseagent des Posener Komitees, Robert Hepke.[49] Sie bemühten sich erfolgreich, eine negative Stimmung gegen die Polen herzustellen, indem sie die gewaltsamen Auseinandersetzungen im Großherzogtum, an denen sich auch die deutsche und polnische Bevölkerung beteiligt hatten,[50] einseitig zu Lasten der Polen darstellten und den Schwerpunkt auf die Übergriffe von polnischer Seite auf die Deutschen legten. Wie Wolfgang Kohte 1931 anerkennend fest-

---

[48] „Polen und die nordischen Mächte. Bonn, 9. April", in: RMZ 17 (1848), Nr. 87 v. 12.4. Zum Wandel der Stimmung vgl. für Berlin HACHTMANN, Berlin 1848, S. 665ff.

[49] Zu deren Tätigkeit vgl. das Kapitel „Die Werbearbeit der Posener Deutschen" in KOHTE, S. 127-142. Einen guten Einblick in die einflußreiche Lobbyarbeit der Posener Interessenvertreter, die diese seit April in Frankfurt betrieben, und die damit verbundene allgemeine Abnahme der Polensympathie gibt SAMUEL GOTTFRIED KERST: Briefe des Abgeordneten zum Frankfurter Parlament S. G. Kerst aus Meseritz, in: Zeitschrift für Geschichte und Landeskunde der Provinz Posen 3 (1884), H. 1, S. 43-73. Zum Wechsel der liberalen Blätter von Sympathie zur Abgrenzung gegenüber Polen vgl. HANS HENSEKE: Die Polenfrage im Spiegel der zeitgenössischen bürgerlichen deutschen Presse und in den politischen Klubs während der Revolution 1848/49, in: Wissenschaftliche Zeitschrift der Pädagogischen Hochschule Potsdam. Gesellsch.-Sprachw. Reihe 6 (1961), H. 1, S. 53-66, der allerdings den Stimmungswechsel in marxistischer Perspektive monokausal auf den Primat ökonomischer Interessen der deutschen Bourgeoisie zurückführt.

[50] Lech Trzeciakowski spricht in diesem Zusammenhang vom ersten wirklichen Nationalitätenkonflikt im Großherzogtum, während es sich vorher nur um Konflikte mit dem preußischen Staat gehandelt habe. Vgl. LECH TRZECIAKOWSKI: Die Ereignisse von 1848 im Großherzogtum Posen aus der Sicht ihrer Teilnehmer: der Polen, Deutschen und Juden, in: Berliner Jahrbuch für osteuropäische Geschichte 1996/1, S. 229-249, hier S. 229; DERS.: Die polnisch-deutschen Beziehungen im Großherzogtum Posen in den Jahren 1846-1848, in: Die deutsch-polnischen Beziehungen 1831-1848: Vormärz und Völkerfrühling, hg. v. RAINER RIEMENSCHNEIDER, Braunschweig 1979, S. 51-67, hier S. 51.

stellte, wurden dazu Nachrichten von Gräuelszenen „gehörig ausgebeutet".[51]

In der zeitgenössischen katholischen Presse wurde dieses Vorgehen dagegen scharf gerügt: Der *Westfälische Merkur* kritisierte Ende April, dass einzelne polnische Exzesse von deutscher Seite unrechtmäßig benutzt würden, um nicht die einzelnen Täter, sondern die Polen generell anzuklagen und in Deutschland Stimmung gegen die versprochene polnische Reorganisation zu machen.[52] Die deutschen Posener wurden dabei als die Urheber des Stimmungswandels in der liberalen Presse ausgemacht. Die *Rhein- und Moselzeitung* bescheinigte ihnen Mitte Mai, mit aller Mühe und letztlich auch erfolgreich die Sympathien des deutschen Volkes für Polen erstickt zu haben: „Uebertreibung, Verleumdung, Erdichtung wurden angewendet, um den Polen als einen Tiger darzustellen."[53] Auch die schlesische *Allgemeine Oder-Zeitung* stellte fest, dass die Deutschen aus dem Großherzogtum sich der deutschen Presse bemächtigt hätten, um die Öffentlichkeit durch gezielte Desinformation bewusst in die Irre zu führen und die Sympathien Deutschlands für Polen zu untergraben. Sie gab zu bedenken, dass die Polen sich dieses Mittels kaum bedienen könnten, um die gegen sie erhobenen Anschuldigungen zu widerlegen, „weil sie in der fremden Sprache die Feder nicht so gewandt wie jene zu führen wissen."[54]

Das war in den katholischen Zeitungen und Zeitschriften in der Regel anders: Die meisten der katholischen Organe verfügten über eigene Korrespondenten aus dem Großherzogtum Posen, die, wie sich oftmals aus den einzelnen Artikeln ergibt, sehr oft Polen und in der Regel Priester waren.[55] So wurden z.B. die wichtigsten Artikel und Kommentare der *Rhein- und Moselzeitung*, die im April und Mai 1848 zu den Ereignissen in Posen und

---

[51] KOHTE, S. 134. Zum Einfluss der Deutschposener auf die öffentliche Meinung in Berlin vgl. HACHTMANN, Berlin 1848, S. 665.

[52] „Ueber die polnische Frage", in: WM 27 (1848), Nr. 99 v. 25.4.

[53] „Von der Warthe, 13. Mai", in: RMZ 17 (1848), Nr. 121 v. 21.5. Vgl. ebenso auch schon „Polen und die deutsche Presse", in: RMZ 17 (1848), Nr. 114 v. 13.5.

[54] „Breslau", in: AOZ 3 (1848), Nr. 101 v. 30.4. Vgl. auch „Breslau, 27. April", in: AOZ 3 (1848), Nr. 100 v. 29.4. und „Breslau", in: AOZ 3 (1848), Beilage zu Nr. 135 v. 11.6. Über die antipolnische Berichterstattung beklagte sich auch die *Neue Sion*: „Aus der Erzdiöcese Posen, zu Ende Mai", in: NSion 4 (1848), Nr. 67 v. 3.6., S. 368; „Posen", in: NSion 4 (1848), Nr. 86 v. 18.7, S. 475.

[55] Nur wenige katholische Zeitungen, wie die *Augsburger Postzeitung* oder die *Süddeutsche Zeitung für Kirche und Staat*, besaßen keine eigenen Korrespondenten, sondern übernahmen ziemlich wahllos Artikel und Berichte aus der allgemeinen deutschen Presse. Da sie auch keine eigenen Kommentare zu den Ereignissen in Posen verfassten, entwickelten sie in dieser Frage kein eigenes Profil und kolportierten häufig die sehr polenkritische Berichterstattung der liberalen Presse.

der Polenfrage allgemein erschienen, von dem polnischen Theologiestudenten Napoleon Osmólski aus Bonn verfasst. Osmólski brach kurze Zeit später sein Studium ab, um ins Großherzogtum zurückzukehren, wo er im Sommer mit dem preußischen Gesetz in Konflikt geriet, weil er zwei Ulanen, die auf preußischer Seite gekämpft hatten, angeblich die Absolution verweigert hatte.[56] Schließlich wurden häufig selbständige Schriften herangezogen und empfohlen, die sich mit der Lage in Posen aus polnischer oder polenfreundlicher Perspektive beschäftigten.[57] Am ausführlichsten und den Polen am zugeneigtesten schrieb die katholische *Allgemeine Oder-Zeitung*, die aus diesem Grund nicht nur von polnischer Seite hervorgehoben wurde.[58] Auch die übrige katholische Presse äußerte sich besonders positiv: So wurde von der Fundamentalkritik, der die deutsche Presse in bezug auf ihre Haltung zu Polen Mitte Mai von der *Rhein- und Moselzeitung* unterzogen wurde, allein die *Allgemeine Oder-Zeitung* als einzig unvoreingenommenes Blatt ausgenommen und den Abgeordneten der Deutschen und der Preußischen Nationalversammlung dringend anempfohlen, da sie „ohne die ,Oderzeitung' in der Hand, kein richtiges Urtheil über

---

[56] Die Identifizierung des Bonner Korrespondenten, dessen Sigle zwei Kreuze waren, ergibt sich aus der Unterzeichnung eines der Artikel (vom 8.4.) mit „Osmolski". Der Artikel „Polen und die deutsche Presse" vom 13.5. ist mit dem Kürzel N.O. gekennzeichnet. Nach Auskunft des Bonner Universitätsarchivs vom 13./22.1.2003 studierte der aus dem Großherzogtum Posen stammende Napoleon Józef Osmólski seit Herbst 1846 katholische Theologie in Bonn, brach nach Beendigung des Sommersemesters 1848 jedoch sein Studium ab, um in Ostrów eine Stelle als Religionslehrer anzutreten. Den Konflikt mit der preußischen Justiz erwähnt ZIELIŃSKI, Kościół katolicki, S. 140. Osmólski behielt offenbar seine Bindung zum deutschen Katholizismus, denn 1853 taucht er als Propst von Chodzież (Provinz Posen) auf der Gästeliste der in Wien tagenden Generalversammlung des katholischen Vereins Deutschlands auf (vgl. Verhandlungen der 7. General-Versammlung des katholischen Vereins Deutschlands am 20.-22. Sept. 1853 zu Wien. Amtlicher Bericht, Wien 1854, S. 18).

[57] Neben der oben erwähnten Denkschrift und dem Promemoria des Posener Erzbischofs Przyłuski waren dies vor allem die Dokumentation über die Ereignisse in Posen zwischen März und Juni von Antoni Brodowski, Antoni Kraszewski und Gustaw Potworowski u.d.T. „Zur Beurtheilung der polnischen Frage im Großherzogthum Posen im Jahre 1848" und die pro-polnische Protestsammlung von Deutschen des Großherzogtums u.d.T. „Oeffentliche Stimmen edeldenkender Deutschen aus dem Großherzogthum Posen". Das *Schlesische Kirchenblatt* empfahl diese beiden Schriften jedem unparteiischen Beobachter zur richtigen Beurteilung der Lage (SKB 14 [1848], Nr. 31 v. 29.7., S. 384) ebenso wie die *Rhein- und Moselzeitung*, welche die Darstellungen für schwer zu widerlegen hielt („Koblenz, 13. Juli", in: RMZ 17 [1848], Nr. 164 v. 14.7.).

[58] Jan Koźmian lobte sie für ihren wohlwollenden, aus uneigennützigem Gerechtigkeitsgefühl erwachsenen Standpunkt, der sie vor allen anderen deutschen Zeitungen auszeichne. Einzig aus ihr gehe die tatsächliche Lage der Dinge hervor. Vgl. KOŹMIAN, Stan rzeczy w W. Księstwie Poznańskiem, in: DERS.: Pisma, Bd. 1, S. 194.

die Vorgänge in Polen in den Kammern sprechen können."[59] Auch die Augsburger *Neue Sion* hielt die *Oderzeitung* noch Anfang Juni für „das gediegenste Blatt, das die polnische Nationalsache besprochen" habe.[60] Neben der *Allgemeinen Oder-Zeitung* wurde lediglich noch dem ebenfalls katholischen *Westfälischen Merkur*, der häufig Artikel aus der schlesischen Zeitung übernahm, bescheinigt, eine in der Polenfrage unabhängige und ausgeglichen berichtende Tageszeitung zu sein.[61]

7.2.3 Religionskrieg in Posen? – Die Deutung der Ereignisse im Großherzogtum

Während in der kritisierten liberalen deutschen Presse immer mehr von Übergriffen und vermeintlichen Gräueltaten der polnischen Unabhängigkeitsbewegung gegen die deutsche Bevölkerung berichtet wurde, lag das Hauptaugenmerk der katholischen Presse nicht auf den sogenannten ,polnischen Exzessen'. Ganz im Gegenteil erregte hier das Auftreten des preußischen Militärs im Großherzogtum Posen die größere Aufmerksamkeit.

---

[59] „Polen und die deutsche Presse", in: RMZ 17 (1848), Nr. 114 v. 13.5.

[60] „Aus der Erzdiöcese Posen, zu Ende Mai", in: NSion 4 (1848), Nr. 67 v. 3.6., S. 368. Die *Neue Sion* revidierte Ende des Jahres ihre positive Haltung zur *Allgemeinen Oder-Zeitung*, weil diese in politisch radikales Fahrwasser geraten sei. Vgl. „Zustände und Mißstände der Erzdiöcese Posen", in: NSion 4 (1848), Nr. 150 v. 14.12., S. 813f. Das *Schlesische Kirchenblatt* hatte zu der politischen Radikalisierung des Blattes bereits Mitte Oktober erläutert, dass es zwar der katholischen Sache im engeren Sinne nicht untreu geworden, seine Richtung jedoch durch die Hinwendung zur republikanischen Demokratie mittlerweile „eine sehr bedenkliche und gewiß keine katholische [!]" mehr sei. Vgl „Breslau", in: SKB 14 (1848), Nr. 42 v. 14.10., S. 531f., hier S. 532. Diese politische Entwicklung der Zeitung hatte sich bereits ab Mitte Juni bemerkbar gemacht und zur öffentlichen Distanzierung des *Mainzer Journals* geführt. Vgl. MJ 1 (1848), Nr. 8 v. 22.6. Zu der politischen Entwicklung des Blattes im Revolutionsjahr vgl. MÜLLER, Die Breslauer politische Presse, S. 83-86, auch dieser mit dem Urteil, es habe sich durch seine Hinwendung zur Demokratie von seinem katholischen Bekenntnis entfernt. Für die *Allgemeine Oder-Zeitung* trifft dies ab dem Sommer 1848 wohl wirklich zu, wie ihre Stellungnahme gegen eine Privilegierung der katholischen Kirche in der Schulfrage Anfang Juli zeigt, die ein typisch katholisches Anliegen im Revolutionsjahr war. Vgl. AOZ 3 (1848), Beilage zu Nr. 152 v. 2.7. Problematisch ist ein Absprechen des katholischen Charakters jedoch für Zeitungen, die trotz einer zeitweiligen Sympathie für die politische Demokratie im Laufe des Jahres 1848 weiterhin in klassisch-ultramontaner Weise Freiheitsrechte und Privilegien für die Kirche forderten. Solche Beurteilungen klingen z.B. über den *Westfälischen Merkur* und die *Rhein- und Moselzeitung* an bei BACHEM, Josef Bachem, Bd. 1, S. 194 u. Bd. 2, S. 164f. Dass die letztere sich dabei weiterhin für die Rechte der katholischen Kirche einsetzte, zeigte schon MÖNCKMEIER, S. 50-68. Dasselbe lässt sich auch für den *Westfälischen Merkur* oder das *Rheinische Kirchenblatt* sagen, die trotz Annäherung an die politische Demokratie z.B. weiterhin heftig gegen Initiativen zur Abschaffung des Zölibats polemisierten.

[61] „Polen und die deutsche Presse", in: RMZ 17 (1848), Nr. 114 v. 13.5.

Berichte über Misshandlungen der polnischen Zivilbevölkerung und mehr noch von kirchlichen Einrichtungen und Symbolen sowie von geistlichen Personen erregten starkes Aufsehen und große Empörung.[62] Ein Bericht, der sowohl in einem schlesischen als auch in einem westfälischen und in einem bayerischen katholischen Blatt abgedruckt wurde, beschrieb das Wüten des Militärs:

> „In Kozmyn, Adelnau, Gostyn sah man durch preußisches Militär die Gotteshäuser geplündert, die heiligen Gefäße und Bilder verunreiniget, die Geistlichen und deren Angehörigen gebunden und mit Kolben mißhandelt. Eine Kirche ward absichtlich mit Menschenkoth verunreiniget. Aehnliche von den Truppen begangene Ecxesse sind übrigens in hiesiger Gegend ganz an der Tagesordnung und vor allen zeichnet sich das Pommer'sche Corps durch Rohheit und Bestialität aus."[63]

In zahlreichen anderen Berichten wurde immer wieder in drastischer Weise beschrieben, wie Altäre und sakrale Gegenstände, Kruzifixe, Marien- und Heiligenbilder von preußischen Soldaten beschimpft, verspottet und zerstört, Kirchen entweiht und geplündert, Priester verhöhnt und körperlich misshandelt wurden.[64] Ununterbrochen würden, wie in der Augsburger *Neuen Sion* zu lesen war, „die gräulichsten Excesse an Priestern, Kirchen und Gott geweihten Sachen" verübt.[65]

Die katholische Presse zeigte sich schwer erschüttert über ein solches Verhalten, das sehr häufig als „barbarisch" gekennzeichnet wurde,[66] um so mehr, als die preußische Armee als die disziplinierteste in ganz Europa

---

[62] Vgl. zu derartigen Übergriffen ZIELIŃSKI, Kościół katolicki, S. 128, 135f.; KIENIEWICZ, Społeczeństwo, S. 304f.

[63] LUDWIG V. ZYCHLINSKI: „Pleschen, 26. April", in: AOZ 3 (1848), Nr. 100 v. 29.4. Ebenfalls abgedruckt in: WM 27 (1848), Nr. 106 v. 3.5. und in: NSion 4 (1848), Nr. 86 v. 18.7, S. 475.

[64] Vgl. derartige Schilderungen in: „Posen, 14. April", in: AOZ 3 (1848), Nr. 93 v. 19.4.; „Breslau, 27. April", in: AOZ 3 (1848), Nr. 100 v. 29.4.; „Posen, 11. Mai", in: AOZ 3 (1848), Nr. 115 v. 7.5.; Schneidemühl, 24. Mai", „Neustadt a.P., 20. Mai", „Buk, 18. Mai", in: AOZ 3 (1848), Nr. 124 v. 28.5.; „Posen, 8. April", in: RMZ 17 (1848), Nr. 89 v. 14.4.; „Von der Warthe, 13. Mai", in: RMZ 17 (1848), Nr. 121 v. 21.5.; „Aus der Erzdiöcese Posen, zu Ende Mai", in: NSion 4 (1848), Nr. 67 v. 3.6., S. 368; „Aus der Erzdiöcese Posen", in: NSion 4 (1848), Nr. 73 v. 17.6., S. 400.

[65] „Aus der Erzdiöcese Posen", in: NSion 4 (1848), Nr. 73 v. 17.6., S. 400.

[66] „Posen, 14. April", in: AOZ 3 (1848), Nr. 93 v. 19.4. „Posen, 8. April", in: RMZ 17 (1848), Nr. 89 v. 14.4.; „Von der Warthe, 13. Mai", in: RMZ 17 (1848), Nr. 121 v. 21.5.; „Aus der Erzdiöcese Posen", in: NSion 4 (1848), Nr. 73 v. 17.6., S. 400.

galt, wie immer wieder betont wurde.[67] Ein in mehreren Zeitungen abgedruckter Artikel meinte, es sei, als wären es „die alten heidnischen Preußen, die im Feindeslande wüthen".[68] Der Posener Erzbischof Przyłuski wurde mit den Worten zitiert, man fühle sich „an die Zeiten der wilden tartarischen Horden erinnert".[69] Damit wurden zur Kennzeichnung des preußischen Vorgehens Stereotypen benutzt, die eigentlich typische Bestandteile eines negativen deutschen Osteuropa- und Slawendiskurses waren. In der katholischen Presse wurden diese jedoch umgewendet und gegen Preußen gerichtet, das somit gegenüber Polen als der eigentliche, unizivilisierte ‚Osten' erschien.

Als weiteres Vergleichsmuster wurden die Christenverfolgungen im alten Rom herangezogen: Der Mainzer *Katholik* druckte ein Schreiben der Geistlichkeit des Großherzogtums ab, das auf die historische Analogie abhob, in der Gegenwart jedoch keinen Vergleich mehr für das Vorgehen der preußischen Soldaten fand:

> „[E]s geht uns um kein Haar besser, als es den ersten Christen mit ihren Priestern unter den heidnischen Kaisern ergangen ist. […] Schon der bloße Name ‚katholisch' war Grund genug, um Gewaltthätigkeiten, Mißhandlungen, Grausamkeiten der empörendsten Art an unsern Brüdern zu begehen und dieses Alles! hört es katholische Christen! ausgeübt im neunzehnten Jahrhundert *von preußischen Soldaten* […]. O heilige Gerechtigkeit! Wie ist Dir in dem schönen Monat Mai 1848 von preußischen Soldaten ins Angesicht geschlagen worden! Ob wohl Russen, Türken, ja selbst Heiden, unsere Kreuze, Heiligenbilder, Gotteshäuser und Kirchhöfe mehr entehren und schänden könnten, als der preußische Soldat gethan hat? […] Schlimmeres kann uns unmöglich begegnen!"[70]

Für die katholische Presse war klar, dass die Übergriffe der preußischen Soldaten in erster Linie konfessionell motiviert waren und somit die Dimension eines Religionskrieges anzunehmen drohten. Das *Schlesische Kirchenblatt* wies zum Nachweis darauf hin, dass nicht nur polnische,

---

[67] Vgl. „Breslau, 27. April", in: AOZ 3 (1848), Nr. 100 v. 29.4.; Schneidemühl, 25. Mai", in: SKB 14 (1848), Nr. 23 v. 3.6., S. 288f., nachgedruckt in: RKB 5 (1848), Nr. 14, Sp. 299-302

[68] LUDWIG V. ZYCHLINSKI: „Pleschen, 26. April", in: AOZ 3 (1848), Nr. 100 v. 29.4. Wortgleich in: WM 27 (1848), Nr. 106 v. 3.5. und in: NSion 4 (1848), Nr. 86 v. 18.7, S. 475.

[69] „Breslau, 8. Juni", in: RKB 5 (1848), Nr. 16, Sp. 330ff., hier Sp. 331.

[70] „Der katholische Klerus in Posen", in: Katholik 28 (1848), H. 80 v. 5.7., S. 323f.

sondern auch deutsche Priester misshandelt worden seien.[71] Im rheinischen *Nathanel* schrieb im Juni ein polnischer Priester, die Vorfälle zeigten deutlich, dass die katholische Religion tatsächlich in Gefahr sei und es bei den Auseinandersetzungen jetzt um die Frage gehe: „Soll von nun an christliche Freiheit herrschen, oder heidnischer Despotismus die Menschheit verderben fürderhin?"[72] Dass die Auseinandersetzungen wirklich bereits die Qualität eines „Religionskrieges" angenommen hätten, davon zeigte sich auch die *Rhein- und Moselzeitung* überzeugt.[73]

Vor diesem Hintergrund fiel die Bewertung der polnischen Gewaltmaßnahmen, die bevorzugter Gegenstand der Berichte und Kommentare in der liberalen Presse waren und zum Stimmungsumschwung in der deutschen Öffentlichkeit beitrugen, vollkommen anders aus. Zwar wurden sie nur selten für frei erfunden erklärt, wie im Kölner *Nathanel*, wo sie als reine Propaganda abgetan wurden, als eine „Strategik der Satansknechte", ersonnen, um jegliche Sympathie für die Polen zu vernichten.[74] Aber sie wurden in der Regel als verständliche Reaktion bewertet, die nicht unbedingt entschuldbar, aber doch im konkreten Einzelfall nachvollziehbar sei.[75] Aus katholischer Sicht handelte es sich um die verzweifelte Antwort einer katholischen Bevölkerung auf das Verhalten der preußischen Soldateska, das nicht nur provozierend sei, weil es sich gegen die polnische Nationalität richtete, sondern mit der Religion tatsächlich die heiligsten Werte angriff und den primären Faktor der Identität bedrohte. Dies war für deutsche Katholiken, deren konfessionelles Bewusstsein ebenfalls häufig wesentlich stärker ausgeprägt war als das nationale, der springende Punkt und Anlass zu Empörung und Solidarität mit den Polen. Die *Allgemeine Oder-Zeitung* fand es daher durchaus verständlich, dass die Übergriffe auf Priester, Kirchen und religiöse Symbole die Bevölkerung mehr erbitterten als „Raub

---

[71] Vgl. „Zum confessionellen Frieden", in: SKB 14 (1848), Beilage zu Nr. 26 v. 24.6., S. 325f., hier S. 325; ähnlich in „Schneidemühl, 25. Mai", in: SKB 14 (1848), Nr. 23 v. 3.6., S. 288f., nachgedruckt in: in: RKB 5 (1848), Nr. 14, Sp. 299-302.

[72] „Posen", in: Nathanael 4 (1848), Nr. 6, S. 360.

[73] Vgl. „Polen und die deutsche Presse", in: RMZ 17 (1848), Nr. 114 v. 13.5.

[74] „Posen", in: Nathanael 4 (1848), Nr. 6, S. 360. Diese drastischen Formulierungen finden sich im Abdruck eines Briefes des polnischen Geistlichen v. Serwatowski, der jedoch für die Position der Zeitschrift von besonderer Bedeutung ist, da es ihr einziger Beitrag zu den Ereignissen in Posen war und dieser ohne einschränkenden Kommentar abgedruckt wurde.

[75] Vgl. „Breslau, 27. April", in: AOZ 3 (1848), Nr. 100 v. 29.4.; „Breslau, 27. Mai", in: AOZ 3 (1848), Nr. 124 v. 28.5.; „Ein Actenstück aus Polen. Vom Niederrhein, 9. Mai", in: Katholik 28 (1848), Nr. 56 v. 10.5., S. 226f.; „Ueber die polnische Frage", in: WM 27 (1848), Nr. 98 v. 23.4. u. Nr. 101 v. 27.4.

und Meuchelmord".[76] Von dem Angriff auf die katholische Konfession der Polen fühlte man sich in der katholischen Presse offenbar auch selbst getroffen. Nicht selten wurde eine Sprache verwendet, welche die Identifizierung mit den katholischen Polen deutlich machte. In der *Neuen Sion* hieß es beispielsweise auf die Vorgänge im Großherzogtum bezugnehmend, dann aber davon abstrahierend und damit sich selbst einschließend:

> „[B]ei solchen Gräueln kann und vermag ein für seinen Glauben begeistertes Volk nicht gleichgiltig oder ruhig zu bleiben; es erhebt sich in Masse gegen seine Unterdrücker und Religionsspötter."[77]

Die Anwendung von Gewalt, das Aufbegehren gegen die weltliche Autorität erschienen hier als ein Akt der Notwehr, zu dem, wie im *Nathanel* zu lesen war, das polnische Volk gezwungen worden sei.[78] Somit wurde in diesem Fall erstmals vom deutschen Katholizismus zugestanden, was bei den polnischen Aufstandsversuchen von 1830 und 1846 noch nicht anerkannt worden war, dass es sich bei dem Aufbegehren der Polen um die Verteidigung ihres katholischen Glaubens handele. Anders als im Kampf um politische oder nationale Rechte wurde in diesem Fall die Anwendung von Gewalt wenn nicht gerechtfertigt, so doch zumindest für nachvollziehbar und entschuldbar gehalten.

Auch das Verhalten der katholischen Geistlichkeit, der in zahlreichen Berichten der liberalen Presse vorgeworfen wurde, sie hätte den Hass der Polen auf die Deutschen entfacht und angeheizt und sie zu Ausschreitungen animiert, wurde vereinzelt mit einer tatsächlichen Bedrohung der Religion gerechtfertigt,[79] meistens allerdings als böswillige Verleumdung und gegenstandslose Zeitungslüge abgewiesen.[80] Während in der Regel jegliche Verantwortung der katholischen Geistlichkeit für den Konflikt abgelehnt wurde, galt neben dem preußischen Militär die deutsche (protestantische) Bevölkerung des Großherzogtums als mitverantwortlich für die gewaltsame Auseinandersetzung in der Provinz. Im Verhältnis zu den Posener Deutschen zeigt sich ein wesentlicher Unterschied der katholischen zur liberalen

---

[76] „Breslau, 27. April", in: AOZ 3 (1848), Nr. 100 v. 29.4.

[77] „Aus der Erzdiöcese Posen, zu Ende Mai", in: NSion 4 (1848), Nr. 67 v. 3.6., S. 368.

[78] Vgl. „Posen", in: Nathanael 4 (1848), Nr. 6, S. 360.

[79] So zumindest ansatzweise in „Ueber die polnische Frage", in: WM 27 (1848), Nr. 101 v. 27.4. und „Posen", in: Nathanael 4 (1848), Nr. 6, S. 360.

[80] Vgl. „Gnesen, 21. April", in: AOZ 3 (1848), Nr. 100 v. 29.4.; „Breslau", in: AOZ 3 (1848), Nr. 101 v. 30.4.; „Breslau", in: AOZ 3 (1848), Beilage zu Nr. 135 v. 11.6.; „Zum confessionellen Frieden", in: SKB 14 (1848), Beilage zu Nr. 26 v. 24.6., S. 325f.; „Zeitungslügen", in: SKB 14 (1848), Nr. 24 v. 10.6., S. 300; „Aus der Erzdiöcese Posen, zu Ende Mai", in: NSion 4 (1848), Nr. 67 v. 3.6., S. 368.

Presse im Jahr 1848: Während die liberale Freiheitsbewegung ihre solidarische Haltung zu den Polen im Laufe weniger Wochen aufgrund des wachsenden nationalen Gemeinschaftsgefühls mit den Deutschposenern immer mehr aufgab, war die nationale Identifizierung für den deutschen Katholizismus nicht so stark wie die konfessionelle Gemeinsamkeit mit den Polen des Großherzogtums, mit denen man sich im Abwehrkampf für das katholische Bekenntnis solidarisch erklärte.

Unterstützt wurde diese Solidarität durch Berichte, wie den eines deutschen, anscheinend katholischen Beamten aus Posen, der in der *Allgemeinen Oder-Zeitung* vom „Fanatismus der Deutschen in Posen" schrieb, die in den Polen schon immer „den Katholiken" gehasst und es nun auf jeden Katholiken abgesehen hätten.[81] In der Regel wurde dabei jedoch differenziert zwischen der alteingesessenen deutschen Bevölkerung, die schon seit mehreren Generationen auf dem Gebiet des Großherzogtums im Einvernehmen mit den Polen lebte und zum Teil selbst katholisch war, und den Neusiedlern, die erst während der preußischen Herrschaft zugezogen waren und von dieser einseitig bevorzugt worden seien.[82] Insbesondere wurde die Rolle der protestantischen Beamten hervorgehoben, die ein bekanntes Feindbild auch für Katholiken der preußischen Westprovinzen darstellten: Karrieristen, die ohne jeden Bezug zum Land und zur eingesessenen Bevölkerung in der Provinz lebten, häufig gegen ihren Willen dorthin versetzt worden waren, nun aber ihre beherrschende Position nicht verlieren wollten.[83] Vor allem diese Beamtenschaft sei es, die auf das preußische Militär gestützt „wahrhaft barbarisch" gegen die Polen wüte. Insbesondere auf die katholischen Geistlichen habe sie es abgesehen, weil diese ihr Germanisierungsprojekt vereitelt und über die Konfession das Eigenbewusstsein der Polen erhalten hätten.[84] Der Mainzer *Katholik* zeigte sich überzeugt, dass die preußischen Beamten die deutsche Bevölkerung „auf die furchtbarste Weise" gegen die Polen aufgestachelt hatten.[85] Der *Westfälische Merkur* konstatierte im Oktober bei den Deutschen der Provinz die Überheblichkeit einer herrschenden Kaste, welche die Polen deutlich spüren lasse, dass ihnen lediglich „die Stellung der unterjochten und stets nur geduldeten

---

[81] „Posen, 1. Mai", in: AOZ 3 (1848), Nr. 110 v. 11.5.

[82] Vgl. „Von der Warthe, 27. Mai", in: RMZ 17 (1848), Nr. 130 v. 1.6.; „Ueber die polnische Frage", in: WM 27 (1848), Nr. 98 v. 23.4.

[83] Vgl. „Gnesen, 21. April", in: AOZ 3 (1848), Nr. 100 v. 29.4.; „Posen, 11. Mai", in: AOZ 3 (1848), Nr. 115 v. 7.5.; „Ueber die polnische Frage", in: WM 27 (1848), Nr. 98 v. 23.4.

[84] „Posen, 14. April", in: AOZ 3 (1848), Nr. 93 v. 19.4.

[85] „Ein Actenstück aus Polen. Vom Niederrhein, 9. Mai", in: Katholik 28 (1848), Nr. 56 v. 10.5., S. 226f., hier S. 226.

Einwohner angewiesen" sei.[86] Von der Augsburger *Neuen Sion* schließlich wurde Ende des Jahres 1848 der Umgang des deutschen Nationalkomitees mit den Polen in der unter Belagerungszustand stehenden Stadt Posen als Form des „Terrorismus" charakterisiert. In der *Allgemeinen Oder-Zeitung* war schon im Mai und Juni von „Terrorismus" und „Tyrannei" gegenüber der polnischen Bevölkerung die Rede.[87]

Die Verteilung der Verantwortung für die gewaltsamen Auseinandersetzungen im Großherzogtum Posen war in der Presse des deutschen Katholizismus somit eindeutig. Sie wurde nicht den revolutionären oder gar von katholischen Geistlichen religiös aufgeheizten Polen angelastet, wie dies in der liberalen Presse üblich war, sondern den Deutschen, vor allem dem preußischen Militär und der Beamtenschaft. Die katholische Presse beließ es jedoch nicht dabei, die Verantwortlichkeit zuzuweisen, sondern verlangte daran anknüpfende politische und personelle Konsequenzen: *Allgemeine Oder-Zeitung* und *Westfälischer Merkur* forderten, die führenden Männer der Bürokratie und der Militärbehörden des Großherzogtums Posen als Vertreter eines überholten Systems schleunigst abzuberufen und durch Personen zu ersetzen, „welche ihre Zeit begreifen".[88] Letztlich wurde die eigentliche Verantwortung aber nicht nur subaltern Beamten und Militärs, sondern auch der preußischen Regierung selbst und ihrer verfehlten Polen- und Konfessionspolitik der vergangenen Jahrzehnte angelastet. Die *Rhein- und Moselzeitung* holte sogar noch weiter aus und gab zu Bedenken, dass Preußen bereits durch seinen „Antheil an der Zerstückelung Polens die erste Veranlassung zu den gegenwärtigen Wirren gegeben hat."[89] Damit stellte sich unweigerlich die Frage nach der politischen Zukunft des Großherzogtums und der Perspektive für einen wiederherzustellenden polnischen Staat.

7.2.4 Die Polnische Frage: Wiederherstellung oder neue Teilung?

Nach den Märztagen der Revolution war die Begeisterung für eine Wiederherstellung Polens in der katholischen Presse ebenso ausgeprägt wie dies

---

[86] „Schreiben aus Posen, 10. October", in: WM 27 (1848), Nr. 249 v. 17.10.

[87] „Zustände und Mißstände der Erzdiöcese Posen", in: NSion 4 (1848), Nr. 150 v. 14.12., S. 813f.; „Breslau, 27. Mai", in: AOZ 3 (1848), Nr. 124 v. 28.5.; „Breslau", in: AOZ 3 (1848), Beilage zu Nr. 135 v. 11.6.

[88] „Breslau, 27. April", in: AOZ 3 (1848), Nr. 100 v. 29.4. Der *Westfälische Merkur* hielt es darüber hinaus für die Herbeiführung einer friedlichen Lösung für erforderlich, das Militär an die Grenzen der Provinz zurückzuziehen, vgl. „Ueber die polnische Frage", in: WM 27 (1848), Nr. 98/100/101 v. 23./26./27.4.

[89] „Koblenz, 13. Juli", in: RMZ 17 (1848), Nr. 164 v. 14.7.

im liberalen Deutschland zunächst der Fall war. Das *Rheinische Kirchenblatt* hielt nun den Zeitpunkt für gekommen, in dem „die strafende Nemesis" das „Racheschwert" ergreife, um den „Schandfleck in der Geschichte", also die Teilung Polens, auszutilgen: Der polnische Adler werde sich „wie vordem, auf die Zinnen von Warschau in kühnem Fluge erheben, um die Freiheit der polnischen Nation nach allen Seiten zu verkünden."[90] Nicht immer waren die Äußerungen der katholischen Presse so enthusiastisch und vom Freiheitsrausch der Revolution mitgerissen, doch überall setzte sich nun die Überzeugung durch, dass der Zeitpunkt der Einlösung des historischen Rechts der Polen auf Selbstbestimmung gekommen sei.

Einen Einblick in die traditionelle Problemlage der deutschen Katholiken bei der Polenfrage und in ihre Lösung unter den Bedingungen des Jahres 1848 geben die Überlegungen der *Rhein- und Moselzeitung*, die in den Wochen der Revolution den Gegensatz des unverjährbaren Rechtes der Polen auf politische Selbstbestimmung auf der einen Seite und dem prinzipiellen kirchlichen Revolutionsverbot auf der anderen Seite abwog. Wesentlich deutlicher als in den Jahren des Vormärzes kam man nun zu dem Schluß, dass die Teilung Polens die eigentliche Revolution, seine Wiederherstellung aber ein Akt der Restauration und damit gerechtfertigt und letztlich unumgänglich sei:[91]

> „Wir gestehen offen, daß uns Nichts so sehr zuwider ist, als die unruhigen und sinnlosen Empörungsbewegungen der Völker und der Menschen; aber bei diesem Grundsatze und zugleich demselben ganz gemäß gestehen wir eben so offen, daß die Theilung und Unterdrückung Polens eins der größten Verbrechen einer wahrhaft unchristlich gewordenen Politik gewesen ist. Es liegt in demselben auch eine Empörung vor, und zwar eine Empörung der furchtbarsten Art, nämlich eine Empörung der Großen gegen Gott, Wahrheit, Gerechtigkeit und Gewissen. Politiker haben seitdem immer geglaubt, es lasse sich der nun einmal geübte politische Frevel gegen Gott und Menschheit mit bloß politischen Maßnahmen überkünsteln und vergessen machen. Wir aber sind dieser Ansicht niemals gewesen: er muß gesühnt werden. Auch wir sind der Ansicht, daß Polen wiederhergestellt werden müsse. Discite justitiam moniti et non temnere divos!"[92]

Dergestalt sich selbst von der moralischen und rechtlichen Notwendigkeit einer politischen Wiederherstellung Polens, aber auch von der besonderen

---

[90] „Gegenwart und Zukunft. Ein Wort an die deutsche Nation von einem katholischen Geistlichen", in: RKB 5 (1848), Nr. 4, Sp. 121-126, hier Sp. 123.

[91] Diese Position war prinzipiell auch im Vormärz vertreten worden, vgl. dazu ausführlicher Kap. 7.3.3.2.

[92] Anmerkung der Redaktion zu „Polen. Bonn, 5. April", in: RMZ 17 (1848), Nr. 84 v. 8.4.

Verantwortung Deutschlands überzeugend, vertrat die katholische Presse diese Haltung bis weit in den Sommer des Jahres 1848,[93] als das liberale Deutschland das Engagement für einen polnischen Staat längst schon den radikalen Demokraten überlassen und sich selbst allein auf die Verfolgung nationaler Interessen verlegt hatte. Dabei hatte im Frühjahr die Wiederherstellung eines befreundeten polnischen Staates als ein Bollwerk gegenüber Rußland für die Liberalen durchaus noch als im nationalen Interesse Deutschlands liegend gegolten. Auch in der katholischen Presse wurde zu dieser Zeit die Bereitschaft versichert, notfalls an der Seite der Polen für deren Freiheit gegen Rußland zu kämpfen. Die *Rhein- und Moselzeitung* kündigte Ende März für den Fall, dass die deutschen Regierungen dazu nicht bereit seien, sogar die Bildung deutscher Freicorps an.[94]

Während das allgemeine öffentliche Bekenntnis zu einer prinzipiell wünschenswerten polnischen Unabhängigkeit im Deutschland der ersten Jahreshälfte 1848 weit verbreitet und grundsätzlich kaum umstritten war, gingen die Meinungen über das dazu notwendige Territorium doch weit auseinander. Schließlich gehörten ehemals polnische Teile nicht nur zum Russischen Reich, sondern auch zu Österreich und Preußen und damit zu den beiden wichtigsten deutschen Teilstaaten, die sich zu einem deutschen Gesamtstaat vereinigen sollten. Von Beginn an wurde in der deutschen Öffentlichkeit kontrovers diskutiert, ob und in welchem Ausmaß die deutschen Teilungsgebiete für eine Wiederherstellung Polens zur Verfügung gestellt werden sollten. Dabei vermischten sich je nach Standpunkt und Interesse verschiedene Argumentationsweisen: Die moralische Argumentation wurde ergänzt durch eine rechtliche, die sich aufspaltete in eine Position des historischen Rechts der Polen auf ihren Staat in den Grenzen von 1772 und eine des nationalen Rechts, welche das nationale Selbstbestimmungsrecht der Bevölkerung unabhängig von historischen Grenzen favorisierte. Schließlich kam noch die machtpolitische Argumentation hinzu, die das Staatsinteresse des (noch zu konzipierenden) deutschen Staates und der deutschen Nation als Ganzes ins Feld führte. Obwohl sich diese Argumentationsweisen in der Praxis häufig vermischten, kann man doch zwischen März und Juli 1848 eine allgemeine Bewegung des Schwergewichts

---

[93] Vgl. z.B. die *Rhein- und Moselzeitung* noch Mitte Juli: „Koblenz, 13. Juli", in: RMZ 17 (1848), Nr. 164 v. 14.7.

[94] Vgl. „Koblenz, 26. März", in: RMZ 17 (1848), Nr. 76 v. 30.3.; ähnlich „Gegenwart und Zukunft. Ein Wort an die deutsche Nation von einem katholischen Geistlichen", in: RKB 5 (1848), Nr. 4, Sp. 121-126, hier Sp. 123. Für ein befreundetes Polen als Partner und Bollwerk im deutschen Interesse auch: „Polen und die nordischen Mächte. Bonn, 9. April", in: RMZ 17 (1848), Nr. 87 v. 12.4.; „Ueber die polnische Frage", in: WM 27 (1848), Nr. 98 v. 23.4.

des deutschen und vor allem liberalen Diskurses von der moralisch-recht-lichen hin zu einer national-machtpolitischen Argumentation beobachten.
Neben den radikalen Demokraten war es insbesondere die katholische Presse, die sich immer wieder aus einer moralischen Position heraus für den Verzicht auf die ehemals polnischen Gebiete zugunsten eines pol-nischen Staates aussprach. Am radikalsten verhielt sich dabei die *Rhein- und Moselzeitung*: Sie hielt Österreich und Preußen für verpflichtet, alle „ihre polnischen Länder abzugeben, damit *ein ganzes und unabhängiges Polen* wiederhergestellt werde."[95] Pragmatische Einwände gegen einen vollständigen Verzicht auf die ehemals zu Polen gehörenden Landesteile, die z.B. von prominenten Liberalen wie Theodor Welcker geäußert wur-den, wurden hier konsequent mit Hinweis auf die historischen Rechte abgewiesen.[96] Nicht nur das Großherzogtum Posen, auch Westpreußen sollte unabhängig von der nationalen Zusammensetzung den Polen zur Staatsbildung zurückgegeben werden. Mit dem Bestehen auf den Grenzen von 1772 als dem einzig möglichen „Normaljahr" wurde hier dem moder-nen Prinzip des nationalen Selbstbestimmungsrechts das konservative Prinzip des historischen Rechts entgegengehalten.[97] Die *Allgemeine Oder-Zeitung* wies darauf hin, dass die deutsche Nationalbewegung sich im Falle Elsaß-Lothringens und Schleswigs ebenfalls auf historische und nicht nationale Rechte berief.[98]
Die Vertretung eines sich auf historische Rechte beziehenden und damit letztlich konservativen Standpunktes war typisch für den Katholizismus im Revolutionsjahr. Für die kirchlichen Freiheitsrechte und Privilegien argu-mentierte er im Kern ebenfalls auf diese Weise, auch wenn immer häufiger auch die liberalen und nationalen Freiheitsrechte als Bezugsgröße angeführt wurden. Dies war in der polnischen Frage mitunter auch der Fall. So wurde im *Westfälischen Merkur* angesichts der Eingliederung der Provinz Westpreußen in den Deutschen Bund mit Berufung auf das nationale Selbst-

---

[95] „Polen und die nordischen Mächte. Bonn, 9. April", in: RMZ 17 (1848), Nr. 87 v. 12.4.

[96] Vgl. „Bonn, 8. April", in: RMZ 17 (1848), Nr. 86 v. 11.4. Ähnlich „Posen. Berichtigung. Bonn, 4. April", in: RMZ 17 (1848), Nr. 82 v. 6.4.; „Polen. Bonn, 5. April", in: RMZ 17 (1848), Nr. 84 v. 8.4.

[97] Vgl. „Polen. Bonn, 5. April", in: RMZ 17 (1848), Nr. 84 v. 8.4.; „Polen und die nordischen Mächte. Bonn, 9. April", in: RMZ 17 (1848), Nr. 87 v. 12.4. Vgl. zur Bedeu-tung des historischen Rechts im katholischen Diskurs ausführlicher Kap. 7.3.3.2.

[98] Vgl. „(Eine Parallele)", in: AOZ 3 (1848), Nr. 104 v. 4.5.

bestimmungsrecht der Völker zumindest eine Befragung der Bevölkerung verlangt.[99]

Mehr noch als für Westpreußen wurde das historische Prinzip im Fall des Großherzogtums Posen ins Feld geführt. Schon früh waren Teilungsprojekte im Umlauf, nach denen die Provinz nach nationalen Kriterien geteilt und mit ihrem deutschen Teil dem Deutschen Bund angegliedert werden, während der polnische Teil für eine nationale Reorganisation zur Verfügung stehen sollte. Tatsächlich kam es am 22. April durch preußische Initiative zu der Aufnahme des westlichen Teiles durch die Bundesversammlung, wobei das Gebiet, welches dieser Teil umfassen sollte, noch ausgeweitet wurde, bevor die Frankfurter Nationalversammlung sich Ende Juli mit der Frage erneut beschäftigte.[100] Bei der sukzessiven Vergrößerung des an Deutschland anzugliedernden Teiles wurde das eigentlich zugrundegelegte Nationalitätsprinzip zunehmend zu Gunsten machtpolitischer Erwägungen missachtet. So wurde die Stadt Posen, obwohl mehrheitlich von Polen bewohnt, ebenfalls für die Aufnahme in den Deutschen Bund bestimmt, weil sich hier eine wichtige preußische Festung befand. In der katholischen Presse wurde diesem machtpolitischen Argument die historisch-kulturelle Bedeutung Posens für die polnische Nation entgegengehalten.[101] Eine Teilung des Großherzogtums wurde hier als eine weitere Teilung Polens und damit als eine Fortsetzung des an Polen begangenen Unrechts abgelehnt. Eine nationale Reorganisation des verbliebenen östlichen Teiles erschien aufgrund der geringen Größe als ein von vornherein „todtgeborenes Unternehmen", das nur ein Wiederaufflammen revolutionärer Zustände wahrscheinlich mache.[102] Das ohnehin abgelehnte Prinzip des nationalen Selbstbestimmungsrechtes wurde von der *Allgemeinen Oder-Zeitung* in seiner Anwendbarkeit auf die Bevölkerung des Großherzogtums

---

[99] Vgl. „Aus Westpreußen, im April", in: WM 27 (1848), Nr. 96 v. 21.4.; „Ueber die polnische Frage", in: WM 27 (1848), Nr. 98 v. 23.4. Damit wandte man sich gegen den Beschluß des Frankfurter Vorparlaments, das Westpreußen ohne längere Diskussion in den Deutschen Bund aufnahm, und unterstützte die polnische Forderung nach einer Aufteilung der Provinz nach sprachlichen Kriterien, wie sie von dem Abgeordneten Ignacy Łyskowski vorgebracht worden war. Vgl. dazu GÜNTER WOLLSTEIN: Das „Großdeutschland der Paulskirche". Nationale Ziele in der bürgerlichen Revolution 1848/49, Düsseldorf 1977, S. 112; HANS L. SCHREIBER: Die erste deutsche Nationalversammlung und das Nationalitätenproblem, Diss. Frankfurt 1920 (Ms.), S. 89.

[100] Abdruck der Protokolle der Bundesversammlung über die Aufnahme von Teilen des Großherzogtums Posen vom 22. April und 1./2. Mai, in: Deutsche und Polen in der Revolution 1848-1849, S. 289-292, 313-316.

[101] Vgl. „Polen. Bonn, 5. April", in: RMZ 17 (1848), Nr. 84 v. 8.4.

[102] „Breslau. (Die Reorganisation Posens)", in: MJ 1 (1848), Nr. 16 v. 1.7. Vgl. auch „Ein Actenstück aus Polen. Vom Niederrhein, 9. Mai", in: Katholik 28 (1848), Nr. 56 v. 10.5., S. 226f.

zusätzlich in Zweifel gezogen, da den im Zuge der Germanisierungs- und Protestantisierungspolitik erst neu angesiedelten Deutschen und vor allem den preußischen Beamten nicht dasselbe Stimmrecht wie den alteingesessenen Bewohnern zuzugestehen sei. Schließlich hätten die französischen Kolonisten in Berlin auch kein Recht auf Einverleibung in die französische Republik.[103] Dass bei der Frage nach der Zukunft des Großherzogtums Posen nicht nur gegensätzliche politische Standpunkte aufeinander trafen, sondern der konfessionelle Faktor eine entscheidende Rolle spielte, zeigt die Reaktion der katholischen Presse auf Anschlusspetitionen aus der Bevölkerung der Provinz. Der königlich-preußische Kommissar zur Festlegung der Demarkationslinie zwischen dem westlichen und dem östlichen Teil des Großherzogtums hatte zugesichert, die Wünsche der Bevölkerung mit zu berücksichtigen. Daraufhin hatte das deutsche Nationalkomitee der Provinz eine große Werbekampagne in Gang gesetzt und zahlreiche Petitionen der deutschen Bevölkerung veranlasst, in denen um die Aufnahme in den Deutschen Bund gebeten wurde und die bei den verschiedenen Stufen der Grenzfestlegung auch Berücksichtigung fanden.

Da auch Katholiken zu den Unterzeichnern der Anschlussgesuche gehörten, wies Erzbischof Przyłuski seinen Klerus an, die katholische Bevölkerung über die negativen Folgen eines Anschlusses an Deutschland für die katholische Religion aufzuklären und den „Machinationen" der „Kirchenfeinde" entgegenzuwirken.[104] In der katholischen Presse wurde im selben Tenor berichtet, dass die deutschen Katholiken der Provinz, insbesondere unwissende Bauern, auf illegitime Weise, unter Vorspiegelung falscher Tatsachen und häufig unter Androhung von Gewalt gegen ihren eigentlichen Wunsch zur Unterzeichnung verleitet worden seien.[105]

Nach dem Schreiben des Erzbischofs erschien kurze Zeit später im Namen der deutschen Geistlichkeit des Großherzogtums eine Proklamation, die sich direkt an die deutschen Katholiken der Provinz richtete und vor

---

[103] Vgl. die Anmerkung der Redaktion zu „Posen, 30. April", in: AOZ 3 (1848), Nr. 104 v. 4.5.

[104] Abdruck des Schreibens vom 21.4.1848 bei KOŹMIAN, Stan rzeczy w W. Księstwie Poznańskiem, in: DERS.: Pisma, Bd. 1, S. 125f. und bei ROBERT HEPKE: Die polnische Erhebung und die deutsche Gegenbewegung in Posen im Frühjahr 1848. Eine Denkschrift mit den begründenden Aktenstücken dem völkerrechtlichen Ausschuß der deutschen National-Versammlung übergeben, Berlin u. Posen 1848, S. 82f. Zu Przyłuskis Position in der Teilungsfrage und zur Petitionsbewegung vgl. ZIELIŃSKI, Kościół katolicki, S. 103, 144-149; KIENIEWICZ, Społeczeństwo, S. 313f.

[105] Vgl. „Gnesen, 21. April", in: AOZ 3 (1848), Nr. 100 v. 29.4.; „Breslau", in: AOZ 3 (1848), Beilage zu Nr. 135 v. 11.6.; „Aus dem Großherzogthum Posen, 23. Mai", in: RMZ 17 (1848), Nr. 127 v. 28.5. und in: RKB 5 (1848), Nr. 14, Sp. 294ff.

einer Unterzeichnung der Petitionen entschieden warnte. Dieses Schreiben machte nicht nur Eindruck auf die deutschen Katholiken des Großherzogtums, die teilweise ihre bereits geleisteten Unterschriften öffentlich wieder zurückzogen,[106] sondern auch auf die deutschen Katholiken außerhalb Posens. In zahlreichen katholischen Zeitungen und Zeitschriften wurde die Proklamation abgedruckt.[107] Sie kombinierte eine Schilderung der konfessionellen Benachteiligung, die den deutschen Katholiken im Westen ebenfalls bekannt war, mit der Konsequenz, dass unter polnischer, d.h. katholischer Herrschaft jede Benachteiligung von Kirche und katholischem Bekenntnis ein Ende haben werde, eine Teilung des Großherzogtums und die Angliederung an den Deutschen Bund daher gegen die Interessen der Kirche verstoße. An die Katholiken des Großherzogtums gewandt hieß es hier:

„Ihr wisset recht gut, wie bis heute der katholische Bewohner unseres Landes selbst in diesem ehemals rein katholischen Lande behandelt worden ist! Er mochte ein eingeborener Deutscher oder Pole sein, - mit sehr wenigen Ausnahmen waren es immer Lutheraner, die uns zugeschickt oder im Lande selbst herausgesucht wurden, um uns zu beherrschen, zu knechten und ihr Spiel mit uns zu treiben. [...] [Ihr] habt deutlich genug gesehen, wie es überhaupt darauf abgemessen war, die katholische Religion allmählig ganz zu vertilgen. [...] Und sehet, jetzt stände zu erwarten, daß dieser planmäßigen Ausrottung der katholischen Kirche wenigstens im Großherzogthum Posen ein Ende gemacht werde, indem nach der Verheißung des Königs die Eingeborenen der Nation an die Spitze der Aemter treten sollen. [...] Saget, möchtet Ihr wirklich jetzt, wo es in Eurer Macht steht, Eure heilige Religion wieder zu Ehren kommen zu lassen, Euch noch dagegen sträuben und verlangen, nach Preußen geschlagen zu werden? [...] Saget, würden Eure Kinder nicht den Fluch noch im Grabe über Euch sprechen, wenn Ihr die Freiheit Eurer Religion, wie sie Euch jetzt bevorsteht, noch mit Füßen treten und von Euch stoßen wolltet? [...] Darum widerstrebet aus allen Kräften, jetzt, da es noch Zeit ist, einer solchen Lostrennung von Euren katholischen Glaubensbrüdern! [...] Begrüßet vielmehr mit wahrhaft christlicher Freude die Auferstehung unsers heiligen Glaubens und tretet Jedem, der es noch einmal versuchen wollte, Euch zu einem solchen Schritte zu verlei-

---

[106] Vgl. die Protesterklärungen katholischer Gemeinden gegen eine Einverleibung in den Deutschen Bund, in denen das Zustandekommen bereits geleisteter Unterschriften mit Falschinformation und äußerem Druck und infolgedessen für ungültig erklärt wurden, in: Beweisende Unterlagen zu dem Promemoria gegen den projectirten Anschluß des Großherzogthums Posen an Deutschland, [hg. v. JAN LEDÓCHOWSKI u. a.], Frankfurt/M. 1848, S. 9-19.

[107] „Ein Actenstück aus Polen. Vom Niederrhein, 9. Mai", in: Katholik 28 (1848), Nr. 56 v. 10.5., S. 226f.; „Aus dem Großherzogthum Posen, 23. Mai", in: RMZ 17 (1848), Nr. 127 v. 28.5.; „Von der Wahrte" in: SKB 14 (1848), Beilage zu Nr. 32 v. 5.8., S. 405ff.; sowie in: RKB 5 (1848), Nr. 14, Sp. 294ff.

ten, entgegen mit den Worten: Weiche von mir, Satan! Es lebe und blühe unser polnisches Vaterland mit unserm heiligen römisch-katholischen Glauben!"[108]

Insbesondere die Reaktion der Organe des rheinischen Katholizismus auf diese Proklamation weist auf die enge Verflechtung von solidarischer Erfahrung konfessioneller Benachteiligung und politischer Haltung in der Posenfrage hin. So wurde die Proklamation nicht nur als ein wichtiges Aktenstück zur Zeitgeschichte betrachtet, das über die Behandlung der Katholiken im Großherzogtum unter preußischer Herrschaft Aufklärung gebe. Wie die Berichte von der Misshandlung katholischer Kirchen, Symbole und Priester wurde es darüber hinaus auch zu einem Impulsgeber solidarischer Haltung, die auf der eigenen parallelen Erfahrung beruhte und damit emotional erhärtet wurde. Die persönliche Betroffenheit wird insbesondere durch den Mainzer *Katholik* dokumentiert, der zum einen angab, dass die Proklamation besonders am Niederrhein „eine tiefe Wirkung" gehabt habe, zum anderen aber selbst diese Reaktion widerspiegelte, indem er erklärte: „Die Haut schaudert Einem, wenn man solche Dinge liest". Das Entsetzen stellte sich dabei nicht bloß beim Lesen eines Berichts über eine fremde Angelegenheit ein, sondern gerade deshalb, weil sich darin die eigene Erfahrung widerspiegele: „denn wir wissen und fühlen [!] es aus eigener Erfahrung, daß er [der Bericht] nur Wahrheit enthält, er würde sogar, wenn man einige Namen abänderte, ganz auf unsere Verhältnisse passen."[109]

Tief empfundene Solidarität und das Gefühl der Gemeinschaft entstanden so nicht allein aus der bloßen Gemeinsamkeit von kirchlichen Interessen, sondern aus emotional wirkenden Erfahrungen und Eindrücken. Im Fall des deutschen Katholizismus erwuchs im Jahr 1848 zumindest vorübergehend aufgrund der gemeinsamen Benachteiligungserfahrung eine konfessionelle Solidarität mit den Polen, die sich auch politisch nicht nur bei der Beurteilung der Auseinandersetzungen in Posen, sondern auch in der Frage nach der politischen Zukunft Posens und Polens auswirkte.

Die erste deutsche Nationalversammlung, die Ende Juli 1848 in der Frankfurter Paulskirche über den Status des Großherzogtums und die Zukunft Polens verhandelte, entschied sich Ende Juli 1848 in ihrer übergroßen Mehrheit für eine Teilung des Großherzogtums Posen und die Angliederung des größeren westlichen Teiles an den Deutschen Bund. In der katholischen Presse wurde dieser Beschluss scharf kritisiert, von der *Neuen*

---

[108] „Ein Actenstück aus Polen. Vom Niederrhein, 9. Mai", in: Katholik 28 (1848), Nr. 56 v. 10.5., S. 226f., hier S. 227.

[109] Ebd., S. 226f.

Sion sogar in seiner Rechtmäßigkeit in Frage gestellt.[110] Die *Allgemeine Oder-Zeitung* sprach von dem „Verbrechen" einer vierten Teilung Polens, die nun nicht mehr von den Fürsten, sondern im Namen des deutschen Volkes beschlossen worden sei.[111] Auch das *Rheinische Kirchenblatt* verurteilte die Teilung Posens als einen „Akt der Barbarei und des unerhörten Raubes", mit dem die Nationalversammlung schwere Schuld auf sich und das ganze deutsche Volk lade.[112] Es ermahnte die katholischen Abgeordneten der Paulskirche daher, diesen Beschluss nicht zu unterstützen. Sie sollten sich nicht an dem erneuten „Länder- und Menschenraube der Kabinette" beteiligen, sondern Polens Freiheit ermöglichen: „Hoffentlich werden die katholischen Abgeordneten so viel Rechtssinn bewahren".[113]

7.3 Der Katholizismus in der deutschen Nationalversammlung

7.3.1 Das „parlamentarische finis poloniae" – Die Beschlüsse der Frankfurter Nationalversammlung und die Haltung der katholischen Abgeordneten

Als sich die Deutsche Nationalversammlung in Frankfurt im Juli 1848 mit der Polenfrage beschäftigte, war dies ein Novum in der deutsch-polnischen Geschichte: Erstmals sollten nicht Fürsten und Kabinette, sondern frei gewählte Vertreter des deutschen Volkes über die Politik Deutschlands gegenüber Polen verhandeln und entscheiden. Die historische Bedeutung dieses Ereignisses und die besondere Verantwortung der Versammlung angesichts der Beteiligung Preußens und Österreichs an den Teilungen Polens war den Delegierten in der Frankfurter Paulskirche bewusst, wurde von ihnen selbst im Laufe der Debatte immer wieder verbalisiert und manifestierte sich in deren außergewöhnlichen Intensität und Länge: Drei Tage wurde debattiert, 23 Redner ergriffen das Wort, und mehr als doppelt so viele standen noch auf der Rednerliste, als die Verhandlung schließlich abgebrochen wurde, um endlich zur Abstimmung zu schreiten.[114]

---

[110] Vgl. „Zustände und Mißstände der Erzdiöcese Posen", in: NSion 4 (1848), Nr. 150 v. 14.12., S. 813f.

[111] Vgl. „Frankfurt a.M., 27. Juli", in: AOZ 3 (1848), Nr. 177 v. 1.8.

[112] „Frankfurt", in: RKB 5 (1848), Nr. 21 v. 30.7.

[113] Ebd.

[114] Vgl. Sten. Ber. FNV, Bd. 2, S. 1135.

Zu diesem Zeitpunkt war die Möglichkeit einer Wiederherstellung
Polens nach dem Abklingen der revolutionären Begeisterung vom Frühjahr
aus Sicht der meisten Abgeordneten wieder in weite Ferne gerückt und
stand nicht mehr auf der Tagesordnung. Jetzt ging es zumindest vorder-
gründig nur noch um den Status des Großherzogtums Posen. Nach einer
erschöpfenden Debatte wurde am 27. Juli mit einer überwältigenden Mehrheit von 72% der Delegierten die Aufnahme des größeren Teils des Großherzogtums in den Deutschen Bund, wie sie bereits durch die Bundesversammlung am 22. April und 2. Mai beschlossen worden war, bestätigt und
die somit vorgenommene Teilung sanktioniert. Nur ein kleiner Rest des
historischen Großpolens sollte demnach außerhalb des Deutschen Bundes
verbleiben und für die vom preußischen König versprochene „nationale
Reorganisation" innerhalb des preußischen Staates zur Verfügung stehen.
Mit der Inkorporierung des überwiegenden Teiles des Großherzogtums in
den Deutschen Bund sollte dieser einer in Zukunft möglicherweise erfol-
genden Wiederherstellung Polens endgültig entzogen werden. Die Delegierten waren sich der Symbolik durchaus bewußt, die in diesem „parlamentarischen finis Poloniae"[115] lag: Die erste frei gewählte Repräsentation des
deutschen Volkes hatte sich mit diesem Beschluss zur historischen Teilung
Polens bekannt und an ihrer Aufrechterhaltung ausdrücklich festgehalten.

In der Debatte zeigte sich, dass die entscheidenden Beweggründe für die
große Mehrzahl der Abgeordneten letztlich machtpolitischer Natur waren
und als ausschlaggebender Orientierungspunkt das nationale Interesse
Deutschlands galt. Zu Recht ist in diesem Zusammenhang immer wieder
auf die aufsehenerregende Rede Wilhelm Jordans verwiesen worden, der
das in zahlreichen Debattenbeiträgen anklingende realpolitische Paradigma
auf den Punkt gebracht und einen „gesunden Volksegoismus" zum Primat
gegenwärtigen und zukünftigen Handelns erklärt hatte.[116] In demselben
Sinne bezeugte das Ergebnis der Abstimmung auch für Johann Gustav
Droysen, der ebenfalls als Abgeordneter in der Paulskirche saß, in positiver Weise, „daß Deutschland endlich den gerechten Egoismus lernt, ohne

---

[115] WOLLSTEIN, Das „Großdeutschland der Paulskirche", S. 188 in Anlehnung an einen
Kommentar der Neuen Preußischen Zeitung vom 1.8.1848.

[116] Sten. Ber. FNV, Bd. 2, S. 1145. Als Antizipation des sich erst in den 1850er Jahren
durchsetzenden Prinzips der „Realpolitik" wird die Jordan-Rede interpretiert von KARL-
GEORG FABER: Nationalität und Geschichte in der Frankfurter Nationalversammlung, in:
Ideen und Strukturen der deutschen Revolution 1848, hg. v. WOLFGANG KLÖTZER, RÜDI-
GER MOLDENHAUER u. DIETER REBENTISCH, Frankfurt/M. 1974, S. 103-123, hier S. 122;
ähnlich urteilt FRANK EYCK: Deutschlands große Hoffnung. Die Frankfurter Nationalversammlung 1848/49, München 1973, S. 325-328. Einen allgemeinen Durchbruch „real-
politischen" Denkens bereits in der gesamten Posen-Debatte sieht dagegen zurecht WOLL-
STEIN, Das „Großdeutschland der Paulskirche", S. 169.

den kein Volk staatlich zu existiren fähig oder werth ist."[117] Auch für den Berichterstatter des völkerrechtlichen Ausschusses, den Breslauer Historiker Gustav Adolf Stenzel war selbstverständlich, „daß die Polen die zur Wahrung deutscher Interessen nothwendigen Opfer bringen müssen."[118] In Stenzels Abschlussrede direkt vor der Abstimmung wurde in eklatanter Weise deutlich, welche Wandlung das Verhältnis zu den Polen seit dem Vormärz und den Revolutionstagen im Frühjahr genommen hatte. Galten die Polen ehedem als Mitstreiter und natürliche Verbündete, so wurden sie wenige Monate später, als sich die deutschen Liberalen selbst endlich in der Lage sahen, politische Entscheidungsmacht auszuüben, als Gegner betrachtet, die als solche auszuschalten oder zumindest unschädlich zu machen waren. Stenzels Begründung für die Teilung des Großherzogtums lautete dementsprechend:

> „Wenn man eine *feindliche* Partei im Hause hat, so ist es besser, sie zu entfernen; jedenfalls ist es aber nöthig, eine Scheidewand durchzuziehen, einen Schlagbaum durchzustecken."[119]

Gegen den Primat der Machtpolitik erhoben sich die Stimmen der demokratischen Linken. Diese begründeten ihre Ablehnung des Teilungsplanes weiterhin vornehmlich mit moralischen und rechtlichen Argumenten. Die daraus resultierenden Anträge wie der Arnold Ruges auf die Einberufung eines europäischen Kongresses zur Wiederherstellung Polens oder der Franz Schuselkas, nach dem das Großherzogtum ungeteilt und außerhalb des Deutschen Bundes bei Preußen bleiben sollte, bis mit einem ebenbürtigen Gegenüber in Form eines polnischen Staates über die Zukunft des preußischen Teilungsgebietes verhandelt oder auch gekämpft werden könne, blieben in der Versammlung chancenlos. Zur namentlichen Abstimmung kam einzig der Antrag Robert Blums, der aufgrund ungenügender

---

[117] So in dem Artikel für die *Frankfurter Oberpostamts-Zeitung* vom 1. August 1848 (Beilage zu Nr. 214), hier zit. nach JOHANN GUSTAV DROYSEN: Politische Schriften, hg. v. FELIX GILBERT, München u. Berlin 1933, S. 166.

[118] Sten. Ber. FNV, Bd. 2, S. 1222.

[119] Ebd. Hervorhebung von mir. Stenzel selbst betonte später, er habe sich in dieser Rede bemüht, „im Ausdrucke möglichst schonend zu sein", um die Polen nicht zu verletzen (KARL GUSTAV WILHELM STENZEL: Gustav Adolf Harald Stenzels Leben, Gotha 1897, S. 390). Sein Sohn und Biograph hebt u.a. mit dem Hinweis darauf, dass in Stenzels Arbeitszimmer stets ein Bild des polnischen Freiheitskämpfers Tadeusz Kościuszko gehangen habe, sein prinzipielles Mitgefühl mit den Polen hervor (ebd., S. 396). Dieses Detail ‚illustriert' jedoch vielmehr beispielhaft den Wandel der liberalen Polenfreundschaft nach 1830, die 1848 nur noch oberflächlich war. Zu Stenzels Tätigkeit und Haltung als Berichterstatter des völkerrechtlichen Ausschusses in der Posenfrage vgl. ebd., S. 386-396. Hier wird unter anderem deutlich, dass für Stenzel die nationale Solidarität mit den Deutschposenern handlungsleitend war.

Informationen über die tatsächlichen Ereignisse und Bevölkerungsverhältnisse im Großherzogtum eine Verschiebung der Entscheidung und die Einsetzung einer unabhängigen Untersuchungskommission verlangte. Außerhalb der linken Demokraten fand dieser bewusst gemäßigte Kompromissantrag, der sich nicht prinzipiell gegen eine Teilung aussprach, jedoch kaum Unterstützung.[120] Der katholisch-konservative Felix Fürst von Lichnowsky hatte bereits am Ende des ersten Tages der Polendebatte festgestellt, dass die frühere Polensympathie – „wer ist nicht mit ihr aufgewachsen? Wer hat sie nicht als den Jugendtraum betrachtet, welcher politischen Meinung man auch angehöre?" – auf allen Seiten der Paulskirche nicht mehr vorhanden sei.[121]

Als im Februar 1849 endgültig die Demarkationslinie festgelegt wurde, die das Großherzogtum teilen sollte und den polnischen Teil nochmals verkleinerte, ergriff der Abgeordnete Adolph Wiesner von der Linken noch einmal das Wort. Er wandte sich an die liberalen Delegierten, indem er sie an die einstmals von ihnen geteilten völkerverbindenden Ideale der Revolution erinnerte, die er mit Hinweis auf das über dem Redner-Pult hängende Bild der Germania, das den einzigen Bildschmuck in der Paulskirche darstellte, mittlerweile zur bedeutungslosen, nur noch dekorativen Ikone erstarrt sah. Die Reaktion der zum Prinzip einer nationalegoistischen Realpolitik konvertierten Mehrheit der Delegierten bestätigte ihn; sie kommt im stenographischen Bericht der Rede Wiesners noch gut zum Ausdruck:

„Meine Herren! Blicken Sie hinauf über ihre Häupter, und lesen Sie die Inschrift, welche der Germania zur Rechten steht. Sie lautet: ‚O walle hin, du Opferbrand (Gelächter auf der Rechten), hin über Land und Meer, und schling' ein innig Liebesband um alle Völker her.' (Gelächter und Stimmen auf der Rechten: Ah! Wie schön!) Was Ihnen (zur Rechten gewandt) jetzt lächerlich scheint, Das hat vor nicht langer Zeit die Herzen erhoben, Das erhebt jetzt noch die Herzen der Unbefangenen und aller Jener, die nicht auf dieser (rechts deutend) Seite des Hauses sitzen. (Gelächter auf der Rechten; Bravo auf der Linken.) Da Ihr (zur Rechten gewandt) Lachen bewiesen hat, daß diese Inschrift bereits antiquirt ist, und daß wir sehr weit rückwärts gegangen sind, so empfehle ich Ihnen, daß Einer aus Ihrer Mitte den Antrag stelle, diese Inschrift sei auszulöschen. (Gelächter auf der Rechten, eine Stimme aus dem Centrum:

---

[120] Die Initiative Blums, die alle Skeptiker der Teilungslösung auf einen möglichst kleinen gemeinsamen Nenner zu vereinen versuchte, wird von WOLLSTEIN, Das „Großdeutschland der Paulskirche", S. 318 treffend als „ebenso redliche wie hilflose Politik" bewertet.

[121] Sten. Ber. FNV, Bd. 2, S. 1180. Lichnowsky begründete diesen Wandel für seine Person mit der Beteiligung der polnischen Emigration an allen europäischen Aufständen und Revolutionen seit 1830.

Es fehlt bloß an der Dringlichkeit! Bravo auf der Linken und Stimmen daselbst: Sehr gut!)" [122]

Auch die katholischen Delegierten der Paulskirche stimmten in der Polenfrage ihrer politischen Zuordnung entsprechend. Anteilsmäßig verteilten sie sich in nahezu derselben Weise wie ihre nichtkatholischen Kollegen auf die verschiedenen politischen Lager. [123] Der Blum-Antrag im Juli 1848 wurde demnach vor allem von den Katholiken auf der Linken unterstützt, während er vom liberalen Zentrum und den konservativen Rechten mit großer Mehrheit abgelehnt wurde. Ähnlich, nur genau umgekehrt, verhielt es sich bei

---

[122] Sten. Ber. FNV, Bd. 7, S. 5078. Zu Wiesners Appell vgl. auch WOLLSTEIN, Das „Großdeutschland der Paulskirche", S. 373, Anm. 7. Die Verse, die das Germania-Bild flankierten, stammten aus dem Gedicht „Der letzte Krieg" von Georg Herwegh, das dieser 1841 zur Verherrlichung des polnischen Freiheitskampfes geschrieben hatte. Die in der Paulskirche angebrachten Zeilen stellten allerdings eine etwas umgearbeitete Version des Originalgedichts dar, das in seinem revolutionären und völkerverbindenden Charakter entschärft und in nationalem Sinne umformuliert worden war. So sollte statt eines „Liebesbandes" in Herweghs Fassung ein „Feuerbrand" die Völker umschlingen. Die zweite Strophe wurde vollständig ersetzt: Statt „So wird er uns beschieden / Der große, große Sieg / Der ewige Völker-Frieden / Frisch auf zum heiligen Krieg" hieß es in der Paulskirche: „Des Vaterlandes Größe / Des Vaterlandes Glück / O, schafft sie / O, bringt sie dem Volke zurück". Das Germania-Bild selbst stammte von Philipp Veit aus dem katholisch-konservativen Künstlerkreis des „Deutschen Hauses", der den ultramontanen Abgeordneten sehr nahe stand. Vgl. RAINER SCHOCH: Streit um Germania. Bemerkungen zur „Germania" aus der Paulskirche, in: 1848: Das Europa der Bilder, Bd. 2: Michels März, Nürnberg 1998, S. 89-102, hier S. 92, 98. Nach PASTOR, Bd. 1, S. 250 verkaufte August Reichensperger in der Paulskirche von Veit angefertigte Abgeordneten-Karikaturen.

[123] Dies ergibt sich aus der Auswertung der durchweg auch die Konfession angebenden Abgeordnetenbiographien in HEINRICH BEST u. WILHELM WEEGE: Biographisches Handbuch der Abgeordneten der Frankfurter Nationalversammlung 1848/49, Düsseldorf 1998. Obwohl fast ein Drittel der Abgeordneten keiner Fraktion angehörte, gelingt es Best und Weege doch aufgrund des individuellen Abstimmungsverhaltens, die politische Orientierung für knapp 95% aller Delegierten festzustellen. Zur zumindest groben politischen Zuordnung können vier verschiedene Lager unterschieden werden, zu denen die Angehörigen und Sympathisanten folgender Fraktionen und Gruppierungen zu zählen sind: Linke (= Deutscher Hof, Donnersberg, Nürnberger Hof, Märzverein); Linkes Zentrum (= Württemberger Hof, Augsburger Hof, Westendhall); Rechtes Zentrum (= Casino, Landsberg, Pariser Hof); Rechte (= Steinernes Haus/Café Milani). Die politische Verteilung der insgesamt 809 Delegierten und der 351 Katholiken unter ihnen sah demnach insgesamt so aus:

	Linke	Linkes Zentrum	Rechtes Zentrum	Rechte	Nicht zuzuordnen
Delegierte insgesamt	20%	23%	41%	10%	6%
Katholische Delegierte	20%	25%	39%	13%	3%

dem Votum für den die Teilung des Großherzogtums bestätigenden Antrag des völkerrechtlichen Ausschusses, der vor allem von den katholischen Delegierten auf der Linken abgelehnt wurde.[124]

Entgegen diesem Muster verhielten sich jedoch einige katholische Abgeordnete, die dem Rechten Zentrum, vor allem aber der konservativen Rechten angehörten. Unter allen Katholiken, die gegen den Ausschussantrag und damit gegen die Teilung des Großherzogtums stimmten, gehörten die Hälfte zum sogenannten Katholischen Club, einer informellen Vereinigung ultramontaner Abgeordneter, die sich zur Abstimmung in kirchenpolitischen Fragen gebildet hatte. Die Katholiken von der Rechten, die sich gegen den Antrag wandten oder sich enthielten, waren *alle* Mitglied in dieser Vereinigung. Auch die wenigen Befürworter des Blum-Antrages unter den katholischen Rechten – mit nur acht Leuten weniger als 30 % von ihnen – gehörten ebenfalls, bis auf einen, *alle* zum Katholischen Club.[125]

Obwohl sich im ersten gesamtdeutschen Parlament das Prinzip der Fraktionsdisziplin noch nicht derart etabliert hatte, dass ein individuelles Abstimmungsverhalten nicht möglich gewesen wäre,[126] musste doch überraschen, dass diese dem Katholischen Club angehörigen katholischen Konservativen sich mit ihrer Stimme für einen Antrag der Linken aussprachen. Schon ein dem Linken Zentrum angehöriger Abgeordneter wie Theodor Paur, der zwar katholisch, aber nicht ultramontan und kein Mitglied des Katholischen Clubs war, befürchtete wegen seines Votums für den Blum-Antrag negative Reaktionen von seinen Wählern.[127] Auch der im Rechten

---

[124] Für den Blum-Antrag waren 37 % aller Katholiken, aber 89 % der Katholiken auf der Linken, bei den Katholiken im liberalen Rechten Zentrum dagegen nur 18 %. Als es zur Abstimmung über den Ausschussantrag kam, nahm der Großteil der Linken aus Protest nicht teil oder enthielt sich, nur 6 von 46 Katholiken auf der Linken stimmten für den Antrag. Diese und die nachfolgenden Zahlen beruhen auf der Abgleichung des stenographischen Berichtes über die namentliche Abstimmung (Sten. Ber. FNV, Bd. 2, S. 1228-1238) und den Angaben zur politischen Orientierung und Konfession der einzelnen Abgeordneten bei BEST/WEEGE.

[125] In absoluten Zahlen: Während für den Blum-Antrag noch 78 von 211 anwesenden katholischen Abgeordnete gestimmt hatten, waren es gegen die Ausschussanträge nur noch 18 von 174, weil sich die Linke in großer Zahl aus Protest nicht mehr beteiligte. Von diesen 18 waren 9 im Katholischen Club. Von den 31 Katholiken auf der Rechten stimmten 3 gegen den Ausschussantrag, 3 enthielten sich (alle im Katholischen Club), für den Blum-Antrag hatten 8 der Katholiken auf der Rechten gestimmt, davon waren 7 im Katholischen Club.

[126] Vgl. hierzu MANFRED BOTZENHART: Deutscher Parlamentarismus in der Revolutionszeit 1848-1850, Düsseldorf 1977, S. 430.

[127] Vgl. seinen Brief vom 2.8.48, in: THEODOR, PAUR: Briefe aus der Paulskirche (1848/49), hg. v. HEINRICH MEISNER, Berlin 1919, S. 33f. Paur stimmte für Blum nicht, weil er gegen eine Teilung des Großherzogtums war, die er grundsätzlich für richtig hielt, sondern weil er die vorgelegten Materialien als Grundlage für eine Entscheidung für

Zentrum sitzende Matthias Deymann, der gleichzeitig Mitglied im Katholischen Club war, hielt seine Stimmabgabe für den Blum-Antrag für besonders kühn und vermutete, dass man ihn dafür als Vaterlandsverräter
diffamieren werde.[128] Ungewöhnlich war das Verhalten der ultramontanen
Katholiken aber nicht nur wegen ihres grundsätzlichen politischen Gegensatzes zu der politischen Linken. Der Blum-Antrag ging nicht nur von dem
bedeutendsten Politiker der Demokraten, sondern gleichzeitig von einem
der prominentesten und umtriebigsten Deutschkatholiken, einem der absoluten Feindbilder der Ultramontanen, aus![129] In der Polenfrage wurde
jedoch das ungewöhnliche Zusammengehen mit den deutschkatholischen
Vertretern auf der Linken von konservativen Ultramontanen offenbar
billigend in Kauf genommen.

Die Deutschkatholiken waren nicht die einzigen innerkirchlichen Gegner, denen die ultramontanen Katholiken in der Paulskirche begegneten. Es
war vielmehr die ganze Bandbreite des katholischen Spektrums vertreten.
Melchior von Diepenbrock, Fürstbischof von Breslau, traf hier auf seinen
Delegierten-Kollegen, den bereits oben erwähnten Theodor Paur, einen
Lehrer aus Neisse, den er erst im Februar wegen Abweichung von der
dogmatischen Kirchenlehre suspendiert hatte, der sich nun aber im Aus-

---

unzureichend hielt (vgl. ebd., S. 32 f.). Auf die Rede von Jordan reagierte er mit Abscheu
(vgl. seinen Tagebucheintrag vom 24.7.; BAF FSg. 1/149).

[128]   Vgl. die Briefe Deymanns an seinen Schwager Anton Apmann vom 28. u.
29.7.1848, BAF FSg. 1/48.

[129]   Seit seiner Entstehung Mitte der 1840er Jahre war die dissidente Bewegung des
Deutschkatholizismus eines der zentralen Objekte ultramontaner Angriffe gewesen und hatte
damit indirekt beträchtlich zur Formierung und Festigung des deutschen Ultramontanismus
beigetragen, vgl. Kap. 1.2.2. Zum politischen Engagement des Deutschkatholizismus im
Jahr 1848, der in der Paulskirche jedoch nicht als eigene Gruppe auftrat, vgl. besonders
GRAF, S. 131f.; HOLZEM, Kirchenreform, S. 406-421. Zum Zusammenhang von deutsch-
katholischem und politischem Engagement bei Robert Blum vgl. EUGENE J. NEWMAN:
Restoration Radical. Robert Blum and the Challenge of German Democracy 1807-48,
Boston 1974, S. 47-54; DERS.: Politics and Religion – Robert Blum and the German Ca-
tholic Movement 1844-1846, in: Journal of Religious History 8 (1975), S. 217-227 sowie
SIEGRIED SCHMIDT: Robert Blum. Vom Leipziger Liberalen zum Märtyrer der deutschen
Demokratie, Weimar 1971, S. 80-90. Auf einen denkbaren Zusammenhang zwischen Blums
Engagement im Deutschkatholizismus und seiner vergleichsweise polenfreundlichen Haltung
findet sich in diesen Arbeiten ebenso wenig ein Hinweis wie in SIEGRIED SCHMIDT: Robert
Blum und die vormärzliche deutsche Polenfreundschaft in Mitteldeutschland, in: ZfG 10
(1962), S. 1891-1902; MANFRED GAILUS: Robert Blum und die deutsch-polnischen Beziehungen, in: Robert-Blum-Symposium 1982. Dokumente – Referate – Diskussionen, hg. v.
HELMUT HIRSCH, Duisburg 1987, S. 41-58 und HELMUT HIRSCH: Robert Blum als Deutschkatholik, in: Ebd., S. 113-134. Ein Zusammenhang scheint nur insofern bestanden zu
haben, als sowohl das deutschkatholische als auch das Polenengagement in Beziehung zu
Blums politisch demokratischer Orientierung standen.

schuss für kirchliche und schulische Angelegenheiten befand.[130] Neben ultramontanen Abgeordneten saßen darüber hinaus auch ehemalige Hermesianer, österreichische und bayerische Josephiner und südwestdeutsche Wessenbergianer – die beiden letzteren Gruppen waren Befürworter einer weitreichenden staatlichen Kontrolle über die Kirche, während die Ultramontanen eine möglichst große Unabhängigkeit der Kirche vom Staat anstrebten. Ultramontane stießen in der Paulskirche auf „emanzipierte", oder, wie es im ultramontanen Jargon auch noch einhundert Jahre später mitunter hieß, „entartete" Katholiken, zu denen z.b. Priester gezählt wurden, die eine Gesetzesinitiative zur Abschaffung des Zölibats unterstützten.[131]

Die Ultramontanen befanden sich in dieser Versammlung somit keineswegs in einer innerkatholischen Mehrheitsposition. Der Katholische Club, in dem sich die ultramontanen Abgeordneten zwischen Juni und Dezember 1848 zusammenfanden, um für eine möglichst große Unabhängigkeit der katholischen Kirche vom Staat bei gleichzeitiger Erhaltung ihrer privilegierten Stellung besonders im Schulsystem zu wirken,[132] vertrat zwar den Anspruch auf Alleinvertretung katholischer Interessen. Während der Polendebatte im Juli war aber nicht einmal jeder fünfte katholische Delegierte

---

[130] Als Ausschussmitglied nahm Paur einen Standpunkt ein, der dem der Ultramontanen, die er abfällig als „Paffen und pfäffisch gesinnte" bezeichnete, diametral entgegenstand: so sprach er sich für die gänzliche Aufhebung von Konfessionsschulen und die Verbannung des Religionsunterrichts von öffentlichen Schulen aus; die geistliche Schulaufsicht bezeichnete er als „den mächtigsten Hebel zur Volksverdummung" (PAUR, S. 49f., 59f.). Über das Suspendierungsverfahren gegen Paur, der auch der Nähe zum Deutschkatholizismus beschuldigt wurde, vgl. ROBERT GLATZ: Dr. Paur's Suspension und die Stadtverordneten-Versammlung zu Neisse vom 7. Februar, in: Für christkatholisches Leben 6 (1848), S. 163-168.

[131] Zu den Vertretern der verschiedenen nicht-ultramontanen kirchlichen Lager in der Paulskirche vgl. HERMANN H. SCHWEDT: Die katholischen Abgeordneten der Paulskirche und Frankfurt, in: Archiv für mittelrheinische Kirchengeschichte 34 (1982), S. 143-166, hier S. 151-160. Als „emanzipiert" bezeichneten sich nicht-ultramontane Katholiken mitunter selbst, während sie nicht nur den ultramontanen Zeitgenossen, sondern auch der ultramontan beeinflussten Historiographie oft als nicht mehr ‚wirklich' katholisch galten. Vgl. SCHWEDT, Die katholischen Abgeordneten, S. 151f., 157. Als „entartete Katholiken" wurden katholische Zölibatsgegner der Paulskirche noch 1947[!] bezeichnet von WILHELM NICOLAY: Das Paulskirchenparlament zu Frankfurt am Main. Katholische Parlamentarier in der ersten deutschen Nationalversammlung, Mainz 1947, S. 10.

[132] Zum kirchenpolitischen Programm der Ultramontanen im Revolutionsjahr 1848 vgl. Kap. 7.1.1. Vgl. neben der dort angegebenen Literatur auch SPERBER, Kirchen. Zu den die Stellung der Kirche betreffenden Verhandlungen vgl. EYCK, Deutschlands große Hoffnung, S. 271-284; WINFRIED BECKER: Bürgerliche Freiheit und Freiheit der Kirche im Epochenjahr 1848, in: Jahres- und Tagungsbericht der Görres-Gesellschaft 1998, S. 47-69.

Mitglied dieser ultramontanen Vereinigung, die fast zur Hälfte aus Geistlichen bestand![133]

Diese Minderheitenposition der ultramontanen Katholiken, die sich selbst in exklusiver Weise als die wahrhaft katholischen, weil kirchen- und glaubenstreuen Katholiken sahen, trug mit dazu bei, dass sie es für notwendig hielten, sich in einem eigenen Klub zusammenzufinden, um ihre Position in Religions-, Kirchen- und Schulfragen wirkungsvoll vorbereiten und vertreten zu können. Von ihren Gegnern als „Monsterverschwörung der Ultramontanen" bezeichnet,[134] konzentrierte sich diese Vereinigung inhaltlich voll auf die kirchlichen Belange – politische Fragen sollten ausgeblendet bleiben, um die Einheit in der religionspolitischen Haltung nicht zu gefährden.[135] Darauf drang „bis zum Rigorismus streng" vor allem der Vorsitzende des Katholischen Clubs, der preußische General Joseph Maria

---

[133] Nach Abgleichung der Abgeordnetenbiographien bei BEST/WEEGE und z.T. sich widersprechender Hinweise in der Literatur hinsichtlich der Mitgliedschaft im Katholischen Club mit der namentlichen Abstimmung in der Polendebatte lassen sich 43 von 244 katholischen Abgeordneten namentlich als Mitglieder der ultramontanen Vereinigung ausmachen, darunter 19 Priester. Von einem „halbgeistlichen Club" spricht bereits JOHANN NEPOMUK SEPP: Erinnerungen an die Paulskirche 1848, in: Die Grenzboten 62 (1903), H. 38/39, S. 694-702 u. 780-786, hier S. 700. Untertrieben erscheinen geläufige Schätzungen, die insgesamt nur von 30-40 Mitgliedern ausgehen (vgl. JOHANN WILHELM JOSEPH BRAUN: Deutschland und die deutsche Nationalversammlung, Aachen 1850, S. 57; KARL JÜRGENS: Zur Geschichte des Deutschen Verfassungswerkes 1848-49, Bd. 2/1, Braunschweig 1850, S. 48; SCHNABEL, Zusammenschluß, S. 58). Der Vorsitzende des Clubs, General von Radowitz, schrieb nach der ersten Zusammenkunft Mitte Juni von etwa 60 Mitgliedern (vgl. FRIEDRICH MEINECKE: Radowitz und die deutsche Revolution, Berlin 1913, S. 155, Anm. 3). Diese Größenordnung wird auch angenommen von RICHARD LEMPP: Die Frage der Trennung von Staat und Kirche im Frankfurter Parlament, Tübingen 1913, S. 31; VIGENER, S. 77; NICOLAY, S. 14. Für zu niedrig hält diese Zahl SCHWEDT, Die katholischen Abgeordneten, S. 144, der von ca. 90 Mitgliedern ausgeht. Er stützt sich dabei auf SEPP, Erinnerungen, S. 700 und [SEPP, BERNHARD:] Dr. Johann Nepomuk Sepp (1816-1909). Ein Bild seines Lebens nach seinen eigenen Aufzeichnungen, Bd. 1, Regensburg 1916, S. 98. Auch Schwedt muß jedoch eingestehen, dass es letztlich kein sicheres Kriterium zur Feststellung der Vereinsmitglieder gibt (vgl. SCHWEDT, Die katholischen Abgeordneten, S. 145, Anm. 5; in diesem Sinne auch KONRAD REPGEN: Märzbewegung und Maiwahlen des Revolutionsjahres 1848 im Rheinland, Bonn 1955, S. 158). Selbst bei Zugrundelegung von 90 Mitgliedern wären diese gerade mal ein Viertel aller katholischen Abgeordneten der Paulskirche gewesen.

[134] So das Mitglied des Clubs BEDA WEBER: Umrisse aus der Paulskirche, in: DERS.: Charakterbilder, Frankfurt/M. 1853, S. 321-489, hier S. 370.

[135] Vgl. JÜRGENS, Bd. 2/1, S. 49; BACHEM, Vorgeschichte, Geschichte und Politik der deutschen Zentrumspartei, Bd. 2, S. 47; SCHNABEL, Zusammenschluß, S. 58, 70.

von Radowitz.[136] Demnach sollten Fragen wie die nach der Zukunft Posens in diesem Gremium nicht besprochen werden.

Es gab jedoch auch Mitglieder, die auf ein ausgedehnteres politisches Engagement des Katholischen Clubs drängten. Zu ihnen gehörte der spätere Bischof von Mainz Wilhelm Emmanuel von Ketteler, der in der Posenfrage für den Blum-Antrag stimmte. Er hielt es für „kaum auszuhalten in diesem politischen Indifferentismus" und meinte, dass Radowitz zur Wahrung preußischer Interessen die Ultramontanen politisch neutralisieren wollte. Ketteler selbst dagegen trat für eine Umwandlung des Klubs in „eine politische Partei aus einigen Rheinlanden, Westphalen und Baiern" ein, auch auf die Gefahr einer Spaltung hin, weil Radowitz und einige andere unfehlbar austreten würden.[137] Obwohl sich auch andere Mitglieder, namentlich Wilhelm Junkmann und vor allem Franz Joseph Buß, für die Umwandlung des Katholischen Clubs in eine politische Fraktion aussprachen, konnte sich ihre Position nicht durchsetzen.[138] Nach der für die Kirche relevanten

---

[136] JÜRGENS, Bd. 2/1, S. 49. Vgl. auch dahingehende Äußerungen von Mitgliedern des Clubs wie SEPP, Erinnerungen, S. 700 und Wilhem Junkmann (nach JOSEFINE NETTESHEIM: Wilhelm Junkmann. Dichter, Lehrer, Politiker, Historiker 1811-1886, Münster 1969, S. 125). Außer Radowitz haben diese Linie offensichtlich auch Max von Gagern (vgl. MEINECKE, S. 157) und Diepenbrock (vgl. VIGENER, S. 77) vertreten.

[137] Ketteler in einem Brief an seinen Bruder Richard von Ketteler vom 17.9.48, in: WILHELM EMMANUEL FREIHERR VON KETTELER: Sämtliche Werke und Briefe, Abt. 2, Bd. 1, Mainz 1984, S. 345.

[138] Zu Junkmanns Haltung vgl. BRAUN, S. 59; offenbar an Braun anknüpfend ELSE MÜLKER: Der konfessionelle Gegensatz und das deutsche Einheitsproblem 1848-1849 (Diss. 1933), Marburg 1935, S. 39; WILHELM SCHULTE: Volk und Staat. Westfalen im Vormärz und in der Revolution 1848/49, Münster 1954, S. 207; BERND MÜTTER: Die Geschichtswissenschaft in Münster zwischen Aufklärung und Historismus, (Diss. 1973) Münster 1980, S. 168. Franz Joseph Buß, der erst von Dezember 1848 an Abgeordneter der Paulskirche war, zeigte sich schon im Vorjahr der Revolution davon überzeugt, dass der Katholizismus „eine eigenthümliche Politik hat, und jede politische Frage von seinem Standpunkt eigenthümlich behandeln kann" (FRANZ JOSEPH BUß: „Aufgabe der Zeitschrift", in: Capistran 1 [1847], Nr. 1, S. 3-21, hier S. 19). Mit ähnlicher Begründung forderte er auch nach 1848 die Bildung einer katholischen Partei (vgl. FRANZ BUß: Die Gemeinsamkeit der Rechte und Interessen der Katholiken in Deutschland und in Frankreich, Bd. 2, Schaffhausen 1850, S. 576; DERS.: Die Aufgabe des katholischen Theils teutscher Nation in der Gegenwart, oder der katholische Verein Teutschlands, Regensburg 1851, S. 455-472). Er konnte sich aber insbesondere auf den 1848 und 1849 tagenden Versammlungen der neu gegründeten katholischen Vereine (den ersten Katholikentagen) nicht durchsetzen. Vgl. dazu neben den Schriften von Buß selbst BACHEM, Josef Bachem, Bd. 2, S. 136-146; JOSEPH MAY: Geschichte der Generalversammlungen der Katholiken Deutschlands (1848-1902), Köln 1903, S. 53f., 62f.; JOHANNES B. KIßLING: Geschichte der deutschen Katholikentage, Bd. 1, Münster 1920, S. 259-273; VALMAR CRAMER: Die Katholische Bewegung im Vormärz und im Revolutionsjahr 1848/49, in: Idee, Gestalt und Gestalter des ersten deutschen Katholikentages in Mainz 1848, hg. v. LUDWIG LENHART, Mainz 1948, S. 21-63, hier S. 55f.; JOHANNES SCHMIDT: Die politischen Willensrichtungen im deutschen Katholizismus in der

Verhandlung der Grundrechtsartikel löste sich der Katholische Club nach
halbjährigem Bestehen Mitte Dezember 1848 wieder auf, nach Angaben
des schlesischen Katholikenführers und Redakteurs der *Allgemeinen Oder-
Zeitung* Nicolaus Carl Gustav Rintel deswegen, weil „Hofrath Buß ihn zu
seinen politischen Zwecken missbrauchen wollte".[139] Gerade die Polenfrage
im Juli war zum Testfall darüber geworden, ob der ultramontane Katholische Club auch in politischen Fragen eine einheitliche Positionen vertreten
konnte.[140] Sie war tatsächlich die einzige nicht-kirchliche Frage, die auf den
Sitzungen des Clubs diskutiert wurde. Radowitz als Vorsitzender verließ
bei dieser Gelegenheit seinen Präsidentenplatz, um gegen den polnischen
Geistlichen Jan Janiszewski zu sprechen.[141]

Janiszewski, der einzige Pole, der ein Mandat für die Frankfurter Paulskirche angenommen hatte und dies auch nur, um den Protest der Polen
gegen ihre Einbeziehung in den Deutschen Bund an dieser Stelle öffentlich
zum Ausdruck zu bringen,[142] schätzte Ausmaß und Wert der Unterstützung
von katholischer Seite für die polnische Sache bereits Anfang Juli nüchtern
ein. Als Rektor des Posener Priesterseminars selbst ein hochrangiger
Geistlicher erblickte er in der Nationalversammlung, wo er unter den
Abgeordneten für die polnische Sache warb, außer in der demokratischen
Linken einzig in der katholischen Geistlichkeit einen potentiellen Verbündeten. Sowohl Bischof Sedlag von Kulm als auch Fürstbischof Diepenbrock
von Breslau, beide gewählte Delegierte der Paulskirche und Mitglieder des
Katholischen Clubs, hatten ihm zwar ihre Unterstützung zugesagt. Sedlag
jedoch schränkte gleichzeitig ein, dass er selbst seine Stimme in der Polendebatte nicht erheben werde, und Diepenbrock beklagte sich über die
Verbindung der Polen mit der Revolution. Trotzdem versicherten sie Janiszewski, sich unter ihren Freunden in der Versammlung für die Belange
der Polen einzusetzen.[143] Der polnische Geistliche und Abgeordnete blieb
aber trotz dieser Zusagen realistisch: Selbst bei Unterstützung durch die

---

Zeit von 1848 bis zur Reichsgründung, Diss. Köln 1951 (Ms.), S. 27f.; HERRES, S. 306-
313; OELINGER, S. 19ff.

[139]   NICOLAUS CARL GUSTAV RINTEL: Die katholischen Interessen und die deutsche
Frage, Breslau 1849, S. 36.

[140]   So auch SCHNABEL, Zusammenschluß, S. 70; SCHREIBER, S. 163.

[141]   Vgl. BRAUN, S. 59; MÜLKER, S. 38.

[142]   Neben Janiszewski waren jedoch noch weitere Polen in Frankfurt vor Ort, um für
die polnische Sache unter den Abgeordneten zu werben, unter ihnen Karol Libelt,
Władysław Niegolewski und Ignacy Łyskowski. Vgl. ZIELIŃSKI, Kościół katolicki, S. 150.

[143]   Beide Bischöfe nahmen an der dreitägigen Polendebatte und der Abstimmung über
den Status des Großherzogtums Posen nicht teil. Diepenbrock war abwesend, Sedlag hatte
bereits wenige Tage vorher sein Mandat niedergelegt.

katholischen Bischöfe, Priester und Katholiken auf der Rechten könnten diese weder ein ausreichendes Gegengewicht zur grundsätzlich ablehnenden Stimmung der Versammlung bilden noch sei damit zu rechnen, dass sie die Gesamtstimmung zugunsten der Polen wenden könnten.[144] Wie die namentlichen Abstimmungen über den Blum-Antrag und die Anträge des völkerrechtlichen Ausschusses am 27. Juli zeigen, waren auch die im Katholischen Club organisierten ultramontanen Katholiken in der Posenfrage gespalten. 57% der namentlich feststellbaren Mitglieder stimmten gegen den Blum-Antrag auf Verschiebung der Entscheidung und gleichzeitig für den Ausschussantrag auf Teilung der Provinz und Eingliederung des westlichen Teiles in den Deutschen Bund. Damit waren die Ultramontanen den Interessen der Polen zwar in geringerem Maße abgeneigt als die übrige Versammlung, die als ganze mit über 70% gegen den Blum-Antrag und für die Ausschuss-Anträge stimmte.[145] Der Eindruck jedoch, dass *die* Ultramontanen oder gar *die* Katholiken als Ganzes die Polen unterstützt hätten, wie er von einigen Zeitgenossen mit der Absicht verbreitet und auch in der Literatur teilweise kolportiert wurde, um die Ultramontanen als national unzuverlässig zu diffamieren, wird durch diese Zählung, nach der sich auch die Mehrheit der im Katholischen Club organisierten ultramontanen Abgeordneten für eine Teilung des Großherzogtums aussprach, nicht bestätigt.[146]

---

[144]   So Janiszewski in einem Brief vom 8. Juli 1848 an den Gnesener Offizial Jan Zienkiewicz, vgl. ZIELIŃSKI, Kościół katolicki, S. 150.

[145]   Die Ausschussanträge fanden mit fast 85% zwar nominell noch größere Zustimmung, als die Ablehnung des Blum-Antrages. Dies hing jedoch damit zusammen, dass ein großer Teil der Linken und insgesamt 15% aller Abgeordneten nach dem Scheitern des Blum-Antrages aus Protest nicht mehr an der folgenden Abstimmung über die Ausschussanträge teilnahm. Es kam allerdings nicht zu einem demonstrativen Auszug dieser Delegierten, wie gelegentlich kolportiert wird (z.B. bei SCHMIDT, Robert Blum, S. 198), vielmehr wurden sie, wie aus dem Tagebuch des Abgeordneten Paur hervorgeht, zur Erleichterung der Zählung hinausgewiesen (Tagebucheintrag vom 27.7.; BAF FSg. 1/149).

[146]   Verallgemeinernd von *den* Ultramontanen, die in der „Schlacht über Polen" mit der Linken gestimmt hätten, spricht z.B. C. H. ALEXANDER PAGENSTECHER: Lebenserinnerungen, hg. v. ALEXANDER PAGENSTECHER, Bd. 2: Als Abgeordneter in Frankfurt im Jahre 1848, Leipzig o. J. [1913], S. 71. Die *Deutsche Zeitung* schrieb generalisierend, die „katholische Partei" habe „mit wenigen Ausnahmen" beim Blum-Antrag mit der Linken gestimmt (Deutsche Zeitung Nr. 209 vom 29.7.1848, S. 1660f.). Dies war in zweierlei Hinsicht realitätsverzerrend, weil nicht nur das Ergebnis der Abstimmung falsch widergegeben wurde, sondern auch eine „katholische Partei" in der Form nicht existierte. Zu der Stellung der *Deutschen Zeitung* zur Posenfrage selbst vgl. HIRSCHHAUSEN, S. 152-156, die deutlich macht, dass die DZ als ein „publizistischer Schrittmacher der Paulskirchenmehrheit" (S. 156) fungierte, der bereits am 8.4. eine Teilung der Provinz verlangt hatte. Eine propolnische Haltung des gesamten Katholischen Clubs wird in der Literatur behauptet von WALTER BLECK: Die Posener Frage auf den National-Versammlungen in den Jahren

Allerdings traten jene Mitglieder des Katholischen Clubs, die gegen die Mehrheit gestimmt hatten, durch ein besonderes Engagement für die polnische Sache hervor. Sie fielen auch deshalb auf, weil sie, mehrheitlich politisch konservativ orientiert, in der Polenfrage einen Standpunkt einnahmen, der sonst nur noch von der Linken vertreten wurde, und sich auch nicht scheuten, entsprechende Anträge von Seiten der Demokraten zu unterstützen.

So hatte sich Ernst von Lasaulx, der Neffe von Joseph Görres und Schwiegersohn von Franz von Baader, der der äußersten Rechten und der Gruppe der Ultramontanen angehörte,[147] bereits am 20. Juli am Rednerpult der Paulskirche für einen Antrag der Linken stark gemacht. Diese hatten eine Verschiebung der Polendebatte beantragt, um noch Eingaben des polnischen Nationalkomitees berücksichtigen zu können, was die gemäßigten Liberalen und die Konservativen nicht für erforderlich hielten. Lasaulx dagegen, von dem Abgeordneten Hallbauer wegen seiner unkonventionellen Auftritte und originellen Erscheinungsweise als „Reichskanarienvogel" betitelt,[148] versuchte mit wenigen, aber emphatischen Worten seine politischen Freunde dazu zu bewegen, „dem unglücklichen, hingemordeten Heldenvolke der Polen" nicht ihre Teilnahme zu versagen, erhielt dafür

---

1848/49, in: Zeitschrift der Historischen Gesellschaft für die Provinz Posen 29 (1915), S. 1-96, hier S. 38f. (hier wird der Club dazu fälschlicherweise als „Fraktion" bezeichnet); auch die Annahme von MÜLKER, S. 38, Anm. 22, dass die Mehrheit des Katholischen Clubs für die Polen gestimmt habe, ist nicht richtig. In unzulässiger Verallgemeinerung spricht von „den Katholiken", die in der Posenfrage mit den Demokraten gegangen seien EBERHARD MEIER: Die außenpolitischen Ideen der Achtundvierziger, ND Vaduz 1965 (orig. Berlin 1938), S. 131, Anm. 243. Von einer „catholic party" spricht jüngst auch noch BRIAN E. VICK: Defining Germany. The 1848 Frankfurt Parliamentarians and National Identity, Cambridge u. London 2002, S. 158.

[147] Zu Lasaulx's positiver Haltung zum Novemberaufstand vgl. Kap. 2.2.4. Im Gegensatz zur Abgeordnetenbiographie bei BEST/WEEGE, S. 215f. zählt PEETZ, Die Wiederkehr im Unterschied, S. 76 Lasaulx nicht zu den „förmlichen Mitgliedern" des Katholischen Clubs. Eine ‚förmliche' Mitgliedschaft gab es in diesem lockeren Zusammenschluss allerdings auch gar nicht; gerade das macht die Zuordnung und Größenbestimmung schwierig. In der Paulskirche wurde Lasaulx jedenfalls zu den Ultramontanen gezählt, vgl. HEINRICH LAUBE: Das erste deutsche Parlament, Bd. 1, Leipzig 1849 (ND Aalen 1978), S. 301; JAKOB PHILIPP FALLMERAYER: Schattenrisse aus der Paulskirche, in: DERS.: Schriften und Tagebücher, hg. v. HANS FEIGL u. ERNST MOLDEN, Bd. 2, München u. Leipzig 1913, S. 229-249, hier S. 231; WILHELM ZIMMERMANN: Die Deutsche Revolution, Karlsruhe 1848, S. 709 meint sogar, Lasaulx sei von den meisten Abgeordneten „für einen katholischen Geistlichen im Professorengewand" gehalten worden.

[148] Das Frankfurter Parlament in Briefen und Tagebüchern. Ambrosch, Rümelin, Hallbauer, Blum, hg. v. LUDWIG BERGSTRÄßER, Frankfurt/M. 1929, S. 186. Für einen „wunderlichen Kauz" wurde Lasaulx auch gehalten von RUDOLF HAYM: Die deutsche Nationalversammlung bis zu den Septemberereignissen. Ein Bericht aus der Partei des rechten Centrums, Frankfurt/M. 1848 (Berlin 1850), S. 230.

jedoch nur Beifall von der Linken.[149] Theodor Paur aus dem Linken Zentrum hielt Lasaulx's Verhalten offenbar für eine Verwirrungstaktik gegenüber der Linken und schrieb in sein Tagebuch: „der schlaue Jesuit! Es wird bald Gelegenheit für ihn kommen, die Nebelkappe abzuwerfen, dann wird wohl das Bravo der Linken verstummen."[150] Doch Lasaulx's kurzer und einziger Auftritt in der Posenfrage war durchaus authentisch, wie sein Abstimmungsverhalten zeigt: Er stimmte nicht nur gegen den Ausschussantrag, also gegen die Teilung des Großherzogtums Posen, sondern auch für den Antrag auf Vertagung der Entscheidung, der vom Führer der Demokraten und Deutschkatholiken Robert Blum gestellt worden war.

Ebenso wie Lasaulx hatten auch weitere Mitglieder des ultramontanen Katholischen Clubs, die in der Regel auf der Rechten oder im rechten Zentrum saßen, offenbar keine Bedenken, für den Antrag Blums zu stimmen, obwohl am selben Tag von der äußersten Linken auch ein Antrag auf Abschaffung des Zölibats eingereicht wurde, womit sie ihre kirchenpolitische Gegnerschaft zu den Ultramontanen augenfällig demonstrierten.[151] Nichtsdestoweniger gehörten zu den Befürwortern des Blum-Antrages hohe Kirchenvertreter: neben dem bereits erwähnten späteren Mainzer Bischof Wilhelm Emmanuel von Ketteler mit dem Breslauer Domherren Heinrich Förster ein weiterer zukünftiger Bischof sowie der amtierende ermländische Bischof Joseph Ambrosius Geritz und der Eichstätter Domkapitular Friedrich Thinnes. Neben Ignaz Döllinger traten aus dem Katholischen Club noch zwei weitere hochrangige Theologen, beide aus Bonn, für den Blum-Antrag ein: Franz Dieringer, Professor für Dogmatik und Homiletik und enger Vertrauter des Kölner Erzbischofs Geissel, sowie der Philosophie-Professor Franz Peter Knoodt, ein Vetter der Brüder August und

---

[149] Sten. Ber. FNV, Bd. 2, S. 1072.

[150] Tagebucheintrag vom 20.7.1848, BAF FSg 1/149.

[151] Ob und inwiefern der Antrag zur Aufhebung des Zölibats das Abstimmungsverhalten der Katholiken in der Posenfrage beeinflusste und aus strategischen Gründen bewusst am Tag der Abstimmung eingebracht worden ist, muss offen bleiben. Angedeutet wird so etwas in einem Brief des katholischen Abgeordneten Deymann an seinen Bruder vom 29.7.: „Kannst Du wohl glauben, daß der ganze Antrag mit der Posener Frage in Verbindung gestanden? Behalte die nähere Aufklärung zugute" (BAF FSg. 1/48). Der Historiker und Abgeordnete Friedrich von Raumer schrieb am selben Tag ähnlich, dass, nachdem die äußerste Linke den Antrag auf Abschaffung des Zölibats eingereicht hatte, dieser „Mißgriff [...] auf der Stelle ausgebeutet [wurde], um mehrere Katholiken hinsichtlich der posener Angelegenheit umzustimmen" (FRIEDRICH VON RAUMER: Briefe aus Frankfurt und Paris 1848-1849, Bd. 1, Leipzig 1849, S. 243). Zu Raumers eigener Haltung als Teilungsbefürworter, der sich ausdrücklich von „falschem Polenenthusiasmus" distanzierte und die Rede Jordans lobte, vgl. seinen Brief vom 24.7., ebd., S. 236. Zu seiner Entwicklung seit Beginn der 1830er Jahre in dieser Hinsicht vgl. JÓZEF WILLAUME: Polska problematyka w twórczości dziejopisarskiej Fryderyka Raumera, Lublin 1961.

Peter Reichensperger.[152] Desweiteren gehörten zu den ultramontanen Unterstützern des Blum-Antrages Jakob Clemens, der ebenfalls Philosophie in Bonn lehrte, sein Schwager, der Historiker Johann Nepomuk Sepp und der Mitbegründer der *Historisch-politischen Blätter* George Phillips, beide wie Döllinger und Lasaulx dem Münchener Görres-Kreis zugehörig und 1847 wegen ihrer Kritik am bayerischen König im Rahmen der Lola-Montez-Affäre von ihren Universitätslehrstühlen suspendiert.

Die Auflistung dieser wenigen Namen und der Verweis auf die Verbindungen machen bereits deutlich, dass es sich hier, wie bei den deutschen Ultramontanen überhaupt, nicht um eine Partei im Sinne einer organisierten Aktionsgemeinschaft handelte, sondern um eine Gruppierung, die vor allem durch persönliche, z.t. sogar verwandtschaftliche Beziehungen eng miteinander verbunden war.[153] Als örtliche Kristallisationspunkte dieses ultramontanen Netzwerkes erweisen sich München auf der einen Seite und Bonn bzw. Koblenz auf der anderen. München und Bonn waren als Universitätsstädte für die katholische Bewegung von großer Bedeutung. Nach Koblenz gab es von München aus vor allem familiäre Verbindungen des Görres-Kreises: Nicht nur Görres selbst, auch Lasaulx kam aus Koblenz, Sepp heiratete in die Koblenzer Familie Clemens ein. Die oben genannten Personen waren sich in unterschiedlicher Weise und Intensität vertraut, innerhalb des ultramontanen Netzwerkes war man sich auch in der Phase vor 1848, in der der Ultramontanismus noch vergleichsweise gering organisiert war, bekannt. Insofern lag es nahe, dass die bereits bestehenden persönlichen Beziehungen auch in der Paulskirche eine Rolle spielten.

Die Ultramontanen auf der Rechten, die sich in der Posenfrage für den Blum-Antrag und gegen den Teilungsantrag des völkerrechtlichen Ausschusses aussprachen, beließen es in ihrer Opposition zur Mehrheitsmeinung nicht bei der Zustimmung zu Gegenanträgen, die von der Linken kamen, sondern brachten auch eigene Gegenvorschläge und Stellungnahmen ein.

---

[152] August Reichensperger, ebenfalls Abgeordneter in der Paulskirche und stellvertretender Vorsitzende des Katholischen Clubs, gehörte nicht zu den Unterstützern der polenfreundlichen Anträge.

[153] Allerdings ist zu berücksichtigen, dass für die zeitgenössische Verwendung des Parteibegriffs im Vormärz generell das Kriterium der festen Organisation noch nicht ausschlaggebend war, der Begriff vielmehr eine noch unorganisierte Gesinnungsgemeinschaft bezeichnete. Vgl. KLAUS VON BEYME: Partei, Fraktion, in: Geschichtliche Grundbegriffe. Historisches Lexikon zur politisch-sozialen Sprache in Deutschland, hg. v. OTTO BRUNNER, WERNER CONZE u. REINHART KOSELLECK, Bd. 4, Stuttgart 1978, S. 677-734, hier S. 716.

7.3.2 Einheit statt Teilung – Parlamentarische Initiativen
aus dem Kreis der Ultramontanen

Während der großen Polendebatte vom 24.-27 Juli 1848 kamen aus dem
Kreis der im Katholischen Club organisierten Ultramontanen drei Ände-
rungsanträge, die eine Teilung des Großherzogtums Posen, wie sie im
Antrag des völkerrechtlichen Ausschusses vorgeschlagen und dann von der
Versammlung auch beschlossen wurde, nicht akzeptieren wollten. Der
wichtigste dieser drei Anträge, der insgesamt noch am meisten Unterstüt-
zung erfuhr und als einziger überhaupt zur Abstimmung kam, war ein
Antrag, der unter dem Namen Ignaz Döllingers lief und von dem Eich-
stätter Domkapitular Friedrich Thinnes im Parlament erläutert wurde.[154]
Der Gegenvorschlag zur Teilung des Großherzogtums, der in diesem
Antrag formuliert wurde, bestand in einer Realunion zwischen dem als
Ganzes belassenen Großherzogtum Posen und dem Deutschen Reich. Die
bereits im April und Mai getroffenen Bundesbeschlüsse über eine Teilung
der Provinz sollten als hinfällig, die Aufnahme des westlichen Teiles in den
Deutschen Bund und die dort stattgehabten Wahlen als ungeschehen betrachtet werden. Der Antrag bezeichnete das Großherzogtum Posen als
einen „besonderen [...] untheilbaren Staat".[155] Die Legitimität der Nationalversammlung, über die Zukunft des Großherzogtums zu bestimmen,
wurde, wenn auch nicht ausdrücklich, so doch implizit bestritten. Sie
wurde aufgefordert, die favorisierte Realunion nicht selbst zu erklären,
sondern lediglich an den preußischen König, der als Großherzog das legitime Oberhaupt darstellte, die Bitte zu richten, eine „die Gesammtbevölke-
rung des Landes vollständig vertretende Versammlung" einzuberufen und
diese eine „bleibende Verbindung" mit dem Deutschen Reich in Form einer
Realunion beraten und beschließen zu lassen. Ohne es direkt auszusprechen
wurde die Nationalversammlung somit als für nicht befugt erklärt, über den
zu beratenden Gegenstand, also die Zukunft des Großherzogtums Posen,
überhaupt selbst zu entscheiden, und aufgefordert, ihn wieder aus der Hand

---

[154] Vgl. den Antrag in: Sten. Ber. FNV, Bd. 2, S. 1130 u. 1202f.; die Rede von
Thinnes: ebd. S. 1201ff. Zu den Unterzeichnern des Antrages gehörten neben Döllinger und
Thinnes noch der Bonner Theologieprofessor Franz Dieringer, der westfälische Schriftsteller und Historiker Wilhelm Junkmann und der emsländische Jurist Matthias Deymann, –
alle drei Mitglieder des Katholischen Clubs – sowie Johannes Zum Sande, ebenfalls katholischer Jurist aus dem hannoveranischen Emsland, aber wohl kein Mitglied des Katholischen
Clubs, und schließlich – auf den ersten Blick etwas aus dem Rahmen fallend – der protestantische Historiker August Gfrörer, der jedoch wenige Jahre später zum Katholizismus
konvertierte und von KARL BIEDERMANN: Erinnerungen aus der Paulskirche, Leipzig 1849,
S. 191 schon in der Paulskirche zu den „groben Ultramontanen" gezählt wurde.

[155] Sten. Ber. FNV, Bd. 2, S. 1130 u. 1202f.

und dorthin abzugeben, wo die eigentliche Legitimität nach Ansicht der Antragsteller lag – beim Großherzog und einer Repräsentation der Bevölkerung des Großherzogtums selbst.

Dieses beantragte Verfahren zur Herstellung einer Realunion wies jedoch erhebliche Unsicherheiten auf:[156] Zum einen konnte der preußische Landesfürst, an den die Initiative zurückgegeben werden sollte (wodurch die politisch konservative Orientierung der Antragsteller deutlich wird), nicht auf eine bestimmte Handlungsweise, wie die Einberufung einer repräsentativen Versammlung und ihre Befassung mit dem Plan einer Realunion, verpflichtet werden. Zum anderen war völlig unabsehbar, wie eine solche Landesversammlung, die wohl mehrheitlich aus Polen bestehen würde, über den Vorschlag einer Realunion mit dem Deutschen Reich befinden würde. Schließlich hatte bereits der Posensche Provinziallandtag eine Aufnahme des Großherzogtums in den Deutschen Bund mit großer Mehrheit abgelehnt, freilich schon Anfang April, als die Hoffnungen auf eine polnische Unabhängigkeit noch berechtigt erschienen und das Teilungsprojekt noch nicht konkrete Gestalt angenommen hatte und Wirklichkeit zu werden drohte.[157] Auch in Anbetracht der gewandelten Situation und des Unterschieds zwischen einer Realunion und einer vollständigen Aufnahme war das Verhalten einer einzuberufenden Landesversammlung nicht absehbar, und die Konsequenzen eines die Realunion ablehnenden Beschlusses blieben völlig ungeklärt.

Den Antragstellern müssen diese Unwägbarkeiten bewusst gewesen sein. Es kam ihnen aber offensichtlich zunächst vor allem darauf an, eine Teilung des Großherzogtums zu verhindern, unabhängig von seiner weiteren Zukunft. Das vorgestellte Projekt der Realunion, dessen Realisierung in der Weise, wie der Antrag es vorsah, kaum zu garantieren war, scheint nicht zum geringen Teil als ein Kompromissvorschlag der Überredung der Abgeordnetenmehrheit geschuldet gewesen zu sein.

Dieser Eindruck ergibt sich auch aus den zwei anderen Anträgen aus dem Kreis der Ultramontanen. Beide zielten ebenfalls auf eine Revision

---

[156] EYCK, Deutschlands große Hoffnung, S. 333 schreibt, der Antrag „strotzte vor Schwierigkeiten".

[157] Abdruck der Beschlüsse des Posenschen Provinziallandtages am 6.4., in der er sich mit 26 zu 17 Stimmern gegen eine Eingliederung der Provinz aussprach in: Denkschrift über die Ereignisse im Großherzogthum Posen seit dem 20. März 1848 (aus den Akten des Ministeriums des Inneren), Berlin 1848, S. 23; Promemoria gegen den projektierten Anschluß des Großherzogthums Posen an Deutschland mit Beweisenden Beilagen an den völkerrechtlichen Ausschuß der deutschen Nationalversammlung von den unterschriebenen, durch Vollmacht legitimierten Abgeordneten des polnischen Nationalkomitees, Frankfurt/M. 1848. S. 6. Vgl. dazu auch KOHTE, S. 44; HALLGARTEN, S. 61f.; CROMER, S. 681f.

bzw. Nichtigkeitserklärung der Bundesbeschlüsse zur Teilung des Großherzogtums und auf die Erhaltung bzw. Wiederherstellung seiner Einheit
ab. Sie unterschieden sich allerdings untereinander und von dem Realunion-
Antrag in ihren Vorstellungen vom zukünftigen Status des ungeteilten
Großherzogtums. Während der Antrag von Franz Dieringer, der gleichzeitig Unterzeichner des Realunion-Antrages war, dahin ging, einfach den
status quo ante des Großherzogtums als integralen Bestandteil Preußens
außerhalb des Deutschen Bundes wiederherzustellen und auf dieser Basis
„den gerechten Beschwerden der polnischen Einwohner Abhülfe zu verschaffen",[158] sah der Antrag von Jakob Clemens eine vorläufige Aufnahme
des ganzen Großherzogtums in den Deutschen Bund vor. Die anvisierte
vollständige Inkorporation hatte allerdings große Ähnlichkeit mit dem
Vorschlag einer Realunion, denn auch nach dem Clemens-Antrag sollte das
Großherzogtum innerhalb Deutschlands „als ein selbstständiges" gelten,
sich eine eigene Landesverfassung geben und sich „aus sich selbst" heraus
reorganisieren.[159] Der Unterschied zum Realunion-Antrag lag vor allem im
Verfahren, denn nach dem Clemens-Vorschlag sollte die Nationalversammlung selbst und sofort die Eingliederung des ganzen Großherzogtums beschließen. Allerdings findet sich auch in diesem Antrag der Zusatz, dass
dies „im Vertrauen auf die nunmehrige Zustimmung des posen'schen
Landtags" zu geschehen hätte, womit auch hier das Prinzip eines notwendigen Beschlusses einer Provinzialversammlung eingebaut und die Geltung
der Frankfurter Entscheidung relativiert wurde.[160]
    Eine vollständige Einverleibung des ganzen Großherzogtums wurde
auch von den Unterstützern des Realunion-Antrages einer Teilung vor-
gezogen, wie der dahingehende Alternativantrag deutlich macht, den diese
für den Fall ankündigten, dass ihr eigentlicher Antrag wegen mangelnder

---

[158] Sten. Ber. FNV, Bd. 2, S. 1130. Dieringer bekam keine Gelegenheit, seinen Antrag
im Parlament zu erläutern. Wegen mangelnder Unterstützung, d.h. weniger als 20 Unterstützern, wurde dieser dann zur Abstimmung gar nicht erst zugelassen. Auf der Rednerliste
war Dieringer *für* den Ausschussantrag eingetragen, was jedoch im Gegensatz zu seinem
eignen Antrag und seinem Abstimmungsverhalten stand. Es könnte sich hierbei um ein
bewusst ,irrtümliches' Eintragen in die falsche Liste gehandelt haben, um doch noch zu
Wort zu kommen, was ein mehrfach angewandter Trick war, da die Geschäftsordnung ein
Abwechseln von Pro- und Contra-Beiträgen vorsah. Vgl. zu dieser Praxis WOLLSTEIN, Das
„Großdeutschland der Paulskirche", S. 144, Anm. 32.

[159] Sten. Ber. FNV, Bd. 2, S. 1226.

[160] Auch der Clemens-Antrag kam wegen mangelnder Unterstützung nicht zur Abstimmung. Vgl. Sten. Ber. FNV, Bd. 2, S. 1226.

Unterstützung gar nicht zur Abstimmung kommen sollte.[161] Schließlich vertrat im Februar 1849, als über die endgültige Ziehung der Demarkationslinie durch das Großherzogtum abgestimmt wurde, Ignaz Döllinger als Sprecher einer mit dieser Gruppierung im wesentlichen identischen Zahl von Ultramontanen in einer vielbeachteten Rede eine Einverleibung des ganzen Großherzogtums in den Deutschen Bund als einzige noch bleibende Möglichkeit, eine Teilung zu verhindern.[162]

Worum es diesem Kreis von Ultramontanen also im Kern ging, war die Bewahrung der territorialen Integrität des Großherzogtums und die Verhinderung seiner Teilung, die sie allerdings letztlich nicht aufhalten konnten. In den Redebeiträgen und Erläuterungen ihrer Anträge wird deutlich, dass die von ihnen vertretenen Konzepte einer Realunion und dann einer einfachen Eingliederung der ganzen Provinz Kompromissvorschläge waren, die nicht ihrer idealen Wunschvorstellung entsprachen, sondern darauf abzielten, auf einem möglichst kleinen gemeinsamen Nenner doch noch eine Mehrheit der Versammlung gegen eine Teilung des Großherzogtums aufbringen zu können. Ignaz Döllinger brachte in seiner Rede im Februar 1849 den Kompromisscharakter der vorgeschlagenen Inkorporation und das dahinterliegende eigentliche Interesse offen zum Ausdruck, als er erklärte: „Mir scheint, es bleibt nichts anderes übrig, als die Hand dazu zu reichen, daß das ganze Großherzogthum Posen mit dem deutschen Reiche verbunden werde. Keine Demarcationslinie!"[163]

In der katholischen Presse, wo noch im April und Mai 1848 für eine Wiederherstellung Polens geworben worden war, machte sich seit dem Sommer ebenfalls Ernüchterung breit, die sie für eine Kompromisslösung empfänglich machte, nach der zumindest die Einheit des Großherzogtums gewahrt bliebe. Das *Rheinische Kirchenblatt* ermahnte während der großen Polendebatte Ende Juli zwar noch die katholischen Abgeordneten, zur Verwirklichung der unverjährbaren polnischen Rechte nicht nur gegen die Teilung des Großherzogtums zu stimmen, sondern auch keine Vereinigung der Provinz mit Deutschland zu beschließen.[164] Das *Mainzer Journal* dagegen meinte zur selben Zeit bereits, dass der Realunion-Antrag mittlerweile der einzig vertretbare Standpunkt sei, und befand, dass die Tei-

---

[161] Vgl. die Formulierung des Alternativantrages in der Thinnes-Rede (Sten. Ber. FNV, Bd. 2, S. 1203), der dann aber nicht gestellt wurde, weil der Realunion-Antrag die nötige Unterstützung für eine Abstimmung (d.h. mindestens zwanzig Stimmen) bekam.

[162] Vgl. Sten. Ber. FNV, Bd. 7, S. 5068.

[163] Sten. Ber. FNV, Bd. 7, S. 5070.

[164] „Frankfurt", in: RKB 5 (1848), Nr. 21 v. 30.7.

lungsbefürworter mit der Unterstützung dieses Antrages dem deutschen und preußischen Interesse doch nichts vergeben würden.[165]

Mit demselben Argument warb auch Jakob Clemens für seinen Vorschlag einer vorläufigen kompletten Inkorporation des Großherzogtums.[166] Clemens gab jedoch gleichzeitig das eigentliche Motiv für die Bewahrung der Einheit des Großherzogtums an, das in gleicher Weise, nur umgekehrt, das Motiv für die Teilungsbefürworter war, *gegen* eine vollständige Inkorporation zu stimmen: Clemens führte aus, dass mit der Erhaltung der Integrität des Großherzogtums „den Polen die Aussicht auf die Zukunft, wo sie bei der Theilung auch ein Wort mitzureden haben, offen" bleibe.[167] Clemens wandte sich damit nicht prinzipiell gegen eine Teilung an sich, sondern gegen eine Teilung, die über die Köpfe der Polen hinweg einseitig von den Deutschen beschlossen würde. Dem entgegen stellte er die Option, dass einem zukünftigen polnischen Staat das Großherzogtum Posen, wenn es als Ganzes erhalten bliebe, noch nicht in bestimmten Teilen von vornherein entzogen wäre, und erst mit einem solchen polnischen Staat über eine Teilung der Provinz verhandelt oder gestritten werden dürfe:

„Lieber, meine Herren, wenn es dazu kommen sollte, daß Polen hergestellt wird, lieber ein ehrenvoller Kampf mit einem undankbaren Gegner, als jetzt diese Beraubung eines Volkes, welches sich dagegen nicht wehren kann."[168]

Mit diesem Votum für eine Inkorporierung des ganzen Großherzogtums, die aber nur eine vorläufige sein sollte, argumentierte der Ultramontane Clemens auf dieselbe Weise wie sein innerkirchlicher Gegner, der Deutschkatholik Franz Schuselka von der demokratischen Linken, der allerdings wie der wiederum ultramontane und konservative Theologe Dieringer eine Belassung der gesamten Provinz Posen bei Preußen, aber außerhalb des Deutschen Bundes gefordert hatte.[169]

---

[165] „Frankfurt, 26. Juli", in: MJ 1 (1848), Beilage zu Nr. 42 v. 27.7. sowie „Frankfurt, 27. Juli", in: MJ 1 (1848), Beilage zu Nr. 43 v. 28.7.

[166] Vgl. Sten. Ber. FNV, Bd. 2, S. 1174.

[167] Sten. Ber. FNV, Bd. 2, S. 1174.

[168] Sten. Ber. FNV, Bd. 2, S. 1172.

[169] Schuselka hatte in einem eigenen Antrag verlangt, „die Abtrennung der deutschen Bezirke und deren Vereinigung mit Deutschland jener Zeit vorzubehalten, wo es möglich sein wird, mit dem polnischen Volke darüber zu verhandeln [...] entweder in Güte, oder nöthigenfalls im ehrlichen offenen Kampfe" (Sten. Ber. FNV, Bd. 2, S. 1161). Auch der einzige polnische Abgeordnete in der Paulskirche, Jan Janiszewski, äußerte sich in diesem Sinne: „[Ü]ber Grenzlinien kann man nur mit selbstständigen Völkern verkehren. Bis jetzt existiert aber durchaus noch kein Polen, über eine Grenzlinie kann man sich also nicht vereinigen." (Sten. Ber. FNV, Bd. 2, S. 1166).

Die ultramontanen Befürworter einer Realunion, die sich erst nach deren Misslingen für eine vollständige Eingliederung des ganzen Großherzogtums aussprachen, ließen das Motiv für eine Bewahrung des Großherzogtums Posen als ein Ganzes, und sei es auch innerhalb des Deutschen Reiches, nicht so deutlich durchblicken wie Clemens es tat. Döllinger verwies im Februar 1849 besonders eifrig darauf, dass eine Möglichkeit zur „Wiederaufrichtung des polnischen Reiches" gegenwärtig nicht bestehe und eine solche zumindest vorläufig „in das Reich der Träume" zu verweisen sei.[170] Die den faktischen Umständen entsprechende Versicherung Döllingers einer zu diesem Zeitpunkt tatsächlich nicht mehr aktuellen Restitution Polens bezog sich jedoch ausdrücklich auf die Gegenwart und die nähere Zukunft:

> „Es scheint nun einmal im Rathe der Vorsehung beschlossen, daß wenigstens in der nächsten Zeit [!] eine Wiederherstellung des polnischen Reiches nicht stattfinden soll; [...] ich sehe, wenigstens für die nächste Zukunft [!], keine Möglichkeit dazu."[171]

Gerade die Betonung der kurz- und mittelfristigen Aussichtslosigkeit einer Wiederherstellung polnischer Staatlichkeit, die sich bereits im Juli 1848 breit machte und im Februar 1849 allgemein war, verweist jedoch auf die langfristige Perspektive der ultramontanen Bemühungen um eine Bewahrung der Integrität des Großherzogtums Posen. Denn nur, wenn es als Ganzes erhalten werden konnte, und sei es innerhalb des Deutschen Bundes, konnte es einer zukünftigen Restituierung Polens auch in allen seinen Teilen potentiell zur Verfügung stehen. Würde es aber geteilt und wesentliche Teile seines Territoriums an das Deutsche Reich angegliedert, so schienen diese Teile, die den Großteil des preußischen Anteils an den Teilungen Polens und ein historisches Kernland Polens darstellten, für eine eventuelle zukünftige Wiederherstellung polnischer Staatlichkeit endgültig verloren. Die Polen konnten sich bei dem Teilungsbeschluss der Paulskirche somit zu Recht als die großen Verlierer der Revolution von 1848 betrachten, die im März so hoffnungsvoll für sie begonnen hatte.

Aus diesem Grund gingen die ultramontanen Antragsteller auch wie selbstverständlich von der Zustimmung der Posenschen Provinzialversammlung zu einer Eingliederung des ganzen Großherzogtums aus, wenn dadurch eine Teilung verhindert werden konnte. Clemens gab zu Bedenken, „daß, wenn die Polen unter vielen für sie schlimmen Fällen die Wahl haben, dieser Antrag derjenige ist, dem sie noch am besten, weil er ihnen

---

[170] Sten. Ber. FNV, Bd. 7, S. 5068.

[171] Ebd.

die größte Hoffnung für die Zukunft läßt, ihre Zustimmung geben können und werden."[172] Ähnlich äußerte sich ein halbes Jahr später auch Döllinger:

> „Die Sache steht jetzt so, daß die Polen nur noch die Wahl zwischen zwei Uebeln haben, wenn ich nämlich vom Standpunkte der polnisch-nationalen Ansicht reden soll. Mögen sie damals [Anfang April 1848] jede Einverleibung als ein Uebel betrachtet haben, jetzt werden sie dieselbe, falls sie nur das ganze Land und die gesammte Bevölkerung umfaßt, als das kleinere Uebel und folglich als ein relatives Gut dem größeren, nämlich der theilweisen Einverleibung und der daraus hervorgehenden Zerstückelung ihres Landes vorziehen, und willig zu jener die Hand bieten." [173]

Tatsächlich war für die national-polnische Bewegung im Laufe des Jahres 1848 die Beibehaltung des Gesamtverbandes des Großherzogtums Posen angesichts des Teilungsprojektes zum Hauptanliegen geworden.[174]

Im Februar 1849 wurde über den endgültigen Verlauf der Demarkationslinie abgestimmt, die das Großherzogtum Posen teilen und den Großteil seines Territoriums an den Deutschen Bund angliedern sollte, obwohl die Mehrheit der Bewohner dieses Teiles Polen waren. Der ultramontane Antrag auf vollständige Inkorporation des Großherzogtums in das Deutsche Reich blieb in der Abstimmung ohne Chance. Immerhin sprach sich nun, anders als im Juli, nur noch eine Minderheit von kaum einem Drittel der ehemaligen Mitglieder des Katholischen Clubs, der nach Beendigung der kirchlich relevanten Verhandlung der Grundrechtsartikel im Dezember aufgelöst worden war, für die Demarkationslinie aus.[175] Nachdem eine Mehrheit von 67% aller Abgeordneten für diese Demarkationslinie gestimmt hatte, übernahm nun auch die Linke die Position der Ultramontanen. Ein nach der Abstimmung eingebrachter Zusatzantrag, der die Aufnahme auch des übriggebliebenen Teiles des Großherzogtums vorsah, soweit dies dem Wunsch der dortigen Bevölkerung entspreche, wurde jedoch ebenfalls von der Mehrheit aus Rechtem Zentrum und der Rechten abgelehnt.[176]

---

[172]   Sten. Ber. FNV, Bd. 2, S. 1174.

[173]   Sten. Ber. FNV, Bd. 7, S. 5070f.

[174]   Vgl. WOLLSTEIN, Das „Großdeutschland der Paulskirche", S. 109.

[175]   Von den 35 ehemaligen Klubmitgliedern, die noch in der Paulskirche vertreten waren, waren nur 25 während der Abstimmung anwesend, nur 8 von diesen stimmten für den Ausschussantrag, 14 dagegen und 3 enthielten sich. Die Zahlen nach Abgleichung der namentlichen Abstimmung (Sten. Ber. FNV, Bd. 7, S. 5086ff.) mit den Abgeordnetenbiographien bei BEST/WEEGE.

[176]   Immerhin war das Ergebnis dieser Abstimmung trotz fehlender Erörterung so knapp, dass eine Gegenprobe nötig wurde. Zu einer namentlichen Abstimmung kam es aber nicht (vgl. Sten. Ber. FNV, Bd. 7, S. 5088). Ein ähnlicher, von 15 Abgeordneten des

Die Strategie eines Teils der Ultramontanen, mit dem Vorschlag der vollständigen Einverleibung des Großherzogtums Posen die Befürworter einer Teilung von ihrem Ansinnen abzubringen und damit zumindest für die fernere Zukunft das historische Kernland Polens in seinen wesentlichen Teilen nicht von vornherein von einer polnischen Staatsbildung auszuschließen, ging somit nicht auf. Vertreter der Teilung des Großherzogtums hatten durchaus das Gefahrenpotential, das in diesem Vorschlag für ihre Position lag, erkannt. Heinrich Laube, der die Anträge der Ultramontanen generell wegen ihrer „Unscheinbarkeit" für gefährlich hielt, konstatierte dies besonders für diesen Antrag:

> „Hierbei gingen sie [die Ultramontanen] deutsch noch über den Antrag des Ausschusses hinaus, und verlangten, daß das ganze Großherzogthum einverleibt würde, das ganze! Hierdurch konnte die Majorität gespalten werden."[177]

Befürworter einer Teilung des Großherzogtum machten deutlich, dass sie eine Einverleibung des ganzen Großherzogtums genau aus *dem* Grund nicht wollten, der für die ultramontanen Antragsteller letztlich ausschlaggebend war. Gustav Adolf Stenzel, der Berichterstatter des völkerrechtlichen Ausschusses, betonte, dass die Aufnahme der westlichen Teile Posens „für immer" sein sollte,[178] dem stand die Vorläufigkeit der von Ultramontanen geforderten gänzlichen Einverleibung der Provinz gegenüber. Der deutschposener Abgeordnete Adolph Göden erklärte daher im Februar 1849:

> „Ich weiß sehr wohl, daß die Polen die Aufnahme der ganzen Provinz jetzt selbst wünschen, und daß sie sogar in Berlin darum petitioniert haben sollen. Ich weiß aber auch, daß dies nur aus dem Grunde geschieht, um bei einer späteren erhofften Wiederherstellung Polens Ansprüche auf die ganze Provinz machen können."[179]

In demselben Sinne hatten sich bereits während der großen Polendebatte im Juli einzelne Abgeordnete geäußert, unter ihnen auch der konservative Fürst Lichnowsky, der Mitglied des Katholischen Clubs war und erklärte, dass der Verzicht auf eine Teilung die unbegründete Hoffnung auf eine Wiederherstellung Polens in den Grenzen von 1772 nähren würde. Er gab offen zu, dass er mit seiner Haltung in Opposition zu vielen seiner Freunde aus dem Katholischen Club stand: „Auch ich entfremde mich heute vielen

---

Deutschen Hofes unterzeichneter Antrag war bereits früher gestellt, aber vor der Abstimmung zurückgezogen worden (vgl. Sten. Ber. FNV, Bd. 7, S. 5066, 5085).

[177] LAUBE, Bd. 2, S. 176. Dass es sich um einen „außerordentlich geschickten Antrag" der Ultramontanen gehandelt habe, meinte später auch HALLGARTEN, S. 96.

[178] Sten. Ber. FNV, Bd. 2, S. 1222.

[179] Sten. Ber. FNV, Bd. 7, S. 5071.

meiner politischen Freunde; auch ich gehe einen andern Weg, als sie, und zwar denselben Weg wie Herr Jordan".[180] Anders, als in der Literatur nach wie vor kolportiert wird,[181] war die äußerste Linke nicht die einzige Gruppe der Paulskirche, die versuchte, den polnischen Wünschen entgegen zu kommen. Wie bereits Günter Wollstein richtig festgestellt hat, hatten sich selbst auf der Linken nur Einzelne, wie Arnold Ruge mit seinem chancenlosen Antrag auf einen internationalen Kongress, den polnischen Intentionen tatsächlich angenähert. Die Mehrheit der Linken, die den Blum-Antrag unterstützte, versuchte dagegen lediglich, einer Entscheidung in der Posenfrage durch Vertagung auszuweichen, so dass insgesamt die „reale politische Solidarität minimal" gewesen ist.[182] Die Bemühungen der ultramontanen Abgeordneten dagegen, die sich für den Fortbestand der Einheit Posens einsetzten, entsprachen im Rahmen der innerhalb der Nationalversammlung vertretenen Positionen noch am ehesten den nationalen Wünschen und Zielvorstellungen der Polen.[183] Es stellt sich angesichts dieser Einschätzung die Frage, warum innerhalb des ersten deutschen Nationalversammlung gerade eine Gruppe von politisch zumeist dezidiert konservativen Ultramontanen die größte reale politische Solidarität für die Polen aufbrachte. War es allein konfessionelle Verbundenheit, die hier den Ausschlag gab?

7.3.3 Diskursive Motivstruktur der Ultramontanen

Das Engagement einiger Ultramontaner für die Erhaltung der Einheit des Großherzogtums Posen und damit für das polnische Interesse, die Möglichkeit offen zu halten, das Großherzogtum zu einem späteren Zeitpunkt doch noch als Ganzes in einen polnischen Staat aufgehen zu lassen, sorgte bereits bei den Zeitgenossen für Aufsehen. Der hohe Stellenwert der Polen- bzw. Posenfrage für diesen Kreis von Katholiken wurde nicht nur dadurch deut-

---

[180] Ebd., Bd. 2, S. 1180. Lichnowsky benutzte bewusst dieselben Worte wie Jordan, der davon gesprochen hatte, er entferne sich mit seiner Polenrede von seinen politischen Freunden auf der Linken, und verwies selbst auf die Parallelität trotz der sonstigen politischen Gegnerschaft.

[181] Das gilt sowohl für spezielle als auch für Überblicksdarstellungen zur Revolution von 1848 oder zur deutschen Geschichte im 19. Jahrhundert. Vgl. z.B. MICHAEL G. MÜLLER u. BERND SCHÖNEMANN: Die „Polen-Debatte" in der Frankfurter Paulskirche. Darstellung, Lernziele, Materialien, Frankfurt/M. 1991, S. 14f.; WOLFGANG J. MOMMSEN: 1848 – Die ungewollte Revolution. Die revolutionären Bewegungen in Europa 1830-1849, Frankfurt/M. 1998, S. 228f.; NIPPERDEY, S. 627; HEINRICH AUGUST WINKLER: Der lange Weg nach Westen, Bd. 1: Deutsche Geschichte vom Ende des Alten Reiches bis zum Untergang der Weimarer Republik, München 2000, S. 118f.

[182] WOLLSTEIN, Das „Großdeutschland der Paulskirche", S. 169.

[183] So auch ebd., S. 187, 318.

lich, dass sie sich mit ihrem Abstimmungsverhalten und ihren eigenen Gegenanträgen in offene Opposition zu ihren politischen Freunden vor allem auf der Rechten und im Rechten Zentrum begaben. Die Relevanz der Thematik für diese Gruppe zeigte sich unter anderem auch daran, dass ein weithin prominenter Theologe wie Ignaz Döllinger, der von vielen Abgeordneten als die wichtigste Führerfigur und graue Eminenz der ultramontanen Delegierten angesehen wurde,[184] außer in der Debatte zu den die Kirche betreffenden Grundrechtsartikeln allein in der Posenfrage ein weiteres Mal das Wort zu einer weithin beachteten Grundsatzrede ergriff.[185] Dies war somit die einzige rein politische Rede, die Döllinger hielt, und die ihn nach Ansicht Günter Wollsteins zum „einzige[n] ernst zu nehmende[n] Anwalt" für die Sache der Polen machte.[186]

Über die Motive dieses ungewöhnlichen Einsatzes ultramontaner Abgeordneter spekulierten bereits die Zeitgenossen, und sie fanden sehr schnell eine passende Erklärung: Maßgebend für die Ultramontanen seien konfessionelle Voreingenommenheiten und Interessen der Kirche gewesen. So meinte der Abgeordnete Hallbauer zum Engagement Döllingers: „er spricht natürlich, als Ultramontan, im Sinn der perfiden posenschen Geistlichkeit",[187] und dies, obwohl Döllinger in seiner Rede weder den konfessionellen Faktor noch die Lage der katholischen Kirche in Posen auch nur mit einem Wort erwähnt hatte. Aus diesem Grund richteten sich derartige Vorwürfe auch eher und weit heftiger gegen Jakob Clemens, der sich anders als Döllinger durchaus kritisch zur Behandlung der Katholiken durch die preußische Regierung im Großherzogtum geäußert hatte. Heinrich Laube hielt ihm daraufhin vor, er habe „mit all dem schleichenden

---

[184] So schrieb der demokratische Abgeordnete Wilhelm Zimmermann rückblickend über Döllinger: „Er war die inspirirende Macht der kirchlichen, der geistlichen Ordensglieder aus allen Theilen Deutschlands, er leitete sie wie ein Oberer, aber ohne Geräusch [...], im Hintergrund, fast unsichtbar." Trotz seiner antiklerikalen Einstellung meinte Zimmermann Döllinger sei aufgrund des Zusammentreffens von „Geist, Wissen und Energie" und ausgeprägter „Ruhe, Selbstbeherrschung und Salonsitte [...] gewiß der feinste Mann des ganzen Parlaments" (ZIMMERMANN, S. 589).

[185] Döllingers kirchenpolitische Rede: Sten. Ber. FNV, Bd. 3, S. 1673-1678.

[186] WOLLSTEIN, Das „Großdeutschland der Paulskirche", S. 184. Auch EYCK, Deutschlands große Hoffnung, S. 335 meint, dass „die nachdrücklichste Kritik" in der Februardebatte von Döllinger gekommen sei. Ebenfalls äußerst positiv, als „ein Meisterstück parlamentarischer Berichterstattung und historischer Sachkenntnis", wird die Polenrede Döllingers bewertet von LÖSCH, S. 145. ERNST DEUERLEIN: Der katholische Klerus in der ersten Deutschen Nationalversammlung 1848/49, Diss. München 1947 (Ms.), S. 41 gibt dagegen zu Bedenken, dass die Rede „dem geachteten Führer des Katholizismus" mehr geschadet als genützt habe, eben weil er sich mit ihr in Opposition zu Freunden und Parteigängern gesetzt habe.

[187] Das Frankfurter Parlament in Briefen und Tagebüchern, S. 251.

Grimme" gesprochen, „welcher Vaterland und Alles drein giebt für konfessionelle Genugthuung" und antizipierte damit den in späteren Kulturkampfzeiten populären Vorwurf des Vaterlandsverrats.[188] Auch Abgeordnetenkollegen, die den ultramontanen Katholiken nicht von vornherein abgeneigt waren, konstatierten, wie der evangelische Theologe Karl Jürgens, dass in der Polenfrage „bei den [!] Katholiken konfessionelle Beengtheit sich eingemischt habe".[189]

Tatsächlich liegt auf der Hand, dass das konfessionelle Bewusstsein der ultramontanen Unterstützer polnischer Belange eine entscheidende Rolle gespielt hat. Dies ergibt sich schon allein aus dem Umstand, dass die Gruppe, der die Antragsteller als Mitglieder des Katholischen Clubs angehörten, sich ausschließlich durch ihr kirchenpolitisches Programm definierte, und dass auf der politischen Rechten einzig aus diesem Kreis prononcierte Gegner des Teilungsprojekts kamen. Waren es aber wirklich allein kirchenpolitische Erwägungen und konfessionelle Voreingenommenheit, von denen sich diese Abgeordneten in ihrem Engagement für Polen leiten ließen, wie auch in der Forschung häufig pauschalisierend behauptet worden ist?[190] In diesem Fall wäre eine konzertierte Aktion des gesamten Katholischen Clubs wahrscheinlich gewesen; dieser war jedoch in der Polenfrage gespalten. Eine Analyse der Redebeiträge von Clemens, Thinnes und Döllinger, welche die ultramontanen Anträge erläuterten, zeigt dagegen, dass der konfessionelle Aspekt selbst zwar durchaus eine entscheidende Rolle in der Motivstruktur der ultramontanen Unterstützergruppe gespielt hat; allerdings weniger in der Verfolgung handfester kirch-

---

[188] LAUBE, Bd. 2, S. 174.

[189] JÜRGENS, Bd. 2/1, S. 48. Jürgens war zwar als Mitbegründer des Gustav-Adolph-Vereines und Mitarbeiter des liberalen Staatslexikons von Rotteck und Welcker nicht gerade ein natürlicher Bundesgenosse der Ultramontanen, wandte sich aber deutlich gegen die seiner Meinung nach völlig übertriebene „Ultramontanenfresserei" (ebd., S. 46), wie sie in der Paulskirche betrieben werde. Ähnlich vorsichtig wie Jürgens und ebenfalls ohne nähere Erläuterung meinte später auch SCHNABEL, Zusammenschluß, S. 70, dass „konfessionelle Erwägungen" bei der Polenfrage „stark mitgespielt" hätten.

[190] Besonders in der älteren Forschung wurde die konfessionelle Gemeinsamkeit als Begründung in häufig sehr vereinfachender und undifferenzierender Weise angeführt. Vgl. z.B. MEIER, S. 131: „Die Katholiken mussten natürlich hier mit den Demokraten gehen, da Polen katholisch war." Meier missachtet hier nicht nur, dass *die* Katholiken" in der Polenfrage alles andere als einig waren, sondern auch, dass die polenfreundliche Gruppe unter den Ultramontanen sich nicht bloß den Demokraten anschloss, sondern auch eigene Anträge einbrachte, die sich von denen der Demokraten wesentlich unterschieden. Meier, der in seiner 1938 erschienenen Arbeit zu den außenpolitischen Vorstellungen in der Paulskirche seine Meinung nicht verhehlt, dass seiner Meinung nach Wilhelm Jordan mit seiner berühmt-berüchtigten Polenrede die „einzig mögliche Diskussionsbasis" für die Behandlung der Polenfrage geliefert habe (ebd., S. 128), war jedoch an den näheren Hintergründen der ultramontanen Position wohl nicht weiter interessiert.

licher Interessen als vielmehr in der Solidarität, die aus einer parallel empfundenen Benachteiligungserfahrung resultierte. Neben diese emotional bestimmte Motivation traten jedoch auch politische Faktoren und weltanschauliche Grundhaltungen sowie andere diskursive Muster in Bezug auf Fragen des Rechts, des Staates oder der Ehre die zum ultramontanen Engagement für die Einheit des Großherzogtums Posen führten und seine Form prägten.

7.3.3.1 Katholische statt deutsche Brüder? – Zum Faktor der konfessionellen Solidarität

Die drei ultramontanen Abgeordneten Clemens, Thinnes und Döllinger, die gegen eine Teilung des Großherzogtums Posen argumentierten, taten dies offensichtlich in der Absicht, den konfessionellen Faktor möglichst gar nicht anzusprechen. Sie entsprachen damit der allgemeinen Absprache in der Paulskirche, die über die politischen Lager hinweg getroffen worden war, den kirchlich-konfessionellen Faktor generell aus der Polendebatte herauszuhalten. Nach Rudolf Haym, dem Berichterstatter des Rechten Zentrums, hatte man sich ausdrücklich das Wort gegeben, diese Dimension auszublenden.[191] Auch das Casino-Mitglied Karl Jürgens erwähnt die überkonfessionelle Abmachung, „die Reinhaltung der politischen Frage von der kirchlichen" zu beachten[192] und sogar die deutschposener Vertreter in Frankfurt hielten es für günstiger, die konfessionellen Verwerfungen nicht anzusprechen.[193] Gustav Stenzel, der Berichterstatter des völkerrechtlichen Ausschusses, der dem Linken Zentrum angehörte, hatte diesen Aspekt in seiner Rede ebenfalls „absichtlich vermieden" und damit nach eigenen Angaben dem bereits in den Vorbesprechungen vielfach geäußerten Wunsch entsprochen, der darauf abzielte, die Ultramontanen nicht zu reizen, da ein Teil von ihnen bereits erkennen ließe, „sich auf die Seite der Gegner Deutschlands [!] werfen zu wollen."[194]

Die ultramontanen Rebellen erklärten sich offensichtlich mit dieser Vereinbarung einverstanden. So zeigte sich Jakob Clemens in seiner Rede überzeugt:

---

[191] Vgl. HAYM, S. 87.

[192] JÜRGENS, Bd. 2/1, S. 50.

[193] Unmittelbar nach der Abstimmung über die Posenfrage erklärte Samuel Kerst in einem Brief vom 28.7.1848, dass er nun endlich keine Rücksicht mehr nehmen brauche und offen seine Meinung über die Rolle der polnischen Geistlichkeit in Posen sagen werde: „Wie schwer es mir gefallen, sie bisher schonen zu müssen um der Erreichung unseres Werkes willen, darf ich nicht erst schildern." (KERST, S. 62).

[194] STENZEL, S. 393.

„[W]ir haben so viel mit unsern politischen Zwistigkeiten, so viel mit der Ausgleichung unsrer Stammverschiedenheiten und Stamm-Vorurtheile zu thun, daß wir die Religion überall aus dem Spiele lassen sollten, wo es irgend thunlich ist."[195]

Die Ausblendung der konfessionellen Seite der Posenfrage lag jedoch auch im ureigenen Interesse der ultramontanen Polenunterstützer selbst, denn schließlich waren sie bei ihren Anträgen auf Erhaltung der Einheit des Großherzogtums auf die Stimmen ihrer kirchenpolitischen Gegner angewiesen. Entstand aber der Eindruck, dass sie in der Posenfrage lediglich von kirchlichen Partikularinteressen bestimmt wären, hätte ihr Kompromissvorschlag kaum Chancen auf eine Mehrheit. Aus diesem Grund waren diese Ultramontanen offensichtlich sehr darum bemüht, nicht mit kirchlich oder konfessionell bestimmten Argumenten aufzuwarten.[196]

Diese Strategie und die die sowohl überparteiliche als auch überkonfessionelle Absprache wurden aber bereits am ersten Tag der großen Polendebatte durch die bekannte Rede Wilhelm Jordans durchkreuzt. Dieser führte ausführlich seine These aus, dass die polnische Bevölkerung durch die katholische Geistlichkeit fanatisiert und zum Aufstand aufgehetzt worden sei, und sprach damit genau das Thema an, das nach allgemeinem Wunsch vermieden werden sollte. Jordan aber erklärte, nicht politische Gründe, sondern das bewusst gestreute Gerücht einer bevorstehenden Protestantisierung habe die polnischen Bauern zu den Waffen getrieben. Zur Untermauerung seiner Ansicht verlas er die Proklamation der deutschen Geistlichkeit des Großherzogtums Posen, die tatsächlich die Frage der Teilung des Großherzogtums mit der Frage der Bewahrung des katholischen Glaubens verknüpft und auch im deutschen Katholizismus einen tiefen Eindruck hinterlassen hatte, der nicht unwesentlich zu der solidarischen Haltung beitrug, der in der katholischen Presse zu beobachten war.[197] Jordan gab an, mit diesen Ausführungen die „katholische Partei" der Paulskirche nicht verletzen zu wollen, wandte sich aber gegen eine bewusste Ausblendung dieser Seite des Posener Konflikts. Er könne nicht glauben, dass sich die

---

[195] Sten. Ber. FNV, Bd. 2, S. 1172.

[196] Einen Eindruck von den möglichen negativen Folgen bei einer nach außen hin scheinenden Verknüpfung von polnischen und kirchlichen Interessen gibt die Reaktion des anti-ultramontanen Katholiken Theodor Paur auf die Rede des polnischen Abgeordneten und Geistlichen Jan Janiszewski: Paur beurteilte dessen Rede zunächst sehr positiv, hatte aber nicht mitbekommen, dass es sich bei Janiszewski um einen katholischen Priester handelte. Als er dies erfuhr, kehrte sich seine Meinung um und Paur versicherte nun: „Wenn ich gegen die Anträge der Kommission stimme, so bin ich dazu gewiß nicht durch die Rede dieses Kreuzpredigers bewegt worden." (Tagebucheintrag vom 26.7; BAF FSg. 1/149).

[197] Vgl. Kap. 7.3.4 Die entsprechenden Passagen in der Jordan-Rede: Sten. Ber. FNV, Bd. 2, S. 1148ff.

„katholische Partei" durch das Anschneiden dieser Thematik dazu bewegen lasse, „gegen das deutsche Interesse", das seiner Meinung nach in der Teilung Posens bestand, zu stimmen.[198]

Diese rhetorisch geschickte Provokation zwang die ultramontanen Teilungsgegner, sich entgegen ihrer eigentlichen Absicht doch zu dem konfessionellen Aspekt der Posenfrage zu äußern und damit zwangsläufig den Eindruck zu erwecken, dass dieser für sie tatsächlich eine Rolle spielte. Indirekt wurde somit ihr Gegenvorschlag einer vollständigen Einverleibung bzw. Realunion mit dem Geruch eines konfessionell motivierten Antrags versehen und machte ihn für die große Mehrheit der übrigen Abgeordneten schon deshalb unattraktiv. Es scheint sehr wahrscheinlich, dass Jordan, der sich gerade in seiner Polenrede als taktisch äußerst geschickter Rhetoriker erwies,[199] genau diesen Effekt der Desavouierung des ultramontanen Vorschlags auf Bewahrung des ganzen Großherzogtums beabsichtigt hatte, als er die konfessionelle Problematik ansprach. Gleichzeitig aber hatte Jordan die Absprache über die Ausblendung des konfessionellen Faktors gebrochen, was insbesondere im Rechten Zentrum mit großer Sorge betrachtet wurde. Rudolf Haym bemerkte:

> „Mit jener Erwähnung katholischer Umtriebe jedoch war eine neue und sehr bedenkliche Seite berührt. Wie leicht war es möglich, daß ein mißverstandenes religiöses Interesse die politischen Meinungen kreuzte und verwirrte. [...] [M]ancher Freund konnte dadurch zum Feinde werden, der Charakter der Debatte durch eine religiöse Episode gefährlich geändert werden."[200]

Besonders verärgert zeigte sich Joseph Maria von Radowitz, der Vorsitzende des Katholischen Clubs. Radowitz war als preußischer General und enger Freund und Berater Friedrich Wilhelms IV. eine katholische Ausnahmeerscheinung. Er stritt in gleichem Maße sowohl für die Interessen der katholischen Kirche gegenüber dem Staat als auch für die preußischen Machtinteressen und wurde so zu einer Figur zwischen den Fronten, der von allen Seiten mit einer Mischung aus Respekt und Skepsis begegnet wurde.[201] Innerhalb des Katholischen Clubs war er ein eifriger Verfechter

---

[198] Ebd., S. 1148.

[199] Vgl. dazu näheres bei PAUL SCHOLZ: Wilhelm Jordans Reden in der Paulskirche. Studien zur parlamentarischen Beredsamkeit, Königsberg 1930.

[200] HAYM, S. 87.

[201] Radowitz selbst empfand diese seine Position auch in der Paulskirche deutlich. An seine Frau schrieb er am 6.6.1848 aus Frankfurt, dass aufgrund seines Glaubensbekenntnisses „mein Name ein wahrhaft verpönter für die immense Mehrheit derer ist, mit denen ich zusammengehen müsste". (JOSEPH MARIA VON RADOWITZ: Nachgelassene Briefe und Aufzeichnungen zur Geschichte der Jahre 1848-1853, hg. v. WALTER MÖRING, ND Osnabrück 1967 [orig. 1922], S. 53). Bestätigt wird dieser Eindruck auch von JÜRGENS, Bd.

einer ausschließlich kirchenpolitischen Ausrichtung dieser lockeren Vereinigung unter Ausschluss aller sonstigen politischen Fragen, wobei sich zumindest Wilhelm Emmanuel von Ketteler davon überzeugt und darüber verärgert zeigte, dass Radowitz das politische Potential des Klubs aus preußischen Staatsinteressen bewusst hemmte.[202] Die Posenfrage geriet angesichts der parlamentarischen Initiativen eines Teils der Ultramontanen aus dem Katholischen Club zum Testfall darüber, ob Radowitz sich mit seiner Linie der politischen Abstinenz des Klubs durchsetzen konnte. Radowitz, der selbst aus machtpolitischen Erwägungen entschieden für die Teilung des Großherzogtums votierte,[203] sah die Gefahr einer Spaltung des Katholischen Clubs, wenn in ihm generell auch politische Fragen besprochen und speziell eine gemeinsame Haltung zur Posenfrage formuliert werden sollten. Er befürchtete darüber hinaus, dass sich durch die Thematisierung der konfessionellen Dimension des Posener Konflikts, wie sie von Jordan betrieben worden war, in der Paulskirche „der Beginn des heftigsten und gefährlichsten Confessionszwistes eröffnete", der sich für die Verfolgung der vom Katholischen Club vertretenen kirchenpolitischen Interessen nachteilig auswirken würde.[204] In einem Brief an seinen Wahlkreis führte er wenige Tage später diese Bedenken aus:

„Nichts würde für das Verfassungswerk [...] verderblicher wirken, als wenn jetzt diese Brandfackel in die Reihen der rechten Seite geschleudert worden wäre. Die Möglichkeit sich über die großen und schwierigen Aufgaben auf dem Grenzgebiete zwischen Kirche und Staat zu verständigen, die gerechteren und wohlgesinnten unter den akatholischen Abgeordneten mit dem katholischen Theile zu gemeinsamem Verfahren zu vereinigen, wäre von Hause aus abgeschnitten gewesen."[205]

2/1, S. 49 und BIEDERMANN, S. 176. Ein Jahr vor seinem Tod äußerte sich Radowitz über das ständige Misstrauen gegenüber seiner Person in der Schrift „Der preußische Katholik": Während die katholische ‚Partei' ihm immer vorgeworfen habe, die Interessen der Kirche dem Ruhme Preußens geopfert zu haben, habe ihn die preußische ‚Partei' immer verdächtigt, statt den Vorteil seines Staates nur die Verherrlichung seiner Kirche gesucht zu haben. Vgl. JOSEPH MARIA VON RADOWITZ: Gesammelte Schriften, Bd. 4, Berlin 1853, S. 302. Zu Radowitz' Rolle im Revolutionsjahr vgl. auch MEINECKE sowie RÜDIGER HACHTMANN: Joseph Maria von Radowitz: Ein im preußischen Boden verwurzelter deutscher Staatsmann, in: Die Achtundvierziger, hg. v. SABINE FREITAG, München 1998, S. 277-289.

[202] Vgl. den Brief an den Bruder Richard vom 17.9.1848, in: KETTELER, Sämmtliche Werke und Briefe, Abt. 2, Bd. 1, S. 345.

[203] Vgl. seine beiden Reden in der Polendebatte im Juli 1848 (Sten. Ber. FNV, Bd. 2, S. 1155ff.) und im Februar 1849 (Sten. Ber. FNV, Bd. 7, S. 5072ff.)

[204] So Radowitz in einem Brief an seine Wähler vom 30.7.1848 (RADOWITZ, Gesammelte Schriften, Bd. 3, Berlin 1853, S. 392).

[205] Ebd., S. 392f.

Radowitz bemühte sich daher eifrig, die von Jordan angeschnittene konfessionelle Seite des Posener Konflikts als für die Entscheidungsfindung irrelevant darzustellen. Er betonte dabei, dass er selbst, der strikt für eine Teilung des Großherzogtums eintrat, sofort eine gegenteilige Haltung einnehmen würde, wenn es bei der Posener Frage tatsächlich um die Verteidigung der katholischen Kirche gehen würde. Dieses Eingeständnis, das deutlich den Primat kirchlicher vor politischen Interessen zum Ausdruck brachte,[206] sollte dem Nachweis dienen, dass realiter eben keine kirchlichen Interessen betroffen waren, die irgendeinen Einfluss auf die rein politische Entscheidung ausüben könnten. Inhaltlich wandte er sich gegen die Prophezeiung der Posener Proklamation deutscher Geistlicher, dass die Ausübung der katholischen Konfession bei Aufnahme in den Deutschen Bund bedroht und ein Programm der Protestantisierung zu befürchten sei. Eine solche Überlegung müsse von den Katholiken „der alten deutschen Lande" entschieden zurückgewiesen werden.[207]

Dieser Meinung schlossen sich die beiden in der Julidebatte zu Wort kommenden Vertreter der Ultramontanen, Clemens und Thinnes, an, die sich in Opposition zu Radowitz gegen eine Teilung des Großherzogtums aussprachen. Wie Radowitz kritisierte auch Clemens, dass Jordan das Thema überhaupt angeschnitten hatte: „ein Streitpunkt [...], von welchem Jeder von uns, der es aufrichtig mit dem Vaterlande meint, wünschen müßte, daß er gar nicht berührt worden wäre."[208] Thinnes, der für die Realunion sprach, wandte sich gegen das „Vorurtheil", dass die gegen die Teilung stimmenden katholischen Abgeordneten eine Einbeziehung Posens als einen „Verrath an der katholischen Religion" betrachteten und betonte: „ich habe die Versicherung, daß für die *Zukunft* sie [die dortigen Katholiken] an ihrer Religion gewiß keinen Schaden leiden werden."[209]

Tatsächlich wurde die in der Posener Proklamation ausgesprochene Befürchtung einer Benachteiligung der Katholiken bei Aufnahme in den Deutschen Bund von den ultramontanen Teilungsgegnern *nicht* geteilt, und sie war *nicht* handlungsleitend für ihre Gegenanträge. Das ergibt sich schon aus diesen Gegenanträgen selbst, die eine Bewahrung des ganzen Großherzogtums um den Preis einer Realunion bzw. einer vollständigen Einverleibung der preußischen Provinz in den Deutschen Bund vorsahen – Maßnahmen also, die nicht nur einen Teil, sondern alle katholischen Bewohner in den deutschen Staat integriert und seiner Gesetzgebung unter-

---

[206] Radowitz bekräftigte für einen solchen Fall: „jede andere Rücksicht, politische wie nationale, müßte und würde schwinden." (Sten. Ber. FNV, Bd. 2, S. 1155).

[207] Ebd.

[208] Sten. Ber. FNV, Bd. 2, S. 1172.

[209] Ebd., S. 1201f.

worfen hätten. Die Einverleibung eines Teiles des Großherzogtum wurde daher *nicht* aus dem Grund abgelehnt, weil sie als eine Gefahr für die Kirche oder als ein Verrat an der Religion betrachtet worden wäre, wie manche Zeitgenossen vermuteten und in der Literatur mitunter kolportiert wird.[210]

Die eigentlich konfessionelle Motivation der ultramontanen Teilungsgegner lag woanders. Sie trat in der Rede des Eichstätter Domkapitulars Thinnes noch eher verhalten zu Tage. Thinnes missbilligte zwar ausdrücklich die von Jordan verlesene Posener Proklamation und die sich darin dokumentierende Aktivität der dortigen katholischen Geistlichkeit. Er erkannte aber ebenso ausdrücklich die in der Proklamation enthaltene Schilderung über die bisherige Unterdrückung der katholischen Religion durch die preußische Regierung und Bürokratie als nicht zu bestreitende „Facta" an.[211] Die Faktizität der konfessionellen Diskriminierung ließ sich für Thinnes schon an dem Erfolg der Proklamation ablesen. Denn den polnischen Bauern sei die Vorstellung, unter deutscher Regierung werde eine vollständige Protestantisierung beabsichtigt, offenbar durchaus realistisch erschienen. Daraus ergäben sich die entsprechenden Rückschlüsse auf das bisherige Verfahren der preußischen Behörden von selbst.

Während Thinnes auf diesen Punkt nur vorsichtig einging, ließ sich Clemens, der von Karl Biedermann zu den „ungeschickten" Ultramontanen gezählt wurde,[212] stärker durch die Rede Jordans dazu hinreißen, Einlick in seine eigentliche Motivation zu geben. Clemens hatte erst vor kurzem persönlich in Konflikt mit der preußischen Regierung gestanden, weil sein Beförderungsgesuch an der Bonner Universität abgelehnt worden war, was er auf seine katholische Konfession und die mangelnde Parität im preußischen Staat zurückführte.[213] In seiner Posenrede verwies Clemens nun ausführlich auf die Verwandtschaft der Benachteiligung von Katholiken in den preußischen Ost- und Westprovinzen. Während die preußische Regierung die nichtdeutschen Provinzen im Osten zu germanisieren versucht habe, habe sie sich in vergleichbarer Weise bemüht, die deutschen Provinzen im Westen völlig ins Preußentum aufgehen zu lassen. Schon in den

---

[210] Vgl. beispielhaft BIEDERMANN, S. 175; BLECK, S. 39f.; Viegener, Ketteler, S. 87; dagegen jedoch EYCK, Deutschlands große Hoffnung, S. 331.

[211] Sten. Ber. FNV, Bd. 2, S. 1202.

[212] Vgl. die Einteilung der in der Paulskirche anwesenden Ultramontanen in „grobe", „feine" und „langweilige" bzw. „ungeschickte" in BIEDERMANN, S. 191. Zu den „groben" Ultramontanen zählte er z.B. Lasaulx und Buß, zu den „feinen" Dieringer, Ketteler und Döllinger, der, „eine rechte Jesuitengestalt, verdünnt und vergeistigt durch scharfes unablässiges Denken und Sinnen im Dienste der Kirche", als „unter den Feinen [...] der Feinste" zu gelten habe.

[213] Vgl. ANTON RITTHALER: Jakob Clemens, in: NDB, Bd. 3 (1957), S. 284.

Westprovinzen seien die „Stammesunterschiede" ebenso wenig berücksichtigt und anerkannt worden wie die unterschiedlichen historischen Erinnerungen, die politischen Traditionen und nicht zuletzt die religiösen Differenzen. Stattdessen seien die höheren Ämter und Stellen mit einer „Unzahl von Beamten aus den alten Provinzen" besetzt und die Katholiken zurückgesetzt worden, „und zwar in einer Weise, die ganz unverantwortlich ist."[214] Clemens gab zu Bedenken, dass, wenn die preußische Regierung schon am Rhein so vorgegangen sei, „werden Sie es dann unglaublich finden, daß man in Posen [...] noch ganz anders verfahren ist, und wirklich zu all' den Klagen Grund gegeben hat, durch die, wie Herr Jordan behauptet, die katholische Geistlichkeit Posens das Volk zum Auffstande fanatisirt hat?"[215]

Clemens gab selbst nicht an, was seine offenbar spontanen Ausführungen eigentlich mit seinem Antrag zu tun hatten, das Großherzogtum Posen vorläufig als Ganzes in den Deutschen Bund aufzunehmen. Es wird jedoch deutlich, dass wiederum, wie schon in der katholischen Presse, die parallele Erfahrung konfessioneller Benachteiligung einen solidarisierenden Effekt zeitigte.

Ähnliches lässt sich auch noch für die Rede Döllingers konstatieren, der ein halbes Jahr später, also mit gehörigem Abstand zu der provozierenden Rede Jordans sprach und wesentlich disziplinierter als Clemens den konfessionellen Faktor umging. Obwohl Döllinger, der nach dem Scheitern des Realunion-Antrages im Juli nun, wie vorher schon Clemens, für eine vollständige Einverleibung des Großherzogtums warb, die Erfahrung konfessioneller Benachteiligung mit keinem Wort erwähnte, führte er doch konkrete Formen der Diskriminierung der Polen unter preußischer Regierung an, die den rheinländischen und westfälischen Katholiken ebenfalls aus eigener Erfahrung bekannt waren und häufig von ihnen beklagt wurden: die Benachteiligung im Schul- und Unterrichtswesen und in der Besetzung von öffentlichen Ämtern.[216]

Noch bei Döllinger klang somit das Motiv Solidarität erzeugender Parallelerfahrung zumindest an, ohne dass die Argumentation seiner Rede darauf aufgebaut gewesen wäre, was auch angesichts der Zusammensetzung und Stimmung in der Nationalversammlung dem beantragten Vorschlag nicht förderlich gewesen wäre. Clemens, bei dem dieser Motivationsfaktor noch am stärksten zum Ausdruck kam, offenbarte ihn nur in direkter und offen-

---

[214] Sten. Ber. FNV, Bd. 2, S. 1173.

[215] Ebd.

[216] Ebd., Bd. 7, S. 5066f.

bar unbedachter Reaktion auf die herausfordernde Rede Jordans, ohne seinen Antrag damit tatsächlich zu begründen.[217]

Und doch lag hier die entscheidende Motivation der ultramontanen Abgeordneten, die sich für die Beibehaltung der Einheit des Großherzogtums einsetzten. Ähnlich wie schon in der katholischen Presse war es die parallele Erfahrung konfessioneller Benachteiligung bzw. die Konstatierung einer parallelen Diskriminierung (denn nicht alle Ultramontanen stammten aus Preußen), die ein Solidaritäts- oder Verbundenheitsgefühl erzeugte. Hieraus erklärt sich, dass in einer Phase, als die Polen in der Paulskirche von liberaler Seite bereits als „feindliche Partei" gesehen und bezeichnet wurden,[218] eine Gruppe von ultramontanen Katholiken sich über nationale Vorbehalte hinwegsetzte und die Polen als „unsere Brüder" ansprach, die, wie Thinnes ausführte, auch wie Brüder zu behandeln seien.[219] Die Titulierung der Polen als „Brüder" widersprach nicht nur dem zu dieser Zeit geläufigen Sprichwort, dass der Pole nie des Deutschen Bruder sein könne.[220] Sie stellte darüber hinaus eine sowohl emotionale Verbundenheit als auch verpflichtenden Appell beinhaltende verwandtschaftliche Kategorie dar, die in der Paulskirche und erst recht in der Posendebatte ansonsten allein den „deutschen Brüdern" vorbehalten wurde.[221] Während mit der

---

[217] Für seine Äußerungen über die parallelen Diskriminierungserfahrungen preußischer Katholiken in Ost und West erntete Clemens dementsprechend harsche Kritik von Abgeordnetenkollegen sowie in der Literatur. Zumeist galt sein Vergleich von Posen und den Westprovinzen als prinzipiell unzulässig und aufreizend, diktiert von blindem Hass auf Preußen, darüber hinaus aber auch als Zeichen mangelnder Detailkenntnis. Vgl. so schon die Rede des westfälischen Abgeordneten Ostendorff, Sten. Ber. FNV, Bd. 2, S. 1174; LAUBE, Bd. 2, S. 174; in der Literatur: BLECK, S. 40; Viegener, Ketteler, S. 88; LILLI SCHIEMANN: Die Posener Frage auf den Nationalversammlungen zu Frankfurt und Berlin 1848 und 1849. Ein Beitrag zum Volk-Staat-Problem, (Diss. Marburg 1936) Würzburg 1942, S. 31. Auch Wollstein räumt ein, dass Clemens die Verhältnisse in Posen nur unzureichend überschaute, hält dies jedoch auch für den Grund, dass er diesen Aspekt in seiner Rede noch relativ zurückhaltend behandelt habe. Vgl. WOLLSTEIN, Das „Großdeutschland der Paulskirche", S. 155.

[218] So der Berichterstatter des völkerrechtlichen Ausschusses Gustav Adolf Stenzel, Sten. Ber. FNV, Bd. 2, S. 1222.

[219] Ebd., S. 1203.

[220] Vgl. den Nachweis dieses Sprichwortes in: KARL FRIEDRICH WILHELM WANDER: Deutsches Sprichwörter-Lexikon. Ein Hausschatz für das deutsche Volk, Bd. 3, ND Aalen 1963 (orig. Leipzig 1867-1880), Sp. 1369. Verwiesen wird auf dieses Sprichwort auch schon 1846 bei SCHUSELKA, S. 317.

[221] Vor allem die Deutschposener stilisierten die nationale ‚Bruderschaft' zu einem Appell politischen Handelns, der wechselweise werbenden und fordernden Charakter gegenüber der Versammlung hatte, vgl. die Reden von Emil Senff, Adolph Göden, Samuel Gottfried Kerst, Hermann Löw und Carl von Sänger: Sten. Ber. FNV, Bd. 2, S. 1137f., 1138ff., 1169ff., 1188-1195, 1197-1201. Ihr steter Hinweis auf die „deutschen Brüder" in

Erinnerung an die „deutschen Brüder" in Posen ein national-solidarisierender Effekt zur Herbeiführung politischer Entscheidungen erzielt werden sollte, transformierten die Ultramontanen den „Bruder"-Begriff in eine übernational-christliche Dimension, die eine emotionale Verpflichtung auch für die Nichtdeutschen beschwor.

Mehrfach kam bei dieser ultramontanen Gruppierung die ansonsten in der Paulskirche nur selten zu Tage tretende Fähigkeit und Bereitschaft zum Tragen, sich in die Position der Polen hineinzuversetzen und auch deren Perspektive bei der Entscheidung über die Zukunft Posens mit zu berücksichtigen. Bereits das vorgeschlagene Konzept einer Realunion war eines, das den Polen aus ihrer eigenen Geschichte vertraut und mit positiven Erfahrungen verbunden war (Realunion mit Litauen seit 1569 bis zu der Teilung Polens) und deutet auf das Bemühen hin, eine auch für die Polen annehmbare Form der Verbindung zu suchen. Döllinger begründete seine Position unter anderem damit, dass er sich, „wenn ich Pole wäre", ebenfalls entschieden gegen die Teilung aussprechen würde, und dass, „wenn ich nämlich vom Standpunkte der polnisch-nationalen Ansicht reden soll", der ultramontane Kompromissvorschlag einer Eingliederung des Großherzogtums Posen bei Erhaltung seiner Integrität ein gangbarer Weg sei.[222] Wie Döllinger erwog auch Jakob Clemens in seinem Redebeitrag, ob sein Vorschlag auch für die Polen akzeptabel sei[223] – ein Kriterium, das in den übrigen Reden der Polendebatte kaum einmal eine Rolle spielte oder überhaupt für relevant gehalten wurde. Heinrich Wuttke kritisierte denn auch die Einnahme einer solchen auf Ausgleich bedachten Haltung als unpatriotisch: Sie lasse Zweifel aufkommen, „ob deutsche Stämme, ob Polen ihre Vertreter hierher gesendet haben".[224]

Posen war offenbar auch eine Reaktion auf ein aus ihrer Sicht unzureichend ausgeprägtes Bewusstsein von Teilen der Versammlung für deren nationale Zugehörigkeit, wie es sich im Zwischenruf „Sollen lauter Polen sprechen?" dokumentierte, der dem Deutschposener Senff galt, als dieser das Rednerpult betrat (Sten. Ber. FNV, Bd. 2, S. 1138). Ähnlich wie der Posener Kerst, der einen nationalen „Brudermord" zugunsten der Interessen des polnischen Volkes ausmalte (Sten. Ber. FNV, Bd. 2, S. 1170), warnte auch Radowitz davor, die „deutschen Brüder" den Polen zu „opfern" (Sten. Ber. FNV, Bd. 2, S. 1156); ähnlich äußerten sich zahlreiche andere Redner. Auf die Rolle des Begriffs der „deutschen Brüder" für die politische Gedankenwelt der deutschen Nationalbewegung 1848 verweist auch kurz WOLLSTEIN, Das „Großdeutschland der Paulskirche", S. 319f.

[222] Sten. Ber. FNV, Bd. 7, S. 5070.

[223] Ebd., Bd. 2, S. 1174.

[224] Sten. Ber. FNV, Bd. 7, S. 5080. Mitunter nahmen zwar auch die Teilungsbefürworter eine polnische Perspektive ein, jedoch nur, um eine möglichst harte Haltung gegenüber den Polen zu begründen. So erklärte der Teilungsbefürworter Fürst v. Lichnowsky (Sten. Ber. FNV, Bd. 2, S. 1181), dass keine Zugeständnisse an die Polen zu machen seien, weil diese sich damit ohnehin nicht begnügen könnten: „Wenn ich die Ehre hätte, ein Pole

Die ultramontanen Anträge, welche die Einheit Posens um den Preis seiner An- bzw. Eingliederung in den Deutschen Bund zu erhalten suchten, entstanden zum einen aus einem konfessionell begründeten Solidaritätsgefühl, aus dem banalen Wunsch „ihren leidenden Glaubensgenossen zu helfen", wie Frank Eyck in seiner Geschichte der Paulskirche zwar lapidar, aber nicht unzutreffend meint.[225] Zum anderen bewirkte dieses konfessionelle Solidaritätsgefühl neben dem relativ diffusen Wunsch, etwas für die polnischen Glaubensbrüder zu tun, ihnen grundsätzlich wohlwollend zu begegnen und ihre Lage sowie ihre Interessen bei den Überlegungen über den zukünftigen Status des Großherzogtums Posen angemessen zu berücksichtigen, auch eine Öffnung der Ultramontanen für eine moralische, rechtliche, historische und politische Argumentation. Diese Argumentation wurde von ihnen nicht bloß aus taktischen Erwägungen zur Überzeugung der anderen Abgeordneten vorgeschoben, sondern entsprach dem Diskurs der konservativ-ultramontanen Kreise unter den Katholiken. Der Kompromissvorschlag einer Realunion zwischen dem Großherzogtum Posen und dem Deutschen Bund bzw. einer vollständigen Einverleibung Posens wurde daher nicht nur deshalb vertreten, weil er mit der Erhaltung der territorialen Integrität des Großherzogtums das Maximum dessen sicherstellte, was für das polnische Interesse im Sommer 1848 bzw. Februar 1849 überhaupt noch zu erreichen war. Der Vorschlag dokumentierte darüber hinaus die Bedeutung des historischen Rechts im katholisch-konservativen Diskurs und entsprach katholisch-großdeutschen Vorstellungen einer staatlichen Ordnung Mitteleuropas.

7.3.3.2 Alte und neue Teilungen – Der konservative Primat des historischen Rechts

Ein wesentlicher Strang der Argumentation, mit der die ultramontanen Katholiken für ihre Anträge bezüglich Posen warben, bezog sich auf den breiten Komplex von Recht und Unrecht, bzw. Rechtmäßigkeit und Unrechtmäßigkeit. Die drei Hauptredner dieser Gruppe, Jakob Clemens, Friedrich Thinnes und Ignaz Döllinger, bemühten sich, den Nachweis zu führen, dass die von ihnen abgelehnte Teilung des Großherzogtums Posen in mehrfacher Hinsicht nicht ‚rechtens' sei.

Unter eher formalrechtlichem Aspekt wurde geltend gemacht, dass mit der Teilung der preußischen Provinz völkerrechtlich verbindliche Vereinbarungen gebrochen würden. So sprach Döllinger mit bezug auf die Wiener

---

zu sein, dann dächte ich alle Morgen und Abend daran, das alte Königreich Polen [in den Grenzen von 1772] wieder herzustellen."

[225] EYCK, Deutschlands große Hoffnung, S. 324.

Beschlüsse von 1815, welche die Grundlage für die Bildung und den Status des Großherzogtums Posen innerhalb Preußens (aber außerhalb des Deutschen Bundes) darstellten, von einer „den völkerrechtlichen Verträgen offenbar zuwiderlaufenden Zerreißung".[226] In der revolutionären Situation der Jahre 1848/49 konnte es zwar anachronistisch und wenig aussichtsreich erscheinen, sich auf die internationalen Vereinbarungen zu berufen, die ein politisches System begründet hatten, das wegen seiner allgemein empfundenen Überlebtheit gerade beseitigt wurde.[227] Aber es entsprach der prinzipiell antirevolutionären Auffassung der politisch konservativen ultramontanen Antragsteller, nach der ein bestehendes System und geltende Verträge nicht willkürlich umgestoßen werden durften, Veränderungen sich vielmehr organisch aus ihnen heraus entwickeln sollten.[228]

Neben diesen völkerrechtlichen Bedenken verwies Jakob Clemens auch auf „das positive Staatsrecht", gegen das mit einer Teilung verstoßen würde.[229] Clemens bezog sich dabei auf das Votum des posenschen Provinziallandtages, das einer Teilung entgegenstehe, ohne zu beachten, dass sich die mehrheitlich polnische Ständeversammlung Anfang April nicht gegen eine damals noch gar nicht aktuelle Teilung der Provinz ausgesprochen hatte, sondern gegen deren vollständige Einverleibung in den Deutschen Bund, wie Clemens sie selbst nun gerade beantragte. Diese also eigentlich kontraproduktive Richtung seines Arguments nicht beachtend verlegte sich Clemens auf den Nachweis, dass auch das „Recht der Revolution" einer Teilung der Provinz widerspreche.[230]

Mit dem „Recht der Revolution" wollte Clemens nicht das gewaltsame Aufbegehren der Polen rechtfertigen; er meinte damit vielmehr die Berücksichtigung des Volkswillens bei politischen Entscheidungen, wie sie

---

[226] Sten. Ber. FNV, Bd. 7, S. 5070.

[227] Zur Frontstellung der Frankfurter Parlamentarier gegen das Wiener ‚System' vgl. WOLLSTEIN, Das „Großdeutschland der Paulskirche", S. 307, 333; DERS.: Die Oktoberdebatte der Paulskirche: das Votum für Deutschland mit Österreich, in: 1848/49 – Revolutionen in Ostmitteleuropa, hg. v. RUDOLF JAWORSKI u. ROBERT LUFT, München 1996, S. 279-302, hier S. 297.

[228] Legitimität, historisches Recht und übernationales Vertragsrecht werden als Grundprinzipien des politischen Katholizismus aufgeführt von HUGO LACHER: Politischer Katholizismus und kleindeutsche Reichsgründung. Eine Studie zur politischen Ideenwelt im deutschen Katholizismus, 1859-1871, Diss. Mainz 1963 (Ms.), S. 126. Zu der konservativen Verankerung dieser Grundsätze vgl. RUDOLF VIERHAUS: Konservativ, Konservatismus, in: Geschichtliche Grundbegriffe. Historisches Lexikon zur politisch-sozialen Sprache in Deutschland, hg. v. OTTO BRUNNER, WERNER CONZE u. REINHART KOSELLECK, Bd. 3, Stuttgart 1982, S. 531-565, hier S. 532f., 541, 547.

[229] Sten. Ber. FNV, Bd. 2, S. 1172.

[230] Ebd, S. 1173.

von der Revolution gerade erkämpft worden war. Dieser Volkswille werde in der Posenfrage aber eben gerade nicht berücksichtigt, denn die Bevölkerung sei nicht befragt worden. Angehört würden lediglich die Deutschen der Provinz, die aber nicht das Meinungsbild der Gesamtbevölkerung repräsentierten und zudem großteils als erst unter preußischer Herrschaft neu Zugezogene gar nicht zur eigentlichen Bevölkerung zu zählen seien.[231] Wie Clemens wies auch Döllinger auf den Verstoß gegen das neu etablierte Rechtsprinzip hin:

> „denn das heißt nicht nach dem Princip, daß der Volkswille das oberste Gesetz sein soll, handeln, wenn wir nur dem einen (deutschen) Theile Gehör geben, dem andern aber, dem polnischen, das aufdringen, was ihm das verhaßteste ist."[232]

Trotz der konservativen Grundausrichtung der Ultramontanen wurde somit das revolutionäre Prinzip des Volkswillens, auf das sich Clemens und Döllinger beriefen, prinzipiell akzeptiert; schließlich hatten sie selbst als gewählte Repräsentanten des Volkes in der Nationalversammlung Platz genommen.

Daneben wiesen sie in der Posenfrage aber noch auf die Verletzung eines weiteren revolutionären Prinzips hin, das sie selbst nicht zu akzeptieren bereit waren, das von den Befürwortern einer Teilung Posens aber immer wieder ins Feld geführt worden war – das Nationalitätsprinzip. Döllinger verwies darauf, dass nach dem endgültigen Teilungsantrag, wie er im Februar 1849 vorlag und auch beschlossen wurde, die Polen im westlichen, also dem Deutschen Bund anzugliedernden Teil nicht nur zahlreicher seien als die Polen im östlichen, außerhalb Deutschlands verbleibenden Gebiet. Sie seien darüber hinaus auch weitaus zahlreicher als die im westlichen Teil lebenden Deutschen.[233] Damit wurde tatsächlich gegen das Prinzip, nach dem die Staatsgrenzen nach nationalen Kriterien gezogen werden sollten, in einem Maße verstoßen, dass es, wie Günter Wollstein befindet, „einer offenen Verhöhnung eben dieses Prinzips gleichkam".[234] Die Ultramontanen legten damit wie auch einige Vertreter der Linken offen, dass das revolutionäre Nationalitätsprinzip in der Posenfrage von seinen Verfechtern aus machtpolitischen Erwägungen bewusst missachtet wurde.

Die Ultramontanen selbst lehnten das Nationalitätsprinzip zur Bestimmung von Staatsgrenzen grundsätzlich ab – insbesondere mit Blick auf

---

[231] Vgl. ebd., S. 1172f.
[232] Ebd., Bd. 7, S. 5070.
[233] Vgl. ebd., S. 5069.
[234] WOLLSTEIN, Das „Großdeutschland der Paulskirche", S. 182.

Österreich und den Kirchenstaat. Sie verwiesen aber gezielt auf dessen inkonsequente Anwendung, um seine mangelnde Praktikabilität zu belegen. Dem rein quantitativen Kriterium nationaler Mehrheitsverhältnisse, wie sie in der Gegenwart gerade ausfielen, stellten sie das Kriterium der territorialen und historischen Tradition entgegen. Dies entsprach einer konservativen Grundhaltung, nach der die Nationen zwar durchaus als Träger kultureller Besonderheiten und spezifischer Traditionen geachtet wurden, ihnen daraus aber nicht automatisch eine staatsbildende Relevanz erwuchs.[235] Dem politischen Selbstbestimmungsrecht der Nationen wurde das historisch-territoriale Rechtsprinzip übergeordnet. Thinnes verwies darauf, dass die Nationalversammlung dem Territorialprinzip bislang immer gefolgt sei. Sowohl in der Frage Schleswigs, Böhmens als auch Südtirols seien historische Gründe und nicht die nationale Zusammensetzung der Bevölkerung zum ausschlaggebenden Kriterium über die zukünftige Zugehörigkeit zum Deutschen Bund erklärt worden.[236] Im Falle Posens werde nun genau entgegengesetzt verfahren. Hier werde mit der nationalen Zusammensetzung der Provinz argumentiert, obwohl, bzw. gerade weil das Großherzogtum nie Teil des Deutschen Reiches gewesen, sondern immer als ein polnisches Land betrachtet worden sei.[237] Die Ultramontanen plädierten dafür, die historischen Rechte und Traditionen nicht nur dann als maßgeblich zu betrachten, wenn sie den deutschen Interessen dienten, sondern sie konsequent und also auch im Falle Posens anzuwenden. Dabei hielten sie eine Teilung des Großherzogtums für eine noch gröbere Verletzung der historisch begründeten polnischen Rechte als einen Anschluss an das Deutsche Reich, der zwar ebenfalls der staatlichen Tradition widersprach, aber die Integrität des Großherzogtums wahrte und auch leichter wieder rückgängig gemacht werden konnte.

Die Frage nach historischem Recht und Unrecht war für die ultramontanen Gegner einer Teilung Posens noch in einer zweiten Hinsicht von Belang: Domkapitular Thinnes gab zu bedenken, dass schon der Begriff ‚Tei-

---

[235] Zu dem favorisierten Verhältnis von Nation und Staatlichkeit vgl. Kap. 7.3.3.3.

[236] Sten. Ber. FNV, Bd. 2, S. 1202. Zur Behandlung dieser Fragen in der Paulskirche und den dabei angelegten Kriterien vgl. ausführlich Wollstein, Das „Großdeutschland der Paulskirche", S. 23-97, 189-222, 223-242.

[237] Sten. Ber. FNV, Bd. 2, S. 1202. Ähnliche Hinweise auf die Inkonsequenz bei der Anlegung von nationalen bzw. historischen Kriterien finden sich auch in den kritischen Reden von Vertretern der politischen Linken wie Robert Blum und Franz Schuselka (Sten. Ber. FNV, Bd. 2, S. 1142, 1160). Das „prekäre und widersprüchliche Verhältnis" zwischen historischer und nationaler Argumentation wird näher verfolgt von FABER, S. 115; auch WOLLSTEIN, Das „Großdeutschland der Paulskirche", S. 318 weist auf die „opportunistische Mischung" historischer und nationaler Begründungen hin.

lung' notwendigerweise an eine Ungerechtigkeit erinnere[238] und verwies damit auf die sukzessive Aufteilung Polens, die zwischen 1772 und 1795 in drei Stufen stattgefunden hatte. Obwohl die Teilungen, welche die staatliche Existenz Polens beendet hatten, bereits mehr als ein halbes Jahrhundert zurücklagen, wurden sie als ein fortwährendes Unrecht betrachtet, das prinzipiell nicht verjähren konnte und eine besondere Verpflichtung für die Gegenwart begründete. Ignaz Döllinger ging in seiner Rede insbesondere auf die Umstände der zweiten Teilung Polens von 1793 ein, durch die das Großherzogtum Posen, über dessen Zukunft die Versammlung nun zu beraten hatte, an Preußen gelangt war.[239] Döllinger hob den Unrechtscharakter der zweiten Teilung Polens und das seiner Ansicht nach verwerfliche Verhalten Preußens besonders hervor, indem er auf den spezifischen Anlass der Teilung hinwies:

> „[E]s ist doch eine historische Thatsache, daß der Vorwand zur Einverleibung des Großherzogthums Posen in den preußischen Staat von Seite der Polen dargeboten wurde, -- durch jene Verfassung, die Sie sich im Jahre 1791 gaben, eine Verfassung, die damals von dem gebildeten und intelligenten Theile Europas bewundert wurde, von der ein großer Staatsmann, Burke, sagte: ‚sie sei die reinste öffentliche Wohlthat, die jemals der Menschheit geboten worden sei.' […] Dieselbe Verfassung, die, wie auch deutsche Geschichtsschreiber sagen, das einzige Mittel war, um Polen zu retten, ihm in Europa eine neue Stellung zu geben, wurde von der preußischen Regierung als Vorwand benutzt, um diesen Theil des polnischen Reiches, das Großherzogthum Posen, an sich zu reißen.“[240]

Döllinger machte durch seine Ausführungen deutlich, dass Posen nur aufgrund eines willkürlichen und machtpolitisch begründeten Gewaltstreiches von Preußen inkorporiert worden sei. Seine Verweise auf eine noch kurz vor der Teilung gegebene Bündniszusicherung Preußens sowie auf das damalige polnische Reformpotential ließen den Teilungsakt moralisch als besonders abgefeimt erscheinen. Der Hinweis, dass die Teilung als eine Reaktion auf die Erarbeitung einer allgemein als sehr fortschrittlich beurteilten Verfassung erfolgte, musste darüber hinaus gerade in der ebenfalls verfassungsgebenden deutschen Nationalversammlung besonders eindrücklich sein und erscheint in der Rückschau wie eine Mahnung an das noch bevorstehende Schicksal der Paulskirchenversammlung. Mit dem Verweis auf den Unrechtscharakter der Eingliederung Posens in Preußen stellte

---

[238] Vgl. Sten. Ber. FNV, Bd. 2, S. 1202.

[239] Zudem bot die Teilung von 1793 den Vorteil, dass Österreich außen vor bleiben und die Betrachtung sich auf Preußen konzentrieren konnte, weil Österreich an dieser zweiten Teilung, anders als 1772 und 1795, nicht beteiligt gewesen war.

[240] Sten. Ber. FNV, Bd. 7, S. 5069.

Döllinger nicht nur das aktuelle Teilungsprojekt, sondern auch die Legitimität der preußischen Herrschaft über das Großherzogtum selbst in Frage. Aus einer katholisch-konservativen Perspektive heraus stellten die Teilungen Polens aber nicht nur in moralischer Hinsicht ein Unrecht dar, sondern auch im Hinblick auf die Gültigkeit historischen Rechts. Bereits Edmund Burke (1729-1797), britischer Vordenker des europäischen Konservatismus, auf den Döllinger sich in seiner Rede direkt bezog und der einer der wichtigsten Gewährsmänner auch der katholisch-konservativen Kritik der Revolution und des zentralistischen Staates war,[241] war nicht nur ein Bewunderer der polnischen Verfassung von 1791 gewesen, die er der Französischen Revolution als friedliches Gegenbeispiel einer organischen inneren Erneuerung entgegengehalten hatte;[242] er hatte die Teilung Polens auch als „the first very great breach in the modern political system of Europe" bezeichnet[243] und damit eine konservativ begründete negative Deutung der Teilungen Polens ins Leben gerufen, die im deutschen Ultramontanismus des 19. Jahrhunderts weit verbreitet war.

---

[241] BRECHENMACHER, S. 387-391 zählt Burke zu den „Gränzsteinen" katholizistisch-konservativer, großdeutscher Geschichtsanschauung. Nicht nur auf Döllinger habe er starken Einfluss ausgeübt, sondern auf nahezu alle katholisch-großdeutschen Historiker (z.B. Friedrich Emanuel Hurter, Johann Friedrich Böhmer, Constantin Höfler). Burkes Einfluss habe sich dabei nicht auf die Ablehnung der Französischen Revolution beschränkt, sondern sich auch auf staatstheoretischen Vorstellungen und die besondere Rolle der Geschichte als „Legitimationskriterium" politischer Ordnung bezogen. Vgl. ähnlich LACHER, S. 277, Anm. 1. Wie die deutsche Rezeption Burkes insgesamt, so ist auch die des deutschen Katholizismus noch ein Desiderat der Forschung (vgl. HANS-CHRISTOF KRAUS: Stand und Probleme der Erforschung des deutschen Konservatismus bis 1890, in: Stand und Probleme der Erforschung des deutschen Konservatismus, hg. v. CASPAR V. SCHRENCK-NOTZING, Berlin 2000, S. 9-26, hier S. 14). Die letzte Arbeit zur deutschen Rezeptionsgeschichte Burkes von 1917 geht auf den Katholizismus nicht ein, vgl. FRIEDA BRAUNE: Edmund Burke in Deutschland. Ein Beitrag zur Geschichte des historisch-politischen Denkens, Heidelberg 1917.

[242] Vgl. EDMUND BURKE: An Appeal from the New to the Old Whigs, in consequence of some late discussions in parliament relative to the Reflections on the French Revolution (1791), in: DERS.: Works, Bd. 4, London 1899, S. 57-215, hier S. 195-198. Hieraus auch das Zitat in Döllingers Rede: „the most pure and desecated public good which ever has been conferred on mankind" (ebd., S. 196). DAVID BAYNE HORN: British Public Opinion and the First Partition of Poland, Edinburgh u. London 1945, S. 79f. weist zu Recht darauf hin, dass Burkes pathetische Bewertung auch der Verurteilung der Französischen Revolution geschuldet war und zum Aufbau eines positiven Gegenbildes als ein rhetorisches Stilmittel verwendet wurde. Nichtsdestotrotz habe seine ‚Panegyrik' die Haltung der britischen Öffentlichkeit gegenüber Polen stärker als jeder andere Text positiv beeinflusst.

[243] Zit. nach HORN, S. 35; nach Horn auch SEREJSKI, S. 81. Das Zitat stammt aus dem *Annual Register* für das Jahr 1772 und wird Burke zugeschrieben.

So erklärte Joseph Görres bereits 1822, die Teilungen müssten „als der eigentliche und wahre Anfang der Revolution gelten".[244] George Phillips schloss sich dieser Ansicht an, als er 1840 in den *Historisch-politischen Blättern* schrieb, dass die Teilungen Polens „die Revolution zu einem integrierenden Bestandtheil des modernen Staatsorganismus erhoben" hätten.[245]

Die Stilisierung der Teilungen als Etablierung der Revolution ‚von oben' noch vor dem Ausbruch der Revolution ‚von unten' in der Französischen Revolution wird verständlich vor dem Hintergrund der im konservativen Katholizismus angenommenen Verwandtschaft von aufgeklärt-absolutistischer Despotie und Revolution. Nach Edmund Burke wird Politik dann despotisch, wenn sie tradierte Strukturen von Religion und Sitte oder bestehende gesellschaftliche und politische Verhältnisse übergeht, missachtet und gewaltsam verändert.[246] Tut sie dies, wendet sie die Instrumente der Revolution an (im Gegensatz zu Mitteln der organischen Veränderung) und wird zur Despotie. Auch Carl Ernst Jarcke, als Mitbegründer und Redakteur der *Historisch-politischen Blätter* ein katholisch-konservativer Cheftheoretiker, dem mitunter eine größere Breitenwirkung als Joseph Görres nachgesagt wird,[247] hielt die beiden eigentlich entgegengesetzten Prinzipien insofern für „identisch", als dass sie beide „eine Negation wirklicher und bestehender Rechte" betrieben.[248] Wie der Hinweis auf Burke zeigt, war die Annahme einer historischen und strukturellen Verwandtschaft von despotischem Absolutismus und Revolution keine spezifische Sicht politisch konservativer deutscher Katholiken, sondern eine Grundüberzeugung des frühen europäischen Konservatismus. Macchiavellistischer Absolutismus und liberal-demokratische Revolution erschienen hier gleichermaßen als Hybris, als Auflehnung gegen die göttliche Ordnung. Die jacobinische Revolution von unten galt in dieser Hinsicht als Fortsetzung und Intensivierung einer initiativ wirkenden absolutistischen

---

[244] JOSEPH GÖRRES: Die heilige Allianz und die Völker auf dem Congresse von Verona, in: GÖRRES, Gesammelte Schriften, hg. v. MARIE GÖRRES, Bd. 5, S. 1-124, hier S. 57.

[245] [GEORGE PHILLIPS:] „Blicke auf die russische Geschichte. Dritter Artikel", in: HPBKD 5 (1840), S. 129-151, hier S. 147. LÖSCH, S. 521 schreibt diesen Artikel Döllinger zu, jedoch ohne Angabe stichhaltiger Belege. Ich folge in der Frage der Verfasserschaft hier WEBER/ALBRECHT, S. 15.

[246] Vgl. ROBERT ZIMMER: Edmund Burke zur Einführung, Hamburg 1995, S. 94.

[247] RHEIN, S. 21f.

[248] CARL ERNST JARCKE: Vermischte Schriften, Bd. 1, München 1839, S. 168.

Revolution von oben.[249] Und tatsächlich sprach Augustin Theiner 1841 davon, dass insbesondere Russland und Preußen bei der Teilung Polens „die revolutionärsten Mittel" angewandt, sich damit selbst „die Jacobiner- mütze" aufgesetzt und eine „blinde Jacobinerpolitik" betrieben hätten.[250] Wie Döllinger hielt auch Augustin Theiner die zweite Teilung Polens für besonders schändlich, weil mit ihr ein organischer Reformprozess, der zu den größten Hoffnungen Anlass gegeben und in der Verfassung von 1791 seinen Höhepunkt gefunden habe, in einem willkürlichen, gewaltsamen Akt von den Teilungsmächten Preußen und Russland unterbrochen und zunichte gemacht worden sei.[251] Durch die Verletzung des konservativen Grund- prinzips einer kontinuierlich-organischen Entwicklung durch die Monar- chen, hätten sie den Keim für die Revolution gelegt, die sich wenig später gegen sie selbst richten sollte.[252]

---

[249] Vgl. zu diesem fundamentalen Zusammenhang im konservativen Denken der ersten Hälfte des 19. Jahrhunderts PANAJOTIS KONDYLIS: Konservativismus. Geschichtlicher Gehalt und Untergang, Stuttgart 1986, S. 210-217.

[250] THEINER, Die Neuesten Zustände der Katholischen Kirche, S. IX, 288.

[251] THEINER, Die Neuesten Zustände der Katholischen Kirche, S. 287 lobt die pol- nische Verfassung von 1791 ähnlich euphorisch wie früher schon Burke als „ein Werk tiefer Weisheit, großer Mäßigung und aufrichtigen Strebens, des Vaterlandes Glück, Wohlstand, Ehre und Freiheit und Ruhm zu begründen".

[252] Theiners Position in der Frage der Teilung Polens war für den deutschen Katholizis- mus von nachhaltiger Bedeutung. Neben seiner eigenen Schrift von 1841 bewegte er auch den katholischen Historiker Johannes Janssen Mitte der 1860er Jahre dazu, eine Studie über die Umstände der Teilungen zu verfassen, in der Janssen der Einschätzung Theiners über die Etablierung der Revolution durch die Teilung Polens folgte und noch weiter zuspitzte. Vgl. JOHANNES JANSSEN: Zur Genesis der ersten Theilung Polens, Freiburg/Br. 1865; in Fortsetzungen auch erschienen in: HPBKD 55 (1865), S. 249ff., 345ff., 417ff., 505ff., 605ff., 689ff., 781ff. Eine populäre Kurzfassung erschien in der Reihe des Frankfurter Katholischen Broschürenvereins: JOHANNES JANSSEN: Rußland und Polen vor hundert Jahren, Frankfurt/M. 1865. Zur persönlichen Anregung durch Theiner vgl. Janssens Dankschreiben in WILHELM BAUM: Johannes Janssen (1829-1891). Persönlichkeit, Leben und Werke. Ein Beitrag zur Theologie- und Geistesgeschichte Deutschlands im 19. Jahr- hundert, Diss. Innsbruck 1971 (Ms.), S. 106 sowie HUBERT JEDIN: Kirchenhistorikerbriefe an Augustin Theiner, in: RQ 66 (1971), S. 187-231, hier S. 219. In einem Brief an Marie von Sydow gab Janssen an, Papst Pius IX. selbst habe den Wunsch geäußert, er solle eine Arbeit über die erste Teilung Polens schreiben (JOHANNES JANSSEN: Janssens Briefe, hg. v. LUDWIG FREIHERR V. PASTOR, Bd. 1, Freiburg/Br. 1920, S. 252). Zu den Schriften Jans- sens vgl. auch LUISE SCHORN-SCHÜTTE: Polnische Frage und deutsche Geschichtsschrei- bung, in: Zum Verständnis der polnischen Frage in Preussen und Deutschland 1772-1871, hg. v. KLAUS ZERNACK, Berlin 1987, S. 72-107, hier S. 100-104; SEREJSKI, S. 325ff. Ähnliche Äußerungen anderer katholischer Historiker und Publizisten in den 1860er Jahren verweisen auf die Kontinuität dieser katholisch-konservativen Interpretation der Teilung Polens als ein unverjährbares Unrecht in einer Zeit, als im deutschen Polendiskurs längst die ‚realpolitische' Einschätzung über die Unvermeidbarkeit und innere Notwendigkeit domi- nant war. Vgl. z.B. [ONNO KLOPP:] Kleindeutsche Geschichtsbaumeister. Rezension zu

Diese katholisch-konservative Interpretation der Teilung Polens besaß nicht geringe Ähnlichkeit mit einer von Hegel beeinflussten Deutung, wie sie in der Paulskirche von Wilhelm Jordan vertreten wurde, war dieser in ihrer Schlussfolgerung jedoch genau entgegengesetzt. Auch Jordan sprach in seiner berühmten Polenrede davon, dass die im Prinzip revolutionsfeindlichen Teilungsmächte die Revolution mit der Teilung Polens selbst begonnen hätten.[253] Jordan sah darin allerdings nicht die Verletzung einer organischen Entwicklung, sondern eine positive Äußerung des Weltgeistes, der mit derselben Notwendigkeit „aus dem Munde der Jakobiner sprach: Friede den Hütten, Krieg den Palästen, und hier, durch den Mund der gekrönten Häupter, die Theilung des verrotteten Polens decretirte".[254] Während Jordan die Teilung als unbewussten Akt „im Sinne der noch ungebornen Revolution"[255] begrüßte und in einen geschichtsphilosophischen Rahmen unaufhaltsamen Fortschritts einordnete, kamen die konservativen Katholiken bei derselben Diagnose des Ereignisses zu dem gegenteiligen geschichtsphilosophischen Urteil, dass die Teilung eine brutale Verletzung der historischen Entwicklung gewesen sei und sie damit aufgehalten habe.[256]

Auch der von den Teilungsmächten angeführte Vorwand, mit den Teilungen Polens das europäische Mächtegleichgewicht zu erhalten, also eine

---

Heinrich v. Sybels „Geschichte der Revolutionszeit von 1789 bis 1795", in: HPBKD 49 (1862), S. 689-710, 785-810, 865-885; 50 (1862), S. 44-57 und [JOSEPH EDMUND JÖRG:] „Zeitläufte. Graf Montalembert und die polnische Bewegung", in: HPBKD 48 (1861), S. 677-705 (ND auch im *Mainzer Journal* v. 23.-25.10., 27.10., 31.10 u. 1.11.1861).

[253] Diese These hatte auch der Demokrat und Deutschkatholik Franz Schuselka bereits 1846 in seiner Schrift „Deutschland, Polen und Russland" vertreten. Schuselka sah wie die Ultramontanen in der Teilung Polens durch die Monarchen eine Missachtung des historischen Rechts, eine „Zerreißung" des „Organismus der Geschichte" (SCHUSELKA, S. 2) und damit eine Erschütterung des monarchischen Prinzips. Schuselka machte für das Verhalten der Monarchen jedoch nicht ihre Beeinflussung durch die Aufklärung, sondern die Dominanz ihrer machtpolitischen Interessen verantwortlich und betonte die Zustimmung Roms. Vgl. SCHUSELKA, S. 1-14, 245-260. In der Geschichtswissenschaft wurde die These von der Etablierung des Prinzips der Revolution durch die Teilung Polens später prominent vertreten von ALBERT SOREL: The Eastern Question in the Eighteenth Century. The Partition of Poland and the Treaty of Kainardji, New York 1969 (orig. Paris 1889), S. 261.

[254] Sten. Ber. FNV, Bd. 2, S. 1147.

[255] Ebd., S. 1146.

[256] Auch die hegelsche Geschichtsphilosophie erlaubte diese gegenteilige Schlussfolgerung, wie das Beispiel des Links-Hegelianers Arnold Ruge zeigt. Ruge hielt aufgrund derselben geschichtsphilosophischen Kategorien, die auch Jordan benutzte, die Teilung Polens für eine brutale Unterbrechung einer positiven und historisch notwendigen Entwicklung, die Restitution Polens dagegen für ein geschichtsnotwendiges Erfordernis. Vgl. Sten. Ber. FNV, Bd. 2, S. 1184ff. Eine Gegenüberstellung der Positionen Jordans und Ruges findet sich bei FABER, S. 117-122.

konservierende Absicht zu vertreten, wurde von katholischer Seite nicht akzeptiert. Ihm wurde vielmehr entgegengehalten, dass mit der Teilung genau das Gegenteil erreicht worden sei, nämlich eine nachhaltige Erschütterung des Staatensystems durch den Bruch der bestehenden zwischenstaatlichen Rechtsprinzipien. In seiner „Geschichte des philosophischen und revolutionären Jahrhunderts mit besonderer Rücksicht auf die Gestaltung der kirchlichen Zustände" schrieb der Konvertit Wilhelm Binder 1844 in diesem Sinne:

> „Durch jene vorgeschobene Herstellung des Gleichgewichts war dieses vielmehr gerade in seinen Grundfesten erschüttert, jedem willkürlichen und gesetzlosen Eingriffe mächtiger Staaten in die Angelegenheiten und in den Besitz schwächerer die Bahn gebrochen. "[257]

Die Teilung Polens als eine Revolutionierung des Staatensystems und des Verhältnisses der Staaten untereinander galt Binder daher „für alle civilisirte Staaten als ein großes, beklagenswertes Unglück. "[258] Das hier angewandte Prinzip der Staatsräson widersprach dem katholisch-konservativen Verständnis einer übergeordneten, auch für die Staaten nicht aufhebbaren und verbindlichen sittlichen Rechtsordnung. Recht kann nach dieser Auffassung nicht gemacht werden, sondern besitzt aufgrund seines göttlichen Ursprungs einen ontologischen Charakter, der die ewige Gültigkeit bestimm-

---

[257] WILHELM BINDER: Geschichte des philosophischen und revolutionären Jahrhunderts mit besonderer Rücksicht auf die Gestaltung der kirchlichen Zustände, Bd. 1, Schaffhausen 1844, S. 363; ähnlich auch ebd., S. 356f. Binder, der 1845 zum Katholizismus konvertierte, passte sich mit diesem Buch offenbar bewusst an den katholischen Diskurs an, denn es stellte in mehrfacher Hinsicht eine völlige Kehrtwendung zu früheren Äußerungen dar: In den Jahren zuvor hatte Binder sich in zwei Schriften nicht nur außerordentlich verächtlich über Polen ausgesprochen und die Teilung als eine notwendige Folge inneren Verfalls gerechtfertigt, sondern sich auch heftig gegen eine römisch-ultramontane Politik gewandt. Vgl. [WILHELM BINDER:] Diplomatische Geschichte der polnischen Emigration, Stuttgart 1842; DERS.: Der Untergang des Polnischen Nationalstaates. Pragmatisch entwickelt, 2 Bde., Stuttgart 1843/44; zum Antiultramontanismus vgl. ebd., Bd. 1, S. 26. Die Konversion, die Binder in zwei Schriften ausführlich begründete (WILHELM BINDER: Meine Rechtfertigung und mein Glaube, Augsburg 1845; DERS.: Der Protestantismus in seiner Selbstauflösung, Schaffhausen ²1846), scheint erfolgt zu sein, weil Binder sich erhofft hatte, im Katholizismus eine vorteilhafte Stellung zu erreichen. So urteilt zumindest ROSENTHAL, Bd. 1, Abt. 3, S. XIV. Da dies nicht gelungen sei, sei er später wieder zum Protestantismus zurückgekehrt. Zu Binders antipolnischen Schriften der Vorjahre, jedoch ohne Berücksichtigung seiner späteren Wendung vgl. HAHN, Die „Große Emigration", S. 87, 91f.; HORST-JOACHIM SEEPEL: Das Polenbild der Deutschen. Vom Anfang des 19. Jahrhunderts bis zum Ende der Revolution von 1848, Diss. Kiel 1967, S. 148f.; SEREJSKI, S. 182f.

[258] BINDER, Geschichte des philosophischen und revolutionären Jahrhunderts, Bd. 1, S. 363.

ter Normen begründet.[259] Da im Fall der Teilung Polens gegen derartige
Rechtsnormen verstoßen worden war, galt diese als ein Akt des Unrechts,
der nach konservativer Auffassung nicht verjähren konnte und einen be-
ständigen Handlungsimpuls für die Gegenwart in sich trug.

Als Döllinger im Februar 1849 den Unrechtscharakter der preußischen
Erwerbung Posens in der Paulskirche ansprach, war ihm klar, dass die
grundsätzliche Zugehörigkeit des Großherzogtums zu Preußen hier nicht
zur Debatte stand. Sein Hinweis auf die unrechtmäßigen Wurzeln der
preußischen Herrschaft sollte jedoch seinen moralischen Appell verstärken,
der Zumutung einer weiteren Teilung entgegenzutreten:

> „Das waren die Umstände, unter denen sich die Einverleibung des Großher-
> zogthums Posen in die preußischen Staaten erfolgte, und nun sollen wir die
> Erbschaft der auf solche Weise gebildeten Verhältnisse nicht bloß antreten,
> nein! wir sollen auch auf altes Unrecht ein neues Unrecht, nämlich das einer
> letzten Zerstückelung Polens und einer systematischen Auflösung der pol-
> nischen Nationalität häufen?!"[260]

Es ist signifikant für das konservative Denken der katholischen Gegner
einer neuerlichen Teilung, dass Döllinger die zu treffende Entscheidung an
das historische Ereignis der Teilung Polens band und hier den Handlungsimpuls für die Gegenwart suchte, als er die Abgeordneten aufforderte:

> „Denken wir doch darum an jenes Ereigniß zurück, um zu sehen, was unsere
> Pflicht in den gegenwärtigen Verhältnissen sein darf? ob wir irgendwie berech-
> tigt sind zu einer Maßregel, wie diese Zerstückelung vermittelst der Demarca-
> tionslinie ist, die Hand zu bieten?"[261]

Hier kam das konservative Prinzip der Tradition, der Verpflichtung gegen-
über der Vergangenheit zum Tragen, das in Opposition zum sich durch-
setzenden modernen Prinzip der Verpflichtung gegenüber Gegenwart und
Zukunft ohne Rücksicht auf die Vergangenheit stand, wie es sich in der
Paulskirche etablierte. So erklärte ähnlich wie viele andere Abgeordneten
Heinrich Wuttke kategorisch: „Das Einst kann nicht maßgebend sein, das
Jetzt entscheidet".[262] Sich auf Geschichtskategorien Hegels berufend form-
ten die selbsternannten „Geschäftsführer des Weltgeistes"[263] einen national-

---

[259] Zur katholisch-konservativen Ablehnung der Prinzipien von Gleichgewicht und
Staatsräson vgl. LACHER, S. 24ff. Zur konservativen Kritik der Staatsräson generell vgl.
KONDYLIS, S. 141, 214; zum Rechtsverständnis vgl. ebd., S. 65f., 144, 208.

[260] Sten. Ber. FNV, Bd. 7, S. 5069.

[261] Ebd.

[262] Ebd., S. 5080.

[263] FABER, S. 103, offenbar in Anlehnung an einen von Karl Marx geprägten Begriff.

egoistischen Fortschrittsdiskurs, der in der Frankfurter Nationalversammlung breite Unterstützung erfuhr und nach Günter Wollstein die Bereitschaft des Parlaments zu Mäßigung und Toleranz erheblich einschränkte.[264] In bezug auf Polen wurde diese Haltung am prononciertesten von Wilhelm Jordan formuliert. Die Teilung Polens galt ihm nicht als mahnender Handlungsimpuls zur Aufhebung oder Linderung eines Unrechts, sondern lediglich als „negatives Beweisstück"[265] für die fehlende Lebensfähigkeit einer zurückgebliebenen Nation. Sie sei nichts anderes gewesen, „als die Bestattung einer längst in der Auflösung begriffenen Leiche, die nicht mehr geduldet werden durfte unter den Lebendigen."[266] Die Inanspruchnahme einer dem Fortschritt der Geschichte entsprechenden und daher von ihr begünstigten Position, welche die Überlegenheit der deutschen Nation gegenüber der polnischen begründete, kam am deutlichsten in der Rede Jordans zum Ausdruck. Sie wurde aber, wie „andauernder stürmischer Beifall"[267] und zahlreiche andere Reden zeigten, von der Mehrheit der Versammlung geteilt.[268] So erklärte beispielsweise der Historiker Friedrich von Raumer, es seien „die siegenden, die herrschenden Völker, welche die Menschheit vorwärtsbringen [...] und so sind die Deutschen mehr als diejenigen Stämme, die von ihnen abhängen."[269] Eine solche, aus einer vermeintlichen Sieger-Position entspringende Haltung der eigenen Überlegenheit entspricht dem, was der Soziologe Zygmunt Baumann für ein typisches Charakteristikum der modernen Fortschrittsideologie hält. Während die Geschichte des Fortschritts von Siegern erzählt wird, laufen die Besiegten Gefahr, verdammt zu werden: „Manchmal werden sie vor Gericht gebracht und als Kriminelle angeklagt und verurteilt. Meistens aber werden sie bloß als unheilbar krank, untauglich oder hoffnungslos unreif bedauert".[270] Dieses Bedauern der sich als Sieger der Geschichte wähnen-

---

[264] Vgl. WOLLSTEIN, Das „Großdeutschland der Paulskirche", S. 329.

[265] FABER, S. 114.

[266] Sten. Ber. FNV, Bd. 2, S. 1146. Dieses Zitat ist ein Paradebeispiel für die Ansicht Zygmunt Baumanns, dass Vertreter der modernen Fortschrittsideologie dazu neigen, ihre Gegner als „Zombies" zu diffamieren, die einer längst abgestorbenen Vergangenheit angehören (BAUMANN, S. 336).

[267] Sten. Ber. FNV, Bd. 2, S. 1151.

[268] Zur Wirkung der Jordan-Rede vgl. WOLLSTEIN, Das „Großdeutschland der Paulskirche", S. 150, 170ff.

[269] Sten. Ber. FNV, Bd. 2, S. 1558.

[270] BAUMANN, S. 337.

den Deutschen gegenüber den vermeintlich rückständigen Polen wurde in fast allen Reden der Debatte ausdrücklich betont.[271] Für den Kreis der ultramontan-katholischen Teilungsgegner dagegen stellte die Teilung Polens kein Fatum der Geschichte über das Schicksal Polens dar, das allenfalls Anlass zur unverbindlichen Bemitleidung gab. Jakob Clemens distanzierte sich ausdrücklich von den „Hegel'schen Geschichtsanschauungen" Wilhelm Jordans und ironisierte dessen drastische Metaphorisierung Polens als zur Zeit der Teilung bereits in Verwesung befindlicher Leiche mit dem Hinweis darauf, dass „das doch wenigstens eine ganz seltsame Leiche gewesen sein muß, die noch nach ein paar Menschenaltern Denen, welche sich in ihr Erbe geteilt, Furcht und Schrecken einzujagen im Stande ist."[272] Die konservativ-katholischen Gegner einer aktuellen Teilung Posens erkannten in der mehr als fünfzig Jahre zurückliegenden Teilung Polens dagegen ein historisches Unrecht, das ihnen als ein imperativer Handlungsimpuls für die Gegenwart erschien.

Döllinger appellierte in diesem Sinne an „die Ehre Deutschlands".[273] Damit benutzte er eine Kategorie, die in der Paulskirche und auch in der publizistischen Öffentlichkeit vor allem dazu verwendet wurde, um machtpolitische Ambitionen zu legitimieren. So hielt der Vorsitzende des Katholischen Clubs und eifrige Teilungsbefürworter General v. Radowitz den Verzicht auf eine an den deutschen Interessen orientierten Teilung Posens für „eine Zumuthung, die die Ehre Deutschlands verletzt".[274] Döllinger dagegen deutete den Begriff der ‚nationalen Ehre' um und verband mit ihm weniger ein durch machtpolitisches als durch moralisch einwandfreies Verhalten erworbenes Prestige. Demnach verlangte nach Döllingers Auffassung die deutsche „Ehre", wenn schon die Beseitigung oder Wiedergutmachung des alten Unrechts, also die Wiederherstellung Polens, nicht

---

[271] Der Deutschkatholik Franz Schuselka hatte bereits 1846 das immer wieder öffentlich bekundete Mitleid mit den Polen als nur oberflächlich und eigentlich „herzlos" charakterisiert (SCHUSELKA, S. 38). Mit Blick auf den unglücklichen Ausgang des Aufstandes von 1846 hatte er erklärt: „du [deutsches Volk] betrachtest dieses neue Unglück Polens mit jenem Mitleid, mit dem man einen getretenen Wurm vollends zertritt, um ihn nicht länger leiden zu lassen" (ebd., S. 330).

[272] Sten. Ber. FNV, Bd. 2, S. 1172.

[273] Ebd., Bd. 7, S. 5068.

[274] Ebd., Bd. 2, S. 1156. Zur semantischen Verbindung des Begriffs der „nationalen Ehre" mit Prestige und Machtinteressen im Sprachgebrauch des Revolutionsjahres 1848 vgl. VICK, S. 175-184; CHRISTIAN KOLLER: Die Ehre der Nation. Überlegungen zu einem Kernelement der politischen Kultur im 19. Jahrhundert, in: Saeculum 54 (2003), H. 1, S. 87-121, hier S. 110ff.; WOLLSTEIN, Das „Großdeutschland der Paulskirche", S. 184, 312f.; FRIEDRICH ZUNKEL: Ehre, Reputation, in: Geschichtliche Grundbegriffe. Historisches Lexikon zur politisch-sozialen Sprache in Deutschland, hg. v. OTTO BRUNNER, WERNER CONZE u. REINHART KOSELLECK, Bd. 2, Stuttgart 1975, S. 1-63, hier S. 59.

möglich sei, zumindest kein neues Unrecht an Polen zu begehen. Stattdessen sei das bestehende Unrecht nach Möglichkeit abzumildern, indem der Schutz und die Pflege der polnischen Nationalität, wie sie in den Wiener Verträgen 1815 garantiert worden war, ermöglicht und gewährleistet werde.[275] Eine neuerliche Teilung des Großherzogtums bewirke jedoch das genaue Gegenteil. Döllinger zeigte sich überzeugt:

> „[Bei der] Demarcationslinie, die jetzt gezogen werden soll, handelt es sich eigentlich, sagen wir es gerade heraus, um möglichste Schwächung und Verkümmerung der polnischen Nationalität."[276]

Detailliert bemühte sich Döllinger nachzuweisen, dass das zur nationalen Reorganisation noch vorgesehene polnische Restgebiet im Osten Posens gar nicht lebensfähig wäre und eingekeilt zwischen Deutschland und Russland zwangsläufig verkümmern müsse. Das Versprechen einer nationalen Reorganisation, das Friedrich Wilhelm IV. in den ersten Tagen der Revolution für das ganze Großherzogtum Posen abgegeben habe, werde dadurch selbst für diesen kleinen Teil hinfällig und verkehre sich in sein Gegenteil. Genau dies war nach Döllingers Auffassung auch das wahre Ziel der Urheber und Vertreter des Teilungsprojektes, einer Gruppe, „der es vor Allem um möglichste Erniedrigung und Schwächung der polnischen Bevölkerung zu thun ist".[277] Die Vertreter dieser „Partei" waren nach Döllinger vor allem die Posener (in der Regel protestantischen) Deutschen, insbesondere die deutschen Beamten im Großherzogtum, die den Teilungsgedanken aus Gründen puren Machterhalts ins Leben gerufen hätten:

> „[D]amit die deutsche Bevölkerung, die ohnehin mannichfach von ihr abhängige polnische noch mehr bedrücke und ihre Herrschaft ungeirrt befestigen möge, muß die polnische Nationalität dort zerstückelt werden."[278]

Döllinger wandte sich damit gegen eine Identifizierung der Paulskirche mit den Interessen der Deutschposener, die, wie Günter Wollstein gezeigt hat, ihre Sicht der Dinge durch erfolgreiche Lobbyarbeit „zum gedanklichen Gemeingut der deutschen Parlamentarier" gemacht hatten.[279] Den machtpolitischen Interessen der Deutschen in Posen setzte Döllinger die historischen Rechte der Polen entgegen. Das konservative Prinzip des histori-

---

[275]　Sten. Ber. FNV, Bd. 7, S. 5068f.

[276]　Ebd., S. 5067, ähnlich S. 5068.

[277]　Ebd., S. 5067.

[278]　Ebd., S. 5069f.

[279]　GÜNTER WOLLSTEIN: Mitteleuropa und Grossdeutschland – Visionen der Revolution 1848/49. Nationale Ziele in der deutschen Revolution, in: Die deutsche Revolution von 1848/49, hg. v. DIETER LANGEWIESCHE, Darmstadt 1983, S. 237-257, hier S. 244.

schen Rechts wurde so dem Prinzip einer rücksichtslosen Verfolgung nationaler Interessen, einer „Politik des sacro egoismo"[280], wie sie von Jordan und anderen in der Paulskirche vertreten wurde, gegenübergestellt und eindeutig favorisiert. Neben dieser rechtlichen Argumentation machte der Kreis ultramontaner Teilungsgegner jedoch auch nationale und machtpolitische Motive geltend, die ihrer Meinung nach für eine Erhaltung des Großherzogtums Posen und gegen seine Teilung sprachen.

7.3.3.3 Deutsches Reich und polnische Nation – Machtpolitische Aspekte im katholisch-großdeutschen Staats- und Nationskonzept

Auch innerhalb des Katholischen Clubs gab es gewichtige Stimmen, die sich in der Posenfrage gegen einen Primat des historischen Rechts erhoben und demgegenüber die machtpolitischen Interessen Deutschlands betonten. Felix Fürst von Lichnowsky wies in diesem Zusammenhang auf das prinzipielle und letztlich unauflösbare Dilemma des konservativen Paradigmas historischen Rechts hin, das gerade in dem Aspekt bestand, der für seine Befürworter von entscheidender Bedeutung war: seine gewachsene Geschichtlichkeit. Geschichtlichkeit bedeutet immer Prozesshaftigkeit, also einen stetigen Wandel, dem konservatives Denken gegenüber eruptiven Umwälzungen grundsätzlich den Vorzug gibt. Daraus resultiert einerseits die prinzipielle Neigung, einen gegenwärtigen Zustand als historisch gewachsenen vor allzu einschneidenden Veränderungen zu schützen. Im Revolutionsjahr 1848 hielten Konservative daher im Sinne dieser Logik beispielsweise an den Rechten der Fürsten und der einzelnen deutschen Staaten grundsätzlich fest. Andererseits werden für notwendig erachtete Veränderungen historisch legitimiert durch die Berufung auf die Geschichte. Häufig wird dazu ein „Normaljahr" angeführt, ein Zeitpunkt, auf den in der Gegenwart umzusetzendes historisches Recht zurückgeführt wird und von dem es seine normative Kraft bezieht, bzw. an dem ein historisches Unrecht die Kontinuität des Rechts unterbrochen hat, die es seitdem wieder herzustellen gilt.[281]

---

[280] Ebd.

[281] Der Begriff „Normaljahr" wurde im April 1848 mehrfach in der *Rhein- und Moselzeitung* in der Frage nach der Wiederherstellung Polens für das Jahr 1772 benutzt. Vgl. „Polen. Bonn, 5. April", in: RMZ 17 (1848), Nr. 84 v. 8.4.; „Polen und die nordischen Mächte. Bonn, 9. April", in: RMZ 17 (1848), Nr. 87 v. 12.4. Mit dem Problem der Geschichtlichkeit von Recht, insbesondere mit dem Paradox prinzipiell unverjährbaren Rechts auf der einen und der faktischen Umwandlung von ursprünglichem Unrecht in einen gültigen Rechtszustand durch das Vergehen von Zeit auf der anderen Seite beschäftigten sich nahezu alle konservativen Theoretiker, unter ihnen Radowitz und Jarcke. Vgl. KONDYLIS, S. 225; speziell zu Jarcke vgl. KRAUS, Carl Ernst Jarcke, S. 429.

Als ein weitgehend unumstrittenes „Normaljahr" wurde in der Paulskirche beispielsweise das Jahr 1460 bei der Behandlung der Schleswigfrage angenommen. Der in diesem Jahr geschlossene Vertrag von Riepen hatte die Unteilbarkeit der Elbherzogtümer Schleswig und Holstein bestimmt und diente damit fast vierhundert Jahre später zur Legitimierung der Zugehörigkeit Schleswigs zu einem deutschen Nationalstaat, obwohl das Herzogtum weder zum Deutschen Bund gehört hatte noch über eine national homogene Bevölkerung verfügte. Pläne für eine Teilung nach nationalen Kriterien wie im Fall Posens wurden in der Nationalversammlung angesichts des hier angenommenen historischen Rechts von allen Fraktionen empört zurückgewiesen.[282]

Ganz anders sah dies bei der Annahme eines historischen Rechts der Polen und eines diesbezüglichen „Normaljahres" aus. In diesem Zusammenhang wies Lichnowsky auf die grundsätzliche Krux des historischen Rechtsprinzips hin, die freilich in der Schleswigfrage keine Beachtung gefunden hatte. Gegen seine Freunde aus dem Katholischen Club, die ihre Ablehnung einer Teilung Posens historisch begründeten, erklärte er kategorisch: „Für das historische Recht gibt es kein Datum nicht."[283] Lichnowsky hielt die Wahl eines „Normaljahres" für letztlich willkürlich – sei es im polnischen Fall nun 1815 oder 1793, Daten auf die Döllinger bezug nahm, oder 1772, das von polnischer Seite, mitunter auch in der katholischen Presse, schließlich aber auch von Lichnowsky selbst angeführt wurde, um einen polnischen Expansionsdrang auszumalen, der bei deutschen Zugeständnissen auch nicht vor Westpreußen Halt machen würde.[284]

Lichnowsky war ein entschiedener Konservativer, der für die liberale Seite das überlebte alte System personifizierte. Das Casino-Mitglied Alexander Pagenstecher bezeichnete ihn als „unglückliche[n] Sendling der hohen Aristokratie in das Lager der Revolution" – womit er die Paulskirche meinte.[285] Gegen den Bezug auf ein historisches Recht stellte sich Lichnowsky jedoch auf den für einen Konservativen nicht ungefährlichen

---

[282] Eine Teilung Schleswigs nach nationalen Kriterien war Teil des britischen Kompromissvorschlages, der Preußen zum Waffenstillstand bewegte, von der Paulskirche jedoch scharf zurückgewiesen wurde. Nachdem die Nationalversammlung aus realpolitischen Gründen dann doch den Waffenstillstand akzeptieren musste, kam es zu den Septemberunruhen, denen u.a. Lichnowsky zum Opfer fiel. Zur Schleswig-Frage in der Paulskirche und die überwiegend historische Argumentation vgl. WOLLSTEIN, Das „Großdeutschland der Paulskirche", S. 23-97, 308-312; DERS., Mitteleuropa und Grossdeutschland, S. 238ff.

[283] Sten. Ber. FNV, Bd. 2, S. 1181. Die doppelte Verneinung löste in der Paulskirchenversammlung große Heiterkeit aus, die sich mit dem Unverständnis Lichnowskys und seiner mehrfachen Wiederholung desselben Satzes noch steigerte.

[284] Vgl. Sten. Ber. FNV, Bd. 2, S. 1181.

[285] Pagestecher, Lebenserinnerungen, S. 54.

Standpunkt, dass einzig das Recht der Gegenwart Geltung beanspruchen und handlungsleitend sein könne. In ausdrücklicher Sympathie für die Haltung des bis dahin auf der Linken sitzenden Wilhelm Jordan sprach er sich vehement für eine allein an den machtpolitischen Interessen Deutschlands orientierten Position gegenüber den Polen aus. Diese erfordere eine Teilung Posens nach nationalen Kriterien und die Ziehung einer Demarkationslinie, für die allerdings in erster Linie sicherheitspolitische und nicht nationale Kriterien ausschlaggebend sein sollten, so dass zugunsten einer festen deutschen Ostgrenze eine nicht unerhebliche polnische Minderheit im zu inkorporierenden Teil verbleiben müsse.[286]

In ähnlicher Weise votierte auch der preußische General und Vorsitzende des Katholischen Clubs, Joseph Maria von Radowitz, für eine Teilung Posens aus machtpolitischen Interessen. Auch er favorisierte eine Grenzziehung im Osten, die weniger nach nationalen als nach militärstrategischen Interessen zu bestimmen sei. Die Demarkationslinie als zukünftige deutsche Verteidigungslinie gen Osten sei primär so zu ziehen, wie sie „die Vertheidigung Deutschlands gebieterisch erheischt."[287]

Die ultramontanen Teilungsgegner griffen diese sicherheitspolitischen Erwägungen insbesondere in der Februardebatte von 1849 auf, als es nur noch um die endgültige Festlegung der Demarkationslinie zwischen dem zur Inkorporation ins Deutsche Reich und dem der nationalen Reorganisation unter preußischer Herrschaft vorbehaltenen Teil ging. Zu diesem Zeitpunkt plädierten sie, nachdem ein halbes Jahr zuvor bereits ihr Antrag auf eine Realunion mit großer Mehrheit abgelehnt worden war, auf die Aufnahme des ganzen Großherzogtums in das Deutsche Reich, um dessen Einheit zu bewahren. Ignaz Döllinger, als Sprecher der ultramontanen Teilungsgegner, nahm sich der militärstrategischen Überlegungen der Teilungsbefürworter an und benutzte sie, um für den eigenen Vorschlag auf vollständige Inkorporation Posens zu werben. Er führte aus, dass gerade aus sicherheitspolitischer und strategischer Sicht doch alles für die Einverleibung der ganzen Provinz spreche, da bei einer Teilung der polnische Teil als „Herd von Intriguen und fortwährender Unzufriedenheit" ein ständiges Sicherheitsrisiko an der deutschen Ostgrenze bilden werde.[288] Aus

---

[286] Nach Lichnowskys Meinung sollten „einige 100.000 Polen [...] Deutsche werden", was er in der für die Paulskirche typischen nationalen Überheblichkeit gegenüber den slawischen Völkern für diese eher für ein Glück als für ein Unglück hielt (vgl. Sten. Ber. FNV, Bd. 2, S. 1182).

[287] Sten. Ber. FNV, Bd. 7, S. 5074; vgl. dieselbe Position bereits in der Julidebatte, ebd., Bd. 2, S. 1156.

[288] Ebd., Bd. 7, S. 5070. Döllinger verwies in diesem Zusammenhang auch auf eine mögliche Parallelentwicklung zu der in Irland hin, die bei einer starren Konfrontationshaltung gegenüber den Polen und beim Festhalten an der Teilung Posens drohe, und warnte:

rein strategischen Interessen sei „das ganze Großherzogthum Posen, wie es ist, für das deutsche Reich nicht wohl zu entbehren".[289] Döllinger gab zu Bedenken, dass

> „wenn nicht eine Partei vorhanden wäre, der es vor Allem um möglichste Erniedrigung und Schwächung der polnischen Bevölkerung zu thun ist, diese Ansicht längst in Deutschland das Uebergewicht erhalten haben würde, daß man ferner von Anfang an nicht auf diese unselige, nach allen Seiten hin schädliche Theilung des Großherzogthums verfallen sein würde."[290]

Döllinger versuchte so aufzuzeigen, dass die vorgegebenen machtpolitischen Interessen in der Posenfrage zwar den persönlichen Interessen der Teilungsbefürworter, nicht aber den machtpolitischen Interessen Deutschlands entsprachen. Zum Hüter der nationalen Interessen wurden dagegen gerade die ultramontanen Befürworter einer vollständigen Aufnahme Posens stilisiert, die bereits wegen ihrer Haltung in der Julidebatte dem Vorwurf der nationalen Unzuverlässigkeit begegnet waren.[291] Döllinger nutzte die in der Debatte angeführten militärstrategischen Erwägungen somit nicht nur, um für den eigenen Antrag zu werben und das Teilungsprojekt zu diskreditieren. Er präsentierte damit auch sich selbst und seine ultramontanen Mitstreiter als die eigentlichen Anwälte der deutschen Interessen und entwarf so ein Gegenbild zu den verbreiteten nationalen Vorbehalten gegen die Ultramontanen.

Der Erfolg dieses Gegenbildes war aber wohl noch bescheidener als der des Werbens für eine vollständige Aufnahme Posens anstelle seiner Teilung. Heinrich Laube zumindest hielt zwar gerade den „artigen Schein" bzw. die „Unscheinbarkeit" des ultramontanen Antrages für gefährlich, weil er dadurch, dass er „deutsch noch über den Antrag des Ausschusses hinaus" gegangen sei, die Gefahr einer Spaltung der Majorität möglich erscheinen ließ.[292] Doch wie die Abstimmungen zeigten, waren diese Befürchtungen unbegründet und der Teilungswille in der Paulskirche nach wie vor dominierend. Im Gegenteil scheint es dem Antrag auf vollständige

---

„Hüten wir uns Alle, dass Deutschland nicht ein neues Irland an seiner Nordostgrenze erhalte!" Der Vergleich Posens mit Irland scheint aufgrund der ähnlichen Verknüpfung der konfessionellen und politischen Konfliktlinie im staatlichen Umgang mit einer gleichermaßen nationalen wie konfessionellen Minderheit für einen Ultramontanen nahe zu liegen, wurde aber, von dieser Äußerung abgesehen, kaum einmal gezogen. Der Irlanddiskurs des deutschen Katholizismus wäre ein aufschlussreiches Vergleichsfeld zu der vorliegenden Untersuchung und stellt noch ein Desiderat der Forschung dar.

[289]   Sten. Ber. FNV, Bd. 7, S. 5067.

[290]   Ebd.

[291]   Vgl. LAUBE, Bd. 2, S. 174.

[292]   Ebd., S. 176.

Inkorporation des Großherzogtums eher geschadet zu haben, dass er von ultramontaner Seite gestellt wurde und somit bei liberalen Abgeordneten Anlass zu Skepsis und Misstrauen über die eigentlichen Motive aufkommen ließ.[293]

Die Aufnahme macht- und sicherheitspolitischer Erwägungen in der Argumentation der ultramontanen Teilungsgegner scheint in erster Linie rein taktisch motiviert gewesen zu sein. Es stellt sich jedoch die Frage, ob sie mit der Aufnahme des ganzen Großherzogtums Posen nicht tatsächlich machtpolitische Ambitionen verfolgten bzw. indirekt für ein großdeutsches Staatskonzept warben, das in Opposition zum Modell des national homogenen Einheitsstaates stand. Bereits Heinrich Laube machte sich Gedanken in diese Richtung und fragte: „Was lag dahinter? Wollte man unter Anderem hiermit vorsorgen, daß später Preußen und Österreich ein nichtdeutsches Land unlösbar in seinem Organismus habe?"[294]

Laube spielte hier auf die fast einhellige Opposition der Ultramontanen zu dem dominanten Paradigma einer nationaldeutschen Staatsbildung an, nach dem die umfangreichen nichtdeutschen Gebiete Österreichs, die außerhalb der bestehenden Grenzen des Deutschen Bundes lagen, nicht Teil des Deutschen Reiches werden sollten, was eine staatsrechtliche Teilung Österreichs bedeutet hätte.[295] Wie sich bereits im November 1848 zeigte, war das bereits von der Gegenrevolution beherrschte Österreich nicht bereit, sich darauf einzulassen, so dass eine deutsche Staatsbildung gänzlich

---

[293] Sehr viel besser als der ultramontane scheint ein inhaltlich ähnlicher Zusatzantrag aus dem linken Zentrum angenommen worden zu sein, der nach dem Beschluss der Demarkationslinie eingebracht wurde und dahin ging, die Bevölkerung der nicht aufgenommenen Gebiete über ihren etwaigen Wunsch nach Aufnahme in den Deutschen Bund zu befragen. Dieser Zusatzantrag wurde offenbar nur knapp abgelehnt, denn die Zählung musste noch einmal wiederholt werden. Vgl. Sten. Ber. FNV, Bd. 7, S. 5088.

[294] LAUBE, Bd. 2, S. 176.

[295] Die Mehrheit der Paulskirche wollte prinzipiell einen nationalstaatlichen Charakter des neuen Deutschen Reiches und kein Vielvölkerreich. Daher sprach man sich gegen die Aufnahme der Teile Österreichs aus, die außerhalb des Deutschen Bundes lagen. Gleichzeitig und im Widerspruch dazu hielt man aber an der Aufnahme der im Deutschen Bund bereits befindlichen nichtdeutschen Nationalitäten wie der Tschechen und Italiener fest und war aus machtpolitischen Motiven auch bereit, eine dänische und polnische Minderheit zu akzeptieren. Vgl. WOLLSTEIN, Das „Großdeutschland der Paulskirche", S. 189-222, 321-326; DERS., Mitteleuropa und Grossdeutschland, S. 247, 252; FABER, S. 107; EYCK, Deutschlands große Hoffnung, S. 326, 336; SCHREIBER, S. 20-28, 41-48; ANGELA SCHWARZ: Nationale und expansionistische Ziele der Frankfurter Nationalversammlung und der Umgang mit ihnen in Geschichtswissenschaft und politischer Festkultur (1848-1988), in: Historische Mitteilungen der Ranke-Gesellschaft 12 (1999), H. 2, S. 182-206.

ohne Österreich drohte.[296] Den Katholiken erschien jedoch eine Beteiligung
Österreichs an dem neuen Deutschen Reich in mehrfacher Hinsicht für
unverzichtbar.[297] Zum einen sprachen konfessionelle Gründe gegen einen
Ausschluss Österreichs, da sich die Katholiken in einem derart reduzierten
Deutschen Reich deutlich in der Minderheit gegenüber den Protestanten
befunden hätten und eine damit einhergehende Dominanz Preußens nach
den Erfahrungen aus dem Vormärz als Bedrohung für die Gleichbehand-
lung der Katholiken angesehen wurde.[298] Zum anderen galt eine solche
preußische Dominanz auch politisch für den favorisierten föderalen Aufbau
des Staates und die Stellung der Klein- und Mittelstaaten als gefährlich.
Schließlich waren es historische Gründe bzw. die Verbindung von Geschichtsbild und Zukunftsvision, die einen Ausschluss Österreichs absolut
inakzeptabel erscheinen ließen. Denn nach dem katholischem Verständnis
war es die eng mit dem Haus Habsburg verbundene und an die Verbindung
mit dem Papsttum erinnernde Geschichte des alten Deutschen Reiches, an
die als „Norm deutscher Staatlichkeit"[299] ein neues Deutsches Reich wieder
anzuknüpfen hätte.[300] Dazu gehörte aber demnach unweigerlich eine auch
zukünftig starke Stellung Österreichs. Allein schon aus dem Grund, dass
Österreich eine Teilung seines Staatsgebietes nicht akzeptierte und demgegenüber eher bereit war, eine Trennung des deutschen und österreichischen Reiches in Kauf zu nehmen, appellierten die großdeutschen Katholiken der Paulskirche für den Verzicht auf das nationalstaatliche Konzept
und die Aufnahme des ganzen, national höchst heterogenen österreichischen Staates in das neue Deutsche Reich.[301]

---

[296] Zu der Verhandlung über das darauf von Heinrich von Gagern erarbeitete Modell
eines deutsch-österreichischen Doppelbundes vgl. WOLLSTEIN, Das „Großdeutschland der
Paulskirche", S. 291-303; DERS., Mitteleuropa und Grossdeutschland, S. 255.

[297] Nach LACHER, S. 76 war sie für die Katholiken „nahezu ein Glaubensartikel".

[298] Die konfessionelle Motivation wird offen angeführt in einer Rede August Reichen-
spergers (Sten. Ber. FNV, Bd. 6, S. 4737-4740) und in der Literatur besonders betont bei
MÜLKER. Vgl. dazu auch EYCK, Deutschlands große Hoffnung, S. 102.

[299] BRECHENMACHER, S. 33.

[300] So führte Reichensperger für ein großdeutsches Reich an, dass sich die deutsche
Geschichte um den Namen Österreichs gruppiere (Sten. Ber. FNV, Bd. 4, S. 2869). Zu der
Rolle des katholischen Geschichtsbildes und der historischen Rolle Österreichs für das
katholische Großdeutschland-Konzept vgl. WOLLSTEIN, Die Oktoberdebatte der Paulskirche, S. 296f.; LACHER, S. 74ff.; BRECHENMACHER, S. 147-154; LILL, Großdeutsch und
kleindeutsch, S. 35, 37.

[301] So wandte sich beispielsweise Jakob Clemens gegen ein Beharren auf der Form des
national homogenen Bundesstaates, wenn sich dieser in der Praxis nicht durchsetzen lasse.
Vgl. Sten. Ber. FNV, Bd. 4, S. 2866.

Für ein supranationales und föderalistisch strukturiertes deutsches Reich sprach auch das aus dem katholischen Geschichtsbild erwachsene Reichsideal, das in Opposition zum von der liberalen Mehrheit der Paulskirche vertretenen Ideal einer nationalstaatlichen Ordnung stand. Die ultramontanen Großdeutschen dagegen hatten kein Problem mit einem multinationalen Deutschen Reich. Die Reichsidee an sich implizierte bereits, dass verschiedene Nationen in einem überspannenden staatlichen Verband existieren könnten.[302] Ernst von Lasaulx erklärte in der Paulskirche die Multi- bzw. Übernationalität sogar zu einem wesentlichen, durch die Geschichte verifzierten Charakteristikum eines ‚wirklichen' Reiches, das nationalstaatliche Prinzip dagegen zu einer unsinnigen machtpolitischen Selbstbeschränkung.[303] Auch in den übrigen Reden von großdeutsch-ultramontaner Seite erwies sich, dass die Einbeziehung der nichtdeutschen Teile Österreichs nicht nur eine dem vergangenen Ruhm des Heiligen Römischen Reiches nachhängende historische Sentimentalität oder ein strategisches Zugeständnis der Ultramontanen an Österreich darstellte, um dessen Beteiligung am Deutschen Einigungswerk zu ermöglichen. Sie entsprach auch ihren eigenen machtpolitischen Vorstellungen eines auf Österreich ausgerichteten großdeutschen Reiches. Nicht zuletzt, um ihre Abgeordnetenkollegen von der Notwendigkeit und Vorteilhaftigkeit einer Integration ganz Österreichs zu überzeugen, wurden die machtpolitischen Vorteile eines Deutschen Reiches mit siebzig Millionen Einwohnern lebhaft ausgemalt. Zum einen wurde die unangreifbare und hegemoniale Stellung eines solchen Reiches innerhalb Europas und der Welt betont,[304] zum anderen die

---

[302] Zur katholischen Orientierung an einem historisch begründeten übernationalen und föderal strukturierten Reichsideal vgl. LACHER, S. 58-63, 98f.; DIETRICH, S. 109; BRECHENMACHER, S. 343. Wesentlich beeinflusst war dieses katholische Ideal von den Konzeptionen der Romantik. Vgl. hierzu LILL, Großdeutsch und kleindeutsch, S. 35. ULRICH STEPHAN ALLERS: The Concept of Empire in German Romanticism and its influence on the National Assembly at Frankfurt 1848-1849, Diss. Washington D. C. 1948 befasst sich zwar mit einzelnen katholischen ‚Übervätern' wie Joseph Görres und führt auch verschiedene Redebeiträge katholischer Abgeordneter in der Paulskirche an, ohne jedoch auf deren Katholizität einzugehen oder auch nur darauf hinzuweisen.

[303] „Wenn schwache, zerbröckelte, unterjochte Völker sich auf ihre Nationalität berufen, so ist das begreiflich und natürlich, denn sie haben nichts anderes, woran sie sich festklammern könnten. Niemals aber, so lange auf Erden Herrschaft besteht, hat ein großes herrschendes Volk diesem Princip gehuldigt, weder in alter, noch in neuer Zeit" (Sten. Ber. FNV, Bd. 6, S. 4775f.). Die von Lasaulx ebenfalls 1849 formulierte Skepsis gegen eine Reichskonzeption, der eher ein Bundesstaat vorzuziehen sei, wie ALLERS, S. 146ff. sie dokumentiert, bezog sich auf die Möglichkeit eines preußisch dominierten deutschen Staates, an dessen Bildung Österreich nicht maßgeblich beteiligt werden könnte.

[304] Sepp entwarf die Vision eines Deutschen Reiches, das durch den Beitritt Österreichs „ein Übergewicht in Mitteleuropa" erhalte und „Weltpolitik" in der Weise betreiben könne, „daß wir die Geschicke des Welttheiles entscheiden" (Sten. Ber. FNV, Bd. 6, S. 4604,

sich aus der Einbeziehung Österreichs ergebenden Möglichkeiten einer territorialen oder zumindest wirtschaftlichen Expansion Deutschlands in den südosteuropäischen Raum, wie sie auch in zahlreichen anderen Beiträgen in der Paulskirche skizziert wurde.[305] Schließlich wurde im Anschluss an eine von Ernst von Lasaulx entwickelte geschichtsphilosophische Kulturzyklentheorie eine kräftigende Verjüngung des bereits als „überkultiviert" angesehenen und damit bereits vom Verfall bedrohten deutschen Volkes, wie es sich vor allem in Preußen zeige, durch die Vermischung mit den ‚jungen' slawischen Völkern erwartet.[306] Die Gefahr einer slawischen Dominanz wurde nicht nur mit dem Hinweis auf die zu erwartende zahlen-

---

4608f.). Buß malte aus: „[D]ann bilden wir eine Macht, von der man ohne Selbstüberhebung sagen kann, es wird in Europa kein Kanonenschuß fallen, außer mit unserer Zulassung" (Sten. Ber. FNV, Bd. 8, S. 5860).

[305] Vgl. dahingehend die Reden von Reichensperger, Sepp, Lasaulx und Buß (Sten. Ber. FNV, Bd. 4, S. 2868ff.; Bd. 6, S. 4604-4609; S. 4774ff. und Bd. 8, S. 5860-5864). In den Beiträgen der Befürworter der Aufnahme ganz Österreichs wurde die Vision eines Deutschen Reiches mit einem wirtschafts- und machtpolitischen Wirkungsfeld in Südosteuropa zwar am stärksten propagiert, doch bestand in der Paulskirche auch unter den Gegnern einer Einbeziehung ganz Österreichs weitgehend Konsens darüber, dass der Donauraum einen besonderen Einflussbereich des zukünftigen Deutschen Reiches darstellen sollte. Vgl. dazu WOLLSTEIN, Das „Großdeutschland der Paulskirche", S. 284-291; DERS., Die Oktoberdebatte der Paulskirche; VICK, S. 192-203. Auf die Offenheit der großdeutschen Katholiken für alldeutsche Konzepte aufgrund ihres Reichsverständnisses verweist OTTO DANN: Das alte Reich und die junge Nation. Zur Bedeutung des Reiches für die Nationalbewegung in Deutschland, in: Zum Verständnis der polnischen Frage in Preussen und Deutschland 1772-1871, hg. v. KLAUS ZERNACK, Berlin 1987, S. 108-126, hier S. 123.

[306] Im diesem Sinne äußerten sich in der Paulskirche neben Lasaulx auch Sepp und Buß (Sten. Ber. FNV, Bd. 6, S. 4608, 4775; Bd. 8, S. 5863); Buß ebenso auch in seiner Rechtfertigungsschrift Einheit und die Preußenliebe, S. 28: „In diesem Geiste habe ich in der Paulskirche für die Aufnahme des gesammten Oesterreichs, des teutschen und des nicht teutschen, gesprochen, wohl erwägend, daß die ungebildeten Stämme Oesterreichs, diese Wildlinge, junge Säfte und urstämmige Kräfte, in das durch unteutsche Schulmeisterei und unteutsches Beamtenthum zum frühen Alter verkrüppelten Teutschland ergießen würden." Lasaulxs Kulturzyklentheorie wird am ausführlichsten entfaltet in ERNST VON LASAULX: Neuer Versuch einer alten auf die Wahrheit der Tatsachen gegründeten Philosophie der Geschichte, hg. v. E. THURNHER, München u. Wien 1952 (orig. 1856). Zur geschichtsphilosophischen Einordnung, Rezeption und Bedeutung vor allem im Hinblick auf die Werke von Jakob Burckhardt und Oswald Spengler vgl. ALFONS KOETHER: Ernst von Lasaulx' Geschichtsphilosophie und ihr Einfluß auf Jakob Burckhardts „Weltgeschichtliche Betrachtungen", Diss. Münster 1937; HANS-JOACHIM SCHOEPS: Vorläufer Spenglers. Studien zum Geschichtspessimismus im 19. Jahrhundert, Leiden u. Köln 1953, S. 50ff.; DOCEKAL; PEETZ, Die Wiederkehr im Unterschied; DERS.: Unzeitgemäße Begriffe der Kulturentwicklung bei Lasaulx und Burckhardt (zugleich ein Beitrag zu Burckhardts Potenzlehre), in: Geschichtsdiskurs, hg. v. WOLFGANG KÜTTLER, JÖRN RÜSEN u. ERNST SCHULIN, Bd. 3: Die Epoche der Historisierung, Frankfurt/M. 1997, S. 447-456; SCHWAIGER, S. 245-279.

mäßige Überlegenheit der Deutschen abgewendet.[307] Obwohl nach der Lasaulxschen Theorie die jugendliche Kraft der Slawen höher zu bewerten war und vor allem eine vielversprechendere Zukunft besaß als die kulturelle ‚Überbildung' der Deutschen, die sich bereits im Verfallsstadium ihrer Kultur zu befinden schienen und davor nur durch eine Vermischung mit den Slawen bewahrt werden konnten,[308] wurde doch eine für selbstverständlich angenommene kulturelle Überlegenheit der Deutschen vorausgesetzt, die deren politische Hegemonie im zukünftigen Reich legitimieren sollte. Wie die Reden verschiedener ultramontaner Abgeordneten zeigen, waren sie zwar prinzipiell bereit, andere Nationen, ihre unterschiedlichen Traditionen und historisch erworbenen Rechte zu achten und im föderalen Aufbau des Reiches zu berücksichtigen, ohne allerdings die ihnen zugedachte politische Stellung näher zu konkretisieren.[309] Gleichzeitig ging man

---

[307] Vgl. die Einwände gegen derartige Bedenken von Beda Weber und Lasaulx (Sten. Ber. FNV, Bd. 4, S. 2877ff.; Bd. 6, S. 4776f.). In den Reden von Reichensperger, Weber und Buß wurde die weit größere Gefahr des Panslawismus und der russischen Expansion bei Herauslassen der österreichischen Slawen prophezeit (vgl. Sten. Ber. FNV, Bd. 4, S. 2868ff., 2877ff.; Bd. 8, S. 5863).

[308] Ähnlich wie in der Paulskirche äußerte sich Lasaulx auch im November 1849 im bayerischen Landtag: „[S]o scheint es mir in hohem Grade für uns Deutsche wünschenswerth zu sein, dass wir nicht bloss mit der deutschen Bevölkerung Österreichs, sondern mit der Gesamtmonarchie in ein möglichst inniges Verhältnis treten. *Wir* könnten den edlern slavischen Bestandtheilen des Kaiserstaates etwas von unserer überflüssigen Bildung abgeben; *sie* uns von ihrer ungebrochenen, unverbrauchten Naturkraft, und es könnte sich dadurch das Schicksal, welches uns bevorsteht, und dem wir nicht entgehen werden, auf eine friedliche, dem gegenseitigen innersten Bedürfnisse entsprechende Weise einleiten. [...] Und gerade die Verbindung dieser beiden, der Erfahrung des reifen Alters und der thatkräftigen Jugend, könnte, wie mir scheint, eine gute Mischung des europäischen Völkerlebens geben. Beide würden sich gegenseitig temperiren und Mass und gezielte Kraft geben." (ERNST VON LASAULX: Studien des classischen Alterthums. Akademische Abhandlungen, Regensburg 1854, S. 537f.).

[309] Franz Joseph Buß, ein Hauptverfechter des föderalen Staatsprinzips, das er bereits Anfang der 1840er Jahre in seiner Schrift „Ueber den Einfluß des Christenthums auf Recht und Staat" als ‚urdeutsches' Prinzip propagierte (vgl. STEGMANN, S. 95ff.), äußerte sich 1849 nur grundsätzlich moderat: „Völker als erweiterte Personen haben ihre besonderen Sinnesweisen und Sinneseinrichtungen, wie einzelne Menschen: auf diese Eigenthümlichkeiten müssen Staat und Gesellschaftseinrichtungen gebaut und berechnet sein, wollen sie Dauer und Segen haben" (BUß, Die teutsche Einheit und die Preußenliebe, S. 21f.). Johann Nepomuk Sepp sprach von einer Deutschen Union nach nordamerikanischem Vorbild, in der „auf unserem sodannigen Völkercongreß die ungarische, slavische und italienische Nationalität gleichmäßig durch ihre Deputirten vertreten bliebe", erwartete aber gleichzeitig deren ‚natürliche' Germanisierung aufgrund der angeblichen kulturellen Überlegenheit der Deutschen (Sten. Ber. FNV, Bd. 6, S. 4607). Auch Buß ging aufgrund derselben Annahme von einer langfristig und automatisch sich vollziehenden freiwilligen Germanisierung aus, die eine Zwangsgermanisierung und eine Behinderung nationaler Eigenarten überflüssig mache (vgl. Sten. Ber. FNV, Bd. 7, S. 5209).

jedoch von einer natürlichen Führungsstellung der Deutschen aus, die gegenüber den Slawen mit deren vermeintlicher kultureller Unterlegenheit begründet wurde, und eine kulturelle Mission der Deutschen im Südosten Europas begründen half.[310]

In das katholische Konzept eines großdeutschen, supranational und föderal aufgebauten Reiches passte sich der ultramontane Vorschlag einer Realunion mit dem Großherzogtum Posen unter Belassung gewisser autonomer Rechte (Gewährung eines eigenen Landtages, eigene Landesverfassung), respektive dessen vollständiger Aufnahme in den Deutschen Bund durchaus ein. Er hätte tatsächlich, wie Laube argwöhnisch vermutete, den Präzedenzfall für eine die nationalen Grenzen deutlich überschreitende großdeutsche Lösung abgeben können. Laube missachtete dabei jedoch, dass die Realunion mit Posen bzw. dessen gänzliche Einbeziehung von den Ultramontanen eben nicht als endgültig, sondern nur als vorübergehende Maßnahme angesehen wurde. In der Posenfrage wurde von den Ultramontanen ja gerade deshalb die Belassung des Großherzogtums als Ganzes

---

[310] Die Annahme kultureller Überlegenheit und einer dementsprechenden Mission gegenüber den Slawen war in der Paulskirche allgemein und ein Leitmotiv in den Debatten zur österreichischen Frage. So argumentierte z.B. Heinrich von Gagern für sein Modell eines engeren und weiteren Bundes mit den Auswanderungsmöglichkeiten nach Südosteuropa zur Verbreitung deutscher Kultur (Sten. Ber. FNV, Bd. 4, S. 2899; vgl. über Gagern hinaus VICK, S. 134ff.). Lasaulx sprach nicht nur in der Paulskirche, sondern auch im bayerischen Landtag von deutscher „Überlegenheit seiner höheren Geistesbildung" (LASAULX, Studien, S. 538). In Frankfurt machte er darauf aufbauend das Zugeständnis, dass die Grundrechte angesichts der großen Unterschiede des politischen ‚Reifegrades' der zukünftigen Reichsteile nicht in allen Teilen des Reiches gleichermaßen Gültigkeit besitzen müssten und stellte damit das Grundprinzip, dass allen Staatsbürgern die vollen Bürgerrechte zukamen, zur Disposition (vgl. Sten. Ber. FNV, Bd. 6, S. 4776; zum Konsens über den Zusammenhang von Staatsbürgerschaft und Staatsbürgerrechten vgl. VICK, S. 111f.). Ähnlich wie Lasaulx äußerte sich auch Buß, der von der „Unentwickeltheit des slawischen Stammes" sprach, die bei der politischen Verfassungsgebung zu berücksichtigen sei: „man kann den Völkern nur die Freiheit geben, für die sie reif sind; [...] was nützt es, wenn solche Freiheit einem noch nicht so weit vorgerückten Stamme gegeben wird, er muß sie auch gebrauchen können. [...] [U]nsere Sendung ist, mit dem germanischen Princip die übrigen Stämme zu veredeln, sie emporzuheben auf die Höhe der Gesittung, welcher sie fähig sind. Und diese Sendung führt uns in den Osten des österreichischen Kaiserstaates. Das in der Bildung so mächtig vorangeschrittene Deutschland wird diesen Beruf an den dortigen bildungsfähigen Stämmen üben" (Sten. Ber. FNV, Bd. 8, S. 5862f.). Buß verknüpfte mit dieser ‚Bildungsmission' der Deutschen die Auswandererfrage und erhoffte sich eine Minderung der „Massenarmuth" durch „Abzug der überschüssigen Bevölkerung". Buß war damit wohl einer der frühesten Apologeten kolonisatorischer Ost-Siedlungsprojekte zum Abbau sozialen Drucks in Deutschland, wie sie in der ersten Hälfte des 20. Jahrhunderts virulent waren und auch in kirchlichen Kreisen diskutiert wurden (vgl. dazu TILLMANN BENDIKOWSKI: „Lebensraum für Volk und Kirche". Kirchliche Ostsiedlung in der Weimarer Republik und im „Dritten Reich", Stuttgart, Berlin u. Köln 2002).

befürwortet, um seine spätere Herauslösung aus dieser Verbindung und die Herstellung politischer Unabhängigkeit Polens zu ermöglichen.

Damit nahm Posen aber einen Sonderstatus im katholisch-großdeutschen Reichskonzept ein, denn eine Herauslösung war für die Nationen Österreichs, z.B. die Tschechen, auch langfristig nicht vorgesehen. Diese galten vielmehr als integraler Bestandteil des Reiches.[311] Auch die zukünftige Stellung der galizischen, zu Österreich gehörenden, Polen blieb offen und wurde von ultramontaner Seite mit keinem Wort angesprochen. Im Fall Posens dagegen war sogar ein Abweichen von der grundsätzlichen Gegnerschaft zum Nationalitätsprinzip möglich. So erklärte Buß in der Posenfrage, dass die Bevölkerung einer Provinz, die zum Deutschen Reich gehören solle „auch wirklich teutsch sein" und den Wunsch haben müsse, zu Deutschland zu gehören – eine Aussage, die von ultramontan-großdeutscher Seite in bezug auf die österreichischen Slawen undenkbar war![312]

Der Sonderstatus der Posener Polen gründete zum einen auf der Theorie des historischen Rechts, denn Polen (allerdings nicht nur Posen, sondern auch Galizien) war vor 1848, anders als z.B. Böhmen, kein Teil des Deutschen Bundes gewesen. Die lange staatliche Tradition war mit der nach wie vor als Unrecht angesehenen Teilung Polens erst vor relativ kurzer Zeit gewaltsam beendet worden und noch ‚frisch' im Gedächtnis. Die Sonderstellung der Posener Polen im Deutschlandkonzept der Ultramontanen ging daneben auf die konfessionelle Solidarität sich unterdrückt fühlender Katholiken gegenüber der preußischen Herrschaft zurück, die gegenüber den galizischen Polen unter österreichischer Herrschaft nicht zum Tragen kam. Deren Religionsausübung galt ebenso wie die der Tschechen in Österreich als unbehindert. Schließlich waren es die Auseinandersetzungen zwischen polnischer Bevölkerung und preußischer Regierung, die im Frühjahr 1848 nicht nur die öffentliche Meinung erregt, sondern auch die konfessionelle Solidarität der deutschen Ultramontanen angeheizt hatten, während aus Galizien keine vergleichbaren Nachrichten kamen und aufgrund des fehlenden konfessionellen Gegensatzes auch keine vergleichbare Reaktion erzielt hätten (wie sich bereits 1846 erwiesen hatte).

---

[311] Auch in der Paulskirche insgesamt wurde den Polen im Vergleich z.B. mit den Tschechen eine Sonderstellung eingeräumt. Während über die Zukunft Posens/Polens drei Tage lang debattiert wurde, gab es keinerlei Uneinigkeit über die Zugehörigkeit Böhmens zum zukünftigen Deutschen Reich (trotz der Verletzung des nationalstaatlichen Paradigmas) und keinerlei Debatte über diese Frage. Auch eine Teilung wie im Fall Posens wurde nicht diskutiert. Vgl. SCHREIBER, S. 41-48; EYCK, Deutschlands große Hoffnung, S. 336; WOLLSTEIN, Das „Großdeutschland der Paulskirche", S. 189-222, 321-326; DERS., Mitteleuropa und Grossdeutschland, S. 247, 252; FABER, S. 107; VICK, S. 159ff.

[312] BUß, Die teutsche Einheit und die Preußenliebe, S. 15.

Trotz dieser Sonderstellung der Posener Polen im großdeutschen Reichskonzept versprach sich Döllinger von der Berücksichtigung der polnischen Interessen eine positive Ausstrahlung auf die slawischen Völker Österreichs und sah sie als eine vertrauensbildende Maßnahme an. Von einer Teilung Posens gegen den ausdrücklichen Wunsch der polnischen Bevölkerung dagegen erwartete er eine verheerende Wirkung auf die anderen slawischen Nationalitäten und wandte sich dementsprechend warnend an die zahlreichen (auch nichtkatholischen) Großdeutschen im Parlament:

> „An Sie wende ich mich hier, meine Herren, die Sie den Eintritt oder das Verbleiben Oesterreichs in dem deutschen Bundesstaate wollen und mit allen Kräften erstreben, Sie wissen es zu würdigen, wie viel von der Meinung abhängt, welche nichtdeutsche Völkerschaften – ich habe zunächst die österreichischen im Auge – von der Frankfurter Nationalversammlung hegen; Sie wissen es, warum bisher ein Theil der Wahlen dort nicht hat vollzogen werden können, Sie wissen welche Stimmung dort herrscht, Sie wissen, wie wenig Gerechtigkeitssinn gegen andere Nationalitäten man der Frankfurter Nationalversammlung dort zutraut […], was wird das Verfahren, welches man uns jetzt gegen die polnische Nationalität zumuthet, für einen Eindruck bei allen jenen nichtdeutschen Völkern und Stämmen machen, die doch einmal an Deutschland angewiesen sind, die mit uns in engerem oder weiterem Zusammenhange stehen? Kann sich bei ihnen die Ueberzeugung bilden, daß das deutsche Parlament es mit seiner Erklärung, die fremden Nationalitäten in ihrem Rechte achten und schützen zu wollen, ernstlich gemeint habe?[313] kann diese Ueberzeugung bei ihnen Platz greifen, wenn wir solche Dinge, wie diese uns jetzt vorgeschlagene Demarcationslinie enthält, ohne Weiteres genehmigen?"[314]

Döllinger setzte sich mit diesem Appell in Opposition zu dem ebenfalls großdeutschen und katholischen Abgeordneten Carl Giskra aus Österreich, der aber nicht Mitglied des Katholischen Clubs war und im Falle der Nichtgenehmigung der Teilung Posens einen für die Deutschen nachteiligen Eindruck bei den österreichischen Slawen vorhersagte, weil dies den Deutschen als Schwäche ausgelegt und weiteren nationalen Forderungen Auf-

---

[313] Gemeint ist hier die Minderheitenerklärung vom 31.5.1848, welche die Zusage ungehinderter volkstümlicher Entwicklung sowie der sprachlichen Gleichberechtigung in Justiz, Verwaltung, Unterricht und Kirche enthielt. Das fortan einige und freie Deutschland, so die Erklärung, sei groß und mächtig genug, „um den in seinem Schooße erwachsenen andersredenden Stämmen eifersuchtslos in vollem Maße gewähren zu können, was Natur und Geschichte ihnen zuspricht" (Sten. Ber. FNV, Bd. 1, S. 183). Zur Erklärung und ihrem Zustandekommen vgl. VICK, S. 110-138.

[314] Sten. Ber. FNV, Bd. 7, S. 5068.

trieb geben würde.[315] Die Posener Frage wurde so auch innerhalb des großdeutschen Lagers zu einem Testfall für die Haltung, die nationalen Minderheiten gegenüber generell eingenommen werden sollte, wobei das gemeinsame Ziel einer Einbeziehung der österreichischen Nationalitäten in ein großdeutsches Reich mit einer deutschen Führungsstellung unumstritten war. Die ultramontanen Abgeordneten um Döllinger distanzierten sich mit ihrer Position in der Posenfrage von der von Giskra befürworteten Demonstration der Stärke, welche den Herrschaftsanspruch der Deutschen gegenüber den Slawen allgemein augenfällig zum Ausdruck bringen sollte. Für eine Gruppe von Ultramontanen sollte vielmehr ein großzügiger Umgang mit den preußischen Polen, die von ihr im Gegensatz zu den österreichischen Slawen mittelfristig nicht als integraler Bestandteil des Deutschen Reiches angesehen wurden, den österreichischen Nationen eine grundsätzlich ihren nationalen Interessen aufgeschlossene Haltung signalisieren und somit für den Eintritt in ein großdeutsches Reich werben. An der Posenfrage bewährte sich für sie die Glaubwürdigkeit eines supranationalen großdeutschen Reichsmodells, das eine gewisse Attraktivität für die slawischen Nationen ausstrahlen sollte.

---

[315] Ebd., Bd. 2, S. 1204: „Wir haben Slawen in Böhmen, Mähren, Steyermark und Illyrien. Wie wird es auf jene in ihrem Treiben wirken, wenn wir in einer slawischen Frage Schwäche, Halbheit, Zögerung und Muthlosigkeit bezeugen?".

SCHLUSSBETRACHTUNG

Weder der deutsche Katholizismus als Ganzes noch der an Dominanz gewinnende Ultramontanismus besaßen in der Zeit zwischen 1830 und 1849 eine feste und einheitliche Haltung gegenüber Polen. Die Uneinheitlichkeit der Positionierung lag zum einen in der Heterogenität des Katholizismus begründet, der in der Konstituierungsphase der ersten Hälfte des 19. Jahrhunderts aus verschiedenen innerkirchlichen Lagern bestand. Diese unterschiedlichen Lager, die sich grob in ein ultramontanes und ein aufgeklärtkatholisches einteilen lassen, konkurrierten mit unterschiedlichen Vorstellungen über eine geistige Erneuerung der katholischen Kirche und ihre Positionierung in einer sich modernisierenden Welt. Aus dem Konflikt zwischen diesen beiden Lagern, der in den 1830er und 1840er Jahren die Dimension eines innerkatholischen Kulturkampfes gewann, entstand der moderne, ultramontan dominierte Katholizismus, wie er in der zweiten Jahrhunderthälfte charakteristisch war. Der vorangegangene Kampf um die kulturelle Hegemonie innerhalb des Katholizismus wird in der Publizistik zu Polen besonders in der Auseinandersetzung über den polnischen Aufstand von 1830 und seinen Folgen deutlich.

Die Grenze zwischen ultramontaner und aufgeklärter Richtung stellte dabei keine scharfe Scheidelinie dar, an der sich die Bewertung des polnischen Aufstandes von 1830 geteilt hätte. Vielmehr überwogen in beiden Lagern die Aufstandsgegner, während die unterstützenden Stimmen auf beiden Seiten in der Minderzahl blieben. So begrüßten die sich in der Minderheit befindenden Polenunterstützer im aufgeklärt-katholischen Lager, wie sie sich in der *Konstitutionellen Kirchenzeitung* verbalisierten, den Aufstand der Polen als Ableger einer europaweiten politischen Freiheitsbewegung, die ihrer Ansicht nach von der Kirche unterstützt und deren liberale Ideen auch für den innerkirchlichen Bereich aufgegriffen werden sollten. Der konservativ-ultramontane Wilhelm von Schütz dagegen interpretierte die Erhebung zeitweise positiv als unbewußten Akt einer religiöspolitischen Restauration, der er ebenfalls Vorbildcharakter für ganz Europa zusprach. Obwohl diese Konzepte sich inhaltlich entgegenstanden, stellte Polen in beiden Deutungsmodellen ein Objekt dar, das die eigenen politisch-kirchlichen Vorstellungen veranschaulichen und deren Profil schärfen konnte. Polen diente damit vor allem als Folie der Abgrenzung und Selbstvergewisserung.

Auch für die Mehrheit der Aufstandsgegner in beiden Lagern besaß die polnische Insurrektion eine über sich selbst hinaus weisende Bedeutung und funktionierte vor allem als Argumentationshilfe und als Diffamierungsinstrument in der innerkatholischen Auseinandersetzung. Während beide Seiten die Ablehnung einer politischen Revolution zum unumstößlichen Prinzip erhoben, und sich darin sowohl mit der staatlichen als auch mit der kirchlichen Führung in Rom einig wussten, warfen sie sich gegenseitig vor, die polnische Revolution indirekt begünstigt zu haben: Wechselweise wurde diese als Resultat einer durch Aufklärung und Rationalismus herbeigeführten Dekatholisierung oder als Ergebnis einer ultramontan-jesuitischen Verschwörung und der politischen Konzepte des ultramontanen Cheftheoretikers Félicité de Lamennais gedeutet. Eine Folge dieser gegenseitig erhobenen, auf eine Desavouierung des innerkirchlichen Gegners bei den staatlichen und kirchlichen Machtträgern gerichteten Vorwürfe scheint wiederum eine Verstärkung der Absage an den polnischen Aufstand gewesen zu sein. Dieser abwehrende Reflex zeigte sich auch später immer wieder besonders stark bei den deutschen Ultramontanen, wenn im Zusammenhang mit polnischer Aufstandstätigkeit auf Berichte, in denen von der Beteiligung oder motivierenden Rolle der katholischen Geistlichkeit in Polen die Rede war, mit vehementem Ableugnen oder Herunterspielen reagiert wurde.

Festzuhalten ist, dass auf allen Seiten innerhalb des katholischen Diskurses weniger der spezifisch polnische Fall, die politische Situation Polens und die Motive der Aufständischen selbst diskutiert wurden. Der polnische Aufstand fungierte vielmehr als Projektionsfläche und Demonstrationsobjekt für weitergehende weltanschauliche Konzepte, die spezifischer Bestandteil des katholischen Diskurses waren.

Bereits seit der zweiten Hälfte der 1830er Jahre führte das ultramontane Lager die öffentlich wahrnehmbare innerkatholische Auseinandersetzung über Polen immer stärker allein, da seine innerkirchliche Dominanz, wie sie sich um die Mitte des 19. Jahrhunderts weitgehend durchsetzte, im katholischen Presse- und Zeitschriftenwesen bereits um einige Jahre früher vorweggenommen wurde und der aufgeklärte Reformkatholizismus immer weniger öffentlich vernehmbar war. Zumindest der Polendiskurs in der katholischen Publizistik wurde ab Mitte der 1830er Jahre nahezu ausschließlich zu einer innerultramontanen Angelegenheit, der katholische Diskurs verengte sich zu einem ultramontanen Diskurs.

Die revolutionsfeindliche Haltung der deutschen Ultramontanen, die in der Auseinandersetzung mit ihren innerkirchlichen Gegnern zu Beginn der 1830er Jahre deutlich wurde, bestimmte den Polendiskurs im gesamten Zeitraum zwischen 1830 und 1849 (und darüber hinaus). Sie führte zu einem unübersehbaren Gegensatz zu den ultramontanen Bundesgenossen in

Frankreich, welche die Erhebung von 1830 als religiös motivierten politischen Freiheitskampf begrüßt hatten. Die daran anknüpfende innerultramontane Kontroverse über nationale Grenzen hinweg blieb auch in den Folgejahren ein Kontinuum der ultramontanen Beschäftigung mit Polen und verweist auf das enge Kommunikations- und Beziehungsgeflecht der Ultramontanen in Europa. Dieses Kommunikationsgeflecht funktionierte nicht nur durch ein persönliches Netzwerk, sondern auch durch ein publizistisches Austauschsystem, dessen genauere Untersuchung noch aussteht. Die kontroverse Auseinandersetzung mit den französischen Ultramontanen über Polen bestätigt aber ebenso wie die zurückhaltenden persönlichen Beziehungen zu Vertretern des polnischen Ultramontanismus die Diagnose von Christopher Clark, dass trotz ultramontaner Homogenisierungseffekte Europa im 19. Jahrhundert ein Kontinent nationaler Katholizismen blieb, welche immer wieder zur Spaltung der übernationalen katholischen „community of sentiment" führten.[1]

Die politischen Spezifika des deutschen Ultramontanismus in der Polenfrage und darüber hinaus werden in der Kontroverse mit den französischen Ultramontanen deutlich: Um 1830 zeigten sich die deutschen Ultramontanen in der Frage einer möglichen Aufhebung des Gehorsamsgebots bei religiöser Unterdrückung zwar in der Theorie durchaus uneinheitlich. Im konkreten polnischen Fall jedoch folgte niemand öffentlich der französischen Unterstützung des polnischen Aufstandes. Anders als die Franzosen um Lamennais konnte oder wollte man in dem polnisch-russischen Konflikt keinen ‚Religionskrieg' erkennen. Hintergrund war offenbar eine andere Haltung zum politischen Liberalismus und den emanzipativen Freiheitsbewegungen der Zeit, die innerhalb des deutschen Erfahrungskontextes als kirchenfeindlich wahrgenommen wurden. Eine erfolgversprechende Neugestaltung der kirchlichen Verhältnisse schien den deutschen Ultramontanen nicht im Bündnis mit den liberalen Freiheitsbewegungen, sondern nach wie vor nur im Bündnis mit den Fürsten möglich und erfolgversprechend. Ein liberaler Katholizismus à la Lamennais, der den polnischen Aufstand als Auftakt eines europäischen Bündnisses von politisch liberaler und religiös ultramontaner Bewegung betrachtete, war in Deutschland nicht besonders wahrscheinlich – das zeigt sich bereits an der selektiven Präsentation der Lehren Lamennais' in der Presse der deutschen Ultramontanen zu Beginn der 1830er Jahre, in der sein politisches Programm weitgehend ausgespart blieb. Nach den römischen Verurteilungen von 1832, die gleichermaßen gegen Lamennais und den polnischen Aufstand gerichtet waren, war eine solche Option fast völlig undenkbar geworden.

---

[1] Vgl. CLARK, The New Catholicism, S. 35.

Verstärkt wurde der deutsch-französische Gegensatz in bezug auf Polen während des polnischen Aufstandes 1846 im österreichischen Galizien. Der antirevolutionäre Impuls der deutschen Ultramontanen erhielt nun noch Auftrieb durch eine zusätzliche Komponente: Insbesondere für den Münchener Görres-Kreis, der eine regelrechte Fehde mit den Franzosen über die Berechtigung des Aufstandes und das Verhalten Österreichs ausfocht, muß eine starke Identifizierung mit der Teilungsmacht Österreich konstatiert werden, die das Verhältnis zu Polen grundsätzlich beeinflusst hat. Die Berechtigung eines Aufstands gegen Rußland konnte 1830 zumindest diskutiert werden; es erscheint recht wahrscheinlich, dass Mitte der 1840er Jahre ein solcher Aufstandsversuch, wäre er zu dieser Zeit gegen die ,Schutzmacht des Schismas' ausgebrochen, infolge der Pressekampagne, die mittlerweile gegen die rücksichtslose russische Kirchenpolitik initiiert worden war, als religiöser Verteidigungskrieg gedeutet und daher gebilligt worden wäre. Ein Angriff auf Österreich aber war auch zu dieser Zeit in den Augen der deutschen Ultramontanen geradezu ein Sakrileg. Obwohl der polnische Aufstand 1846 sich nicht schwerpunktmäßig gegen Österreich richten, sondern hier nur seinen Ausgangspunkt nehmen und zur Befreiung aller polnischen Teilungsgebiete führen sollte, galten er und die mit ihm zusammenhängenden Vorwürfe gegen Österreich als Angriff auf die nationale Ehre. Die geradezu allergische Reaktion der deutschen Ultramontanen erklärt sich nicht allein aus der antirevolutionären Grundeinstellung, wie sie bereits 1830 im Aufstand gegen Rußland zum Tragen gekommen war. Sie resultierte vielmehr aus dem in vielerlei Hinsicht engen Verhältnis zu Österreich. Dieses war nicht nur durch persönliche Verbindungen gekennzeichnet, die eine wichtige Rolle für das starke Engagement vor allem des Münchener Görres-Kreises spielten. Von weit größerer Bedeutung war die idealisierte Sicht auf Österreich, seinen Kaiser und seine Rolle für Deutschland und den Katholizismus in Geschichte, Gegenwart und Zukunft. Österreich galt als Hoffnungsträger für ein im Katholizismus geeintes Deutschland in wehmütiger Anknüpfung an die Tradition des Deutschen Reiches und der idealisierten Doppelherrschaft von Kaiser und Papst im Mittelalter. Aus dieser idealisierten Perspektive heraus verziehen die deutschen Ultramontanen dem österreichischen Staat der Gegenwart Vieles. Dazu gehörte u.a. die Teilung Polens, die im Falle Preußens und Rußlands prinzipiell als eine unrechtmäßige Gewalttat angesehen wurde. Dem grundsätzlich mit Verständnis begegneten polnischen Wunsch nach Wiederherstellung eigener Staatlichkeit wurde nicht nur prinzipiell mit dem Revolutionsverbot, sondern im Falle Österreichs auch mit dem Hinweis auf dessen großzügige Regierung über sein polnisches Teilungsgebiet in nationaler und mehr noch in religiöser Hinsicht begegnet. Der Aufstandsversuch von 1846 erregte dementsprechend tiefes Unverständnis und Ablehnung. Er verhärtete im deutschen Katholizismus zudem das Bild der Polen insgesamt und speziell der polnischen Emigration als Revolutionäre *par excellence*, die nicht nur für ihre eigene staatliche Unabhängigkeit kämpften, sondern auf allen Barrikaden Europas präsent waren. Das Bild geronn zum Negativ-Stereotyp ‚Pole = Revolutionär'.

Aber dies war nur die eine Seite des katholischen Polenbildes. Es gab noch eine andere, die wesentlich positiver ausfiel, zur Identifizierung einlud und sogar Vorbildcharakter gewinnen konnte. Insbesondere die Wahrnehmung und Deutung der russischen Konfessions- und Polenpolitik im Gefolge der Aufstandsniederschlagung von 1831 produzierten in den 1830er und 1840er Jahren ein positives Bild der Polen als leidende Katholiken einer unterdrückenden Politik, denen durchaus Märtyrerqualitäten zugesprochen wurden. Dies bezog sich zunächst auf die religiöse bzw. konfessionelle Unterdrückung der Polen als Katholiken, übertrug sich aber um so mehr auf die Polen generell, je mehr man zu erkennen glaubte, daß sowohl die russische Kirchen- und Polenpolitik als auch das konfessionelle und nationale Bewusstsein der Polen kaum lösbar miteinander verknüpft waren. Es entstand seit Beginn der 1840er Jahre das Stereotyp ‚Pole = Katholik', zu dessen Festigung und Verbreitung die kritischen Äußerungen aus Rom zur russischen Kirchenpolitik beitrugen. Das Stereotyp der verfolgten, aber gerade in der Verfolgung den Glauben treu und tapfer verteidigenden katholischen Polen diente der eigenen Gruppenbildung und -festigung, indem es die Existenz der Katholiken in der Gegenwart als eine kritische und durch den Zeitgeist bedrohte aufrief und gleichzeitig einen Prototyp wahrhaften, weil wehrhaften christlichen Beharrens auf den Glauben präsentierte, der bis zum Martyrium ging. Das Heterostereotyp der Polen als vorbildhafte Katholiken gewann somit einen appellativen Charakter für die eigene Gruppe – eine Funktion, die in der Stereotypenforschung, die sich bislang zumeist auf die abgrenzende Funktion gegensätzlicher Auto- und Heterostereotypen konzentriert hat, noch kaum untersucht worden ist.[2] Das Heterostereotyp der glaubenstreuen Polen stellte das Ideal dar, an dem sich die eigene Gruppe orientieren sollte. Es wirkte somit nicht exkludierend, sondern besaß die Tendenz zur Inklusion und diskursiven Herstellung einer gemeinsamen Wir-Gruppe von verfolgten, aber resistent bleibenden polnischen und deutschen Katholiken.

Das an der russischen Unterdrückungspolitik ausgebildete Stereotyp ‚Pole = Katholik' fand seine Bestätigung in der preußischen Polenpolitik. Insbesondere die Sprachen- und Schulpolitik, welche die polnische Sprache benachteiligte, wurde durch die konfessionelle Brille mittelfristig als Dekatholisierungspolitik betrachtet. Die polnische Sprache wurde in dieser

---

[2] Einige Hinweise bei HAHN/HAHN, S. 32.

Sicht zu einem Bollwerk des katholischen Glaubens. Der Zivilisationsdiskurs, der von liberaler Seite gleichermaßen gegen Polen und Katholiken benutzt wurde, wurde umfunktioniert und in die entgegengesetzte Richtung gewendet: Nicht die deutsche Sprache galt als Ausdruck überlegener Kultur, sondern die polnische Sprache als Garant katholischen Glaubens stand für die wahre abendländische Zivilisation in der Abwehr eines vom Protestantismus begünstigten rationalistischen Zeitgeistes.

Das Polenbild des ultramontanen deutschen Katholizismus und die Haltung, die er gegenüber Polen zwischen 1830 und 1848 einnahm, waren somit durch eine tiefe Ambivalenz geprägt. Stand auf der einen Seite das höchst negativ aufgeladene und emotional besetzte Stereotyp ‚Pole = Revolutionär', das Distanz und Abwehr erzeugte, so stand diesem auf der anderen Seite das ausgesprochen positiv bewertete, weil zu Solidarität und Identifizierung einladende Stereotyp ‚Pole = Katholik' gegenüber. Diese beiden gegensätzlichen Stereotypen waren nicht auf einen Nenner zu bringen, weil ein im deutschen Katholizismus unumstößliches Autostereotyp ihrer Gleichzeitigkeit widersprach, das besagte: ein echter Katholik kann kein Revolutionär sein. Das Dilemma dieses ambivalenten Polenbildes und die daraus entstehende Unsicherheit darüber, wie man sich als deutscher Katholik den Polen gegenüber und ihren politischen Absichten zu verhalten habe, brachte 1846 bezeichnenderweise ein polnischer Autor in den *Historisch-politischen Blättern für das katholische Deutschland* treffender zum Ausdruck als es den deutschen Katholiken selbst je gelang:

„Das, was über Polen gegenwärtig zur allgemeinen Kenntniß gelangt, besteht einerseits nur in Nachrichten über eine alles Maaß des Glaubens übersteigende kirchliche Verfolgung, [...] andererseit in der Kunde von stets sich erneuernden Verschwörungen, in denen Leichtsinn, Verkehrtheit, Hinwendung zu den verderblichsten Tendenzen der Zeit, sich mit einem unbesiegbaren Geiste nationaler Aufopferung verschwistern. Der treu seiner Kirche anhängende, und die Leiden aller ihrer Glieder mitfühlende Katholik fühlt sich daher einerseits zum lebendigsten Mitgefühle hingerissen, andererseits von der Besorgnis gequält, daß er durch dasselbe mit der bösen Sache der Revolution in geistige Beziehung tritt."[3]

Angesichts des Dilemmas, dass innerhalb des katholischen Diskurses die Polen gleichzeitig als vorbildhafte Katholiken als auch als Revolutionäre wahrgenommen werden konnten, entwickelten die deutschen Ultramontanen unterschiedliche diskursive Strategien:

Die häufigste aus dieser Unsicherheit resultierende diskursive Praxis war die generell zu beobachtende Zurückhaltung gegenüber Polen in der

---

[3] „Polens Geschicke", in: HPBKD 17 (1846), S. 444-461, hier S. 446.

Berichterstattung und Kommentierung der katholischen Presse. Der Umfang der Beschäftigung fällt ebenso vergleichsweise gering aus wie die Neigung, wertende Beurteilungen abzugeben. Dies zeigt sich sowohl bei Ereignissen, die tendenziell eine Negativbewertung erfuhren, wie der Aufstand von 1830, der in seiner konkreten Form als *polnischer* Aufstand kaum behandelt wurde. Dies zeigt sich aber auch bei Vorgängen, bei denen die Polen eher positiv und als potentielle Bundesgenossen betrachtet werden konnten, wie bei dem 1838-40 parallel zu Köln laufenden Posener ‚Mischehenstreit‘. Auch hier fiel die Berichterstattung zurückhaltend aus, das sich bietende Solidarisierungspotential wurde nicht annähernd ausgeschöpft. In beiden Fällen spielte offenbar die Existenz der jeweils anderen Seite des ambivalenten Polenbildes im Hintergrund eine regulierende Rolle, die eine eindeutige und sichtbare Stellungnahme zu Polen verhinderte.

Eine weitere, immer wieder angewandte diskursive Praxis, mit dem Dilemma des ambivalenten Polenbildes umzugehen, war es, dieses Polenbild in synchroner oder diachroner Form zu differenzieren. Das bedeutete, nicht von *einem* festen Stereotyp *des* revolutionären Polen oder *des* katholischen Polen auszugehen, sondern entweder seine Pluralität oder seine Wandlung in der Zeit anzunehmen. Eine synchrone Differenzierung wurde vorgenommen, indem auf die gleichzeitige Existenz von nichtidentischen revolutionären und katholischen Polen verwiesen wurde. Es wurde dabei ein Gegensatz konstruiert von dekatholisierten, kirchenfeindlichen Revolutionären, die man insbesondere in der polnischen Emigration und im Adel verortete, und von kirchentreuen, vom rechten Glauben durchdrungenen und daher antirevolutionären Polen, die man vor allem in der einfachen bäuerlichen Bevölkerung, aber auch im Klerus und in religiös erneuerten Teilen der Emigration (Resurrektionsorden) ausmachte. Diese zweite Gruppe galt als das ‚wahre‘ Polen, die erste dagegen als durch Aufklärung und Rationalismus von ihrem eigentlichen nationalen Wesen entfremdet und ‚degeneriert‘.

Die Muster von Entfremdung und Degeneration verweisen mit ihrer impliziten Prozesshaftigkeit bereits auf die diachrone Differenzierung des Polenbildes, durch die derselbe Gegensatz konstruiert, aber in den Verlauf der Zeit situiert wurde. Das war beispielsweise der Fall, wenn Wilhelm von Schütz zwischen den „frommen katholischen *Alt*-Sarmaten" und „*neuen* heidnischen Anti-Sarmaten" unterschied, wobei die letzteren für die revolutionären Umtriebe der Polen verantwortlich gemacht wurden.[4] Eine

---

[4] Hervorhebungen von mir. Eine 1846 erschienene Schrift von Schütz trug den Titel „Die frommen katholischen Alt-Sarmaten und die neuen heidnischen Anti-Sarmaten in Polen. Zur richtigen Würdigung ihrer letzten Insurrection". Der Begriff ‚Sarmaten‘ war eine seit dem 16. Jahrhundert gebräuchliche Selbstbezeichnung der polnischen Adelsnation,

derartig angenommene Negativentwicklung der Polen von treuen Verfechtern des Glaubens zu kirchenfeindlichen Revolutionären wurde durch das geschichtsphilosophische Konzept des polnischen Resurrektionsordens unterstützt, wie es 1843 und 1846 in zwei längeren Artikeln der *Historischpolitischen Blätter* den deutschen Katholiken bekannt gemacht wurde. Danach war der politische und staatliche Niedergang Polens eine Folge religiös-sittlichen Verfalls, der durch die Hinwendung zu Aufklärung und Rationalismus erfolgt sei. Diese Sicht entsprach dem kulturpessimistischen Geschichts- und Gegenwartsverständnis des ultramontanen deutschen Katholizismus, nach dem generell seit der Reformation eine religiös-kulturelle und in der Folge auch politische Abwärtsbewegung stattfand, die, von der Aufklärung befördert, in der unmittelbaren Gegenwart in einem krisenhaften Aufeinandertreffen der dichotomischen Kräfte von Glaube und Unglaube mündete. Die Ambivalenz von revolutionären und glaubenseifrigen Polen passte sich in dieses universale Konfliktszenario ein. Gleichzeitig ermöglichte sie es einerseits, die Teilung Polens und dessen seitheriges Unglück in einen universalen Deutungsrahmen einzubetten, andererseits aber auch den Polen selbst die Verantwortung für die Vergangenheit und die weitere Entwicklung zuzuweisen. In beiden Fällen aber konnte so von der eigenen moralischen Verpflichtung, sich als Angehörige einer Teilungsmacht für eine Veränderung des staatlichen Status quo auszusprechen, abgelenkt werden. Immer wieder wurden dagegen die Polen dazu ermahnt, sich nicht vorrangig um die politische Wiederherstellung ihres Staates, sondern um ihre religiöse Restitution zu bemühen, als der einzigen Möglichkeit, das polnische Schicksal positiv zu beeinflussen.

Die ultramontane Verbindung des heilsgeschichtlichen Geschichtsmodells mit der Vision einer religiösen Erneuerung hielt so jedoch zumindest die Möglichkeit offen, dass es zu einer ‚Wiedergeburt' Polens auch im politischen Sinne kommen könne. Damit stand das ultramontane Geschichtsmodell in krassem Widerspruch zum geschichtsphilosophischen Fortschrittsmodell liberaler deutscher Hegelschüler, wie es in der Jordan-

---

die auf die Abstammung vom mythischen Stamm der Sarmaten abzielte und der voraufklärerischen polnischen Adelskultur des ‚Sarmatismus' ihren Namen gab. Die ‚sarmatische' Haltung wird seit der Aufklärung in Polen zwiespältig beurteilt. Vgl. JAN BŁOŃSKI: Sarmatismus – zur polnischen Adelskultur, in: Deutsche und Polen. 100 Schlüsselbegriffe, hg. v. EWA KOBYLIŃSKA, ANDREAS LAWATY u. RÜDIGER STEPHAN, München 1992, S. 127-133; WŁODZIMIERZ ZIENTARA: Sarmatia Europiana oder Sarmatia Asiana? Polen in den deutschsprachigen Druckwerken des 17. Jahrhunderts, Toruń 2001, S. 7f.; STANISŁAW CYNARSKI: Sarmatyzm – ideologia i styl życia, in: Polska XVII wieku, hg. v. JANUSZ TAZBIR, Warszawa 1969, S. 220-243; DERS.: The Shape of Sarmatian Ideology in Poland, in: Acta Poloniae Historica 19 (1968), S. 5-17; JANUSZ TAZBIR: Między postawą otwartą a sarmatyzmem, in: DERS.: Kultura szlachecka w Polsce, Poznań 1998, S. 132-152.

Rede in der Paulskirche deutlich wurde. Danach wurde die Teilung Polens als ein unumkehrbares Element innerhalb einer unnachgiebig verlaufenden Fortschrittsgeschichte interpretiert, das nicht rückgängig gemacht werden dürfe. Die ultramontan-katholische Perspektive war in bezug auf die staatliche Wiederherstellung Polens dagegen prinzipiell offener, weil zum einen die göttliche Heilsgeschichte letztlich für unabsehbar galt und zum andern göttliche Gnade bei einer religiösen Regneration durchaus zu erwarten war. In dieser Hinsicht unterstützte man die sittlich-religiöse Erneuerungsbewegung um den Resurrektionsorden, die das ultramontane Programm, wie es überall in Europa vertreten wurde, für den speziellen polnischen Kontext vertrat. Die Mahnung an die Polen entsprach der grundsätzlichen Überzeugung des deutschen Ultramontanismus, dass einer politischen Regeneration auch Deutschlands und Europas eine religiöse Einigungsbewegung voraus gehen müsse, die in das gemeinsame Haus der katholischen Kirche zurückzuführen hätte. Das Wirken polnischer Revolutionäre gab insofern nicht nur Anlass, an die Polen mahnende Worte zur religiösen Umkehr und Erneuerung zu richten. Es diente auch der eigenen Gruppe gegenüber zur Verdeutlichung der Dringlichkeit einer religiösen Umkehr und ‚Wiederauferstehung‘. Darüber hinaus bot es auch Gelegenheit, die weltlichen Herrscher auf das antirevolutionäre Potential des Ultramontanismus hinzuweisen, sich in diesem Sinne als Bündnispartner zu empfehlen und um Unterstützung der Fürsten zu werben, wie Carl Ernst Jarcke dies 1846 unverhohlen tat.

Das ambivalente Polenbild des deutschen Katholizismus hatte auch beziehungsgeschichtliche Folgen. Nicht nur in der Berichterstattung, auch in der persönlichen Begegnung mit Polen zeigten sich die deutschen Katholiken zurückhaltend. Auf der persönlichen Ebene kam es zwar durchaus zu freundschaftlichen Kontakten zu einzelnen Vertretern der polnischen Emigration, die den politischen und religiösen Konzepten des deutschen Ultramontanismus nahe standen. Diese Kontakte, die in der Arbeit insbesondere für den Münchener Görres-Kreis untersucht wurden, gingen aber immer von der polnischen Seite aus und scheinen keine längerfristigen Vertiefungen erfahren zu haben. Selbst den polnischen Ultramontanen gegenüber, mit denen seit Beginn der 1840er Jahre einige Begegnungen stattgefunden hatten, die auf den Diskurs zurückwirkten und das Heterostereotyp des treu-katholischen Polen erhärtet hatten, wurde eine Zurückhaltung und Unsicherheit an den Tag gelegt, die auf das weiterhin bestehende Bild der Polen als Revolutionäre zurückgegangen zu sein scheint. In dieser Hinsicht legten die deutschen Ultramontanen ein „textuelles Verhalten" an den Tag, für das die Autorität bestehender, diskursiv hergestellter Bilder ausschlaggebender war als die Erfahrung persönlicher

Begegnung und das insofern beziehungshemmend wirkte.[5] Geradezu beziehungsverhindernd wurde dieses Verhalten, als durch den polnischen Aufstand von 1846 das Heterostereotyp des revolutionären Polen erneut aktualisiert und aufgrund der Wendung des Aufstandes gegen Österreich extrem forciert wurde. Mit großer Enttäuschung und Frustration nahmen sowohl die polnischen Ultramontanen (Resurrektionisten) als auch Władysław Zamoyski, als Vertreter des konservativ-liberalen Teils der polnischen Emigration, die ablehnende Haltung der deutschen Ultramontanen als nachhaltigen Abbruch der in den Vorjahren geknüpften Beziehungen wahr.

Nur zwei Jahre später, im Revolutionsjahr 1848, fand die Ambivalenz, die seit 1830 gegenüber Polen bestand, kurzzeitig eine weitgehende Auflösung. Während noch 1846 die Ablehnung gegen die polnischen Revolutionäre, die es gewagt hatten, sich gegen Österreich zu wenden, erheblich war, sah dies 1848 ganz anders aus: Erstmals wurde nun einem polnischen Aufstand mit Verständnis begegnet und die polnische Erhebung im preußischen Posen als rechtmäßig empfunden. Möglich wurde dies, weil unter den besonderen Bedingungen des Jahres 1848 zum einen die konfessionelle Solidarität besonders stark, zum anderen der antirevolutionäre Impuls relativ schwach war. Drei Faktoren waren dafür entscheidend:

Erstens richtete sich der polnische Aufstand nun gegen Preußen, dem sich der deutsche Katholizismus bei weitem nicht so verbunden fühlte wie Österreich. Spätestens seit dem ‚Mischehenstreit' war das Verhältnis distanziert bis ablehnend, Preußen wurde als protestantische Schutzmacht empfunden.

Zweitens und damit zusammenhängend wurde der polnische Aufstand in Posen als ein katholischer Verteidigungskampf gedeutet. Nach Einführung der Pressefreiheit konnte offen wie nie zuvor über die preußische Polenpolitik gesprochen werden und angesichts der revolutionären Ereignisse in Posen war diese ein zentrales Thema im öffentlichen Diskurs. Die deutschen Katholiken nahmen an diesem Diskurs teil, bewahrten sich dabei aber ihre besondere Perspektive auf die konfessionelle Seite des Konflikts. Zahlreiche Berichte aus den östlichen Diözesen ließen das Bild einer preußischen Politik entstehen, welche die Polen jahrelang vor allem in ihrer Identität als Katholiken diskriminiert hatte. Die daraus erwachsende Solidarität wurde durch aktuelle Meldungen über das brutale Vorgehen des zur Niederschlagung des Aufstandes entsandten preußischen Militärs gegenüber

---

[5] Zum Begriff des „textuellen Verhaltens" vgl. EDWARD W. SAID: Krise des Orientalismus, in: Kultur & Geschichte. Neue Einblicke in eine alte Beziehung, hg. v. CHRISTOPH CONRAD u. MARTINA KESSEL, Stuttgart 1998, S. 72-96, hier S. 72. Eine Ausnahme spielte dabei der hochkonservative Wilhelm von Schütz, der offenbar aufgrund persönlicher Begegnungen mit Polen in jungen Jahren eine besondere und stets originelle Position im katholischen Polendiskurs vertrat.

katholischen Einrichtungen, Personen, Symbolen und Gefühlen verstärkt. In der katholischen Presse häuften sich Berichte, die das Bild eines Vernichtungsfeldzuges gegen die katholische Konfession und eines regelrechten Religionskrieges zeichneten. Der polnische Aufstand wurde dementsprechend als Verteidigung des katholischen Glaubens und damit als ein Akt der Notwehr gedeutet. Bereits 1830 war in den theoretischen Auseinandersetzungen um das Gehorsamsgebot nicht nur vom Papst, sondern auch im deutschen Katholizismus die Verletzung religiöser Rechte als die einzig denkbare Legitimation für das Recht auf aktiven Widerstand genannt worden. 1848 wurde mit dem polnischen Aufstand in Posen erstmals (und das einzige Mal im ganzen 19. Jahrhundert) diese theoretische Bedingung im polnischen Fall für erfüllt angesehen und die Erhebung daher als legitim betrachtet. Auch das politische Ziel der Separation wurde angesichts der Ereignisse gebilligt.

Der dritte Faktor, der die Auflösung der Ambivalenz gegenüber Polen ermöglichte, war ein vorübergehend verändertes, nämlich positiveres Verhältnis zur Revolution. Angesichts der vorteilhaften Ausgangslage, welche die Revolution von 1848 auch für die kirchlichen Belange mit sich brachte, wurde das konkrete Phänomen kurzzeitig mit weniger konsequenter Ablehnung betrachtet, als es ansonsten üblich war und auf der theoretischen Ebene auch weiterhin blieb. Die kirchenpolitischen Möglichkeiten, welche durch die Revolution eröffnet worden waren, wurden bereitwillig genutzt und nicht etwa als Folgeerscheinungen einer unerlaubten Verletzung des Gehorsamsgebots tabuisiert. Sowohl im spezifisch polnischen Fall als auch prinzipiell war man geneigt, die Verantwortung für die Revolution nicht den Aufständischen, sondern den Versäumnissen der politischen Machthaber anzulasten. Während so durch ein kurzzeitig verändertes Verhältnis zur Revolution das Negativstereotyp ‚Pole = Revolutionär' an Gewicht verlor, wurde die auf dem Positivstereotyp ‚Pole = Katholik' basierende konfessionelle Solidarität im Revolutionsjahr 1848 verstärkt durch eine erhöhte Sensibilität für die Rechte der Kirche und der Katholiken, für die Rechte der Bevölkerung generell gegenüber dem Staat und insbesondere von Minderheiten gegenüber der Mehrheitsgesellschaft.

Indem für den Polendiskurs des deutschen Katholizismus im Jahr 1848 der Faktor ‚Revolutionsabwehr' kurzzeitig nahezu wegfiel, konnte die konfessionelle Solidarität voll zum Tragen kommen und sich auch in politischer Hinsicht auswirken. Im Frühjahr und Sommer 1848 wurde in der katholischen Presse wiederholt die Wiederherstellung des polnischen Staates gefordert und das unter preußischer Herrschaft stehende Großherzogtum Posen als integraler Bestandteil eines neuen polnischen Gemeinwesens betrachtet. Teilweise wurden darüber hinaus gehend auch Westpreußen und alle anderen Gebiete genannt, die vor der ersten Teilung 1772 zu Polen gehört hatten. Zumeist ging es aber, der aktuellen Debatte entsprechend, um die Zukunft Posens. In der Frankfurter Nationalversammlung kam es aus dem Kreis der organisierten Ultramontanen zu parlamentarischen Initiativen, die sich in einer Phase, als die Teilung Posens diskutiert und schließlich beschlossen wurde, um die Integrität des Großherzogtums bemühten. Damit sollte einem zukünftigen polnischen Staat nicht ein an Deutschland anzugliedernder Teil von vornherein entzogen werden. Entgegen der in der Forschung immer wieder kolportierten Meinung, einzig die politische Linke wäre den Polen entgegen gekommen, war die ultramontane Gruppe mit dieser Position diejenige in der Paulskirche, welche die polnischen Interessen am stärksten berücksichtigte. Innerhalb ihrer diskursiven Motivstruktur waren neben der konfessionellen Solidarität auch ein für den konservativen Katholizismus konstitutives historisches Rechtsverständnis maßgeblich sowie ein Staatsideal, das sich nicht an ethnischnationalen Kriterien orientierte.

Das Engagement für den Erhalt der Integrität Posens war die einzige rein politische Initiative, die aus dem Kreis der im Katholischen Club locker zusammengeschlossenen Ultramontanen der Paulskirche erfolgte. Die polnische bzw. posensche Frage war und blieb damit die einzige nicht-kirchenpolitische Thematik, mit der sich der erste deutsche Zusammenschluss von katholischen Parlamentariern beschäftigte und zu der eine eigene politische Position entwickelt und vertreten wurde. Betrachtet man 1848 als das ‚Geburtsjahr‘ des politischen Katholizismus in Deutschland und weist man dem Katholischen Club die Rolle eines „Prototyps der späteren Berliner Centrumsfraction" zu, wie dies August Reichensperger getan hat,[6] dann müsste man demzufolge konstatieren, dass die ‚polnische Frage', als das einzige außerhalb kirchlicher Interessen liegende Thema, zu dem eine eigene Position entwickelt wurde, ein wesentlicher ‚Geburtshelfer' dieses politischen Katholizismus in Deutschland gewesen ist.

Die Analyse des ultramontanen Polenengagements in der Paulskirche bestätigt allerdings die Forschungsmeinung, dass es 1848 noch *nicht* zur Entstehung eines handlungsfähigen politischen Katholizismus kam, der die Kohäsionskraft gehabt hätte, programmatisch über rein kirchliche Interessen hinauszugehen. Denn die Poseninitiative aus dem Katholischen Club wurde nicht von ihm als Ganzem getragen, sondern führte zu seiner inneren Spaltung. Das Polenengagment eines Teils des Clubs verdeutlicht somit, dass der deutsche Katholizismus noch nicht in der Lage und in seiner Mehrheit auch nicht dazu bereit war, eine eigenständige politische Handlungseinheit zu bilden. Das Polenengagement zeigt aber auch, dass die landläufige Ansicht, dass alle über kirchenpolitische Interessen hinausge-

---

[6] PASTOR, Bd. 1, S. 246.

henden Fragen von den Beratungen des Katholischen Clubs strikt ausgeschlossen blieben, in diesem Fall nicht zutrifft. Von einigen Mitgliedern des ultramontanen Zusammenschlusses wurde durchaus der Versuch gemacht, die kirchenpolitische Interessengemeinschaft in eine politische Fraktion zu transformieren, die eine gesamtpolitische Rolle spielen sollte. Die Posenfrage stellte offenbar das Versuchsobjekt dar, von dem diese Umwandlung ihren Ausgang nehmen sollte. Etwa die Hälfte der Mitglieder des Katholischen Clubs signalisierte durch die Unterstützung der Poseninitiative ihre Bereitschaft zu dieser Transformation. Faktisch führte die Poseninitiative jedoch zu einer politischen Spaltung des Katholischen Clubs, die das Scheitern dieses Projektes deutlich machte. Polen war offenbar nicht das ideale Objekt, an dem die Herstellung einer politischen Handlungseinheit gelingen konnte. Bei einem Teil der ultramontanen Abgeordneten überwogen machtpolitische Interessen und das Negativstereotyp des polnischen Revolutionärs. Bei dem anderen Teil der Clubmitglieder dagegen war die diskursiv hergestellte Solidarität mit den Polen so groß, dass sie sich auch auf die politische Praxis auswirkte und zum Ausgangspunkt für die versuchte Herstellung einer politischen Fraktion der Ultramontanen wurde. Kein anderer nicht-kirchlicher Gegenstand setzte eine politische Dynamik in dieser Form frei. Nach dem Scheitern in der Polenfrage wurde kein weiterer Versuch mehr unternommen, in politischen Fragen als Gruppe aktiv zu werden. Der Katholische Club wurde nach der Behandlung der kirchenpolitisch relevanten Fragen im Dezember 1848 aufgelöst.

Die Polenfrage hatte somit als Lackmustest fungiert, an dem sich erwies, dass die Bildung einer allgemeinpolitisch wirksamen katholischen Kraft noch nicht möglich war. Eine Folge dieser Erfahrung des Scheiterns war, dass sich Hauptträger der ultramontanen Poseninitiative in der Paulskirche, wie Ignaz Döllinger und Franz Dieringer, in den kommenden Wochen und Monaten prinzipiell und vehement gegen ein Engagement des Vereinskatholizismus in politischen Fragen und für eine Selbstbeschränkung auf kirchliche und kirchenpolitische Belange aussprachen. Diese Haltung sollte sich im Mai 1849 auf der zweiten Generalversammlung der katholischen Vereine in Breslau durchsetzen.[7]

---

[7] Zum Auftreten Döllingers und Dieringers auf der Kölner Versammlung der katholischen Vereine von Rheinland und Westfalen vom 17.-20. April 1849 vgl. die Berichte in den Beilagen zur RVH, Nr. 115 v. 28.4., Nr. 120 v. 4.5., Nr. 125 v. 8.5. u. Nr. 153 v. 16.5.1849. Hierzu und zu den Beschlüssen der Generalversammlungen von Breslau und Regensburg vgl. auch BACHEM, Josef Bachem, Bd. 2, S. 136-146; MAY, S. 53f.; 62f.; KIßLING, Geschichte der deutschen Katholikentage, Bd. 1, S. 259-273; HERRES, S. 306-313.

Die weitgehende Auflösung der Ambivalenz des Polenbildes im Jahr 1848 stellte einen kurzzeitigen Bruch mit dem im Vormärz bestehenden Polendiskurs dar, der zwischen positiver konfessioneller Solidarität und negativer Revolutionsabwehr immer wieder geschwankt hatte. Dieser Bruch war möglich geworden unter den spezifischen Bedingungen des Revolutionsjahres, blieb daher aber auch nur ein Intermezzo. Anders als im liberal-protestantischen Polendiskurs, für den das Jahr 1848 gemeinhin als ein Wendepunkt hin zu einer negativen Grundhaltung angesehen wird, war das Revolutionsjahr für die Haltung des deutschen Katholizismus gegenüber Polen kein Wendejahr, sondern ein Ausnahmejahr. Sobald erkennbar wurde, dass die alten monarchischen Kräfte bereit waren, der katholischen Kirche die in den Parlamenten zugesagten Rechte und Freiheiten ebenfalls zuzugestehen (z.b. in der oktroyierten preußischen Verfassung vom 5. Dezember 1848), machte der Katholizismus seinen Frieden mit den alten Mächten und der einsetzenden politischen Reaktion.[8] In dem Maße wie sich das ablehnende Verhältnis des deutschen Katholizismus zum Prinzip der Revolution wieder einstellte, baute sich auch die alte Ambivalenz des Polendiskurses wieder auf.

Diese Ambivalenz zwischen Solidarität und Reserve stellte auch in den folgenden Jahrzehnten bis zur Reichsgründung das Grundmuster des katholischen Polendiskurses dar. In dieser Zeit, auf die hier nur ein kurzer Ausblick gegeben werden kann und deren systematische Untersuchung noch aussteht, kam es als Folge der Ambivalenz wieder zu einer auffallenden Zurückhaltung gegenüber den Polen. Verstärkend wirkten nun die Erfahrungen von 1848/49, als sich an der Polenfrage die parlamentarische Vertretung der Ultramontanen gespalten hatte und damit das vorläufige Scheitern des Projekts eines handlungsfähigen politischen Katholizismus offenbar geworden war. Die daraufhin wieder geübte katholische Zurückhaltung kritisierte der polnische Geistliche Aleksy Prusinowski in scharfer Form 1858 auf der elften Generalversammlung der katholischen Vereine Deutschlands, wo er in aller Öffentlichkeit dem deutschen Katholizismus

---

[8] ALTERMATT, Katholizismus und Moderne, S. 68 spricht von einer nach 1848 einsetzenden „betenden Gegenrevolution"; ähnlich JONATHAN SPERBER: Popular Catholicism in Nineteenth-Century Germany, Princeton 1984, S. 58; RICHARD SCHRADER: Die Fraktionen der preußischen Nationalversammlung von 1848, Diss. Leipzig 1923, S. 123, 126; BACHEM, Vorgeschichte, Geschichte und Politik der deutschen Zentrumspartei, Bd. 2, S. 81f.; DAMBERG, S. 77f. Vgl. beispielhaft die Artikel „Glossen zur Tagesgeschichte", in: HPBKD 24 (1849), S. 181ff. und „Die Revolution und die Kirche", in: HPBKD 27 (1851), S. 369-83.

Ignoranz und Desinteresse gegenüber Polen vorwarf.[9] In demselben Sinne äußerte sich 1861 auch Charles René de Montalembert, der damit die deutsch-französische Kontroverse über Polen aus dem Vormärz wieder aufnahm.[10]

Aber wie vor 1848, so äußerte sich die Ambivalenz gegenüber Polen auch in den nachfolgenden Jahrzehnten nicht nur in einer auffallenden diskursiven Passivität, sondern auch in einer ambivalenten politischen Praxis. So wurde auf dem Gebiet konfessioneller, kultureller und nationaler Rechte der polnischen Minderheit in Preußen durchaus eine solidarische Haltung eingenommen. Das galt insbesondere für die Tätigkeit im preußischen Abgeordnetenhaus, wo seit 1852 neben einer polnischen auch eine katholische Fraktion existierte. Hier kooperierten die katholischen Abgeordneten in Sprachen- und Schulfragen, die zumeist auch einen kirchlichen Aspekt besaßen, mit ihren polnischen Kollegen, unterstützten aber auch Projekte wie die Aufstellung eines Mickiewicz-Denkmals oder die Einrichtung einer Universität in Posen.[11]

Auch das historische Recht der Polen auf staatliche Unabhängigkeit und die Unrechtmäßigkeit der Teilungen Polens wurden weiterhin prinzipiell anerkannt. 1865 veröffentlichte der durch Augustin Theiner angeregte katholische Historiker Johannes Janssen zwei Schriften, die an den katholischen Teilungsdiskurs des Vormärz anknüpften und ihm erstmals eine systematischere Ausarbeitung verschafften.[12] Auch Joseph Edmund Jörg, der Herausgeber der *Historisch-politischen Blätter*, benannte noch Anfang

---

[9] Vgl. Verhandlungen der elften General-Versammlung der katholischen Vereine Deutschlands am 12., 13., 14. und 15. September 1859 zu Freiburg im Breisgau. Amtlicher Bericht, Freiburg im Breisgau 1860, S. 243-256.

[10] Vgl. CHARLES RENÉ COMTE DE MONTALEMBERT: Une nation en deuil. La Pologne en 1861, Paris 1861, S. 22. Im Briefwechsel mit August Reichensperger äußerte Montalembert auch wiederholt persönlich seine Enttäuschung. Zur Entfremdung zwischen Montalembert und Reichensperger anhand der Polenfrage in der ersten Hälfte der 1860er Jahre vgl. PASTOR, Bd. 1, S. 469f.

[11] Zur Zusammenarbeit von katholischer und polnischer Fraktion in religiösen und kulturellen Fragen vgl. MARIA BANASIEWICZ: Problem oświaty polskiej w obradach sejmu pruskiego w latach 1850-1862, Poznań 1968, S. 39f., 79-82, 106, 209; kürzere Hinweise auf die Haltung der katholischen Abgeordneten zu den Polen bei SCHMIDT, Die politischen Willensrichtungen, S. 139; TRZECIAKOWSKI, Pod pruskim zaborem, S. 47; FRIEDRICH SCHINKEL: Polen, Preussen und Deutschland. Die polnische Frage als Problem der preußisch-deutschen Nationalstaatsentwicklung, Breslau 1931, S. 95-99, 110f., 140f. Eine systematische Untersuchung zum Verhältnis von katholischer und polnischer Fraktion steht noch aus. Einige Hinweise geben die Arbeiten zur polnischen Fraktion von ROMAN KOMIEROWSKI: Koła polskie w Berlinie 1847-1860, Poznań 1910 und DERS.: Koła polskie w Berlinie 1861-1866, Poznań 1913.

[12] Vgl. JANSSEN, Zur Genesis der ersten Theilung Polens; DERS.: Rußland und Polen.

der 1860er Jahre das Unrecht der Teilung Polens deutlich und hielt seine staatliche Wiederherstellung prinzipiell für geboten.[13] Allerdings scheint das Insistieren der Polen auf ihre politische Selbständigkeit den deutschen Katholiken auf Dauer auch unangenehm gewesen zu sein. So beklagte Jörg in demselben Artikel, in dem er das Recht der Polen auf einen eigenen Staat grundsätzlich vertrat, das dahingehende Engagement der polnischen Delegierten im Preußischen Abgeordnetenhaus, die sich darum bemühten, die ‚polnische Frage' im öffentlichen Bewusstsein zu halten, als „peinlich", sie selbst als „unausstehliche Kammerplage".[14]

Die Ablehnung gegenüber dem Bemühen der Polen, ihre Eigenstaatlichkeit zurückzugewinnen, steigerte sich, als es im Januar 1863 erneut zu einem Aufstand kam, diesmal wieder im russischen Teilungsgebiet. Auf Seiten der deutschen Katholiken wurde nun der antirevolutionäre Impuls wieder aktiv und überwog deutlich die Sympathien, die aufgrund der immer repressiveren russischen Kirchenpolitik weiterhin bestanden. Peter Reichensperger brachte dies im Preußischen Abgeordnetenhaus deutlich zum Ausdruck und provozierte damit heftige Erwiderungen von polnischen Ultramontanen, die den Aufstand selbst zwar grundsätzlich ablehnten, an der Haltung der deutschen Katholiken aber den Mangel an Verständnis für die polnische Lage kritisierten.[15] In den seltenen Bezugnahmen der Forschungsliteratur ist die Ablehnung der deutschen Katholiken zum Aufstand von 1863 angesichts der grundsätzlichen konfessionellen Solidarität für überraschend oder inkonsequent gehalten worden.[16] Sie erklärt sich aber aus der seit dem Vormärz bestehenden Ambivalenz der katholischen Hal-

---

[13] Vgl. [EDMUND JÖRG:] „Zeitläufte. Graf Montalembert und die polnische Bewegung", in: HPBKD 48 (1861), S. 677-705 (ND auch im *Mainzer Journal* v. 23.-25.10., 27.10., 31.10 u. 1.11.1861).

[14] Ebd., S. 679.

[15] Die Rede von Peter Reichensperger in: Stenographische Berichte über die Verhandlungen der durch die Allerhöchste Verordnung vom 22. December 1862 einberufenen beiden Häuser des Landtages. Haus der Abgeordneten, Bd. 1, Berlin 1863, S. 258-263. Angriffe in der Broschüre „Reichensperger (Geldern) in der Polen-Frage: ein offenes Sendschreiben. Von einem katholischen Priester polnischer Nationalität", Hamburg 1863 und von JAN KOŹMIAN: Katolicy niemieccy w obec sprawy polskiej, in: DERS., Pisma, Bd. 2, S. 70ff. Aufgrund dieser Angriffe sah sich August Reichensperger zu einer öffentlichen Verteidigung seines Bruders Peter genötigt. Vgl. AUGUST REICHENSPERGER: Ein Rückblick auf die letzten Sessionen des Preußischen Abgeordnetenhauses und Ein Wort über die Deutsche Verfassungsfrage, Bd. 2, Paderborn 1864, S. 23-31; Auszüge daraus auch in PASTOR, Bd. 1, S. 474-477, allerdings ohne Kommentierung und Einbettung in den Kontext. Zur Haltung der polnischen Ultramontanen zum Aufstand selbst vgl. TRZECIAKOWSKI, Pod pruskim zaborem, S. 60f.

[16] Vgl. z.B. SCHINKEL, S. 129 und EDWARD WALEWANDER: Die österreichische Presse und der polnische Januaraufstand, Frankfurt/M. u. a. 1991, S. 190-201.

tung. Wie 1863 dominierte angesichts akuter polnischer Aufstandstätigkeit immer – mit Ausnahme des Jahres 1848 – der antirevolutionäre Impuls gegenüber der konfessionell bedingten Solidarität.

Wie 1863, so wurde auch schon im Vormärz in Phasen vehementer Ablehnung polnischer Insurrektionen mitunter auch auf nationale Stereotypen des allgemeinen deutschen Polendiskurs zurückgegriffen. Verhältnismäßig stark war dies 1846 der Fall, als die polnische Erhebung sich gegen Österreich richtete, das im nationalen Bewusstsein deutscher Katholiken eine herausragende Rolle spielte. Auch hier stellte der nationale Faktor aber nur ein Abgrenzungskriterium zweiter Ordnung dar, der in seiner Bedeutung hinter den Faktoren ,Konfession' und ,Revolution' weit zurückblieb.[17] Im allgemeinen spielte er im katholischen Polendiskurs kaum eine Rolle. Die geringe Bedeutung des nationalen Kriteriums wirkte sich in der katholischen Haltung zu Polen primär positiv und solidaritätsfördernd aus, konnte aber auch negative Folgen haben: So führte die an der Reichsidee orientierte großdeutsche Einstellung, wie sie im ultramontan dominierten Katholizismus üblich war, und die damit verbundene Ablehnung des Nationalstaatsprinzips einerseits zu einer Haltung, die der Eigenständigkeit und den Rechten der polnischen Minderheit in den deutschen Teilungsgebieten gegenüber aufgeschlossen war. Andererseits bewirkte die Ablehnung des Nationalstaatsprinzips, die auch durch dessen Drohpotential gegenüber der multinationalen Habsburger Monarchie und dem römischen Kirchenstaat motiviert war, dass eine auf dem nationalen Selbstbestimmungsrecht beruhende Argumentation für die Wiederherstellung Polens nicht gebilligt wurde. An deren Stelle traten stattdessen historische und rechtliche Argumentationsmuster.

Im katholischen Slawendiskurs nahm Polen damit eine Ausnahmeposition ein. Denn wie sich in der Entwicklung des katholischen Russlandbildes und mehr noch im Vergleich mit der Haltung zu den Tschechen in den Debatten der Paulskirche gezeigt hat, kamen hier Vorstellungen einer letztlich ethnisch begründeten kulturellen Überlegenheit der deutschen Nation durchaus zum Tragen. Dass sie nicht auf Polen übertragen wurden, kann nicht allein mit der konfessionellen Differenz erklärt werden, die zwar auf die Russen, nicht aber auf die Tschechen zutraf. Über die konfessionelle Gemeinsamkeit hinaus wirkte die Wahrnehmung der Polen als verfolgte und in ihrer Verfolgung resistente Katholiken solidaritätsstiftend und identitätsfördernd. Die Tschechen als Untertanen des österreichischen

---

[17] Joseph Görres schrieb 1846 von „Gefühlen der unteren Ordnung", die nur wirksam werden dürften, wenn ihnen die primären Interessen der katholischen Kirche nicht entgegenständen. Vgl. [JOSEPH GÖRRES:] „Die zweite Rede des Grafen von Montalembert", in: HPBKD 19 (1847), S. 225-255, hier S. 227.

Kaisers dagegen galten ebenso wie die galizischen Polen nicht als religiös diskriminiert. Dieser Identifikationsfaktor, der die Anwendung ethnisch-nationaler Stereotypen abschwächen konnte, fiel im Fall der unter österreichischer Herrschaft lebenden Slawen also weg. Die Ausnahmestellung des katholischen Polendiskurses innerhalb des Slawendiskurses kann damit nur ansatzweise erklärt werden. Eine ausführliche Untersuchung des Slawendiskurses steht nicht nur für den deutschen Katholizismus noch aus. Sie fehlt auch für den allgemeinen Diskurs der Deutschen.

Der katholische Polendiskurs unterschied sich mit der geringen Relevanz der nationalen Differenz auch deutlich von seinem liberalen Pendant, das sich in den 1840er Jahren von der Polenfreundschaft, wie sie nach dem Novemberaufstand 1830 üblich war, zunehmend distanzierte. Wie 1848 in der Paulskirche zu beobachten war, hatte sich stattdessen eine auf die eigenen nationalen Interessen fixierte und sich gegen die Polen abgrenzende Haltung ausgebildet. Was die konfessionelle Solidarität der deutschen Katholiken zu den Polen angeht, lassen sich allerdings funktionale Parallelen zum Phänomen der liberalen deutschen Polenfreundschaft der frühen 1830er Jahre feststellen. Das Verhältnis der Katholiken zu Polen während des Vormärz ähnelte dem der deutschen Liberalen unmittelbar nach der Novemberrevolution insofern, dass in beiden Fällen den Polen eine Stellvertreterposition mit Vorbildcharakter zugewiesen wurde, die eine bewusstseinsbildende Funktion für die Eigengruppe erhielt. So wie die aufständischen Polen für die deutschen Liberalen einige Jahre lang stellvertretend den emanzipatorischen Freiheitskampf symbolisierten, zu dem man sich bekennen konnte, indem man für die Polen schwärmte, so symbolisierten die religiös unterdrückten Polen für die ultramontanen Katholiken das katholische Martyrium in einer Zeit, in der ihnen die Kirche von Feinden umzingelt erschien. Sowohl die liberale als auch die ultramontan-katholische Bewegung profitierten in ihrem Selbstverständnis und ihrer Gruppenbildung von diesen Heterostereotypen, die zu Identifizierung und Solidarisierung einluden. Allerdings waren diese Stereotypen und ihre Funktion von unterschiedlicher Dauer: Während sie für die liberale Bewegung schon nach wenigen Jahren ihre Bedeutung verloren und Polen-Stereotypen spätestens ab 1848 nur noch in negativer Weise durch nationale und soziale Abgrenzung zur Identitätsbildung beitrugen,[18] blieben sie im katholischen Fall bis weit in die zweite Jahrhunderthälfte wirksam und scheinen erst im späten Kaiserreich in ihrer Bedeutung eingeschränkt und von nationalen Kriterien überlagert worden zu sein.

---

[18] Vgl. dazu für die Zeit von 1850 bis 1871 PLEITNER.

ABKÜRZUNGSVERZEICHNIS

ADB	Allgemeine Deutsche Biographie
AfS	Archiv für Sozialgeschichte
AHR	American Historical Review
AOZ	Allgemeine Oder-Zeitung
ARKF	Allgemeiner Religions- und Kirchenfreund
APZ	Augsburger Postzeitung
CW	Der Canonische Wächter
f.	Folgende Seite
ff.	Zwei folgende Seiten
FB	Freymüthige Blätter
FS	Festschrift
FzOG	Forschungen zur Osteuropäischen Geschichte
GG	Geschichte und Gesellschaft
GWU	Geschichte in Wissenschaft und Unterricht
HdG	Herold des Glaubens
HJb	Historisches Jahrbuch
HPBKD	Historisch-politische Blätter für das katholische Deutschland
HZ	Historische Zeitschrift
i.E.	Im Erscheinen
JbbGOE	Jahrbücher für Geschichte Osteuropas
JbGMOD	Jahrbuch für Geschichte Mittel- und Ostdeutschlands
Katholik	Der Katholik
KB	Katholische Blätter
KHF	Der katholische Hausfreund
KKZ	Katholische Kirchenzeitung
KSB	Katholische Sonntagsblätter
KWOW	Katholisches Wochenblatt aus Ost- und Westpreußen
KZKD	Kirchenzeitung für das Katholische Deutschland
KoKZ	Konstitutionelle Kirchenzeitung
KZG	Kirchliche Zeitgeschichte
LThK	Lexikon für Theologie und Kirche
MJ	Mainzer Journal
Ms.	Maschinenschrift
ND	Neudruck
NDB	Neue Deutsche Biographie

NKoKZ	Neue konstitutionelle Kirchenzeitung
NPL	Neue Politische Literatur
NSion	Neue Sion
RKB	Rheinisches Kirchenblatt
RQ	Römische Quartalschrift
RVH	Rheinische/Deutsche Volkshalle
RMZ	Rhein- und Mosel-Zeitung
SKB	Schlesisches Kirchenblatt
Sten. Ber. FNV	Stenographische Berichte über die Verhandlungen der deutschen constituierenden Nationalversammlung zu Frankfurt am Main
SZ	Südteutsches katholisches Kirchenblatt (ab 1845: Süddeutsche Zeitung für Kirche und Staat)
TRE	Theologische Realenzyklopädie
u.d.T.	Unter dem Titel
WM	Westfälischer Merkur
WV	Westfälisches Volksblatt
ZPT	Zeitschrift für Philosophie und katholische Theologie
ZaM	Der Zuschauer am Main
ZfG	Zeitschrift für Geschichtswissenschaft
ZfO	Zeitschrift für Ostforschung

QUELLEN- UND LITERATURVERZEICHNIS

1. Quellen

1.1 Ungedruckte Quellen

Bundesarchiv, Außenstelle Frankfurt (BAF)
FSg. 1/48   Nachlass Matthias Deymann
FSg. 1/149   Nachlass Theodor Paur

Landeshauptarchiv (LHA) Koblenz
Best. 700, 138   Nachlass August Reichensperger

1.2 Katholische Zeitschriften und Zeitungen

Die Erscheinungsjahre beziehen sich auf die von mir benutzten Jahrgänge. Sind diese identisch mit allen innerhalb des Untersuchungszeitraumes (1830-1849) erschienenen Jahrgängen, sind sie mit einem Stern gekennzeichnet.

Allgemeine Oder-Zeitung, Breslau *1846-49.
Allgemeiner Religions- und Kirchenfreund und Kirchencorrespondent. Eine theologische und kirchenhistorische Zeitschrift, Würzburg *1830-47.
Augsburger Postzeitung, Augsburg 1846-1848.
Der Canonische Wächter. Eine antijesuitische Zeitschrift für Staat und Kirche und für alle christlichen Confessionen, Halle, Mainz, Offenbach *1830-34.
Capistran. Zeitschrift für die Rechte und Interessen des katholischen Teutschlands. Zwanglose Blätter der Freiheit und Treue, Schaffhausen *1847-49.
Eos. Münchner Blätter für Literatur und Kunst, München *1830-32.
Freymüthige Blätter über Theologie und Kirchenthum, Rottweil, Stuttgart *1833-44.
Herold des Glaubens. Würzburg, Aschaffenburg *1837-43.
Historisch-politische Blätter für das katholische Deutschland, München *1838-49.
Der Katholik. Eine religiöse Zeitschrift zur Belehrung und Warnung, Speyer, Mainz *1830-49.
Katholische Blätter. Eine Zeitschrift für alle Stände, Düsseldorf, Neuss/Köln *1845-48.
Der katholische Hausfreund. Ein Sonntagsblatt zur Erbauung, Belehrung und Unterhaltung, Regensburg *1846-49.
Katholische Kirchenzeitung, Offenbach, Aschaffenburg *1830-37.
Katholische Sonntagsblätter zur Belehrung und Erbauung, Mainz *1842-49.
Katholisches Wochenblatt aus Ost- und Westpreußen für Leser aller Stände, Marienburg 1846.
Kirchenzeitung für das Katholische Deutschland, München, Marburg *1830-32.
Konstitutionelle Kirchenzeitung aus Baiern für katholische Geistliche, Kempten *1830-32.
Mainzer Journal, Mainz *1848-49.

Nathanael. Katholisch-kirchliches Volksblatt zur Belehrung und Erbauung für Rheinland und Westphalen, Köln *1845-49.

Neue konstitutionelle Kirchenzeitung oder der Sions-Wächter. Eine Stimme aus der Zeit an das katholische Deutschland, Augsburg 1832.

Neue Sion. Eine Zeitschrift für katholisches Leben und Wissen, Augsburg *1845-49.

Rhein- und Mosel-Zeitung, Koblenz 1848.

Rheinische/Deutsche Volkshalle, Köln *1848-49.

Rheinisches Kirchenblatt. Eine katholische Zeitschrift zur Belehrung und Erbauung, Düsseldorf, Neuss/Köln *1844-49.

Schlesisches Kirchenblatt, Breslau *1835-49.

Sion. Eine Stimme der Kirche in unserer Zeit, Augsburg *1832-49.

Südteutsches katholisches Kirchenblatt (ab 1845: Süddeutsche Zeitung für Kirche und Staat), Freiburg *1841-48.

Westfälischer Merkur, Münster 1848-49.

Westfälisches Volksblatt, Paderborn *1849.

Zeitschrift für Philosophie und katholische Theologie, Köln, Koblenz, Bonn *1832-49.

Der Zuschauer am Main, Aschaffenburg 1832-36.

1.3 Andere gedruckte Quellen

Steht der Name des Verfassers oder Herausgebers in eckigen Klammern, ist die Schrift anonym erschienen.

Allocution Sr. Heiligkeit Gregor XVI., gehalten im geheimen Consistorium den 22. Julius 1842, mit einer durch Dokumenten belegten Darstellung der unablässigen Sorge seiner Heiligkeit zu Abwendung der harten Bedrängnisse der katholischen Religion in den K. K. Staaten von Rußland und Polen, Einsiedlen 1842.

Beweisende Unterlagen zu dem Promemoria gegen den projectirten Anschluß des Großherzogthums Posen an Deutschland, [hg. v. JAN LEDÓCHOWSKI u. a.], Frankfurt/M. 1848.

BIEDERMANN, KARL: Erinnerungen aus der Paulskirche, Leipzig 1849.

[BINDER, WILHELM:] Diplomatische Geschichte der polnischen Emigration, Stuttgart 1842.

BINDER, WILHELM: Geschichte des philosophischen und revolutionären Jahrhunderts mit besonderer Rücksicht auf die Gestaltung der kirchlichen Zustände, 2 Bde., Schaffhausen 1844/45.

BINDER, WILHELM: Meine Rechtfertigung und mein Glaube, Augsburg 1845.

[BINDER, WILHELM:] Der Protestantismus in seiner Selbstauflösung, Schaffhausen ²1846.

BINDER, WILHELM: Der Untergang des Polnischen Nationalstaates. Pragmatisch entwickelt, 2 Bde., Stuttgart 1843/44.

BRAUN, JOHANN WILHELM JOSEPH: Deutschland und die deutsche Nationalversammlung, Aachen 1850.

BRÜHL, JOHANN AUGUST: Geschichte der Katholischen Literatur Deutschlands vom 17. Jahrhundert bis zur Gegenwart. In kritisch-biographischen Umrissen. Ein vervollständigender Beitrag zur National-Literaturgeschichte, 2. Ausg., Wien u. Leipzig 1861.

BURKE, EDMUND: An Appeal from the New to the Old Whigs, in consequence of some late discussions in parliament relative to the Reflections on the French Revolution (1791), in: DERS.: Works, Bd. 4, London 1899, S. 57-215.

BUß, FRANZ: Die Aufgabe des katholischen Theils teutscher Nation in der Gegenwart, oder der katholische Verein Teutschlands, Regensburg 1851.

BUß, FRANZ: Die Gemeinsamkeit der Rechte und Interessen der Katholiken in Deutschland und in Frankreich, Bd. 2, Schaffhausen 1850.

BUß, FRANZ: Die teutsche Einheit und die Preußenliebe. Ein Sendschreiben an Herrn Gustav Pfizer. Rechtfertigung der großteutschen Parthei in der teutschen Nationalversammlung, Stuttgart 1849.

CHŁAPOWSKI, FRANCISZEK: Vorwort an die deutschen Leser, Przedmowa do polskich czytelników, in: Die Schicksale der polnischen Emigration. Ein Brief von Jan Koźmian an J. J. von Görres, aus dem französischen ins deutsche durch Guido Görres übersetzt, Posen 1914, S. 5-8.

Conversations-Lexikon der Gegenwart, 4 Bde., Leipzig 1838-1840.

Denkschrift über die Ereignisse im Großherzogthum Posen seit dem 20. März 1848 (aus den Akten des Ministeriums des Inneren), Berlin 1848.

Deutsche und Polen in der Revolution 1848-1849. Dokumente aus deutschen und polnischen Archiven, hg. v. HANS BOOMS u. MARIAN WOJCIECHOWSKI, Boppard/R. 1991.

Dokumente zur Geschichte der deutsch-polnischen Freundschaft 1830-1832, hg. v. HELMUT BLEIBER u. JAN KOSIM, Berlin (Ost) 1982.

Dokumente zur Verfassungsgeschichte, hg. v. ERNST RUDOLF HUBER, Bd. 1, Stuttgart 1961.

DROYSEN, JOHANN GUSTAV: Politische Schriften, hg. v. FELIX GILBERT, München u. Berlin 1933.

Erzählung der Mutter Makrena Mieczyslawa, Aebtissin der Basilianerinnen zu Minsk; oder Geschichte einer siebenjährigen Verfolgung, welche sie und ihre Ordensschwestern um des Glaubens willen gelitten, Mainz 1846.

FALLMERAYER, JAKOB PHILIPP: Schattenrisse aus der Paulskirche, in: DERS.: Schriften und Tagebücher, hg. v. HANS FEIGL u. ERNST MOLDEN, Bd. 2, München u. Leipzig 1913, S. 229-249.

FLAUBERT, GUSTAVE: Das Wörterbuch der Gemeinplätze, Zürich 1998.

FORSTER, GEORG: Ansichten vom Niederrhein, von Brabant, Flandern, Holland, England und Frankreich, im April, Mai und Junius 1790, in: DERS.: Werke in vier Bänden, hg. v. GERHARD STEINER, Bd. 2, Frankfurt/M. 1969, S. 369-869.

Das Frankfurter Parlament in Briefen und Tagebüchern. Ambrosch, Rümelin, Hallbauer, Blum, hg. v. LUDWIG BERGSTRÄßER, Frankfurt/M. 1929.

Die Gegenwart. Eine encyklopädische Darstellung der neuesten Zeitgeschichte für alle Stände, Bd. 2, Leipzig 1849.

Gesandtschaftsberichte aus München 1814-1848, hg. v. ANTON CHROUST, Abt. II: Die Berichte der österreichischen Gesandten, 4 Bde.; Abt. III: Die Berichte der preußischen Gesandten, 5 Bde., München 1939-42 u. 1949-51.

GINZEL, JOSEPH AUGUSTIN: Versammlung deutscher Bischöfe zu Würzburg im October und November 1848, in: Archiv für Kirchengeschichte und Kirchenrecht 2 (1851), S. 35-38.

GLATZ, ROBERT: Dr. Paur's Suspension und die Stadtverordneten-Versammlung zu Neisse vom 7. Februar, in: Für christkatholisches Leben 6 (1848), S. 163-168.

GÖRRES, JOSEPH: Ausgewählte Werke, hg. v. WOLFGANG FRÜHWALD, 2 Bde., Freiburg/Br., Basel u. Wien 1978.

GÖRRES, JOSEPH: Gesammelte Schriften, hg. v. MARIE GÖRRES, 9 Bde. (Bd. 1-6: Politische Schriften, Bd. 7-9: Gesammelte Briefe), München 1854-1860.

GÖRRES, JOSEPH: Gesammelte Schriften, hg. v. WILHELM SCHELLBERG im Auftrag der Görres-Gesellschaft, Bd. 16: Aufsätze in den Historisch-politischen Blättern, hg. v. GÖTZ FREIHERR VON PÖLNITZ, 2 Teile, Köln 1936/39.

GÖRRES, JOSEPH: Kirche und Staat nach Ablauf der Cölner Irrung, Weissenburg a. S. 1842.

GÖRRES, JOSEPH: Vorreden und Epilog zum Athanasius. Auf vielfaches Verlangen für die Besitzer der ersten, zweiten und dritten Auflage besonders abgedruckt, Regensburg 1838.

GROSSE, ERNST: Kosziusko's Zuruf an seine Landsleute. Ein Sterbegesang der Polen, Lindau 1831.

HAYM, RUDOLF: Die deutsche Nationalversammlung bis zu den Septemberereignissen. Ein Bericht aus der Partei des rechten Centrums, Frankfurt/M. 1848 (Berlin 1850).

HEPKE, ROBERT: Die polnische Erhebung und die deutsche Gegenbewegung in Posen im Frühjahr 1848. Eine Denkschrift mit den begründenden Aktenstücken dem völkerrechtlichen Ausschuß der deutschen National-Versammlung übergeben, Berlin u. Posen 1848.

JANSSEN, JOHANNES: Janssens Briefe, hg. v. LUDWIG FREIHERR V. PASTOR, 2 Bde., Freiburg/Br. 1920.

JANSSEN, JOHANNES: Rußland und Polen vor hundert Jahren, Frankfurt/M. 1865.

JANSSEN, JOHANNES: Zur Genesis der ersten Theilung Polens, Freiburg/Br. 1865.

JARCKE, CARL ERNST: Vermischte Schriften, 4 Bde., München 1839 (Bd. 4: Paderborn 1854).

JÜRGENS, KARL: Zur Geschichte des Deutschen Verfassungswerkes 1848-49, 2 Bde., Braunschweig 1850.

KAJSIEWICZ, HIERONIM: Pisma, 3 Bde, Berlin u. Kraków 1870-1872.

KASTNER, JOHANN BAPTIST: Ueber den Revolutionismus unserer Tage. Allen aufrichtigen Verehrern der Wahrheit, der Religion und Kirche, des Thrones, des Vaterlandes, der bürgerlichen Ordnung und Glückseligkeit gewidmet, Sulzbach 1831.

KERST, SAMUEL GOTTFRIED: Briefe des Abgeordneten zum Frankfurter Parlament S. G. Kerst aus Meseritz, in: Zeitschrift für Geschichte und Landeskunde der Provinz Posen 3 (1884), H. 1, S. 43-73.

KETTELER, WILHELM EMMANUEL FREIHERR VON: Sämtliche Werke und Briefe, Abt. 2, Bd. 1, Mainz 1984.

KOŹMIAN, JAN: Pisma, 3 Bde., Poznań 1888.

KOŹMIAN, JAN: „Zakończenie wydawnictwa Przeglądu", in: Przegląd Poznański 38 (1865), S. 323-328.

LASAULX, ERNST VON: Neuer Versuch einer alten auf die Wahrheit der Tatsachen gegründeten Philosophie der Geschichte, hg. v. E. THURNHER, München u. Wien 1952 (orig. 1856).

LASAULX, ERNST VON: Studien des classischen Alterthums. Akademische Abhandlungen, Regensburg 1854.

LASKER, JULIUS u. GERHARD, FRIEDRICH: Des deutschen Volkes Erhebung im Jahre 1848, sein Kampf um freie Institutionen und sein Siegesjubel. Ein Volks- und Erinnerungsbuch für die Mit- und Nachwelt, Danzig 1848.

LAUBE, HEINRICH: Das erste deutsche Parlament, 3 Bde., Leipzig 1849 (ND Aalen 1978).

„M. de Montalembert et les feuilles historiques et politiques de Munich", in: Le Correspondant 17 (1847), S. 630-637.

Meyers Konversations-Lexikon, 3., gänzlich umgearb. Aufl., 16 Bde., Leipzig 1874-78.

MICKIEWICZ, ADAM: Dichtung und Prosa. Ein Lesebuch, Frankfurt/M. 1994.

MONTALEMBERT, CHARLES RENÉ COMTE DE: Journal intime inédit, Bd. 2: 1830-1833, hg. v. LOUIS LE GUILLOU u. NICOLE ROGER-TAILLADE, Paris 1990.

MONTALEMBERT, CHARLES RENÉ COMTE DE: Une nation en deuil. La Pologne en 1861, Paris 1861.

PAGENSTECHER, C. H. ALEXANDER: Lebenserinnerungen, hg. v. ALEXANDER PAGENSTECHER, Bd. 2: Als Abgeordneter in Frankfurt im Jahre 1848, Leipzig o. J. [1913].

Papiestwo wobec sprawy polskiej w latach 1772-1864. Wybór źródeł, hg. v. OTTON BEIERSDORF, Wrocław 1960.

PAUR, THEODOR: Briefe aus der Paulskirche (1848/49), hg. v. HEINRICH MEISNER, Berlin 1919.

POHL, FRANZ: Martin von Dunin, Erzbischof von Gnesen und Posen. Eine biographische und kirchenhistorische Skizze, Marienburg 1843.

PRISAC, WILHELM: Die akatholische Tendenz der Kölnischen Zeitung, Koblenz 1844.

PRISAC, WILHELM: Die Fortschritte der Kölnischen Zeitung auf dem Wege der Dekatholisierung und Entchristlichung, Neuß 1846.

Promemoria gegen den projektierten Anschluß des Großherzogthums Posen an Deutschland mit Beweisenden Beilagen an den völkerrechtlichen Ausschuß der deutschen Nationalversammlung von den unterschriebenen, durch Vollmacht legitimierten Abgeordneten des polnischen Nationalkomitees, Frankfurt/M. 1848.

RADOWITZ, JOSEPH MARIA VON: Gesammelte Schriften, 5 Bde., Berlin 1852/53.

RADOWITZ, JOSEPH MARIA VON: Nachgelassene Briefe und Aufzeichnungen zur Geschichte der Jahre 1848-1853, hg. v. WALTER MÖRING, ND Osnabrück 1967 (orig. 1922).

RAUMER, FRIEDRICH VON: Briefe aus Frankfurt und Paris 1848-1849, 2 Bde., Leipzig 1849.

Reichensperger (Geldern) in der Polen-Frage: ein offenes Sendschreiben. Von einem katholischen Priester polnischer Nationalität, Hamburg 1863.

REICHENSPERGER, AUGUST: Ein Rückblick auf die letzten Sessionen des Preußischen Abgeordnetenhauses und Ein Wort über die Deutsche Verfassungsfrage, Bd. 2, Paderborn 1864.

Rewolucja Polska 1846 roku. Wybór źródeł, hg. v. STEFAN KIENIEWICZ, Wrocław 1950.

RINTEL, NICOLAUS CARL GUSTAV: Die katholischen Interessen und die deutsche Frage, Breslau 1849.

[RINTEL, NICOLAUS CARL GUSTAV:] Vertheidigung des Erzbischofes von Gnesen und Posen, Martin v. Dunin, Würzburg 1839.

RÖTTINGER, JULIUS: Leiden und Verfolgungen der katholischen Kirche in Rußland und Polen. Nach authentischen Quellen dargestellt, Regensburg 1844.

ROTTECK, KARL VON: Allgemeine Weltgeschichte für alle Stände von den frühesten Zeiten bis zum Jahr 1860, 7. Auflage, fortgeführt v. Wilhelm Zimmermann, 6 Bde., Stuttgart 1860/61.

[SAUSEN, FRANZ:] Der Czar und der Nachfolger des h. Petrus. Eine Erklärung der päpstlichen Darlegung über die schweren Leiden der katholischen Kirche in Rußland und Polen und der damit verbundenen Actenstücke für das katholische Volk, Mainz 1842.

SCHÜTZ, WILHELM VON: Die frommen katholischen Alt-Sarmaten und die neuen heidnischen Anti-Sarmaten in Polen. Zur richtigen Würdigung ihrer letzten Insurrection, Leipzig 1846.

SCHÜTZ, WILHELM VON: Rechtsgutachten in der Angelegenheit des Erzbischofs von Gnesen und Posen nebst einer Zugabe: Allocution Sr. Heiligkeit des Papstes Gregor XVI. in dem Consistorium vom 13. September 1838 im Original und Uebersetzung, Regensburg 1838.

SCHUSELKA, FRANZ: Deutschland, Polen und Russland, Hamburg 1846.

SEPP, JOHANN NEPOMUK: Erinnerungen an die Paulskirche 1848, in: Die Grenzboten 62 (1903), H. 38/39, S. 694-702 u. 780-786.

Staat und Kirche im 19. und 20. Jahrhundert. Dokumente zur Geschichte des Staatskirchenrechts, hg. v. ERNST RUDOLF HUBER u. WOLFGANG HUBER, Bd. 1, Berlin 1973.

Stenographische Berichte über die Verhandlungen der deutschen constituierenden Nationalversammlung zu Frankfurt am Main, hg. v. FRANZ WIGARD, 9 Bde., Leipzig 1848-1849 (ND u.d.T. „Reden für die deutsche Nation", hg. v. CHRISTOPH STOLL, München 1988).

Stenographische Berichte über die Verhandlungen der durch die Allerhöchste Verordnung vom 22. December 1862 einberufenen beiden Häuser des Landtages. Haus der Abgeordneten, Bd. 1, Berlin 1863.

STILBAUER, JOHANNES: General-Register des „Katholik" vom Jahr 1821 bis 1889. Zugleich ein Beitrag zur Bibliographie der katholischen Wissenschaft und zur Geschichte des kirchlichen Lebens im 19. Jahrhundert, Mainz 1892.

THEINER, AUGUSTIN: Geschichte der geistlichen Bildungsanstalten, Mainz 1835.

[THEINER, AUGUSTIN:] Die Neuesten Zustände der Katholischen Kirche beider Ritus in Polen und Rußland seit Katharina II. bis auf unsere Tage. Mit einem Rückblick auf die Russische Kirche und ihre Stellung zum heiligen Stuhle seit ihrem Entstehen bis auf Katharina II. Von einem Priester aus der Kongregation des Oratoriums des heil. Philippus Neri. Mit einem Bande Dokumente, Augsburg 1841.

Verhandlungen der 7. General-Versammlung des katholischen Vereins Deutschlands am 20.-22. Sept. 1853 zu Wien. Amtlicher Bericht, Wien 1854.

Verhandlungen der elften General-Versammlung der katholischen Vereine Deutschlands am 12., 13., 14. und 15. September 1859 zu Freiburg im Breisgau. Amtlicher Bericht, Freiburg im Breisgau 1860.

VERING, FRIEDRICH H.: Die Verhandlungen der deutschen Erzbischöfe und Bischöfe zu Würzburg im October und November 1848, in: Archiv für katholisches Kirchenrecht 21 (1869), S. 108-169, 207-290 u. 22 (1869), S. 214-303, 373-474.

VIRCHOW, RUDOLF: Mittheilungen über die oberschlesische Typhus-Epidemie, Berlin 1848.

WANDER, KARL FRIEDRICH WILHELM: Deutsches Sprichwörter-Lexikon. Ein Hausschatz für das deutsche Volk, 5 Bde., ND Aalen 1963 (orig. Leipzig 1867-1880).

WEBER, BEDA: Umrisse aus der Paulskirche, in: DERS.: Charakterbilder, Frankfurt/M. 1853, S. 321-489.

[ZAMOYSKI, WŁADYSŁAW:] Jenerał Zamoyski 1803-1868, 6 Bde., Poznań 1910-1930.

ZAMOYSKI, WŁADYSŁAW: „A messieurs G. Goerres et Phillips", in: Le Correspondant 18 (1847), S. 788-792.

[ZAMOYSKI, WŁADYSŁAW:] „Protestacja pułkownika Zamoyskiego", in: Dziennik Narodowy/Paryż (1847), S. 1298f.

ZIMMERMANN, WILHELM: Die Deutsche Revolution, Karlsruhe 1848.

2. Literatur

AHRENS, LIESELOTTE: Lamennais und Deutschland. Studien zur Geschichte der französischen Restauration, Münster 1930.

ALLERS, ULRICH STEPHAN: The Concept of Empire in German Romanticism and its influence on the National Assembly at Frankfort 1848-1849, Diss. Washington D. C. 1948.

ALTERMATT, URS: Katholizismus: Antimodernismus mit modernen Mitteln?, in: Moderne als Problem des Katholizismus, hg. v. DEMS., HEINZ HÜRTEN u. NIKOLAUS LOBKOWICZ, Regensburg 1995, S. 33-50.

ALTERMATT, URS: Katholizismus und Moderne. Zur Sozial- und Mentalitätsgeschichte der Schweizer Katholiken im 19. und 20. Jahrhundert, Zürich 1989.

ALTGELD, WOLFGANG: German Catholics, in: The Emancipation of Catholics, Jews and Protestants. Minorities and the Nation State in Nineteenth-Century Europe, hg. v. RAINER LIEDTKE u. STEPHAN WENDEHORST, Manchester u. New York 1999, S. 100-121.

ALTGELD, WOLFGANG: Katholizismus, Protestantismus, Judentum. Über religiös begründete Gegensätze und nationalreligiöse Ideen in der Geschichte des deutschen Nationalismus, Mainz 1992.

ALTGELD, WOLFGANG: Religion, Denomination and Nationalism in Nineteenth-century Germany, in: Protestants, Catholics and Jews in Germany, 1800-1914, hg. v. HELMUT WALSER SMITH, Oxford u. New York 2001, S. 49-65.

ANDERSON, MARGARET LAVINIA: Die Grenzen der Säkularisierung. Zur Frage des katholischen Aufschwungs im Deutschland des 19. Jahrhunderts, in: Säkularisierung, Dechristianisierung, Rechristianisierung im neuzeitlichen Europa. Bilanz und Perspektiven der Forschung, hg. v. HARTMUT LEHMANN, Göttingen 1997, S. 194-222.

ANDERSON, MARGARET LAVINIA: Piety and Politics: Recent Work on German Catholicism, in: Journal of Modern History 63 (1991), S. 681-716.

ANDREE, CHRISTIAN: Rudolf Virchow. Leben und Ethos eines großen Arztes, München 2002.

ARETIN, KARL OTMAR FREIHERR VON: Tausch, Teilung und Länderschacher als Folgen des Gleichgewichtssystems der europäischen Großmächte. Die Polnischen Teilungen als europäisches Schicksal, in: Polen und die polnische Frage in der Geschichte der Hohenzollernmonarchie 1701-1871, hg. v. KLAUS ZERNACK, Berlin 1982, S. 53-68.

ASSMANN, ALEIDA: Zum Problem der Identität aus kulturwissenschaftlicher Sicht, in: Die Wiederkehr des Regionalen, hg. v. ROLF LINDNER, Frankfurt/M. 1994, S. 13-35.

ASSMANN, JAN: Das kulturelle Gedächtnis. Schrift, Erinnerung und politische Identität in frühen Hochkulturen, München 1992.

AUBERT, ROGER: Das katholische Denken auf der Suche nach neuen Wegen, in: Handbuch der Kirchengeschichte, hg. v. HUBERT JEDIN, Bd. VI/1, Freiburg, Basel u. Wien 1971, S. 447-476.

AUBERT, ROGER: Die katholische Kirche in der orthodoxen Welt, in: Handbuch der Kirchengeschichte, hg. v. HUBERT JEDIN, Bd. VI/1, Freiburg, Basel u. Wien 1971, S. 590-614.

AUBERT, ROGER: Die Kirchen des orientalischen Ritus, in: Handbuch der Kirchengeschichte, hg. v. HUBERT JEDIN, Bd. VI/1, Freiburg, Basel u. Wien 1971, S. 218-229.

BACHEM, KARL: Josef Bachem. Seine Familie und die Firma J.P. Bachem in Köln. Die Rheinische und die Deutsche Volkshalle. Die Kölnischen Blätter und die Kölnische Volkszeitung. Zugleich ein Versuch der Geschichte der katholischen Presse und ein Beitrag zur Entwicklung der katholischen Bewegung in Deutschland, 2 Bde., Köln 1912.

BACHEM, KARL: Vorgeschichte, Geschichte und Politik der deutschen Zentrumspartei. Zugleich ein Beitrag zur Geschichte der katholischen Bewegung, sowie zur allgemeinen Geschichte des neueren und neuesten Deutschland 1815-1914, Bde. 1 u. 2, ND Aalen 1967 (orig. Köln ²1928/29).

BANASIEWICZ, MARIA: Problem oświaty polskiej w obradach sejmu pruskiego w latach 1850-1862, Poznań 1968.

BASKE, SIEGFRIED: Praxis und Prinzipien der preussischen Polenpolitik vom Beginn der Reaktionszeit bis zur Gründung des Deutschen Reiches, in: FzOG 9 (1963), S. 7-267.

BAUER, MARCUS: Der *Athanasius* von Joseph Görres. Ein politisch-kirchliches Dokument im Spannungsfeld zwischen Politik und Theologie, Liberalismus und Konservativismus, Geistesfreiheit und Dogmenstrenge, Frankfurt/M. u. a. 2002.

BAUM, WILHELM: Johannes Janssen (1829-1891). Persönlichkeit, Leben und Werke. Ein Beitrag zur Theologie- und Geistesgeschichte Deutschlands im 19. Jahrhundert, Diss. Innsbruck 1971 (Ms.).

BAUMANN, ZYGMUNT: Postmoderne Ethik, Hamburg 1995.

BECHER, HUBERT: Der deutsche Primas. Eine Untersuchung zur deutschen Kirchengeschichte in der ersten Hälfte des 19. Jahrhunderts, Colmar 1943.

BECKER, HANS-JÜRGEN: August Reichensperger (1808-1892), in: Rheinische Lebensbilder, hg. v. WILHELM JANSSEN, Bd. 10, Bonn 1985, S. 141-158.

BECKER, WINFRIED: Bismarck, Windthorst und der Kulturkampf, in: Die personale Struktur des gesellschaftlichen Lebens (FS f. Anton Rauscher), hg. v. NORBERT GLATZEL u. EUGEN KLEINDIENST, Berlin 1993, S. 489-509.

BECKER, WINFRIED: Bürgerliche Freiheit und Freiheit der Kirche im Epochenjahr 1848, in: Jahres- und Tagungsbericht der Görres-Gesellschaft 1998, S. 47-69.

BECKER, WINFRIED: Grundlinien des Verhältnisses zwischen römisch-katholischer Kirche und Staat in Deutschland während des 19. und 20. Jahrhunderts, in: KZG 14 (2001), H.1, S. 77-95.

BECKER, WINFRIED: Der Kulturkampf als europäisches und als deutsches Phänomen, in: HJb 101 (1981), S. 422-446.

BECKER, WINFRIED: Peter Reichensperger (1810-1895), in: Zeitgeschichte in Lebensbildern. Aus dem deutschen Katholizismus des 19. und 20. Jahrhunderts, hg. v. JÜRGEN ARETZ, RUDOLF MORSEY u. ANTON RAUSCHER, Bd. 5, Mainz 1982, S. 41-54.

BECKER, WINFRIED: Staat, Kirche und Demokratie bei Gustave de Failly und Wilhelm Emmanuel von Ketteler 1842/1848. Ein Beitrag zum Verhältnis zwischen der „démocratie chrétienne" und dem deutschen politischen Katholizismus, in: Kirche, Staat und Gesellschaft im 19. Jahrhundert. Ein deutsch-englischer Vergleich, hg. v. ADOLF M. BIRKE u. KURT KLUXEN, München u.a. 1984, S. 67-86.

BENDIKOWSKI, TILLMANN: „Eine Fackel der Zwietracht". Katholisch-protestantische Mischehen im 19. und 20. Jahrhundert, in: Konfessionen im Konflikt. Deutschland zwischen 1800 und 1970: ein zweites konfessionelles Zeitalter, hg. v. OLAF BLASCHKE, Göttingen 2002, S. 215-242.

BENDIKOWSKI, TILLMANN: „Lebensraum für Volk und Kirche". Kirchliche Ostsiedlung in der Weimarer Republik und im „Dritten Reich", Stuttgart, Berlin u. Köln 2002.

BERGSTRÄßER, LUDWIG: Studien zur Vorgeschichte der Zentrumspartei, Tübingen 1910.

BEST, HEINRICH u. WEEGE, WILHELM: Biographisches Handbuch der Abgeordneten der Frankfurter Nationalversammlung 1848/49, Düsseldorf 1998.

BEYME, KLAUS VON: Partei, Fraktion, in: Geschichtliche Grundbegriffe. Historisches Lexikon zur politisch-sozialen Sprache in Deutschland, hg. v. OTTO BRUNNER, WERNER CONZE u. REINHART KOSELLECK, Bd. 4, Stuttgart 1978, S. 677-734.

The Black International 1870-1878. The Holy See and Militant Catholicisme in Europe, hg. v. EMIEL LAMBERTS, Leuven 2002.

BLACKBOURN, DAVID: Volksfrömmigkeit und Fortschrittsglaube im Kulturkampf, Stuttgart 1988.

BLASCHKE, OLAF: Das 16. Jahrhundert und das 19. Jahrhundert. Zwei konfessionelle Zeitalter? Ein Vergleich, in: „Das Wichtigste ist der Mensch". FS f. Klaus Gerteis (60. Geb.), hg. v. ANGELA GIEBMEYER u. HELGA SCHNABEL-SCHÜLE, Mainz 2000, S. 117-137.

BLASCHKE, OLAF: Das 19. Jahrhundert: Ein Zweites Konfessionelles Zeitalter?, in: GG 26 (2000), S. 38-75.

BLASCHKE, OLAF: Das Zweite Konfessionelle Zeitalter. Ein Deutungsangebot für Katholizismus- und Sozialhistoriker, in: Konfession, Milieu, Moderne. Konzeptionelle Positionen und Kontroversen zur Geschichte von Katholizismus und Kirche im 19. und 20. Jahrhundert, hg. v. JOHANNES HORSTMANN u. ANTONIUS LIEDHEGENER, Schwerte 2001, S. 27-78.

BLECK, WALTER: Die Posener Frage auf den National-Versammlungen in den Jahren 1848/49, in: Zeitschrift der Historischen Gesellschaft für die Provinz Posen 29 (1915), S. 1-96.

BŁOŃSKI, JAN: Sarmatismus – zur polnischen Adelskultur, in: Deutsche und Polen. 100 Schlüsselbegriffe, hg. v. EWA KOBYLIŃSKA, ANDREAS LAWATY u. RÜDIGER STEPHAN, München 1992, S. 127-133.

BOBERACH, HEINZ: Die Posener Frage in der deutschen und der preußischen Politik 1848-1849, in: Deutsche und Polen in der Revolution 1848-1849. Dokumente aus deutschen und polnischen Archiven, hg. v. HANS BOOMS u. MARIAN WOJCIECHOWSKI, Boppard/R. 1991, S. 17-26.

BÖHNING, PETER: Die nationalpolnische Bewegung in Westpreussen 1815-1871. Ein Beitrag zum Integrationsprozeß der polnischen Nation, Marburg/Lahn 1973.

BORDET, GASTON: La Pologne, Lamennais et ses amis 1830-1834, Paris 1985.

BORODAJKEWYCZ, TARAS VON: Deutscher Geist und Katholizismus im 19. Jahrhundert. Dargestellt am Entwicklungsgang Constantins von Höfler, Salzburg u. Leipzig 1935.

BORUTTA, MANUEL: Das Andere der Moderne. Geschlecht, Sexualität und Krankheit in antikatholischen Diskursen Deutschlands und Italiens (1850-1900), in: Kollektive Identitäten und kulturelle Innovationen. Ethnologische, soziologische und historische Studien, hg. v. WERNER RAMMERT, GUNTHER KNAUTHE, KLAUS BUCHENAU u. a., Leipzig 2001, S. 59-75.

BORUTTA, MANUEL: Enemies at the gate: The Moabit *Klostersturm* and the *Kulturkampf*: Germany, in: Culture Wars. Secular-Catholic Conflicts in Nineteenth-Century Europe, hg. v. CHRISTOPHER CLARK u. WOLFRAM KAISER, Cambridge 2003, S. 227-254.

BOTZENHART, MANFRED: Deutscher Parlamentarismus in der Revolutionszeit 1848-1850, Düsseldorf 1977.

BOUDOU, ADRIEN: La Saint-Siège et la Russie. Leurs relations diplomatiques au XIXe siècle, 2 Bde., Paris 1922/25.

BOWE, MARY CAMILLE: Francois Rio. Sa place dans le renouveau catholique en europe (1797-1874), Paris 1938.

BRAUN, KARL-HEINZ: Ignanz Heinrich von Wessenberg, in: Die Bischöfe der deutschsprachigen Länder 1785/1803 bis 1945, hg. v. ERWIN GATZ, Berlin 1983, S. 808-813.

BRAUN, KARL-HEINZ: Die Causa Wessenberg, in: Kirche und Aufklärung. Ignaz Heinrich von Wessenberg (1774-1860), hg. v. DEMS., Freiburg, München u. Zürich 1989, S. 28-59.

BRAUNE, FRIEDA: Edmund Burke in Deutschland. Ein Beitrag zur Geschichte des historisch-politischen Denkens, Heidelberg 1917.

BRECHENMACHER, THOMAS: Großdeutsche Geschichtsschreibung im neunzehnten Jahrhundert. Die erste Generation (1830-48), Berlin 1996.

BROSZAT, MARTIN: Zweihundert Jahre deutsche Polenpolitik, München 1963.

BUCHHEIM, KARL: Katholische Bewegung, in: LThK, Bd. 6 ([2]1961), S. 77-81.

BUCHHEIM, KARL: Die Stellung der Kölnischen Zeitung im vormärzlichen rheinischen Liberalismus, Leipzig 1914.

BUCHHEIM, KARL: Ultramontanismus und Demokratie. Der Weg der deutschen Katholiken im 19. Jahrhundert, München 1963.

BURKARD, DOMINIK: 1848 als Geburtsstunde des deutschen Katholizismus? Unzeitgemäße Bemerkungen zur Erforschung des „Katholischen Vereinswesens", in: Saeculum 49 (1998), S. 61-106.

BURKARD, DOMINIK: Augustin Theiner – ein deutscher Doppelagent in Rom? Oder: Über den Umgang mit Quellen am Beispiel der Rottenburger Bischofswahlen von 1846/47, in: Rottenburger Jahrbuch für Kirchengeschichte 19 (2000), S. 191-251.

Carl von Dalberg. Erzbischof und Staatsmann (1744-1817), hg. v. KONRAD M. FÄRBER, ALBRECHT KLOSE u. HERMANN REIDEL, Regensburg 1994.

Carl von Dalberg. Der letzte geistliche Reichsfürst, hg. v. KARL HAUSBERGER, Regensburg 1995.

CASANOVA, JOSÉ: Das katholische Polen im nachchristlichen Europa, in: Transit 25 (2003), S. 50-65.

CEGIELSKI, TADEUSZ: Polen und die Polen aus der Sicht der Deutschen im 18. Jahrhundert: Fünf Stereotype, in: Internationale Schulbuchforschung 12 (1990), S. 49-57.

CETNAROWICZ, ANTONI: Metternich in den Augen der zeitgenössischen Polen und in der polnischen Historiographie, in: Polen – Österreich, hg. v. WALTER LEITSCH u. MARIA WAWRYKOWA, Wien u. Warszawa 1988, S. 77-124.

CHAUVIN, CHARLES: Lamennais ou l'impossible conciliation, 1782-1845, Paris 1999.

CHWALBA, ANDRZEJ: Historia Polski 1795-1918, Kraków 2000.

CLARK, CHRISTOPHER: Der neue Katholizismus und der europäische Kulturkampf, in: Comparativ 12 (2002), H. 5/6, S. 14-37.

CLARK, CHRISTOPHER: The New Catholicism and the European culture wars, in: Culture Wars. Secular-Catholic Conflicts in Nineteenth-Century Europe, hg. v. DEMS. u. WOLFRAM KAISER, Cambridge 2003, S. 11-46.

CLARK, CHRISTOPHER u. KAISER, WOLFRAM: Introduction: The European culture wars, in: Culture Wars. Secular-Catholic Conflicts in Nineteenth-Century Europe, Cambridge 2003, hg. v. DENS., S. 1-10.

CONZEMIUS, VICTOR: Döllinger et la France: Bilance d'une alliance intime, in: Francia 24 (1997), H. 3, S. 23-38.

CONZEMIUS, VICTOR: Liberaler Katholizismus, in: TRE, Bd. 21 (1991), S. 68-73.

CONZEMIUS, VICTOR: Montalembert et l'Allemagne, in: Revue d'histoire de l'eglise de France 61 (1970), S. 17-46.

CRAMER, VALMAR: Die Katholische Bewegung im Vormärz und im Revolutionsjahr 1848/49, in: Idee, Gestalt und Gestalter des ersten deutschen Katholikentages in Mainz 1848, hg. v. LUDWIG LENHART, Mainz 1948, S. 21-63.

CROMER, RICHARD: Die Sprachenrechte der Polen in Preußen in der ersten Hälfte des neunzehnten Jahrhunderts, in: Nation und Staat 6 (1932), S. 610-639.

Culture Wars. Secular-Catholic Conflicts in Nineteenth-Century Europe, hg. v. CHRISTOPHER CLARK u. WOLFRAM KAISER, Cambridge 2003.

CUNICO, GERARDO: Messianismus bei Mickiewicz, in: Von Polen, Poesie und Politik ... Adam Mickiewicz 1798-1998, hg. v. ROLF-DIETER KLUGE, Tübingen 1999, S. 171-196.

CYGLER, BOGUSŁAW: Wielka Emigracja a kuria rzymska, in: Szkice z dziejów papiestwa, hg. v. JANUSZ TAZBIR u. IRENA KOBERDOWA, Bd. 1, Warszawa 1989, S. 132-195.

CYNARSKI, STANISŁAW: Sarmatyzm – ideologia i styl życia, in: Polska XVII wieku, hg. v. JANUSZ TAZBIR, Warszawa 1969, S. 220-243.

CYNARSKI, STANISŁAW: The Shape of Sarmatian Ideology in Poland, in: Acta Poloniae Historica 19 (1968), S. 5-17.

CZARNOTA, ADAM: Podstawy światopoglądu konserwatywnego w publicystyce „Przeglądu Poznańskiego" w okresie formowania się pisma, in: Polska myśl polityczna na ziemiach pod pruskim panowaniem, hg. v. SŁAWOMIR KALEMBKA, Warszawa, Poznań u. Toruń 1988, S. 127-150.

CZARNOTA, ADAM: Wartości konserwatywne i ich interpretacja (Struktura myśli politycznej Jana Koźmiana), in: Ideologowie epoki romantyzmu wobec współczesnych problemów Polski i Europy, hg. v. SŁAWOMIR KALEMBKA, Toruń 1989, S. 83-104.

DAMBERG, WILHELM: Revolution und Katholizismus in Preußen 1848, in: Rottenburger Jahrbuch für Kirchengeschichte 19 (2000), S. 65-78.

DANIEL, UTE: Kompendium Kulturgeschichte. Theorien, Praxis, Schlüsselwörter, Frankfurt/M. 2001.

DANIEL, UTE: „Kultur" und „Gesellschaft". Überlegungen zum Gegenstandsbereich der Sozialgeschichte, in: GG 19 (1993), S. 69-99.

DANN, OTTO: Das alte Reich und die junge Nation. Zur Bedeutung des Reiches für die Nationalbewegung in Deutschland, in: Zum Verständnis der polnischen Frage in Preussen und Deutschland 1772-1871, hg. v. KLAUS ZERNACK, Berlin 1987, S. 108-126.

DENZLER, GEORG u. ANDRESEN, CARL: Wörterbuch Kirchengeschichte, 5. aktualisierte Aufl., München 1997.

DEUERLEIN, ERNST: Der katholische Klerus in der ersten Deutschen Nationalversammlung 1848/49, Diss. München 1947 (Ms.).

DICKERHOF, HARALD: Zu Görres' Umgang mit der „exakten" Geschichte. Aus Vorlesungen und Manuskripten, in: Görres-Studien. Festschrift zum 150. Todesjahr von Joseph von Görres, hg. v. DEMS., Paderborn u. a. 1999, S. 129-138.

DIEHL, ANTON: Zur Geschichte der katholischen Bewegung im 19. Jahrhundert. Das Mainzer Journal im Jahre 1848, Mainz 1911.

DIETRICH, STEFAN J.: Christentum und Revolution. Die christlichen Kirchen in Württemberg 1848-1852, Paderborn u. a. 1996.

DOCEKAL, HERTA-URSULA: Ernst von Lasaulx. Ein Beitrag zur Kritik des organischen Geschichtsbegriffs, Münster 1970.

DOR, FRANZ: Joseph Ritter v. Buß in seinem Leben und Wirken geschildert, Freiburg 1911.

DORNEICH, JULIUS: Franz Josef Buß und die katholische Bewegung in Baden, Freiburg 1979.

DYLĄGOWA, HANNA: Duchowieństwo katolickie wobec sprawy narodowej (1764-1864), Lublin 1981.

EICHINGER, FRANZ: Die Philosophie Jakob Senglers als philosophische Theologie. Ein Beitrag zum Gespräch der Theologie mit dem spätidealistischen Denken, Göttingen 1976.

EICHINGER, FRANZ: Jakob Sengler, in: Christliche Philosophie im katholischen Denken des 19. und 20. Jahrhunderts, hg. v. EMERICH CORETH, WALTER M. NEIDL u. GEORG PFLIGERSDORFER, Bd. 1: Neue Ansätze im 19. Jahrhundert, Graz, Wien u. Köln 1987, S. 306-318.

ENGELMANN, URS: Zur Kirchenfrage auf dem Wiener Kongreß, in: HJb 92 (1972), S. 373-391.

EISENSTADT, SHMUEL NOAH u. GIESEN, BERNHARD: The Construction of collective identity, in: European Journal of Sociology 36 (1995), S. 72-102.

EVANS, RICHARD J.: Rituale der Vergeltung. Die Todesstrafe in der deutschen Geschichte 1532-1987, Berlin 2001.

EVANS, ROBERT J. W.: The Polish-Lithuanian Monarchy in International Context, in: The Polish-Lithuanian Monarchy in European Context. 1500-1795, hg. v. RICHARD BUTTERWICK, New York 2001, S. 25-38.

EYCK, FRANK: Deutschlands große Hoffnung. Die Frankfurter Nationalversammlung 1848/49, München 1973.

EYCK, FRANK: Liberalismus und Katholizismus in der Zeit des deutschen Vormärz, in: Liberalismus in der Gesellschaft des deutschen Vormärz, hg. v. WOLFGANG SCHIEDER, Göttingen 1983, S. 133-146.

FABER, KARL-GEORG: Nationalität und Geschichte in der Frankfurter Nationalversammlung, in: Ideen und Strukturen der deutschen Revolution 1848, hg. v. WOLFGANG KLÖTZER, RÜDIGER MOLDENHAUER u. DIETER REBENTISCH, Frankfurt/M. 1974, S. 103-123.

FABIAN, JOHANNES: Time and the Other. How Anthropology makes its Object, New York 1983.

FEISTLE, KARL: Geschichte der Augsburger Postzeitung von 1838-1871. Ein Beitrag zur Geschichte der katholischen Presse, Diss. München 1951.

FELDMAN, JÓZEF.: Sprawa polska w roku 1848, Kraków 1933.

FISCHER, HEINZ-JOACHIM: Der Papst aus Polen und die deutschen Katholiken, in: Deutsche und Polen. 100 Schlüsselbegriffe, hg. v. EWA KOBYLIŃSKA, ANDREAS LAWATY u. RÜDIGER STEPHAN, München 1992, S. 297-301.

FITSCHEN, KLAUS: Was ist Freiheit? Liberale und demokratische Potenziale im Katholizismus 1789-1848, Leipzig 2001.

FLEISCHMANN, KORNELIUS: Klemens Maria Hofbauer. Sein Leben und seine Zeit, Graz u. a. 1988.

FOUCAULT, MICHEL: Archäologie des Wissens, Frankfurt/M. 1981.

FOUCAULT, MICHEL: Nietzsche, die Genealogie, die Historie, in: DERS.: Schriften in vier Bänden, hg. v. DANIEL DEFERT u. FRANCOIS EWALD, Bd. 2: 1970-1975, Frankfurt/M. 2002, S. 166-191.

FOUCAULT, MICHEL: Die Ordnung des Diskurses, Frankfurt/M. 1991.

FRANK, MANFRED: Zum Diskursbegriff bei Foucault, in: Diskurstheorien und Literaturwissenschaft, hg. v. JÜRGEN FOHRMANN u. HARRO MÜLLER, Frankfurt/M. 1988, S. 25-44.

FRANZ, GEORG: Kulturkampf. Staat und katholische Kirche in Mitteleuropa von der Säkularisation bis zum Abschluss des preussischen Kulturkampfes, München 1954.

FRANZEN, AUGUSTIN: Die Zölibatsfrage im 19. Jahrhundert. Der „Badische Zölibatssturm" (1828) und das Problem der Priesterehe im Urteil Johann Adam Möhlers und Johann Baptist Hirschers, in: HJb 91 (1971), S. 345-383.

GAILUS, MANFRED: Robert Blum und die deutsch-polnischen Beziehungen, in: Robert-Blum-Symposium 1982. Dokumente – Referate – Diskussionen, hg. v. HELMUT HIRSCH, Duisburg 1987, S. 41-58.

GANSER, WILHELM HUBERT: Die Süddeutsche Zeitung für Kirche und Staat. Freiburg 1845-1848. Eine Studie über die Anfänge des politischen Katholizismus in Baden, Berlin 1936.

GARSZTECKI, STEFAN: Mickiewcz' Messianismus und romantisches deutsches Sendungsbewusstsein, in: Sendung und Dichtung. Adam Mickiewicz in Europa, hg. v. DEMS. u. ZDZISŁAW KRASNODĘBSKI, Hamburg 2002, S. 127-170.

GATZ, ERWIN: Andreas Räß, in: Die Bischöfe der deutschsprachigen Länder 1785/1803 bis 1945. Ein biographisches Lexikon, hg. v. DEMS., Berlin 1983, S. 584-590.

GATZ, ERWIN: Katholische Bewegung, in: LThK, Bd. 5 (³1996), S. 1349-1353.

GATZ, ERWIN: Polen in Schlesien und in den preußischen Ostprovinzen, in: Kirche und Muttersprache, hg. v. DEMS., Freiburg, Basel u. Wien 1992, S. 129-150.

GELLER, HELMUT: Sozialstrukturelle Voraussetzungen für die Durchsetzung der Sozialform „Katholizismus" in Deutschland in der ersten Hälfte des 19. Jahrhunderts, in: Zur Soziologie des Katholizismus, hg. v. KARL GABRIEL u. FRANZ-XAVER KAUFMANN, Mainz 1980, S. 66-88.

GERECKE, ANNELIESE: Das deutsche Echo auf die polnische Erhebung von 1830, Wiesbaden 1964.

GIESEN, BERNHARD: Codes kollektiver Identität, in: Religion und Identität, hg. v. WERNER GEPHART u. HANS WALDENFELS, Frankfurt/M. 1999, S. 13-43.

GILL, ARNON: Die polnische Revolution 1846. Zwischen nationalem Befreiungskampf des Landadels und antifeudaler Bauernerhebung, München u. Wien 1974.

GLÜCK, HELMUT: Die preußisch-polnische Sprachenpolitik. Eine Studie zu Theorie und Methodologie der Forschung über Sprachenpolitik, Sprachbewußtsein und Sozialgeschichte am Beispiel der preußisch-deutschen Politik gegenüber der deutschen Minderheit vor 1914, Hamburg 1979.

GOLLWITZER, HEINZ: Ludwig I. von Bayern. Königtum im Vormärz. Eine politische Biographie, München ²1987.

GOLLWITZER, HEINZ: Ein Staatsmann des Vormärz: Karl von Abel 1788-1859. Beamtenaristokratie – Monarchisches Prinzip – Politischer Katholizismus, Göttingen 1993.

GOSCHLER, CONSTANTIN: Rudolf Virchow. Mediziner – Anthropologe – Politiker, Köln, Weimar u. Wien 2002.

GÓRSKI, KONRAD: Mickiewicz – Towiański, Warszawa 1986.

GRABOWSKA, MIROSŁAWA: Die Kirche in einer Epoche des Umbruchs – auf der Suche nach einer neuen Identität, in: Religion und Kirche in der modernen Gesellschaft. Polnische und deutsche Erfahrungen, hg. v. EWA KOBYLIŃSKA, ANDREAS LAWATY u. RÜDIGER STEPHAN, Wiesbaden 1994, S. 207-220.

GRAF, FRIEDRICH WILHELM: Die Politisierung des religiösen Bewußtseins. Die bürgerlichen Religionsparteien im Vormärz: Das Beispiel des Deutschkatholizismus, Stuttgart 1978.

GRANE, LEIF: Die Kirche im 19. Jahrhundert. Europäische Perspektiven, Göttingen 1987.

GRESCHAT, MARTIN: Die Kirchen im Revolutionsjahr 1848/49, in: Zeitschrift für bayerische Kirchengeschichte 62 (1993), S. 17-35.

GROH, DIETER: Rußland im Blick Europas. 300 Jahre historische Perspektive, Frankfurt/M. 1988.

GROT, ZDISŁAW: Marcin von Dunin Sulgustowski (1774-1842), in: Die Bischöfe der deutschsprachigen Länder 1785/1803 bis 1945, hg. v. ERWIN GATZ, Berlin 1983, S. 149ff.

HAASE, FELIX: Die katholische Kirche Polens unter russischer Herrschaft, Breslau 1917.

HACHTMANN, RÜDIGER: Berlin 1848. Eine Politik- und Gesellschaftsgeschichte der Revolution, Bonn 1997.

HACHTMANN, RÜDIGER: Joseph Maria von Radowitz: Ein im preußischen Boden verwurzelter deutscher Staatsmann, in: Die Achtundvierziger, hg. v. SABINE FREITAG, München 1998, S. 277-289.

HÄUSLER, WOLFGANG: Österreich und die Polen Galiziens in der Zeit des „Völkerfrühlings" (1830-1849), in: Polen – Österreich. Aus der Geschichte einer Nachbarschaft, hg. v. WALTER LEITSCH u. MARIA WAWRYKOWA, Wien u. Warszawa 1988, S. 125-188.

HAGEN, WILLIAM W.: Germans, Poles and Jews. The Nationality Conflict in the Prussian East, 1772-1914, Chicago u. London 1980.

HAHN, HANS HENNING: Außenpolitik in der Emigration. Die Exildiplomatie Adam Jerzy Czartoryskis 1830-1840, München u. Wien 1978.

HAHN, HANS HENNING: Deutschland und Polen in Europa. Überlegungen zur Interdependenz zweier nationaler Fragen im 19. Jahrhundert, in: Polen und Deutsche, hg. v. der NIEDERSÄCHSISCHEN LANDESZENTRALE FÜR POLITISCHE BILDUNG, Hannover 1995, S. 4-15.

HAHN, HANS HENNING: Die erste 'Große Emigration' der Polen und ihr historischer Stellenwert, in: Sendung und Dichtung. Adam Mickiewicz in Europa, hg. v. ZDZISŁAW KRASNODĘBSKI u. STEFAN GARSZTECKI, Hamburg 2002, S. 207-228.

HAHN, HANS HENNING: Forschungslage und „weiße Flecken" in der deutsch-polnischen Beziehungsgeschichte (1. Hälfte des 19. Jahrhunderts), in: Zum wissenschaftlichen Ertrag der deutsch-polnischen Schulbuchkonferenzen der Historiker 1972-1987, hg. v. WOLFGANG JACOBMEYER, Braunschweig 1988, S. 65-74.

HAHN, HANS HENNING: Die „Große Emigration" der Polen in der deutschen Publizistik des Vormärz (1842-47), in: Die deutsch-polnischen Beziehungen 1831-1848: Vormärz und Völkerfrühling, hg. v. RAINER RIEMENSCHNEIDER, Braunschweig 1979, S. 83-100.

HAHN, HANS HENNING: Internationale Beziehungen und europäische Revolution. Das europäische Staatensystem in der Revolution von 1848, 2 Bde., Köln 1986 (Ms.).

HAHN, HANS HENNING: Die Organisation der polnischen „Großen Emigration". 1831-1847, in: Nationale Bewegung und soziale Organisation, hg. v. THEODOR SCHIEDER u. OTTO DANN, Bd. 1: Vergleichende Studien zur nationalen Vereinsbewegung des 19. Jahrhunderts in Europa, München u. Wien 1978, S. 131-279.

HAHN, HANS HENNING: Polen im Horizont preußischer und deutscher Politik im neunzehnten Jahrhundert, in: Zum Verständnis der polnischen Frage in Preussen und Deutschland 1772-1871, hg. v. KLAUS ZERNACK, Berlin 1987, S. 1-19.

HAHN, HANS HENNING: Die polnische Nation in den Revolutionen von 1846-49, in: Europa 1848. Revolution und Reform, hg. v. DIETER DOWE, HEINZ GERHARD HAUPT u. DIETER LANGEWIESCHE, Bonn 1998, S. 231-252.

HAHN, HANS HENNING: Polskie powstania i europejski system wielkich mocarstw. Rozważania nad międzynarodowymi uwarunkowaniami polskich walk niepodległościowych w IX wieku, in: Polskie powstania narodowe na tle przemian europejskich w XIX wieku, hg. v. ANNA BARAŃSKA, WITOLD MATWIEJCZYK u. JAN ZIÓŁEK, Lublin 2001, S. 11-26.

HAHN, HANS HENNING: Stereotypen in der Geschichte und Geschichte im Stereotyp, in: Historische Stereotypenforschung, hg. v. DEMS., Oldenburg 1995, S. 190-204.

HAHN, HANS HENNING u. HAHN, EVA: Nationale Stereotypen. Plädoyer für eine historische Stereotypenforschung, in: Stereotyp, Identität und Geschichte. Die Funktion von Stereotypen in gesellschaftlichen Diskursen, hg. v. HANS HENNING HAHN, Frankfurt/M. u. a. 2002, S. 17-56.

HALLGARTEN, WOLFGANG: Studien über die deutsche Polenfreundschaft in der Periode der Märzrevolution, München u. Berlin 1928.

Handbuch der bayerischen Geschichte, hg. v. MAX SPINDLER, Bd. 4/1, München 1974.

HARDTWIG, WOLFGANG: Die Kirchen in der Revolution 1848/49. Religiös-politische Mobilisierung und Parteienbildung, in: Revolution in Deutschland und Europa 1848/49, hg. v. DEMS., Göttingen 1998, S. 79-108.

HART, HERMANN: Die Geschichte der Augsburger Postzeitung bis zum Jahre 1838, Augsburg 1934.

HAUSBERGER, KARL: Die katholische Bewegung im Bayern des Vormärz als Wegbereiterin des politischen Katholizismus in Deutschland, in: Rottenburger Jahrbuch für Kirchengeschichte 19 (2000), S. 93-105.

HEILBRONNER, ODED: From Ghetto to Ghetto: The Place of German Catholic Society in Recent Historiography, in: The Journal of Modern History 71 (2000), S. 453-495.

HEILBRONNER, ODED: Wohin verschwand das katholische Bürgertum? Der Ort des katholischen Bürgertums in der neueren deutschen Historiographie, in: Zeitschrift für Religion und Geistesgeschichte 47 (1995), H. 4, S. 320-337.

HEINEN, ARMIN: Umstrittene Moderne. Die Liberalen und der preußisch-deutsche Kulturkampf, in: GG 29 (2003), S. 138-156.

HEINEN, ERNST: Staatliche Macht und Katholizismus in Deutschland, Bd. 1: Dokumente des politischen Katholizismus von seinen Anfängen bis 1867, Paderborn 1969.

HENSEKE, HANS: Die Polenfrage im Spiegel der zeitgenössischen bürgerlichen deutschen Presse und in den politischen Klubs während der Revolution 1848/49, in: Wissenschaftliche Zeitschrift der Pädagogischen Hochschule Potsdam. Gesellsch.-Sprachw. Reihe 6 (1961), H. 1, S. 53-66.

HERRES, JÜRGEN: Städtische Gesellschaft und katholische Vereine im Rheinland 1840-1870, Essen 1996.

HERZOG, DAGMAR: Intimacy and Exclusion. Religious Politics in pre-revolutionary Baden, Princeton 1996.

HETNAL, ADAM ANDREW: The Polish Question during the Crimean War 1853-1856, Diss. Nashville/Tenn. 1980.

HEUVEL, JON VANDEN: A German Life in the Age of Revolution. Joseph Görres, 1776-1848, Washington D.C. 2001.

HEYCK, EDUARD: Die Allgemeine Zeitung 1798-1898. Beitrag zur Geschichte der deutschen Presse, München 1898.

HIRSCH, HELMUT: Robert Blum als Deutschkatholik, in: Robert-Blum-Symposium 1982. Dokumente – Referate – Diskussionen, hg. v. DEMS., Duisburg 1987, S. 113-134.

HIRSCHHAUSEN, ULRIKE von: Liberalismus und Nation. Die Deutsche Zeitung 1847-1850, Düsseldorf 1988.

HÖFELE, KARL-HEINRICH: Die Anfänge des politischen Katholizismus in der Stadt Trier (1848-1870), in: Trierer Jahrbuch 2 (1939), S. 77-112.

HOENSCH, JÖRG K.: Geschichte Polens, 2., neubearb. u. erw. Aufl., Stuttgart 1990.

HOLZEM, ANDREAS: Dechristianisierung und Rechristianisierung. Der deutsche Katholizismus im europäischen Vergleich, in: KZG 11 (1998), H. 1, S. 69-93.

HOLZEM, ANDREAS: Kirchenreform und Sektenstiftung. Deutschkatholiken, Reformkatholiken und Ultramontane am Oberrhein 1844-1866, Paderborn u. a. 1994.

HORN, DAVID BAYNE: British Public Opinion and the First Partition of Poland, Edinburgh u. London 1945.

HUBER, AUGUSTIN KURT: Kirche und deutsche Einheit im 19. Jahrhundert. Ein Beitrag zur österreichisch-deutschen Kirchengeschichte, Königstein/Ts. 1966.

HUBER, ERNST RUDOLF: Deutsche Verfassungsgeschichte seit 1789, Bd. 2, Stuttgart 1960.

HÜRTEN, HEINZ: Görres und die Kölner Wirren, in: Görres-Studien. Festschrift zum 150. Todesjahr von Joseph von Görres, hg. v. HARALD DICKERHOF, Paderborn u. a. 1999, S. 47-53.

HÜRTEN, HEINZ: Katholizismus, in: Staatslexikon, Bd. 3, Sonderausgabe der 7., völlig neu bearb. Aufl., Freiburg, Basel u. Wien 1995, Sp. 374.

HÜRTEN, HEINZ: Kurze Geschichte des deutschen Katholizismus 1800-1960, Mainz 1986.

HUFELD, ULRICH: Einleitung, in: Der Reichsdeputationshauptschluß von 1803. Eine Dokumentation zum Untergang des Alten Reiches, hg. v. DEMS., Köln, Weimar u. Wien 2003, S. 1-32.

HUG, WOLFGANG: Katholiken und ihre Kirche in der Badischen Revolution von 1848/49, in: Freiburger Diözesan-Archiv 118 (1998), S. 285-310.

IMHOF, MICHAEL: Stereotypen und Diskursanalyse. Anregungen zu einem Forschungskonzept kulturwissenschaftlicher Stereotypenforschung, in: Stereotyp, Identität und Geschichte. Die Funktion von Stereotypen in gesellschaftlichen Diskursen, hg. v. HANS HENNING HAHN, Frankfurt/M. u. a. 2002, S. 57-71.

IWĄCZAK, WOJCIECH: „Sarbiewski, Maciej Kazimierz", in: Biographisch-Bibliographisches Kirchenlexikon, Bd. 8 (1994), Sp. 1357-1361.

IWICKI, JOHN: Bogdan Jański – z okazji 150-rocznicy jego śmierci 2 lipca 1840-1990, Rzym 1989.

JÄGER, HANS-WOLF: Der reisende Enzyklopäd und seine Kritiker. Friedrich Nicolais „Beschreibung einer Reise durch Deutschland und die Schweiz im Jahre 1781", in: Jahrbuch der deutschen Schillergesellschaft 26 (1982), S. 104-124.

JAEGER, KARIN: Die Revolution von 1848 und die Stellung des Katholizismus zum Problem der Revolution, in: Kirche zwischen Krieg und Frieden, hg. v. WOLFGANG HUBER u. JOHANNES SCHWERDTFEGER, Stuttgart 1976, S. 243-292.

JAHN, PETER: Russophilie und Konservativismus. Die russophile Literatur in der deutschen Öffentlichkeit 1831-1852, Stuttgart 1980.

JAROSZEWSKI, MAREK: Der polnische Novemberaufstand in der deutschen Literatur und Historiographie. Auswahlbibliographie 1830-1993, in: Studia niemcoznawcze 10 (1993), S. 5-74.

JAROSZEWSKI, MAREK: Der polnische Novemberaufstand in der zeitgenössischen deutschen Literatur und Historiographie, Warszawa 1992.

JAWORSKI, RUDOLF: Osteuropa als Gegenstand historischer Stereotypenforschung, in: GG 13 (1987), S. 63-76.

JEDIN, HUBERT: Freiheit und Aufstieg des deutschen Katholizismus zwischen 1848 und 1870, in: Ders.: Kirche des Glaubens – Kirche der Geschichte. Ausgewählte Aufsätze und Vorträge, Bd. 1, Freiburg 1966, S. 469-484.

JEDIN, HUBERT: Augustin Theiner. Zum 100. Jahrestag seines Todes am 9. August 1874, in: Archiv für Schlesische Kirchengeschichte 31 (1973), S. 134-176.

JEDIN, HUBERT: Briefe Constantin Höflers an Augustin Theiner 1841 bis 1845, in: HJb 91 (1971), S. 118-127.

JEDIN, HUBERT: Kirchenhistorikerbriefe an Augustin Theiner, in: RQ 66 (1971), S. 187-231.

JEISMANN, MICHAEL: Was bedeuten Stereotypen für nationale Identität und politisches Handeln? in: Nationale Mythen und Symbole in der zweiten Hälfte des 19. Jahrhunderts, hg. v. JÜRGEN LINK u. WOLF WÜLFING, Stuttgart 1991, S. 84-93.

JÜRGENSEN, KURT: Lamennais und die Gestaltung des belgischen Staates. Der liberale Katholizismus in der Verfassungsbewegung des 19. Jahrhunderts, Wiesbaden 1963.

KAHLE, WILHELM: Kirchliche Russlandbilder. Ein Überblick, in: Russen und Rußland aus deutscher Sicht. 19. Jahrhundert: Von der Jahrhundertwende bis zur Reichsgründung (1800-1871), hg. v. MECHTHILD KELLER, München 1991, S. 849-886.

KALEMBKA, SŁAWOMIR: Wielka Emigracja. Polskie wychodźstwo polityczne w latach 1831-1862, Warszawa 1971.

KALLSCHEUER, OTTO: Kirche und Macht. Kleine politisch-theologische Geographie Europas – aus westlicher Sicht, in: Religion und Kirche in der modernen Gesellschaft. Polnische und deutsche Erfahrungen, hg. v. EWA KOBYLIŃSKA, u. ANDREAS LAWATY, Wiesbaden 1994, S. 47-62.

KALLWEIT, HILMAR: Archäologie des historischen Wissens: Zur Geschichtsschreibung Michel Foucaults, in: Historische Methode, hg. v. CHRISTIAN MEIER u. JÖRN RÜSEN, München 1988, S. 267-299.

KAPFINGER, HANS: Der Eos-Kreis 1828-1832. Ein Beitrag zur Vorgeschichte des politischen Katholizismus in Deutschland, München 1928.

KARPIŃSKI, WOJCIECH u. KRÓL, MARCIN: Sylwetki polityczne XIX wieku, Kraków 1974. Katholische Aufklärung – Aufklärung im katholischen Deutschland, hg. v. HARM KLUETING, Hamburg 1993.

Katholische Aufklärung und Josephinismus, hg. v. ELISABETH KOVACS, Wien 1979.

KAUFMANN, FRANZ-XAVER: Katholizismus und Moderne als Aufgaben künftiger Forschung, in: Moderne als Problem des Katholizismus, hg. v. URS ALTERMATT, Heinz Hürten u. NIKOLAUS LOBKOWICZ, Regensburg 1995, S. 9-32.

KEINEMANN, FRIEDRICH: Das Kölner Ereignis. Sein Widerhall in der Rheinprovinz und Westfalen, 2 Bde., Münster 1974.

KIENIEWICZ, STEFAN: The Emancipation of the Polish Peasantry, Chicago u. London 1969.

KIENIEWICZ, STEFAN: Europa und die Novemberrevolution, in: Der polnische Freiheitskampf 1830/31 und die liberale deutsche Polenfreundschaft, hg. v. PETER EHLEN, München 1982, S. 15-30.

KIENIEWICZ, STEFAN: The Free State of Cracow 1815-1846, in: The Slavonic and East European Review 26 (1947), S. 69-89.

KIENIEWICZ, STEFAN: Ruch chłopski w Galicji w r. 1846, Wrocław 1951.

KIENIEWICZ, STEFAN: Społeczeństwo polskie w powstaniu poznańskim, Wydanie nowe, uzupełnione, Warszawa 1960.

KIENZLER, KLAUS: Der religiöse Fundamentalismus. Christentum, Judentum, Islam, München 1996.

KIßLING, JOHANNES B.: Geschichte der deutschen Katholikentage, 2 Bde., Münster 1920/23.

KIßLING, JOHANNES B.: Geschichte des Kulturkampfes im Deutschen Reiche, Bd. 1-2, Freiburg/Br. 1911 u. 1913.

KLÖCKER, MICHAEL: Der Politische Katholizismus. Versuch einer Neudefinierung, in: Zeitschrift für Politik 18 (1971), S. 124-130.

KLUG, EKKEHARD: Das ‚asiatische' Russland. Über die Entstehung eines europäischen Vorurteils, in: HZ 245 (1987), S. 265-289.

KLUG, MATTHIAS: Rückwendung zum Mittelalter? Geschichtsbilder und historische Argumentation im politischen Katholizismus des Vormärz, Paderborn u. a. 1995.

KŁOCZKOWSKI, JERZY; MÜLLEROWA, LIDIA u. SKARBEK, JAN: Zarys dziejów Kościoła katolickiego w Polsce, Kraków 1986.

KNAPOWSKA, WISŁAWA: La politique de Metternich avant l'annexion de la République de Cracovie, in: La Pologne au VII-e congres international des sciences historiques, Bd. 2, Warszawa 1933, S. 39-59.

KOCÓJ, HENRYK: Niemcy a powstanie listopadowe. Sprawy powstania listopadowego w niemieckiej opinii publicznej i w polityce pruskiej 1830-1831. Zagadnienia wybrane, Warszawa 1970.

KOCÓJ, HENRYK: Prusy i Niemcy wobec powstania listopadowego, Kraków 2001.

KÖHLER, MATHILDE: Amalie von Gallitzin. Ein Leben zwischen Skandal und Legende, 2., durchges. Aufl., Paderborn u. a. 1995.

KÖHLER, OSKAR: Katholizismus, in: Handwörterbuch religiöser Gegenwartsfragen, hg. v. ULRICH RUH, DAVID SEEBER u. RUDOF WALTER, Freiburg, Basel u. Wien ^{2}1989, S. 198-202.

KOETHER, ALFONS: Ernst von Lasaulx' Geschichtsphilosophie und ihr Einfluß auf Jakob Burckhardts „Weltgeschichtliche Betrachtungen", Diss. Münster 1937.

KOHTE, WOLFGANG: Deutsche Bewegung und preußische Politik im Posener Lande 1848-49, Posen 1931.

KOLB, EBERHARD: Polenbild und Polenfreundschaft der deutschen Frühliberalen. Zu Motivation und Funktion außenpolitischer Parteinahme im Vormärz, in: Saeculum 26 (1975), S. 111-127.

KOLLER, CHRISTIAN: Die Ehre der Nation. Überlegungen zu einem Kernelement der politischen Kultur im 19. Jahrhundert, in: Saeculum 54 (2003), H. 1, S. 87-121.

KOMIEROWSKI, ROMAN: Koła polskie w Berlinie 1847-1860, Poznań 1910.

KOMIEROWSKI, ROMAN: Koła polskie w Berlinie 1861-1866, Poznań 1913.

KONARSKA, BARBARA: W kręgu Hotelu Lambert. Władysław Zamoyski w latach 1832-1847, Wrocław u. a. 1971.

KONDYLIS, PANAJOTIS: Konservativismus. Geschichtlicher Gehalt und Untergang, Stuttgart 1986.

Konfession, Milieu, Moderne. Konzeptionelle Positionen und Kontroversen zur Geschichte von Katholizismus und Kirche im 19. und 20. Jahrhundert, hg. v. JOHANNES HORSTMANN u. ANTONIUS LIEDHEGENER, Schwerte 2001.

Konfessionen im Konflikt. Deutschland zwischen 1800 und 1970: ein zweites konfessionelles Zeitalter, hg. v. OLAF BLASCHKE, Göttingen 2002.

KOSIM, JAN: Der polnische Aufstand von 1830 im Spiegel der deutschen Öffentlichkeit und die Zusammenarbeit zwischen deutschen und polnischen Demokraten, in: Zum Verständnis der polnischen Frage in Preussen und Deutschland 1772-1871, hg. v. KLAUS ZERNACK, Berlin 1987, S. 28-41.

KOSZYK, KURT: Die katholische Tagespresse im westfälischen Ruhrgebiet von 1870 bis 1949, Schwerte 1982.

KOTOWSKI, ALBERT S.: Polen in Deutschland. Religiöse Symbolik als Mittel der nationalen Selbstbehauptung (1870-1918), in: Nation und Religion in Europa. Mehrkonfessionelle Gesellschaften im 19. und 20. Jahrhundert, hg. v. HEINZ-GERHARD HAUPT u. DIETER LANGEWIESCHE, Frankfurt/M. u. New York 2004, S. 253-279.

KRAUS, ANDREAS: Görres als Historiker, in: HJb 96 (1976), S. 93-122.

KRAUS, HANS-CHRISTOF: Carl Ernst Jarcke und der katholische Konservativismus im Vormärz, in: HJb 110 (1990), S. 409-445.

KRAUS, HANS-CHRISTOF: Franz Xaver v. Baader, in: Lexikon des Konservatismus, hg. v. CASPAR V. SCHRENCK-NOTZING, Graz u. Stuttgart 1996, S. 46f.

KRAUS, HANS-CHRISTOF: Görres und Preußen. Zur Geschichte eines spannungsreichen Verhältnisses, in: Görres-Studien. Festschrift zum 150. Todesjahr von Joseph von Görres, hg. v. HARALD DICKERHOF, Paderborn u. a. 1999, S. 1-27.

KRAUS, HANS-CHRISTOF: Stand und Probleme der Erforschung des deutschen Konservatismus bis 1890, in: Stand und Probleme der Erforschung des deutschen Konservatismus, hg. v. CASPAR V. SCHRENCK-NOTZING, Berlin 2000, S. 9-26.

KRETSCHMANN, CARSTEN u. PAHL, HENNING: Ein „Zweites Konfessionelles Zeitalter"? Vom Nutzen und Nachteil einer neuen Epochensignatur, in: HZ 276 (2003), S. 369-392.

KRÓL, MARCIN: Konserwatyści a niepodległość. Studia nad polską konserwatywną XIX wieku, Warszawa 1985.

KRUMEICH, GERD u. LEHMANN, HARTMUT: Nation, Religion und Gewalt: Zur Einführung, in: „Gott mit uns". Nation, Religion und Gewalt im 19. und frühen 20. Jahrhundert, hg. v. DENS., Göttingen 2000, S. 1-6.

KRZYŻANIAKOWA, JADWIGA: Polen als *antemurale* Christianitatis. Zur Vorgeschichte eines Mythos, in: Mythen in Geschichte und Geschichtsschreibung aus polnischer und deutscher Sicht, hg. v. Adelheid von Saldern, Münster 1996, S. 132-146.

KUKIEL, MARIAN: Czartoryski and European Unity 1770-1861, Princeton 1955.

KUSTERMANN, ABRAHAM PETER: Zum Synodenwesen der Deutschkatholiken (1844-1847). Mit Seitenblicken auf den Deutschkatholizismus in Südwestdeutschland, in: Rottenburger Jahrbuch für Kirchengeschichte 5 (1986), S. 91-114.

LACHER, HUGO: Politischer Katholizismus und kleindeutsche Reichsgründung. Eine Studie zur politischen Ideenwelt im deutschen Katholizismus, 1859-1871, Diss. Mainz 1963 (Ms.).

LALLEMAND, PAULINE DE: Montalembert et ses relations littéraires avec l'étranger jusqu'en 1840, Paris 1927.

LAMBERT, FRÉDÉRIC: Théologie de la Républic. Lamennais, prophète et législateur, Paris u. a. 2001.

LAMBERT, WILLI: Franz von Baader (1765-1841), in: Christliche Philosophie im katholischen Denken des 19. und 20. Jahrhunderts, hg. v. EMERICH CORETH, WALTER M. NEIDL u. GEORG PFLIGERSDORFER, Bd. 1: Neue Ansätze im 19. Jahrhundert, Graz, Wien u. Köln 1987, S. 150-173.

LANDWEHR, ACHIM: Geschichte des Sagbaren. Einführung in die Historische Diskursanalyse, Tübingen 2001.

LANGEWIESCHE, DIETER: Liberalismus in Deutschland, Frankfurt/M. 1988.

LAUBERT, MANFRED: Der Erzbischof Dunin und der polnische Religionsunterricht am Posener Mariengymnasium 1835, in: Evangelisches Kirchenblatt. Monatsschrift für evangelisches Leben in Posen 10 (1932), H. 10, S. 354-358.

LAUBERT, MANFRED: Der Kampf um die geistliche Leitung des Schullehrerseminars zu Paradies 1844, in: Grenzmärkische Heimatblätter 3 (1927), S. 74-82.

LAUBERT, MANFRED: Metternich und die Kritik der deutschen Presse an der Revolution in Krakau und Galizien 1846, in: Historische Vierteljahresschrift 17 (1914/15), S. 34-53.

LAUBERT, MANFRED: Papst Pius IX. und die Polen 1847, in: Deutsche Rundschau (1923), S. 121-124.

LAUBERT, MANFRED: Wie der Polenaufstand von 1846 in Oberschlesien aussah, in: Der Oberschlesier 11 (1929), S. 159 f.

LAUBERT, MANFRED: Der polnische Adel und Erzbischof von Dunin, in: Forschungen zur Brandenburgischen und Preußischen Geschichte 52 (1940), S. 280-320.

LAUBERT, MANFRED: Die preussische Polenpolitik von 1772-1914, 3., verb. Aufl., Krakau 1944.

LAUBERT, MANFRED: Schlesien und der Streit um die gemischten Ehen in der Provinz Posen, in: Zeitschrift des Vereins f. Geschichte u. Altertum Schlesiens 76 (1942), S. 107-124.

LAUBERT, MANFRED: Die Sendung des Gnesener Erzbischofs v. Przyłuski nach Berlin im April 1846, in: HZ 125 (1921), S. 70-79.

LAUBERT, MANFRED: Die Stellung des Kulmer Bischofs Sedlag zum polnischen Aufstand von 1846, in: Schlesische Volkszeitung (1921), Nr. 372 v. 4.8.

LEARS, T. J. JACKSON: The Concept of Cultural Hegemony: Problems and Possibilities, in: AHR 90 (1985), S. 567-593.

LECANUET, R. P. (EDOUARD): Montalembert, 3 Bde., Paris ³1900-1905.

LEESCH, WOLFGANG: Die Geschichte des Deutschkatholizismus in Schlesien (1844-1852) unter besonderer Berücksichtigung seiner politischen Haltung, Breslau 1938.

LE GUILLOU, LOUIS: Politique et religion: Lamennais et les révolutions de 1830, in: Romantisme et politique 1815-1851. Colloque de l'Ecole Normale Supérieure de Saint-Cloud (1966), Paris 1969, S. 212-219.

LEMBERG, HANS: Zur Entstehung des Osteuropabegriffs im 19. Jahrhundert. Vom „Norden" zum „Osten" Europas, in: JbbGOE 33 (1985), Nr. 1, S. 48-91.

LEMPP, RICHARD: Die Frage der Trennung von Staat und Kirche im Frankfurter Parlament, Tübingen 1913.

LENCYK, WASYL: The Eastern Catholic Church And Czar Nicholas I, Rom u. New York 1966.

LESLIE, ROBERT F.: Polish Politics and the Revolution of November 1830, London 1956.

LILL, RUDOLF: Die Auswirkungen der Revolution von 1848 in den Ländern des Deutschen Bundes und den Niederlanden. Die Länder des Deutschen Bundes, in: Handbuch der Kirchengeschichte, hg. v. HUBERT JEDIN, Bd. VI/1, Freiburg, Basel u. Wien 1971, S. 493-501.

LILL, RUDOLF: Die Beilegung der Kölner Wirren 1840-1842, Düsseldorf 1962.

LILL, RUDOLF: Die ersten deutschen Bischofskonferenzen, Freiburg, Basel, Wien 1964.

LILL, RUDOLF: Großdeutsch und kleindeutsch im Spannungsfeld der Konfessionen, in: Probleme des Konfessionalismus in Deutschland seit 1800, hg. v. ANTON RAUSCHER, Paderborn u. a. 1984, S. 29-47.

LILL, RUDOLF: Kirche und Revolution. Zu den Anfängen der katholischen Bewegung im Jahrzehnt vor 1848, in: AfS 18 (1978), S. 565-575.

LILL, RUDOLF: Kirchliche Reorganisation und Staatskirchentum in den Ländern des Deutschen Bundes und in der Schweiz, in: Handbuch der Kirchengeschichte, hg. v. HUBERT JEDIN, Bd. VI/1, Freiburg, Basel u. Wien 1971, S. 160-173.

LILL, RUDOLF: Die Länder des Deutschen Bundes und die Schweiz 1830-1848, in: Handbuch der Kirchengeschichte, hg. v. HUBERT JEDIN, Bd. VI/1, Freiburg, Basel u. Wien 1971, S. 392-408.

LILL, RUDOLF: Der Ultramontanismus. Die Ausrichtung der gesamten Kirche auf den Papst, in: Kirche im 19. Jahrhundert, hg. v. MANFRED WEITLAUFF, Regensburg 1998, S. 76-94.

LINDINGER, STEFAN: Wilhelm von Schütz, in: Biographisch-bibliographisches Kirchen-Lexikon, Bd. 15, Herzberg 1999, Sp. 1264-1271.

LITZENBURGER, LUDWIG: Nikolaus von Weis, in: Die Bischöfe der deutschsprachigen Länder 1785/1803 bis 1945. Ein biographisches Lexikon, hg. v. ERWIN GATZ, Berlin 1983, S. 801ff.

LÖFFLER, KLEMENS: Geschichte der katholischen Presse Deutschlands, Mönchen-Gladbach 1924.

LÖNNE, KARL-EGON: Katholizismus-Forschung, in: GG 26 (2000), S. 128-170.

LÖNNE, KARL-EGON: Politischer Katholizismus im 19. und 20. Jahrhundert, Frankfurt/M. 1986.

LÖSCH, STEFAN: Döllinger und Frankreich. Eine geistige Allianz 1823-1871, München 1955.

LÖWITH, KARL: Weltgeschichte und Heilsgeschehen. Die theologischen Voraussetzungen der Geschichtsphilosophie, Stuttgart u. a. ⁷1979.

LÜERS, JÖRG: Die Oberschlesier im preußisch-deutschen Denken, in: „Wach auf, mein Herz, und denke". Zur Geschichte der Beziehungen zwischen Schlesien und Berlin-Brandenburg von 1740 bis heute, hg. v. KLAUS BŹDZIACH, Berlin u. Opole 1995, S. 79-87.

ŁUKASIEWICZ, JACEK: Mickiewiczs towianistische Dichtung, in: Adam Mickiewicz und die Deutschen, hg. v. EWA MAZUR-KĘBŁOWSKA, u. ULRICH OTT, Wiesbaden 2000, S. 97-106.

MAIER, HANS: Revolution und Kirche. Zur Frühgeschichte der christlichen Demokratie, München ³1973.

MAKOWSKI, KRZYSZTOF: Das Großherzogtum Posen im Revolutionsjahr 1848, in: 1848/49 – Revolutionen in Ostmitteleuropa, hg. v. RUDOLF JAWORSKI u. ROBERT LUFT, München 1996, S. 149-172.

MARCHAND, SUZANNE: Foucault, die moderne Individualität und die Geschichte der humanistischen Bildung, in: Geschichte zwischen Kultur und Gesellschaft, hg. v. THOMAS MERGEL u. THOMAS WELSKOPP, München 1997, S. 323-348.

MASET, MICHAEL: Diskurs, Macht und Geschichte. Foucaults Analysetechniken und die historische Forschung, Frankfurt/M. u. New York 2002.

MATUSIK, PRZEMYSŁAW: Kościół i katolicyzm w myśli ultramontanów poznańskich, in: Polska myśl polityczna na ziemiach pod pruskim panowaniem, hg. v. SŁAWOMIR KALEMBKA, Warszawa, Poznań u. Toruń 1988, S. 151-164.

MATUSIK, PRZEMYSŁAW: Die polnischen Katholiken und der preußische Staat zwischen der Revolution von 1848 und dem Kulturkampf, in: Forum für osteuropäische Ideen- u. Zeitgeschichte 2 (1998), H. 2, S. 275-299.

MATUSIK, PRZEMYSŁAW: Polska i Europa w polskiej myśli katolicko-konserwatywnej w latach 1845-1865 (ze szczególnym uwzględnieniem poglądów poznańskich ultramontanów), in: Ideologie, poglądy, mity w dziejach Polski i Europy XIX i XX wieku, hg. v. JERZY TOPOLSKI, WITOLD MOLIK, u. KRZYSZTOF MAKOWSKI, Poznań 1991, S. 279-288.

MATUSIK, PRZEMYSŁAW: Religia i naród. Życie i myśl Jana Koźmiana 1814-1877, Poznań 1998.

MAY, JOSEPH: Geschichte der Generalversammlungen der Katholiken Deutschlands (1848-1902), Köln 1903.

MECHTENBERG, THEO: Religion im deutschen Polenbild, in: Religion und Kirche in der modernen Gesellschaft. Polnische und deutsche Erfahrungen, hg. v. EWA KOBYLIŃSKA, ANDREAS LAWATY u. RÜDIGER STEPHAN, Wiesbaden 1994, S. 115-120.

MEIER, EBERHARD: Die außenpolitischen Ideen der Achtundvierziger, ND Vaduz 1965 (orig. Berlin 1938).

MEINECKE, FRIEDRICH: Radowitz und die deutsche Revolution, Berlin 1913.

MERGEL, THOMAS: Ultramontanism, Liberalism, Moderation: Political Mentalities and Political Behaviour of the German Catholic *Bürgertum*, 1848-1914, in; Central European History 29 (1996), H. 2, S. 151-174.

MERGEL, THOMAS: Zwischen Klasse und Konfession. Katholisches Bürgertum im Rheinland 1794-1914, Göttingen 1994.

MESSERT, FRANZ: Das zarische Russland und die katholische Kirche. Eine apologetische Studie, Mönchen-Gladbach 1918.

MÖNCKMEIER, FRIEDRICH: Die Rhein- und Moselzeitung. Ein Beitrag zur Entstehungsgeschichte der katholischen Presse und des politischen Katholizismus in den Rheinlanden, Bonn 1912.

MOLIK, WITOLD: Die preußische Polenpolitik im 19. und zu Beginn des 20. Jahrhunderts. Überlegungen zu Forschungsstand und -perspektiven, in: Nationale Minderheiten und staatliche Minderheitenpolitik in Deutschland im 19. Jahrhundert, hg. v. HANS HENNING HAHN u. PETER KUNZE, Berlin 1999, S. 29-39.

MOLLENHAUER, DANIEL: Sinngebung in der Niederlage: Die französischen Katholiken und die „année terrible" (1870/71), in: „Gott mit uns". Nation, Religion und Gewalt im 19. und frühen 20. Jahrhundert, hg. v. HARTMUT LEHMANN u. GERD KRUMEICH, Göttingen 2000, S. 157-171.

MOMMSEN, WOLFGANG J.: 1848 – Die ungewollte Revolution. Die revolutionären Bewegungen in Europa 1830-1849, Frankfurt/M. 1998.

MORAWIEC, MAŁGORZATA: Antemurale christianitatis. Polen als Vormauer des christlichen Europa, in: Jahrbuch für Europäische Geschichte 2 (2001), S. 249-260.

MORSEY, RUDOLF: Wirtschaftliche und soziale Auswirkungen der Säkularisation in Deutschland, in: Dauer und Wandel in der Geschichte. Aspekte europäischer Vergangenheit (FS Kurt von Raumer), hg. v. RUDOLF VIERHAUS u. MANFRED BOTZENHART, Münster 1966, S. 361-383.

MÜCHLER, GÜNTER: „Wie ein treuer Spiegel". Die Geschichte der Cotta'schen Allgemeinen Zeitung, Darmstadt 1998.

MÜLKER, ELSE: Der konfessionelle Gegensatz und das deutsche Einheitsproblem 1848-1849 (Diss. 1933), Marburg 1935.

MÜLLER, JOSEPH: Die Polen in der öffentlichen Meinung Deutschlands 1830-32, Marburg 1923.

MÜLLER, LEONHARD: Die Breslauer politische Presse von 1742-1861, Breslau 1908.

MÜLLER, MICHAEL G.: Deutsche und polnische Nation im Vormärz, in: Polen und die polnische Frage in der Geschichte der Hohenzollern-Monarchie 1701-1871, hg. v. KLAUS ZERNACK, Berlin 1982, S. 69-97.

MÜLLER, MICHAEL G.: Das Ende zweier Republiken: Die Teilungen Polens und die Auflösung des alten Reiches, in: Deutsche und Polen. Geschichte, Kultur, Politik, hg. v. ANDREAS LAWATY u. HUBERT ORŁOWSKI, München 2003, S. 47-53.

MÜLLER, MICHAEL G.: Polen-Mythos und deutsch-polnische Beziehungen. Zur Periodisierung der Geschichte der deutschen Polenliteratur im Vormärz, in: Die deutsch-polnischen Beziehungen 1831-1848: Vormärz und Völkerfrühling, hg. v. RAINER RIEMEN-SCHNEIDER, Braunschweig 1979, S. 101-115.

MÜLLER, MICHAEL G.: Die Teilungen Polens. 1772, 1793, 1795, München 1984.

MÜLLER, MICHAEL G. u. SCHÖNEMANN, BERND: Die „Polen-Debatte" in der Frankfurter Paulskirche. Darstellung, Lernziele, Materialien, Frankfurt/M. 1991.

MÜLLER, WOLFGANG: Ignaz Heinrich von Wessenberg (1776-1860), in: Katholische Theologen Deutschlands im 19. Jahrhundert, hg. v. HEINRICH FRIES u. GEORG SCHWAIGER, Bd. 1, München 1975, S. 189-204.

MÜNCH, PAUL: Einführung, in: Ordnung, Fleiß und Sparsamkeit. Texte und Dokumente zur Entstehung „bürgerlicher Tugenden", hg. v. DEMS., München 1984, S. 9-38.

MÜTTER, BERND: Die Geschichtswissenschaft in Münster zwischen Aufklärung und Historismus, (Diss. 1973) Münster 1980.

MYCZKA, EUGENIUSZ: Z dziejów walki o wiarę i polskość pod zaborem pruskim. „Dialog" diecezjan polskich z biskupem chełmińskim A. Sedlagiem, in: Studia Gdańskie 1 (1973), S. 119-144.

NAWROCKI, STANISŁAW: Die revolutionären Ereignisse im Großherzogtum Posen und Westpreußen in den Jahren 1848-1849, in: Deutsche und Polen in der Revolution 1848-1849. Dokumente aus deutschen und polnischen Archiven, hg. v. HANS BOOMS u. MARIAN WOJCIECHOWSKI, Boppard/R. 1991, S. 27-44.

NEIMES, KARL: Alexander Müller (1784-1844). Kirchenrechtliche Positionen eines „protestantischen Katholiken", kath.-theol. Diss. Bamberg 2001 (Ms).

NELL-BREUNING, OSWALD VON: Katholizismus, in: Zur Soziologie des Katholizismus, hg. v. KARL GABRIEL u. FRANZ-XAVER KAUFMANN, Mainz 1980, S. 24-38.

NETTESHEIM, JOSEFINE: Wilhelm Junkmann. Dichter, Lehrer, Politiker, Historiker 1811-1886, Münster 1969.

NEUMANN, JOHANNES: George Phillips (1804-1872), in: Katholische Theologen Deutschlands im 19. Jahrhundert, hg. v. HEINRICH FRIES u. GEORG SCHWAIGER, Bd. 2, München 1975, S. 293-317.

NEWMAN, EUGENE J.: Politics and Religion – Robert Blum and the German Catholic Movement 1844-1846, in: Journal of Religious History 8 (1975), S. 217-227.

NEWMAN, EUGENE J.: Restoration Radical. Robert Blum and the Challenge of German Democracy 1807-48, Boston 1974.

NICOLAY, WILHELM: Das Paulskirchenparlament zu Frankfurt am Main. Katholische Parlamentarier in der ersten deutschen Nationalversammlung, Mainz 1947.

NIPPERDEY, THOMAS: Deutsche Geschichte 1800-1866. Bürgerwelt und starker Staat, München 1983.

NOLL, THOMAS: Vom Glück des Gelehrten. Versuch über Jacob Burckhardt, Göttingen 1997.

NOWAK, KURT: Geschichte des Christentums in Deutschland. Religion, Politik und Gesellschaft vom Ende der Aufklärung bis zur Mitte des 20. Jahrhunderts, München 1995.

NOWAK, KURT: Kirchengeschichte des 19. und 20. Jahrhunderts, in: GWU 51 (2000), H.3, S. 190-207 u. H. 4, S. 259-266.

Nowy Korbut. Bibliografia Literatury Polskiej, Bd. 3, Warszawa 1965.

OBŁAK, JAN: Stosunek niemieckich władz kościelnych do ludności polskiej w diecezji warmińskiej w latach 1800-1870, Lublin 1960.

OELINGER, JOSEF: Franz Josef Ritter von Buß (1803-1878), in: Zeitgeschichte in Lebensbildern. Aus dem deutschen Katholizismus des 19. und 20. Jahrhunderts, hg. v. JÜRGEN ARETZ, RUDOLF MORSEY u. ANTON RAUSCHER, Bd. 5, Mainz 1982, S. 9-24.

OER, RUDOLFINE FREIIN VON: Die Säkularisation von 1803 – Durchführung und Auswirkungen, in: Säkularisation und Säkularisierung im 19. Jahrhundert, hg. v. Albrecht Langner, München, Paderborn u. Wien 1978, S. 9-30.

ORŁOWSKI, HUBERT: Nationerfindung und (Polens) Fremdwahrnehmung. Zur Funktion historischer Semantik und historischer Stereotypenforschung, in: Die nationale Identität der Deutschen. Philosophische Imaginationen und historische Mentalitäten, hg. v. WOLFGANG BIALAS, Frankfurt/M. 2002, S. 79-98.

ORŁOWSKI, HUBERT: „Polnische Wirtschaft". Zum deutschen Polendiskurs der Neuzeit, Wiesbaden 1996.

ORŁOWSKI, HUBERT: Stereotype der „langen Dauer" und Prozesse der Nationsbildung, in: Deutsche und Polen. Geschichte, Kultur, Politik, hg. v. DEMS. u. ANDREAS LAWATY, München 2003, S. 269-279.

PAPE, WALTER: Eispalast der Despotie. Russen- und Rußlandbilder in der politischen Lyrik des Vormärz (1830-1848), in: Russen und Rußland aus deutscher Sicht. 19. Jahrhundert: Von der Jahrhundertwende bis zur Reichsgründung (1800-1871), hg. v. MECHTHILD KELLER, München 1991, S. 435-472.

PAPROCKI, FRANCISZEK: Wielkie Księstwo Poznańskie w okresie rządów Flottwella (1830-1841), Poznań 1994.

PARVI, JERZY: „L'Avenir" de Lamennais sur la Pologne, in: Cahiers Mennaisiens spécial 16/17 (1983/84), S. 71-76.

PARVI, JERZY: Montalembert w obronie niepodległości Polski i wiary katolickiej, Warszawa 1994.

PASTOR, LUDWIG: August Reichensperger 1808-1895. Sein Leben und sein Wirken auf dem Gebiet der Politik, der Kunst und der Wissenschaft, 2 Bde., Freiburg/Br. 1899.

PATER, MIECZYSŁAW: Biskup wrocławski Melchior von Diepenbrock wobec kwestii języka polskiego na Śląsku, in: Studia Śląskie NF 30 (1976), S. 37-57.

PATER, MIECZYSŁAW: Katolicki ruch polityczny na Śląsku w latach 1848-1871, Wrocław 1967.

PEETZ, SIEGBERT: Unzeitgemäße Begriffe der Kulturentwicklung bei Lasaulx und Burck-hardt (zugleich ein Beitrag zu Burckhardts Potenzlehre), in: Geschichtsdiskurs, hg. v. WOLFGANG KÜTTLER, JÖRN RÜSEN u. ERNST SCHULIN, Bd. 3: Die Epoche der Histori-sierung, Frankfurt/M. 1997, S. 447-456.

PEETZ, SIEGBERT: Die Wiederkehr im Unterschied. Ernst von Lasaulx, Freiburg/Br. u. München 1989.

PESCH, RUDOLF: Die kirchlich-politische Presse der Katholiken in der Rheinprovinz vor 1848, Mainz 1966.

PESCH, RUDOLF: Das „Südteusche Katholische Kirchenblatt" 1841-1845. Ein „klassisches Beispiel für die Übergangssituation der katholischen Kirchenblattpresse vor 1848 in Deutschland", in: Freiburger Diözesan-Archiv 86 (1966), S. 466-489.

PICARD, PAUL: Zölibatsdiskussion im katholischen Deutschland der Aufklärungszeit. Auseinandersetzung mit der kanonischen Vorschrift im Namen der Vernunft und Menschenrechte, Düsseldorf 1975.

PIĘCIAK, WOJCIECH: Religiosität und Säkularisierung, in: Deutsche und Polen. Geschichte, Kultur, Politik, hg. v. ANDREAS LAWATY u. HUBERT ORŁOWSKI, München 2003, S. 404-418.

PIWARSKI, KAZIMIERZ: Wstęp, in: Papiestwo wobec sprawy polskiej w latach 1772-1864. Wybór źródeł, hg. v. OTTON BEIERSDORF, Wrocław 1960, S. XIII-LXXV.

PIWOWARSKI, WŁADYSŁAW: Der Wandel der Religiosität in der polnischen Gesellschaft, in: Religion und Kirche in der modernen Gesellschaft. Polnische und deutsche Erfahrun-gen, hg. v. EWA KOBYLIŃSKA, ANDREAS LAWATY u. RÜDIGER STEPHAN, Wiesbaden 1994, S. 221-232.

PLEITNER, BERIT: Die „vernünftige" Nation. Zur Funktion von Stereotypen über Polen und Franzosen im deutschen nationalen Diskurs 1850 bis 1871, Frankfurt/M. u. a. 2001.

PODRAZA, ANTONI: Die Agrarfrage in Galizien und die Bauernbefreiung 1848, in: Die europäische Revolution 1848/49 in Polen und Österreich und ihre Folgen, hg. v. HELMUT REINALTER, Frankfurt/M. u. a. 2001, S. 43-56.

PÖLNITZ, GÖTZ FREIHERR VON: Einleitung, in: GÖRRES, JOSEPH: Gesammelte Schriften, hg. v. WILHELM SCHELLBERG im Auftrag der Görres-Gesellschaft, Bd. 16: Aufsätze in den Historisch-politischen Blättern, hg. v. GÖTZ FREIHERR VON PÖLNITZ, Teil 1: 1838-1845, Köln 1936, S. IX-LIV.

PÖLNITZ, GÖTZ FREIHERR VON: George P. Phillips. Ein grossdeutscher Konservativer in der Paulskirche, in: HZ 155 (1937), S. 51-97.

Der polnische Freiheitskampf 1830/31 und die liberale deutsche Polenfreundschaft, hg. v. PETER EHLEN, München 1982.

Powstanie listopadowe 1830-1831. Geneza, uwarunkowania, bilans, porównania, hg. v. JERZY SKOWRONEK u. MARIA ŻMIGRODZKA, Wrocław u. a. 1983.

PRIESCHING, NICOLE: Maria von Mörl (1812-1868). Leben und Bedeutung einer „stigmati-sierten Jungfrau" aus Tirol im Kontext ultramontaner Frömmigkeit, Brixen 2004.

RAAB, HERIBERT: Auswirkungen der Säkularisation auf Bildungswesen, Geistesleben und Kunst im katholischen Deutschland, in: Säkularisation und Säkularisierung im 19. Jahrhundert, hg. v. ALBRECHT LANGNER, München, Paderborn u. Wien 1978, S. 63-96.

RAAB, HERIBERT: Europäische Völkerrepublik und christliches Abendland. Politische Aspekte und Prophetien bei Joseph Görres, in: HJb 96 (1976), S. 58-91.

RAAB, HERIBERT: Zur Geschichte und Bedeutung des Schlagwortes „ultramontan" im 18. und frühen 19. Jahrhundert, in: HJb 81 (1962), S. 159-173.

RAAB, HERIBERT: Görres und die Geschichte, in: HJb 93 (1973), S. 73-103.

RAAB, HERIBERT: K. T. v. Dalberg. Das Ende der Reichskirche und das Ringen um den Wiederaufbau des kirchlichen Lebens 1803-1815, in: Archiv für mittelrheinische Kirchengeschichte 18 (1966), S. 27-39.

RAAB, HERIBERT: „Römling". Zur Geschichte des antirömischen Affekts und der Gettoisierung in der ersten Hälfte des 19. Jahrhunderts, in: Innen- und Aussenpolitik. Primat oder Interdependenz? (FS Walther Hofer z. 60. Geb.), hg. v. URS ALTERMATT u. JUDIT GARAMVÖLGYI, Bern u. Stuttgart 1980, S. 527-545.

RECKWITZ, ANDREAS: Der Identitätsdiskurs. Zum Bedeutungswandel einer sozialwissenschaftlichen Semantik, in: Kollektive Identitäten und kulturelle Innovationen. Ethnologische, soziologische und historische Studien, hg. v. WERNER RAMMERT, GUNTHER KNAUTHE, KLAUS BUCHENAU u. a., Leipzig 2001, S. 21-38.

REINERMAN, ALAN J.: Metternich, Pope Gregory XVI, and Revolutionary Poland, 1831-1842, in: The Catholic Historical Review 86 (2000), H. 4, S. 603-619.

REINHARD, EWALD: Johann Baptist Pfeilschifter, der bayerische Plutarch, München 1954.

REINHARD, EWALD: Johann Baptist Pfeilschifter. Ein Redakteur aus dem Vormärz, in: Historisch-politische Blätter für das katholische Deutschland 168 (1921), S. 14-32.

REINHARD, EWALD: Die Münsterische „Familia sacra". Der Kreis um die Fürstin Gallitzin: Fürstenberg, Overberg, Stolberg und ihre Freunde, Münster 1953.

Religion and Modernization: Sociologists and Historians Debate the Secularisation Thesis, hg. v. STEVE BRUCE, Oxford 1992.

Religion im Kaiserreich. Milieus, Mentalitäten, Krisen, hg. v. OLAF BLASCHKE u. FRANK-MICHAEL KUHLEMANN, Gütersloh 1996.

RÉMOND, RENÉ: Religion und Gesellschaft in Europa. Von 1789 bis zur Gegenwart, München 2000.

REPGEN, KONRAD: Märzbewegung und Maiwahlen des Revolutionsjahres 1848 im Rheinland, Bonn 1955.

REUSCH, FRANZ HEINRICH: Johann Baptist Kastner, in: ADB, Bd. 15 (1882), S. 438f.

REUTHER, FRANK: Das Rußlandbild der „Historisch-politischen Blätter für das katholische Deutschland" im Vormärz, in: JbbGOE 39 (1990), H. 2, S. 177-198.

RHEIN, FRANZ: Zehn Jahre Historisch-politische Blätter. 1838-1848. Ein Beitrag zur Vorgeschichte des Zentrums, Obercassel 1916.

RICHTER, MELVIN: Despotism, in: Dictionary of the History of Ideas. Studies of Selected Pivotal Ideas, Bd. 2, New York 1964, S. 1-18.

RIESEBRODT, MARTIN: Die Rückkehr der Religionen. Fundamentalismus und der „Kampf der Kulturen", München 2000.

RITTHALER, ANTON: Jakob Clemens, in: NDB, Bd. 3 (1957), S. 284.

RIVINIUS, KARL JOSEF: Fundamentalismus in der Kirchengeschichte. Aufgezeigt an exemplarischen Fällen, in: Die verdrängte Freiheit. Fundamentalismus in den Kirchen, hg. v. HERMANN KOCHANEK, Freiburg, Basel u. Wien 1991, S. 96-114.

ROEGELE, OTTO B.: Presse und Publizistik des deutschen Katholizismus 1803-1963, in: Der soziale und politische Katholizismus. Entwicklungslinien in Deutschland 1803-1963, hg. v. ANTON RAUSCHER, Bd. 2, München u. Wien 1981, S. 395-434.

RÖSENER, WERNER: Das katholische Bildungsdefizit im deutschen Kaiserreich – Ein Erbe der Säkularisation von 1803?, in: HJb 112 (1992), S. 104-127.

ROGER-TAILLADE, NICOLE: Lettres inédites de Montalembert aux Peres de la Resurrection, in: Bretagne et Romantisme. Mélanges offerts a M. le Professeur Louis Le Guillou, Brest 1989, S. 391-411.

ROGUSKI, PIOTR: Mickiewiczs ‚Bücher des polnisches Volkes und der polnischen Pilgerschaft' als Diskurs über die Freiheit 1830-1833, in: Adam Mickiewicz und die Deutschen, hg. v. EWA MAZUR-KĘBŁOWSKA u. ULRICH OTT, Wiesbaden 2000, S. 138-149.

ROGUSKI, PIOTR: Poezja i czyn polityczny. Powstanie listopadowe w poezji niemieckiej pierwszej połowy XIX wieku, Warszawa 1993.

ROSENTHAL, DAVID AUGUST: Convertitenbilder aus dem neunzehnten Jahrhundert, Bd. 1, verb. u. verm. Aufl., Schaffhausen 1871.

RUMPEL, HUBERT: Johann Baptist Pfeilschifter und die österreichische Staatskanzlei, in: Jahrbuch für fränkische Landesforschung 14 (1954), S. 363-378.

Säkularisierung, Dechristianisierung, Rechristianisierung im neuzeitlichen Europa. Bilanz und Perspektiven der Forschung, hg. v. HARTMUT LEHMANN, Göttingen 1997.

Säkularisierung und Säkularisation vor 1800, hg. v. ANTON RAUSCHER, München u. a. 1976.

SAID, EDWARD W.: Krise des Orientalismus, in: Kultur & Geschichte. Neue Einblicke in eine alte Beziehung, hg. v. CHRISTOPH CONRAD u. MARTINA KESSEL, Stuttgart 1998, S. 72-96.

SARASIN, PHILIPP: Geschichtswissenschaft und Diskursanalyse, in: DERS.: Geschichtswissenschaft und Diskursanalyse, Frankfurt/M. 2003, S. 10-60.

SCHAFF, ADAM: Stereotypen und das menschliche Handeln, Wien, Zürich u. München 1980.

SCHATZ, KLAUS: Aufklärung, Staatskirchentum und Ultramontanismus im ersten Viertel des 19. Jahrhunderts, in: Kirche und Aufklärung. Ignaz Heinrich von Wessenberg (1774-1860), hg. v. KARL HEINZ BRAUN, Freiburg, München u. Zürich 1989, S. 9-27.

SCHATZ, KLAUS: Zwischen Säkularisation und Zweitem Vatikanum. Der Weg des deutschen Katholizismus im 19. und 20. Jahrhundert, Frankfurt/M. 1986.

SCHIEDER, WOLFGANG: Kirche und Revolution. Sozialgeschichtliche Aspekte der Trierer Wallfahrt von 1844, in: AfS 14 (1974), S. 419-454.

SCHIEDER, WOLFGANG: Religion und Revolution. Die Trierer Wallfahrt von 1844, Greifswald 1996.

SCHIEDER, WOLFGANG: Sozialgeschichte der Religion im 19. Jahrhundert. Bemerkungen zur Forschungslage, in: Religion und Gesellschaft im 19. Jahrhundert, hg. v. DEMS., Stuttgart 1993, S. 11-28.

SCHIEMANN, LILLI: Die Posener Frage auf den Nationalversammlungen zu Frankfurt und Berlin 1848 und 1849. Ein Beitrag zum Volk-Staat-Problem, (Diss. Marburg 1936) Würzburg 1942.

SCHINKEL, FRIEDRICH: Polen, Preussen und Deutschland. Die polnische Frage als Problem der preußisch-deutschen Nationalstaatsentwicklung, Breslau 1931.

SCHLÖGEL, RUDOLF: Glaube und Religion in der Säkularisierung: Die katholische Stadt – Köln, Aachen, Münster – 1700-1840, München 1995.

SCHMID, HANS: Die polnische Revolution des Jahres 1848 im Großherzogtum Posen, Weimar 1912.

SCHMIDLIN, JOSEF: Papstgeschichte der neueren Zeit, Bd. 1: Papsttum und Päpste im Zeitalter der Restauration (1800-1846), München ²1933.

SCHMIDT, JOHANNES: Die politischen Willensrichtungen im deutschen Katholizismus in der Zeit von 1848 bis zur Reichsgründung, Diss. Köln 1951 (Ms.).

SCHMIDT, SIEGRIED: Robert Blum und die vormärzliche deutsche Polenfreundschaft in Mitteldeutschland, in: ZfG 10 (1962), S. 1891-1902.

SCHMIDT, SIEGRIED: Robert Blum. Vom Leipziger Liberalen zum Märtyrer der deutschen Demokratie, Weimar 1971.

SCHMOLKE, MICHAEL: Katholisches Verlags-, Bücherei- und Zeitschriftenwesen, in: Katholizismus, Bildung und Wissenschaft im 19. und 20. Jahrhundert, hg. v. ANTON RAUSCHER, Paderborn 1987, S. 93-117.

SCHMOLKE, MICHAEL: Die schlechte Presse. Katholiken und Publizistik zwischen „Katholik" und „Publik" 1821-1968, Münster 1971.

SCHNABEL, FRANZ: Deutsche Geschichte im neunzehnten Jahrhundert, Bd. 4: Die religiösen Kräfte, ND München 1987.

SCHNABEL, FRANZ: Der Zusammenschluß des politischen Katholizismus in Deutschland im Jahre 1848, Heidelberg 1910.

SCHNEIDER, BERNHARD: Katholiken auf die Barrikaden? Europäische Revolutionen und deutsche katholische Presse 1815-1848, Paderborn u. a. 1998.

SCHNEIDER, BERNHARD: Katholische Aufklärung als Kommunikationsgeschehen. Überlegungen zur Entwicklung und Bedeutung der aufklärerischen Presse im frühen 19. Jahrhundert, in: Religion und Aufklärung. Studien zur neuzeitlichen „Umformung des Christlichen", hg. v. ALBRECHT BEUTEL u. VOLKER LEPPIN, Leipzig 2004, S. 215-227.

SCHNEIDER, BERNHARD: „Katholische Aufklärung". Zum Werden und Wert eines Forschungsbegriffs, in: Revue d'Histoire Ecclesiastique 93 (1998), S. 354-397.

SCHNEIDER, BERNHARD: Lesegesellschaften des Klerus im frühen 19. Jahrhundert, in: Archiv für mittelrheinische Kirchengeschichte 49 (1997), S. 155-177.

SCHNEIDER, BERNHARD: Presse und Wallfahrt. Die publizistische Verarbeitung der Trierer Hl. Rock-Wallfahrt von 1844, in: Der Heilige Rock zu Trier. Studien zur Geschichte und Verehrung der Tunika Christi, hg. v. ERICH ARETZ u. a., Trier 1996, S. 281-306.

SCHNEIDER, BERNHARD: Vergessene Welt? Religion, Kirche und Frömmigkeit als Thema der deutschen Geschichtswissenschaft. Historiographie und methodologische Sondierungen, in: Wozu Historie heute? Beiträge zu einer Standortbestimmung im fachübergreifenden Gespräch, hg. v. AMALIE FÖSSEL u. CHRISTOPH KAMPMANN, Köln, Weimar u. Wien 1996, S. 45-79.

SCHNEIDER, BERNHARD: Wallfahrt, Ultramontanismus und Politik. Zu Vorgeschichte und Verlauf der Trierer Hl.-Rock-Wallfahrt von 1844, in: Der Heilige Rock zu Trier. Studien zur Geschichte und Verehrung der Tunika Christi, hg. v. ERICH ARETZ u. a., Trier 1996, S. 237-280.

SCHOCH, RAINER: Streit um Germania. Bemerkungen zur „Germania" aus der Paulskirche, in: 1848: Das Europa der Bilder, Bd. 2: Michels März, Nürnberg 1998, S. 89-102.

SCHOEPS, HANS-JOACHIM: Vorläufer Spenglers. Studien zum Geschichtspessimismus im 19. Jahrhundert, Leiden u. Köln 1953.

SCHÖTTLER, PETER: Sozialgeschichtliches Paradigma und historische Diskursanalyse, in: Diskurstheorie und Literaturwissenschaft, hg. v. JÜRGEN FOHRMANN u. HARRO MÜLLER, Frankfurt/M. 1988, S. 159-199.

SCHOLZ, PAUL: Wilhelm Jordans Reden in der Paulskirche. Studien zur parlamentarischen Beredsamkeit, Königsberg 1930.

SCHOLZ, STEPHAN: Die Entwicklung des Polenbildes in deutschen Konversationslexika zwischen 1795 und 1945, Münster, Hamburg u. London 2000.

SCHOLZ, STEPHAN: Vater oder Feind der Deutschen? – Der Bonifatiusmythos als Medium konfessionell bestimmter Nationsbildung im 19. Jahrhundert, in: Nationale Wahrnehmungen und ihre Stereotypisierung im Vergleich, hg. v. HANS HENNING HAHN u. ELENA MANNOVÁ, Frankfurt/M. u.a. i.E.

SCHORN-SCHÜTTE, LUISE: Polnische Frage und deutsche Geschichtsschreibung, in: Zum Verständnis der polnischen Frage in Preussen und Deutschland 1772-1871, hg. v. KLAUS ZERNACK, Berlin 1987, S. 72-107.

SCHRADER, RICHARD: Die Fraktionen der preußischen Nationalversammlung von 1848, Diss. Leipzig 1923.

SCHREIBER, HANS L.: Die erste deutsche Nationalversammlung und das Nationalitätenproblem, Diss. Frankfurt 1920 (Ms.).

SCHRÖRS, HEINRICH: Die Kölner Wirren. Studien zu ihrer Geschichte, Berlin u. Bonn 1927.

SCHRÖRS, HEINRICH: Ein vergessener Führer aus der rheinischen Geistesgeschichte des neunzehnten Jahrhunderts. Johann Wilhelm Joseph Braun (1801-1863), Bonn u. Leipzig 1925.

SCHROTT, LUDWIG: Biedermeier in München. Dokumente einer schöpferischen Zeit, München 1963.

SCHULTE, JOHANN FRIEDRICH VON: Carl Gustav Nicolaus Rintel, in: ADB, Bd. 28 (1889), S. 646f.

SCHULTE, WILHELM: Volk und Staat. Westfalen im Vormärz und in der Revolution 1848/49, Münster 1954.

SCHWAIGER, AXEL: Christliche Geschichtsdeutung in der Moderne. Eine Untersuchung zum Geschichtsdenken von Juan Donosco Cortés, Ernst von Lasaulx und Vladimir Solov'ev in der Zusammenschau christlicher Historiographieentwicklung, Berlin 2001.

SCHWALBACH, HELMUT: Der Mainzer Katholik als Spiegel des neuerwachenden kirchlich-religiösen Lebens in der ersten Hälfte des neunzehnten Jahrhunderts, Mainz 1966.

SCHWARZ, ANGELA: Nationale und expansionistische Ziele der Frankfurter Nationalversammlung und der Umgang mit ihnen in Geschichtswissenschaft und politischer Festkultur (1848-1988), in: Historische Mitteilungen der Ranke-Gesellschaft 12 (1999), H. 2, S. 182-206

SCHWEDT, HERMANN H.: Georg Hermes (1775-1831), seine Schule und seine wichtigsten Gegner, in: Christliche Philosophie im katholischen Denken des 19. und 20. Jahrhunderts, hg. v. EMERICH CORETH, WALTER M. NEIDL u. GEORG PFLIGERSDORFER, Bd. 1: Neue Ansätze im 19. Jahrhundert, Graz, Wien u. Köln 1987, S. 221-241.

SCHWEDT, HERMANN H.: Die katholischen Abgeordneten der Paulskirche und Frankfurt, in: Archiv für mittelrheinische Kirchengeschichte 34 (1982), S. 143-166.

SCHWEDT, HERMANN H.: Das römische Urteil über Georg Hermes (1775-1831). Ein Beitrag zur Geschichte der Inquisition im 19. Jahrhundert, Rom, Freiburg u. Wien 1980.

SCHWEDT, HERMANN H.: Rom und der europäische Reformkatholizismus im Vormärz, in: Bernard Bolzano und die Politik. Staat, Nation und Religion als Herausforderung für die Philosophie im Kontext von Spätaufklärung, Frühnationalismus und Restauration, hg. v. HELMUT RUMPLER, Wien, Köln, Graz 2000, S. 131-148.

SEIDE, GERNOT: Wiener Akten zur politisch revolutionären Bewegung in Galizien und Krakau, in: Mitteilungen des Österreichischen Staatsarchivs 26 (1973), S. 295-327.

SEEPEL, HORST-JOACHIM: Das Polenbild der Deutschen. Vom Anfang des 19. Jahrhunderts bis zum Ende der Revolution von 1848, Diss. Kiel 1967.

SELCHOW, BOGISLAV FREIHERR V.: Der Kampf um das Posener Erzbistum 1865. Graf Ledochowski und Oberpräsident v. Horn, Marburg 1923.

SEMBDNER, HELMUT: Schütz-Lacrimas. Das Leben des Romantikerfreundes, Poeten und Literaturkritikers Wilhelm von Schütz (1776-1847), Berlin 1974.

[SEPP, BERNHARD:] Dr. Johann Nepomuk Sepp (1816-1909). Ein Bild seines Lebens nach seinen eigenen Aufzeichnungen, Bd. 1, Regensburg 1916.

SEREJSKI, MARIAN HENRYK: Europa a rozbiory Polski, Warszawa 1970.

SIEMANN, WOLFRAM: Die deutsche Revolution von 1848/49, Frankfurt/M. 1985.

SIKORA, ADAM: Posłannicy słowa. Hoene-Wroński, Towiański, Mickiewicz, Warszawa 1967.

SIMONS, THOMAS W.: The Peasant Revolt of 1846 in Galicia: Recent Polish Historiography, in: Slavic Review 30 (1971), S. 795-817.

SKWARCZYŃSKA, STEFANIA: Mickiewicz a rewolucja frankfurcka w 1833 roku (O nowe oblicze Mickiewicza w latach 1832-1833), in: DIES.: W kręgu wielkich romantyków polskich, Warszawa 1966, S. 149-212.

SŁOWACKI, JULIUSZ: Rozmowa z matką Makryną Mieczysławską, in: DERS.: Dzieła, Bd. 4: Poematy, Wrocław u. a. 1952, S. 117-146.

SMITH, HELMUT WALSER u. CLARK, CHRIS: The Fate of Nathan, in: Protestants, Catholics and Jews in Germany, 1800-1914, hg. v. HELMUT WALSER SMITH, Oxford u. New York 2001, S. 3-29.

SMOLIKOWSKI, PAWEŁ: Historja Zgromadzenia Zmartwychwstania Pańskiego, 4 Bde., Kraków 1892-1896.

SOREL, ALBERT: The Eastern Question in the Eighteenth Century. The Partition of Poland and the Treaty of Kainardji, New York 1969 (orig. Paris 1889).

SPERBER, JONATHAN: Kirchen, Gläubige und Religionspolitik in der Revolution von 1848, in: Europa 1848. Revolution und Reform, hg. v. DIETER DOWE, HEINZ-GERHARD HAUPT u. DIETER LANGEWIESCHE, Bonn 1998, S. 933-959.

SPERBER, JONATHAN: Kirchengeschichte als Sozialgeschichte – Sozialgeschichte als Kirchengeschichte, in: KZG 5 (1992), H. 1, S. 11-17.

SPERBER, JONATHAN: Kirchengeschichte or the Social and Cultural History of Religion?, in: NPL 43 (1998), S. 13-35.

SPERBER, JONATHAN: Popular Catholicism in Nineteenth-Century Germany, Princeton 1984.

SPERBER, JONATHAN: Rhineland Radicals. The Democratic Movement and the Revolution of 1848-1849, Princeton 1991.

SPINDELBÖCK, JOSEF: Aktives Widerstandsrecht. Die Problematik der sittlichen Gewalt in der Auseinandersetzung mit ungerechter staatlicher Macht. Eine problemgeschichtlich-prinzipielle Darstellung, St. Ottilien 1993.

STEFANOWSKA, ZOFIA: Historia i profecja. Studium o „Księgach narodu i pielgrzymstwa polskiego" Adama Mickiewicza, Warszawa 1962.

STEGMANN, FRANZ JOSEF: Franz Joseph von Buß 1803-1878, Paderborn u. a. 1994.

STEINHOFF, ANTHONY J.: Ein zweites konfessionelles Zeitalter? Nachdenken über die Religion im langen 19. Jahrhundert, in: GG 30 (2004), S. 549-570.

STEINMETZ, WILLIBALD: „Sprechen ist eine Tat bei euch." Die Wörter und das Handeln in der Revolution von 1848, in: Europa 1848. Revolution und Reform, hg. v. DIETER DOWE, HEINZ-GERHARD HAUPT u. DIETER LANGEWIESCHE, Bonn 1998, S. 1089-1138.

STENZEL, KARL GUSTAV WILHELM: Gustav Adolf Harald Stenzels Leben, Gotha 1897.

STÖLZLE, REMIGIUS: Ernst von Lasaulx. Ein Lebensbild, Münster 1904.

STRÄTZ, HANS-WOLFGANG: Die Säkularisation und ihre nächsten staatskirchenrechtlichen Folgen, in: Säkularisation und Säkularisierung im 19. Jahrhundert, hg. v. ALBRECHT LANGNER, München, Paderborn u. Wien 1978, S. 31-62.

STREITER, KARL HEINK: Die nationalen Beziehungen im Grossherzogtum Posen (1815-1848), Bern, Frankfurt/M., New York 1986.

STROBEL, GEORG W.: Die deutsche Polenfreundschaft 1830-1834: Vorläuferin des organisierten Liberalismus und Wetterzeichen des Vormärz, in: Die deutsch-polnischen Beziehungen 1831-1848: Vormärz und Völkerfrühling, hg. v. RAINER RIEMENSCHNEIDER, Braunschweig 1979, S. 126-147.

STROBEL, GEORG W.: Die liberale deutsche Polenfreundschaft und die Erneuerungsbewegung Deutschlands, in: Der polnische Freiheitskampf 1830/31 und die liberale deutsche Polenfreundschaft, hg. v. PETER EHLEN, München 1982, S. 31-47.

SUDHOF, SIEGFRIED: Von der Aufklärung zur Romantik. Die Geschichte des „Kreises von Münster", Berlin 1973.

SUN, RAYMOND C.: Arbeiter, Priester und ‚die Roten': Kulturelle Hegemonie im katholischen Milieu, 1885-1933, in: Geschichte zwischen Kultur und Gesellschaft. Beiträge zur Theoriedebatte, hg. v. THOMAS MERGEL u. THOMAS WELSKOPP, München 1997, S. 151-170.

SUN, RAYMOND C.: Before the Enemy is Within our Walls: Catholic Workers in Cologne, 1885-1912, Boston 1999.

SZAROTA, MARCEL.: Die letzten Tage der Republik Krakau, Breslau 1910.

SZLACHTA, BOGDAN: Ład – Kościół – Naród, Kraków 1996.

ŚLIWA, MICHAŁ: Galizien 1846 und die polnische Revolution von 1848, in: Die europäische Revolution 1848/49 in Polen und Österreich und ihre Folgen, hg. v. HELMUT REINALTER, Frankfurt/M. u. a. 2001, S. 27-41.

TAILLADE, NICOLE: Montalembert, Lamennais et la Pologne 1830-1833, in: Cahiers Mennaisiens spécial 16/17 (1983/84), S. 59-70.

TAILLADE, NICOLE: Montalembert, Rome et la Pologne (1833-1850), in: Liberalisme chretien et catholisme liberal en Espagne, France et Italie dans la premiere moitie du XIXè siècle, Aix en Provence 1989, S. 342-359.

TAZBIR, JANUSZ: Między postawą otwartą a sarmatyzmem, in: DERS.: Kultura szlachecka w Polsce, Poznań 1998, S. 132-152.

TAZBIR, JANUSZ: Polskie przedmurze chrześcijańskiej Europy. Mity a rzeczywistość historyczna, Warszawa 1987.

THEISSING, ANNEMARIE: Das Schlesische Kirchenblatt (1835-1851). Ein Beispiel kirchlicher Publizistik des 19. Jahrhunderts, Breslau 1938.

TRANNOY, ANDRÉ: Le romantisme politique de Montalembert avant 1843, Paris 1942.

TREITSCHKE, HEINRICH V.: Deutsche Geschichte im 19. Jahrhundert, 5 Bde., Leipzig 1927.

TREML, MANFRED: Bayerns Pressepolitik zwischen Verfassungstreue und Bundespflicht (1815-1837). Ein Beitrag zum bayerischen Souveränitätsverständnis und Konstitutionalismus im Vormärz, Berlin 1977.

TRZECIAKOWSKI, LECH: Die Ereignisse von 1848 im Großherzogtum Posen aus der Sicht ihrer Teilnehmer: der Polen, Deutschen und Juden, in: Berliner Jahrbuch für osteuropäische Geschichte 1996/1, S. 229-249.

TRZECIAKOWSKI, LECH: Die polnisch-deutschen Beziehungen im Großherzogtum Posen in den Jahren 1846-1848, in: Die deutsch-polnischen Beziehungen 1831-1848: Vormärz und Völkerfrühling, hg. v. RAINER RIEMENSCHNEIDER, Braunschweig 1979, S. 51-67.

TRZECIAKOWSKI, LECH: Preußische Polenpolitik im Zeitalter der Aufstände (1830-1864), in: JbGMOD 30 (1981), S. 96-110.

TRZECIAKOWSKI, LECH: Pod pruskim zaborem 1850-1918, Warszawa 1973.

Ultramontanismus. Tendenzen der Forschung, hg. v. GISELA FLECKENSTEIN u. JOACHIM SCHMIEDL, Paderborn 2005.

URBAN, JAN: Makryna Mieczyslavska w świetle prawdy, Kraków 1923.

VALERIUS, GERHARD: Deutscher Katholizismus und Lamennais. Die Auseinandersetzung in der katholischen Publizistik 1817-1854, Mainz 1983.

VASOLD, MANFRED: Rudolf Virchow. Der große Arzt und Politiker, Stuttgart 1988.

VERHÜLSDONK, ANDREAS: Religion und Gesellschaft: Félicité Lamennais, (Diss. Hannover 1990) Frankfurt/M. u. a. 1991.

VIAENE, VINCENT: Belgium and the Holy See from Gregory XVI to Pius IX (1831-1859). Catholic Revival, Society and Politics in 19th-Century Europe, Brüssel u. Rom 2001.

VIAENE, VINCENT: The Roman Question. Catholic Mobilisation and Papal Diplomacy during the Pontificate of Pius IX (1846-1878), in: The Black International 1870-1878. The Holy See and Militant Catholicism in Europe, hg. v. EMIEL LAMBERTS, Leuven 2002, S. 135-177.

VICK, BRIAN E.: Defining Germany. The 1848 Frankfurt Parliamentarians and National Identity, Cambridge u. London 2002.

VIERHAUS, RUDOLF: Konservativ, Konservatismus, in: Geschichtliche Grundbegriffe. Historisches Lexikon zur politisch-sozialen Sprache in Deutschland, hg. v. OTTO BRUNNER, WERNER CONZE u. REINHART KOSELLECK, Bd. 3, Stuttgart 1982, S. 531-565.

VIGENER, FRITZ: Ketteler. Ein deutsches Bischofsleben des 19. Jahrhunderts, München u. Berlin 1924.

VOLKMANN, HANS-ERICH: Der polnische Aufstand 1830/31 und die deutsche Öffentlichkeit, in: ZfO 16 (1967), S. 439-452.

WACKER, BERND: „Die Wahre Einheit aller Gegensätze". Katholisch-christliche Weltanschauung als politische Theologie. Zum Spätwerk von Joseph Görres, in: Görres-

Studien. Festschrift zum 150. Todesjahr von Joseph von Görres, hg. v. Harald Dickerhof, Paderborn u. a. 1999, S. 55-77.

WAGNER, PETER: Fest-Stellungen. Betrachtungen zur sozialwissenschaftlichen Diskussion über Identität, in: Identitäten, hg. v. ALEIDA ASSMANN u. HEIDRUN FRIESE, Frankfurt/M. 1998, S. 44-72.

WALEWANDER, EDWARD: Die österreichische Presse und der polnische Januaraufstand, Frankfurt/M. u. a. 1991.

WATERKOTT, BRIGITTE: Glaube und Religiosität, in: Deutsche und Polen. 100 Schlüsselbegriffe, hg. v. EWA KOBYLIŃSKA, ANDREAS LAWATY u. RÜDIGER STEPHAN, München 1992, S. 279-289.

WEBER, BERNHARD: Die „Historisch-politischen Blätter für das katholische Deutschland" als Forum für Kirchen- und Konfessionsfragen, Diss. München 1983.

WEBER, BERNHARD u. ALBRECHT, DIETER: Die Mitarbeiter der Historisch-politischen Blätter für das katholische Deutschland 1838-1923. Ein Verzeichnis, Mainz 1990.

WEBER, CHRISTOPH: Aufklärung und Orthodoxie am Mittelrhein 1820-1850, München, Paderborn u. Wien 1973.

WEBER, CHRISTOPH: Ultramontanismus als katholischer Fundamentalismus, in: Deutscher Katholizismus im Umbruch zur Moderne, hg. v. WILFRIED LOTH, Stuttgart, Berlin u. Köln 1991, S. 20-45.

WEEKS, THEODORE R.: Between Rome and Tsargrad: The Uniate Church in Imperial Russia, in: Of Religion and Empire. Missions, Conversions and Tolerance in Tsarist Russia, hg. v. ROBERT P. GERACI u. MICHAEL KHODARKOVSKY, Ithaca 2001, S. 70-91.

WEIDERT, MICHAEL: Wilhelm von Schütz (1776-1848): Romantiker, Schriftsteller und katholischer Publizist. Eine Studie zu der von ihm herausgegebenen antiprotestantischen Zeitschrift „Anticelsus", Trier 2000 (Ms.).

WEISS, OTTO: Anmerkungen zum „Liberalen Katholizismus" im italienischen Nationalstaat des 19. Jahrhunderts, in: Bücherzensur – Kurie – Katholizismus und Moderne (FS f. Herman H. Schwedt), hg. v. PETER WALTER u. HERMANN-JOSEF REUDENBACH, Frankfurt/M. u. a. 2000, S. 309-346.

WEISS, OTTO: Klemens Maria Hofbauer. Repräsentant des konservativen Katholizismus und Begründer der katholischen Restauration in Österreich. Eine Studie zu seinem 150. Todestag, in: Zeitschrift für bayerische Landesgeschichte 34 (1971), S. 211-223.

WEISS, OTTO: Der Modernismus in Deutschland. Ein Beitrag zur Theologiegeschichte, Regensburg 1995.

WEISS, OTTO: Die Redemptoristen in Bayern (1790-1909). Ein Beitrag zur Geschichte des Ultramontanismus, St. Ottilien 1983.

WEISS, OTTO: Der Ultramontanismus. Grundlagen – Vorgeschichte – Struktur, in: Zeitschrift für bayerische Landesgeschichte 41 (1978), S. 821-877.

WEITLAUFF, MANFRED: Der Staat greift nach der Kirche. Die Säkularisation von 1802/03 und ihre Folgen, in: Kirche im 19. Jahrhundert, hg. v. DEMS., Regensburg 1998, S. 15-53.

WEITLAUFF, MANFRED: Zwischen Aufklärung und kirchlicher Restauration. Ignaz Heinrich von Wessenberg (1774-1860), in: Rottenburger Jahrbuch für Kirchengeschichte 8 (1989), S. 111-132.

WENDE, PETER: Die geistlichen Staaten und ihre Auflösung im Urteil der zeitgenössischen Publizistik, Lübeck u. a. 1966.

WERESZYCKI, HENRYK: Sprawa polska w XIX wieku, in: Polska XIX wieku. Państwo – społeczeństwo – kultura, hg. v. STEFAN KIENIEWICZ, Warszawa 1977, S. 121-161.

WIESEOTTE, HERMANN: F. J. Sausen und die Gründung des „Mainzer Journal", in: Archiv für mittelrheinische Kirchengeschichte 5 (1953), S. 267-298.

WIESEOTTE, HERMANN: Das Mainzer Journal des Jahres 1848 als Organ der mittelrheinischen Katholischen Bewegung, in: Idee, Gestalt und Gestalter des ersten deutschen Katholikentages in Mainz 1848, hg. v. LUDWIG LENHART, Mainz 1948, S. 268-283.

WILLAUME, JÓZEF: Polska problematyka w twórczości dziejopisarskiej Fryderyka Raumera, Lublin 1961.

WINKLER, HEINRICH AUGUST: Der lange Weg nach Westen, Bd. 1: Deutsche Geschichte vom Ende des Alten Reiches bis zum Untergang der Weimarer Republik, München 2000.

WINTER, EDUARD: Russland und das Papsttum, Bd. 2: Von der Aufklärung bis zur grossen sozialistischen Oktoberrevolution, Berlin (Ost) 1961.

WITKOWSKA, ALINA: Towianczycy, Warszawa 1989.

WOLF, HUBERT: Der deutsche Katholizismus als Kind der Revolution von 1848? – Oder: Das ambivalente Verhältnis von katholischer Kirche und Freiheit, in: Rottenburger Jahrbuch für Kirchengeschichte 19 (2000), S. 13-30.

WOLF, HUBERT: Simul censuratus et censor. Augustin Theiner und die römische Indexkongregation, in: Bücherzensur – Kurie – Katholizismus und Moderne (FS f. Herman H. Schwedt), hg. v. PETER WALTER u. HERMANN-JOSEF REUDENBACH, Frankfurt/M. u. a. 2000, S. 27-59.

WOLFF, LARRY: Inventing Eastern Europe. The Map of Civilization on the Mind of the Enlightenment, Stanford (Cal.) 1994.

WOLLSTEIN, GÜNTER: Das „Großdeutschland der Paulskirche". Nationale Ziele in der bürgerlichen Revolution 1848/49, Düsseldorf 1977.

WOLLSTEIN, GÜNTER: Mitteleuropa und Grossdeutschland – Visionen der Revolution 1848/49. Nationale Ziele in der deutschen Revolution, in: Die deutsche Revolution von 1848/49, hg. v. DIETER LANGEWIESCHE, Darmstadt 1983, S. 237-257.

WOLLSTEIN, GÜNTER: Die Oktoberdebatte der Paulskirche: das Votum für Deutschland mit Österreich, in: 1848/49 – Revolutionen in Ostmitteleuropa, hg. v. RUDOLF JAWORSKI u. ROBERT LUFT, München 1996, S. 279-302.

WROŃSKI, ANDRZEJ: Duchowieństwo i kościół katolicki w królestwie polskim wobec sprawy narodowej w latach 1832-1860, Warszawa 1994.

WROŃSKI, ANDRZEJ: Duchowieństwo katolickie a sprawa narodowa w królestwie polskim w latach dwudziestych i trzydziestych XIX wieku, in: Od reformy państwa szlacheckiego do myśli o nowoczesnym państwie, hg. v. JACEK STASZEWSKI, Toruń 1992, S. 125-138.

WYCISŁO, JANUSZ: Dlaczego kościół walczył o język polski na Górnym Śląsku w XIX wieku?, in: Chrześcijanin 15 (1983), H. 6, S. 96-105.

WYSPIAŃSKI, STANISŁAW: Legion, opracował JAN NOWAKOWSKI, Wrocław u. a. 1989.

ZAJĄCZKOWSKI, RYSZARD: Auf den Wegen der heiligen Revolution. Franz Baader und Adam Mickiewicz, in: Adam Mickiewicz und die Deutschen, hg. v. EWA MAZUR-KĘBŁOWSKA u. ULRICH OTT, Wiesbaden 2000, S. 127-137.

ZAJEWSKI, WŁADYSŁAW: Powstanie listopadowe 1830-1831. Polityka, wojna, dyplomacja, Warszawa 2003.

ZALESKI, BRONISŁAW: Ksiądz Hieronim Kajsiewicz. Wyciągi z listów i notatek zmarłego (1812-1873), Poznań 1878.

ZALIŃSKI, HENRYK: Myśl polityczna Hotelu Lambert wobec sprawy wyzwolenia polski w przededniu i w czasie rewolucji 1846 roku, in: Uwarunkowania, możliwości i sposoby działań niepodległościowych w piśmiennictwie czasów romantyzmu, hg. v. SŁAWOMIR KALEMBKA, Toruń 1990, S. 97-114.

ZIELIŃSKI, ZYGMUNT: Kazania paryskie ks. H. Kajsiewicza a myśl niepodległościowa wielkiej emigracji, in: Kościoł i naród w niewoli, hg. v. DEMS., Lublin 1995, S. 145-156.

ZIELIŃSKI, ZYGMUNT: Kościół katolicki w Wielkim Księstwie Poznańskim w latach 1848-1865, Lublin 1973.

ZIELIŃSKI, ZYGMUNT: Mit Polak-Katolik, in: Kościół i naród w niewoli, hg. v. DEMS., Lublin 1995, S. 19-30.

ZIELIŃSKI, ZYGMUNT: Pierwsi zmartwychstańcy jako budziciele sumienia narodowego i duszpasterze wiekliej emigracji, in: Zmartwychstańcy w dziejach Kościoła i narodu, hg. v. DEMS., Katowice 1990, S. 212-220.

ZIELIŃSKI, ZYGMUNT: Die Sprachenfrage im kirchlichen Leben des preußischen Teilungsgebietes von Polen im 19. Jahrhundert, in: Kirche in Staat und Gesellschaft im 19. Jahrhundert, hg. v. HELMUT BAIER, Neustadt/Aisch 1992, S. 115-145.

ZIELIŃSKI, ZYGMUNT: Watykan w polityce Hotelu Lambert, in: Kościoł i naród w niewoli, hg. v. DEMS., Lublin 1995, S. 157-166.

ZIEMER, KLAUS: Kirche, in: Deutsche und Polen. Geschichte, Kultur, Politik, hg. v. ANDREAS LAWATY u. HUBERT ORŁOWSKI, München 2003, S. 418-426.

ZIENTARA, WŁODZIMIERZ: Sarmatia Europiana oder Sarmatia Asiana? Polen in den deutschsprachigen Druckwerken des 17. Jahrhunderts, Toruń 2001.

ZIMMER, ROBERT: Edmund Burke zur Einführung, Hamburg 1995.

ZIÓŁEK, JAN: Die Kirche und der polnisch-russische Krieg von 1831, in: Der polnische Freiheitskampf 1830/31 und die liberale deutsche Polenfreundschaft, hg. v. PETER EHLEN, München 1982, S. 113-120.

ZIÓŁEK, JAN: Z szeregów powstańczych i środowisk radykalnych do zgromadzenia, in: Zmartwychstańcy w dziejach Kościoła i narodu, hg. v. ZYGMUNT ZIELIŃSKI, Katowice 1990, S. 171-183.

Zmartwychstańcy w dziejach Kościoła i narodu, hg. v. ZYGMUNT ZIELIŃSKI, Katowice 1990.

ZUNKEL, FRIEDRICH: Ehre, Reputation, in: Geschichtliche Grundbegriffe. Historisches Lexikon zur politisch-sozialen Sprache in Deutschland, hg. v. OTTO BRUNNER, WERNER CONZE u. REINHART KOSELLECK, Bd. 2, Stuttgart 1975, S. 1-63.

ŻYCHOWSKI, MARIAN: Rok 1846 w Rzeczypospolitej Krakowskiej i w Galicji, Warszawa 1956.

ŻYWCZYŃSKI, MIECZYSŁAW: Geneza i następstwa encykliki Cum primum z 9 VI 1832 r. Watykan i sprawa polska w latach 1830-1837, Warszawa 1935.

ŻYWCZYŃSKI, MIECZYSŁAW: Der Posener Kirchenstreit in den Jahren 1837-40 und die „Kölner Wirren". Ein Beitrag zu ihrer Geschichte und zur Geschichte der Politik Metternichs, in: Acta Poloniae Historica 2 (1959), S. 17-41.

ŻYWCZYŃSKI, MIECZYSŁAW: Rabacja galicyjska z 1846 r. w polityce i opinii europejskiej, in: Roczniki humanistyczne 1 (1949), S. 39-58.

ŻYWCZYŃSKI, MIECZYSŁAW: Watykan wobec powstania listopadowego, Kraków 1995.

PERSONENREGISTER

In der gleichen Reihe:

Jürgen Hensel (Hg.)
POLEN, DEUTSCHE UND JUDEN
IN LODZ 1820–1939
Eine schwierige Nachbarschaft
ISBN 3-929759-41-1
370 S. · 11 Abb. · 1999
(EINZELVERÖFFENTLICHUNGEN
DES DHI WARSCHAU 1)

Das Lodzer Industriezentrum bildete im 19. und frühen 20. Jahrhundert ein einzigartiges Zeugnis für ein fruchtbares, wenn auch nicht konfliktfreies Zusammenleben unterschiedlicher Kulturen auf engem Raum. Die 21 Autoren des Sammelbandes haben sich zum Ziel gesetzt, die spezifische multiethnische Lodzer Gesellschaft in ihren unterschiedlichen Aspekten in politischer, wirtschaftlicher und kultureller Hinsicht auszuloten. Dabei berücksichtigen sie die Entwicklung der Stadt von ihren Anfängen als Industriezentrum bis zum Untergang des multiethnischen Lodz im Jahre 1939.

Valentina Maria Stefanski
ZWANGSARBEIT IN LEVERKUSEN
Polnische Jugendliche
im I.G. Farbenwerk
ISBN 3-929759-43-8
585 S. · 41 Abb., 1 Karte · 2000
(EINZELVERÖFFENTLICHUNGEN
DES DHI WARSCHAU 2)

Die Studie bietet eine differenzierte Sicht auf das Problem Zwangsarbeit. Sie stützt sich gleichermaßen auf das Werksarchiv der Bayer-AG wie auf Interviews mit über 50 Betroffenen in Polen. Der Autorin war es so möglich, die Perspektive von „oben" mit einem Blick von „unten" zu kombinieren. Die Zwangsarbeiterinnen und Zwangsarbeiter erscheinen in der Darstellung nicht nur als Opfer, sondern auch als handelnde Personen: Individuelle Strategien mussten entwickelt werden, um sich in Leverkusen zurechtzufinden und zu überleben.

Robert Traba (Hg.)
SELBSTBEWUSSTSEIN UND
MODERNISIERUNG
Sozialkultureller Wandel in Preu-
ßisch-Litauen vor und nach dem
Ersten Weltkrieg
ISBN 3-929759-44-6
196 S. · 2000
(EINZELVERÖFFENTLICHUNGEN
DES DHI WARSCHAU 3)

Im Mittelpunkt des Bandes steht die gesellschaftliche Entwicklung eines heute nicht mehr existierenden, bereits vergessenen Landes: „Preußisch-Litauen" oder „Kleinlitauen". Die Autoren – Historiker und Kulturwissenschaftler aus Deutschland, Polen und Litauen – beleuchten in ihren Beiträgen die kulturellen und sozialen Veränderungen, die Richtungen und Folgen von Akkulturationsprozessen sowie die Schwerpunkte im kollektiven Bewusstsein der Preußisch-Litauer an der Wende zum 20. Jahrhundert.

Sophia Kemlein (Hg.)
GESCHLECHT UND NATIONALISMUS IN
MITTEL- UND OSTEUROPA 1848-1918
ISBN 3-929759-45-4
259 S. · 2000
(EINZELVERÖFFENTLICHUNGEN
DES DHI WARSCHAU 4)

Welchen Anteil haben Frauen an nationalen Bewegungen? Was für Weiblichkeits- und Männlichkeitsbilder verwenden solche Bewegungen? Verändern Kriege das Verhältnis der Geschlechter zueinander? Diesen Fragen gehen die Autorinnen des Bandes in russischen, weißrussischen, lettischen, ukrainischen, polnischen und deutschen Fallbeispielen nach. Sie decken die vielschichtigen Verknüpfungen und Abhängigkeiten der beiden Identitätskonzepte Nation und Geschlecht auf. Die Beiträge eröffnen der internationalen Debatte um Geschlecht und Nation Vergleichsmöglichkeiten zu Osteuropa.

Włodzimierz Borodziej /
Klaus Ziemer (Hg.)
DEUTSCH-POLNISCHE BEZIEHUNGEN
1939 – 1945 – 1949. Eine Einführung
ISBN 3-938400-04-8
Zweite, aktualisierte und erweiterte
Auflage 2006
(EINZELVERÖFFENTLICHUNGEN
DES DHI WARSCHAU 14)

Die Jahre 1939-1949, der Überfall auf Polen, die deutsche Vernichtungs-
politik im Zweiten Weltkrieg und die Vertreibung der Deutschen nach dem
Kriege bilden den Zeitraum, der die deutsch-polnischen Beziehungen historisch am stärksten belastet. In dem Band wird anhand systematischer Schwerpunkte wie Besatzungspolitik, Terror, Völkermord an den Juden, Widerstand
und Bevölkerungsverschiebungen der deutsch-polnische Konflikt analysiert.
Dargestellt wird auch die Vergangenheitspolitik in Polen wie in den beiden
deutschen Staaten.

Ute Caumanns / Mathias Niendorf (Hg.)
VERSCHWÖRUNGSTHEORIEN
Anthropologische Konstanten –
historische Varianten
ISBN 3-929759-47-0
222 S. · 2001
(EINZELVERÖFFENTLICHUNGEN
DES DHI WARSCHAU 6)

Verschwörungstheorien, so scheint es, sind überall: in der Politik, im Internet
und als Gegenstand kulturkritischer Betrachtung im Feuilleton. Dabei steht die
Erforschung dieses Phänomens noch am Anfang. Warum Spekulationen über
geheime Pläne und Machenschaften häufig so wirksam sind, lässt sich gewinn-
bringend dann erörtern, wenn Experten aus unterschiedlichen Bereichen
zusammenkommen. Der Band vereinigt Ansätze von Literaturwissenschaftlern
und Politologen, von Historikern und Psychologen.

Johanna Gehmacher / Elisabeth Harvey
Sophia Kemlein (Hg.)
ZWISCHEN KRIEGEN
Nationen, Nationalismen und
Geschlechterverhältnisse in
Mittel- und Osteuropa 1918–1939
ISBN 3-929759-48-9
327 S. · 2004
(EINZELVERÖFFENTLICHUNGEN
DES DHI WARSCHAU 7)

Im Prozess der Konstituierung der neuen politischen Einheiten nach dem
Ersten Weltkrieg wurden auch die Verhältnisse zwischen den Geschlechtern
neu ausgehandelt. Geschlechtercodes in nationalen Erinnerungskulturen,
populäre Mythologien und nationale Ikonen von „Weiblichkeit" und „Männ-
lichkeit" spielten dabei ebenso eine Rolle wie Visionen von „Modernität" und
die Forderung nach der Realisierung des Ideals der Gleichberechtigung.

Markus Krzoska
FÜR EIN POLEN AN ODER UND OSTSEE
Zygmunt Wojciechowski (1900–1955)
als Historiker und Publizist
ISBN 3-929759-49-7
482 S. · 2003
(EINZELVERÖFFENTLICHUNGEN
DES DHI WARSCHAU 8)

Der Historiker Zygmunt Wojciechowski (1900–1955) war eine der zentralen
Persönlichkeiten der polnischen Wissenschaft und Publizistik in der ersten
Hälfte des 20. Jahrhunderts. Der Band untersucht neben seinen historiographi-
schen Wurzeln und der Bedeutung als Mediävist und Rechtshistoriker auch
seine politische Publizistik. Als Gründer und erster Direktor des West-In-
stituts in Posen spielte er auch nach dem Zweiten Weltkrieg eine führende
Rolle in der polnischen Westforschung – der Auseinandersetzung mit
Deutschland.

Peter Oliver Loew
DANZIG UND SEINE VERGANGENHEIT
1793–1997
Die Geschichtskultur einer Stadt
zwischen Deutschland und Polen
ISBN 3-929759-73-X
621 S. · 2003
(EINZELVERÖFFENTLICHUNGEN
DES DHI WARSCHAU 9)

Die Arbeit ist ein Versuch, den Umgang mit den Puzzlestücken der Danziger
Geschichte nachzuzeichnen, zu untersuchen, wie sich zwischen der Inbesitz-
nahme durch Preußen 1793 und der Tausendjahrfeier 1997 die Rolle des
Vergangenen in der lokalen Gegenwart wandelte. Sie fragt für einen zentralen
Ort deutsch-polnischer Begegnung nach der Vielzahl von Vergangenheits-
bezügen lokaler Existenz, nach der Geschichtskultur der städtischen Gemeinschaft in einer Zeit neuer Konstruktionen des Lokalen.

Bogdan Musial (Hg.)
„AKTION REINHARDT"
Der Völkermord an den Juden
im Generalgouvernement
1941–1944
ISBN 3-929759-83-7
454 S. · 2004
(EINZELVERÖFFENTLICHUNGEN
DES DHI WARSCHAU 10)

Etwa die Hälfte der 5 bis 6 Millionen Opfer des Holocaust waren polnische
Juden. Alle Vernichtungslager befanden sich auf polnischem Territorium, vier
von ihnen im sog. Generalgouvernement: Treblinka, Majdanek, Sobibór und
Bełżec. Allein im Rahmen der „Aktion Reinhardt" (Deckname für den Mord
an den Juden im Generalgouvernement) wurden weit mehr als zwei Millionen
Juden ermordet. In dem vorliegenden Sammelband, der auf eine Konferenz im
November 2002 in Lublin zurückgeht, präsentieren Wissenschaftler aus
Polen, Deutschland, Israel, den USA und Kanada ihre neuesten Forschungs-
ergebnisse zum Thema.

Claudia Kraft / Katrin Steffen (Hg.)
EUROPAS PLATZ IN POLEN
Polnische Europa-Konzeptionen vom Mittelalter bis zum EU-Beitritt
ISBN 3-929759-85-3 · 2006
EINZELVERÖFFENTLICHUNGEN DES DHI WARSCHAU 11

Welche Bedeutung hat Europa für Polen, welche Polen für Europa? Diesen
Fragen geht der vorliegende Sammelband nach, der polnische Ideen und
Vorstellungen zu Europa, den polnischen Europagedanken vom Mittelalter bis
zur Gegenwart vorstellt.

Jerzy Kochanowski /Maike Sach (Hg.)
DIE „VOLKSDEUTSCHEN" IN POLEN, FRANKREICH,
UNGARN UND DER TSCHECHOSLOWAKEI
Mythos und Realität
ISBN 3-929759-84-5 · 2006
EINZELVERÖFFENTLICHUNGEN DES DHI WARSCHAU 12

Der Band fasst die Ergebnisse einer internationalen Konferenz über die Volksdeutschen zusammen. Dabei wurden Polen, die Tschechoslowakei und Frankreich als unmittelbare Nachbarn Deutschlands, die jeweils in Grenzstreitig-
keiten verwickelt waren und gleichzeitig eine starke deutsche Minderheit
aufwiesen, miteinander verglichen.

In der Reihe „Klio in Polen" – Polnisch-deutsche Übersetzungsreihe
des Deutschen Historischen Instituts Warschau:

Benedykt Zientara
FRÜHZEIT DER EUROPÄISCHEN NATIONEN
Die Entstehung von Nationalbewußtsein im nachkarolingischen Europa
Aus dem Poln. v. Jürgen Heyde, mit einem Vorwort v. Klaus Zernack
ISBN 3-929759-36-5 · 452 S. · 1997 (KLIO IN POLEN 1)

Ruta Sakowska
MENSCHEN IM GHETTO
Die jüdische Bevölkerung im besetzten Warschau 1939–1943
Aus dem Polnischen von Ruth Henning
ISBN 3-929759-37-3 · 344 S. · 1999 (KLIO IN POLEN 2)

Tomasz Szarota
DER DEUTSCHE MICHEL
Die Geschichte eines nationalen Symbols und Autostereotyps
Aus dem Polnischen von Kordula Zentgraf-Zubrzycka
ISBN 3-929759-38-1 · 442 S. · 100 Abb. · 1998 (KLIO IN POLEN 3)

Henryk Samsonowicz
POLENS PLATZ IN EUROPA
Aus dem Polnischen von Michael G. Esch
ISBN 3-929759-39-X · 172 S. · 1997 (KLIO IN POLEN 4)

Andrzej Wyczański
POLEN ALS ADELSREPUBLIK
Aus dem Polnischen von Michael G. Esch
Mit einem Nachwort von Hans-Jürgen Bömelburg
ISBN 3-929759-40-3 · 460 S. · 2001 (KLIO IN POLEN 5)

Jerzy Tomaszewski
AUFTAKT ZUR VERNICHTUNG
Die Vertreibung polnischer Juden aus Deutschland im Jahre 1938
Aus dem Polnischen von Victoria Pollmann
ISBN 3-929759-63-2 · 331 S., Abb. · 2002 (KLIO IN POLEN 9)

Jerzy Kochanowski
IN POLNISCHER GEFANGENSCHAFT
Deutsche Kriegsgefangene in Polen 1945–1950
Aus dem Polnischen von Jan Obermeier
ISBN 3-929759-62-4 · 2004 (KLIO IN POLEN 8)

Antoni Mączak
UNGLEICHE FREUNDSCHAFT
Klientelbeziehungen von der Antike bis zur Gegenwart
Aus dem Polnischen von Peter Oliver Loew
ISBN 3-929759-92-6 · 2005 (KLIO IN POLEN 7)

fibre

fibre Verlag · Martinistr. 37 · D-49080 Osnabrück
Telefon (05 41) 43 18 38 · Telefax (05 41) 43 27 86
e-mail: info@fibre-verlag.de · www.fibre-verlag.de